BIBLIOTHÈQUE LATINE-FRANÇAISE

ŒUVRES COMPLÈTES

DE

CICÉRON

DISCOURS POUR ROSCIUS D'AMÉRIE
POUR PUBLIUS QUINTUS, POUR Q. ROSCIUS LE COMÉDIEN

TRADUCTION DE M. CH. DU ROZOIR

Refondue avec le plus grand soin

PAR M. CHARPENTIER

INSPECTEUR HONORAIRE DE L'ACADÉMIE DE PARIS
AGRÉGÉ DE LA FACULTÉ DES LETTRES

DISCOURS CONTRE CÉCILIUS, PREMIÈRE ACTION CONTRE VERRÈS
SECONDE ACTION CONTRE VERRÈS

TRADUCTION DE MM. CH. DU ROZOIR ET GUÉROULT

Revue et refaite en grande partie

PAR M. GRÉARD

INSPECTEUR DE L'ACADÉMIE DE PARIS

PARIS

GARNIER FRÈRES, LIBRAIRES-ÉDITEURS

6, RUE DES SAINTS-PÈRES, ET PALAIS-ROYAL, 215

BIBLIOTHÈQUE LATINE-FRANÇAISE.
— 51 —

ŒUVRES COMPLÈTES

DE

CICÉRON

TOME CINQUIÈME

BIBLIOTHÈQUE LATINE-FRANÇAISE.
— 51 —

ŒUVRES COMPLÈTES
DE
CICÉRON

TOME CINQUIÈME

AVIS DES ÉDITEURS

Pour entrer de suite en matière et répondre au désir exprimé par nos lecteurs, nous avons cru devoir commencer notre publication par les Œuvres mêmes de Cicéron. Nous publierons ultérieurement un volume complémentaire contenant sa Vie et une Étude d'ensemble. Ce volume formera le tome Ier de l'ouvrage.

OEUVRES COMPLÈTES

DE

CICÉRON

—◦5◦—

DISCOURS POUR ROSCIUS D'AMÉRIE
POUR PUBLIUS QUINTUS, POUR Q. ROSCIUS LE COMÉDIEN

TRADUCTION DE M. CH. DU ROZOIR

Refondue avec le plus grand soin

PAR M. CHARPENTIER

INSPECTEUR HONORAIRE DE L'ACADÉMIE DE PARIS,
AGRÉGÉ DE LA FACULTÉ DES LETTRES

DISCOURS CONTRE CÉCILIUS, PREMIÈRE ACTION CONTRE VERRÈS
SECONDE ACTION CONTRE VERRÈS

TRADUCTION DE MM. CH. DU ROZOIR ET GUÉROULT

Revue et refaite en grande partie

PAR M. GRÉARD

INSPECTEUR DE L'ACADÉMIE DE PARIS

PARIS

GARNIER FRÈRES, LIBRAIRES-ÉDITEURS

6, RUE DES SAINTS-PÈRES, ET PALAIS-ROYAL, 215

1867

INTRODUCTION AUX VERRINES

Entre le plaidoyer pour Roscius le comédien et le discours intitulé : *Divinatio in Cæcilium*, sept années s'écoulèrent pendant lesquelles, fort assidu au barreau, Cicéron ne cessa de plaider des causes. Parmi le grand nombre de plaidoyers ou de harangues qu'il prononça dans cet intervalle, et dont huit seulement nous sont connus, soit par des fragments, ou même simplement par leurs titres, il est un discours qui peut être regardé comme le prélude des Verrines.

Sthénius, citoyen distingué de Thermus en Sicile, avait été l'objet des persécutions de Verrès. Pour y échapper, il s'était enfui à Rome, où, non-seulement en son absence, mais même en l'absence de l'accusateur, Verrès l'avait frappé d'une condamnation capitale. On voulait appliquer à Sthénius la loi qui défendait à tout particulier condamné pour crime capital, de rester à Rome. Cicéron le défendit avec succès devant le collège des tribuns. Cette circon-

passât à d'autres juges qu'au préteur Glabrion, peut-être même pour en ôter la poursuite à Cicéron. Leurs espérances paraissaient devoir se réaliser. Dans le mois de juillet 684, où se firent pour l'année suivante les élections consulaires, Q. Hortensius et Q. Metellus Creticus furent désignés consuls. Mais Cicéron eut sa revanche : désigné, aux comices pour l'élection des édiles, malgré l'argent répandu par Verrès, il ne songea plus désormais qu'à mettre ce grand procès en état d'être jugé ; dès le cinquième jour, il l'entama par le discours connu sous le nom de *première action contre Verrès*; nous n'en avons que l'exorde. Cicéron sentait qu'il fallait se hâter ; aussi, renonçant aux triomphes de l'éloquence il ne pensa, cet exorde prononcé, qu'à produire les informations et les témoins, opération qui l'occupa neuf jours entiers ; sans cela Verrès lui échappait ; car, s'il eût manqué à se présenter le 5 août, il ne serait plus resté que deux jours propres à sa plaidoierie, avant les jeux voués par Pompée, qui en devaient durer quinze et qui, étant suivis des jeux romains, en faisaient perdre quarante. Les amis de Verrès auraient pu alors obtenir des remises jusqu'à d'autres jeux institués en l'honneur de la Victoire : après quoi devait commencer la nouvelle année consulaire, et l'affaire passer à d'autres magistrats. L'activité de Cicéron déjoua toutes ces intrigues. Hortensius en fut déconcerté et n'eut pas le courage de prononcer un seul mot pour la défense de son client. Verrès prit le parti de prévenir par un exil volontaire sa condamnation : l'exil n'était que l'obligation d'aller jouir ailleurs de ses rapines ; il finit pourtant par les expier. Ayant refusé ses statues et sa vaisselle à Marc Antoine, il fut mis sur les tables de proscription et égorgé.

Quintilien et après lui Rollin louent, et avec raison, Cicéron du désintéressement oratoire qui lui fit préférer au plaisir de dire, la satisfaction de faire condamner Verrès par sa promptitude ; mais Cicéron n'était pas homme à renoncer entièrement à la gloire, et il savait la concilier avec le devoir : ce qu'il ne prononça pas, il l'écrivit. Des cinq Verrines que nous allons examiner et qui forment la *seconde action* contre Verrès, aucune ne fut prononcée. Cicéron, qui n'avait pas encore exercé son talent comme accusateur, les composa, il le dit lui-même, pour laisser en ce genre un monument de son habileté, ainsi que le modèle d'une vive accusation contre un magistrat cruel, débauché et prévaricateur.

J'ai dit que ces discours n'avaient pas été prononcés ; mais n'est-ce pas une erreur ? En effet, dans le premier discours, par un mouvement hardi et une supposition éloquente, Cicéron force en quelque sorte Verrès de comparaître malgré lui ; il veut qu'on le condamne à un supplice extraordinaire, et que des crimes sans exemples soient punis d'une manière inouïe. Reprenant ce que dans le discours contre Cécilius il avait dit à Hortensius, il l'apostrophe de nouveau, et lui adresse des reproches aussi sanglants que ceux qu'il adresse à Verrès lui-même. Il esquisse ensuite rapidement la questure et la lieutenance de Verrès et arrive à la préture de Rome : cette dernière partie est subdivisée en deux points : l'administration de la justice et l'entretien des édifices publics, et il rappelle sur cette double attribution plusieurs jugements iniques du préteur. Tel est le sujet du premier discours, appelé par les éditeurs : *De quæstura, de legatione, de prætura urbana, seu de vita ante acta.*

Ce premier discours n'était qu'une sorte d'introduction à l'accusation en forme que Cicéron s'était chargé de développer au nom des Siciliens ; dans le second discours, *De jurisdictione Siciliensi*, il arrive aux faits constitutifs de la cause : « Il s'occupe, comme il le dit lui-même, des intérêts confiés à son zèle, » et présente le tableau de l'administration de Verrès en Sicile. Après un exorde entièrement consacré à l'éloge de cette province, il rappelle les jugements iniques rendus par Verrès, entre autres contre Dion d'Halèse, contre Sosippe, contre Épicrates, contre Héraclius, contre Sthénius, etc. Il traite ensuite de la manière dont ce préteur vendait les honneurs et les charges publiques. En troisième lieu, il fait connaître les contributions que cet infâme magistrat exigea des Siciliens lorsqu'il fut question de lui élever des statues. Enfin, il dévoile les concussions, les vols et les gains usuraires que se permettait Verrès, conjointement avec les fermiers du domaine, et notamment avec Carpinatius, son principal complice.

Le troisième discours roule sur les malversations de Verrès dans l'administration des blés. Cicéron divise son accusation en trois parties : d'abord, il parle du blé sujet à la dîme : *decumanum;* puis du blé acheté, *emptum;* enfin du blé dont la valeur a été estimée en argent, *æstimatum.* La première partie, concernant *le blé sujet à la dîme*, forme plus des deux tiers du discours. Presque toutes les cités de la Sicile étaient tenues de payer à l'administration romaine la dixième partie de leurs récoltes en grains. L'orateur présente, en une suite de narrations très-heureusement diversifiées, les vexations et les injustices commises dans la perception de ces dîmes. Après avoir exposé les actes d'oppression envers les particuliers, Cicéron arrive aux vexations qui tombaient sur les populations entières. A quoi avaient abouti tant d'abus dans la levée de l'impôt? Ils n'avaient tourné qu'au profit de Verrès, et nullement à celui du peuple romain. Il reproche à Verrès la ruine et la dépopulation de la Sicile.

La seconde partie concerne *le blé acheté*. Il y avait deux sortes de blé acheté : la première était comme une seconde dîme que les Siciliens étaient obligés de vendre à l'administration romaine au prix fixé par le sénat; la seconde consistait en huit cent mille boisseaux, dont le prix était également déterminé par le sénat. L'orateur raconte les déprédations de Verrès sur cet article, et s'élève principalement contre les gratifications scandaleuses qu'aux dépens de la Sicile et du peuple romain, il avait accordées à ses agents et à ses greffiers.

Quant au *blé estimé*, qui fait le sujet de la troisième partie de ce discours, c'était le grain que la province devait fournir, soit en nature, soit en argent, au préteur pour l'approvisionnement de sa maison. Sur cet objet, Verrès ne s'était pas montré plus délicat que sur les autres. En vain Hortensius alléguait que Verrès, en portant à douze sesterces par boisseau l'estimation du blé, que la loi fixait à trois sesterces, n'avait fait que suivre l'exemple d'autres magistrats, Cicéron repousse avec énergie ce moyen de défense, et présente un tableau bien triste des vexations de l'administration romaine envers toutes les provinces et toutes les nations soumises à son joug.

De toutes les Verrines, les deux harangues *de Signis* et *de Suppliciis*, sont les plus connues; dans la première, Cicéron retrace, dans des narrations vives et intéressantes, des vols d'objets d'art dont Verrès s'était rendu coupable ; dans la seconde, il s'attache à considérer le préteur de Sicile comme ayant exercé l'autorité militaire, et il examine l'usage qu'il en fait.

Tel est le plan général des Verrines, que résume ainsi avec beaucoup de justesse, un ancien et habile traducteur : « Il est à remarquer, dit-il, que Cicéron, dans la marche de cette longue plaidoierie, suit une sorte de gradation que semble indiquer la nature des choses : c'est un crime de ne pas rendre la justice ; de là deux premiers discours sur les malversations de Verrès en ce genre, tant à Rome que dans la province. C'est un plus grand crime d'imposer des taxes arbitraires et de provoquer la disette : troisième discours sur la levée des décimes et les impositions de grains. C'en est un plus grand encore, de piller les temples et d'enlever les objets du culte public : quatrième discours sur les statues ; enfin le comble de la scélératesse est de massacrer les hommes, de les mettre en croix. » C'est bien là, en effet, la progression des cinq discours : *De prætura urbana; Siciliensis, Frumentaria, de Signis, de Suppliciis.*

Mais ce n'est là que le côté matériel, pour ainsi dire, des Verrines ; nous avons montré, dans Cicéron, le jurisconsulte, le logicien habile, le citoyen courageux, nous n'y avons pas considéré l'orateur. Sans doute, les beautés que renferment les Verrines sont assez éclatantes et assez connues pour qu'on n'y insiste pas ; il ne les faut pas cependant passer entièrement sous silence ; et comment, tout d'abord, dans le discours contre Cécilius, ne pas remarquer l'habileté de l'exorde ; l'art avec lequel l'orateur se concilie l'esprit des juges et leur démontre qu'on ne lui peut reprocher de se présenter comme accusateur, puisqu'il remplit ses engagements envers les Siciliens, et que l'exemple des ancêtres l'y autorise. Dans la première action, au contraire, où il fallait en quelque sorte emporter d'assaut la condamnation de Verrès, sa marche est brusque, son style plein d'énergie et de chaleur, il prend avec les juges un ton d'autorité, et semble moins invoquer leur bienveillance que leur faire craindre la colère du peuple si, par un jugement équitable, ils ne rétablissent l'autorité des tribunaux, en délivrant la république d'un citoyen pervers.

Ces deux discours ont été prononcés. Les cinq harangues de la seconde action, pour avoir été écrites, n'en sont pas moins belles, ni moins éloquentes : loin de là, elles offrent, avec le feu que Cicéron avait reçu des premières émotions de sa parole, ce je ne sais quoi d'achevé, que la composition donne à la forme. Ainsi, dans le premier de ces cinq discours, au milieu d'une grande diversité de détails, le style de l'orateur est toujours plein de force, de naturel et de vérité ; et si l'on peut lui reprocher quelques répétitions, pour la plupart inévitables, quelques traits de mauvais goût, on ne saurait trop louer le bonheur des transitions.

L'ordonnance du second discours sur la juridiction en Sicile est simple, mais animée ; Cicéron jette, dans la narration des crimes qu'il raconte successivement, les figures et les mouvements qui conviennent au sujet : son éloquence y est égale à son courage.

Qu'y avait-il, en apparence, de plus ingrat que le sujet du troisième discours, les malversations de Verrès dans l'administration des blés? Eh bien, sur cette matière si aride, Cicéron saura, mêlant de la manière la plus heureuse, les calculs, les raisonnements, les récits, les considérations générales, répandre les plus riches couleurs et nous intéresser au détail des *blés dîmés*, des *blés achetés*, des *blés estimés*. Son éloquence est inépuisable ; elle se transforme sans cesse, suivant la variété des objets.

La quatrième Verrine présente un sujet aussi riant, aussi riche, qu'était triste et aride le sujet de la troisième, et qui allait merveilleusement aux goûts de Cicéron. On sait quelle était pour lui-même cette passion pour les ouvrages de peinture, de sculpture et d'orfèvrerie, qu'il avait à condamner dans Verrès. C'était là une grande tentation de se laisser aller à son enthousiasme d'artiste ; mais ce goût, cette science des curiosités, s'il les laisse percer çà et là, il les cache plus soigneusement encore ; il paraît peu estimer le goût des arts, et il regarde les plus beaux chefs-d'œuvre comme des jouets d'enfants, bons pour amuser la légèreté et la frivolité des Grecs ; des arts et des artistes les plus fameux, il ne parle qu'avec une sorte de dédain ; il affecte même quelquefois de ne pas trop savoir les noms des plus célèbres statuaires ; il répète qu'il se connaît fort peu en peinture et en sculpture. Pourquoi cette ignorance et ce dédain simulés? c'est qu'avant d'être amateur et connaisseur, Cicéron est avocat ; il sait l'indifférence et presque le mépris des Romains pour les arts ; et quand il cesse de rendre Verrès odieux, il essaye de le rendre ridicule en même temps que coupable.

La dernière Verrine, *de Suppliciis*, est la plus dramatique ; elle était aussi celle qui prêtait le plus à l'éloquence ; car, si l'on excepte la première harangue de la *seconde action*, où il était facile à l'orateur de se montrer avec

tous ses avantages, et où, en racontant la condamnation
de Philodamus et de son fils, il semble préluder au pathétique récit de la mort des navarques et à celle de Gavius,
Cicéron n'avait pas, pour intéresser, les mêmes ressources :
la *préture urbaine, les subsistances*, tristes matières pour
tout autre orateur que Cicéron ! Mais ici, tout le favorise ;
aussi y déploie-t-il toutes les ressources de son abondante
et pathétique éloquence. On a remarqué que Pascal, qui,
dans ses premières *Provinciales*, se contente pour confondre ses adversaires de l'ironie socratique, du plaisir de les
mettre en contradiction avec eux-mêmes, arrivé à réfuter
leurs doctrines sur l'homicide, perd patience ; il laisse là
la raillerie, et par l'indignation que lui inspirent de telles
maximes, s'élève à la plus haute éloquence. Il en est ainsi
de Cicéron dans les premières Verrines. Dans ses attaques
contre Verrès, il y conserve encore quelques ménagements ; le préteur corrompu, le malversateur, le spolia-
teur des temples y sont peints assurément des plus vives
couleurs ; toutefois l'indignation n'y est pas au comble ;
mais Verrès a fait mettre en croix un citoyen romain ; c'est
ici que l'orateur se laissera emporter à toute sa verve ;
que son style présentera toute la force et tout l'abandon
de la passion ; qu'il se montrera aussi adroit que pathétique. Il faut en convenir, pourtant ; quelques beautés
que présente ce discours, il n'est pas à l'abri de la critique. Le plan n'est pas aussi net, aussi bien suivi que dans
les autres Verrines ; mais que ne rachètent pas les narrations tragiques de la mort des navarques ou du supplice
de Gavius ? Que mettre au-dessus de ce mouvement par
lequel, après avoir représenté Gavius, criant sous les verges et sur la croix même : « Je suis citoyen romain », il

il se tourne vers le préteur et lui dit : « Toi-même, Verrès, si, transporté tout à coup chez les Perses ou aux extrémités de l'Inde, tu étais saisi et condamné à la mort, quel autre cri ferais-tu entendre que celui-ci : « Je suis citoyen « romain ! » Ce sont là des paroles de feu, des accents de l'âme où se révèle la grande, l'immortelle éloquence.

Mais nous l'avons dit ; il y a dans le procès de Verrès autre chose que la condamnation d'un préteur débauché et prévaricateur : avec un patricien, l'aristocratie romaine tout entière est mise en cause, et nous l'avons vu, elle le comprenait bien, car elle entrava, autant qu'elle put, le succès de Cicéron. Cicéron lui-même n'y est pas simplement un orateur, c'est un homme politique ; il nous reste à considérer les Verrines à ce double point de vue.

Cicéron s'y fait tout d'abord une position nouvelle ; il avait bien déjà dans le plaidoyer pour Roscius d'Amérie, en prenant, contre les excès de la faction de Sylla, la défense des honnêtes gens, comme indiqué sa couleur politique ; mais en accusant Verrès, il l'affichait hautement; il se déclarait avec éclat contre la corruption et la tyrannie des nobles ; il s'annonçait comme l'organe du parti populaire. Il le sent bien ; il sent qu'il porte en lui le ressentiment de longues iniquités, et cette conviction l'élève de suite à la hauteur de son rôle. A l'égard de son rival d'abord, à l'égard d'Hortensius, il est tout autre. Dans le discours *pro Quintio*, où pour la première fois il se trouvait en face d'Hortensius, Cicéron est plein de déférence et de courtoisie pour son adversaire ; il le prend bien différemment dans les Verrines ; maintenant, tout en accordant, dans la forme, à l'âge et à la dignité de son rival tout ce qu'il lui doit, il a l'attitude d'un égal et presque d'un maître. On peut voir dans la *Divinatio* comment, sans qu'aucune bienséance soit blessée, très-finement et très à propos, il fait sentir sa supériorité comme orateur.

Devant le sénat et les nobles, cette attitude n'est pas moins fière : Cicéron se fait vanité d'être un homme nouveau ; il se présente comme le serviteur et l'instrument du peuple romain. C'est qu'en effet il venait, il parlait à un de ces moments où la voix d'un homme est la voix d'un peuple même. Il en fallait finir avec cette longue et intolérable tyrannie des préteurs et des proconsuls romains, avec les violences et les insolences de l'aristocratie ; et c'est une des causes pour lesquelles Cicéron a écrit ces harangues qu'il n'avait pu prononcer. Verrès s'était rendu justice lui-même ; il était banni, il n'était plus citoyen ; mais le procès du sénat restait pendant ; il le fallait porter, non plus devant des juges ordinaires, mais devant le peuple ; non plus au forum, mais devant l'univers. « Si je perds, avait-il dit, la cause des Siciliens devant les juges, il me restera à plaider la cause du peuple romain ; je citerai devant le peuple, avec l'accusé, les juges qui se seront laissés corrompre ; nous avons maintenant des tribuns, le temps est fini de votre puissance arbitraire. » Il tint parole ; jamais on n'avait porté contre les caprices, les cruautés d'une souveraine licence, une si franche et si terrible accusation. Dans l'histoire de la Sicile, sous Verrès, on voyait hautement proclamé, détaillé longuement, ce qu'était le gouvernement d'un préteur romain : la justice et l'administration livrées à l'encan ; les provinces les plus fertiles épuisées et taries, les particuliers, les villes, les temples, dépouillés par des vols de tous les jours, enfin les supplices, les assassinats

PREMIER DISCOURS

DISCOURS

POUR

SEXTUS ROSCIUS D'AMÉRIE

TRADUCTION DE M. CH. DU ROZOIR

REVUE

PAR M. PAUL CHARPENTIER

SOMMAIRE

Nous avons cru devoir placer ce discours en tête des *Discours* de Cicéron, bien que l'opinion commune, appuyée sur le témoignage d'Aulu-Gelle et d'Eusèbe, assigne au plaidoyer *pro Quintio* le premier rang chronologique parmi les discours de notre orateur que le temps a respectés.

Rien n'est moins vraisemblable que l'antériorité donnée au discours pour Quintius sur le plaidoyer *pro Sexto Roscio*. D'ailleurs Cicéron ne dit-il pas lui-même, dans son exorde du discours pour Quintius : *Quod mihi consuevit in cæteris causis esse adjumento, id quoque in hac causa deficit?*

Le soin avec lequel, dans l'exorde du discours *pro Roscio*, Cicéron s'excuse d'avoir, si jeune et si nouveau dans la carrière, entrepris la défense d'une cause si importante, semble d'ailleurs prouver qu'il était bien près de ses débuts oratoires : on peut dire que la modestie qu'il montre eût pu paraître exagérée, si déjà, en plaidant pour Quintius, il s'était fait connaître par le succès d'une première lutte contre Hortensius, alors surnommé *le roi du barreau*.

Ajoutons que tout dans le discours pour Sextus Roscius semble indiquer la présence presque immédiate des proscriptions de Sylla, tandis que le sentiment contraire affecte le lecteur en lisant avec attention le plaidoyer *pro Quintio ;* cette impression générale nous paraît indépendante des preuves de détails établies par les citations qui précèdent.

Tels sont les motifs qui nous ont engagés à nous écarter de l'ordre suivi jusqu'à présent par les nombreux éditeurs de Cicéron.

« Sextus Roscius, l'un des principaux citoyens d'Amérie, ville située en Ombrie, avait été assassiné pendant la nuit dans une des rues de Rome, en revenant de souper. Quel était le meurtrier? on l'ignorait. A cette époque les proscriptions de Sylla, qui venaient à peine de cesser[1], autorisaient tous les meurtres. Mais Roscius n'avait point été inscrit sur la liste fatale, et il n'avait pu l'être; il s'était constamment signalé dans le parti de la noblesse, qui alors prédominait. Roscius possédait des biens considérables; Chrysogon, affranchi du dictateur et son favori, les acheta, ou plutôt s'en empara : ces biens valaient près de six millions de sesterces, et il les eut pour deux mille.

« Roscius avait laissé un fils, nommé comme lui Sextus[2]. Dans la crainte qu'il ne réclamât la succession de son père, Chrysogon résolut de s'en délivrer; il ne trouva pas de plus sûr moyen que de le faire condamner à mort comme parricide. Il y avait alors à Rome des entrepreneurs d'accusation. Érucius accusa Sextus d'avoir assassiné son père. Ce misérable fut appuyé par deux Roscius, parents du jeune homme, qui peut-être n'étaient pas étrangers à ce crime, et que le favori avait intéressés à le maintenir dans sa spoliation, en la partageant avec eux. Sextus resta sans défenseur. Rome ne manquait pas d'orateurs illustres; mais tous savaient que dans ces temps malheureux le courage de la vertu n'était point impuni; tous craignaient Chrysogon et le dictateur. Ils gardèrent le silence. Cependant il existait un Romain que rien n'effrayait quand l'innocence était menacée. Cicéron se fit entendre, et Sextus fut sauvé. Cette cause acquit une grande célébrité à l'orateur. Lui-même nous apprend qu'on s'empressa dès lors de lui confier les affaires les plus importantes : aussi était-ce dans sa vieillesse un de ses plus doux souvenirs; il en parlait souvent à son fils, et l'exhortait, s'il aimait la véritable gloire, à défendre comme lui l'honnête homme opprimé par l'homme puissant.

« Son plaidoyer est divisé en trois parties. Dans la première, il démontre que Sextus n'a point tué son père; dans la seconde, il attribue cet assassinat aux deux Roscius; dans la troisième, il jette de violents soupçons sur Chrysogon.

« Nous nous arrêtons particulièrement à la première : c'est un chef-d'œuvre de dialectique. L'orateur y presse l'adversaire avec cette vivacité que nous admirons toujours dans Démosthène.

« Il commence par établir que Sextus n'a point tué son père.

---

[1] Le dictateur en avait lui-même assigné le terme pour les calendes de juin de l'an 673, et le meurtre de Roscius fut commis vers le milieu du mois de septembre de cette même année.

[2] Nous l'appellerons toujours *Sextus*, pour le distinguer de son père et de ses deux parents, T. Roscius Capiton et T. Roscius Magnus ou le Grand, qui figurent comme ses adversaires dans cette cause.

« Il ne l'a point tué, parce qu'il n'en avait aucune raison; il ne l'a point tué, parce qu'il n'en avait aucun moyen.

« D'abord rien n'a pu le porter à ce crime, ni de sa part ni du côté de son père.

« 1° De sa part; la férocité du caractère, l'audace, le luxe, la débauche, des dettes insolvables, des passions effrénées, voilà ce qui peut armer un fils d'un fer parricide. Sextus, et l'accusateur en convient, est doux et même timide, économe, de mœurs austères. Il n'a fait aucun emprunt; il vit tranquillement à la campagne, sans autre ambition que d'être un bon cultivateur.

« 2° Du côté de son père, rien n'a pu lui donner l'idée d'un pareil attentat. Il aurait fallu qu'il en fût haï. Pourquoi Roscius n'aurait-il pas eu pour lui les sentiments de la nature? Cet homme n'a jamais été regardé comme un insensé; aurait-il pu sans folie haïr un fils irréprochable? Mais il le laissait à la campagne? Est-ce donc une preuve d'aversion, que de confier à son fils l'administration d'un riche domaine? et depuis quand est-on déshonoré chez les Romains pour se livrer aux travaux champêtres? Attilius n'ensemençait-il pas ses terres lorsqu'il fut proclamé consul? Mais Sextus allait être déshérité? » — « Érucius, je vous le demande, s'écrie l'orateur, où sont vos preuves? Roscius a voulu déshériter son fils! Pourquoi? je ne le sais pas. L'a-t-il déshérité? non. Qui l'en a empêché? je l'ignore; mais il en avait le projet. Il en avait le projet? A qui l'a-t-il dit? à personne. » — Intenter une accusation sans pouvoir donner de preuves, ni même de renseignements, n'est-ce pas outrager la justice, les lois, les tribunaux? n'est-ce pas déclarer qu'on a été payé? Érucius, vous aimez l'argent, on le sait; mais vous deviez compter pour quelque chose la lettre dont la loi Remmia flétrit les calomniateurs[1]. »

« Il est démontré que Sextus n'avait aucune raison de tuer son père : donc il ne l'a pas tué. Mais, quand il l'aurait voulu, l'aurait-il pu? Lui-même? Il était à cinquante-cinq milles de Rome. Par d'autres? Quels sont ces assassins? des esclaves ou des hommes libres? De quels pays sont-ils? d'Amérie? Nommez-les. De notre ville? Comment pouvait-il les connaître? Tout le monde sait que depuis plusieurs années il n'avait pas quitté sa métairie. En quel lieu les a-t-il rassemblés? où s'est formé le complot? par quel moyen les a-t-il séduits? avec de l'argent? où l'a-t-il eu? à qui l'a-t-il donné? par qui l'a-t-il donné? combien a-t-il donné? Érucius, vous gardez

---

[1]. La lettre K.

le silence; vous avouez donc que Sextus n'a pu ni voulu tuer son père.

« Après avoir écrasé l'accusateur sous le poids de ces interrogations accumulées, Cicéron, dans la seconde partie de son discours, rejette le crime sur les deux parents de son client, et même sur Chrysogon, mais en conservant les plus grands ménagements pour Sylla. Il attaque particulièrement celui des Roscius qui, sans doute à cause de ses attentats, avait été surnommé *le Grand*. Cet homme était pauvre avant l'assassinat, et son audace ne connaissait point de frein; il ne dissimulait ni sa cupidité, ni sa haine pour Roscius; il était lié avec tous les scélérats qui vendaient leurs bras aux vengeances du dictateur. Il se trouvait à Rome lorsque le meurtre fut commis; dès le point du jour il fit partir un courrier pour en porter la nouvelle à son frère, avec ordre de la cacher à la femme et aux enfants de Roscius, qui demeuraient dans la même ville. Quatre jours après, Chrysogon apprit aussi, par un de ses messagers, ce qui s'était passé : il se trouvait alors au camp de Sylla, sous les murs de Volaterre. Il se hâta de faire confisquer les biens d'un homme qui n'avait jamais été proscrit. Bientôt il s'appropria son héritage, et en abandonna une partie aux deux Roscius. Les juges peuvent-ils méconnaître encore les auteurs de l'assassinat? »

Dans la troisième partie, entièrement dirigée contre Chrysogon, l'orateur attaque l'illégalité de la vente des biens; d'abord parce que Roscius n'avait point été proscrit, puis parce qu'elle avait eu lieu quatre mois après l'expiration du terme fixé par la loi relative aux proscriptions; l'orateur fait même entendre que cette vente n'a été que simulée. Enfin, s'enflammant d'une noble indignation, il s'élève contre les richesses odieuses et l'insolence de cet affranchi.

Cette troisième partie est incomplète.

Dans la péroraison, l'orateur, rempli du sentiment des malheurs publics, semble abandonner un instant la cause de Roscius pour parler au nom de l'humanité. Enfin, il exhorte les juges à prononcer avec courage. Il ne demande point qu'ils punissent les spoliateurs des biens de son client, mais que du moins ils ne condamnent pas à la mort ceux que les assassins n'ont pu massacrer, et que le sanctuaire de la justice ne serve point d'asile aux brigands. Ne voyez-vous pas, leur dit-il, que l'on veut exterminer tous les enfants des proscrits; que les plus absurdes prétextes suffiront, et qu'on a choisi Sextus pour la première victime? Ne voyez-vous pas qu'on appelle sur sa tête le glaive des lois, parce que les biens de son père ont été envahis par des hommes avides et cruels? Si vous ne réprimez pas ce dernier excès de la scélératesse, dans quels malheurs vous allez rejeter la république !

Ce discours, observe Desmeüniers, a de la chaleur et du mouvement. S'il n'offre pas beaucoup de tirades très-éloquentes, tout y est animé, clair, élégant et persuasif. L'orateur voulait exciter l'indignation ; et lorsqu'il raconte les crimes des accusateurs, même ceux de Chrysogon, il ne ménage point les termes, et fait preuve d'une énergie extraordinaire. Ses raisonnements sont justes et pressants ; les preuves s'accumulent avec vivacité et éclaircissent tous les doutes.

L'oraison *pro Roscio* est cependant loin d'être une des meilleures de Cicéron. On y remarque en quelques endroits une jeunesse de style qu'on n'aperçoit pas dans les premiers plaidoyers de Démosthène ; on y voit cette abondance de l'orateur qui ne sait point encore s'arrêter ; on y rencontre quelques redites et des comparaisons sans grâce, entre autres celle où il met les accusateurs en parallèle avec les oies et les chiens du Capitole ; enfin il multiplie les antithèses.

Plutarque assure qu'après cette cause, « Cicéron, craignant la vengeance de Sylla, partit pour la Grèce, et fit courir le bruit qu'il avait besoin de rétablir sa santé. » Cette assertion du biographe, unanimement rejetée par Morabin, Middleton, la Harpe et M. V. Le Clerc, ne paraît nullement fondée. Sylla, dont la clémence était calculée comme l'avaient été ses vengeances, ne pensait plus qu'au rétablissement de la tranquillité publique. D'ailleurs il est certain que Cicéron resta dans Rome encore plus d'une année occupé à plaider différentes causes (*Brutus*, ch. xci), entre autres celle de L. Quintius, à laquelle nous donnons place dans notre édition après le discours *pro Sexto Roscio*; puis celle d'une femme d'Arretium, à qui l'on contestait son droit de cité. Cette cause exposa une seconde fois Cicéron au mécontentement de Sylla ; car les adversaires de cette femme se fondaient sur une loi expresse du dictateur, qui en avait privé toutes les villes municipales, ainsi que leur territoire. Il remporta aussi l'avantage dans cette cause, quoiqu'il ait eu pour adversaire l'orateur Cotta.

Ici Morabin fait une concession à l'opinion de Plutarque, en ajoutant que probablement on se servit de ce dernier acte de courage pour rendre Cicéron « suspect au dictateur, et que la crainte qu'il eut de lui contribua autant ou plus à son voyage que la raison de sa santé. » Middleton se tient à cette dernière raison, et cite en entier le passage où notre orateur expose avec détail l'état de faiblesse et de marasme physique dans lequel il était alors tombé *après avoir pendant deux ans établi sa réputation au barreau.* Enfin, pour concilier l'une et l'autre opinion, M. V. Le Clerc, dans ses notes sur la *Vie de Cicéron* par Plutarque, dit qu'il est possible que la crainte du ressentiment de Sylla « soit entrée pour quelque chose, même à son insu, dans sa détermination de quitter Rome, et surtout dans les conseils de ses amis. »

C. D.

PREMIER DISCOURS

DISCOURS
POUR
SEXTUS ROSCIUS D'AMÉRIE

I. Juges, vous êtes sans doute surpris que dans un moment où itant d'éloquents orateurs, d'illustres citoyens, gardent le silencœ, je prenne la parole, moi qui, pour l'expérience, le génie, l'auitorité, ne puis être comparé à ceux qui sont assis devant votre tribunal. Tous ces hommes respectables que vous voyez soutenir cette cause de leur présence, pensent qu'il faut réprimer un complot odieux formé par une scélératesse sans exemple ; maiis élever eux-mêmes la voix pour confondre le crime, le mal-

ORATIO PRIMA

ORATIO
PRO
SEXTO ROSCIO AMERINO

1. CCredo ego vos, judices, mirari, quid sit, quod, quum tot summi oratores, homiinesque nobilissimi sedeant, ego potissimum surrexerim, qui neque ætateœ, neque ingenio, neque auctoritate sim cum his, qui sedeant, comparandus. Omnes hi, quos videtis adesse in hac causa, injuriam novo scelere conflàatam putant oportere defendi ; defendere ipsi propter iniquitatem tem-

heur des temps leur en ôte le courage : de là vient que, s'ils se présentent ici pour remplir un devoir, ils se taisent à la vue du danger.

Eh quoi! serais-je donc plus hardi qu'aucun d'eux? nullement; plus empressé à rendre service? quelque jaloux que je sois de cette gloire, je me ferais scrupule de l'enlever aux autres. Quel motif m'a donc, seul entre tant d'autres, déterminé à me charger de la défense de Sextus Roscius? C'est que, si quelqu'un de ces illustres citoyens que vous voyez ici présents, et dont le haut rang donne tant de poids à leurs paroles, s'était chargé des intérêts de l'accusé, au moindre mot qu'il eût prononcé sur les affaires publiques, ce qu'il est impossible d'éviter dans cette cause, on lui aurait fait dire beaucoup plus qu'il n'aurait dit. Mais moi, je pourrai dire librement tout ce qui sera nécessaire à ma cause sans que mes paroles sortent de cette enceinte, et se répandent dans le public. D'ailleurs aucun mot de leur bouche ne peut rester ignoré, à cause de leur noblesse et de leur position élevée. Aucune témérité n'est permise à leur âge et à leur expérience : moi, au contraire, s'il m'échappe quelque expression trop libre, elle passera inaperçue, à cause de mon obscurité, ou bien elle sera pardonnée à ma jeunesse; quoique l'usage de pardonner ou même de ne pas condamner sans entendre soit désormais aboli dans Rome.

porum non audent ; ita fit, ut adsint, propterea quod officium sequuntur; taceant autem idcirco, quia periculum metuunt.

Quid ergo? audacissimus ego ex omnibus? Minime. At tanto officiosior, quam cæteri? Ne istius quidem laudis ita sum cupidus, ut aliis eam præreptam velim. Quæ me igitur res præter cæteros impulit, ut causam Sext. Roscii reciperem? Quia, si quis istorum dixisset, quos videtis adesse, in quibus summa auctoritas est atque amplitudo; si verbum de re publica fecisset, id quod in hac causa fieri necesse est, multo plura dixisse, quam dixisset, putaretur. Ego etiamsi omnia, quæ dicenda sunt, libere dixero, nequaquam tamen similiter oratio mea exire, atque in vulgus emanare poterit. Deinde, quod cæterorum neque dictum obscurum potest esse, propter nobilitatem et amplitudinem; neque temere dicto concedi, propter ætatem et prudentiam : ego si quid liberius dixero, vel occultum esse, propterea quod nondum ad rem publicam accessi, vel ignosci adolescentiæ meæ poterit; tametsi non modo ignoscendi ratio, verum etiam cognoscendi consuetudo jam de civitate sublata est.

Ajoutez encore que les autres orateurs auxquels on a voulu confier la défense de Sextus ont pu se croire en droit d'accepter ou de refuser, tandis que j'ai été sollicité par des hommes à qui leurs bienfaits, leur amitié, leur rang distingué, donnent sur moi les droits les plus étendus. Je ne dois ni méconnaître leur bienveillance, ni dédaigner leur autorité, ni me refuser à leurs désirs.

II. C'est par ces motifs que je me trouve chargé de cette cause. J'ai été choisi seul entre tous, non comme l'orateur le plus habile, mais comme celui qui pouvait parler avec le moins de risques : et, bien qu'on n'ait pu croire que mon secours suffirait à Sextus, on a voulu du moins qu'il ne se trouvât pas entièrement abandonné.

Peut-être demanderez-vous quelle terreur, quel effroi si grand, étouffe la voix de tant d'illustres orateurs, et les empêche de défendre, selon leur usage, la fortune et la vie d'un citoyen. Votre ignorance à cet égard n'a rien d'étonnant : les accusateurs ont évité avec soin de faire connaître le motif véritable de ce procès.

Quel en est l'objet? Ce sont les biens du père de Sextus. Ces biens sont estimés six millions de sesterces : et c'est d'un illustre et vaillant citoyen, de L. Sylla, dont je ne prononce le nom

---

Accedit illa quoque causa, quod a cæteris forsitan ita petitum sit ut dicerent, ut utrumvis salvo officio se facere posse arbitrarentur ; a me autem ii contenderunt, qui apud me et amicitia, et beneficiis, et dignitate plurimum possunt : quorum ego neque benevolentiam erga me ignorare, nec auctoritatem aspernari, nec voluntatem negligere debeam.

II. His de causis ego huic causæ patronus exstiti, non electus unus, qui maximo ingenio, sed relictus ex omnibus, qui minimo periculo possem dicere ; neque uti satis firmo præsidio defensus Sext. Roscius, verum uti ne omnino desertus esset.

Forsitan quæratis, qui iste terror sit, et quæ tanta formido, quæ tot ac tales viros impediat, quo minus pro capite et fortunis alterius, quemadmodum consuerunt, causam velint dicere. Quod adhuc vos ignorare non mirum est, propterea quod consulto ab accusatoribus ejus rei, quæ conflavit hoc judicium, mentio facta non est.

Quæ res ea est? Bona patris hujusce Sexti Roscii, quæ sunt sexagiens : quæ de viro fortissimo et clarissimo, L. Sylla, quem honoris causa nomino, duobus

qu'avec respect, que prétend les avoir achetés deux milles sesterces d'un jeune homme aujourd'hui fort en crédit dans Rome, L. Cornelius Chrysogon. Que réclame-t-il de vous, juges ? C'est qu'attendu qu'au mépris de tous les droits il a envahi cette riche et brillante fortune, et qu'il regarde la vie de Sextus comme un obstacle à sa jouissance, vous daigniez calmer ses inquiétudes, et le délivrer de ses craintes. Quant à lui, tant que vivra Sextus, il ne pourra jouir paisiblement de l'immense et opulent patrimoine d'un citoyen vertueux. Il espère qu'après l'avoir fait condamner et exiler il pourra prodiguer et consumer en dispendieuses débauches des trésors acquis par le crime. Ce cuisant souci qui obsède et tourmente son esprit nuit et jour, il veut que vous le dissipiez, et que, pour lui assurer cette horrible proie, vous vous rendiez ses complices. Quelque honnête et juste que puisse vous paraître cette demande, je vais, juges, en deux mots vous en présenter une autre, qui, j'ose le croire, vous paraîtra un peu plus équitable.

III. Je demande d'abord à Chrysogon de se contenter de notre argent et de nos biens, et de ne pas demander notre sang et notre vie ; et vous, juges, je vous conjure de réprimer l'audace du crime, de protéger l'innocence opprimée, et de repousser dans la personne de Sextus Roscius un danger qui nous menace tous.

millibus nummum se dicit emisse adolescens vel potentissimus hoc tempore nostræ civitatis, L. Cornelius Chrysogonus. Is a vobis, judices, hoc postulat, ut, quoniam in alienam pecuniam, tam plenam atque præclaram, nullo jure invaserit, quoniamque ei pecuniæ vita Sexti Roscii obstare atque officere videatur, deleatis ex animo suo suspicionem omnem, metumque tollatis : sese, hoc incolumi, non arbitratur hujus innocentis patrimonium tam amplum et copiosum posse obtinere ; damnato et ejecto, sperat se posse, quod adeptus est per scelus, id per luxuriam effundere atque consumere. Hunc sibi ex animo scrupulum, qui se dies noctesque stimulat ac pungit, ut evellatis postulat ; ut ad hanc suam prædam tam nefariam adjutores vos profiteamini. Si vobis æqua et honesta postulatio videtur, judices, ego contra brevem postulationem adfero, et, quomodo mihi persuadeo, aliquanto æquiorem.

III. Primum a Chrysogono peto, ut pecunia fortunisque nostris contentus sit, sanguinem et vitam ne petat : deinde a vobis, judices, ut audacium sceleri resistatis, innocentium calamitatem levetis, et in causa Sexti Roscii periculum, quod in omnes intenditur, propulsetis.

Si l'on peut trouver contre nous quelque sujet de reproche, quelque action suspecte, et même le plus léger indice qui ait pu fournir à nos adversaires l'ombre d'une accusation ; si, sauf cette riche proie dont j'ai parlé, vous ne découvrez aucun autre motif à leurs poursuites, je consens que la vie de Sextus soit abandonnée à leur fureur. Mais s'il s'agit seulement d'assouvir la cupidité d'hommes que rien ne peut rassasier ; si tant d'acharnement n'a d'autre but que de joindre à la spoliation de son riche patrimoine la condamnation de Roscius, comme pour combler la mesure, n'est-ce donc point, de tant d'indignités, la plus révoltante, que de vous avoir crus capables de leur procurer, par vos suffrages et sous le sceau du serment, ce qu'auparavant ils avaient coutume de se procurer par le crime et par le fer ? On vous a vus, du rang des citoyens, élevés au sénat par votre mérite, puis appelés du sénat à ce tribunal par un choix qui atteste votre intégrité. Et c'est à vous que des sicaires, des gladiateurs, s'adressent non pas seulement pour vous demander de les dérober aux supplices qu'ils doivent appréhender, attendre de vous pour prix de leurs méfaits, mais pour obtenir que, chargés des dépouilles de Sextus, ils sortent triomphants de cette lutte judiciaire !

IV. Pour exprimer des crimes si multipliés, si atroces, je ne puis mettre assez de force dans mes paroles, de véhémence dans

Quodsi aut causa criminis, aut facti suspicio, aut quælibet denique vel minima res reperietur, quamobrem videantur illi nonnihil tamen in deferendo nomine secuti ; postremo, si præter eam prædam, quam dixi, quidquam aliud causæ inveneritis, non recusamus, quin illorum libidini Sexti Roscii vita dedatur : sin aliud agitur nihil, nisi ut iis ne quid desit, quibus satis nihil est ; si hoc solum hoc tempore pugnatur, ut ad illam opimam præclaramque prædam damnatio Sexti Roscii, velut cumulus, accedat ; nonne quum multa indigna, tum vel hoc indignissimum est, vos idoneos habitos, per quorum sententias jusque jurandum id adsequantur, quod antea ipsi scelere et ferro adsequi consuerunt ? Qui ex civitate in senatum propter dignitatem, ex senatu in hoc consilium delecti estis propter severitatem, ab his hoc postulare homines sicarios atque gladiatores, non modo ut supplicia vitent, quæ a vobis pro maleficiis suis metuere atque horrere debent, verum etiam ut spoliis Sexti Roscii ex hoc judicio ornati auctique discedant ?

IV. His de rebus tantis, tamque atrocibus, neque satis me commode dicere,

mes plaintes, de liberté dans les accents de mon indignation. Oui, je le sens, mon faible talent, ma jeunesse et les circonstances m'interdisent cette énergie, cette véhémence, cette liberté. Enfin à ma timidité naturelle se joint encore la crainte que m'inspirent votre aspect imposant, la puissance de mes adversaires, et les dangers de Sextus. Je vous en conjure donc, juges, daignez accorder à mes paroles toute votre attention et toute votre indulgence.

Rassuré par votre intégrité et par votre sagesse, je me suis chargé d'un fardeau qui, je le sens, est bien au-dessus de mes forces. Ce fardeau, si vous daignez quelque peu l'alléger, je le supporterai peut-être à force de zèle et de travail; mais si, ce que je ne puis croire, vous m'abandonnez à moi-même, je ne perdrai point courage; et, tant que j'en aurai la force, je persisterai dans ma pénible tâche. Si je ne puis l'accomplir, j'aime mieux succomber sous le faix en faisant mon devoir, que de m'y soustraire avec perfidie, ou d'y renoncer par faiblesse. Et vous surtout, M. Fannius, je vous en conjure, déployez aujourd'hui à nos yeux, à ceux du peuple romain, cette fermeté qu'il a déjà admirée en vous lorsque, juge d'une cause semblable, vous remplîtes, avec tant d'éclat, les augustes fonctions de la présidence.

V. Vous voyez quelle foule s'est empressée de venir assister

neque satis graviter conqueri, neque satis libere vociferari posse intelligo; nam commoditati ingenium, gravitati ætas, libertati tempora sunt impedimento. Huc accedit summus timor, quem mihi natura pudorque meus attribuit, et vestra dignitas, et vis adversariorum, et Sexti Roscii pericula. Quapropter vos oro atque obsecro, judices, ut attente, bonaque cum venia verba mea audiatis.

Fide sapientiaque vestra fretus, plus oneris sustuli, quam ferre me posse intelligo. Hoc onus si vos aliqua ex parte allevabitis, feram, ut potero, studio et industria, judices; sin a vobis, id quod non spero, deserar, tamen animo non deficiam, et id, quod suscepi, quoad potero, perferam : quod si perferre non potero, opprimi me onere officii malo, quam id, quod mihi cum fide semel impositum est, aut propter perfidiam abjicere, aut propter infirmitatem animi deponere. Te quoque magno opere, M. Fanni, quæso, ut, qualem te jam antea populo Romano præbuisti, quum huic eidem quæstioni judex præesses, talem te et nobis, et populo Romano hoc tempore impertias.

V. Quanta multitudo hominum convenerit ad hoc judicium, vides; quæ sit

à ce jugement ; vous savez ce qu'attendent tant de citoyens, ce qu'ils désirent avec ardeur : des arrêts rigoureux, énergiques. Depuis longtemps voici la première fois que des meurtriers sont déférés à la justice, quoique durant cet intervalle les assassinats les plus atroces se soient affreusement multipliés. Chacun espère que, sous votre préture, ce tribunal fera bonne justice des assassinats publics et du sang qu'on ose verser tous les jours sous nos yeux.

Cette rigueur qu'à grands cris les accusateurs ont coutume de réclamer dans les autres causes, aujourd'hui c'est nous, accusés, qui la réclamons. Nous vous supplions, Fannius, et vous, juges, de frapper le crime sans pitié, et d'opposer une résistance courageuse à l'audace la plus effrénée. Oui, persuadez-vous bien que, si vous ne déployez dans cette cause toute l'énergie qu'on vous a connue, la cupidité, la scélératesse et l'audace ne connaîtront plus de frein ; et bientôt ce ne sera plus en secret, mais ici, dans le forum, devant votre tribunal, ô Fannius ! oui, juges, à vos pieds, sur les bancs où vous êtes assis, que les meurtriers viendront égorger leurs victimes.

Et dans quelle pensée pourrait-on solliciter ce jugement, si ce n'était pour en venir à cette extrémité? Les accusateurs sont des hommes qui ont envahi la fortune d'un citoyen ; l'accusé, celui à qui ils n'ont laissé que l'indigence. Eux se sont enrichis par le meurtre du père de Sextus ; pour lui, la mort d'un père

omnium mortalium exspectatio, quæ cupiditas, ut acria ac severa judicia fiant, intelligis. Longo intervallo judicium inter sicarios hoc primum committitur, quum interea cædes indignissimæ maximæque factæ sint. Omnes hanc quæstionem, te prætore, manifestis maleficiis cotidianoque sanguine haud remissius sperant futuram.

Qua vociferatione in cæteris judiciis accusatores uti consueverunt, ea nos hoc tempore utimur, qui causam dicimus. Petimus abs te, M. Fanni, a vobisque, judices, ut quam acerrime maleficia vindicetis; ut quam fortissime hominibus audacissimis resistatis ; ut hoc cogitetis, nisi in hac causa, qui vester animus sit, ostendetis, eo prorumpere hominum cupiditatem, et scelus, et audaciam, ut non modo clam, verum etiam hic in foro, ante tribunal tuum, M. Fanni, ante pedes vestros, judices, inter ipsa subsellia cædes futuræ sint.

Etenim quid aliud hoc judicio temptatur, nisi ut id fieri liceat ? Accusant ii, qui in fortunas hujus invaserunt : causam dicit, is cui, præter calamitatem, nihil reliquerunt. Accusant ii, quibus occidi patrem Sexti Roscii bono fuit :

l'a plongé dans le deuil et réduit à la misère. Ils ont voulu égorger Sextus lui-même; et lui n'a pu comparaître devant votre tribunal qu'avec une escorte, afin de n'être pas égorgé dans ce lieu même sous vos yeux. Enfin les accusateurs sont les hommes dont le peuple demande hautement la tête; l'accusé est celui qui seul a pu échapper à leurs mains sanguinaires.

Et pour mieux vous convaincre que mes paroles n'expriment que faiblement l'atrocité de leurs attentats, je vais vous exposer les faits tels qu'ils ont eu lieu dès le commencement : vous serez alors plus à même d'apprécier les malheurs du plus innocent des hommes, l'audace de ses ennemis, et l'état déplorable de la république.

VI. Sextus Roscius, père de celui que je défends, et citoyen du municipe d'Amérie, était, par sa naissance, son rang et sa fortune, le premier de sa ville et même de tout le pays d'alentour. Son crédit et ses liaisons d'hospitalité avec les familles les plus illustres ajoutaient encore à l'éclat de sa position : les Metellus, les Servilius, les Scipions, ne voyaient pas seulement en lui un hôte digne d'estime; il était admis sur le pied de la plus intime familiarité dans ces maisons honorables, dont je ne prononce le nom qu'avec le respect dû à leur illustration. De tous ses biens, l'amitié de ces grands citoyens est le seul qu'il ait laissé à son fils; car des brigands domestiques jouissent de son

---

causam dicit is, cui non modo luctum mors patris attulit, verum etiam egestatem. Accusant ii, qui hunc ipsum jugulare summe cupierunt : causam dicit is, qui etiam ad hoc ipsum judicium cum præsidio venit, ne hic ibidem ante oculos vestros trucidetur. Denique accusant ii, quos populus poscit : causam dicit is, qui unus relictus ex illorum nefaria cæde restat.

Atque ut facilius intelligere possitis, judices, ea, quæ facta sunt, indigniora esse, quam hæc sunt, quæ dicimus, ab initio, res quemadmodum gesta sit, vobis exponemus; quo facilius et hujus hominis innocentissimi miserias, et illorum audaciam cognoscere possitis, et rei publicæ calamitatem.

VI. Sext. Roscius, pater hujusce, municeps Amerinus fuit, quum genere, et nobilitate, et pecunia, non modo sui municipii, verum etiam ejus vicinitatis facile primus, tum gratia atque hospitiis florens hominum nobilissimorum. Nam cum Metellis, Serviliis, Scipionibus, erat ei non modo hospitium, verum etiam domesticus usus et consuetudo; quas, ut æquum est, familias honestatis amplitudinisque gratia nomino. Itaque ex suis omnibus commodis hoc solum

riche patrimoine, dont ils se sont emparés : l'honneur et la vie du fils innocent sont défendus par les amis et les hôtes du père.

Roscius avait de tout temps été le partisan déclaré de la noblesse ; mais dans les derniers troubles, lorsque la dignité et la vie des nobles coururent de si grands dangers, nul dans cette partie de l'Italie ne se montra plus zélé pour leur cause, qu'il défendit de tous ses efforts et de tout son crédit. Il se faisait un devoir de combattre pour les priviléges de ceux qui lui assuraient à lui-même la prééminence parmi ses concitoyens. Quand la victoire eut été décidée, et qu'on eut déposé les armes, on proscrivit, on arrêta dans tous les pays ceux qu'on supposait avoir été du parti vaincu. Cependant Roscius venait souvent à Rome ; tous les jours il se montrait dans le forum aux yeux de tous, et paraissait triompher de la victoire des nobles, bien loin de craindre qu'elle pût lui devenir funeste.

D'anciennes inimitiés existaient entre lui et deux autres Roscius d'Amérie : vous voyez l'un d'eux assis sur le banc des accusateurs ; l'autre, à ce que j'apprends, possède trois des domaines de celui que je défends. Si Roscius avait su se mettre en garde contre ces inimitiés autant qu'il les craignait, il vivrait encore. En effet, juges, ses craintes n'étaient que trop bien fondées ; car voici quels hommes sont ces deux Roscius, dont l'un est sur-

---

filio reliquit ; nam patrimonium domestici prædones vi ereptum possident ; fama et vita innocentis ab hospitibus amicisque paternis defenditur.

Hic quum omni tempore nobilitatis fautor fuisset, tum hoc tumultu proximo quum omnium nobilium dignitas et salus in discrimen veniret, præter cœteros in ea vicinitate eam partem causamque opera, studio, auctoritate defendit. Etenim rectum putabat, pro eorum honestate se pugnare, propter quos ipse honestissimus inter suos numerabatur. Posteaquam victoria constituta est, ab armisque recessimus, quum proscriberentur homines, atque ex omni regione caperentur ii, qui adversarii fuisse putabantur, erat ille Romæ frequens, atque in foro, et in ore omnium cotidie versabatur ; magis ut exsultare victoria nobilitatis videretur, quam timere, ne quid ex ea calamitatis sibi accideret.

Erant ei veteres inimicitiæ cum duobus Rosciis Amerinis, quorum alterum sedere in accusatorum subselliis video ; alterum tria hujusce prædia possidere audio : quas inimicitias si tam cavere potuisset, quam metuere solebat, viveret. Neque enim, judices, injuria metuebat ; nam duo isti sunt T. Roscii (quorum

nommé Capiton, et l'autre, ici présent, est appelé le Grand. Le premier, vieux gladiateur fameux par ses exploits, est décoré de plusieurs palmes ; le second a reçu depuis peu des leçons de ce terrible spadassin. Avant ce dernier coup de main il n'était encore qu'un novice ; mais bientôt il a surpassé son maître en audace et en scélératesse.

VII. Tandis que Sextus, que vous voyez ici, était à Amérie, ce Titus, dont je vous parle, était à Rome. Sextus habitait assidûment la campagne, où, selon la volonté de son père, il se livrait au soin des affaires domestiques et de l'agriculture ; Titus, au contraire, ne quittait jamais Rome. Tout à coup Roscius, revenant de souper, est tué près des bains du mont Palatin. Cette circonstance montre assez clairement, j'espère, sur qui doivent planer les soupçons. Mais, si l'exposition des faits ne change pas le soupçon en certitude, déclarez que mon client est l'auteur du meurtre.

Dès que Roscius a rendu le dernier soupir, un certain Mallius Glaucia, homme obscur, fils d'affranchi, client et ami du susdit Titus Roscius, en porte le premier la nouvelle à Amérie ; et il se rend, non chez le fils de la victime, mais chez Capiton, son ennemi. Quoique le meurtre eût été commis après la première heure de la nuit, l'émissaire était arrivé à Amérie dès le point du jour. Pendant la nuit, en dix heures, il fit dans une voiture

---

alteri Capitoni cognomen est ; iste, qui adest, Magnus vocatur), homines ejusmodi : alter plurimarum palmarum vetus ac nobilis gladiator habetur ; hic autem nuper se ad eum lanistam contulit, qui, quum ante hanc pugnam tiro esset scientia, facile ipsum magistrum scelere audaciaque superavit.

VII. Nam quum hic Sext. Roscius esset Ameriæ, T. autem iste Roscius Romæ ; quum hic filius adsiduus in prædiis esset, quumque se voluntate patris rei familiari vitæque rusticæ dedisset, iste autem frequens Romæ esset, occiditur ad balneas Palatinas, rediens a cœna, Sext. Roscius. Spero ex hoc ipso non esse obscurum, ad quem suspicio maleficii pertineat. Verum id, quod adhuc est suspiciosum, nisi perspicuum res ipsa fecerit, hunc adfinem culpæ judicatote.

Occiso Sext. Roscio, primus Ameriam nuntiat Mallius Glaucia quidam, homo tenuis, libertinus, cliens et familiaris istius T. Roscii ; et nuntiat domum, non filii, sed T. Capitonis, inimici ; et, quum post horam primam noctis occisus esset, primo diluculo nuntius hic Ameriam venit. Decem horis nocturnis sex

légère cinquante-six milles, comme si, non content d'apporter le premier à Capiton une nouvelle ardemment désirée, il eût voulu encore lui montrer le sang tout fumant d'un ennemi, et le poignard à peine retiré du corps.

Quatre jours après, on fait part de cet événement à Chrysogon, au camp de Sylla, près de Volaterre; on lui fait connaître et les richesses de Roscius, et la bonté de ses terres (il en a laissé treize presque toutes aux bords du Tibre), et le délaissement du fils resté seul et sans ressources. Les Roscius lui représentent que si le père, malgré le crédit et la considération dont il jouissait, avait été si facilement assassiné, il sera encore plus aisé de se débarrasser du fils, homme simple et peu défiant, vivant à la campagne, inconnu à Rome. Ils lui promettent leurs services pour cette expédition. Enfin, juges, pour vous épargner les détails, le complot est formé.

VIII. Il n'était plus question de proscriptions; ceux même que la peur avait éloignés revenaient à Rome, et se croyaient quittes de tout danger. Toutefois, on voit apparaître sur les tables fatales le nom de Roscius, du partisan le plus zélé de la noblesse. Chrysogon se rend adjudicataire de ses biens : trois des plus belles terres sont livrées à Capiton, qui les possède aujourd'hui; et Titus, au nom de Chrysogon, comme il le dit lui-même, envahit

---

et quinquaginta millia passuum cisiis pervolavit ; non modo ut exoptatum inimico nuntium primus adferret, sed etiam cruorem inimici quam recentissimum, telumque paullo ante e corpore extractum ostenderet.

Quatriduo, quo hæc gesta sunt, res ad Chrysogonum in castra L. Suillæ Volaterras defertur; magnitudo pecuniæ demonstratur; bonitas prædiorum (nam fundos decem et tres reliquit, qui Tiberim fere omnes tangunt), hujus inopia et solitudo commemoratur : demonstrant, quum pater hujusce, Sext. Roscius, homo tam splendidus et gratiosus, nullo negotio sit occisus, perfacile hunc hominem, incautum, et rusticum, et Romæ ignotum, de medio tolli posse ; ad eam rem operam suam pollicentur. Ne diutius vos teneam, judices, societas coitur.

VIII. Quum jam proscriptionis mentio nulla fieret, et quum etiam, qui antea metuerant, redirent, ac jam defunctos sese periculis arbitrarentur, nomen refertur in tabulas Sexti Roscii, hominis studiosissimi nobilitatis; manceps fit Chrysogonus; tria prædia vel nobilissima Capitoni propria traduntur, quæ hodie possidet : in reliquas omnes fortunas iste T. Roscius, nomine Chryso-

le reste. Ces biens, estimés six millions de sesterces, sont vendus pour deux mille.

Toute cette intrigue, je le sais, juges, s'est machinée à l'insu de Sylla; j'en ai la certitude. Si l'on considère qu'il est occupé tout à la fois à remédier au passé et à préparer l'avenir; que seul il est l'arbitre de la paix et de la guerre; que tous les yeux sont fixés sur lui seul; que sur lui seul roule tout le gouvernement; qu'accablé d'affaires de la plus haute importance il n'a pas le loisir de respirer, on ne sera pas surpris que quelque chose échappe à sa vigilance, surtout quand un si grand nombre d'hommes observent le moment où il est le plus occupé, épient la moindre distraction de sa part, pour commettre quelque méfait de ce genre. Ajoutez à cela que, quelque heureux que soit ce grand homme, il ne saurait l'être assez pour n'avoir pas dans une maison nombreuse quelque esclave ou quelque affranchi malhonnête.

Cependant le bon, le vertueux Titus, chargé des pouvoirs de Chrysogon, vient à Amérie; il s'empare des terres de Roscius; et sans attendre que le malheureux fils, plongé dans le deuil, eût achevé de rendre les derniers honneurs à son père, il le dépouille, il le chasse de sa maison, il l'arrache à ses foyers paternels, à ses dieux pénates; quant à lui, il se trouve maître de disposer de sommes immenses. Borné jusqu'alors à son chétif

goni, quemadmodum ipse dicit, impetum facit. Hæc bona sexagiens H-S emuntur duobus millibus nummum.

Hæc omnia, judices, imprudente L. Sulla facta esse certo scio. Neque enim mirum, quum eodem tempore et ea, quæ præterita sunt, et ea, quæ videntur instare, præparet; quum et pacis constituendæ rationem, et belli gerendi potestatem solus habeat; quum omnes in unum spectent, unus omnia gubernet; quum tot tantisque negotiis distentus sit, ut respirare libere non possit; si aliquid non animadvertat, quum præsertim tam multi occupationem ejus observent, tempusque aucupentur, ut, simul atque ille despexerit, aliquid hujusce modi moliantur. Huc accedit, quod, quamvis ille felix sit, sicut est, tamen in tanta felicitate nemo potest esse in magna familia, qui neminem neque servum, neque libertum improbum habeat.

Interea iste T. Roscius, vir optimus, procurator Chrysogoni, Ameriam venit; in prædia hujus invadit; hunc miserum, luctu perditum, qui nondum etiam omnia paterno funeri justa solvisset, nudum ejicit domo, atque focis patriis diisque penatibus præcipitem, judices, exturbat; ipse amplissimæ pecuniæ fit

patrimoine, il avait vécu dans la misère; il se montre insolent, comme c'est l'usage, avec le bien d'autrui. Il emporte ouvertement dans sa maison quantité d'objets; il en soustrait secrètement encore davantage; il en distribue avec profusion un grand nombre à ses coopérateurs, et vend le reste à l'encan.

IX. Ces procédés parurent aux habitants d'Amérie si odieux, que toute la ville en était dans les pleurs et les gémissements. Triste spectacle, en effet. L'horrible assassinat de Roscius, le plus illustre de leurs concitoyens; l'indigne pauvreté de son fils, à qui, d'un si riche patrimoine, ce scélérat n'avait pas même laissé un étroit sentier pour aller au tombeau de ses pères; l'achat criminel, et la possession non moins coupable de ses biens, les vols, les rapines, les profusions. Il n'y avait personne qui n'eût mieux aimé qu'un incendie eût entièrement consumé les biens de Roscius, le plus honnête et le plus vertueux des hommes, que de voir Titus en disposer insolemment au gré de son caprice.

Les décurions décrètent aussitôt que les dix premiers d'entre eux se rendront auprès de Sylla, pour lui faire connaître quel homme était Roscius; pour se plaindre du crime et des iniquités de ces brigands, pour le prier de protéger l'honneur du père mort et la fortune du fils innocent. Écoutez, je vous prie, les termes de ce décret. Décret des Décurions.

---

dominus. Qui in sua re fuisset egentissimus, erat, ut fit, insolens in aliena. Multa palam domum suam auferebat; plura clam de medio removebat; non pauca suis adjutoribus large effuseque donabat; reliqua, constituta auctione, vendebat.

IX. Quod Amerinis usque eo visum est indignum, ut urbe tota fletus genitusque fieret. Etenim multa simul ante oculos versabantur : mors hominis florentissimi, Sexti Roscii, crudelissima; filii autem ejus egestas indignissima, cui de tanto patrimonio prædo iste nefarius ne iter quidem ad sepulcrum patrium reliquisset; bonorum emptio flagitiosa, flagitiosa possessio, furta, rapinæ, donationes. Nemo erat, qui non ardere omnia mallet, quam videre, in Sexti Roscii, viri optimi atque honestissimi, bonis jactantem se, ac dominantem T. Roscium.

Itaque decurionum decretum statim fit, ut decem primi proficiscantur ad L. Sullam, doceantque eum, qui vir Sext. Roscius fuerit; conquerantur de istorum scelere et injuriis; orent, ut et illius mortui famam, et filii innocentis fortunas conservatas velit. Atque ipsum decretum, quæso, cognoscite. Decretum Decurionum.

Les ambassadeurs arrivent au camp. Ici l'on peut se convaincre, juges, ainsi que je l'ai dit plus haut, que tous ces crimes et ces turpitudes se commettaient à l'insu de Sylla : en effet, Chrysogon vient aussitôt à leur rencontre ; il les fait visiter par des hommes d'un haut rang, pour les engager à ne point s'adresser à Sylla, et leur promettre que Chrysogon fera tout ce qu'ils désirent.

Chrysogon était en proie à des craintes si vives, qu'il aurait donné sa vie pour que Sylla ne fût instruit de rien. Les décurions, hommes d'une vertu antique, jugeaient des autres d'après eux-mêmes : Chrysogon assurait qu'il effacerait le nom de Roscius des tables de proscription, qu'il rendrait au fils l'héritage tout entier : enfin T. Roscius Capiton, qui était l'un des dix députés, se rendait garant de cette promesse ; ses collègues eurent foi à toutes ces assurances, et revinrent à Amérie sans avoir présenté leur réclamation à Sylla. Les spoliateurs diffèrent d'abord et remettent la chose du jour au lendemain ; puis ils montrent encore plus de lenteur ; ils n'exécutent rien et jouent les députés par mille détours ; enfin, comme il a été facile de le découvrir, ils dirigent leurs machinations contre la vie du jeune Sextus, persuadés que tant que vivra le légitime propriétaire, ils ne pourront disposer plus longtemps des biens d'autrui.

X. Dès qu'il eut pénétré leurs desseins, Sextus, d'après le conseil de ses parents et de ses amis, vint chercher un asile à

Legati in castra veniunt. Intelligitur, judices, id quod jam ante dixi, imprudente L. Sulla scelera hæc et flagitia fieri ; nam statim Chrysogonus et ipse ad eos accedit, et homines nobiles adlegat iis, qui peterent, ne ad Sullam adirent, et omnia Chrysogonum, quæ vellent, esse facturum pollicerentur.

Usque adeo autem ille pertimuerat, ut mori mallet, quam de his rebus Sullam doceri. Homines antiqui, qui ex sua natura cæteros fingerent, quum ille confirmaret, sese nomen Sexti Roscii de tabulis exempturum, prædia vacua filio traditurum ; quumque id ita futurum T. Roscius Capito, qui in decem legatis erat, appromitteret, crediderunt : Ameriam re inorata reverterunt. Ac primo rem differre cotidie ac procrastinare illi cœperunt ; deinde aliquanto lentius ; nihil agere, atque deludere ; postremo, id quod facile intellectum est, insidias vitæ hujusce Sexti Roscii parare ; neque sese arbitrari posse diutius alienam pecuniam, domino incolumi, obtinere.

X. Quod hic simul atque sensit, de amicorum cognatorumque sententia Ro-

Rome, auprès de Cécilia, fille de Nepos, femme dont je ne prononce le nom qu'avec respect : elle avait été l'amie de Roscius, et chez elle, au jugement de tous, on voit revivre, comme pour servir de modèle, les traits de nos antiques vertus. Elle reçut dans sa maison Sextus, manquant de tout, chassé du toit paternel, dépouillé de ses biens, fuyant les poignards des brigands acharnés à sa perte; elle prodigua tous les secours à son hôte opprimé, et dont la mort semblait inévitable. C'est grâce au courage, à la protection de cette généreuse amie, que Sextus a été mis vivant au nombre des accusés, plutôt que mort au nombre des proscrits.

En effet, lorsque ses ennemis s'aperçurent qu'on veillait sur ses jours avec la plus grande attention, et qu'il ne leur était laissé aucun moyen de l'assassiner, ils formèrent le dessein audacieux, exécrable, de l'accuser de parricide; de se procurer quelque accusateur vieilli dans le métier, qui pût trouver quelques mots à dire dans une affaire où il n'y avait pas même matière à un soupçon; enfin, ne pouvant élever contre lui aucune accusation sérieuse, ils résolurent de le rendre victime des circonstances politiques, et voici comment ils raisonnèrent. Puisque le cours de la justice a depuis longtemps été interrompu, il faut que le premier qui sera mis en cause soit condamné. Le crédit de Chrysogon privera Sextus de défenseurs; personne n'osera

mam confugit, et sese ad Cœciliam, Nepotis filiam, quam honoris causa nomino, contulit, qua pater usus erat plurimum : in qua muliere, judices, etiam nunc, id quod omnes semper existimaverunt, quasi exempli causa, vestigia antiqui officii remanent. Ea Sext. Roscium inopem, ejectum domo, atque expulsum ex suis bonis, fugientem latronum tela et minas, recepit domum; hospitique oppresso jam, desperatoque ab omnibus, opitulata est. Ejus virtute, fide, diligentia factum est, ut hic potius vivus in reos, quam occisus in proscriptos referretur.

Nam postquam isti intellexerunt, summa diligentia vitam Sexti Roscii custodiri, neque sibi ullam cædis faciundæ potestatem dari, consilium ceperunt plenum sceleris et audaciæ, ut nomen hujus de parricidio deferrent; ut ad eam rem aliquem accusatorem veterem compararent, qui de ea re posset dicere aliquid, in qua re nulla subesset suspicio; denique, ut, quoniam crimine non poterant, tempore ipso pugnarent. Ita loqui homines : Quod judicia tam diu facta non essent, condemnari eum oportere, qui primus in judicium adductus esset; huic autem patronos propter Chrysogoni gratiam defuturos; de bonorum ven-

dire un mot de la vente des biens ni de notre association, et le nom seul de parricide, l'atrocité d'un crime si effroyable, suffiront pour perdre Sextus, qui ne trouvera point d'avocat. C'est d'après ce plan inspiré par une rage insensée qu'ils osent vous livrer, pour que vous l'égorgiez, celui qu'ils n'ont pu assassiner de leurs propres mains.

XI. De quoi faut-il me plaindre d'abord? et par où commencer? quel secours implorerai-je, et à qui m'adresserai-je? Est-ce la protection des dieux immortels, est-ce celle du peuple romain, est-ce l'appui du souverain pouvoir dont vous êtes revêtus, juges, que je dois invoquer?

Le père indignement égorgé, sa maison envahie, ses biens enlevés, usurpés, partagés, pillés par ses ennemis; la vie du fils exposée à des dangers continuels, sans cesse menacée par le fer et les embûches; quel genre de crimes manque à tant de forfaits? Cependant ils y ajoutent encore, ils y mettent le comble par d'autres attentats : ils inventent une accusation incroyable. Avec l'argent de l'accusé, ils achètent contre lui des témoins et des accusateurs; ils réduisent cet infortuné à la cruelle alternative, ou de tendre la gorge à Titus, ou de périr enfermé dans un sac, par le supplice infâme des parricides. Ils ont pensé qu'il manquerait d'éloquents défenseurs; il en manque en effet; mais si dans cette cause il suffit d'un homme qui parle avec liberté,

ditione, et de ista societate verbum esse facturum neminem; ipso nomine parricidii et atrocitate criminis fore, ut hic nullo negotio tolleretur, quum ab nullo defensus esset. Hoc consilio, atque adeo hac amentia impulsi, quem ipsi, quum cuperent, non potuerunt occidere, eum jugulandum vobis tradiderunt.

XI. Quid primum querar? aut unde potissimum, judices, ordiar? aut quod, aut a quibus auxilium petam? Deorumne immortalium, populine Romani, vestramne, qui summam potestatem habetis, hoc tempore fidem implorem.

Pater occisus nefarie, domus obsessa, ab inimicis bona adempta, possessa, direpta; filii vita infesta, sæpe ferro atque insidiis appetita: quid ab his tot maleficiis sceleris abesse videtur? Tamen hæc aliis nefariis cumulant atque adaugent; crimen incredibile confingunt; testes in hunc et accusatores hujusce pecunia comparant; hanc conditionem misero ferunt, ut optet, utrum malit cervices Roscio dare, an insutus in culeum per summum dedecus vitam amittere. Patronos huic defuturos putaverunt; desunt: qui libere dicat, qui

qui le défende avec dévouement, il n'en manquera point; car c'est la tâche que je me suis imposée. Peut-être, en me chargeant d'une cause si difficile, ai-je été entraîné par la fougue imprévoyante de la jeunesse; mais, puisque j'en ai pris l'engagement, oui, j'accomplirai cette noble mission, en dépit des terreurs et des dangers amassés sur ma tête. Mon parti en est pris : je suis déterminé à dire tout ce que je crois utile à la cause, et à le dire avec franchise, hardiesse et liberté. Non, aucune considération n'aura le pouvoir d'ébranler ma résolution, et jamais dans mon cœur la crainte ne fera taire la voix de la conscience.

Et quel homme serait assez lâche pour garder le silence et rester impassible à la vue de tant d'atrocités? Vous avez égorgé mon père quoiqu'il n'eût pas été proscrit : après l'avoir tué vous l'avez inscrit sur les tables fatales; vous m'avez chassé violemment de ma maison; vous êtes en possession de mon patrimoine, que voulez-vous de plus? Êtes-vous encore venus ici avec des poignards et des épées pour égorger Sextus sur ces bancs, ou pour forcer les juges à le condamner?

XII. Nous avons vu naguère, en C. Fimbria, l'homme le plus audacieux qui ait jamais existé dans cette république, et le plus forcené, de l'aveu de tous ceux qui ne sont pas atteints de la même frénésie. C'est lui qui, aux funérailles de C. Marius, fit poignarder Q. Scévola, le citoyen le plus vertueux et le plus

cum fide defendat, id quod in hac causa est satis, quoniam quidem suscepi, non deest profecto, judices. Et forsitan in suscipienda causa temere, impulsus adolescentia, fecerim ; quoniam quidem semel suscepi, licet, hercules, undique omnes in me terrores, periculaque impendeant omnia, succurram, atque subibo. Certum est, deliberatumque, quæ ad causam pertinere arbitror, omnia non modo dicere, verum libenter, audacter, libereque dicere : nulla res tanta exsistet, judices, ut possit vim mihi majorem adhibere metus, quam fides.

Etenim quis tam dissoluto animo est, qui, hæc quum videat, tacere ac negligere possit? Patrem meum, quum proscriptus non esset, jugulastis; occisum in proscriptorum numerum rettulistis; me domo mea per vim expulistis; patrimonium meum possidetis. Quid vultis amplius? Etiamne ad subsellia cum ferro atque telis venistis, ut hic aut juguletis, aut condemnetis Sext. Roscium ?

XII. Hominem longe audacissimum nuper habuimus in civitate, C. Fimbriam, et, quod inter omnes constat, nisi inter eos, qui ipsi quoque insaniunt, insanissimum. Is quum curasset, in funere C. Marii, ut Q. Scævola vulneraretur,

illustre de la république : mais ce n'est point ici le lieu de m'étendre sur ses louanges, et tout ce que je pourrais dire est gravé dans le souvenir du peuple romain. Informé que Scévola avait survécu à sa blessure, Fimbria le cita en justice. Quand on lui demanda de quoi il accuserait celui dont le mérite était au-dessus de tout éloge, ce furieux répliqua, dit-on : « Je l'accuserai de n'avoir pas reçu le poignard tout entier dans son corps. » Jamais le peuple romain ne vit rien de plus indigne que la mort même de ce grand homme; mort funeste, qui entraîna la ruine de ses concitoyens : comme il voulait les sauver en tâchant de concilier les partis, il succomba sous leurs coups.

Ne retrouve-t-on pas ici le mot et la conduite atroce de Fimbria? Vous accusez Sextus ; et pourquoi? Parce qu'il s'est échappé de vos mains, parce qu'il ne s'est pas laissé tuer. Le crime de Fimbria, en ce qu'il tomba sur Scévola, inspire plus d'horreur. Celui-ci, parce que Chrysogon en est l'auteur, doit-il trouver plus d'indulgence? Car, au nom des dieux immortels, qu'y a-t-il dans cette cause qui exige une défense, qui réclame le savoir d'un jurisconsulte ou l'éloquence d'un orateur? Développons, juges, l'affaire tout entière; envisageons-la sous toutes les faces, et rien ne vous sera plus facile que de comprendre quel est le

---

vir sanctissimus atque ornatissimus nostræ civitatis (de cujus laude neque hic locus est ut multa dicantur, neque plura tamen dici possunt, quam populus Romanus memoria retinet), diem Scævolæ dixit, posteaquam comperit eum posse vivere. Quum ab eo quæreretur, quid tandem accusaturus esset eum, quem pro dignitate ne laudare quidem quisquam satis commode posset : aiunt, hominem, ut erat furiosus, respondisse, quod non totum telum corpore recepisset : quo populus Romanus nihil vidit indignius, nisi ejusdem viri mortem, quæ tantum potuit, ut omnes cives suos perdiderit et adflixerit ; quos quia servare per compositionem volebat, ipse ab iis interemptus est.

Estne hoc illi dicto atque facto Fimbriæ non simillimum ? Accusatis Sext. Roscium : quid ita ? quia de manibus vestris effugit, quia se occidi passus non est. Illud quia in Scævola factum est, magis indignum videtur ; hoc, quia fit a Chrysogono, num est ferendum ? Nam, per deos immortales ! quid est in hac causa, quod defensionis indigeat? qui locus ingenium patroni requirit, aut oratoris eloquentiam magno opere desiderat ! Totam causam, judices, explicemus, atque ante oculos expositam consideremus ; ita facillime, quæ res totum judi-

véritable état de la question, quel doit être l'objet de ma discussion, et la ligne que vous avez à suivre.

XIII. Trois choses, à mon sens, se réunissent aujourd'hui contre Sextus : l'accusation intentée par ses adversaires, l'audace et le pouvoir. L'accusation a été l'ouvrage du délateur Erucius ; l'audace, voilà le rôle que les Roscius se sont réservé, et Chrysogon, comme le plus puissant, nous combat par le pouvoir.

Je sens qu'il est de mon devoir de traiter ces trois points, mais non pas tous les trois de la même manière. Le premier rentre dans mon ministère, les deux autres dans les attributions que le peuple romain vous a imposées. C'est à moi de réfuter l'accusation, à vous de réprimer l'audace, de briser et d'anéantir au plus tôt le pouvoir funeste et intolérable des gens de cette espèce.

Sextus est accusé d'avoir tué son père : crime énorme, grands dieux ! forfait abominable, et qui semble à lui seul renfermer tous les crimes à la fois ! Oui, si, comme le disent avec raison les sages, un fils peut, même par un regard, blesser la piété qu'il doit à son père, quel supplice assez rigoureux trouvera-t-on à infliger à celui qui aura donné la mort à l'auteur de ses jours, à celui pour lequel toutes les lois divines et humaines l'obligeraient de mourir lui-même s'il en était besoin ?

---

cium contineat, et quibus de rebus nos dicere oporteat, et quid vos sequi conveniat, intelligetis.

XIII. Tres sunt res, quantum ego existimare possum, quæ obstent hoc tempore Sexto Roscio, crimen adversariorum, et audacia, et potentia. Criminis confectionem accusator Erucius suscepit ; audaciæ partes Roscii sibi poposcerunt ; Chrysogonus autem is, qui plurimum potest, potentia pugnat.

De hisce omnibus rebus me dicere oportere intelligo. Quid igitur est ? non eodem modo de omnibus, ideo quod prima illa res ad meum officium pertinet ; duas autem reliquas vobis populus Romanus imposuit : ego crimen oportet diluam ; vos et audaciæ resistere, et hominum ejusmodi perniciosam atque intolerandam potentiam primo quoque tempore exstinguere, atque opprimere debetis.

Occidisse patrem Sext. Roscius arguitur. Scelestum, di immortales ! ac nefarium facinus, atque ejus modi, quo uno maleficio scelera omnia complexa esse videantur ! Etenim si, id quod præclare a sapientibus dicitur, vultu sæpe læditur pietas ; quod supplicium satis acre reperietur in eum, qui mortem obtulerit parenti, pro quo mori ipsum, si res postularet, jura divina atque humana cogebant ?

Puisqu'il s'agit d'un crime si atroce, si extraordinaire et si rare, que, si l'on en a vu quelques exemples, on l'a toujours mis au nombre des monstruosités et des prodiges, quelles preuves, C. Erucius, ne devez-vous pas apporter enfin à l'appui de votre accusation? Ne devez-vous pas montrer dans celui que vous accusez une audace inouïe, des manières farouches, un affreux naturel, une vie souillée de tous les vices et de toutes les infamies; enfin tous les excès où conduisent la perversité du cœur et la fougue des passions. Or vous n'avez, même pour la forme, rien objecté de semblable contre Sextus.

XIV. Sextus a tué son père. Quel homme est-il donc? Un jeune homme corrompu, séduit par des gens pervers? Il a plus de quarante ans. C'est donc sans doute un assassin de profession, un homme plein d'audace, accoutumé au meurtre? L'accusateur lui-même ne l'a pas dit. La débauche, des dettes énormes, des passions effrénées l'ont donc poussé à ce crime? Quant à la débauche, Erucius lui-même l'a justifié en disant que Sextus n'a presque jamais assisté à aucun festin, que jamais il n'a fait de dettes. Quelles peuvent donc être les passions d'un homme à qui son accusateur lui-même fait un crime d'avoir toujours vécu à la campagne, uniquement occupé des travaux de l'agriculture, genre de vie qui, loin de s'accorder avec les égarements des passions, est inséparable de l'accomplissement des devoirs?

In hoc tanto, tam atroci, tam singulari maleficio, quod ita raro exstitit, ut, si quando auditum sit, portenti ac prodigii simile numeretur, quibus tandem te, C. Eruci, argumentis accusatorem censes uti oportere ? Nonne et audaciam ejus, qui in crimen vocetur, singularem ostendere, et mores feros, immanemque naturam, et vitam vitiis flagitiisque omnibus deditam, et denique omnia ad perniciem profligata atque perdita ? quorum tu nihil in Sext. Roscium, ne objiciendi quidem causa contulisti.

XIV. Patrem occidit Sext. Roscius. Qui homo? Adolescentulus corruptus, et ab hominibus nequam inductus? Annos natus magis quadraginta. Vetus videlicet sicarius, homo audax, et sæpe in cæde versatus? At hoc ab accusatore ne dici quidem audistis. Luxuries igitur hominem nimirum, et æris alieni magnitudo, et indomitæ animi cupiditates ad hoc scelus impulerunt? De luxuria purgavit Erucius, quum dixit hunc ne in convivio quidem ullo fere interfuisse; nihil autem umquam debuit : cupiditates porro quæ possunt esse in eo, qui, ut ipse accusator objecit, ruri semper habitarit, et in agro colendo vixerit? quæ vita maxime disjuncta est a cupiditate, et cum officio conjuncta.

Quel motif a donc porté Sextus à cet excès de fureur ? Son père, dit-on, ne l'aimait pas. Et pourquoi ? Une telle aversion doit avoir eu une cause juste, grave, incontestable. Comme on ne saurait croire qu'un fils ait donné la mort à son père sans de nombreux et puissants motifs, on ne trouvera pas plus vraisemblable qu'un père ait détesté son fils sans des raisons nombreuses, puissantes, invincibles.

Revenons à notre raisonnement, et cherchons quels vices énormes ont pu attirer à un fils unique la haine de son père. Or, il est clair que Sextus n'avait aucun vice : et le père eût été un insensé de haïr sans motif celui à qui il avait donné le jour; mais Roscius fut, au contraire, le plus raisonnable des hommes. Il est donc évident, puisque le père n'était pas un fou, ni le fils un homme vicieux, que rien n'a pu motiver la haine du premier ni le crime du second.

XV. J'ignore, dit l'accusateur, le motif de cette haine; je sais seulement qu'elle existait ; car précédemment, quand Roscius avait deux fils, il voulut toujours garder auprès de lui l'aîné qui est mort, tandis qu'il tenait Sextus relégué dans ses métairies. L'embarras qu'éprouvait Erucius pour une accusation calomnieuse et puérile, je l'éprouve à mon tour dans la défense de la meilleure des causes. Il ne savait par quelles preuves appuyer

---

Quæ res igitur tantum istum furorem Sexto Roscio objecit ? Patri, inquit, non placebat. Patri non placebat ? Quam ob causam ? necesse est enim, cam quoque justam, et magnam, et perspicuam fuisse. Nam, ut illud incredibile est, mortem oblatam esse patri a filio sine plurimis et maximis causis ; sic hoc veri simile non est, odio fuisse parenti filium sine causis multis, et magnis, et necessariis.

Rursus igitur eodem revertamur, et quæramus, quæ tanta vitia fuerint in unico filio, quare is patri displiceret. At perspicuum est, nullum fuisse. Pater igitur amens, qui odisset eum sine causa, quem procrearat. At is quidem fuit omnium constantissimus. Ergo illud jam perspicuum profecto est, si neque amens pater, neque perditus filius fuerit, neque odii causam patri, neque sceleris filio, fuisse.

XV. Nescio, inquit, quæ causa odii fuerit ; fuisse odium intelligo : qui antea, quum duos filios haberet, illum alterum, qui mortuus est, secum omni tempore volebat esse ; hunc in prædia rustica relegarat. Quod Erucio accidebat in mala nugatoriaque accusatione, idem mihi usu venit in causa optima. Ille, quomodo

une imputation chimérique, et moi je cherche vainement des objections propres à réfuter et à détruire des assertions si frivoles.

Vous prétendez, Erucius, que de tant de terres si belles, si fertiles, Roscius n'en avait confié l'administration à son fils que pour l'exiler, pour le punir! Eh quoi! les chefs de famille, qui ont des enfants, surtout dans cet ordre de citoyens, et dans les municipes, désirent-ils rien avec plus d'ardeur que de voir leurs fils s'occuper des affaires domestiques et consacrer leurs soins et leur zèle à l'exploitation agricole?

Roscius avait-il relégué son fils dans la seule vue de le tenir aux champs, condamné à mener la vie d'un paysan, et privé de tous les agréments? Eh quoi! s'il est constant que le fils dirigeait l'exploitation des métairies, et que du vivant même de son père il jouissait du revenu de plusieurs domaines, appellera-t-on cette vie active et champêtre un exil, un bannissement? Vous voyez, Erucius, combien vos raisonnements sont peu d'accord avec les faits et la vérité. Ce que les pères ont coutume de faire, vous le réprouvez comme une nouveauté : une marque d'amitié vous paraît un signe de haine; un témoignage de confiance dont un père honore son fils, est, selon vous, un châtiment. Vous ne le croyez pas vous-même; mais le manque absolu de toute espèce de preuve vous oblige, pour inculper Sextus, de méconnaître et

---

crimen commentitium confirmaret, non inveniebat; ego, res tam leves qua ratione infirmem ac diluam, reperire non possum.

Quid ais, Eruci? tot prædia, tam pulcra, tam fructuosa Sext. Roscius filio suo, relegationis ac supplicii gratia, colenda ac tuenda tradiderat? Quid hoc? Patres familias, qui liberos habent, præsertim homines illius ordinis, ex municipiis rusticanis, nonne optatissimum sibi putant esse, filios suos rei familiari maxime servire, et in prædiis colendis opere plurimum studiique consumere?

An amandarat hunc sic, ut esset in agro, ac tantummodo aleretur ad villam? ut commodis omnibus careret? Quid? si constat, hunc non modo colendis prædiis præfuisse, sed certis fundis, patre vivo, frui solitum esse, tamenne hæc attenta vita, et rusticana, relegatio atque amandatio appellabitur? Vides, Eruci, quantum distet argumentatio tua ab re ipsa, atque a veritate. Quod consuetudine patres faciunt, id, quasi novum, reprehendis; quod benevolentia fit, id odio factum criminaris; quod honoris causa pater filio suo concessit, id cum supplicii causa fecisse dicis. Neque hæc tu non intelligis; sed usque eo, quid arguas, non habes, ut non modo tibi contra nos dicendum putes, verum

la nature des choses, et les usages, et les opinions consacrées.

XVI. Mais Roscius, du vivant de ses deux fils, gardait toujours l'aîné près de lui, et laissait l'autre à la campagne ! Je vous en prie, Erucius, ne vous offensez pas de ce que je vais dire ; je ne prétends point vous adresser un reproche, mais seulement vous donner un avis. Si la fortune vous a privé du bonheur de connaître l'auteur de vos jours, et d'apprendre de lui quelle est la tendresse d'un père pour ses enfants, au moins la nature vous a-t-elle assez bien traité pour ne pas vous refuser d'heureuses dispositions. Il s'y est joint le désir d'apprendre, et vous n'êtes point étranger à la culture des lettres. Prenons un exemple dans les pièces de théâtre : pensez-vous que le vieillard de Cécilius ait moins d'attachement pour Eutyche, celui de ses fils qui vit à la campagne, que pour le second nommé, je crois, Chérestrate? S'il garde celui-ci auprès de lui, à la ville, est-ce pour le récompenser ? s'il éloigne l'autre, est-ce pour le punir? Mais à quoi bon nous jeter dans ces frivolités, direz-vous?

Eh ! sans aller chercher les exemples bien loin, ne nous serait-il pas facile de vous nommer dans ma tribu, ou parmi mes voisins, plusieurs pères de famille qui désirent que ceux de leurs fils qu'ils aiment le plus s'appliquent à l'agriculture? Mais citer des hommes connus sans savoir s'ils le permettent, c'est manquer aux bienséances. D'ailleurs aucun d'eux ne vous serait mieux

etiam contra rerum naturam, contraque consuetudinem hominum, contraque opiniones omnium.

XVI. At enim, quum duos filios haberet, alterum a se non dimittebat, alterum ruri esse patiebatur. Quæso, Eruci, ut hoc in bonam partem accipias ; non enim exprobrandi causa, sed commonendi gratia dicam. Si tibi fortuna non dedit, ut patre certo nascerere, ex quo intelligere posses, qui animus patrius in liberos esset, at natura certe dedit, ut humanitatis non parum haberes. Eo accessit studium doctrinæ, ut ne a litteris quidem alienus esses. Ecquid tandem tibi videtur, ut ad fabulas veniamus, senex ille Cæcilianus minoris facere Eutychum, filium rusticum, quam illum alterum, Chærestratum (nam, ut opinor, hoc nomine est)? alterum in urbe secum honoris causa habere? alterum rus supplicii causa relegasse? Quid ad istas ineptias abis? inquies.

Quasi vero mihi difficile sit quamvis multos nominatim proferre, ne longius abeam, vel tribules, vel vicinos meos, qui suos liberos, quos plurimi faciunt, agricolas adsiduos esse cupiunt. Verum homines notos sumere odiosum est, quum et illud incertum sit, velintne hi sese nominari ; et nemo vobis magis

connu que cet Eutyche, et certes il n'importe guère que je prenne ici pour exemple ce personnage de comédie, ou quelque habitant de la campagne de Véies. Toutes ces fictions d'ailleurs n'ont été imaginées par les poëtes qu'afin de nous montrer, sous des noms empruntés, le tableau de nos mœurs et l'image de la société. Mais, puisque vous le voulez, revenons aux réalités ; et non-seulement en Ombrie et dans les contrées voisines, mais encore dans nos anciens municipes, considérez quels sont les goûts que les pères encouragent le plus volontiers dans leurs enfants ; et vous reconnaîtrez que, faute d'imputations fondées, vous avez méconnu ce qui fait le plus d'honneur à Sextus pour déverser sur lui le blâme et le reproche.

XVII. Et ce n'est pas seulement par sa condescendance à la volonté de leurs pères que de jeunes citoyens se livrent à l'agriculture ; mais j'en connais un grand nombre, et chacun de vous, si je ne me trompe, en connaît aussi qui montrent une passion véritable pour ce genre d'occupation, et qui regardent cette vie champêtre, dont on voudrait nous faire un sujet de honte et d'accusation, comme l'existence à la fois la plus douce et la plus honnête.

Ne savez-vous point, Erucius, quelle est l'ardeur de ce Sextus, que vous voyez, pour l'agriculture, et combien il montre d'intelligence pour tout ce qui regarde les travaux rustiques ? Au

---

notus futurus sit, quam est hic Eutychus ; et certe ad rem nihil intersit, utrum hunc ego comicum adolescentem, an aliquem ex agro Veiente nominem. Etenim hæc conficta arbitror a poetis esse, ut effictos nostros mores in alienis personis, expressamque imaginem nostræ vitæ cotidianæ videremus. Age nunc, refer animum, sis, ad veritatem, et considera non modo in Umbria atque in ea vicinitate, sed in his veteribus municipiis, quæ studia a patribus familias maxime laudentur ; jam profecto te intelliges, inopia criminum, summam laudem Sexto Roscio vitio et culpæ dedisse.

XVII. At non modo hoc patrum voluntate liberi faciunt ; sed permultos et ego novi, et, nisi me fallit animus, unus quisque vestrum, qui et ipsi incensi sunt studio, quod ad agrum colendum attinet ; vitamque hanc rusticam, quam tu probro et crimini putas esse oportere, et honestissimam et suavissimam esse arbitrantur.

Quid censes hunc ipsum Sext. Roscium, quo studio, et qua intelligentia esse in rusticis rebus ? Ut ex his propinquis ejus, hominibus honestissimis, audio,

dire de ses parents, hommes d'une probité reconnue, vous n'êtes pas plus habile dans votre métier d'accusateur que lui dans le sien ; mais je crois que, grâce à Chrysogon, qui a trouvé bon de ne pas lui laisser une seule métairie, il faut qu'il oublie son art, et qu'il renonce à son occupation favorite. Ce malheur, quelque peu mérité qu'il soit, juges, il le supportera avec résignation, si vous lui conservez l'honneur et la vie. Mais ce qui ne peut être supporté, c'est que sa ruine n'ait d'autre motif que le nombre et la bonté de ses métairies ; que son application à les améliorer soit devenue un prétexte à la calomnie, et qu'enfin, comme s'il n'était pas assez malheureux de les avoir cultivées pour autrui, on lui fasse même un crime de les avoir cultivées.

XVIII. Certes, Erucius, vous eussiez fait un bien étrange accusateur si vous fussiez venu au monde dans les temps où l'on allait chercher à la charrue ceux qu'on nommait consuls. Puisque les travaux de la campagne vous semblent un opprobre, sans doute cet Attilius que les envoyés du sénat trouvèrent ensemençant lui-même son champ vous aurait paru un homme vil et méprisable. Nos ancêtres avaient certes une idée bien autre de cet illustre citoyen et de ceux qui lui ressemblaient. Aussi de notre république si faible et si bornée dans son origine ont-ils fait l'empire le plus étendu et le plus florissant. Ils s'appliquaient à cultiver leurs terres sans convoiter avidement celles d'autrui.

---

non tu in isto artificio accusatorio callidior es, quam hic in suo. Verum, ut opinor, quoniam ita Chrysogono videtur, qui huic nullum prædium reliquit, et artificium obliviscatur, et studium deponat, licebit. Quod tametsi miserum et indignum est, feret tamen æquo animo, judices, si per vos vitam et famam potest obtinere. Hoc vero est, quod ferri non potest, si et in hanc calamitatem venit propter prædiorum bonitatem et multitudinem ; et, quod ea studiose coluit, id erit ei maxime fraudi : ut parum miseriæ sit, quod aliis coluit, non sibi, nisi etiam, quod omnino coluit, crimini fuerit.

XVIII. Næ tu, Eruci, accusator esses ridiculus, si illis temporibus natus esses, quum ab aratro arcessebantur, qui consules fierent. Etenim, qui præesse agro colendo flagitium putes, profecto illum Attilium, quem sua manu spargentem semen, qui missi erant, convenerunt hominem turpissimum atque inhonestissimum judicares. At hercule majores nostri longe aliter et de illo, et de cæteris talibus viris existimabant. Itaque ex minima tenuissimaque republica maximam et florentissimam nobis reliquerunt. Suos enim agros studiose colebant,

Par cette conduite ils ont acquis beaucoup de territoires, de villes et de nations à notre république, et ajouté à la grandeur de cet empire et à la gloire du nom romain.

Je ne prétends point, au reste, établir de comparaison entre ces temps antiques et les faits que nous examinons; je veux seulement montrer que, si chez nos ancêtres les plus grands citoyens, les hommes les plus illustres, qui devaient tous leurs moments aux intérêts de la république, surent cependant consacrer aux travaux de la campagne une partie de leur temps et de leurs soins, il faut pardonner à un homme qui a toujours vécu dans les champs, d'avouer qu'il est cultivateur, surtout en considérant qu'il ne pouvait rien faire qui fût plus agréable à son père, plus conforme à ses goûts, et en effet plus honnête.

Ainsi donc, Erucius, ce qui prouve la haine implacable du père contre le fils, c'est qu'il le laissait vivre à la campagne. Avez-vous quelque autre preuve? — Assurément, répondez-vous; il avait le dessein de le déshériter. — J'entends : ce que vous dites maintenant a du moins quelque rapport avec la cause, et vous convenez, je pense, que vos premières assertions sont à la fois frivoles et maladroites. — Il n'accompagnait point son père à des festins; — sans doute, car il ne venait à Rome que très-rarement. — Presque personne ne l'invitait à manger chez lui. —

---

non alienos cupide appetebant : quibus rebus, et agris, et urbibus, et nationibus, rem publicam atque hoc imperium, et populi Romani nomen auxerunt.

Neque ego hæc eo profero, quo conferenda sint cum hisce, de quibus nunc quærimus; sed ut illud intelligatur, quum apud majores nostros summi viri, clarissimique homines, qui omni tempore ad gubernacula rei publicæ sedere debebant, tamen in agris quoque colendis aliquantum operæ temporisque consumpserint; ignosci oportere ei homini, qui se fateatur esse rusticum, quum ruri adsiduus semper vixerit : quum præsertim nihil esset, quod aut patri gratius, aut sibi jucundius, aut revera honestius facere posset.

Odium igitur acerrimum patris in filium ex hoc, opinor, ostenditur, Eruci, quod hunc ruri esse patiebatur : numquid est aliud? Imo vero, inquit, est ; nam istum exheredare in animo habebat. Audio : nunc dicis aliquid, quod ad rem pertineat ; nam illa, opinor, tu quoque concedis levia esse, atque inepta. Convivia cum patre non inibat : quippe qui in oppidum quidem, nisi perraro,

Rien d'étonnant, il ne vivait point à Rome, et ne pouvait rendre l'invitation.

XIX. Vous sentez vous-même la futilité de ces allégations. Revenons à ce dont je parlais d'abord ; et c'est en effet la plus forte preuve de haine qu'il soit possible de trouver. Le père songeait à déshériter son fils. — Je ne demande pas pour quel motif, je demande comment vous le savez. Ce n'est pas que vous n'eussiez bien fait d'exposer et d'énumérer les causes d'un parti si violent. Il était du devoir d'un accusateur consciencieux qui avait à établir un pareil grief de dévoiler tous les vices et toutes les fautes du fils qui avaient pu étouffer chez le père les sentiments de la nature, arracher du cœur de celui-ci cet amour si profondément enraciné, enfin lui faire oublier qu'il était père ; ce qui n'aurait pu arriver, ce me semble, sans les fautes les plus graves de la part du fils.

Mais je vous permets de ne par parler de ces fautes, qui sans doute n'existent pas, puisque vous les passez sous silence. Vous devez démontrer pourtant que Roscius a voulu déshériter son fils. Que dites-vous pour nous convaincre que telle a été son intention ? Vous ne pouvez alléguer rien de vrai. Imaginez au moins quelque chose de vraisemblable, pour ne pas avoir l'air d'insulter sans pudeur, comme vous le faites ouvertement, au sort de cet infortuné et à la dignité de nos juges. Roscius a voulu déshériter

veniret. Domum suam istum non fere quisquam vocabat ; nec mirum, qui neque in urbe viveret, neque revocaturus esset.

XIX. Verum hæc quoque tu intelligis esse nugatoria. Illud, quod cœpimus, videamus ; quo certius argumentum odii reperiri nullo modo potest. Exheredare pater filium cogitabat. Mitto quærere, qua de causa ; quæro, qui scias ; tametsi te dicere atque enumerare causas omnes oportebat ; et id erat certi accusatoris officium, qui tanti sceleris argueret, explicare omnia vitia atque peccata filii, quibus incensus parens potuerit animum inducere, ut naturam ipsam vinceret ; ut amorem illum penitus insitum ejiceret ex animo ; ut denique patrem esse sese obliviceretur : quæ sine magnis hujusce peccatis accidere potuisse non arbitror.

Verum concedo tibi, ut ea prætereas, quæ, quum taces, nulla esse concedis. Illum quidem voluisse exheredare, certe tu planum facere debes. Quid ergo adfers, quare id factum putemus ? Vere nihil potes dicere. Finge aliquid saltem commoda, ut ne plane videaris id facere, quod aperte facis, hujus miseri fortunis, et horum virorum talium dignitati illudere. Exheredare filium voluit :

son fils. — Pourquoi? — Je l'ignore. — L'a-t-il déshérité en effet?
— Non. — Qui l'en a empêché? — Il en avait l'intention. — Il
en avait l'entention? Mais à qui l'a-t-il dit? — A personne. Qu'est-
ce autre chose que se jouer de la justice, des lois, de la majesté des tribunaux, pour assouvir sa cupidité et ses passions, que
d'accuser ainsi, que d'avancer ce que non-seulement on ne peut
prouver, mais qu'on n'essaye pas même de justifier? Personne de
nous n'ignore, Erucius, qu'aucune inimitié n'existe entre Sextus
et vous. On voit pourquoi vous êtes devenu tout à coup son ennemi; on sait que vous n'avez pu résister à l'or de Titus, ici présent. Cependant, quel que soit pour vous l'attrait de l'or, le
respect que vous deviez à nos juges et la loi Remmia auraient
dû vous rendre plus circonspect.

XX. Il est utile qu'il y ait dans un État beaucoup d'accusateurs,
afin que l'audace soit contenue par la crainte; mais il ne faut pas
cependant que nous soyons ouvertement le jouet des accusateurs. Un homme est innocent; mais, quoique exempt de faute,
il n'est pas à l'abri du soupçon. C'est sans doute un malheur
pour lui d'être accusé : cependant je puis, jusqu'à un certain
point, pardonner à l'accusateur; car, dès qu'il allègue des griefs
et des soupçons, il ne semble pas calomnier sciemment et se
jouer ouvertement de l'honneur de ses concitoyens. Nous souf-
frons donc sans peine qu'il y ait beaucoup d'accusateurs, parce

quam ob causam? Nescio. Exheredavitne? Non. Quis prohibuit? Cogitabat.
Cogitabat? cui dixit? Nemini. Quid est aliud, judicio, ac legibus, ac majestate
vestra abuti ad quæstum atque ad libidinem, nisi hoc modo accusare, atque
id objicere, quod planum facere non modo non possis, verum ne coneris quidem? Nemo nostrum est, Eruci, quin sciat, tibi inimicitias cum Sexto Roscio
nullas esse : vident omnes, qua de causa huic inimicus venias; sciunt hujusce
pecunia te adductum esse. Quid ergo est? ita tamen quæstus te cupidum esse
oportebat, ut horum existimationem, et legem Remmiam putares aliquid valere
oportere.

XX. Accusatores multos esse in civitate utile est, ut metu contineatur audacia; verumtamen hoc ita est utile, ut ne plane illudamur ab accusatoribus.
Innocens est quispiam : verumtamen, quamquam abest a culpa, suspicione
tamen non caret. Tametsi miserum est, tamen ei, qui hunc accuset, possim
aliquo modo ignoscere; quum enim aliquid habeat, quod possit criminose ac
suspiciose dicere, aperte ludificari et calumniari sciens non videatur. Quare
facile omnes patimur esse quam plurimos accusatores, quod innocens, si ac-

que l'innocent, s'il est accusé, peut être absous, et que le coupable ne peut être condamné s'il n'est accusé. Or, il vaut mieux que l'innocent soit quelquefois réduit à se justifier que si le coupable n'était jamais traduit en justice.

Des oies sont entretenues dans le Capitole aux dépens du public, et des chiens y sont nourris, afin qu'ils donnent l'alarme si des voleurs se présentent. Ces animaux ne peuvent pas, il est vrai, distinguer les voleurs; mais, si quelqu'un pénètre de nuit dans le Capitole, leurs cris sont un avertissement : et, comme le moment est suspect, ces bêtes, quoique privées de discernement, ne pèchent qu'en inspirant un excès de précaution. Mais, si les chiens s'avisent pendant le jour d'aboyer contre ceux qui viennent adorer les dieux, mon avis est qu'il faut leur briser les pattes, pour avoir manifesté de la défiance à l'heure où il n'y avait aucun lieu au soupçon. Il en est de même des accusateurs : parmi vous, Érucius, les uns ressemblent aux oies, qui crient seulement sans pouvoir faire de mal; les autres, semblables aux chiens, peuvent à la fois aboyer et mordre. Nous voyons qu'on a soin de vous nourrir : aussi devez-vous attaquer surtout ceux qui le méritent; par-là vous vous rendez agréable au peuple. Ensuite, lorsque l'apparence d'un crime éveille le soupçon, aboyez si vous voulez; on vous le permet. Mais si vous procédez de telle sorte que vous accusiez un fils d'avoir tué son père sans pouvoir

cusatus sit, absolvi potest; nocens, nisi accusatus fuerit, condemnari non potest. Utilius est autem absolvi innocentem quam nocentem causam non dicere.

Anseribus cibaria publice locantur, et canes aluntur in Capitolio, ut significent, si fures venerint. At fures internoscere non possunt : significant tamen, si qui noctu in Capitolium venerint; et quia id est suspiciosum, tametsi bestiæ sunt, tamen in eam partem potius peccant, quæ est cautior. Quodsi luce quoque canes latrent, quum deos salutatum aliqui venerint, opinor, iis crura suffringantur, quod acres sint etiam tum, quum suspicio nulla sit. Simillima est accusatorum ratio. Alii vestrum anseres sunt, qui tantummodo clamant, nocere non possunt; alii canes, qui et latrare et mordere possunt. Cibaria vobis præberi videmus; vos autem maxime debetis in eos impetum facere, qui merentur : hoc populo gratissimum est. Deinde, si voletis, etiam tum, quum verisimile erit aliquem commisisse, in suspicione latratote : id quoque concediti potest. Sin autem, sic agetis, ut arguatis aliquem patrem occidisse, neque

dire ni pourquoi ni comment, et que vous aboyiez ainsi quand il n'y a pas matière au soupçon, on ne vous brisera pas, il est vrai, les jambes ; mais ou je connais mal les juges, ou cette lettre qui vous est si odieuse qu'elle vous inspire de l'aversion même pour les kalendes, sera imprimée sur votre front, de telle sorte qu'il n'y aura plus désormais que votre mauvaise fortune qu'il vous sera possible d'accuser.

XXI. Quelles allégations m'avez-vous donc données à réfuter, ô vous, parfait accusateur? Quels soupçons avez-vous inspirés aux juges? Sextus a craint d'être déshérité. — J'entends. Mais d'où a pu lui venir cette crainte? C'est là ce que personne ne dit. — Son père était dans l'intention de le déshériter. — C'est cela qu'il faut expliquer. Mais non, vous ne citez ni celui qu'il a consulté, ni celui qu'il a instruit de son dessein, ni même ce qui a pu en faire naître le soupçon dans votre esprit. Quand vous accusez de la sorte, Erucius, n'est-ce pas dire effrontément : Je sais ce que j'ai reçu, je ne sais pas ce que je dois dire. Je n'ai songé qu'à une chose : sur l'assurance que m'en donnait Chrysogon, j'ai cru que Sextus ne trouverait pas de défenseur, et que dans les circonstances présentes personne n'oserait prononcer un mot sur la vente des biens ni sur l'association. Voilà l'erreur qui vous a engagé dans cette fausse démarche. Certes vous n'auriez pas ouvert la bouche si vous aviez prévu que quelqu'un oserait vous répondre.

dicere possitis, aut quare, aut quomodo, ac tantummodo sine suspicione latrabitis; crura quidem vobis nemo suffringet ; sed si ego hos bene novi, litteram illam, cui vos usque eo inimici estis, ut etiam kalendas omnes oderitis, ita vehementer ad caput adfigent, ut postea neminem alium, nisi fortunas vestras accusare possitis.

XXI. Quid mihi ad defendendum dedisti, bone accusator ? quid hisce autem ad suspicandum ? Ne exheredaretur, veritus est. Audio ; sed qua de causa vereri debuerit, nemo dicit. Habebat pater in animo. Planum fac. Nihil est : non, quicum deliberavit, quem certiorem fecerit, unde istud vobis suspicari in mentem venerit. Quum hoc modo accusas, Eruci, nonne hoc palam dicis? ego, quid acceperim, scio; quid dicam, nescio : unum illud spectavi, quod Chrysogonus aiebat, neminem isti patronum futurum; de bonorum emptione, deque ea societate neminem esse qui verbum facere hoc tempore auderet. Hæc te opinio falsa in istam fraudem impulit : non mehercules verbum fecisses, si tibi quemquam responsurum putasses.

Juges, rien ne vous a été plus facile que de remarquer, si vous y avez pris garde, l'air insouciant avec lequel Erucius a produit son accusation. Je crois qu'après avoir jeté les yeux sur les orateurs assis sur nos siéges, il a demandé si tel ou tel défendrait l'accusé ; il n'aura pas même songé à moi, parce que je n'avais point encore plaidé de cause publique. Assuré dès-lors de n'avoir pour adversaire aucun de ceux qui joignent au talent de la parole l'habitude du barreau, il s'est mis tout à fait à son aise : on l'a vu s'asseoir, se promener, appeler son valet, sans doute lui donner des ordres concernant le souper. Au milieu de cette auguste assemblée, il s'est conduit avec aussi peu de gêne que s'il eût été absolument seul.

XXII. A la fin il a conclu et s'est assis. Je me suis levé, et il a paru satisfait que ce ne fût pas tout autre défenseur. J'ai pris la parole, et au lieu de m'écouter, j'ai observé qu'il plaisantait et s'occupait de tout autre chose, jusqu'au moment où j'ai nommé Chrysogon. A peine ai-je prononcé ce nom que mon homme a levé la tête, il a paru surpris ; je me suis aperçu que j'avais touché l'endroit sensible. J'ai répété ce nom une seconde, une troisième fois : ce n'a été dès lors qu'allées et venues de gens empressés courant, je pense, annoncer à Chrysogon qu'il se trouve dans Rome un homme assez osé pour s'élever contre ses volontés ; que la cause prend une tournure contraire à son at-

---

Operæ pretium erat, si animadvertistis, judices, negligentiam ejus in accusando considerare. Credo, quum vidisset, qui homines in hisce subselliis sederent, quæsisse, num ille aut ille defensurus esset ; de me ne suspicatum quidem esse, quod antea causam publicam nullam dixerim ; posteaquam invenit neminem eorum, qui possunt et solent, ita negligens esse cœpit, ut, quum in mentem veniret ei, resideret ; deinde spatiaretur ; nonnumquam etiam puerum vocaret ; credo, cui cœnam imperaret : prorsus ut vestro consessu, et hoc conventu, pro summa solitudine abuteretur.

XXII. Peroravit aliquando ; assedit ; surrexi ego : respirare visus est, quod non alius potius diceret. Cœpi dicere. Usque eo animadverti, judices, cum jocari, atque alias res agere, antequam Chrysogonum nominavi ; quem simul atque attigi, statim homo se erexit : mirari visus est ; intellexi quid eum pupugisset. Iterum ac tertio nominavi. Postea homines cursare ultro et citro non destiterunt, credo, qui Chrysogono nuntiarent, esse aliquem in civitate, qui contra voluntatem ejus dicere auderet ; aliter causam agi, a'que ille existima-

tente; que la vente des biens est dévoilée, et l'association très-mal traitée; qu'on brave son crédit et sa puissance; que les juges sont attentifs, et que le peuple semble indigné.

L'événement trompe vos espérances, Erucius, et vous reconnaissez que tout est bien changé. La cause de Sextus est plaidée, sinon avec le talent convenable, du moins avec courage; vous pensiez qu'on vous l'abandonnait; vous voyez, on le défend; vous comptiez que les juges vous livreraient une victime; ils se disposent à lui rendre justice. Montrez-nous donc cette dextérité et cette prudence dont vous faisiez preuve autrefois; convenez que vous êtes venu ici avec l'espoir d'y trouver des assassins et non des juges. La question à juger est celle d'un parricide, et l'accusateur ne donne aucun motif qui ait pu porter le fils à tuer son père.

Lorsqu'il s'agit de moindres délits et même de ces légères contraventions, qui sont encore plus fréquentes et presque journalières, ce qu'on examine d'abord et avec le plus de soin, c'est le motif qui a pu porter au délit. Cette question, Erucius ne pense pas qu'on doive la poser quand il s'agit d'un parricide, d'un forfait tel que même en présence de plusieurs ciconstances réunies concourant à le rendre vraisemblable, on hésite encore à y croire; qu'on n'admet point sur de vaines conjectures, ni sur les dépositions d'un témoin suspect; enfin qu'on ne juge

ret; aperiri bonorum emptionem; vexari pessime societatem; gratiam potentiamque ejus negligi; judices diligenter attendere; populo rem indignam videri.

Quæ quoniam te fefellerunt, Eruci, quoniamque vides versa esse omnia; causam pro Sexto Roscio, si non commode, at libere dici; quem dedi putabas, defendi intelligis; quos tradituros sperabas, vides judicare, restitue nobis aliquando veterem tuam illam calliditatem atque prudentiam; confitere te huc ea spe venisse, quod putares hic latrocinium, non judicium futurum. De parricidio causa dicitur: ratio ab accusatore reddita non est, quam ob causam patrem filius occiderit.

Quod in minimis noxiis, et in his levioribus peccatis, quæ magis crebra et jam prope cotidiana sunt, maxime et primum quæritur, quæ causa maleficii fuerit, id Erucius in parricidio quæri non putat oportere: in quo scelere, judices, etiam quum multæ causæ convenisse unum in locum, atque inter se congruere videntur, tamen non temere creditur, neque levi conjectura res penditur, neque testis incertus auditur, neque accusatoris ingenio res judi-

point d'après les ingénieuses déductions de l'accusateur. L'accusé a-t-il déjà commis plusieurs crimes, sa vie a-t-elle été souillée par les plus grands excès, a-t-il montré une audace effrénée, et non-seulement de l'audace, mais de la fureur, de a démence, voilà ce qu'il faut prouver. Tout cela est-il établi, il faut encore qu'il existe des traces évidentes du crime, il faut désigner les moyens, les complices, le lieu et le moment où il a été commis. Si ces preuves ne sont nombreuses, évidentes, un crime si horrible, si atroce, si abominable ne peut obtenir de croyance.

En effet, l'humanité a ses droits ; les liens du sang ont une grande force ; la nature elle-même se révolte contre des soupçons de ce genre ; c'est une monstruosité, c'est le plus incroyable de tous les prodiges, qu'un être de figure et de forme humaines surpasse les animaux eux-mêmes en férocité, et ravisse indignement la douce lumière du jour à ceux de qui il l'a reçue, tandis que les bêtes féroces respectent entre elles les liens du sang, de l'éducation et de la nature.

XXIII. On rapporte qu'il y a quelques années, T. Clélius, citoyen distingué de Terracine, ayant été après soupé se coucher dans la même chambre avec deux de ses fils, encore adolescents, fut le lendemain matin trouvé égorgé dans son lit. Il n'y avait aucun esclave, aucun homme libre sur qui pussent se porter les

catur. Quum multa antea commissa maleficia, tum vita hominis perditissima, tum singularis audacia ostendatur necesse est ; neque audacia solum, sed summus furor atque amentia : hæc quum sint omnia, tamen existent oportet expressa sceleris vestigia, ubi, qua ratione, per quos, quo tempore maleficium sit admissum. Quæ nisi multa et manifesta sunt, profecto res tam scelesta, tam atrox, tam nefaria credi non potest.

Magna est enim vis humanitatis ; multum valet communio sanguinis ; reclamitat istiusmodi suspicionibus ipsa natura : portentum atque monstrum certissimum est, esse aliquem humana specie et figura, qui tantum immanitate bestias vicerit, ut, propter quos hanc suavissimam lucem aspexerit, eos indignissime luce privarit ; quum etiam feras inter sese partus, atque educatio, et natura ipsa conciliet.

XXIII. Non ita multis ante annis, aiunt, T. Cœlium quendam Tarracinensem, hominem non obscurum, quum cœnatus cubitum in idem conclave cum duobus adolescentibus filiis isset, inventum esse mane jugulatum. Quum neque servus quisquam reperiretur, neque liber, ad quem ea suspicio pertineret, id

soupçons, et les deux fils d'un âge si tendre, qui étaient couchés près de leur père, disaient ne s'être aperçus de rien. Ils furent accusés de parricide. Qu'arriva-t-il? car il paraissait bien peu vraisemblable que ni l'un ni l'autre ne se fût aperçu de rien, et qu'un étranger se fût exposé à entrer dans cette chambre, surtout au moment où les deux fils qui s'y trouvaient pouvaient aisément tout entendre et défendre leur père. D'ailleurs on ne pouvait raisonnablement soupçonner aucun autre. Cependant, les juges s'étant pleinement convaincus qu'en ouvrant la porte on avait trouvé les deux jeunes gens endormis, ils furent déclarés absous, et déchargés de toute prévention. On ne pouvait imaginer qu'un homme, après avoir violé toutes les lois divines et humaines par le plus horrible des forfaits, pût aussitôt se livrer au sommeil, parce que ceux qui ont commis un tel attentat, loin d'être capables de goûter un repos paisible, ne le sont pas même de respirer sans crainte.

XXIV. Ne lisez-vous pas dans les poëtes que, pour venger un père, des fils ont percé le sein d'une mère coupable, et cela conformément aux ordres, aux oracles des dieux immortels? Vous voyez cependant comme les Furies les poursuivent, et ne les laissent s'arrêter en aucun lieu, parce qu'ils n'ont pu sans crime montrer cette funeste piété pour un père. Telle est la loi de la nature : ils sont bien puissants, bien irrésistibles, bien

ætatis autem duo filii propter cubantes ne sensisse quidem se dicerent : nomina filiorum de parricidio delata sunt. Quid postea? erat sane suspiciosum, neutrum sensisse? ausum autem esse quemquam se in id conclave committere, eo potissimum tempore, quum ibidem essent duo adolescentes filii, qui et sentire et defendere facile possent? Erat porro nemo, in quem ea suspicio conveniret. Tamen quum planum judicibus esset factum, aperto ostio dormientes eos repertos esse, judicio absoluti adolescentes, et suspicione omni liberati sunt. Nemo enim putabat, quemquam esse, qui, quum omnia divina atque humana jura scelere nefario polluisset, somnum statim capere potuisset ; propterea quod qui tantum facinus commiserunt, non modo sine cura quiescere, sed ne spirare quidem sine metu possunt.

XXIV. Videtisne, quos nobis poetæ tradiderunt, patris ulciscendi causa, supplicium de matre sumpsisse, quum præsertim deorum immortalium jussis atque oraculis id fecisse dicantur, tamen ut eos agitent Furiæ, neque consistere usquam patiantur; quod ne pii quidem sine scelere esse potuerunt? Sic se res habet, judices. Magnam vim, magnam necessitatem, magnam possidet religio-

respectables, ces liens du sang qui nous attachent à un père et à une mère ; une seule goutte de ce sang forme une tache qui ne peut s'effacer, et qui pénètre jusqu'au fond de l'âme, où elle fait naître un trouble qui va jusqu'à la fureur et jusqu'à la démence. Car ne croyez pas, comme vous le voyez fréquemment dans nos tragédies, que les impies et les meurtiers soient poursuivis et effrayés par les torches ardentes des Furies. C'est dans la perversité de son âme que le coupable trouve les terreurs qui l'agitent ; ce sont ces propres forfaits qui le troublent, qui égarent sa raison ; ce sont ses cuisants souvenirs, les remords de sa conscience qui l'épouvantent : voilà les Furies, compagnes assidues, inséparables, qui le tourmentent, qui l'obsèdent, et qui nuit et jour vengent sur deux fils dénaturés la mort des auteurs de leurs jours.

C'est l'énormité même du crime, qui fait qu'à moins de l'évidence du parricide on ne peut en admettre la possibilité ; et encore faut-il qu'on trouve chez l'accusé une jeunesse infâme, une vie souillée de tous les crimes, une fortune dissipée dans les plus honteux excès, une audace effrénée, des emportements qui approchent de la folie. Ce n'est pas tout, on doit y joindre encore la haine d'un père, la crainte de l'animadversion paternelle, des amis pervers, des esclaves complices, un moment opportun, un lieu favorable. Je dirais presque qu'il faut que les juges

---

nem paternus maternusque sanguis : ex quo si qua macula concepta est, non modo elui non potest, verum usque eo permanat ad animum, ut summus furor atque amentia consequatur. Nolite enim putare, quemadmodum in fabulis sæpenumero videtis, eos, qui aliquid impie scelerateque commiserint, agitari et perterreri Furiarum tædis ardentibus. Sua quemque fraus, et suus terror maxime vexat ; suum quemque scelus agitat, amentiaque afficit ; suæ malæ cogitationes, conscientiæque animi terrent : hæ sunt impiis assiduæ domesticæque Furiæ, quæ dies noctesque parentum pœnas a consceleratissimis filiis repetant.

Hæc magnitudo maleficii facit, ut, nisi pene manifestum parricidium proferatur, credibile non sit ; nisi turpis adolescentia, nisi omnibus flagitiis vita inquinata, nisi sumptus effusi cum probro atque dedecore, nisi prorupta audacia, nisi tanta temeritas, ut non procul abhorreat ab insania. Accedat huc oportet odium parentis, animadversionis paternæ metus, amici improbi, servi conscii, tempus idoneum, locus opportune captus ad eam rem : pene dicam,

voient les mains du fils encore teintes du sang paternel, pour croire à un attentat si grand, si atroce, si épouvantable. D'où il faut conclure que moins ce crime est croyable, s'il n'est démontré à tous les yeux, plus on doit, s'il est prouvé, déployer de sévérité.

XXV. Aussi parmi tant de règlements qui font connaître combien nos ancêtres étaient supérieurs aux autres nations, non-seulement par les armes, mais encore par leur sagesse et par leurs lumières, est-il rien de plus remarquable que le châtiment qu'ils ont institué contre les parricides. Combien à cet égard, remarquez-le, ils l'ont emporté sur les hommes réputés les plus sages chez tous les autres peuples. Athènes, au temps de sa splendeur, fut renommée par sa sagesse, et le plus sage des Athéniens fut, dit-on, Solon, l'auteur des lois que cette cité observe encore aujourd'hui. On lui demandait un jour pourquoi il n'avait pas établi de peine contre le parricide : J'ai pensé, dit-il, que personne ne s'en rendrait coupable. Sagement fait, dit-on, de n'avoir rien statué contre un attentat jusqu'alors sans exemple, de peur que la défense ne parût en inspirer l'idée. Oh! combien plus sagement firent nos ancêtres! Convaincus qu'il n'est rien de si sacré qu'une audacieuse perversité ne pût un jour fouler aux pieds, ils imaginèrent un supplice extraordinaire contre les parricides. Et, pour que celui que la nature ne

respersas manus sanguine paterno judices videant oportet, si tantum facinus tam immane, tam acerbum credituri sint. Quare hoc, quo minus est credibile, nisi ostenditur, eo magis est, si convincitur, vindicandum.

XXV. Itaque quum multis ex rebus intelligi potest, majores nostros non modo armis plus, quam cæteras nationes, verum etiam consilio sapientiaque potuisse, tum ex hac re vel maxime, quod in impios singulare supplicium invenerunt : qua in re quantum prudentia præstiterint iis, qui apud cæteros sapientissimi fuisse dicuntur, considerate. Prudentissima civitas Atheniensium, dum ea rerum potita est, fuisse traditur : ejus porro civitatis sapientissimum Solonem dicunt fuisse, eum, qui leges, quibus hodie quoque utuntur, scripserit. Is quum interrogaretur, cur nullum supplicium constituisset in eum, qui parentem necasset, respondit, se id neminem facturum putasse. Sapienter fecisse dicitur, quum de eo nihil sanxerit, quod antea commissum non erat, ne non tam prohibere, quam admonere videretur. Quanto majores nostri sapientius! qui quum intelligerent nihil esse tam sanctum, quod non aliquando violaret audacia, supplicium in parricidas singulare excogitaverunt; ut, quos natura

pouvait contenir dans le devoir fût éloigné du crime par l'énormité du châtiment, ils statuèrent que le parricide serait cousu vif dans un sac, et jeté dans le Tibre.

XXVI. O sagesse incomparable! Ne semblent-ils pas avoir voulu exclure de la nature entière ce coupable auquel ils enlèvent à la fois le ciel, le soleil, la terre et l'eau; de telle sorte que celui qui aurait donné la mort à celui dont il avait reçu le jour, se trouvât à la fois hors du contact des éléments, d'où tous les êtres tirent leur existence? Ils n'ont pas voulu exposer son corps aux bêtes féroces, de peur que cette nourriture impie ne les rendît encore plus cruelles; ils n'ont pas voulu les jeter nus dans le Tibre, de peur que portés à la mer ils ne souillassent ses eaux, destinées à purifier toutes les souillures. Enfin il n'y a rien de si commun, de si vil, à quoi ils lui aient laissé la moindre participation. Qu'y a-t-il en effet de plus commun que l'air pour les vivants, la terre pour les morts, la mer pour les corps qui flottent sur ses eaux, et le rivage pour ceux qui sont rejetés par les vagues? Eh bien! durant les courts instants qu'on le laisse vivre encore, le parricide ne peut plus respirer l'air du ciel; il meurt, et la terre ne touche point ses os; il devient le jouet des vagues, et les vagues n'humectent point son corps. Enfin, rejeté sur le rivage, après sa mort il ne peut trouver le repos même sur les rochers.

ipsa retinere in officio non potuisset, ii, magnitudine poenæ, a maleficio summoverentur : insui voluerunt in culeum vivos, atque ita in flumen dejici.

XXVI. O singularem sapientiam, judices! nonne videntur hunc hominem ex rerum natura sustulisse et eripuisse, cui repente cœlum, solem, aquam, terramque ademerint ; ut, qui eum necasset, unde ipse natus esset, careret iis rebus omnibus, ex quibus omnia nata esse dicuntur? Noluerunt feris corpus objicere, ne bestiis quoque, quæ tantum scelus attigissent, immanioribus uteremur ; non sic nudos in flumen dejicere, ne, quum delati essent in mare, ipsum polluerunt, quo cetera, quæ violata sunt, expiari putantur. Denique nihil tam vile, neque tam vulgare est, cujus partem ullam eis reliquerint. Etenim quid tam est commune, quam spiritus vivis, terra mortuis, mare fluctuantibus, littus ejectis? Ita vivunt, dum possunt, ut ducere animam de cœlo non queant; ita moriuntur, ut corum ossa terra non tangat; ita jactantur fluctibus, ut numquam adluantur; ita postremo ejiciuntur, ut ne ad saxa quidem mortui conquiescant.

Quand vous nous imputez un crime si épouvantable, contre lequel on a établi un supplice si terrible, espérez-vous, Erucius, pouvoir convaincre de tels juges, lorsque vous n'indiquez pas même le motif d'un pareil attentat? Vous accuseriez Sextus devant les acquéreurs de ses biens, et Chrysogon lui-même présiderait le tribunal, que vous auriez eu soin de vous mieux préparer. Mais avez-vous donc oublié l'état de la question, et l'intégrité de ceux qui vont la décider? Il s'agit d'un parricide, d'un forfait qu'on n'entreprend point de commettre sans les plus puissants motifs : et nous avons pour juges des hommes pleins de prudence et de lumières, qui savent que personne ne commet sans motif, même la faute la plus légère.

XXVII. Eh bien! soit, vous ne pouvez en assigner aucun: par cela même vous vous avouez vaincu. Mais je ne veux pas profiter de tous mes avantages; et ce que je vous refuserais dans une autre cause, je vous l'accorde dans celle-ci, tant je compte sur l'innocence de Sextus. Je ne vous demande plus pourquoi il a tué son père, mais comment il l'a tué? Oui, Erucius, voilà ce que je vous demande, et voyez comme j'en agis avec vous : bien plus, je vous permets de me répondre ou de m'interrompre, ou même de m'interroger, si cela vous convient.

Comment l'a-t-il tué? l'a-t-il frappé lui-même? l'a-t-il fait tuer par d'autres? — Lui-même, prétendez-vous; mais il n'était

---

Tanti maleficii crimen, cui maleficio tam insigne supplicium est constitutum, probare te, Eruci, censes posse talibus viris, si ne causam quidem maleficii protuleris ? Si hunc apud bonorum emptores ipsos accusares, eique judicio Chrysogonus præesset, tamen diligentius paratiusque venisses. Utrum, quid agatur, non vides ? an, apud quos agatur ? Agitur de parricidio, quod sine multis causis suscipi non potest. Apud homines autem prudentissimos agitur, qui intelligunt, neminem ne minimum quidem maleficium sine causa admittere.

XXVII. Esto : causam proferre non potes : tametsi statim vicisse debeo, tamen de meo jure decedam; et tibi, quod in alia causa non concederem, in hac concedam, fretus hujus innocentia. Non quæro abs te, quare patrem Sext. Roscius occiderit : quæro, quomodo occiderit. Ita quæro abs te, Eruci, quomodo et sic tecum agam, ut in eo loco vel respondendi, vel interpellandi tibi potestatem faciam, vel etiam, si quid voles, interrogandi.

Quomodo occidit? ipse percussit, an aliis occidendum dedit? Si ipsum arguis,

point à Rome. — Par d'autres, ajoutez-vous ; quels sont ces assassins ? des hommes libres ou des esclaves ? sont-ce des habitants d'Amérie, ou quelques-uns des brigands dont Rome est infestée ? S'ils sont d'Amérie, pourquoi ne les nommez-vous pas ? s'ils sont de Rome, comment Roscius les connaissait-il, lui qui n'est pas venu depuis plusieurs années à Rome, et qui n'y a jamais passé plus de trois jours ? Où s'est-il réuni avec eux ? auquel d'entre eux a-t-il parlé ? comment les a-t-il séduits ? a-t-il donné de l'argent ? à qui l'a-t-il donné ? par quelles mains ? d'où l'a-t-il eu ? et quelle était la somme ? N'est-ce pas en suivant toutes ces traces qu'on peut remonter à la source du crime ?

Mais auriez-vous si tôt oublié le portrait que vous avez fait de Sextus ? C'était, à vous entendre, un sauvage, un rustre, qui n'avait jamais eu de relations avec ses semblables, jamais mis le pied dans une ville. Je pourrais ajouter, ce qui ferait encore éclater son innocence, que des manières rustiques, une nourriture frugale, une vie simple et dure, ne s'accordent guère avec de pareils forfaits. Toute espèce de terre ne produit pas toutes les espèces d'arbres et de grains, de même tous les genres de vie n'engendrent pas tous les genres de crimes. A la ville, on prend le goût du luxe : le luxe engendre l'avarice, qui à son tour produit l'audace, d'où naissent tous les attentats et tous les forfaits. Mais cette vie champêtre, que vous appelez gros-

---

Romæ non fuit : si per alios fecisse dicis, quæro, servosne, an liberos ? quos homines ? indidemne Ameria, an hosce ex urbe sicarios ? Si Ameria ; qui sunt hi ? cur non nominantur ? si Roma ; unde eos noverat Roscius, qui Romam multis annis non venit, neque umquam plus triduo fuit ? ubi eos convenit ? quicum locutus est ? quomodo persuasit ? Pretium dedit ? cui dedit ? per quem dedit ? unde, aut quantum dedit ? Nonne his vestigiis ad caput maleficii perveniri solet ?

Et simul tibi in mentem veniat facito, quemadmodum vitam hujusce depinxeris : hunc hominem ferum atque agrestem fuisse ; numquam cum homine quoquam collocutum esse ; numquam in oppido constitisse. Qua in re prætereo illud, quod mihi maximo argumento ad hujus innocentiam poterat esse, in rusticis moribus, in victu arido, in hac horrida incultaque vita, istiusmodi maleficia gigni non solere. Ut non omnem frugem, neque arborem in omni agro reperire possis, sic non omne facinus in omni vita nascitur. In urbe luxuries creatur : ex luxuria existat avaritia necesse est ; ex avaritia erumpat

sière, est au contraire l'école de l'économie, de l'activité, de la justice.

XXVIII. Mais laissons à part ces réflexions. Je me borne à cette question : cet homme qui, d'après votre aveu, vécut toujours éloigné des hommes, par quels hommes a-t-il pu commettre un forfait si horrible et dont le secret a été si bien gardé, circonstance que son absence surtout rend inexplicable? Il y a souvent des accusations fausses, qui du moins sont fondées sur quelques motifs de soupçon. Si l'on en trouve l'ombre dans cette cause, j'avouerai l'accusé coupable. Roscius a été tué à Rome pendant que son fils était dans ses terres d'Amérie. Ce fils a sans doute écrit à quelque assassin, lui qui ne connaissait personne à Rome. Il aura fait venir un assassin! mais quand? Il a envoyé un émissaire! mais quel est-il? et à qui l'a-t-il envoyé? Argent, crédit, promesses, espérances, auront été employés par lui pour se faire un complice! Aucune de ces suppositions ne peut même être imaginée, et cependant on nous accuse ici d'un parricide!

Reste à prétendre qu'il l'a fait commettre par des esclaves. Grands dieux! que notre situation est pénible et déplorable! Ce qui dans une accusation de cette nature fait d'ordinaire le salut de l'innocent, l'offre d'appliquer ses esclaves à la question, cette ressource est interdite à Sextus. Vous qui l'accusez, vous avez en votre pouvoir tous ses esclaves; et d'un si nombreux domestique on ne lui en a pas laissé un seul pour lui rendre les

audacia : inde omnia scelera ac maleficia gignuntur. Vita autem hæc rustica, quam tu agrestem vocas, parcimoniæ, diligentiæ, justitiæ magistra est.

XXVIII. Verum hæc missa facio. Illud quæro, is homo, qui, ut tute dicis, numquam inter homines fuerit, per quos homines hoc tantum facinus, tam occultum, absens præsertim, conficere potuerit. Multa sunt falsa, judices, quæ tamen argui suspiciose possunt : in his rebus si suspicio reperta erit, culpam inesse concedam. Romæ Sext. Roscius occiditur, quum in agro Amerino esset filius. Litteras, credo, misit alicui sicario, qui Romæ noverat neminem. Arcessivit aliquem : at quando? Nuntium misit : quem? aut ad quem? Pretio, gratia, spe, promissis induxit aliquem? Nihil horum ne confingi quidem potest; et tamen causa de parricidio dicitur.

Reliquum est, ut per servos id admiserit. O di immortales! rem miseram et calamitosam! Quod in tali crimine innocenti saluti solet esse, ut servos in quæstionem polliceatur, id Sexto Roscio facere non licet. Vos, qui hunc accusatis, omnes ejus servos habetis : unus puer, victus cotidiani administer, ex tanta

services de première nécessité. J'en appelle à vous, P. Scipion, à vous, Metellus ; quand vous interposâtes votre médiation et vos démarches pour cette affaire, Sextus n'a-t-il pas plusieurs fois demandé à nos adversaires deux esclaves de son père pour qu'ils fussent appliqués à la question ? Ne vous souvenez-vous pas, Titus, que vous vous y êtes refusé ? Mais quoi ! ces esclaves où sont-ils ? A la suite de Chrysogon, qui les comble de bontés et d'égards. Je demande moi-même aujourd'hui qu'on les interroge : Sextus vous en prie, vous en conjure ; pourquoi le refusez-vous ?

Hésitez, juges, si vous le pouvez encore, à nommer l'assassin de Roscius. Est-ce celui que sa mort livre à l'indigence et à tous les dangers, à qui il n'est pas même permis d'informer sur la mort de son père, ou bien ceux qui éludent ces informations, qui possèdent les biens de Roscius, qui vivent dans le meurtre et par le meurtre ? Tout dans cette cause, juges, est fait pour exciter l'indignation et la pitié. Mais ce qu'il y a de plus révoltant, ce qui est le comble de l'indignité, c'est qu'un fils n'ait point la faculté d'interroger ses esclaves sur le meurtre de son père : oui, l'on n'a pas attendu, pour les dérober à son autorité, qu'il leur eût fait subir la question sur le meurtre de son père. Je reviendrai bientôt sur ce point ; car il regarde entièrement les deux Roscius, et j'ai promis de dévoiler leur audace, lorsque j'aurais détruit les accusations d'Erucius.

familia Sexto Roscio relictus non est. Te nunc appello, P. Scipio, te, Metelle : vobis advocatis, vobis agentibus, aliquotiens duos servos paternos in quæstionem ab adversariis Sext. Roscius postulavit. Meministine te, T. Rosci, recusare ? Quid ? ii servi ubi sunt ? Chrysogonum, judices, sectantur ; apud eum sunt in honore et in pretio. Etiam nunc, ut ex iis quæratur, ego postulo ; hic orat, atque obsecrat : quid facitis ? cur recusatis ?

Dubitate etiam nunc, judices, si potestis, a quo sit Sext. Roscius occisus : ab eone, qui propter illius mortem in egestate et insidiis versatur, cui ne quærendi quidem de morte patris potestas permittitur ; an ab iis, qui quæstionem fugitant, bona possident, in cæde atque ex cæde vivunt. Omnia, judices, in hac causa sunt misera, atque indigna ; tamen hoc nihil neque acerbius, neque iniquius proferri potest ; mortis paternæ de servis paternis quæstionem habere filio non licet ; ne tamdiu quidem dominus erit in suos, dum ex iis de patris morte quæratur. Veniam, neque ita multo post, ad hunc locum. Nam hoc totum ad Roscios pertinet ; de quorum audacia tum me dicturum pollicitus sum, quum Erucii crimina diluissem.

XXIX. Maintenant, Erucius, je reviens à vous. Il faut bien que vous conveniez avec moi que, si Sextus est coupable, il a commis le meurtre ou par lui-même, ce que vous niez, ou par la main d'hommes libres ou d'esclaves. Si c'est par des hommes libres, vous ne pouvez montrer comment il a pu les rassembler, par quel moyen, en quel lieu, par quels intermédiaires, par quelles promesses, par quelle récompense il a pu les séduire. Moi, je démontre, au contraire, que Sextus n'a rien fait ni pu rien faire de tout cela, parce qu'il n'est pas venu depuis plusieurs années à Rome, et qu'il n'a jamais quitté la campagne sans de graves motifs. Il ne vous restait plus qu'à nommer les esclaves : c'était là comme un port dans lequel, débouté de toutes vos allégations mensongères, vous pouviez vous réfugier; mais vous y trouvez encore un écueil qui fait retomber tous les soupçons sur vous-même.

Quelle est donc la dernière ressource que dans ce manque absolu de preuves l'accusateur a su se réserver? C'était un temps, dit-il, où les assassinats étaient fréquents et impunis; et, comme les sicaires étaient nombreux, vous n'avez pas eu de peine à en trouver. Il me semble, Erucius, que, n'ayant reçu qu'un salaire, vous voulez remplir deux tâches à la fois, d'abord nous accabler sous le poids d'une condamnation, puis accuser en même temps

XXIX. Nunc, Eruci, ad te venio. Conveniat mihi tecum necesse est, si ad hunc maleficium istud pertinet, aut ipsum sua manu fecisse, id quod negas, aut per aliquos liberos, aut servos. Liberosne? quos neque ut convenire potuerit, neque qua ratione inducere, neque ubi, neque per quos, neque qua spe, aut quo pretio, potes ostendere. Ego contra ostendo, non modo nihil eorum fecisse Sext. Roscium, sed ne potuisse quidem facere, quod neque Romæ multis annis fuerit, neque de prædiis umquam temere discesserit. Restare tibi videbatur servorum nomen, quo, quasi in portum, rejectus a cæteris suspicionibus, confugere posses : ubi scopulum offendis ejusmodi, ut non modo ab hoc crimen resilire videas, verum omnem suspicionem in vosmetipsos recidere intelligas.

Quid est ergo, quo tandem accusator, inopia argumentorum confugerit? Ejusmodi tempus erat, inquit, ut homines vulgo impune occiderentur : quare tu hoc, propter multitudinem sicariorum, nullo negotio facere potuisti. Interim mihi videris, Eruci, una mercede duas res adsequi velle : nos judicio perfundere; accusare autem eos ipsos, a quibus mercedem accepisti. Quid ais? Vulgo

ceux dont vous avez reçu un salaire. On tuait partout, dites-vous ; mais quels étaient les assassins et leurs instigateurs ? Oubliez-vous que ceux qui vous ont fait venir ici sont des acquéreurs des biens confisqués ? et ne savons-nous pas qu'alors les mêmes hommes ôtaient à la fois la vie et les propriétés ?

Ainsi ceux qui alors couraient tout armés et la nuit et le jour, qui ne quittaient jamais Rome, qui ne cessaient de se gorger de sang et de dépouilles, reprocheront à Sextus les atrocités de ces temps déplorables ! Et cette multitude de sicaires dont ils étaient les chefs et les guides, osent-ils bien en faire un crime à Sextus, qui non-seulement ne se trouvait pas à Rome, mais ne pouvait savoir ce qui s'y passait, puisqu'il ne quittait point la campagne, ainsi que vous l'avouez vous-même ?

Je craindrais, juges, d'abuser de votre attention ou de paraître me défier de vos lumières, si j'insistais plus longtemps sur des points si évidents. Tout le système d'accusation élevé par Erucius est, je crois, renversé de fond en comble ; car vous ne pensez pas sans doute que je réponde sérieusement à ce qu'il a dit sur le péculat et sur d'autres prétendus griefs dont nous n'avions pas entendu parler jusqu'à ce jour. Je serais porté à croire que ce sont des lambeaux d'un discours qu'il prépare contre un autre accusé ; car ils ne s'appliquaient nullement à une cause de parricide, ni à la personne de l'accusé. Au reste, à des imputations

occidebantur. Per quos ? et a quibus ? Nonne cogitas, te a sectoribus huc adductum esse? Quid postea ? Nescimus, per ista tempora, eosdem fere sectores fuisse collorum et bonorum ?

Ii denique, qui tum armati dies noctesque concursabant, qui Romæ erant adsidui, qui omni tempore in præda et sanguine versabantur, Sexto Roscio temporis acerbitatem iniquitatemque objicient ? et illam sicariorum multitudinem, in qua ipsi duces ac principes erant, huic crimini putabunt fore, qui non modo Romæ non fuit, sed omnino, quid Romæ ageretur, nesciret, propterea quod ruri adsiduus, quemadmodum tute confiteris, fuit ?

Vereor, ne aut molestus sim vobis, judices, aut ne ingeniis vestris videar diffidere, si de tam perspicuis rebus diutus disseram. Erucii criminatio tota, ut arbitror, dissoluta est : nisi forte exspectatis, ut illa diluam, quæ de peculatu, ac de ejusmodi rebus commentitiis, inaudita nobis ante hoc tempus ac nova objicit. Quæ mihi iste visus est ex alia oratione declamare, quam in alium reum commentaretur : ita neque ad crimen parricidii, neque ad eum, qui causam dicit, pertinebant. De quibus quoniam verbo arguit, verbo satis est

sans preuves une simple dénégation suffit. S'il réserve quelque chose pour les témoins, sur ce point encore, comme sur tout le reste, il nous trouvera mieux préparés qu'il ne le croyait.

XXX. Je vais maintenant m'acquitter d'une tâche peu conforme à mon goût, mais que m'impose mon devoir; car, si le rôle d'accusateur pouvait me convenir, je choisirais pour adversaires des hommes d'une autre trempe, et aux dépens desquels je pourrais acquérir de l'importance; mais je veux m'en abstenir tant que j'en serai le maître, car, à mes yeux, l'homme le plus digne de considération est celui qui n'a dû l'élévation de sa fortune qu'à son mérite, et non pas aux efforts qu'il a faits pour s'élever par la ruine et le malheur d'autrui.

Cessons enfin de discuter des chimères; cherchons où est le crime et où l'on peut le découvrir. Vous allez apprendre, Erucius, sur combien de présomptions il faut appuyer une accusation certaine. Cependant je ne dirai pas tout, et je passerai légèrement sur chaque point. Je me dispenserais même de le faire, si je n'y étais forcé; et ce qui prouvera que je ne le fais qu'à regret, c'est que je n'irai pas plus loin que ne le prescrivent le salut de Sextus et mon devoir comme son défenseur.

Vous n'avez pu trouver des motifs à Sextus; moi, j'en trouve plusieurs à Titus : car c'est à vous que j'ai affaire, Titus, puisque vous êtes assis sur ces bancs, et que vous vous prononcez ouver-

---

negare. Si quid est, quod ad testes reservet ; ibi nos quoque, ut in ipsa causa, paratiores reperiet, quam putabat.

XXX. Venio nunc eo, quo me non cupiditas ducit, sed fides. Nam si mihi liberet accusare, accusarem alios potius, ex quibus possem crescere : quod certum est non facere, dum utrumvis licebit. Is enim mihi videtur amplissimus, qui sua virtute in altiorem locum pervenit ; non, qui ascendit per alterius incommodum et calamitatem.

Desinamus aliquando ea scrutari, quæ sunt inania : quæramus ibi maleficium, ubi et est, et inveniri potest. Jam intelliges, Eruci, certum crimen quam multis suspicionibus coarguatur : tametsi neque omnia dicam, et leviter unumquodque tangam. Neque enim id facerem, nisi necesse esset; et id erit signi, me invitum facere, quod non prosequar longius, quam salus hujus et mea fides postulabit.

Causam tu nullam reperiebas in Sexto Roscio. At ego in T. Roscio reperio : tecum enim mihi res est, T. Rosci, quoniam istic sedes, ac te palam adversa-

tement contre nous. A l'égard de Capiton, plus tard nous nous occuperons de lui, si, comme j'entends dire qu'il s'y prépare, il se présente comme témoin. Je ne manquerai pas alors de faire connaître ses autres exploits, bien qu'il ne se doute pas même que j'en sois instruit.

Cet illustre L. Cassius, que le peuple romain regardait comme le plus sage et le plus intègre des juges, commençait dans toute affaire par s'enquérir *à qui le crime avait profité*. Ainsi va le monde : nul ne se porte à faire le mal s'il n'y trouve ou s'il n'en espère quelque profit. Un tel interrogateur, un tel juge était la terreur de quiconque était frappé d'une accusation : on l'évitait, parce que, malgré son impartialité, il paraissait plus porté à la rigueur qu'à l'indulgence. Pour moi, quoique je voie ce tribunal présidé par un magistrat non moins inexorable envers le crime audacieux que favorable à l'innocence, cependant, s'il fallait défendre Sextus devant Cassius lui-même armé de toute sa sévérité, et devant ses redoutables collègues dont le nom frappe encore de terreur les accusés, j'y consentirais volontiers.

XXXI. En effet, quand ces juges verraient dans cette cause les accusateurs en possession d'une fortune immense et l'accusé réduit à la mendicité, ils n'auraient pas de peine à découvrir à qui serait revenu le profit : dès lors le plus grand jour viendrait

---

rium esse profiteris. De Capitone post viderimus, si, quemadmodum paratum esse audio, testis prodierit ; tum alias quoque suas palmas cognoscet, de quibus me ne audisse quidem suspicatur.

L. Cassius ille, quem populus Romanus verissimum et sapientissimum judicem putabat, identidem in causis quærere solebat, cui bono fuisset. Sic vita hominum est, ut ad maleficium nemo conetur sine spe atque emolumento accedere. Hunc quæsitorem ac judicem fugiebant atque horrebant ii, quibus periculum creabatur ; ideo quod, tametsi veritatis erat amicus, tamen natura non tam propensus ad misericordiam, quam implicatus ad severitatem videbatur. Ego, quanquam præest huic quæstioni vir, et contra audaciam fortissimus, et ab innocentia clementissimus, tamen facile me paterer, vel illo ipso acerrimo judice quærente, vel apud Cassianos judices, quorum etiam nunc ii, quibus causa dicenda est, nomen ipsum reformidant, pro Sexto Roscio dicere.

XXXI. In hac enim causa quum viderent, illos amplissimam pecuniam possidere, hunc in summa mendicitate esse ; illud quidem non quærerent, cui bono fuisset ; sed eo perspicuum crimen, et suspicionem potius ad prædam

éclairer l'accusation, et les soupçons tomberaient plutôt sur le butin des accusateurs que sur l'indigence des accusés. Que serait-ce si l'on ajoutait que vous étiez pauvre avant l'assassinat, que vous aviez toujours été avide, audacieux, et l'ennemi déclaré de celui qui a été tué? Faudrait-il alors rechercher le motif qui vous aurait porté à un si grand crime? Or, est-il une seule de ces particularités qu'on puisse nier? La pauvreté du personnage ne saurait être révoquée en doute; elle est avérée, elle éclate d'autant plus qu'on fait plus d'efforts pour la dissimuler.

Vous dévoilez vous-même votre cupidité, Titus, en vous associant avec un étranger pour partager la dépouille d'un compatriote et d'un parent. Je pourrais donner mille preuves de votre audace: je n'en citerai qu'une. Dans toute cette association, parmi tant de sicaires, vous seul avez osé vous asseoir sur le banc des accusateurs, et non-seulement vous montrer devant cette assemblée, mais même y braver les regards du public. N'a-t-il pas existé entre Roscius et vous de vives inimitiés et de graves discussions d'intérêt? Vous êtes forcé d'en convenir.

Il ne reste plus, juges, qu'à examiner lequel des deux peut avoir assassiné Roscius. Est-ce celui à qui ce meurtre a procuré des richesses, ou celui qu'il a réduit à la mendicité? est-ce celui qui auparavant était dans l'indigence, ou celui qui depuis est tombé dans la dernière misère? L'un, enflammé par une in-

---

adjunxerunt, quam ad egestatem. Quid si accedit eodem, ut tenuis antea fueris? quid si, ut avarus? quid si, ut audax? quid si, ut illius, qui occisus est, inimicissimus? num quærenda, quæ te ad tantum facinus adduxerint? Quid ergo horum negari potest? Tenuitas hominis ejusmodi est, ut dissimulari non queat, atque eo magis cluceat, quo magis occultatur.

Avaritiam præfer, qui societatem coieris de municipis cognatique fortunis cum alienissimo. Quam sis audax, ut alia obliviscar, hinc omnes intelligere potuerunt, quod ex tota societate, hoc est, ex tot sicariis, solus tu inventus es, qui cum accusatoribus sederes, atque os tuum non modo ostenderes, sed etiam offerres. Inimicitias tibi fuisse cum Sexto Roscio, et magnas rei familiaris controversias, concedas necesse est.

Restat, judices, ut hoc dubitemus, uter potius Sext. Roscium occiderit, is, ad quem morte ejus divitiæ venerint, an is, ad quem mendicitas; is, qui antea tenuis fuerit, an is, qui postea factus sit egentissimus; is, qui ardens avaritia

satiable cupidité, cherche à l'assouvir sur ses parents; l'autre a toujours vécu étranger à tout gain illicite, jamais il n'a cherché d'autre revenu que celui que procure le travail. Le premier est le plus effronté des enchérisseurs; le second, peu accoutumé au bruit du forum et aux débats des tribunaux, redoute l'aspect non-seulement de ces bancs, mais même de Rome. Enfin, à mon avis, c'est le point le plus décisif, lequel des deux fut l'ennemi ou le fils de Roscius?

XXXII. Erucius, si vous aviez pu réunir contre l'accusé tant de preuves si accablantes, quelle n'eût pas été la prolixité de vos discours, la jactance de vos expressions! Certes le temps vous aurait plus tôt manqué que les paroles; et la matière est en effet si féconde, qu'à vous étendre sur chaque point, vous auriez passé des journées entières. Il ne me serait pas impossible d'en faire autant; car je ne pousse pas la défiance de moi-même jusqu'à croire mon esprit plus stérile que le vôtre. Mais peut-être ne serai-je point aperçu dans la foule des défenseurs, tandis qu'une nouvelle bataille de Cannes vous a placé au premier rang des accusateurs. Nous avons vu massacrer plus d'un citoyen, non auprès du lac de Trasimène, mais auprès de celui de Servilius.

> Qui lors put échapper au fer des Phrygiens?

Il n'est pas besoin de les compter tous: les Curtius, les Marius,

feratur infestus in suos, an is, qui semper ita vixerit, ut quæstum nosset nullum, fructum autem eum solum, quem labore peperisset; is, qui omnium sectorum audacissimus sit, an is, qui, propter fori judiciorumque insolentiam, non modo subsellia, verum etiam urbem ipsam reformidet; postremo, judices, id quod ad rem, mea sententia, maxime pertinet, utrum inimicus potius, an filius?

XXXII. Hæc tu, Eruci, tot et tanta si nactus esses in reo, quam diu diceres? quo te modo jactares? tempus, hercule, te citius, quam oratio deficeret. Etenim in singulis rebus ejusmodi materies est, ut dies singulos possis consumere. Neque ego non possum; non enim mihi tantum derogo, tametsi nihil adrogo, ut te copiosus, quam me, putem posse dicere. Verum ego forsitan, propter multitudinem patronorum, in grege adnumerer; te pugna Cannensis accusatorem sat bonum fecit. Multos cæsos non ad Trasimenum lacum, sed ad Servilium videmus.

> Quis ibi non est vulneratus ferro Phrygio?

Non necesse est omnes commemorare, Curtios, Marios, denique Memmios,

les Memmius, que leur âge éloignait des combats; enfin ce nouveau Priam, le vieil Antistius, à qui les années et même les lois défendaient de combattre avec eux : mille autres encore dont personne ne se rappelle les noms, tant ils sont obscurs; tous faisant métier de dénoncer les meurtriers, et même les empoisonneurs. Quant à moi, je désirerais qu'ils vécussent encore ; car ce n'est pas un mal qu'il y ait beaucoup de chiens vigilants, lorsqu'il y a beaucoup de gens à surveiller et beaucoup de choses à garder.

Mais d'ordinaire maintes violences, souvent ignorées des chefs, se commettent dans les armées à la faveur du tumulte des camps. Tandis que d'autres soins absorbaient l'attention de celui qui a la direction suprême du gouvernement, bien des gens s'occupaient à guérir les blessures que leur avaient portées les tribunaux. Comme si une nuit éternelle se fût répandue sur la république, ils s'agitaient dans les ténèbres, et semaient partout la confusion. Je suis même surpris qu'afin d'effacer le dernier vestige des jugements rendus contre eux, ils n'aient point livré aux flammes jusqu'aux siéges des magistrats; car ils avaient fait périr les accusateurs et les juges. Heureusement ils ont vécu de manière qu'ils ne pourraient, quand ils le voudraient, exterminer tous les témoins : tant qu'il y aura des hommes, il s'élèvera contre eux des accusateurs; et tant que Rome subsistera, la justice ne sera point désarmée.

quos jam ætas a præliis avocabat : postremo Priamum ipsum, senem Antistium, quem non modo ætas, sed etiam leges pugnare prohibebant. Jam, quos nemo propter ignobilitatem nominat, sexcenti sunt, qui inter sicarios et de veneficiis accusabant : qui omnes, quod ad me attinet, vellem viverent. Nihil enim mali est, canes ibi quam plurimos esse, ubi permulti observandi, multaque servanda sunt.

Verum, ut fit, multa sæpe, imprudentibus imperatoribus, vis belli ac turba molitur. Dum is in aliis rebus erat occupatus, qui summam rerum administrabat, erant interea, qui suis vulneribus mederentur ; qui, tanquam si offusa rei publicæ sempiterna nox esset, ita ruebant in tenebris, omniaque miscebant : a quibus miror, ne quod judiciorum esset vestigium, non subsellia quoque esse combusta; nam et accusatores et judices sustulerunt. Hoc commodi est, quod ita vixerunt, ut testes omnes, si cuperent, interficere non possent ; nam, dum hominum genus erit, qui accuset eos, non deerit ; dum civitas erit, judicia fient.

Au reste, je l'ai déjà dit, si Erucius avait pour soutenir l'accusation tous les moyens que je viens d'indiquer, il pourrait en profiter pour parler fort longtemps. Je le pourrais aussi, juges; mais mon intention est de toucher légèrement, et seulement d'effleurer chaque objet, pour convaincre tous ceux qui m'écoutent que je n'accuse pas pour le plaisir de le faire, mais pour m'acquitter de mon devoir comme défenseur.

XXXIII. Je vois donc que beaucoup de motifs poussaient Titus au meurtre de Roscius; voyons maintenant quels moyens il a eus pour le commettre. Où Roscius a-t-il été tué? A Rome. Titus, où étiez-vous alors? A Rome. Qu'importe? dites-vous; bien d'autres y étaient comme moi. Il ne s'agit pas de savoir lequel des nombreux habitants de cette ville a tué Roscius; nous recherchons seulement s'il est plus vraisemblable que le crime ait été commis par un homme qui ne quittait point Rome dans ce temps-là, ou par celui qui depuis plusieurs années n'en avait pas même approché.

Poursuivons : quelles étaient les autres facilités à commettre le crime? Il y avait alors des milliers d'assassins, comme Erucius l'a rappelé, et les meurtres se commettaient avec impunité. Mais cette multitude d'assassins quels étaient-ils? C'étaient, ce me semble, ou ceux qui ne songeaient qu'à s'emparer des biens, ou ceux qu'ils soudoyaient pour massacrer leurs victimes. Si vous

---

Verum, ut cœpi dicere, et Erucius, hæc si haberet in causa, quæ commemoravi, posset ea quamvis diu dicere ; et ego, judices, possum ; sed in animo est, quemadmodum ante dixi, leviter transire, ac tantummodo perstringere unuam quamque rem, ut omnes intelligant, me non studio accusare, sed officio defendere.

XXXIII. Video igitur, causas esse permultas, quæ istum impellerent. Videamus nunc ecquæ facultas suscipiendi maleficii fuerit. Ubi occisus est Sext. Roscius? Romæ. Quid? tu, Rosci, ubi tunc eras? Romæ. Verum quid ad rem? et alii multi. Quasi nunc id agatur, quis ex tanta multitudine occiderit, ac non hoc quæratur, cum, qui Romæ sit occisus, utrum veri similius sit ab eo esse occisum, qui adsiduus eo tempore Romæ fuerit, an ab eo, qui multis annis Romam omnino non accesserit.

Age, nunc cæteras facultates quoque consideremus. Erat tum multitudo sicariorum, id quod commemoravit Erucius, et homines impune occidebantur. Quid? ea multitudo quæ erat? opinor, aut eorum, qui in bonis erant occupati; aut eorum, qui ab aliis conducebantur ut aliquem occiderent. Si eos putas,

croyez que c'étaient ceux qui convoitaient le bien d'autrui, vous êtes du nombre, vous qui vous êtes enrichi de nos dépouilles; si vous parlez de ceux que les gens accoutumés à adoucir les choses appellent du nom plus doux d'exécuteurs des proscriptions, cherchez quel est leur protecteur et leur appui. Croyez-moi, vous y découvrirez quelqu'un de vos associés. Comparez ensuite vos accusations à nos réponses, et l'on verra aisément combien la cause de Sextus diffère de la vôtre.

Vous direz sans doute : Que voulez-vous conclure de mon séjour assidu dans Rome? Je répondrai : moi, je n'y étais jamais. — J'avoue que j'étais un acquéreur des domaines confisqués; mais il y en avait tant d'autres; — Moi, j'étais, ainsi que vous me le reprochez vous-même, un cultivateur, un vrai paysan. — Pour m'être associé avec des sicaires, serai-je pour cela un sicaire? — Mais moi, qui n'ai pas même connu de sicaire, je suis bien plus que vous à l'abri de toute accusation semblable. A toutes ces raisons victorieuses je pourrais en ajouter d'autres qui démontreraient que vous aviez tous les moyens de commettre ce crime; mais je les passe sous silence, parce que je ne vous accuse vous-même qu'à regret. D'ailleurs, si je voulais rappeler tous les meurtres qui ont été commis de la même manière que celui de Roscius, j'aurais à craindre, que mon discours parût dirigé contre beaucoup trop d'autres coupables.

qui alienum appetebant, tu es in eo numero, qui nostra pecunia dives es : sin eos, quos, qui leviore nomine appellant, percussores vocant, quære, in cujus fide sint et clientela : mihi crede, aliquem de societate tua reperies. Et, quidquid tu contra dixeris, id cum defensione nostra contendito : ita facillime causa Sexti Roscii cum tua conferetur.

Dices : Quid postea, si Romæ adsiduus fui? Respondebo : At ego omnino non fui. Fateor, me sectorem esse; verum et alii multi. At ego, ut tute arguis, agricola et rusticus. Non continuo, si me in gregem sicariorum contuli, sum sicarius. At ego profecto, qui ne novi quidem quemquam sicarium, longe absum ab ejusmodi crimine. Permulta sunt, quæ dici possunt, quare intelligatur summam tibi facultatem fuisse maleficii suscipiendi : quæ non modo idcirco prætereo, quod te ipsum non libenter accuso, verum eo magis etiam, quod, si de illis cædibus velim commemorare, quæ tum factæ sunt ista eadem ratione, qua Sext. Roscius occisus est, vereor, ne ad plures oratio mea pertinere videatur.

XXXIV. Faisons maintenant un rapide examen de vos démarches après la mort de Roscius. Juges, elles furent si peu secrètes, je dirai même si éclatantes, que, j'en fais serment, je ne les rappelle que malgré moi ; car, quelles que soient les taches de votre vie, Titus, je crains de paraître plus ardent à vous perdre qu'à sauver Sextus. Mais cette crainte et le désir d'avoir pour vous les ménagements compatibles avec mes devoirs font bientôt place à un autre sentiment, car je songe à l'excès de votre impudence. Quoi ! tandis que tous vos complices fuyaient et se cachaient, afin de faire croire au peuple que dans ce procès il n'était point question de quelque nouveau brigandage de leur part, mais d'un parricide commis par mon client, vous avez bien osé donner la préférence au rôle que vous jouez ici en paraissant au procès, et en prenant place auprès de l'accusateur ! A cela que gagnerez-vous, sinon d'avoir exposé à tous les yeux votre insolence et votre effronterie ?

Roscius est assassiné : qui porte à Amérie la première nouvelle de sa mort ? Mallius Glaucia, que j'ai déjà nommé, votre client et votre ami. Quel motif si puissant a-t-il eu pour se charger de ce message ? Et si vous n'aviez d'avance formé quelque projet contre la vie et les biens de Roscius, si vous ne vous étiez associé des complices pour commettre ce crime et pour en partager le profit, pourquoi s'empressait-on de vous en apporter la

---

XXXIV. Videamus nunc strictim, sicut cætera, quæ post mortem Sexti Roscii abs te, T. Rosci, facta sunt ; quæ ita aperta et manifesta sunt, ut me dius fidius ! judices, invitus ea dicam. Vereor enim, cuicuimodi es, T. Rosci, ne ita hunc videar voluisse servare, ut tibi omnino non pepercerim. Quum hoc vereor, et cupio tibi aliqua ex parte, quod salva fide possim parcere, rursus immuto voluntatem meam : venit enim mihi in mentem oris tui. Tene, quum cæteri socii tui fugerent ac se occultarent, ut hoc judicium non de illorum præda, sed de hujus maleficio fieri videretur, potissimum tibi partes istas depoposcisse, ut in judicio versarere, et sederes cum accusatore ? qua in re nihil aliud adsequeris, nisi ut ab omnibus mortalibus audacia tua cognoscatur et impudentia.

Occiso Sexto Roscio, qui primus Ameriam nuntiat ? Mallius Glaucia, quem jam antea nominavi, tuus cliens et familiaris. Quid attinuit cum potissimum nuntiare, quod, si nullum jam ante consilium de morte ac de bonis ejus inieras, nullamque societatem neque sceleris, neque præmii cum homine ullo coieras,

nouvelle, vous qu'elle devait intéresser moins que tout autre? Mallius l'a fait de son propre mouvement! Mais, je le demande, quel intérêt y prenait-il? Dira-t-on qu'appelé à Amérie pour d'autres affaires, il fut par hasard le premier à annoncer ce qu'il avait appris à Rome? Quelles étaient ces affaires? Je ne puis, dites-vous, le deviner. Je vais rendre la chose si claire, que pour l'apprécier il ne sera besoin d'être devin. Pourquoi d'abord apporter la nouvelle à Capiton, puisque la famille de Roscius, sa femme, ses enfants, étaient à Amérie, ainsi qu'un grand nombre de ses parents et de ses amis, qui avaient toujours vécu avec lui en parfaite intelligence? Comment se fait-il que ce Mallius, votre client, messager de votre crime, ait choisi de préférence Capiton pour lui en donner avis?

Roscius a été tué en revenant de souper; et dès avant le jour on le savait à Amérie. Que signifie cette course incroyable, cette célérité, cet empressement extraordinaires? Je ne demande pas qui l'a frappé. Vous n'avez rien à craindre, Glaucia; je ne vous fouille pas, je ne cherche point si vous cachiez sur vous quelque poignard. Je sais quel homme a dirigé les coups. Que m'importe la main qui les a portés? Je ne m'attache qu'à ce qui me démontre jusqu'à l'évidence votre crime avec toutes ses circonstances. Où et de qui Glaucia avait-il appris le fait? comment l'a-t-il su si vite? Le hasard fit qu'il l'apprit à l'instant même, soit;

ad te minime omnium pertinebat? Sua sponte Mallius nuntiat. Quid, quæso, ejus intererat? An, quum Ameriam non hujusce rei causa venisset, casu accidit, ut id, quod Romæ audierat, primus nuntiaret? Cujus rei causa venerat Ameriam? Non possum, inquit, divinare. Eo rem jam adducam, ut nihil divinatione opus sit. Qua ratione Roscio Capitoni primum nuntiavit? Quum Ameriæ Sexti Roscii domus, uxor, liberique essent, quum tot propinqui cognatique optime convenientes, qua ratione factum est, ut iste tuus cliens, sceleris tui nuntius, T. Roscio Capitoni potissimum nuntiaret?

Occisus est à cœna rediens: nondum lucebat, quum Ameriæ scitum est. Quid hic incredibilis cursus? quid hæc tanta celeritas festinatioque significat? Non quæro, quis percusserit: nihil est, Glaucia, quod metuas; non excutio te; si quid forte ferri habuisti; non scrutor; nihil ad me arbitror pertinere: quoniam, cujus consilio occisus sit, invenio, cujus manu sit percussus, non laboro. Unum hoc sumo, quod mihi apertum tuum scelus, resque manifesta dat. Ubi, aut unde audivit Glaucia? qui tam cito scivit? Fac audisse statim.

mais quel motif le portait à faire tant de chemin en une seule nuit? S'il allait à Amérie de son propre mouvement, quelle nécessité si pressante l'obligeait de partir de Rome à cette heure, sans se reposer un moment de toute la nuit?

XXXV. Quand les faits sont si évidents, faut-il chercher des raisonnements ou faire des conjectures? Ne vous semble-t-il pas, juges, voir de vos propres yeux ce que vous venez d'entendre? ne voyez-vous pas l'infortuné Roscius retournant chez lui sans défiance? n'apercevez-vous pas l'embuscade dressée, l'attaque soudaine? ne reconnaissez-vous pas Mallius parmi les assassins, et Titus plaçant lui-même sur un char ce nouvel Automédon qui va porter la nouvelle de son horrible forfait et de son infâme victoire? ne le conjure-t-il pas de renoncer au sommeil durant cette nuit, de travailler pour son honneur, et d'avertir au plus tôt Capiton.

Pourquoi voulait-il que Capiton en fût instruit le premier? Je l'ignore. Mais je vois que Capiton a eu sa part des biens de Roscius, et que sur treize fonds de terre il en possède trois des plus considérables. J'apprends aussi que ce n'est pas la première fois que Capiton encourt des soupçons de ce genre; qu'il est déjà décoré de plusieurs palmes infâmes; que celle-ci, comme venant de Rome, l'emporte par son éclat sur toutes les autres; qu'il n'est point de manière de tuer un homme dont il n'ait fait usage; qu'il s'est servi souvent du poignard et souvent du poi-

Quæ res cum nocte una tantum itineris contendere coegit? quæ necessitas cum tanta premebat, ut, si sua sponte iter Ameriam faceret, id temporis Roma proficisceretur, nullam partem noctis requiesceret?

XXXV. Etiamne in tam perspicuis rebus argumentatio quærenda, aut conjectura capienda sit? Nonne vobis hæc, quæ audistis, cernere oculis videmini, judices? Non illum miserum, ignarum casus sui, redeuntem a cœna videtis? non positas insidias? non impetum repentinum? Non versatur ante oculos vobis in cæde Glaucia: Non adest iste T. Roscius? non suis manibus in curru collocat Automedontem illum, sui sceleris acerbissimi nefariæque victoriæ nuntium? non orat, ut eam noctem pervigilet? ut honoris sui causa laboret? ut Capitoni quam primum nuntiet?

Quid erat, quod Capitonem primum scire voluerit? Nescio; nisi hoc video, Capitonem in his bonis esse socium; de tribus et decem fundis tres nobilissimos fundos eum video possidere. Audio præterea, non hanc suspicionem nunc primum in Capitonem conferri; multas esse infames ejus palmas; hanc primam esse tamen lemniscatam, quæ Romæ deferatur; nullum modum esse hominis

son. Je puis même citer un homme qu'il a, contre la coutume de nos ancêtres, précipité du haut du pont dans le Tibre, quoiqu'il ne fût pas âgé de soixante ans. S'il comparaît, ou plutôt lorsqu'il comparaîtra, car je sais qu'il doit se présenter, je lui raconterai ses exploits.

Qu'il vienne seulement; qu'il parcoure ce rouleau écrit en entier de la main d'Erucius, comme je suis en état de le prouver, et qu'on dit que ce dernier a montré d'un air menaçant à Sextus, en protestant qu'il attesterait tous les faits qu'il renferme. O témoin respectable! qu'une pareille autorité, juges, est digne de toute votre attention! oh! combien une vie si honnête doit disposer vos esprits à fonder votre jugement sur son témoignage! Assurément nous ne verrions pas si clair dans les crimes et les manœuvres de ces gens-là, si la passion, l'avarice et l'audace ne les avaient frappés d'aveuglement.

XXXVI. L'un, dès l'instant du meurtre, envoie un messager rapide à Amérie, à son associé, à son maître. En vain, après cela, voudrait-on feindre de ne point connaître l'auteur du meurtre; lui-même s'est empressé de dévoiler son crime à tous les yeux. L'autre, si les dieux le souffrent, va déposer contre Sextus, comme s'il s'agissait de croire ce qu'il aura dit, ou de punir ce qu'il aura fait.

occidendi, quo ille non aliquot occiderit ; multos ferro, multos veneno. Habeo etiam dicere, quem, contra morem majorum, minorem annis LX, de ponte in Tiberim dejecerit. Quæ, si prodierit, atque adeo quum prodierit (scio enim proditurum esse), audiet.

Veniat modo ; explicet suum volumen illud, quod ei planum facere possum Erucium conscripsisse : quod aiunt illum Sexto Roscio intemptasse, et minitatum esse, se omnia illa pro testimonio esse dicturum. O præclarum testem, judices! o gravitatem dignam exspectatione! o vitam honestam, atque ejusmodi, ut libentibus animis ad ejus testimonium vestrum jusjurandum accommodetis! Profecto non tam perspicue istorum maleficia videremus, nisi ipsos cæcos redderet cupiditas et avaritia et audacia.

XXXVI. Alter ex ipsa cæde volucrem nuntium Ameriam ad socium atque ad magistrum suum misit, ut, si dissimulare omnes cuperent se scire, ad quem maleficium pertineret; tamen ipse apertum suum scelus ante omnium oculos poneret. Alter, si dis immortalibus placet, testimonium etiam in Sext. Roscium dicturus est ; quasi vero id nunc agatur, utrum, is quod dixerit, credendum ; an quod fecerit, vindicandum sit.

Nos ancêtres ne permettaient pas que, même dans les affaires les moins importantes, les hommes les plus considérables fussent admis à rendre témoignage dans leur propre cause. Scipion l'Africain, dont le surnom rappelle la conquête d'une des trois parties de l'univers, n'aurait pu, pour peu qu'il y eût été intéressé, déposer dans une affaire ; et, j'ose à peine le dire d'un si grand homme, si, en pareil cas, il eût cru pouvoir déposer, sa déposition n'aurait pas été admise. Voyez donc aujourd'hui combien les temps sont changés, combien tout a dégénéré ! Il s'agit ici d'un meurtre et des biens de la victime, et l'on va recevoir le témoignage de l'acquéreur, ainsi que du meurtrier, c'est-à-dire de celui qui a acheté ces mêmes biens, qui en est en possession, puis de celui qui a fait égorger l'homme dont la justice poursuit les assassins !

Honnête Titus, qu'avez-vous à dire ? Écoutez-moi, prenez garde de vous compromettre ; cette affaire peut être plus grave que vous ne le pensez. Souvent vous avez montré de la scélératesse, souvent de l'audace, souvent de la perversité : pour la première fois, aujourd'hui, vous montrez de la folie ; et certes c'est de votre propre mouvement, car vous n'avez pas consulté Érucius. Qu'aviez-vous affaire de paraître ici ? car personne ne veut d'un accusateur muet, ni d'un témoin qui siége sur le banc de l'accusateur. J'ajoute que votre cupidité aurait été plus

---

Itaque more majorum comparatum est, ut in minimis rebus homines amplissimi testimonium de sua re non dicerent. Africanus, qui suo cognomine declarat tertiam partem orbis terrarum se subegisse, tamen, si sua res ageretur, testimonium non diceret ; nam, illud in talem virum non audeo dicere, si diceret, non crederetur. Videte nunc, quam versa et mutata in pejorem partem sint omnia. Quum de bonis et de cæde agatur, testimonium dicturus est is, qui et sector est, et sicarius ; hoc est, qui et illorum ipsorum bonorum, de quibus agitur, emptor et possessor est, et eum hominem occidendum curavit, de cujus morte quæritur.

Quid tu, vir optime? ecquid habes, quod dicas ? Mihi ausculta : vide, ne tibi desis ; tua quoque res permagna agitur. Multa scelerate, multa audacter, multa improbe fecisti ; unum stultissime, profecto tua sponte, non de Erucii sententia : nihil opus fuit te istic sedere. Neque enim accusatore muto, neque teste quisquam utitur eo, qui de accusatoris subsellio surgit. Huc accedit, quod paullo tamen occultior atque tectior vestra ista cupiditas esset ; nunc

cachée, plus secrète. Maintenant que servirait d'entendre ce que vous avez à déposer l'un et l'autre, lorsque toutes vos actions semblent n'avoir pour but que de nous servir nous-mêmes à votre détriment? Reprenons maintenant la suite des faits.

XXXVII. Quatre jours après la mort de Roscius, la nouvelle en parvient à Chrysogon, au camp de L. Sylla, auprès de Volaterre. On demande encore qui envoya ce messager? Sans doute la même personne qui avait dépêché le premier à Amérie. Chrysogon s'empresse de faire vendre les biens d'un homme qu'il ne connaissait pas plus que sa fortune. Mais comment put-il concevoir le désir de s'emparer des propriétés d'un homme qui lui était inconnu, et qu'il n'avait jamais vu? Juges, vous êtes dans l'usage, en entendant de pareils faits, de dire aussitôt : Il faut absolument qu'un habitant de la même ville, qu'un homme des environs, l'ait instruit ; ce sont eux qui la plupart du temps donnent ces indications; c'est par eux que l'on est ordinairement trahi. Ici vous n'avez à concevoir aucun soupçon de ce genre; car je ne dirai point : Il est vraisemblable que les Roscius ont découvert cette riche proie à Chrysogon; ils étaient depuis longtemps étroitement liés avec lui; ils comptaient un grand nombre de patrons et d'hôtes attachés de père en fils à leur famille; ils ont cessé de les cultiver, de les honorer, pour se mettre sous la clientèle et sous la protection de Chrysogon.

quid est, quod quisquam ex vobis audire desideret, quum, quæ facitis, ejusmodi sint, ut ea, dedita opera, nobis contra vosmetipsos facere videamini? Age, nunc illa videamus, judices, quæ statim consecuta sunt.

XXXVII. Ad Volaterras in castra L. Sullæ mors Sexti Roscii, quatriduo, quo occisus est, Chrysogono nuntiatur. Quæritur etiam nunc, quis eum nuntium miserit? Nonne perspicuum est, eundem, qui Ameriam? Curat Chrysogonus, ut ejus bona veneant statim, qui non norat hominem, aut rem. At qui ei venit in mentem prædia concupiscere hominis ignoti, quem omnino numquam viderat? Soletis, quum aliquid hujuscemodi auditis, judices, continuo dicere : necesse est, aliquem dixisse municipem, aut vicinum; ii plerumque indicant; per eos plerique produntur. Hic nihil est, quod suspicionem hanc putetis. Non enim ego ita disputabo : Verisimile est, Roscios istam rem ad Chrysogonum detulisse; erat enim eis cum Chrysogono jam antea amicitia; nam quum multos veteres a majoribus Roscii patronos hospitesque haberent, omnes eos colere atque observare destiterunt, ac se in Chrysogoni fidem et clientelam contulerunt.

En parlant ainsi, je ne m'écarterais pas de la vérité; mais, dans cette cause, je ne suis point réduit à des conjectures. Ils ne nient pas, je le sais, que c'est à leur instigation que Chrysogon s'est emparé des biens de Roscius. Si vous voyez de vos propres yeux celui qui a reçu le prix de cet avis officieux, vous restera-t-il des doutes sur celui qui l'a donné? Quels sont donc ceux à qui, dans ces biens en question, Chrysogon a donné leur part? Les deux Roscius. — Et qui encore? — Personne autre. Peut-il être douteux que ceux-là ont indiqué la proie à Chrysogon, qui ont obtenu leur part du butin?

Considérons maintenant la conduite des Roscius, d'après ce qu'en a jugé Chrysogon lui-même. Si pour le coup de main dont il s'agit les Roscius n'avaient pas rendu quelque service essentiel à Chrysogon, pourquoi leur a-t-il accordé de si riches récompenses? s'ils n'ont fait que l'instruire de l'affaire, ne suffisait-il pas de les remercier? ou enfin, s'il voulait se montrer généreux, de leur faire quelque présent? Pourquoi donner tout d'abord à Capiton trois domaines d'un revenu si considérable? pourquoi Titus partage-t-il avec Chrysogon la jouissance de tous les autres? N'est-il pas évident, juges, que Chrysogon n'a fait part aux Roscius de ces dépouilles, que parce qu'il savait celle qu'ils avaient prise à toute l'affaire?

XXXVIII. Dix des principaux habitants d'Amérie se rendent

Hæc possum omnia vere dicere ; sed in hac causa conjectura nihil opus est. Ipsos certo scio non negare, ad hæc bona Chrysogonum accessisse impulsu suo. Si eum, qui indicii partem acceperit, oculis cernetis, poteritisne dubitare, judices, qui indicarit ? Qui sunt igitur in istis bonis, quibus partem Chrysogonus dederit ? Duo Roscii. Num quisnam præterea ? Nemo est, judices. Num ergo dubium est, quin ii obtulerint hanc prædam Chrysogono, qui ab eo partem prædæ tulerunt ?

Age, nunc ex ipsius Chrysogoni judicio Rosciorum factum consideremus. Si nihil in ista pugna Roscii, quod operæ pretium esset, fecerant, quam ob causam a Chrysogono tantis præmiis donabantur? Si nihil aliud fecerunt, nisi rem detulerunt, nonne satis fuit his gratias agi? denique, ut perliberaliter ageretur, honoris aliquid haberi ? Cur tria prædia tantæ pecuniæ statim Capitoni dantur? Cur, quæ reliqua sunt, iste Roscius omnia cum Chrysogono communiter possidet ? Nonne perspicuum est, judices, has manubias Rosciis Chrysogonum, re cognita, concessisse?

XXXVIII. Venit in decem primis legatus in castra Capito. Totam vitam, natu-

4.

au camp de Sylla, et Capiton est du nombre. Par cette députation même jugez de la vie, du caractère et de la probité de cet homme. Si vous ne voyez clairement qu'il n'est point de devoirs, de droits si sacrés, si inviolables, qu'il n'ait méconnus ou foulés aux pieds, je consens que vous le proclamiez un très-honnête homme. Il empêche que Sylla ne soit instruit de cette affaire ; il révèle à Chrysogon les desseins et les intentions des autres députés ; il l'engage à faire tous ses efforts pour que l'affaire ne se traite point publiquement ; il lui représente que, si la vente des biens est annulée, de grandes richesses seront perdues pour lui, et que lui-même courra risque de la vie. Tandis qu'il presse Chrysogon, il trompe ses collègues ; tandis qu'il l'avertit de se tenir sur ses gardes, il fait insidieusement briller à leurs yeux de fausses espérances. Avec lui il concerte les moyens de les faire échouer dans leur mission, et il lui découvre leurs projets ; avec lui il traite de la part qui lui reviendra, et, sous prétexte que l'heure n'est pas favorable, il leur ferme tout accès auprès de Sylla. Enfin, grâce à ses conseils, à ses sollicitations, à son intervention, les députés ne voient point Sylla. Trompés par leur confiance, ou plutôt par sa perfidie, comme vous pourrez l'apprendre de leur bouche si l'accusateur juge à propos de les appeler en témoignage, au lieu d'un résultat positif ils n'emportent dans leur ville que de fausses espérances.

Dans les affaires privées, celui qui, chargé d'un mandat, s'en

ram, moresque hominis ex ipsa legatione cognoscite. Nisi intellexeritis, judices, nullum esse officium, nullum jus tam sanctum atque integrum, quod non ejus scelus atque perfidia violarit et imminuerit, virum optimum esse cum judicatote. Impedimento est, quominus de his rebus Sulla doceatur ; caeterorum legatorum consilia et voluntatem Chrysogono enuntiat ; monet, ut provideat, ne palam res agatur ; ostendit, si sublata sit venditio bonorum, illum pecuniam grandem amissurum, sese capitis periculum aditurum. Illum acuere ; hos, qui simul erant missi, fallere : illum identidem monere, ut caveret ; hisce insidiose spem falsam ostendere : cum illo contra hos inire consilia ; horum consilia illi enuntiare : cum illo partem suam depacisci ; hisce, aliqua fretus hora, semper omnes aditus ad Sullam intercludere. Postremo isto hortatore, auctore, intercessore, ad Sullam legati non adierunt ; istius fide, ac potius perfidia decepti, id quod ex ipsis cognoscere poteritis, si accusator voluerit testimonium eis denuntiare, pro re certa spem falsam domum rettulerunt.

In privatis rebus si qui rem mandatam non modo malitiosius gessisset, sui

était acquitté, je ne dis pas avec déloyauté, par des vues de profit ou d'intérêt personnel, mais seulement avec négligence, celui-là, dis-je, aux yeux de nos ancêtres, se couvrait d'une honte ineffaçable : aussi avons-nous un tribunal pour connaître de ce délit, qui est flétri d'une peine infamante tout aussi bien que le vol. La raison en est, à mon avis, que, dans les affaires que nous ne pouvons conduire par nous-mêmes, nous avons recours à nos amis, dont la fidélité doit suppléer à notre insuffisance. Celui qui viole cette fidélité renverse l'appui commun à tous les hommes, et porte, autant qu'il est en lui, le désordre dans la société ; car nous ne pouvons tout faire par nous-mêmes. Chacun a sa partie, dans laquelle il peut se rendre utile ; et l'on se fait des amis afin d'assurer l'avantage général par la réciprocité des services.

Pourquoi accepter un mandat, si vous devez le négliger ou l'accomplir à votre profit ? pourquoi m'offrir vos services, si par votre feinte obligeance vous trahissez mes intérêts ? Laissez-moi, un autre fera mon affaire. Vous vous chargez d'un fardeau que vous croyez pouvoir soutenir, et qui ne semble lourd qu'à ceux dont la fidélité est un peu suspecte. Cet abus de confiance est donc un délit infamant, puisqu'il viole à la fois ce qu'il y a de plus sacré, l'amitié et la bonne foi ; car on ne remet guère ses intérêts qu'à un ami, et on n'accorde sa confiance qu'à celui que l'on croit fidèle. Or, c'est le comble de la perversité que de

---

quæstus aut commodi causa, verum etiam negligentius, eum majores summum admisisse dedecus existimabant. Itaque mandati constitutum est judicium, non minus turpe, quam furti : credo propterea quod, quibus in rebus ipsi interesse non possumus, in his, operæ nostræ vicaria, fides amicorum supponitur ; quam qui lædit, oppugnat omnium commune præsidium, et, quantum in ipso est, disturbat vitæ societatem. Non enim possumus omnia per nos agere : alius in alia est re magis utilis. Idcirco amicitiæ comparantur, ut commune commodum mutuis officiis gubernetur.

Quid recipis mandatum, si aut neglecturus, aut ad tuum commodum conversurus es ? Cur mihi te offers, ac meis commodis, officio simulato, officis et obstas ? Recede de medio ; per alium transigam. Suscipis onus officii, quod te putas sustinere posse ; quod maxime videtur grave iis, qui minime ipsi leves sunt. Ergo idcirco turpis hæc culpa est, quod duas res sanctissimas violat, amicitiam et fidem ; nam neque mandat quisquam fere, nisi amico ; neque

violer l'amitié, et de tromper celui qui n'aurait pas été lésé s'il n'avait placé en vous sa confiance.

XXXIX. Quoi! dans les plus petites choses, celui qui aura négligé son mandat sera flétri par un jugement ; et dans une affaire si importante, celui à qui on avait confié la mémoire du père et la fortune du fils attentera à l'honneur du père, réduira le fils à l'indigence! et il vivra! et il sera compté parmi les honnêtes gens! Quand il s'agit d'intérêts légers, d'affaires privées, la négligence d'un mandataire l'expose à une accusation et à une sentence infamantes, parce qu'alors le commettant ne s'occupe plus de l'affaire dont tout le soin retombe sur le mandataire : mais, dans une mission publique si importante, celui qui n'a pas seulement blessé par sa négligence des intérêts particuliers, mais profané et souillé par sa perfidie le droit sacré des députations, quel châtiment lui fera-t-on subir? quel jugement rendra-t-on contre lui?

Je suppose que Sextus, en son propre et privé nom, ait chargé Capiton de traiter cette affaire, de la terminer, et d'employer ses bons offices auprès de Chrysogon en tout ce qu'il croirait convenable. Si, après avoir accepté cette mission, Capiton eût détourné à son profit la plus petite somme, n'aurait-il pas été con-

credit, nisi ei, quem fidelem putat. Perditissimi est igitur hominis, simul et amicitiam dissolvere, et fallere eum, qui læsus non esset, nisi credidisset.

XXXIX. Itane est? in minimis rebus, qui mandatum neglexerit, turpissimo judicio condemnetur necesse est : in re tanta, quum is, cui fama mortui, fortunæ vivi commendatæ sunt atque concreditæ, ignominia mortuum, egestate vivum adfecerit, is inter honestos homines, atque adeo inter vivos numerabitur? In minimis privatisque rebus etiam negligentia mandati in crimen judiciumque infamiæ vocatur, propterea quod, si ratione fiat, illum negligere oporteat, qui mandarit; non illum, qui mandatum receperit : in re tanta, quæ publice gesta atque commissa sit, qui non negligentia privatum aliquod commodum læserit, sed perfidia legationis ipsius cæremoniam polluerit, maculaque adfecerit, qua is tandem pœna adficietur? aut quo judicio damnabitur?

Si hanc ei rem privatim Sext. Roscius mandavisset, ut cum Chrysogono transigeret atque decideret, inque eam rem fidem suam, si quid opus esse putaret, interponeret : ille, qui sese facturum recepisset, nonne, si ex eo negotio tan-

damné par un arbitre à restituer l'argent? n'aurait-il pas en outre été à jamais déshonoré?

Ici ce n'est point Sextus qui l'a chargé de ses intérêts, mais, ce qui est bien plus grave, ce sont les décurions qui lui ont confié, sous le sceau de la foi publique, la vie, l'honneur et les biens de Sextus. Capiton ne s'est pas contenté de détourner à son profit une partie de la fortune de Sextus, il l'a ruiné de fond en comble; il s'est fait adjuger trois terres, et il a fait aussi peu de cas du vœu des décurions et de tous ses concitoyens que des obligations que l'honneur lui imposait.

XL. Entrons, juges, dans d'autres détails, pour vous convaincre qu'il n'est point de méfait dont cet homme ne se soit rendu coupable. Dans les choses d'une moindre importance, tromper un associé est le comble de l'infamie. Cette action n'est pas moins déshonorante que celle dont je viens de parler, et c'est avec raison; car, en s'associant avec un autre, on croit se donner un appui. Et en qui donc mettre notre confiance, si nous sommes trahis par celui-là même en qui nous l'avions placée tout entière? Or, les délits qui doivent être punis avec le plus de rigueur sont ceux contre lesquels il est le plus difficile d'être en garde. Nous pouvons tout cacher aux étrangers; mais il est peu de secrets que nous puissions céler à nos amis intimes. Quelles précautions prendre contre un associé, puisque, man-

---

tulum in rem suam convertisset, damnatus per arbitrum, et rem restitueret, et honestatem omnem amitteret?

Nunc non hanc ei rem Sext. Roscius mandavit; sed, id quod multo gravius est, ipse Sext. Roscius cum fama, vita, bonisque omnibus a decurionibus publice Roscio mandatus est; et ex eo T. Roscius non paullum nescio quid in rem suam convertit, sed hunc funditus evertit bonis; ipse tria prædia sibi depactus est; voluntatem decurionum ac municipum omnium tantidem, quanti fidem suam, fecit.

XL. Videte jam porro cætera, judices, ut intelligatis, fingi maleficium nullum posse, quo iste sese non contaminarit. In rebus minoribus socium fallere, turpissimum est, æqueque turpe, atque illud, de quo ante dixi. Neque injuria: propterea quod auxilium sibi se putat adjunxisse, qui cum altero rem communicavit. Ad cujus igitur fidem confugiet, quum per ejus fidem læditur, cui se commiserit? Atqui ea sunt animadvertenda peccata maxime, quæ difficillime præcaventur. Tecti esse ad alienos possumus; intimi multa apertiora

quer de confiance en lui, c'est manquer aux obligations contractées à son égard? Aussi est-ce avec raison que nos ancêtres ont toujours pensé que celui qui avait trompé son associé ne pouvait être compté au nombre des honnêtes gens.

Ce n'est pas seulement un associé que Capiton a trompé dans une affaire d'argent (ce délit, malgré sa gravité, serait en quelque sorte plus pardonnable), mais neuf citoyens vertueux, chargés avec lui de la même mission, des mêmes fonctions et des mêmes devoirs, ont été par lui conduits dans le piége, trompés, abandonnés, livrés à leurs ennemis, trahis avec la fourberie et la perfidie la plus noire. Ces hommes n'ont pu concevoir le moindre soupçon de son crime; il n'ont pu craindre un collègue; ils n'ont point soupçonné sa méchanceté; ils ont cru à son langage trompeur. Aussi, malgré la considération méritée dont ils jouissent, sont-ils aujourd'hui, grâce à ces artifices, accusés d'avoir manqué de réserve et de prévoyance. Et ce misérable, d'abord traître, puis transfuge, qui commença par révéler les desseins de ses collègues à leurs adversaires, pour s'associer ensuite à ces mêmes adversaires, croit nous effrayer aujourd'hui! il ose nous menacer, lui qui s'est enrichi de trois terres, honteux salaire de sa trahison! Juges, dans les horreurs d'une telle conduite, au milieu de forfaits si nombreux, si horribles, vous trouverez le crime que vous avez à juger.

videant necesse est. Socium vero cavere qui possumus? quem etiam si metuimus, jus officii lædimus. Recte igitur majores eum, qui socium fefellisset, in virorum bonorum numero non putarunt haberi oportere.

At vero T. Roscius non unum rei pecuniariæ socium fefellit (quod, tametsi grave est, tamen aliquo modo posse ferri videtur); verum novem homines honestissimos, ejusdem muneris, legationis, officii, mandatorumque socios, induxit, decepit, destituit, adversariis tradidit, omni fraude et perfidia fefellit: qui de ejus scelere suspicari nihil potuerunt; socium officii metuere non debuerunt; ejus malitiam non viderunt; orationi vanæ crediderunt. Itaque nunc illi homines honestissimi propter istius insidias parum putantur cauti providique fuisse: iste, qui initio proditor fuit, deinde perfuga, qui primo sociorum consilia adversariis enuntiavit, deinde societatem cum ipsis adversariis coiit, terret etiam nos, ac minatur, tribus prædiis, hoc est, præmiis sceleris ornatus. In ejusmodi vita judices, in his tot tantisque flagitiis, hoc quoque maleficium, de quo judicium est, reperietis.

Or, voici comment il vous faut procéder. Là où vous voyez tous les excès de la cupidité, de l'audace, de la méchanceté, de la perfidie, là aussi vous devez penser que le meurtre est caché dans cette foule d'actes de scélératesse. Mais quoi! il n'est point caché; il se montre ouvertement, il apparaît avec évidence; et l'on n'en est pas réduit à des présomptions tirées des autres crimes prouvés et reconnus pour établir son existence. Loin de là, si l'on pouvait douter de quelques-uns de ces crimes, celui-là même servirait à les prouver. Enfin, je le demande, juges, ce gladiateur vous paraît-il avoir déposé son glaive? son disciple que voilà est-il en rien inférieur à son maître? Avarice, méchanceté, tout est égal, tout est semblable en eux : c'est la même impudence, et tous deux ont la même audace.

XLI. Vous connaissez la bonne foi du maître, appréciez maintenant l'équité du disciple. J'ai déjà dit qu'on leur a plusieurs fois demandé deux esclaves pour qu'ils fussent interrogés. Vous, Titus, vous les avez constamment refusés. Dites-moi, je vous prie, ceux qui vous faisaient cette demande étaient-ils indignes de l'obtenir? était-ce la pitié qui vous manquait pour celui au nom duquel on vous l'adressait? ou enfin la chose en elle-même vous paraissait-elle injuste? Qui vous sollicitait? Les citoyens les plus illustres et les plus vertueux de la république; je les ai déjà nommés, et ils doivent à leur conduite une considération si

---

Etenim quærere ita debetis : ubi multa avare, multa audacter, multa improbe, multa perfidiose facta videbitis, ibi id scelus quoque latere inter illa tot flagitia putatote. Tametsi hoc quidem minime latet, quod ita promptum et propositum est, ut non ex illis maleficiis, quæ in illo constat esse, hoc intelligatur; verum ex hoc etiam, si quod illorum forte dubitabitur, convincatur. Quid tandem, quæso, judices? Num aut ille lanista omnino jam a gladiis recessisse videtur, aut iste discipulus magistro tantulum de arte concedere? Par est avaritia, similis improbitas, eadem impudentia, gemina audacia.

XLI. Etenim, quoniam fidem magistri cognostis, cognoscite nunc discipuli æquitatem. Dixi jam antea, sæpenumero postulatos esse ab istis duos servos in quæstionem, tu semper, T. Rosci, recusasti. Quæro abs te, iine, qui postulabant, indigni erant; qui impetrarent? An iste non commovebat, pro quo postulabant? An res ipsa tibi iniqua videbatur? Postulabant homines nobilissimi atque integerrimi nostræ civitatis, quos jam antea nominavi; qui ita vixerunt, talesque a populo Romano putantur, ut, quidquid dicerent, nemo

bien établie auprès du peuple romain, qu'il n'est personne qui pût douter de la justice de leurs demandes. Ils sollicitaient pour le plus malheureux des hommes, pour un fils qui consentirait à se dévouer lui-même aux tortures, pourvu qu'on informât sur la mort de son père. Enfin la demande qu'on vous faisait était d'une telle nature, que la refuser c'était vous avouer coupable.

Puisqu'il en est ainsi, quel est le motif de votre refus? Lorsque Roscius fut poignardé, ces deux esclaves étaient présents. Je ne les accuse ni ne les justifie; je vois seulement que vous vous opposez à ce qu'il soient interrogés, et j'en conçois des soupçons. Je vois que vous les accablez d'égards, j'en conclus qu'ils doivent nécessairement être maîtres de quelque secret dont la révélation vous serait funeste. Il est odieux, dites-vous, que des esclaves soient interrogés pour déposer contre leur maître ; mais est-ce là ce qu'on demande? L'accusé est Sextus, et vous ne dites pas que les esclaves vous appartiennent; ils sont auprès de Chrysogon ; et sans doute Chrysogon, charmé de leur urbanité et de leurs connaissances littéraires, a voulu que sa troupe de jeunes esclaves, si habiles dans tous les arts, si bien façonnés à tous les plaisirs, et choisis dans les maisons les plus élégantes de Rome, fit l'heureuse acquisition de ces hommes de peine formés aux plus rudes travaux, dans une ferme d'Amérie, par un père de famille campagnard.

esse qui non æquum putaret. Postulabant autem pro homine miserrimo atque infelicissimo, qui vel ipse sese in cruciatum dari cuperet, dum de patris morte quæreretur. Res porro abs te ejusmodi postulabatur, ut nihil interesset, utrum eam rem recusares, an de maleficio confiterere.

Quæ quum ita sint, quæro abs te, quam ob causam recusaris. Quum occiditur Sext. Roscius, ibidem fuerunt. Servos ipsos, quod ad me attinet, neque arguo, neque purgo : quod a vobis hoc pugnari video, ne in quæstionem dentur, suspiciosum est ; quod vero apud vos ipsos in honore tanto sunt, profecto necesse est, sciant aliquid, quod, si dixerint, perniciosum vobis futurum sit. In dominos quæri de servis iniquum est. Anne quæritur ? Sext. enim Roscius reus est. Neque enim, quum de hoc quæritur, vos dominos esse dicitis. Cum Chrysogono sunt. Ita, credo, litteris eorum et urbanitate Chrysogonus dicitur, ut inter suos omnium deliciarum atque omnium artium puerulos, ex tot elegantissimis familiis lectos, velit hos versari, homines pene operarios ex Amerina disciplina patris familiæ rusticani.

Non, juges, il n'en n'est point ainsi; il n'est pas vraisemblable que Chrysogon ait été séduit par leurs connaissances littéraires et par leurs belles manières, ou qu'il ait voulu récompenser leur zèle et leur fidélité pour leur maître. On a quelque motif dont on fait mystère; mais plus on s'efforce d'étouffer ce secret et de le soustraire à nos regards, plus il éclate et se manifeste.

XLII. Quoi donc? est-ce pour cacher son crime que Chrysogon refuse de livrer les esclaves? Nullement, juges ; je ne crois pas qu'à tous puissent s'adresser les mêmes reproches. Pour ma part ce n'est point sur Chrysogon que mes soupçons peuvent tomber; et ce n'est pas la première fois que je le dis. Vous vous souvenez comment en commençant j'ai divisé ma cause : d'abord j'ai distingué l'accusation dont tout le système a été abandonné à Erucius; en second lieu, la part du crime et de l'audace; c'est le rôle confié aux deux Roscius. Tout ce qui, dans cette affaire, tient de la scélératesse, de la cruauté, de l'assassinat, appartient en propre aux Roscius. Vient enfin ce que nous avons signalé dans Chrysogon, le crédit, le pouvoir exorbitant dont il nous accable, qu'on ne peut plus tolérer, et que, puisque vous en avez la puissance, vous devez non-seulement réprimer, mais même frapper de la vindicte des lois.

Selon moi, celui qui veut qu'on interroge tous ceux que l'on sait positivement avoir été présents, quand le meurtre a été

Non est ita profecto, judices; non est veri simile, ut Chrysogonus horum litteras adamarit, aut humanitatem ; non, ut rei familiaris negotio diligentiam cognorit eorum, et fidem. Est quiddam, quod occultatur; quod quo studiosius ab ipsis opprimitur et absconditur, eo magis eminet et apparet.

XLII. Quid igitur? Chrysogonus, sui maleficii occultandi causa, quæstioneni de his haberi non vult? Minime, judices : non in omnes arbitror omnia convenire : ego in Chrysogono, quod ad me attinet, nihil ejus modi suspicor; neque hoc mihi nunc primum in mentem venit dicere. Meministis, me ita distribuisse initio causam, in crimen, cujus tota argumentatio permissa Erucio est; et in audaciam, cujus partes Rosciis impositæ sunt; quidquid maleficii, sceleris, cædis erit, proprium id Rosciorum esse debebit. Nimiam gratiam, potentiamque Chrysogoni dicimus et nobis obstare, et perferri nullo modo posse, et a vobis, quoniam potestas data est, non modo infirmari, verum etiam vindicari oportere.

Ego sic existimo, qui quæri velit ex iis, quos constat, quum cædes facta sit,

commis, cherche la vérité; celui qui s'y oppose s'avoue par le fait, quoiqu'il ne le confesse pas de bouche, pour le véritable auteur du délit. J'ai promis, juges, de me renfermer dans les bornes de ma cause, et de ne dire sur le crime de Roscius que ce qui serait indispensable. J'aurais à citer bien d'autres griefs, et j'appuierais chacun d'eux de nombreux arguments; mais je ne puis m'étendre sur un sujet que je traite malgré moi et par nécessité. Je n'ai fait que toucher légèrement ce que je ne pouvais passer sous silence. Quant aux inculpations fondées sur des soupçons, si je voulais à cet égard entrer dans les détails, j'aurais à parler avec trop d'étendue: je les abandonne donc à votre pénétration et à votre sagacité.

XLIII. Je viens maintenant à ce nom si riche de Chrysogon, signe de ralliement pour toute l'association. Je ne sais ici ni comment parler, ni comment me taire. Si je me tais, je renonce à une grande ressource pour ma cause; si je parle, je crains, non de blesser Chrysogon, ce dont je ne m'inquiète guère, mais d'offenser aussi beaucoup d'autres citoyens. Cependant dans l'état où est l'affaire, j'ai peu de choses à dire contre les acquéreurs en masse; car la cause que je défends offre des particularités nouvelles et singulières.

Chrysogon est acquéreur des biens de Roscius. Voyons d'abord

adfuisse, cum cupere verum invenire; qui recuset, eum profecto, tametsi verbo non audeat, tamen re ipsa de maleficio suo confiteri. Dixi initio, judices, nolle me plura de istorum scelere dicere, quam causa postularet, ac necessitas ipsa cogeret. Nam et multæ res adferri possunt, et una quæque earum multis cum argumentis dici potest. Verum ego, quod invitus ac necessario facio, neque diu neque diligenter facere possum. Quæ præteriri nullo modo poterant, ea leviter, judices, attigi, quæ posita sunt in suspicionibus, de quibus, si cœpero dicere, pluribus verbis sit disserendum, ea vestris ingeniis conjecturæque committo.

XLIII. Venio nunc ad illud nomen aureum Chrysogoni, sub quo nomine tota societas statuitur : de quo, judices, neque quomodo dicam, neque quomodo taceam, reperire possum. Si enim taceo, vel maximam partem relinquo ; sin autem dico vereor, ne non ille solus, id quod ad me nihil attinet, sed alii quoque plures læsos se esse putent. Tametsi ita se res habet, ut mihi in communem causam sectorum dicendum nihil magno opere videatur. Hæc enim causa nova profecto et singularis est.

Bonorum Sexti Roscii emptor est Chrysogonus. Primum hoc videamus, ejus

pourquoi les biens de cet homme ont été vendus, ou comment ils ont pu l'être. Et je n'ai pas intention de dire qu'il est indigne qu'on ait vendu les biens d'un citoyen innocent. En supposant qu'un pareil langage fût permis, et qu'on voulût l'écouter, Roscius n'a pas été un homme assez considérable dans l'État pour donner lieu plus qu'un autre à des plaintes de cette nature; mais je demande comment, d'après la loi même qui autorise les proscriptions, loi Valeria ou Cornelia, car je ne l'ai jamais bien connue, les biens de Roscius ont pu être mis en vente.

Il est écrit, dit-on, dans cette loi : *qu'on vende les biens de ceux qui ont été proscrits*; mais Roscius ne l'a pas été; *ou de ceux qui ont été tués les armes à la main dans les rangs du parti contraire*. Mais tant qu'on a fait la guerre, Roscius a combattu dans les rangs de Sylla. Ce n'est que depuis, et lorsqu'on avait déposé les armes, qu'au sein d'une profonde paix, en revenant de souper, il a été tué à Rome. S'il l'a été légalement, c'est légalement aussi que ses biens ont été vendus, je l'avoue. Mais s'il est prouvé que c'est contre toutes les lois anciennes et même nouvelles qu'il a été tué, je demande de quel droit, pour quelle raison, en vertu de quelle loi ses biens ont été vendus.

XLIV. Vous voulez savoir, Erucius, à qui s'adressent ces reproches? ce n'est pas à celui que vous voudriez et que vous pensez. J'ai justifié Sylla par tout ce que j'ai dit au commence-

---

hominis bona qua ratione venierunt, aut quo modo venire potuerint? Atque hoc non ita quæram, judices, ut id dicam esse indignum, hominis innocentis bona venisse. Si enim hæc audientur, ac libere dicentur, non fuit tantus homo Sext. Roscius in civitate, ut de eo potissimum conqueramur Verum hoc ego quæro, qui potuerunt ista ipsa lege, quæ de proscriptione est, sive Valeria est, sive Cornelia (non enim novi, nec scio), verum ista ipsa lege, bona Sexti Roscii venire qui potuerunt?

Scriptum enim ita dicunt esse, UT EORUM BONA VENEANT, QUI PROSCRIPTI SUNT; quo in numero Sext. Roscius non est : AUT EORUM, QUI IN ADVERSARIORUM PRÆSIDIIS OCCISI SUNT. Dum præsidia nulla fuerunt, in Sullæ præsidiis fuit : postea quam ab armis recesserunt, in summo otio, rediens a cœna Romæ occisus est. Si lege; bona quoque lege venisse fateor; sin autem constat, contra omnes non modo veteres leges, verum etiam novas, occisum esse, bona quo jure, aut quo modo, aut qua lege venierint, quæro.

XLIV. In quem hoc dicam, quæris, Eruci? Non in eum, quem vis, et putas ; nam Sullam et oratio mea ab initio; et ipsius eximia virtus omni tempore pur-

ment de mon discours ; et d'ailleurs sa haute vertu l'a toujours mis à l'abri des soupçons. Je dis que Chrysogon est le seul auteur de tout le mal ; c'est lui qui a fait tous les mensonges, qui a représenté Roscius comme un mauvais citoyen, qui a dit qu'il avait été tué dans les rangs ennemis ; qui a empêché les députés d'Amérie d'instruire Sylla de la vérité. Enfin je soupçonne même que tous les biens n'ont pas été vendus ; ce qui, juges, si vous le permettez, sera démontré par la suite. La loi, je crois, a désigné les *kalendes de juin* comme le terme des proscriptions et des ventes. Or, c'est quelques mois après que Roscius a été tué, et que ses biens ont été, à ce qu'on dit, vendus. Sans doute ces biens n'ont pas été inscrits sur les registres publics, et ce jeune fourbe nous joue plus hardiment que l'on ne saurait imaginer ; ou, s'ils ont été inscrits, on a trouvé quelque moyen de falsifier les registres publics ; car il est constant que les biens n'ont pu être vendus en vertu de la loi. Je sens qu'il n'est pas temps encore d'approfondir ce mystère, et que je ne dois pas m'arrêter à panser une légère égratignure, quand il s'agit de la vie de Sextus ; car ce n'est pas la perte de sa fortune qui l'inquiète ; le soin de ses intérêts ne l'occupe nullement, et volontiers il saura se résigner à la pauvreté, s'il se voit délivré d'un indigne soupçon et de cette accusation mensongère.

Mais je vous supplie, juges, de vouloir bien, dans le peu de

gavit. Ego hæc omnia Chrysogonum fecisse dico, ut ementiretur, ut malum civem Roscium fuisse fingeret, ut eum apud adversarios occisum esse diceret, ut hisce de rebus a legatis Amerinorum doceri L. Sullam passus non sit. Denique etiam illud suspicor, omnino hæc bona non venisse : id quod postea, si per vos, judices, licitum erit, aperietur. Opinor enim esse in lege, quam ad diem proscriptiones, venditionesque fiant ; nimirum ad KALENDAS JUNIAS. Aliquot post menses et homo occisus est, et bona venisse dicuntur. Profecto aut hæc bona in tabulas publicas nulla redierunt, nosque ab isto nebulone facetius eludimur, quam putamus ; aut, si redierunt, tabulæ publicæ corruptæ aliqua ratione sunt. Nam lege quidem bona venire non potuisse constat. Intelligo me ante tempus, judices, hæc scrutari, et propemodum errare, qui, quum capiti Sexti Roscii mederi debeam, reduviam curem. Non enim laborat de pecunia ; non ullius rationem sui commodi ducit ; facile egestatem suam se laturum putat, si hac indigna suspicione et ficto crimine liberatus sit.

Verum quæso a vobis, judices, ut hæc pauca quæ restant, ita audiatis, ut

mots qui me restent encore à prononcer, séparer ce que je dirai en mon propre nom, de ce qui n'aura pour but que la défense de Sextus. Sur tout ce que je vois se faire d'indigne, de révoltant, et en même temps, si l'on n'y met ordre, de menaçant pour tous les citoyens, c'est d'après moi-même que je parlerai dans ma douleur et mon indignation ; tout ce qui se rattache aux intérêts, aux dangers de Sextus, ce qu'il veut que l'on dise encore pour lui, et les conditions dont il se contente, vous l'entendrez bientôt, juges, et ce sera par là que je finirai mon discours.

XLV. J'interroge donc Chrysogon en mon nom seulement, et abstraction faite de la cause de Sextus. D'abord, pourquoi les biens d'un excellent citoyen ont-ils été vendus ? En second lieu, pourquoi a-t-on vendu les biens d'un homme qui n'a été ni du nombre des proscrits ni de ceux qui furent tués dans les rangs du parti contraire, les seuls contre qui la loi ait été faite ? Pourquoi aussi les a-t-on vendus quelque temps après le jour fixé par la loi pour le terme des ventes ? Pourquoi enfin ont-ils été adjugés à si vil prix ? Si, selon l'usage des affranchis pervers et corrompus, il voulait tout rejeter sur son maître, il ne gagnerait rien. Personne n'ignore que bien des gens ont profité des immenses occupations de Sylla pour commettre bien des méfaits, ou qu'il n'a pas connus, ou sur lesquels il a fermé les yeux.

partim me dicere pro me ipso putetis, partim pro Sexto Roscio. Quæ enim mihi ipsi indigna et intolerabilia videntur, quæque ad omnes, nisi providemus, arbitror pertinere, ea pro me ipso, ex animi mei sensu ac dolore, pronuntio : quæ ad hujus vitæ casum, causamque pertineant, et quid hic pro se dici velit, et qua conditione contentus sit, jam in extrema oratione nostra, judices, audietis.

XLV. Ego hæc a Chrysogono, mea sponte, remoto Sexto Roscio, quæro : primum, quare civis optimi bona venierint; deinde, quare hominis ejus, qui neque proscriptus, neque apud adversarios occisus est, bona venierint, quum in eos solos lex scripta sit; deinde, quare aliquanto post eam diem venierint, quæ dies in lege præfinita est; deinde, cur tantulo venierint. Quæ omnia si, quemadmodum solent liberti nequam et improbi facere, in patronum suum voluerit conferre, nihil egerit. Nemo est enim, qui nesciat, propter magnitudinem rerum multa multos [partim connivente], partim imprudente L. Sulla, commisisse.

Est-ce à dire que, dans ces sortes d'affaires, on doive passer quelque chose à l'inadvertance? Non, juges; mais cela devient parfois nécessaire. Le souverain des dieux, Jupiter, dont la volonté gouverne le ciel, la terre et les mers, malgré sa bonté et sa puissance infinie, permet que des vents impétueux, des tempêtes violentes, des chaleurs excessives et des froids rigoureux affligent les populations, renversent les villes, détruisent les moissons; et ces désastres nous ne les imputons point à une volonté déterminée, nous les attribuons à la force des choses et aux lois générales de la nature. Mais, d'un autre côté, tous les biens dont nous jouissons, la lumière qui nous éclaire, l'air que nous respirons, sont autant de présents que nous prétendons tenir de sa main libérale. Pourquoi s'étonner que Sylla, chargé seul de gouverner la république, de régler les destins de l'univers, et d'affermir par les lois la majesté de l'empire rétablie par les armes, n'ait pas pu apercevoir quelques faits isolés? Il faudrait donc aussi trouver surprenant que l'intelligence humaine ne puisse aller plus loin que la puissance divine.

Mais laissons là le passé. Ce qui se fait aujourd'hui ne prouve-t-il pas à tous les yeux que Chrysogon est l'artisan et le mobile unique de toute cette affaire? N'est-ce pas lui qui a dénoncé Sextus Roscius? n'est-ce pas pour lui plaire qu'Eru-

---

Placet igitur in his rebus aliquid imprudentia præteriri? Non placet, judices, sed necesse est. Etenim, si Jupiter optimus maximus, cujus nutu et arbitrio cœlum, terra, mariaque reguntur, sæpe ventis vehementioribus, aut immoderatis tempestatibus, aut nimio calore, aut intolerabili frigore hominibus nocuit, urbes delevit, fruges perdidit; quorum nihil perniciei causa divino consilio, sed vi ipsa, et magnitudine rerum, factum putamus; at contra, commoda, quibus utimur, lucemque, qua fruimur, spiritumque, quem ducimus, ab eo nobis dari atque impertiri videmus, quid miramur, L. Sullam, quum solus rem publicam regeret, orbemque terrarum gubernaret, imperiique majestatem, quam armis receperat, legibus confirmaret, aliqua animadvertere non potuisse? Nisi hoc mirum est, quod vis divina adsequi non possit, si id mens humana adepta non sit.

Verum, ut hæc missa faciam, quæ jam facta sunt; ex iis, quæ nunc quum maxime fiunt, nonne quivis potest intelligere, omnium architectum et machinatorem

cius, ainsi qu'il en convient lui-même, a pris le rôle d'accusateur?

(Lacune considérable.)

XLVI. Les autres se croient heureux lorsqu'ils possèdent une terre dans le pays de Salente ou dans le Bruttium, d'où ils peuvent recevoir des nouvelles au plus trois fois dans l'année. Mais, lui, vous le voyez descendre du mont Palatin, d'une maison magnifique ; il a, pour se délasser, une campagne délicieuse aux portes de Rome, et en outre plusieurs terres, toutes très-belles, et voisines de la ville. Sa maison est remplie de vases de Corinthe et de Délos. On y remarque surtout ce fameux réchaud acheté par lui naguère à un prix si élevé, que les passants, entendant la voix du crieur, croyaient qu'il s'agissait d'un fonds de terre. Ce qu'on trouve chez lui d'argent ciselé, de tapis, de tableaux, de statues et de marbres précieux, qui pourrait en faire l'énumération ? Comptez du moins tout ce qu'on a pu enlever aux familles les plus opulentes dans ce temps de troubles, de désordre et de brigandage, pour l'entasser dans une seule maison.

Parlerai-je du nombre prodigieux de ses esclaves, et de la diversité de leurs talents ? Je passe sous silence ces métiers vulgaires, tels que cuisiniers, pâtissiers, porteurs de litière. Pour

unum sese Chrysogonum, qui Sexti Roscii nomen deferendum curavit? Hoc judicium..... cujus honoris causa accusare se dixit Erucius.....

(Desunt non pauca.)

XLVI..... Aptam et ratione dispositam se habere existimant, qui in Salentinis, aut in Bruttiis habent, unde vix ter in anno audire nuntiam possunt. Alter tibi descendit de palatio, et aedibus suis : habet animi relaxandi causa rus amoenum et suburbanum, plura praeterea praedia; neque tamen ullum, nisi praeclarum et propinquum : domus referta vasis Corinthiis et Deliacis, in quibus est anthepsa illa, quam tanto pretio nuper mercatus est, ut, qui praetereuntes pretium enumerari audiebant, fundum venire arbitrarentur. Quid praeterea caelati argenti? quid stragulae vestis? quid pictarum tabularum? quid signorum ? quid marmoris apud illum putatis esse? tantum scilicet, quantum e multis splendidisque familiis in turba et rapinis coacervari una in domo potuit.

Familiam vero quantam, et quam variis cum artificiis habeat, quid ego dicam? Mitto hasce artes vulgares, coquos, pistores, lecticarios : animi et aurium

charmer ses esprits et ses oreilles, tant d'hommes sont employés, que pendant chaque jour le son des voix, des lyres et des flûtes, mêlé au bruit de ses festins nocturnes, trouble la paix du voisinage. Quelles dépenses, quelles profusions journalières! Juges, pouvez-vous vous le figurer? Et quels festins! honnêtes, sans doute, dans une maison de ce genre, si l'on peut appeler maison un repaire de débauches, un réceptable d'infamies de toutes espèces.

Et lui-même, juges, vous le voyez, les cheveux artistement arrangés et chargés de parfums, parcourir tout le forum, menant à sa suite une foule de protégés revêtus de la toge. Personne n'est à l'abri de ses dédains : il croit que nul n'est au-dessus de lui ; que lui seul est riche et puissant. Si je vous dévoilais et ses actes et ses prétentions, je craindrais que des hommes, mal instruits, ne m'accusassent de vouloir attaquer la cause et la victoire de la noblesse. J'aurais cependant bien le droit de blâmer ce qui pourrait me déplaire dans ce parti; car je ne crains point que personne m'accuse d'avoir jamais montré de l'éloignement pour la cause de la noblesse.

XLVII. Ils savent bien, ceux qui me connaissent, que du moment que les vœux que j'avais formés d'abord pour le parti le plus faible et le moins redoutable n'ont pu être accomplis par le rétablissement de la paix, j'ai contribué de tous mes efforts à la

---

causa tot homines habet, ut cotidiano cantu vocum, et nervorum, et tibiarum nocturnisque conviviis tota vicinitas personet. In hac vita, judices, quos sumptus cotidianos, quas effusiones, fieri putatis? quæ vero convivia? honesta, credo, in ejusmodi domo : si domus hæc habenda est potius, quam officina nequitiæ, et diversorium flagitiorum omnium.

Ipse vero quemadmodum composito et delibuto capillo passim per forum volitet cum magna caterva togatorum, videtis, judices; ut omnes despiciat; ut hominem præ se neminem putet; ut se solum beatum, solum potentem putet. Quæ vero efficiat, et quæ conetur, si velim commemorare, vereor, judices, ne quis imperitior existimet, me causam nobilitatis victoriamque voluisse lædere ; tametsi meo jure possum, si quid in hac parte mihi non placeat, vituperare. Non enim vereor, ne quis alienum me animum habuisse a causa nobilitatis existimet.

XLVII. Sciunt ii, qui me norunt, me, pro illa tenui infirmaque parte, postea quam id, quod maxime volui, fieri non potuit, ut componeretur, id maxime

victoire de ceux qui ont dû triompher. Qui ne voyait, en effet, que c'était la bassesse disputant la prééminence à la grandeur? Dans cette lutte, c'eût été se montrer mauvais citoyen que de ne pas se joindre à ceux dont la conservation devait assurer la dignité de la république au dedans, et sa puissance au dehors. Tout est enfin terminé, et je me réjouis que chacun ait recouvré les honneurs et le rang qui lui appartenaient. J'attribue ces heureux résultats à la volonté des dieux, au bon esprit du peuple romain, à la prudence, aux talents militaires et au bonheur de Sylla.

On a sévi contre ceux qui ont combattu de tous leurs moyens pour le parti contraire; je n'y trouve rien à redire. Aux hommes courageux qui ont rendu à la bonne cause d'éclatants services, on a décerné d'honorables récompenses; j'y applaudis. C'était pour arriver à ce but qu'ils ont combattu, je suppose; et moi-même je les secondais de mes vœux, je dois en convenir. Mais si l'on n'a travaillé, si l'on n'a pris les armes qu'afin que les derniers des hommes pussent s'enrichir du bien d'autrui et se ruer sur la fortune de chaque citoyen; s'il n'est permis, ni de réprimer leurs excès, ni même de les blâmer, alors cette guerre, au lieu de rendre la paix et la liberté au peuple romain, n'aurait servi qu'à l'abaisser, qu'à le courber sous le joug de l'oppression. Mais il n'en est pas ainsi, juges; telle n'est point l'intention des

defendisse, ut ii vincerent, qui vicerunt. Quis enim erat, qui non videret humilitatem cum dignitate de amplitudine contendere? Quo in certamine perditi civis erat, non se ad eos jungere, quibus incolumibus et domi dignitas, et foris auctoritas retineretur. Quæ perfecta esse, et suum cuique honorem, et gradum redditum, gaudeo, judices, vehementerque lætor; eaque omnia deorum voluntate, studio populi Romani, consilio, et imperio, et felicitate L. Sullæ, gesta esse intelligo.

Quod animadversum est in eos, qui contra omni ratione pugnarunt, non debeo reprehendere : quod viris fortibus, quorum opera eximia in rebus gerendis exstitit, honos habitus est, laudo : quæ ut fierint, idcirco pugnatum esse arbitror, meque in eo studio partium fuisse confiteor. Sin autem id actum est, et idcirco arma sumpta sunt, ut homines postremi pecuniis alienis locupletarentur, et in fortunas unius cujusque impetum facerent, et id non modo re prohibere non licet, sed ne verbis quidem vituperare, tum vero in isto bello non recreatus, neque restitutus, sed subactus oppressusque populus Romanus est. Verum longe aliter est; nihil horum est, judices : non modo

vainqueurs. Loin de blesser les intérêts de la noblesse en résistant à ces misérables, vous ajouterez un nouveau lustre à sa cause.

XLVIII. En effet, ceux qui veulent blâmer l'ordre de choses actuel se plaignent de l'immense pouvoir de Chrysogon ; ceux qui veulent le louer soutiennent que ce pouvoir ne lui a pas été donné. Nul homme aujourd'hui ne peut être assez insensé ni assez méchant pour dire : *Je voudrais qu'il fût permis de parler, j'aurais fait telle déclaration*. — Parlez, vous le pouvez. — *J'aurais fait telle chose*. — Faites-la, personne ne vous en empêche. — *J'aurais opiné de telle manière*. — Opinez ; pourvu que votre opinion soit juste, tout le monde approuvera. — *J'aurais porté telle sentence*. — Chacun fera votre éloge, pourvu que votre jugement soit équitable.

Tant que la nécessité et la force des choses l'ont exigé, un seul eut tout le pouvoir ; mais, depuis qu'il a créé des magistrats et rétabli les lois, chacun a repris ses fonctions et son autorité. Il ne tient qu'à ceux qui les ont recouvrées de les conserver toujours. Mais, s'ils commettent ou s'ils approuvent ces meurtres, ces rapines, ces profusions, ces dépenses extravagantes, sans vouloir m'ériger en prophète de malheur, je ne dirai qu'un mot : si nos nobles venaient à manquer de vigilance, de vertu, de courage et d'humanité, ils se verraient forcés d'abandonner les avantages dont ils jouissent à ceux qui possèdent ces qualités.

non lædetur causa nobilitatis, si istis hominibus resistetis, verum etiam ornabitur.

XLVIII. Etenim qui hæc vituperare volunt, Chrysogonum tantum posse queruntur ; qui laudare volunt, concessum ei non esse commemorant. Ac jam nihil est, quod quisquam aut tam stultus, aut tam improbus sit, qui dicat, *Vellem quidem liceret, hoc dixissem*. Dicas licet. *Hoc fecissem*. Facias licet : nemo prohibet. *Hoc decrevissem*. Decerne, modo recte : omnes approbabunt. *Hoc judicassem*. Laudabunt omnes, si recte et ordine judicaris.

Dum necesse erat, resque ipsa cogebat, unus omnia poterat : qui postea quam magistratus creavit, legesque constituit, sua cuique procuratio auctoritasque est restituta. Quam si retinere volunt ii, qui recuperarunt, in perpetuum poterunt obtinere ; sin has cædes, et rapinas, et hos tantos tamque profusos sumptus aut facient, aut approbabunt, nolo in eos gravius quidquam, ne ominis quidem causa dicere. Unum hoc dico : nostri isti nobiles, nisi vigilantes, et boni, et fortes, et misericordes erunt, iis hominibus, in quibus hæc erunt, ornamenta sua concedant necesse est.

Qu'ils cessent donc d'accuser d'avoir mal parlé quiconque ose faire entendre le langage de la vérité ; qu'ils cessent de faire cause commune avec Chrysogon ; qu'ils cessent de se croire blessés. Quand on attaque ce personnage, qu'ils songent à la honte et au malheur qui retomberaient sur eux, si, n'ayant pu souffrir la splendeur de l'ordre équestre, ils supportaient la tyrannie d'un méchant esclave. Cette tyrannie s'est jusqu'ici exercée sur d'autres objets ; mais aujourd'hui vous voyez quel chemin elle se fraye, quelle direction elle veut suivre. Ce sont vos consciences, ce sont vos serments, ce sont vos jugements qu'elle prétend influencer, afin que dans toute la république il n'y ait plus rien qui puisse rester pur et intact.

Quoi ! même ici Chrysogon prétend-il pouvoir quelque chose? Même ici il prétend dominer ! O sort funeste et cruel ? Non assurément que je craigne qu'il puisse réussir ; mais qu'il ait espéré, qu'il ait osé se flatter, avec de pareils juges, de pouvoir perdre un homme innocent, voilà ce que je ne puis voir sans faire éclater mes plaintes.

XLIX. Ainsi donc la noblesse, enfin réveillée, n'aurait, par la force des armes, reconquis le gouvernement de la république, qu'afin que les affranchis et les moindres valets des nobles pussent, selon leur caprice, dilapider nos biens, nos fortunes et les vôtres ! Si telles ont été ses vues, j'avoue que j'étais dans l'erreur

---

Quapropter desinant aliquando dicere, male aliquem locutum esse, si quis vere ac libere locutus sit ; desinant suam causam cum Chrysogono communicare ; desinant, si ille læsus sit, de se aliquid detractum arbitrari : videant, ne turpe miserumque sit, eos, qui equestrem splendorem pati non potuerunt, servi nequissimi dominationem ferre posse. Quæ quidem dominatio, judices, aliis rebus antea versabatur ; nunc vero quam viam muniet, quod iter adfectet, videtis : ad fidem, ad jus jurandum, ad judicia vestra, ad id, quod solum prope in civitate sincerum sanctumque restat.

Hicne etiam sese putat aliquid posse Chrysogonus ? hic etiam potens esse vult ? O rem miseram atque acerbam ! Neque mehercules hoc indigne fero, quod verear, ne quid possit ; verum quod ausus est, quod speravit, sese apud tales viros aliquid ad perniciem posse innocentis, id ipsum queror.

XLIX. Id circone experrecta nobilitas armis atque ferro rem publicam recuperavit, ut ad libidinem suam liberti servulique nobilium, bona, fortunas vestras, nostrasque vexare possent ? Si id actum est, fateor me errasse, qui

quand j'ai souhaité son triomphe ; j'avoue que je fus un insensé d'embrasser ses opinions, sans cependant prendre les armes pour les développer. Mais, si la victoire de la noblesse doit relever la majesté de la république et assurer le bonheur du peuple romain, mon discours doit plaire à tout ce qu'il y a de vertueux et de noble dans Rome. Que s'il est quelque noble qui croie sa personne ou son parti outragé quand on blâme Chrysogon, il connaît mal son parti ; il se fait tort à lui-même. La cause de la noblesse n'en aura que plus d'éclat, si l'on réprime les méchants, et tout lâche défenseur de Chrysogon, qui pense faire cause commune avec lui, s'avilit en se séparant de l'ordre illustre auquel il appartient.

Je le répète, c'est en mon nom seul que je parle ici ; les intérêts de la république, la violence de ma douleur, l'injustice de nos ennemis, m'ont arraché ces plaintes. Mais Sextus n'est indigné de rien, il n'accuse personne, il ne se plaint pas d'avoir été dépouillé de son patrimoine. Il ignore la dépravation de nos mœurs, et avec cette simplicité de caractère que donne le séjour de la campagne, il croit que tout ce que vous dites avoir été fait par l'ordre de Sylla, est autorisé par nos usages, nos lois et le droit des gens. Déchargé de l'horrible accusation qui pèse sur sa tête, il n'aspire qu'à s'éloigner de Rome. Une fois affranchi de cet indigne soupçon, il déclare qu'il se résignera à la perte de

hoc maluerim ; fateor insanisse, qui cum illis senserim : tametsi inermis, judices, sensi. Sin autem victoria nobilium ornamento atque emolumento res publicæ, populoque Romano debet esse ; tum vero optimo et nobilissimo cuique meam orationem gratissimam esse oportet. Quod si quis est, qui et se, et causam lædi putet, quum Chrysogonus vituperetur, is causam ignorat, se ipsum prope non novit. Causa enim splendidior fiet, si nequissimo cuique resistetur ; ille improbissimus Chrysogoni fautor, qui sibi cum illo rationem communicatam putat, læditur, quum ab hoc splendore causæ separatur.

Verum hæc omnis ratio, ut jam ante dixi, mea est ; qua me uti res publica, et dolor meus, et istorum injuria coegit. Sed Roscius horum nihil indignum putat ; neminem accusat ; nihil de suo patrimonio queritur ; putat homo imperitus morum, agricola et rusticus, ista omnia, quæ vos per Sullam gesta esse dicitis, more, lege, jure gentium facta : culpa liberatus, et crimine nefario solutus cupit a vobis discedere. Si hac indigna suspicione caveat, animo æquo

tous ses biens. Il vous en prie, il vous en conjure, Chrysogon; s'il ne s'est rien réservé pour lui de l'immense fortune de son père; s'il n'en a rien soustrait à votre préjudice, s'il vous a tout cédé, tout compté avec une bonne foi entière; s'il vous a abandonné ses vêtements et jusqu'à son anneau; s'il n'en a rien excepté que sa personne toute nue, si enfin il ne lui reste plus rien à vous donner, daignez enfin lui permettre de prolonger, par les bienfaits de ses amis, son existence pauvre mais sans tache.

L. Vous êtes en possession de mes terres; et moi, la commisération d'autrui me fait subsister, j'y consens. Je me soumets à cette destinée, puisqu'il le faut. Ma maison vous est ouverte, elle est fermée pour moi, je le souffre. Vous disposez de mes nombreux esclaves, moi, je n'en ai pas un seul, je le supporte et m'y résigne. Que voulez-vous de plus? pourquoi me poursuivre? pourquoi vous acharner sur moi? en quoi suis-je contraire à vos désirs et à vos intérêts? quel obstacle vous opposé-je? Si vous avez voulu faire périr un homme pour vous enrichir de sa dépouille, vous l'avez dépouillé : que désirez-vous de plus? Est-ce le ressentiment qui vous anime? mais quel ressentiment pouvez-vous avoir contre un homme dont vous possédiez les domaines avant d'avoir connu sa personne? Vous inspirerait-il de la crainte? mais que pouvez-vous craindre d'un homme qui ne peut pas même repousser une injustice si atroce? Enfin, si, parce que les

---

se carere suis omnibus commodis dicit : rogat, oratque te, Chrysogone, si nihil de patris fortunis amplissimis in suam rem convertit; si nulla in re te fraudavit; si tibi optima fide sua omnia concessit; annumeravit, appendit; si vestitum, quo ipse tectus erat, annulumque de digito suum tibi tradidit; si ex omnibus rebus se ipsum nudum, neque præterea quidquam excepit, ut sibi per te liceat innocenti amicorum opibus vitam in egestate degere.

L. Prædia mea tu poesides : ego aliena misericordia vivo, concedo, et quod animus æquus est, et quia necesse est : mea domus tibi patet, mihi clausa est; fero : familia mea maxima uteris, ego servum habeo nullum; patior, et ferendum puto. Quid vis amplius? quid insequeris? quid oppugnas? qua in re tuam voluntatem lædi a me putas? Ubi tuis commodis officio? quid tibi obsto? Si spoliorum causa vis hominem occidere, spoliasti : quid quæris amplius? Si inimicitiarum; quæ sunt tibi inimicitiæ cum eo, cujus ante prædia possedisti, quam ipsum cognosti? Sin metuis; ab eone aliquid metuis, quem vides ipsum ab sese tam atrocem injuriam propulsare non posse? Sin, quod bona, quæ

biens du père sont devenus les vôtres, vous voulez perdre le fils, vous semblez appréhender un événement que vous devez redouter moins que personne, c'est que les biens des proscrits soient un jour rendus à leurs enfants.

Vous faites injure à Sylla, si vous espérez trouver dans la mort de Sextus une garantie plus sûre de votre achat, que dans l'appui de ce grand homme. Si vous n'avez aucun motif de vouloir mettre le comble à l'infortune de Sextus; s'il vous a tout livré excepté sa vie; si de tous les biens de son père il ne s'est pas même réservé la place d'un tombeau, grands dieux quelle cruauté est la vôtre! quelle barbarie! quelle férocité! quel brigand fut jamais assez impitoyable, quel pirate assez barbare pour préférer des dépouilles ensanglantées à une proie qu'il pouvait avoir entière et sans effusion de sang?

Vous savez que Sextus n'a rien, ne prétend rien, ne peut rien; que jamais il n'a formé aucun projet contre vous. Cependant vous poursuivez un homme que vous ne pouvez craindre, que vous ne devez point haïr, et entre les mains de qui vous ne voyez plus rien que vous puissiez lui prendre. Peut-être vous indignez-vous de voir siéger ici, avec un habit sur le corps, celui que vous avez chassé de son patrimoine, aussi nu qu'on l'est après un naufrage; mais vous n'ignorez pas qu'il reçoit ses vête-

---

Roscii fuerunt, tua facta sunt, idcirco hunc illius filium studes perdere : nonne ostendis, id te vereri, quod præter cæteros tu metuere non debeas, ne quando liberis proscriptorum bona patria reddantur?

Facis injuriam, Chrysogone, si majorem spem emptionis tuæ in hujus exitio ponis, quam in his rebus, quas L. Sulla gessit. Quodsi tibi causa nulla est, cur hunc miserum tanta calamitate adfici velis; si tibi omnia sua, præter animam, tradidit, nec sibi quidquam paternum, ne monumenti quidem causa, reservavit : per deos immortales, quæ ista tanta crudelitas est? quæ tam fera immanisque natura? quis umquam prædo fuit tam nefarius? quis pirata tam barbarus, ut, quum integram prædam sine sanguine habere posset, cruenta spolia detrahere mallet?

Scis hunc nihil habere, nihil audere, nihil posse, nihil umquam contra rem tuam cogitasse : et tamen oppugnas eum, quem neque metuere potes, neque odisse debes, nec quidquam habere jam reliqui vides, quod ei detrahere possis : nisi hoc indignum putas, quod vestitum sedere in judicio vides; quem tu e patrimonio, tamquam e naufragio, nudum expulisti. Quasi vero nescias, hunc

ments et sa nourriture de Cecilia, fille de Metellus Balearicus, sœur de Metellus Nepos, de cette femme accomplie dont le père, le frère et les oncles ont été comblés d'honneur et de dignités, et qui, par un mérite au-dessus de son sexe, a su ajouter un nouvel éclat à l'illustration de sa glorieuse famille.

LI. Serait-ce le zèle avec lequel on le défend qui vous paraîtrait un crime irrémissible? Croyez-moi, si seulement en raison des liens de l'hospitalité et du patronage, tous ceux qui furent les hôtes du père voulaient se présenter ici, et qu'ils osassent prendre la parole pour le fils, certes il ne manquerait pas de nombreux défenseurs. Mais si, indignés d'une injustice si révoltante, et de voir en outre les plus grands intérêts de la république attaqués en la personne de Sextus, tous s'unissaient pour le venger, il ne vous serait pas permis de demeurer plus longtemps dans cette enceinte. Mais aujourd'hui la manière dont il est défendu ne doit pas être un sujet de plainte pour ses adversaires : ils n'auront point à craindre d'être accablés par le crédit.

Tandis que, pour les soins domestiques, Cecilia pourvoit à ses besoins au dehors, Messala, comme vous le voyez, juges, s'est chargé de conduire la procédure; lui-même, s'il en avait l'âge et la force, plaiderait pour Sextus; mais il en a été détourné par sa jeunesse et par sa modestie qui en est l'ornement, et m'a

---

et ali et vestiri a Cœcilia, Balearici filia, Nepotis sorore, spectatissima femina : quæ, quum patrem clarissimum, amplissimos patruos, ornatissimum fratrem haberet, tamen, quum esset mulier, virtute perfecit, ut, quanto honore ipsa ex illorum dignitate adficeretur, non minora illis ornamenta ex sua laude redderet.

LI. An, quod diligenter defenditur, id tibi indignum facinus videtur? Mihi crede, si, pro Patris ejus hospitiis et gratia, vellent omnes hujus hospites adesse, et auderent libere defendere, satis copiose defenderetur; sin autem pro magnitudine injuriæ, proque eo, quod summa res publica in hujus periculo tentatur, hæc omnes vindicarent, consistere mehercule vobis isto in loco non liceret. Nunc ita defenditur, non sane ut moleste ferre adversarii debeant, neque ut se potentia superari putent.

Quæ domi gerenda sunt, ea per Cœciliam transiguntur; fori judicique rationem Messala, ut videtis, judices, suscepit. Qui, si jam satis ætatis atque roboris haberet, ipse pro Sexto Roscio diceret; quoniam ad dicendum impedimento est ætas, et pudor, qui ornat ætatem, causam mihi tradidit, quem sua causa

confié cette cause, assuré que pour lui complaire j'y apporterais autant de zèle que de conscience. C'est lui encore dont le dévouement, la prudence, le crédit et l'activité ont arraché Sextus aux poignards des enchérisseurs, et l'ont placé sous la sauvegarde des magistrats. Voilà, voilà, juges, cette noblesse pour laquelle la plus grande partie des citoyens ont pris les armes, et s'ils ont ainsi combattu, c'est pour que, rétablis dans leurs droits, les nobles pussent faire ce que fait aujourd'hui Messala, pour qu'ils fussent les protecteurs de l'innocence, qu'ils repoussassent l'injustice, et usassent de leur pouvoir plutôt pour sauver que pour perdre des concitoyens. Si tous ceux qui sont nés dans ce rang élevé imitaient cet exemple, la république serait moins agitée par leurs intrigues, et eux-mêmes ne se verraient pas tant exposés aux traits de l'envie.

LII. Mais enfin, juges, si nous ne pouvons obtenir que Chrysogon se contente de notre fortune sans demander notre vie; si, après nous avoir enlevé tous les biens qui nous appartenaient en propre, il veut encore nous ravir la lumière qui appartient en commun à tous les êtres; s'il ne lui suffit point d'avoir assouvi son avarice par nos richesses, s'il faut encore que sa cruauté s'abreuve de notre sang, il ne reste plus de refuge ni d'espoir pour Sextus, ainsi que pour la république, que dans votre bonté et votre humanité bien connues. Si vous n'avez pas abjuré ces

---

cupere ac debere intelligebat; ipse adsiduitate, consilio, auctoritate, diligentia perfecit, ut Sexti Roscii vita, erepta de manibus sectorum, sententiis judicum permitteretur. Nimirum, judices, pro hac nobilitate pars maxima civitatis in armis fuit : hæc acta res est, ut nobiles restituerentur in civitatem, qui hoc facerent, quod facere Messalam videtis ; qui caput innocentis defenderent ; qui injuriæ resisterent, qui, quantum possent, in salute alterius, quam in exitio mallent ostendere. Quod si omnes, qui eodem loco nati sunt, facerent, et res publica ex illis, et ipsi ex invidia minus laborarent.

LII. Verum si a Chrysogono, judices, non impetramus, ut pecunia nostra contentus sit, vitam ne petat; si ille adduci non potest, ut, quum ademerit nobis omnia, quæ nostra erant propria, ne lucem quoque hanc, quæ communis est, eripere cupiat ; si non satis habet avaritiam suam pecunia explere, nisi etiam crudelitate sanguinis perlitus sit, unum perfugium, judices, una spes reliqua est Sexto Roscio, eadem, quæ rei publicæ, vestra pristina bonitas et misericordia : quæ si manet, salvi etiam nunc esse possumus. Sin ea crudelitas,

vertus, nous pouvons encore être sauvés ; mais si, ce qu'à Dieu ne plaise, cette cruauté, qui dans ces derniers temps a fait tant de ravages dans Rome, avait endurci vos âmes et fermé vos cœurs à la pitié, c'en serait fait, juges ; il vaudrait mieux passer sa vie parmi les bêtes féroces qu'au sein d'une société si barbare.

N'auriez-vous été préservés de tant de périls, n'auriez-vous été choisis que pour condamner ceux que les acquéreurs et les sicaires n'auraient pu égorger? On voit les généraux habiles, quand ils livrent bataille, remarquer les lieux favorables à la fuite des ennemis, et y poster des soldats pour fondre à l'improviste sur ceux qui abandonneront le champ de bataille. A leur exemple les acquéreurs semblent croire que des hommes tels que vous ne sont venus siéger ici que pour ressaisir les victimes échappées de leurs mains. Fassent les dieux, juges, qu'un tribunal auquel nos ancêtres donnèrent le nom de conseil public, ne soit pas regardé comme le corps de réserve des acquéreurs! Ne sentez-vous pas, sénateurs, qu'on ne cherche qu'à se défaire, à quelque prix que ce soit, des enfants des proscrits. On veut que votre jugement en soit le premier exemple, et que Sextus en soit la première victime. Peut-il vous rester quelque doute sur l'auteur du crime, quand vous voyez d'un côté un acquéreur, un ennemi, un brigand, devenir l'accusateur; et de l'autre un fils infortuné réduit à la misère, un homme estimé de ses conci-

---

quæ hoc tempore in re publica versata est, vestros quoque animos, id quod fieri profecto non potest, duriores acerbioresque reddidit ; actum est, judices : inter feras satius est ætatem degere, quam in hac tanta immanitate versari.

Ad eamne rem vos reservati estis ? ad eamne rem delecti, ut eos condemnaretis, quos sectores ac sicarii jugulare non potuissent? Solent hoc boni imperatores facere, quum prælium committunt, ut in eo loco, quo fugam hostium fore arbitrentur, milites collocent; in quos, si qui ex acie fugerint, de improviso incidant. Nimirum similiter arbitrantur isti bonorum emptores, vos hic, tales viros, sedere, qui excipiatis eos, qui de suis manibus effugerint. Dii prohibeant, judices, ut hoc quod majores consilium publicum vocari voluerunt, præsidium sectorum existimetur ! An vero, judices, vos non intelligitis, nihil aliud agi, nisi ut proscriptorum liberi quavis ratione tollantur, et ejus rei initium in vestro jure jurando, atque in Sexti Roscii periculo quæri? Dubium est, ad quem maleficium pertineat, quum videatis ex altera parte sectorem, inimicum, sicarium, eundemque accusatorem hoc tempore; ex altera parte

toyens, exempt non-seulement de toute faute, mais même à l'abri du moindre soupçon ? Ne voyez-vous pas que Roscius n'est accusé que parce que les biens de son père ont été vendus ?

LIII. Si vous favorisez ces odieuses intrigues, ces infâmes projets, si vous siégez ici pour qu'on amène devant vous les enfants des proscrits ; au nom des dieux immortels, prenez garde qu'une proscription nouvelle ne recommence sous vos auspices avec un degré nouveau de barbarie. La première ne frappait que les citoyens qui avaient pu prendre les armes, et toutefois le sénat refusa d'en assumer la responsabilité, afin qu'il ne fût pas dit que des actes de rigueur inconnus à nos ancêtres eussent été faits au nom du conseil public. Mais cette proscription qui s'étend aux fils des victimes et jusqu'aux enfants au berceau, si par le jugement que vous allez rendre, vous ne la frappez de nullité et de mépris, voyez, juges, au nom des dieux immortels, dans quel abîme va tomber la république.

Des hommes sages, avec la considération et le pouvoir dont vous êtes revêtus, doivent, aux maux dont la république est le plus tourmentée, porter des remèdes prompts et efficaces. Aucun de vous ne peut se le dissimuler : le peuple romain, qui passait jadis pour très-humain envers ses ennemis, est aujourd'hui dévoré de la soif du sang des guerres civiles. C'est à vous, juges,

---

egentem, probatum suis filium, in quo non modo culpa nulla, sed ne suspicio quidem potuit consistere ? Numquid hic aliud videtis obstare Roscio, nisi quod patris bona venierunt ?

LIII. Quodsi id vos suscipitis, et eam in rem operam vestram profitemini ; si idcirco sedetis, ut ad vos adducantur eorum liberi, quorum bona venierunt : cavete, per deos immortales, judices, ne nova et multo crudelior per vos proscriptio instaurata esse videatur. Illam priorem, quæ facta est in eos, qui arma capere potuerunt, tamen senatus suscipere noluit, ne quid acrius, quam more majorum comparatum est, publico consilio factum videretur. Hanc vero, quæ ad eorum liberos atque infantium puerorum incunabula pertinet, nisi hoc judicio a vobis rejicitis et aspernamini, videte, per deos immortales, quem in locum rem publicam perventuram putetis.

Homines sapientes, et ista auctoritate et potestate præditos, qua vos estis, ex quibus rebus maxime res publica laborat, iis maxime mederi convenit. Vestrum nemo est, quin intelligat, populum Romanum, qui quondam in hostes lenissimus existimabatur, hoc tempore domestica crudelitate laborare. Hanc tollite

de guérir vos concitoyens de ces dispositions cruelles ; ne souffrez pas qu'elles agitent plus longtemps le sein de la patrie ; non-seulement elles ont tranché les jours d'un grand nombre de citoyens, mais encore elles ont étouffé la pitié dans les âmes les plus sensibles. Car, lorsqu'à toute heure, des atrocités nouvelles viennent fatiguer nos yeux et nos oreilles, en vain la nature nous a doués d'un cœur compatissant, la continuité de ces cruels spectacles finit par nous faire perdre tout sentiment d'humanité.

ex civitate, judices ; hanc pati nolite diutius in hac re publica versari : quæ non modo id habet in se mali, quod tot cives atrocissime sustulit, verum etiam hominibus lenissimis ademit misericordiam consuetudine incommodorum. Nam quum omnibus horis aliquid atrociter fieri videmus, aut audimus, etiam qui natura mitissimi sumus, adsiduitate molestiarum sensum omnem humanitatis ex animis amittimus.

DEUXIÈME DISCOURS

DISCOURS

POUR

PUBLIUS QUINTIUS

TRADUCTION DE M. CH. DU ROZOIR

REVUE

PAR M. PAUL CHARPENTIER

SOMMAIRE

Le discours *pro Sextio* est tout d'intérêt particulier; mais le crédit de Névius, une des deux parties, lui donnait une véritable importance : il y avait de la part de Cicéron quelque courage à plaider pour un plébéien obscur et sans fortune contre un homme qui, malgré la bassesse de sa condition, comptait parmi ses protecteurs les hommes les plus puissants de la république. Mais, aux yeux des modernes, quel éclat ne donne point à cette cause privée les noms imposants de Cicéron et d'Hortensius? Hortensius était alors au plus brillant degré de sa carrière oratoire; Cicéron, âgé d'environ vingt-six ans, se présentait au barreau avec des connaissances acquises et des études perfectionnées qui, jointes au talent merveilleux qu'il avait reçu de la nature, le mettaient déjà bien au-dessus de la plupart des orateurs alors en réputation.

Le choix que le crieur Névius avait pu faire d'Hortensius pour son avocat prouve tout le crédit dont il jouissait. Les crieurs publics étaient chargés de proclamer les noms des magistrats après leur élection, d'annoncer dans les carrefours les lois nouvelles, d'appeler les témoins et les accusés dans les jugements, et de crier les enchères dans les ventes publiques. Soumis aux magistrats dans l'ordre de leurs attributions, ces officiers avaient, comme les greffiers, une existence indépendante de la volonté de leurs supérieurs; et, comme ils avaient mille occasions de se faire bien venir des magistrats près desquels ils étaient placés, ceux-ci, en revanche, se trouvaient intéressés à ménager des subalternes qui pouvaient devenir des surveillants incommodes, et qui n'étaient pas sans influence sur les dernières classes du peuple. De là naissait entre les magistrats et leurs crieurs une sorte d'intimité qui compensait la différence des positions sociales. On peut croire aussi qu'à l'exemple d'autres officiers du même ordre, les crieurs étaient souvent les complaisants des plaisirs de leurs patrons. Dans la maison de ces obscurs, mais heureux plébéiens, on voyait fréquemment des édiles, des tribuns, des préteurs, et même des consuls, venir chercher des repas somptueux, sans cérémonie, et des jouissances faciles d'une autre espèce. Valère Maxime ne nous laisse pas ignorer ce trait bien caractéristique de la profonde dépravation dans laquelle étaient tombés les grands de Rome (liv. IX, ch. I, n. 8).

Névius d'ailleurs, grâce à son esprit caustique et bouffon, était en possession d'amuser le peuple et les grands par ses bons mots, qui atteignaient les têtes les plus illustres : enfin il était fort riche. Il n'est donc pas étonnant qu'il fût un adversaire redoutable pour Quintius : aussi notre orateur n'entreprit cette cause qu'à la sollicitation du célèbre comédien Roscius, dont Quintius avait épousé la sœur. Ce ne fut, dit Cicéron lui-même, qu'après s'en être défendu longtemps, « par la crainte de ne pas se trouver plus capable d'ouvrir la bouche au barreau devant Hortensius que les autres comédiens ne l'étaient de paraître au théâtre devant Roscius » (chap. XXIV de ce discours). Mais, loin de se rendre à cette réponse, Roscius insista sur la certitude qu'il avait des talents de son ami, ne connaissant personne au contraire qui fût si capable de soutenir une cause désespérée contre un adversaire adroit et puissant.

Voici les faits de cette cause :

Caius Quintius avait une maison de commerce dans la Gaule narbonnaise, où d'ailleurs il possédait un domaine considérable. Quoique son établissement prospérât, il s'était associé un crieur public nommé Névius. Au bout de quelques années, Caius Quintius mourut. Publius, son frère, qui était alors à Rome, ayant appris qu'il l'avait institué son héritier, partit aussitôt pour les Gaules. Névius le reçut avec une effusion d'amitié qui aurait dû le rendre suspect. Ils passèrent ensemble une année entière, occupés de leur commerce. Caius Quintius avait laissé quelques dettes. Publius, pour liquider la succession, résolut de vendre les terres que son frère avait acquises individuellement près de Narbonne, et dont lui-même pouvait disposer comme d'une propriété personnelle. Névius le détourna de ce projet, en le priant d'accepter une somme d'argent qu'il avait laissée à Rome entre les mains de ses commis. Publius ne se défia pas d'un homme qui lui paraissait reconnaissant envers son frère, et qui d'ailleurs avait épousé une de ses plus proches parentes ; il abandonna donc son projet de vente, et revint dans la capitale. Névius l'y suivit peu de temps après. Publius s'empressa de s'arranger avec ses créanciers, ne doutant pas que les offres de son associé ne fussent réalisées. Celui-ci changea tout à coup de conduite. Après l'avoir mis dans l'embarras, il chercha les moyens d'en profiter. Il déclara qu'il voulait avant tout régler les comptes de la société, pour être bien sûr qu'à l'avenir il n'y aurait entre eux aucune discussion. Le premier terme des engagements de Publius allait échoir ; il obtint un délai de ses créanciers, et donna ordre aussitôt que l'on vendît sa terre des environs de Narbonne. Il n'était point sur les lieux ; il voulait qu'il n'y eût pas de temps perdu. La vente se fit à son désavantage ; mais ses créanciers furent satisfaits : il l'était lui-même. Mécontent des procédés de Névius, il résolut de n'avoir rien de commun avec lui. En conséquence il lui proposa de se trouver chez des arbitres, afin de terminer leurs comptes. Les deux parties n'ayant pu s'accorder, l'affaire fut portée devant les tribunaux. Névius y comparut après beaucoup de délais, et ce ne fut que pour déclarer qu'il avait pris ses mesures pour que la communauté ne lui dût rien ; qu'il ne formerait point de prétentions sur l'héritage de Caius Quintius ; qu'ainsi on n'avait plus de raison de l'ajourner, et qu'il ne comparaîtrait pas. Il ajouta que, si Publius avait quelque intérêt à démêler avec lui, il était prêt à l'entendre. Les affaires de Publius l'appelaient dans la Gaule. Un mois après cette conférence il partit. Dès le troisième jour suivant, Névius se présente devant le juge, se déclare créancier de Publius, demande acte de sa comparution et de l'absence de son débiteur ; puis s'adresse au préteur pour être mis en possession des biens de Publius, en vertu de la loi qui adjugeait au demandeur les biens de sa partie dans le cas de non comparution, et l'autorisait à vendre après les avoir possédés trente jours sans réclamation. Alphénus, parent et ami de Névius, avait été chargé par Publius de veiller à ses intérêts. Il ne trahit point sa confiance ; il mit opposition à la saisie, et l'affaire resta suspendue. Publius revint à Rome. Son adversaire passa dix-huit mois sans lui faire aucune sommation juridique. Cependant il lui proposa un accommodement. Celui-ci, le trouvant trop onéreux ne répondit pas. Névius alors demanda au préteur qu'il ordonnât à Publius de consigner une amende, ou de fournir caution pour la valeur des biens que lui Névius avait, disait-il, possédés trente jours en vertu d'un édit de son prédécesseur. Dolabella, c'était le nom du nouveau préteur, confirma l'édit. Publius consigna l'amende, mais se pourvut en cassation. L'affaire était devenue grave. Les lois condamnaient à la déportation tout assigné qui ne comparaissait pas. Cette peine était infamante, et celui qu'elle frappait ne pouvait plus exercer aucun droit de citoyen ; toutes ses propriétés étaient confisquées. Il s'agissait donc pour Publius de sa fortune, de son honneur et de son existence civile.

Cicéron entreprit de le défendre, à la sollicitation du comédien Roscius, beau-père de l'accusé. Cette cause demandait beaucoup de courage, et non moins de prudence. Sylla était dictateur, et l'on sait combien il avait rendu cette magistrature redoutable; il protégeait Névius. Le protecteur et les juges étaient prêts, pour lui plaire, à violer toutes les formes, à fouler aux pieds toutes les lois. Mais, comme nous l'avons déjà dit, Cicéron avait vingt-six ans. A cet âge on compte pour rien le danger; on ne voit que l'honneur; les premiers sentiments sont tous pour la vertu. Le jeune orateur reçut la récompense la plus douce pour une âme généreuse. Malgré les intrigues et le crédit de Névius, son client fut maintenu dans ses droits. Hortensius, qui avait plaidé pour le demandeur, put déjà pressentir que c'était en vain qu'il était parvenu à se faire nommer le roi du barreau, et qu'il serait bientôt détrôné. Il dut voir avec inquiétude son jeune rival se débarrasser comme en se jouant des subtilités de la chicane, établir le point de la question avec autant de précision que de clarté, et, après avoir distribué son plaidoyer en différentes parties, de manière que chacun des juges pût en suivre aisément le fil et saisir sans effort l'ensemble de l'affaire par le développement de ses moyens et de ses preuves, démontrer que Publius ne devait rien à Névius; qu'en le supposant créancier, Névius n'avait pas de motifs suffisants pour demander qu'on le mît en possession des biens de son ancien associé; que non-seulement Névius n'avait pas possédé légalement, mais qu'il n'avait pas même possédé. Sans doute Hortensius ne fut pas moins étonné de la facilité de Cicéron pour varier son style et lui donner de la grâce ou de la force, suivant que les pensées sortaient du sujet plus simples ou plus énergiques. Mais ce qui dut surtout l'inquiéter, ce fut la vivacité avec laquelle son jeune émule savait déjà presser son adversaire et le forcer en quelque sorte à se condamner lui-même, son talent de remuer le cœur des juges et de les intéresser eux-mêmes au sort de ses clients, comme il le fit dans la péroraison de ce discours.

Tout n'est pas digne d'éloge dans ce discours. On y trouve de la redondance, des redites, quelquefois trop de finesse dans les pensées, des plaisanteries peu ménagées sur la profession de l'adversaire.

DEUXIÈME DISCOURS

DISCOURS
POUR
PUBLIUS QUINTIUS

1. Deux choses dont l'influence est toute-puissante dans un État, le crédit et l'éloquence, sont réunies aujourd'hui contre nous. L'une m'alarme, C. Aquillius, et l'autre m'épouvante. L'éloquence de Q. Hortensius va sans doute, dans le cours de ma défense, m'embarrasser beaucoup, et cette crainte m'agite vivement; mais le crédit de Sext. Névius peut nuire à Publius Quintius, et c'est ce que je redoute surtout. Sans doute nous n'aurions pas tant à nous plaindre de ce qu'ils réunissent ces avantages à un si haut degré, si nous les possédions même dans

ORATIO SECUNDA

ORATIO
PRO
PUBLIO QUINTIO

I. Quæ res in civitate duæ plurimum possunt, hæ contra nos ambæ faciunt in hoc tempore, summa gratia, et eloquentia; quarum alteram, C. Aquilli, vereor, alteram metuo. Eloquentia Q. Hortensii ne me in dicendo impediat, nonnihil commoveor : gratia Sexti Nævii ne P. Quintio noceat, id vero non mediocriter pertimesco. Neque hoc tanto opere querendum videretur, hæc summa in illis esse, si in nobis essent saltem mediocria. Verum ita res habet, ut

un degré médiocre ; mais telle est notre position : il faut que moi, qui n'ai que fort peu d'expérience, et encore moins de talent, j'aie à lutter contre un maître dans l'art oratoire, et que Publius avec de faibles ressources, point de fortune, et les moyens bornés de ses amis, fasse tête à un adversaire tout-puissant par son crédit. Pour ajouter encore au désavantage de notre position, M. Junius qui plusieurs fois a plaidé cette cause devant vous, C. Aquillius, et qui, doué d'une grande habitude du barreau, a une connaissance parfaite de l'affaire, est absent en ce moment, retenu par son nouvel emploi. C'est donc à moi qu'on s'est adressé ; et en me supposant d'ailleurs toutes les autres garanties de succès, on conviendra du moins que je n'ai eu que bien peu de temps pour prendre connaissance d'une affaire si importante et compliquée. Ainsi ce qui fut ma ressource dans les autres causes, me manque dans celle-ci ; car, à défaut de talent, j'y suppléais du moins par une étude approfondie ; mais quels résultats peut-on attendre du travail, si l'on n'a pour s'y livrer tout le temps nécessaire ? Plus nous avons de désavantage de notre côté, C. Aquillius, et plus notre défense devra trouver de faveur auprès de vous et des magistrats qui forment votre conseil, afin que la vérité, affaiblie par tant d'obstacles, retrouve enfin toute sa force dans l'appui de votre justice. Que si un juge tel que vous ne protége point l'homme faible et délaissé, contre

ego, qui neque usu satis, et ingenio parum possum, cum patrono disertissimo comparer ; P. Quintius, cui tenues opes, nullæ facultates, exiguæ amicorum copiæ sunt, cum adversario gratiosissimo contendat. Illud quoque nobis accedit incommodum, quod M. Junius, qui hanc causam, Aquilli, aliquoties apud te egit, homo et in aliis causis exercitatus, et in hac multum et sæpe versatus, hoc tempore abest, nova legatione impeditus : et ad me ventum est, qui, ut summa haberem cætera, temporis quidem certe vix satis habui, ut rem tantam, tot controversiis implicatam, possem cognoscere. Ita, quod mihi consuevit in cæteris causis esse adjumento, id quoque in hac causa deficit. Nam, quo minus ingenio possum, subsidio mihi diligentiam comparavi : quæ quanta sit, nisi tempus et spatium datum sit, intelligi non potest. Quæ quo plura sunt, C. Aquilli, eo te, et hos, qui tibi in consilio adsunt, meliori mente nostra verba audire oportebit, ut multis incommodis veritas debilitata, tandem æquitate talium virorum recreetur. Quodsi tu judex nullo præsidio fuisse videbere, contra vim et gratiam, solitudini atque inopiæ ; si apud hoc consilium ex opi-

la puissance et le crédit, si devant un pareil tribunal la cause paraît jugée au poids de la fortune et non de la vérité, alors il sera trop vrai de dire que la république n'a plus rien qui soit pur et sans tache et que l'humble citoyen ne peut plus se confier sur la vertu et l'intégrité de son juge! Oui, ou la vérité sera forte devant vous et devant votre conseil, ou, chassée de cette enceinte par la brigue et par la violence, elle ne trouvera plus d'asile assuré sur la terre.

II. Si je parle ainsi, Aquillius, ce n'est pas que j'élève quelque doute sur la fermeté de votre caractère et sur votre inflexible droiture, ni que Publius ne doive mettre toute sa confiance dans ces magistrats dont vous vous êtes entouré, et qui sont l'élite de nos citoyens. Mais quoi? d'abord il n'envisage qu'avec effroi la grandeur du danger dans une affaire qui va décider de sa fortune et de son existence; et il n'y peut songer sans que son esprit ne soit aussi frappé de votre pouvoir que de votre justice. Car d'ordinaire ceux dont la vie est entre les mains d'autrui songent plus à ce que peut qu'à ce que doit faire l'arbitre de leur sort. Puis, Publius n'a pour adversaire, en apparence, que Sext. Névius, mais en réalité il a contre lui les hommes les plus éloquents de notre siècle, les plus éminents par leur mérite et leur dignité; et ces hommes défendent à l'envie, et de toutes leurs forces la cause de Sext. Névius, si l'on peut dire que c'est défendre quelqu'un

---

bus, non ex veritate causa pendetur : profecto nihil est jam sanctum atque sincerum in civitate ; nihil, quod humilitatem cujusquam, gravitas et virtus judicis consoletur. Certe aut apud te, et eos, qui tibi adsunt, veritas valebit ; aut ex hoc loco repulsa vi et gratia, locum, ubi consistat, reperire non poterit.

II. Non eo dico, C. Aquilli, quo mihi veniat in dubium tua fides et constantia, aut quo non in his, quos tibi advocasti, viris electissimis civitatis, spem summam habere P. Quintius debeat. Quid ergo est? Primum magnitudo periculi summo timore hominem adficit, quod uno judicio de fortunis omnibus decernit : idque dum cogitat, non minus sæpe ei venit in mentem potestatis, quam æquitatis tuæ ; propterea quod omnes, quorum in alterius manu vita posita est, sæpius illud cogitant, quid possit is, cujus in ditione ac potestate sunt, quam quid debeat facere. Deinde habet adversarium P. Quintius verbo Sext. Nævium ; re vera, hujusce ætatis homines disertissimos, fortissimos, ornatissimos nostræ civitatis, qui communi studio, summis opibus Sext. Nævium

6.

que de servir sa haine, afin qu'il puisse accabler plus facilement sous le poids d'un jugement inique celui qu'il veut perdre. Peut-on en effet, Aquillius, citer rien de plus arbitraire, de plus révoltant, qu'un procès dans lequel, moi, qui vais défendre l'existence, l'honneur, la fortune entière d'un citoyen, je dois porter la parole le premier; surtout quand Hortensius, qui est chargé du rôle d'accusateur, se prépare à me répondre, armé de ce génie, de cette éloquence dont la nature lui a fait un don si merveilleux? Ainsi, moi qui dois repousser les traits et porter remède aux blessures, je suis forcé de remplir cette tâche avant qu'aucun trait ait été lancé par notre adversaire. On laisse nos ennemis choisir, pour commencer l'attaque, le temps où déjà nous ne serons plus à même de nous garantir de leurs atteintes. Enfin, si, comme ils sont résolus de le faire, ils venaient à nous frapper du trait empoisonné de la calomnie, il ne serait plus temps de réparer le mal ! Voilà où nous ont réduits l'injustice et la partialité du préteur. D'abord, au mépris d'un usage toujours respecté, il a voulu qu'on prononçât sur l'honneur de mon client avant de juger le fond de l'affaire; ensuite il a réglé la procédure de manière que l'accusé fût forcé de se défendre avant d'avoir entendu un seul mot de son accusateur. Voilà ce qu'ont gagné le crédit et la puissance de ces hommes qui secondent la haine et la cupidité de Névius avec autant de zèle que s'il s'agis-

defendunt : si id est defendere, cupiditati alterius obtemperare, quo is facilius quem velit, iniquo judicio opprimere possit. Nam quid hoc iniquius, aut indignius, C. Aquilli, dici aut commemorari potest, quam me, qui caput alterius, famam fortunasque defendam, priore loco causam dicere? quum præsertim Q. Hortensius, qui hoc judicio partes accusatoris obtinet, contra me sit dicturus ; cui summam copiam facultatemque dicendi natura largita est. Ita fit, ut ego, qui tela depellere et vulneribus mederi debeam, tum id facere cogar, quum etiam telum adversarius nullum jecerit : illis autem id tempus impugnandi detur, quum et vitandi illorum impetus potestas adempta nobis erit ; et, si qua in re, id quod parati sunt facere, falsum crimen quasi venenatum aliquod telum jecerint, medicinæ faciendæ locus non erit. Id accidit prætoris iniquitate et injuria : primum quod, contra omnium consuetudinem, judicium prius de probro, quam de re, maluit fieri ; deinde, quod ita constituit id ipsum judicium, ut reus, antequam verbum accusatoris audisset, causam dicere cogeretur ; quod eorum gratia et potentia factum est, qui quasi sua res aut honos agatur, ita diligenter Sexti Nævii studio et cupiditati morem gerunt, et in ejus

sait de leur fortune et de leur honneur personnels, et qui font l'essai de leurs forces dans des affaires où, par cela même que leur mérite et leur naissance leur donnent plus de pouvoir, ils devraient moins en montrer l'étendue. Dans cette situation désespérée, Publius opprimé a recours à votre loyauté, Aquillius, à votre justice, à votre humanité. Puisque jusqu'ici la violence de ses adversaires n'a laissé pour lui ni réciprocité dans les droits, ni liberté dans les poursuites, ni équité dans les magistrats ; puisque, par la plus grande des injustices, tout semble conspirer sa perte, il vous en conjure, il vous en supplie, Aquillius, et vous qui formez avec lui ce tribunal, souffrez que l'équité outragée, blessée par tant d'attentats, trouve enfin ici un sanctuaire inviolable.

III. Pour vous rendre la chose plus facile, je vais vous faire connaître, en remontant à l'origine, comment cette affaire s'est engagée, comment elle a été conduite. Publius Quintius avait un frère nommé Caius, habile et attentif à diriger toutes ses opérations en bon père de famille ; il ne commit jamais qu'une seule imprudence : il s'associa avec Névius, honnête homme sans doute, mais qui, dans son premier état, n'avait point appris à connaître les droits d'un associé et les devoirs d'un bon père de famille. Ce n'est pas qu'il manquât de génie ; on ne lui a jamais refusé ni la gaieté d'un bouffon, ni les belles manières d'un

---

modi rebus opes suas experiuntur, in quibus, quo plus propter virtutem nobilitatemque possunt, eo minus, quantum possint, debent ostendere. Quum tot tantisque difficultatibus adfectus atque adflictus, in tuam, C. Aquilli, fidem, veritatem, misericordiam P. Quintius confugerit ; quum adhuc ei, propter vim adversariorum, non jus par, non agendi potestas eadem, non magistratus æquus reperiri potuerit ; quum ei, summam per injuriam, omnia inimica atque infesta fuerint : te, C. Aquilli, vosque, qui in consilio adestis, orat atque obsecrat, ut multis injuriis jactatam atque agitatam æquitatem, in hoc tandem loco consistere et confirmari patiamini.

III. Id quo facilius facere possitis, dabo operam, ut a principio, res quemadmodum gesta et contracta sit, cognoscatis. C. Quintius fuit P. Quintii hujus frater ; sane cæterarum rerum pater familias et prudens et attentus, una in re paullo minus consideratus, qui societatem cum Sexto Nævio fecerit, viro bono, verum tamen non ita instituto, ut jura societatis et officia certi patris familias nosse posset : non quo ei deesset ingenium ; nam neque parum facetus scurra Sext. Nævius, neque inhumanus præco est umquam existimatus. Quid ergo est?

crieur public. Mais comme la nature ne lui avait rien donné de mieux que la voix, et que son père ne lui avait laissé d'autre bien que la liberté, il fit de sa voix un commerce utile, et usa de sa liberté pour débiter impunément ses facéties. Aussi prétendre en faire son associé, c'était vouloir, avec les fonds qu'on lui mettait en main, lui apprendre à connaître le produit de l'argent. Cependant, entraîné par l'intimité des rapports qu'il entretenait avec lui depuis longtemps, Caius l'associa aux affaires considérables qu'il faisait en Gaule. Il y possédait de vastes pâturages, des terres bien cultivées et d'un excellent rapport. Voilà donc Névius enlevé aux portiques de Licinius et du milieu des crieurs des publics, pour aller en Gaule ; il se transporte au delà des Alpes. Mais en changeant de lieu il ne changea pas de mœurs. Car, habitué dès sa première jeunesse à gagner, sans y mettre du sien, quelque petit capital qu'il eût placé en commun, il ne se contenta pas d'un médiocre intérêt; et cela n'est point étonnant : celui qui avait vendu sa voix voulait tirer un gros bénéfice de l'argent qu'elle avait procuré. Aussi tout ce qu'il pouvait puiser dans la caisse commune, il se faisait un devoir de le faire passer dans sa caisse particulière. C'était merveille de voir avec quelle ardeur il y allait; on eût dit que les sentences arbitrales en matière de société ne portaient condamnation que contre les associés fidèles à leurs engagements ; mais je ne pense pas qu'il soit nécessaire de donner là-dessus certaines explica-

Quum ei natura nihil melius quam vocem dedisset, pater nihil præter libertatem reliquisset, vocem in quæstum contulit; libertate usus est, quo impunius dicax esset. Quare quod socium tibi eum velles adjungere, nihil erat, nisi ut in tua pecunia condisceret, qui pecuniæ fructus esset. Tamen inductus consuetudine ac familiaritate Quintius fecit, ut dixi, societatem earum rerum, quæ in Gallia comparabantur. Erat ei pecuaria res ampla et rustica sane bene culta et fructuosa. Tollitur ab atriis Liciniis atque a præconum consessu in Galliam Nævius, et trans Alpes usque transfertur. Fit magna mutatio loci, non ingenii. Nam, qui ab adolescentulo quæstum sibi instituisset sine impendio, postea quam nescio quid impendit, et in commune contulit, mediocri quæstu contentus esse non poterat. Nec mirum, si is, qui vocem venalem habuerat, ea, quæ voce quæsierat, magno sibi quæstui fore putabat. Itaque hercule haud mediocriter de communi, quidquid poterat, ad se in privatam domum sevocabat : qua in re ita diligens erat, quasi ii, qui magna fide societatem gererent, arbitrium pro socio condemnari solerent. Verum his de rebus non necesse habeo dicere

tions sur lesquelles Publius voudrait que j'appuyasse. Peut-être l'intérêt de notre cause le demanderait-il ; mais comme il ne le réclame point absolument, je les passerai sous silence.

IV. Déjà depuis plusieurs années la société existait, et Caius avait eu maintes occasions de concevoir des soupçons sur Névius, qui n'avait pu lui rendre un compte satifaisant de quelques opérations inspirées par sa cupidité, et nullement dans l'intérêt de l'entreprise. Cependant Caius meurt en Gaule, Névius étant sur les lieux, et il meurt subitement. Il laissait par testament son héritage à Publius, voulant que celui qui sentait le plus vivement sa perte, reçût aussi le gage le plus précieux de sa tendresse. Peu de temps après, Publius part pour la Gaule ; là il vécut familièrement avec ledit Névius. Ils demeurèrent ensemble presque toute une année, s'entretenant journellement des intérêts de leur association et de tout ce qui avait rapport à leur exploitation et à leurs propriétés dans cette partie de la Gaule. Pendant tout ce temps, Névius ne dit pas un mot qui pût donner à croire qu'il lui fût rien dû, soit par la société, soit par la succession de Caius. Celui-ci avait laissé quelques dettes, qu'il était urgent de faire acquitter à Rome. Publius fait afficher en Gaule la vente, dans Narbonne, de quelques biens qui lui appartenaient en propre. Le généreux Névius fait tout pour le détourner de cette vente. A l'entendre, Publius ne pourrait, par le temps qui

---

ea, quæ me P. Quintius cupit commemorare, tametsi causa postulat, tamen, quia postulat, non flagitat, prætoribo.

IV. Quum annos jam complures societas esset, et quum sæpe suspectus Quintio Nævius fuisset, neque ita commode posset rationem reddere earum rerum, quas libidine, non ratione gesserat, moritur in Gallia Quintius, quum adesset Nævius, et moritur repentino. Hæredem testamento reliquit hunc P. Quintium : ut, ad quem summus mœror morte sua veniebat, ad eundem summus honos quoque perveniret. Quo mortuo, nec ita multo post, in Galliam proficiscitur Quintius. Ibi cum isto Nævio familiariter vivit. Annum fere una sunt, quum et de societate inter se multa communicarent, et de tota illa ratione atque re Gallicana ; neque interea verbum ullum interposuit Nævius, aut societatem sibi quidpiam debere, aut privatim Quintium debuisse. Quum æris alieni aliquantulum esset relictum, quibus nominibus pecuniam Romæ curari oporteret, auctionem in Gallia P. hic Quintius Narbone se facturum esse proscribit earum rerum, quæ ipsius erant privatæ. Ibi tum vir optimus, Sext. Nævius, hominem multis verbis deterret, ne auctionetur : eum non ita com-

court, se défaire avec avantage des propriétés qu'il a fait afficher; lui-même, dit-il, peut disposer de quelques fonds à Rome; Publius doit les regarder comme les siens; il ne refusera pas l'offre que lui fait un ami de son frère, un parent : car Névius a épousé une cousine de Publius, et il en a des enfants. C'était, de la part de Névius, parler comme un homme de bien aurait agi. Publius crut que celui qui imitait si bien le langage d'un galant homme, en imiterait aussi la conduite. Il renonce à son projet de vente et part pour Rome. Névius quitte en même temps la Gaule, et se rend aussi à Rome. Caius avait contracté une dette envers Scapula. Ce fut par vous, Aquillius, que Publius fit régler ce qu'il avait à payer aux enfants de ce créancier. Il vous prit pour juge en cette affaire, parce que, vu la différence des monnaies, il ne suffisait pas de calculer le montant de la dette, il fallait encore que la somme à payer fût fixée au temple de Castor. Ami des Scapula, vous fîtes donc en espèces romaines la juste évaluation de ce qu'ils avaient à recevoir.

V. Dans toutes ces démarches, Publius n'agissait que d'après les avis de Névius, et il n'est point étonnant qu'il suivît les conseils d'un homme sur le secours duquel il croyait pouvoir compter. Car ce n'était point seulement en Gaule qu'il le lui avait promis; à Rome il lui disait tous les jours qu'à son premier signe il lui compterait l'argent nécessaire. Publius savait

mode posse eo tempore, quæ proscripsisset, vendere. Romæ sibi nummorum facultatem esse, quam, si saperet, communem existimaret, pro fraterna illa necessitudine, et pro ipsius adfinitate ; nam P. Quintii consobrinam habet in matrimonio Nævius, et ex ea liberos. Quia, quod virum bonum facere oportebat, id loquebatur Nævius, credidit Quintius, eum, qui orationem bonorum imitaretur, facta quoque imitaturum. Auctionem velle facere desistit : Romam proficiscitur. Decedit ex Gallia Romam simul Nævius. Quum pecuniam C. Quintius P. Scapulæ debuisset, per te, C. Aquilli, decidit P. Quintius, quod liberis ejus dissolveret. Hoc eo per te agebatur, quod propter ærariam rationem non satis erat in tabulis inspexisse, quantum deberetur, nisi ad Castoris quæsisset, quantum solveretur. Decidis, statuisque tu, propter necessitudinem, quæ tibi cum Scapulis est, quid iis ad denarium solveretur.

V. Hæc omnia Quintius agebat, auctore et consuasore Nævio. Nec mirum, si ejus utebatur consilio, cujus auxilium sibi paratum putabat. Non modo enim pollicitus erat in Gallia ; sed Romæ cotidie, simul atque sibi hic annuisset, numeraturum se dicebat. Quintius porro istum posse facere videbat ; debere

Névius en état d'acquitter sa promesse, et il lui croyait trop d'honneur pour y manquer. Pouvait-il le soupçonner de mentir, puisqu'il ne lui voyait nul intérêt à le faire? Publius, comme s'il avait eu les fonds chez lui, prend donc terme avec les Scapula pour le payement de sa dette. Il avertit Névius, et réclame l'effet de sa promesse. Alors cet honnête homme (et je crains qu'il ne prenne pour une moquerie ce nom que je vais pourtant lui donner une seconde fois), cet honnête homme, dis-je, qui croit Publius réduit aux derniers expédients, se flatte, en saisissant l'occasion, de le forcer à telle composition qu'il voudra. Il déclare qu'il ne lui donnera point un denier avant que les comptes de la société ne soient définitivement arrêtés, et qu'il ne soit sûr de n'avoir plus à cet égard de contestation avec lui. — Plus tard nous verrons cela, répond Publius; pour le moment, veuillez, je vous en prie, vous occuper de ce que vous m'avez promis. Névius proteste qu'il ne le peut qu'à cette condition : sa promesse, dit-il, ne l'engage personnellement pas plus que toutes celles qu'il aurait faites au nom du propriétaire, dans une vente à l'encan. Consterné de ce manque de parole, Publius obtient des Scapula quelques jours de délai; il envoie en Gaule faire la vente antérieurement affichée. La vente est faite en son absence et dans un moment défavorable. Il s'acquitte avec les Scapula, mais aux plus dures conditions. Alors, de lui-même, il s'adresse à Névius, et le prie, puisqu'il ne veut rien avoir à démêler par

---

intelligebat; mentiri, quia causa, cur mentiretur, non erat, non putabat : quasi domi nummos haberet, ita constituit Scapulis se daturum. Naevium certiorem facit : rogat, ut curet, quod dixisset. Tum iste vir optimus (vereor, ne se derideri putet, quod iterum jam dico, optimus), qui hunc in summas angustias adductum putaret, ut cum suis conditionibus in ipso articulo temporis astringeret, assem sese negat daturum, nisi prius de rebus rationibusque societatis omnibus decidisset; et scisset, sibi cum Quintio controversiae nihil futurum. Posterius, inquit, ista videbimus, Quintius : nunc hoc velim cures, si tibi videtur, quod dixisti. Negat se alia ratione facturum, quod promisisset : non plus sua referre, quam si, quum auctionem venderet, domini jussu, quippiam promisisset. Destitutione illa perculsus Quintius, a Scapulis paucos dies aufert; in Galliam mittit, ut ea, quae proscripserat, venirent; deteriore tempore absens auctionatur; Scapulis difficiliore conditione dissolvit. Tunc appellat ultro Naevium, ut, quoniam suspicaretur, aliqua de re fore controversiam;

la suite, de transiger au plus tôt et à l'amiable sur toutes leurs discussions d'intérêt. Névius prend pour arbitre Trebellius, son ami ; nous, un ami commun, qui, élevé dans la maison de Névius, avait d'intimes rapports avec lui, notre parent Sext. Alphénus. Mais il n'y avait pas d'accommodement possible. Publius voulait sauver quelque chose de sa fortune ; l'avide Névius ne voulait rien laisser échapper de sa proie. Dès lors il fallut porter l'affaire en justice. Après plusieurs ajournements, et un temps assez long perdu en pourparlers sans résultats, Névius se présente à l'assignation.

VI. Je vous en conjure, Aquillius, et vous qui formez son conseil, prêtez-moi toute votre attention : je vais vous montrer à découvert une fourberie d'un genre unique, et des manœuvres tout à fait neuves dans leurs combinaisons. Névius déclare qu'il a fait une vente publique en Gaule, qu'il a vendu ce qu'il a jugé à propos ; qu'il a pris soin que la société fût quitte envers lui, qu'il ne veut plus ni requérir ni consentir d'assignation ; que si cependant Publius a encore quelque point à régler avec lui, il s'y prêtera volontiers. Celui-ci, qui voulait aller visiter ses propriétés en Gaule, ne demande pas alors caution de comparaître. Ainsi point d'ajournement de côté ni d'autre. Publius reste encore à Rome trente jours environ ; et, pour que rien ne l'inquiétât pendant son voyage en Gaule, il obtient remise de tous les ajour-

videret, ut quam primum, et quam minima cum molestia tota res transigeretur. Dat iste amicum M. Trebellium : nos communem necessarium, qui istius domi erat educatus, et quo utebatur iste plurimum, propinquum nostrum, Sext. Alphenum. Res convenire nullo modo poterat, propterea quod hic mediocrem jacturam facere cupiebat, iste mediocri præda contentus non erat. Itaque ex eo tempore res esse in vadimonium cœpit. Quum vadimonia sæpe dilata essent, et quum aliquantum temporis in ea re esset consumptum, neque quidquam profectum esset, venit ad vadimonium Nævius.

VI. Obsecro te, C. Aquilli, vosque, qui adestis in consilio, ut diligenter attendatis, ut singulare genus fraudis et novam rationem insidiarum cognoscere possitis. Ait, se auctionatum esse in Gallia ; quod sibi videretur, se vendidisse ; curasse, ne quid sibi societas deberet ; se jam neque vadari amplius, neque vadimonium promittere ; si quid agere secum velit. Quintius, non recusare. Hic, quum rem Gallicanam cuperet revisere, hominem in præsentia non vadatur : ita sine vadimonio disceditur. Deinde Romæ dies xxx fere Quintius commoratur, cum cæteris, quæ habebat, vadimonia differt, ut expeditus in

nements qu'il avait consentis avec d'autres personnes. Enfin il part ; il sort de Rome le 30 du mois de janvier, sous le consulat de Scipion et de Norbanus ; je vous prie de ne pas oublier cette date. Avec lui partit L. Albius, fils de Sextus, de la tribu Quirina, homme d'une probité et d'un mérite reconnus. Arrivés aux gués de Volaterre, ils rencontrent un intime ami de Névius, L. Publicius, qui lui amenait des esclaves à vendre. A son arrivée à Rome, Publicius s'empresse de raconter à Névius dans quel lieu il a vu Publius. Sans cet avis donné à Névius, le procès n'eût pas été sitôt entamé. Aussitôt Névius dépêche ses esclaves vers tous ses amis ; il ramasse toutes ses connaissances des portiques de Licinius et des avenues du marché, et les invite à se trouver avec lui, le lendemain à la deuxième heure, au comptoir de Sextius. Ils viennent en foule, Névius les prend à témoin *que Quintius a fait défaut et que lui a comparu.* Un long procès-verbal, revêtu du sceau de ces nobles témoins, atteste le fait. On se sépare, Névius requiert du préteur Burrhiénus, en vertu de son édit, la mise en possession des biens de Publius. Il fait afficher les biens de celui à qui l'attachaient une ancienne amitié, des relations d'intérêt encore subsistantes, et une parenté dont les liens ne pouvaient être rompus que par la mort de ses enfants : tant il est vrai qu'il n'est pas de devoir si saint, si impérieux, dont

---

Galliam proficisci posset : proficiscitur. Roma egreditur ante diem ii. Kalend. Februarii, Scipione et Norbano coss. Quæso, ut eum diem memoriæ mandetis. L. Albius, Sext. filius, Quirina, vir bonus, et cum primis honestus, una profectus est. Quum venissent ad vada Volaterrana quæ nominantur, vident perfamiliarem Nævii, qui ex Gallia pueros venales isti adducebat, L. Publicium ; qui ut Romam venit, narrat Nævio, quo in loco viderit Quintium : quod nisi ex Publicio narratum Nævio esset, non tam cito res in contentionem venisset. Tum Nævius pueros circum amicos dimittit ; ipse suos necessarios ab atriis Liciniis et a faucibus macelli corrogat, ut ad tabulam Sextiam sibi adsint hora secunda postridie. Veniunt frequentes : testificatur iste, P. Quintium non stitisse, et se stitisse. Tabulæ maximæ signis hominum nobilium consignantur : disceditur. Postulat a Burrhieno prætore Nævius, ut ex edicto bona possidere liceat. Jussit bona proscribi ejus, quicum familiaritas fuerat, societas erat, adfinitas, liberis istius vivis, divelli nullo modo poterat. Qua ex re intelligi facile potuit, nullum esse officium tam sanctum atque solemne, quod non avaritia comminuere ac violare soleat. Etenim si veritate amicitia, fide

l'avarice ne secoue, ne brise le joug! Car si la franchise, la loyauté, l'affection, sont les devoirs que nous imposent les titres d'ami, d'associé, de parent, l'homme qui a fait tous ses efforts pour consommer le déshonneur et la ruine d'un ami, d'un associé, d'un parent, n'est-il pas de son propre aveu fourbe, infidèle et dénaturé? Chargé de la procuration de Publius, Sext. Alphenus, ami et parent de Névius, enlève les affiches, et reprend un jeune esclave dont Névius s'était emparé. Il expose son titre de fondé de pouvoirs, il conjure Névius, au nom de la justice, de ménager la réputation et la fortune de son associé, et d'attendre son retour. S'il s'y refuse, s'il espère par des moyens violents forcer Publius de se mettre à sa discrétion, Alphenus n'a plus de prières à lui adresser : qu'on le poursuive en justice, il saura se défendre. Pendant que tout cela se passait à Rome, Publius, au mépris des lois, de l'usage, et des édits des préteurs, est chassé des pâturages et des terres appartenant à la communauté par les esclaves mêmes de la communauté.

VII. Admettez, Aquillius, que tout ce que Névius a fait à Rome est conforme au droit et à la loi, si ce qui a été fait dans la Gaule, en vertu de ses instructions écrites, ne vous paraît pas sortir des bornes de la justice et de la modération. Chassé, dépossédé de son bien, Publius, victime d'une injustice si révoltante, se réfugie auprès de C. Flaccus, général, commandant alors dans la province, et dont je ne citerai pas le nom sans lui

societas, pietate propinquitas colitur; necesse est, iste, qui amicum, socium, adfinem, fama atque fortunis spoliare conatus est, vanum se et perfidiosum et impium esse fateatur. Libellos Sext. Alphenus, procurator P. Quintii, familiaris et propinquus Sexti Naevii, dejicit; servulum unum, quem iste prehenderat, abducit; denuntiat sese procuratorem esse; istum, aequum esse, famae fortunisque P. Quintii consulere, et adventum ejus exspectare; quod si facere nolit, atque imbiberit ejus modi rationibus illum ad suas conditiones perducere, sese nihil precari; et, si quid agere velit, judicio defendere. Haec dum Romae geruntur, Quintius interea contra jus, consuetudinem, edicta praetorum, de saltu agroque communi a servis communibus vi detruditur.

VII. Existima, C. Aquilli, modo et ratione omnia Romae Naevium fecisse, si hoc, quod per litteras istius in Gallia gestum est, recte atque ordine factum videtur. Expulsus atque ejectus e praedio Quintius, accepta insigni injuria, confugit ad C. Flaccum imperatorem, qui tunc erat in provincia : quem, ut

rendre l'hommage que sa dignité exige. Vous pouvez voir, d'après les termes de son ordonnance, avec quelle rigueur il a cru devoir sévir contre un excès aussi coupable.

A Rome, cependant, Alphenus avait tous les jours de nouveaux combats à soutenir contre ce vieux gladiateur, et le peuple s'intéressait à sa cause, en voyant que son adversaire ne cherchait à porter que des coups mortels. Névius voulait que le fondé de pouvoir donnât caution pour la somme en litige; Alphenus répondait qu'on n'avait pas le droit d'exiger caution du mandataire, puisque l'accusé lui-même, s'il était présent, ne pourrait être contraint à la fournir. On en appela aux tribuns; et, quoiqu'on s'en fût référé positivement à leur décision, tout se termina par la promesse que fit Alphenus, que Publius comparaîtrait aux ides (15) de septembre.

VIII. Publius vient à Rome, il comparaît; et Névius, cet homme si pressant tout à l'heure, si impatient de posséder un bien dont il a chassé, exproprié le maître, reste dix-huit mois sans rien demander et dans un entier repos. Il entretient Publius de vaines propositions, gagne du temps, et enfin requiert du préteur Cn. Dolabella que Quintius donne caution pour la somme en litige, d'après la formule QUOD AB EO PETAT, se fondant d'ailleurs sur ce qu'il avait possédé pendant trente jours, au terme de l'édit, les biens de son adversaire. Publius ne se refusait pas à donner caution, s'il était prouvé que ses biens eussent été possé-

ipsius dignitas poscit, honoris gratia nomino. Is eam rem quam vehementer vindicandam putarit, ex decretis ejus poteritis cognoscere.

Alphenus interea Romæ cum isto gladiatore vetulo cotidie pugnabat: utebatur populo sane suo, propterea quod iste caput petere non desinebat. Iste postulat, ut procurator judicatum solvi satisdaret. Negat Alphenus, æquum esse, procuratorem satisdare, quod reus satisdare non deberet, si ipse adesset. Appellantur tribuni: a quibus quum esset certum auxilium petitum ita tum disceditur, ut idibus Septembribus P. Quintium sisti Sext. Alphenus promitteret.

VIII. Venit Romam Quintius; vadimonium sistit. Iste, homo acerrimus, bonorum possessor, expulsor, ereptor, annum et sex menses nihil petit: quiescit; conditionibus hunc, quoad potest, producit; a Cn. Dolabella denique prætore postulat, ut sibi Quintius judicatum solvi satisdet; ex formula, QUOD AB EO PETAT, quoniam ejus, ex edicto prætoris, bona dies XXX possessa sint. Non recusabat Quintius, quin ita satisdare juberet, si bona possessa essent ex edicto. Da-

dés aux termes de l'édit. Intervint une ordonnance du préteur, équitable, je n'en dis rien, mais seulement bien extraordinaire; encore aurais-je pu me taire sur ce point, tout le monde pouvant facilement l'apprécier sous ce double rapport. Elle ordonne que Publius, ou consignera une amende, ou se portera fort de plaider avec Sext. Névius, sur la question de savoir : *Si ses biens ont été, aux termes de l'édit du préteur P. Burrhiénus, possédés pendant trente jours.* Opposition de la part des défenseurs de Publius. Ils prouvèrent qu'il fallait d'abord plaider sur le fond de l'affaire afin que la caution fût réciproque, ou qu'elle n'eût lieu ni pour l'un ni pour l'autre. Quelle nécessité, disaient-ils, de compromettre l'honneur de l'une des parties? Publius, de son côté, criait que s'il donnait caution, ce serait avouer par-là même que la saisie de ses biens s'était faite légalement aux termes de l'édit, et que s'il attaquait son adversaire en nullité de saisie, il serait obligé, comme en effet il l'est aujourd'hui, de porter le premier la parole dans une cause où il s'agissait pour lui de la vie. Dolabella se conduisit en vrai patricien ; car, quelque projet qu'aient conçu les nobles, qu'il soit bon ou mauvais, ils s'élèvent toujours dans l'exécution à une hauteur où ne sauraient atteindre les gens de notre classe. Il poursuivit avec vigueur l'effet de son injuste décision; il voulut que Publius se portât fort de plaider en nullité de saisie, ou qu'il consignât l'amende; et, comme quelques-uns de nos amis osaient faire des représentations, il les fit éloigner de force.

cernit : quam æquum, nihil dico : unum hoc dico, novum; et hoc ipsum tacuisse mallem, quoniam utrumque quivis intelligere potuisset. Jubet P. Quintium aut satisdare, aut sponsionem cum Sexto Nævio facere : SI BONA SUA EX EDICTO P. BURRHIENI PRAETORIS DIES XXX POSSESSA ESSENT. Recusabant, qui aderant tum Quintio : demonstrabant, de re judicium fieri oportere, ut aut uterque inter se, aut neuter satisdaret; non necesse esse famam alterius in judicium venire. Clamabat porro ipse Quintius, sese idcirco nolle satisdare, ne videretur judicasse, bona sua ex edicto possessa esse; sponsionem porro si istius modi faceret, se, id quod nunc evenit, de capite suo priore loco causam esse dicturum. Dolabella (quemadmodum solent homines nobiles, seu recte, seu perperam facere cœperunt, ita in utroque excellunt, ut nemo nostro loco natus adsequi possit) injuriam facere fortissime perseverat : aut satisdare, aut sponsionem jubet facere; et interea recusantes nostros advocatos acerrime submoveri.

IX. Quintius se retira consterné, comme vous pouvez le croire. Quoi de plus désolant, en effet, quoi de plus injuste que cette alternative qu'on lui laissait, ou de se condamner lui-même en consignant l'amende, ou, s'il plaidait sur la saisie, de parler le premier dans une affaire où il y allait de sa vie? Dans le premier cas, il lui fallait prononcer sa propre condamnation; rien ne pouvait le sauver de cette horrible extrémité; dans le second, du moins, il lui restait l'espoir de paraître devant un juge auprès duquel il trouverait d'autant plus de protection qu'il y apporterait moins de crédit. Il a donc mieux aimé plaider en nullité de saisie. Il vous a pris pour juge, Aquillius, il s'est soumis à intenter l'action dans la forme prescrite ; c'est là ce que vous avez à juger ; là gît toute la cause.

Vous le voyez, Aquillius, il n'est point ici question d'intérêts pécuniaires, mais de la réputation et de l'existence de Publius. Nos ancêtres ont voulu que celui sur qui pesait une accusation capitale, portât le dernier la parole, et nous victimes d'un système d'accusation jusqu'ici sans exemple, il nous faut parler les premiers. Ceux-là mêmes qui n'élevèrent jamais la voix que pour défendre viennent nous accuser, et vous voyez s'acharner à notre perte cette éloquence qu'ils consacrèrent toujours au salut et à la protection du malheur. Il ne leur restait plus rien à faire que de solliciter de vous, comme ils l'ont fait hier, un arrêt qui fixât la durée de notre plaidoirie ; et ils l'auraient obtenu sans

IX. Conturbatus sane discedit Quintius ; neque mirum, cui hæc optio tam misera tamque iniqua daretur, ut aut se capitis damnaret, si satisdedisset ; aut causam capitis, si sponsionem fecisset, priore loco diceret. Quum in altera re causa nihil esset quin secus judicaret ipse de se, quod judicium gravissimum est ; in altera spes esset ad talem tamen virum, judicem, veniendi, unde eo plus opis auferret, quo minus attulisset gratiæ, sponsionem facere maluit : fecit. Te judicem, C. Aquilli, sumpsit : ex sponso egit. In hoc summa judicii, causaque tota consistit.

Judicium esse, C. Aquilli, non de re pecuniaria, sed de fama fortunisque P. Quintii vides. Quum majores ita constituerint, ut qui pro capite diceret, is posteriore loco diceret; nos, inaudita criminatione accusatorum, priore loco causam dicere intelligis. Eos porro, qui defendere consuerunt, vides accusare, et ea ingenia converti ad perniciem, quæ antea versabantur in salute atque auxilio ferendo. Illud etiam restiterat, quod hesterno die fecerunt, ut te in jus adducerent, ut nobis tempus, quam diu diceremus, præstitueres : quam

peine du préteur, si vous ne lui aviez appris quels étaient vos droits, vos devoirs et vos attributions. Non, il n'est encore personne, excepté vous, de qui nous ayons obtenu justice contre nos adversaires. Pour eux aucune concession n'est suffisante du moment qu'elle est raisonnable; car sans le droit de commettre l'injustice, la puissance et le crédit leur semblent un faible et méprisable avantage.

X. Mais puisque Hortensius presse l'instant de votre décision, puisqu'il me somme de ne pas perdre le temps à discourir, puisqu'il se plaint qu'avec l'orateur qui m'a précédé on n'aurait jamais conclu, je ne souffrirai pas qu'on nous soupçonne plus longtemps de ne pas vouloir de jugement. Je n'ai pas la prétention de me croire capable de plaider cette cause mieux qu'on ne l'a fait avant moi; mais je serai moins long, d'abord parce que l'affaire a été parfaitement éclaircie par l'orateur auquel je succède, et qu'ensuite je n'ai ni le talent d'imaginer ni la force de prononcer un long discours; je suis moi-même très-partisan de la brièveté qu'on me demande. Je ferai ce que je vous ai vu faire souvent, Hortensius; je diviserai ma plaidoirie en plusieurs parties distinctes. Vous le faites toujours, Hortensius, parce que toujours vous le pouvez; moi, je le ferai aujourd'hui parce que j'y crois trouver quelque facilité. Cet avantage, que la nature ne vous refuse jamais, je le dois aujourd'hui à ma cause. Je me cir-

rem facile a prætore impetrassent, nisi tu, quod esset tuum jus, et officium, partesque, docuisses. Neque nobis adhuc, præter te, quisquam fuit, ubi nostrum jus contra illos obtineremus; neque illis umquam satis fuit illud obtinere, quod probari omnibus posset : ita sine injuria potentiam levem atque inopem esse arbitrantur.

X. Verum quoniam tibi instat Hortensius, ut eas in consilium; a me postulat, ne dicendo tempus absumam; queritur, priore patrono causam defendente, numquam perorari potuisse, non patiar, istam manere suspicionem, nos rem judicari nolle; nec illud mihi adrogabo, me posse causam commodius demonstrare, quam antea demonstrata sit; neque tamen tam multa verba faciam; propterea quod et ab illo, qui ante dixit, informata jam causa est, et a me, qui neque excogitare, neque pronuntiare multa possum, brevitas postulatur, quæ mihimet ipsi amicissima est. Faciam, quod te sæpe animadverti facere, Hortensi : totam causæ meæ dictionem certas in partes dividam. Tu id semper facis, quia semper potes : ego in hac causa faciam, propterea quod in hac videor posse facere. Quod tibi natura dat, ut semper possis, id mihi causa con-

conscrirai dans des bornes dont je ne pourrais sortir, alors même que je le voudrais. Ainsi nous aurons devant les yeux, moi, les points que je devrai traiter; Hortensius ceux auxquels il devra répondre; et vous, Aquillius, votre esprit pourra d'avance embrasser les objets sur lesquels vous devez nous entendre.

Nous soutenons, Névius, que vous n'avez point possédé les biens de Publius aux termes de l'édit du préteur; c'est là-dessus que porte l'engagement qu'a pris mon client de plaider. Je montrerai d'abord que vous n'étiez point fondé à requérir du préteur l'envoi en possession des biens de Publius; ensuite que vous n'avez pu les posséder aux termes de l'édit; enfin, que vous ne les avez point possédés. Je vous prie, Aquillius, et vous, ses assesseurs, de bien graver dans votre mémoire l'engagement que je viens de prendre. En vous le rappelant, il vous sera plus facile d'apprécier toute l'affaire; et si j'essayais de franchir la limite que je me suis tracée à moi-même, la crainte d'encourir votre désapprobation m'y ferait rentrer sur-le-champ. Je soutiens qu'il n'y avait pas lieu à requérir l'envoi en possession, qu'il n'a pu posséder d'après l'édit; qu'il n'a point possédé. Quand j'aurai prouvé ces trois points, je conclurai.

XI. Vous n'étiez pas en droit de requérir; pourquoi? c'est que Publius ne devait rien à Névius, ni pour le compte de la société, ni pour son compte particulier. Qui l'attestera? celui-là même

---

cedit, ut hodie possim. Certos mihi fines terminosque constituam, extra quos egredi non possim, si maxime velim : ut et mihi sit propositum, de quo dicam, et Hortensius habeat exposita, ad quæ respondeat; et tu, C. Aquilli, jam ante animo prospicere possis, quibus de rebus auditurus sis.

Negamus, te bona P. Quintii, Sexte Nævi, possedisse ex edicto prætoris. In eo sponsio facta est. Ostendam primum, causam non fuisse, cur a prætore postulares, ut bona P. Quintii possideres; deinde ex edicto te possidere non potuisse; postremo, non possedisse. Quæso, C. Aquilli, vosque, qui estis in consilio, ut, quid pollicitus sim, diligenter memoriæ mandetis. Etenim rem facilius totam accipietis, si hæc memineritis; et me facile vestra existimatione revocabitis, si extra hos cancellos egredi conabor, quos mihi ipse circumdedi. Nego fuisse causam, cur postularet; nego ex edicto possidere potuisse; nego possedisse : hæc tria quum docuero, perorabo.

XI. Non fuit causa, cur postulares. Qui hoc intelligi potest? Quia Sexto Nævio, neque ex societatis ratione, neque privatim quidquam debuit Quintius. Quis

qui est le plus violent de tous nos adversaires. Oui, c'est vous, Névius, vous dont j'invoque ici le témoignage. Pendant un an et plus, après la mort de son frère, Publius est demeuré en Gaule, vivant avec vous sous le même toit. Prouvez-moi que vous lui avez demandé cette somme que vous réclamez, et dont j'ignore le chiffre, mais qui est énorme sans doute ; prouvez-nous que vous lui en ayez jamais fait mention ; que vous ayez dit seulement qu'elle vous était due, et je conviendrai qu'il vous la devait. Caïus meurt, étant, dites-vous, votre débiteur, d'après des titres incontestables, pour une somme considérable. Publius, son héritier, se rend auprès de vous, en Gaule, dans votre établissement commun, sur les lieux où étaient, non-seulement les biens, mais encore tous les comptes, tous les titres de la société. Est-il un homme si étranger à l'économie domestique, si négligent pour ses intérêts, si différent de ce que vous êtes, Névius, qui, voyant le bien de son associé passer entre les mains de son héritier, ne s'empressât, dès la première entrevue, de s'expliquer avec lui, de lui présenter ses réclamations, de lui communiquer ses comptes, et, s'ils ne tombaient pas d'accord, de terminer la contestation, soit à l'amiable, soit en justice ? Eh quoi ! ce que font les hommes les plus délicats, ce que font ceux qui veulent, et pour eux-mêmes et pour l'opinion du monde, vivre dans les meilleurs termes d'égards et d'affection, avec leurs parents et leurs amis, Névius ne le ferait pas, lui qui, dans l'âpreté de sa

---

huic rei testis est ? Idem, qui acerrimus adversarius. In hanc rem te, te, inquam, testem, Naevi, citabo. Annum, et eo diutius, post mortem C. Quintii fuit in Gallia tecum simul Quintius : doce te petiisse ab eo istam, nescio quam, innumerabilem pecuniam ; doce aliquando mentionem fecisse ; dixisse deberi : debuisse concedam. Moritur C. Quintius, qui tibi, ut ais, certis nominibus grandem pecuniam debuit : heres ejus P. Quintius in Galliam ad te ipsum venit in agrum communem ; eo denique, ubi non modo res erat, sed ratio quoque omnis, et omnes litterae. Quis tam dissolutus in re familiari fuisset, quis tam negligens, quis tam tui, Sexte, dissimilis, qui, quum res ab eo, quicum contraxisset, recessisset, et ad heredem pervenisset, non heredem, quum primum vidisset, certiorem faceret ? appellaret ? rationem adferret ? si quid in controversiam veniret, aut intra parietes, aut summo jure experiretur ? Itane ? quod viri optimi faciunt, si, qui suos propinquos ac necessarios caros et honestos esse atque haberi volunt ; id Sext. Naevius non faceret, qui usque eo fervet fer-

cupide avarice, se refuse à faire le sacrifice du plus léger intérêt, pour ne pas laisser à son parent, que voici, le moindre débris de sa fortune et de son honneur? et une somme qui lui serait due, il ne la réclamerait pas, lui qui, parce qu'on refuse de lui payer ce qu'on ne lui dut jamais, veut aujourd'hui ravir à son parent, non-seulement sa fortune, mais sa vie, son existence? Sans doute vous ne vouliez pas alors importuner un homme qu'aujourd'hui vous ne laissez pas respirer librement. Celui que maintenant vous immolez sans pudeur, vous vous faisiez alors scrupule de lui présenter une simple réclamation. Je veux bien le croire : oui, vous voyiez en lui un parent pour vous plein d'égards, un homme rempli de probité, de délicatesse, et dont vous deviez respecter l'âge, et vous ne vouliez pas, vous n'osiez pas le fatiguer de vos réclamations. Oui, plus d'une fois, après avoir pris une forte résolution, après vous être bien décidé à lui toucher un mot de votre affaire, après avoir bien préparé, bien médité votre discours, vous veniez à lui; mais voilà que tout à coup, homme timide et d'une pudeur virginale, vous restiez court, la parole expirait sur vos lèvres; vous auriez voulu lui adresser votre réclamation, vous n'osiez plus, de crainte qu'il ne vous entendît avec peine. C'est cela, je comprends tout maintenant.

XII. Oui, croyons-le, Névius a épargné les oreilles de celui dont il demande aujourd'hui la tête! Si Publius vous avait dû quelque chose, Névius, vous le lui auriez demandé sur-le-champ,

---

turque avaritia, ut de suis commodis aliquam partem nolit amittere, ne quam partem huic propinquo suo ullius ornamenti relinquat? Et is pecuniam, si qua deberetur, non peteret, qui, quia, quod debitum numquam est, id datum non est, non pecuniam modo, verum etiam hominis propinqui sanguinem vitamque eripere conatur? Huic tu molestus esse videlicet noluisti, quem nunc respirare libere non sinis? quem nunc interficere nefarie cupis, eum tum pudenter appellare nolebas? Ita credo : hominem propinquum tui, observantem, virum bonum, pudentem, majorem natu, nolebas, aut non audebas appellare. Sæpe, ut fit, quum ipse te confirmasses, quum statuisses de pecunia mentionem facere, quum paratus meditatusque venisses; homo timidus, virginali verecundia, subito ipse te retinebas ; excidebat repente oratio; quum cuperes appellare, non audebas, ne invitus audiret : id erat profecto.

XII. Credamus hoc, Sext. Nævium, cujus caput oppugnet, ejus auribus pepercisse. Si debuisset, Sexte, petisses statim; si non statim, paullo quidem

sinon sur-le-champ, du moins au bout de quelque temps, probablement dans les six mois, et, sans aucun doute, avant la fin de l'année. Mais non, dix-huit mois s'écoulent; tous les jours vous êtes à même de rappeler à Publius sa dette, et vous n'en dites mot : c'est au bout de près de deux ans que vous la réclamez! Est-il un dissipateur, un prodigue, non pas lorsqu'il a mangé son argent, mais lorsqu'il en regorge, qui se montrât pour ses intérêts d'une insouciance aussi inconcevable que l'a été Névius? Et nommer Névius, c'est en dire assez, ce me semble. Caïus vous devait, vous n'avez jamais rien réclamé. Il meurt, son bien passe à son héritier. Vous l'avez vu tous les jours, et vous attendez que deux ans se soient écoulés pour réclamer enfin votre dette. Qu'on me dise lequel est le plus vraisemblable, ou que Névius, si quelque chose lui était dû, l'eût demandé sur-le-champ, ou qu'il ne l'eût fait qu'au bout de deux ans. Direz-vous que vous n'avez pas trouvé le moment de parler à Publius? — Mais il a vécu avec vous plus d'une année. — On ne pouvait l'actionner en Gaule. — Mais il y avait des juges dans la province, et les tribunaux étaient ouverts dans Rome. Non, vous ne pouvez plus donner pour excuse de votre silence qu'une négligence inconcevable ou une générosité sans exemple. Est-ce négligence? nous en sommes tout surpris; est-ce bonté? permettez-nous de rire. Vous ne pouvez pas cependant alléguer autre chose. C'est assez prouver qu'on ne doit rien à Né-

---

post ; si non paullo, at aliquanto ; sex quidem illis mensibus profecto; anno vertente sine controversia. Anno et sex mensibus vero, quum tibi cotidie potestas hominis fuisset admonendi, verbum nullum facis : biennio jam confecto fere, appellas. Quis tam perditus ac profusus nepos, non adesa jam, sed abundanti etiam pecunia, sic dissolutus fuisset, ut fuit Sext. Nævius? Quum hominem nomino, satis mihi videor dicere. Debuit tibi C. Quintius : numquam petisti. Mortuus est ille; res ad heredem venit : quum eum cotidie videres, post biennium denique appellas. Dubitabitur, utrum sit probabilius, Sext. Nævium statim, si quid deberetur, petiturum fuisse; an ne appellaturum quidem biennio? Appellandi tempus non erat? At tecum plus annum vixit. In Gallia agi non potuit? At et in provincia jus dicebatur; et Romæ judicia fiebant. Restat, ut aut summa negligentia tibi obstiterit, aut unica liberalitas. Si negligentiam dices, mirabimur ; si bonitatem, ridebimus. Neque præterea quid possis dicere,

vius, par cela seul qu'il a été si longtemps sans rien réclamer.

XIII. Que sera-ce si, par la conduite même que tient aujourd'hui Névius, je démontre qu'elle est une preuve qu'il ne lui est rien dû? Que fait Névius maintenant? quel est l'objet de notre contestation? quel est ce procès qui nous occupe depuis deux ans? quelle est cette affaire pour laquelle il fatigue la patience de tant d'illustres personnages? Il demande de l'argent. Pourquoi seulement aujourd'hui? Enfin il en demande; écoutons-le. — Il veut que l'on règle définitivement les comptes et les différends de la société. — C'est un peu tard; mais il vaut mieux tard que jamais. Nous l'accordons. — Non, dit-il, ce n'est pas cela que je veux, Aquillius, ce n'est là que le moindre de mes soucis; mes fonds, depuis plusieurs années, sont entre les mains de Publius, qu'il continue de s'en servir; je ne les réclame pas. — Pourquoi donc, en ce cas, tant d'acharnement? Voulez-vous, comme vous l'avez dit plusieurs fois, qu'il soit retranché du nombre des citoyens; qu'il ne puisse conserver le rang dont il n'a pas cessé de se montrer digne; qu'il cesse de compter parmi les vivants; qu'il vienne disputer sa vie et tout ce qui peut la lui rendre chère; qu'il parle le premier devant son juge, et qu'il n'entende que lorsqu'il sera condamné au silence la voix de son accusateur? Et qu'espérez-vous en agissant ainsi? D'être remboursé plus tôt de ce qui vous est dû? Mais, si vous l'aviez voulu, il y a longtemps que cela serait fait. De jouer le beau rôle dans

---

invenio. Satis est argumenti, nihil esse debitum Nævio, quod tam diu nihil petivit.

XIII. Quid, si hoc ipsum, quod nunc facit, ostendo testimonio esse nihil deberi? Quid enim nunc agit Sext. Nævius? qua de re controversia est? quod est hoc judicium, in quo jam biennium versamur? quid negotii geritur, in quo ille tot et tales viros defatigat? Pecuniam petit. Nunc denique? Verumtamen petat : audiamus. De rationibus et controversiis societatis vult dijudicari. Sero; verum aliquando tamen : concedamus. Non, inquit, id ago, C. Aquilli, neque in eo nunc laboro : pecunia mea tot annos utitur P. Quintius : utatur sane; non peto. Quid igitur pugnas? an, quod sæpe multis in locis dixisti, ne in civitate sit? ne locum suum, quem adhuc honestissime defendit, obtineat? ne numeretur inter vivos? decernat de vita et ornamentis suis omnibus? apud judicem causam priore loco dicat; et, eam quum orarit, tum denique vocem accusatoris audiat? Quid, hoc quo pertinet? ut ocius ad tuum pervenias? At, si id velles, jam pridem actum esse poterat. Ut honestiore judicio conflictere?

cette affaire? Mais vous ne pouvez, sans commettre un horrible attentat, immoler Publius, votre parent. D'obtenir plus facilement une sentence? Mais Aquillius n'est jamais pressé de prononcer sur la vie d'un citoyen, et Hortensius est peu versé dans l'art de demander la tête de son adversaire. Mais nous, que répondons-nous, Aquillius? Névius demande de l'argent : nous soutenons ne pas lui en devoir; il veut qu'on prononce le jugement séance tenante. D'accord. Que demande-t-il de plus? Craint-il que la sentence rendue ne reçoive pas son effet aussitôt? Je lui en offre caution, pourvu qu'il m'en donne une autre dans les mêmes termes que celle qu'il aura reçue de moi. Ainsi, c'est chose conclue, Aquillius, vous pouvez descendre de votre tribunal, délivré d'une affaire qui, j'ose le dire, est presque aussi pénible pour vous que pour Publius. Eh bien! que vous en semble, Hortensius? Que pensez-vous de ma proposition? Ne pouvons-nous pas, quittant ces armes meurtrières, et sans mettre en péril l'existence de notre partie adverse, débattre nos intérêts pécuniaires, et défendre notre bien sans menacer la tête d'un parent? Ne pouvons-nous pas prendre le rôle de demandeur et renoncer à celui d'accusateur? — Non, dit Névius, je recevrai caution de vous, mais vous n'en aurez pas de moi.

XIV. Qui donc enfin nous impose des lois si équitables? qui a décidé que ce qui était juste à l'égard de Publius était injuste à

At sine summo scelere P. Quintium, propinquum tuum, jugulare non potes. Ut facilius judicium sit? At neque C. Aquillius de capite alterius libenter judicat, et Q. Hortensius contra caput non didicit dicere. Quid a nobis autem, C. Aquilli, refertur? Pecuniam petit; negamus deberi? judicium fiat statim; non recusamus. Ut quid præterea? si veretur ut res, judicio facto, parata sit; judicatum solvi satis accipiat : quibus a me verbis satis accipiet, iisdem ipse, quod peto, satisdet. Actum jam potest esse, C. Aquilli : jam tu potes discedere liberatus molestia, prope dicam, non minore, quam Quintius. Quid agimus, Hortensi? quid de hac conditione dicimus? possumus aliquando, depositis armis, sine periculo fortunarum, de re pecuniaria disceptare? possumus ita rem nostram persequi, ut hominis propinqui caput incolume esse patiamur? possumus petitoris personam capere, accusatoris deponere? Immo, inquit, abs te satis accipiam; ego autem tibi non satisdabo.

XIV. Quis tandem nobis ista jura tam æqua describit? quis hoc statuit, quod æquum sit in Quintium, id iniquum esse in Nævium? Quintii bona, inquit, ex

l'égard de Névius? J'ai été mis, dit-il, en possession des biens de Publius en vertu de l'édit du préteur. — Ainsi vous voulez que je vous accorde ce point ; et, quand nous soutenons en justice qu'un fait n'a jamais existé, vous voulez que, par notre propre aveu, nous en confirmions l'existence. N'y aurait-il pas moyen, Aquillius, que chacun fit valoir ses prétentions sans attaquer l'honneur, la réputation, la vie de son adversaire? Certes, si l'on devait quelque chose à Névius, il le demanderait ; il n'aurait pas recours à toutes ces chicanes, plutôt que d'en venir à la question qui seule comprend toutes les autres. Lui qui, durant tant d'années, n'a rien réclamé de Publius, tandis qu'il pouvait l'actionner tous les jours, lui qui, depuis qu'il a élevé ses prétentions déloyales, a perdu tout le temps en délais et en remises ; qui, après s'être désisté de ses poursuites, a chassé traîtreusement Publius de leur domaine commun ; qui, lorsqu'il pouvait sans opposition plaider sur le fond, a mieux aimé engager un procès de diffamation ; qui, rappelé à la question d'où sortent toutes les autres, refuse les conditions les plus équitables, ne doit-il pas avouer que ce n'est pas d'argent qu'il est avide, mais de la vie, du sang de son adversaire? N'est-ce pas dire ouvertement : « Si l'on me devait quelque chose, je le demanderais, et il y a longtemps que je l'aurais reçu ; je n'aurais pas besoin de donner tant d'importance à cette affaire, d'engager un si odieux procès, de m'entou-

edicto prætoris possessa sunt. Ergo, id ut confitear, postulas ; ut, quod numquam factum esse judicio defendimus, id, proinde, quasi factum sit, nostro judicio confirmemus. Inveniri ratio, C. Aquilli, non potest, ut ad suum quisque quam primum sine cujusquam dedecore, infamia, pernicieque perveniat ? Profecto, si quid deberetur, peteret ; non omnia judicia fieri mallet, quam unum illud, unde hæc omnia judicia nascuntur. Qui inter totannos ne appellarit quidem Quintium, quum potestas esset agendi cotidie ; qui, quo tempore primum male agere cœpit, in vadimoniis differendis tempus omne consumpserit ; qui postea vadimonium quoque missum fecerit, hunc per insidias vi de agro communi dejecerit ; qui, quum de re agendi, nullo recusante, potestas fuisset, sponsionem de probro facere maluerit ; qui, quum revocetur ad id judicium, unde hæc nata sunt omnia, conditionem æquissimam repudiet : fateatur se non pecuniam, sed vitam et sanguinem petere. Is non hoc palam dicit : mihi si quid deberetur, peterem, atque adeo jam pridem abstulissem ; nihil hoc tanto negotio, nihil tam invidioso judicio, nihil tam copiosa advocatione uterer,

rer de si nombreux appuis? Mais il faut, malgré lui et quelque résistance qu'il fasse, lui extorquer ce qu'il ne doit pas, le lui enlever, le lui arracher violemment; il faut dépouiller Publius de tout ce qu'il possède; il faut appeler à mon secours tout ce qu'il y a d'hommes éminents par leur pouvoir, par leur éloquence et par leur noblesse. Que la force supplée à la réalité des droits; n'épargnons point les menaces; entourons-le de périls; assiégeons-le de craintes, et que, vaincu, épouvanté par ces sinistres démonstrations, il vienne à céder de lui-même ! » Pour moi, je vous proteste, quand je considère les ennemis que nous avons à combattre, et cette nombreuse assemblée, tous les coups me semblent à la fois suspendus sur notre tête et prêts à nous frapper, sans que je voie aucun moyen de nous y soustraire; mais, lorsque je reporte sur vous, Aquillius, mes regards et ma pensée, plus cette violence et ces efforts sont menaçants, plus j'y reconnais d'impuissance et de faiblesse.

Publius ne vous devait donc rien, comme vous-même le dites hautement; et, quand il vous aurait dû, était-ce une raison pour demander au préteur qu'il vous mît en possession de ses biens? Cela ne me semble pas plus conforme à la justice qu'aux intérêts de qui que ce soit. Quel motif donnez-vous à votre demande? On a, dites-vous, manqué à un ajournement.

XV. Avant de prouver la fausseté de cette allégation, je suis bien aise, Aquillius, prenant pour base les égards qu'on se doit

---

si petendum esset; extorquendum est invito atque ingratis; quod non debet, eripiendum atque exprimendum est; de fortunis omnibus P. Quintius deturbandus est; potentes diserti, nobiles omnes advocandi sunt; adhibenda vis est veritati; minæ jactentur; pericula intendantur; formidines opponantur, ut iis rebus aliquando victus et perterritus ipse se dedat. Quæ mehercule omnia, quum, qui contra pugnent, video, et quum illum consessum considero, adesse atque impendere videntur, neque vitari ullo modo posse : quum autem ad te, C. Aquilli, oculos, animumque rettuli; quo majore conatu studioque aguntur, eo leviora infirmioraque existimo.

Nihil igitur debuit, ut tu ipse prædicas. Quid si debuisset? continuone causa fuisset, cur a prætore postulares, ut bona possideres? Non opinor id quidem neque jus esse, neque cuiquam expedire. Quid igitur demonstrat? Vadimonium sibi ait esse desertum.

XV. Antequam doceo id factum non esse, libet mihi, C. Aquilli, ex officii

et les procédés ordinaires à tout le monde, d'examiner l'état des choses et la conduite tenue par Névius. Il a manqué, dites-vous, à votre assignation, celui à qui vous étiez uni par les liens du sang et d'une association, par d'anciennes et étroites relations. Convenait-il d'aller aussitôt devant le préteur? Était-ce le cas de requérir sur-le-champ la saisie de ses biens? Non; vous ne vous portiez avec tant d'empressement à ces derniers excès d'une haine acharnée qu'afin de pouvoir, dans la suite, lui porter des coups plus sensibles et plus cruels. Est-il en effet une plus grande humiliation, un affront plus cruel et plus sensible à dévorer pour un homme de cœur? Peut-on être frappé d'un plus grand déshonneur et d'un revers plus déplorable? Qu'un citoyen ait été privé de sa fortune par un coup du sort, ou que l'injustice la lui ait ravie, sa réputation demeure intacte, et l'honneur le consolera facilement de la pauvreté. Tel autre, réputé infâme ou sous le poids d'une condamnation flétrissante, reste au moins en possession de ses biens; il n'est point réduit à la plus déplorable des humiliations, celle d'implorer les secours d'autrui : c'est du moins un soulagement, une consolation à son malheur. Mais celui dont les biens ont été mis à l'encan, celui qui a vu non-seulement ses riches domaines, mais jusqu'à ses vêtements et jusqu'aux aliments dont il soutient sa vie, honteusement jetés aux pieds d'un crieur public; celui-là, dis-je, n'est pas seule-

---

ratione, atque ex omnium consuetudine, rem ipsam et factum simul Sexti Nævii considerare. Ad vadimonium non venerat, ut ais, is, quicum tibi adfinitas, societas, omnes denique causæ et necessitudines veteres intercedebant : illicone ad prætorem ire convenit? continuone verum fuit postulare, ut ex edicto bona possidere liceret? Ad hæc extrema et inimicissima jura tam cupide decurrebas, ut tibi nihil in posterum, quod gravius atque crudelius facere posses, reservares? Nam quid homini potest turpius, quid viro miserius aut acerbius usu venire? quod tantum evenire dedecus, quæ tanta calamitas inveniri potest? Pecuniam si cuipiam fortuna ademit, aut si alicujus eripuit injuria; tamen, dum existimatio est integra, facile consolatur honestas egestatem. At non nemo aut ignominia adfectus, aut judicio turpi convictus, bonis quidem suis utitur; alterius opes, id quod miserrimum est, non exspectat : hoc tamen in miseriis adjumento et solatio sublevatur. Cujus vero bona venierunt; cujus non modo illæ amplissimæ fortunæ, sed etiam victus vestitusque necessarius sub præconem cum dedecore subjectus est : is non modo ex numero

ment retranché du nombre des vivants, il est, si j'ose le dire, rabaissé au-dessous même des morts. En effet, une mort honorable couvre souvent de son éclat une vie honteuse ; une vie honteuse ne laisse pas même l'espoir d'une mort honorable. Mais, hélas ! la saisie, en frappant un citoyen dans ses biens, atteint en même temps son honneur et sa réputation. Celui dont les biens sont affichés dans les lieux les plus fréquentés ne peut pas même mourir obscur et ignoré ; celui à qui l'on impose des gérants et des syndics pour régler les formes et les conditions ; celui dont le crieur public proclame le nom et met les biens à prix, est condamné vivant au spectacle cruel de ses funérailles, si l'on peut appeler ainsi celles où, au lieu d'amis empressés de lui rendre un dernier hommage, on ne voit accourir que des enchérisseurs qui, comme des bourreaux, déchirent et s'arrachent entre eux les tristes débris de son existence.

XVI. Aussi nos ancêtres ont-ils voulu que l'exemple d'une condamnation pareille ne fût offert que rarement, et les préteurs ont-ils mis ordre à ce qu'elle ne fût prononcée qu'avec la plus grande circonspection. Les gens de bien, dans le cas même d'une fraude évidente et dont une simple poursuite ne peut atteindre l'auteur, n'ont cependant recours à cette mesure de rigueur qu'avec timidité et après avoir épuisé tous les ménagements. Ils ne s'y décident qu'avec répugnance, lorsqu'une impérieuse né-

---

vivorum exturbatur, sed, si fieri potest, infra etiam mortuos mandatur. Etenim mors honesta sæpe vitam quoque turpem exornat : vita turpis ne morti quidem honestæ locum relinquit. Ergo hercule, cujus bona ex edicto possidentur, hujus omnis fama et existimatio cum bonis simul possidetur : de quo libelli in celeberrimis locis proponuntur, huic ne perire quidem certe, tacite obscureque conceditur : cui magistri fiunt, et domini constituuntur, qui, qua lege et qua conditione pereat, pronuntient ; de quo homine præconis vox prædicat, et pretium conficit ; huic acerbissimum vivo viventique funus ducitur ; si funus id habendum sit, quo non amici conveniunt ad exsequias cohonestandas, sed bonorum emptores, ut carnifices, ad reliquias vitæ lacerandas et distrahendas.

XVI. Itaque majores nostri raro id accidere voluerunt ; prætores, ut considerate fieret, comparaverunt. Viri boni, quum palam fraudantur, quum experiundi potestas non est, timide tamen et pedetemptim istuc descendunt, vi ac necessitate coacti, inviti, multis vadimoniis disertis ; sæpe illusi ac destituti.

cessité les y contraint, après que par des défauts réitérés on s'est plusieurs fois joué de leur bonne foi et de leur attente. C'est qu'ils sentent tout ce qu'a de grave cette spoliation dont ils vont frapper les biens d'un autre. L'honnête homme se refuse à immoler un concitoyen, même avec justice. Il aime pouvoir se dire un jour que, pouvant le perdre, il l'a épargné, au lieu de se dire que, pouvant l'épargner, il l'a perdu. Telle est la conduite que tiennent envers ceux qui leur sont le plus étrangers, même envers leurs plus grands ennemis, les gens de bien qui respectent l'opinion publique et les devoirs réciproques que l'humanité nous impose. Jamais sciemment ils ne font de mal à personne, afin que personne n'ait le droit d'exercer contre eux de justes représailles. Il ne s'est pas présenté à l'assignation. — Qui ? Votre parent. Quelque blâmable que puisse être le procédé, le nom de parent appelait l'indulgence sur le coupable. — Il a manqué à l'ajournement? — Qui? Votre associé. Vous devriez pardonner un tort encore plus grave à celui auquel vous avaient lié votre choix ou vos intérêts. Il a manqué à l'ajournement. — Qui? Celui qui a toujours été à vos ordres. Ainsi, parce qu'une fois il a fait ce défaut, vous vous armez contre lui des rigueurs qu'on réserve à ceux dont toute la conduite n'est qu'une suite de fraudes et de fourberies. S'il s'était agi pour vous d'un salaire de quelques as ou de l'intérêt le plus modique, et que vous eussiez craint qu'on ne vous fît tort de quelque chose, n'auriez-vous pas

---

Considerant enim, quid et quantum sit, alterius bona proscribere. Jugulare civem ne jure quidem quisquam bonus vult ; mavult enim commemorare, se, quum posset perdere, pepercisse, quam, quum parcere potuerit, perdidisse. Hæc in homines alienissimos, denique inimicissimos, viri boni faciunt, et hominum existimationis, et communis humanitatis causa : ut, quum ipsi nihil alteri scientes incommodarint, nihil ipsis jure incommodi cadere possit. Ad vadimonium non venit. Quis? Propinquus. Si res ista gravissima sua sponte videretur, tamen ejus atrocitas necessitudinis nomine levaretur. Ad vadimonium non venit. Quis? Socius. Etiam gravius aliquid ei deberes concedere, quicum te aut voluntas congregasset, aut fortuna conjunxisset. Ad vadimonium non venit. Quis? Is, qui tibi præsto semper fuit. Ergo in eum, qui semel hoc commisit, ut tibi præsto non esset, omnia tela conjecisti, quæ parata sunt in eos, qui permulta male agendi causa fraudandique fecerunt? Si dupondius tuus ageretur, Sexte Nævi, si in parvula re captionis aliquid vererere, non statim

couru sur-le-champ chez Aquillius ou chez quelqu'un de nos jurisconsultes? Et lorsqu'il y allait des droits de l'amitié, de l'association, de la parenté; lorsqu'il fallait céder à de justes égards et à l'opinion publique, non-seulement vous ne vous en êtes pas rapporté à Aquillius ou à L. Lucullus, vous n'avez pas même pris conseil de vous-même ; vous ne vous êtes pas dit seulement : Deux heures se sont déjà passées, Publius n'a pas encore comparu; que dois-je faire? Oui, si vous vous étiez seulement dit ces deux mots : Que dois-je faire? la cupidité, l'avarice, se seraient un peu calmées; la raison et la prudence auraient pu vous inspirer ; vous seriez rentré en vous-même, et vous vous seriez épargné la honte d'avouer devant tous ces gens d'honneur qu'à l'heure même où votre parent manquait de comparaître, vous formiez le projet de consommer sa ruine.

XVII. Eh bien ! je prends maintenant pour vous, après coup et dans un intérêt qui m'est étranger, un soin que, dans le vôtre et en temps convenable, vous avez oublié de prendre. Je vous le demande, à vous Aquillius, Lucullus, Quintilius, et M. Marcellus; défaut a été fait à mon assignation par un homme qui est mon associé, mon parent, avec lequel j'ai depuis longtemps des relations intimes, et depuis peu une discussion d'intérêt. Dois-je requérir du préteur la mise en possession de ses biens? ou, comme il a dans Rome sa maison, sa femme, ses enfants, ne lui

ad C. Aquillium, aut ad eorum aliquem, qui consuluntur, concurrisses? Quum jus amicitiæ, societatis, adfinitatis ageretur ; quum officii rationem atque existimationis duci conveniret : eo tempore tu non modo ad C. Aquillium, aut ad L. Lucullum rettulisti, sed ne ipse quidem te consuluisti ? ne hoc quidem tecum locutus es? Horæ duæ fuerunt ; Quintius ad vadimonium non venit : quid ago ? Si mehercule hæc tecum duo verba fecisses. Quid ago? respirasset cupiditas atque avaritia paullulum ; aliquid loci rationi et consilio dedisses ; tu te collegisses ; non in eam turpitudinem venisses, ut hoc tibi esset apud tales viros confitendum, qua tibi vadimonium non sit obitum, eadem te hora consilium cepisse, hominis propinqui fortunas funditus evertere.

XVII. Ego pro te nunc hoc consulo post tempus, et in aliena re, quoniam tu in tua re, quum tempus erat, consulere oblitus es. Quæro abs te, C. Aquilli, L. Luculle, P. Quintili, M. Marcelle : vadimonium mihi non obiit quidam socius et adfinis meus, quicum mihi necessitudo vetus, controversia de re pecuniaria recens intercedit : postulo ne a prætore, ut ejus bona mihi possidere

adresserai-je pas plutôt une signification à domicile? Quelle part pensez-vous que je doive prendre? Ou je connais mal votre humanité et votre prudence, ou je ne me trompe guère sur la réponse que vous allez me faire. D'abord, direz-vous, il faut attendre ; ensuite, si l'homme paraît se cacher et s'il se dérobe plus longtemps à vos recherches, il faut aller trouver ses amis, leur demander quel est son fondé de pouvoirs, faire porter une dénonciation à son domicile. Je ne saurais dire tout ce que vous conseilleriez de faire avant d'en venir à cette mesure qu'on réserve pour les cas d'urgence extrême. Que dit Névius de tout cela? Sans doute il nous trouve bien fou de vouloir rencontrer en lui la délicatesse et les principes d'un homme de bien. « Qu'ai-je besoin, dit-il, de ce rigorisme et de toute cette délicatesse? Que les gens de bien gardent pour eux leurs scrupules et leurs beaux sentiments ; quand il s'agit de moi, ce n'est pas à ma fortune qu'il faut songer, mais aux moyens par lesquels je l'ai acquise. Je sais quelle est ma naissance et quelle éducation j'ai reçue. Un vieux proverbe dit : « *Vous ferez plutôt d'un bouffon un homme riche qu'un bon père de famille.* » Voilà le langage que sa bouche n'ose tenir peut-être, mais ses actions parlent assez hautement. Puis, quand il voudrait se conduire en honnête homme, il aurait beaucoup à apprendre et beaucoup à oublier ; deux choses bien difficiles à son âge.

liceat? an, quum Romæ domus ejus, uxor, liberi sint, domum potius denuntiem? Quid est, quod hac tandem de re vobis possit videri? Profecto si recte vestram bonitatem atque prudentiam cognovi, non multum me fallit, si consulamini, quid sitis responsuri : primum, exspectare ; deinde, si latitare ac diutius ludificare videatur, amicos convenire ; quærere, quis procurator sit ; domum denuntiare. Dici vix potest, quam multa sint, quæ respondeatis ante fieri oportere, quam ad hanc rationem extremam necessariam devenire. Quid ad hæc Nævius? ridet scilicet nostram amentiam, qui in vita sua rationem summi officii desideremus, et instituta bonorum virorum requiramus. Quid mihi, inquit, cum ista summa sanctimonia ac diligentia? viderint, inquit, ista officia viri boni : de me autem ita considerent ; non, quid habeam, sed quibus rebus invenerim, quærant ; et quemadmodum natus, et quo pacto educatus sim, memini : vetus est, « De scurra multo facilius divitem, quam patrem familias fieri posse. » Hæc ille, si verbis non audet, re quidem vera palam loquitur. Etenim si vult virorum bonorum instituto vivere, multa oportet discat, atque dediscat : quorum illi ætati utrumque difficile est.

XVIII. Publius n'ayant pas comparu, dit-il, je n'ai point hésité à mettre ses biens en vente. Quelle inhumanité! Mais, puisque vous prétendez en avoir le droit, et que vous demandez l'autorisation d'en user, nous vous l'accordons. Si cependant il n'y avait pas eu défaut; si ce puissant motif sur lequel vous vous fondez n'était de votre part qu'une invention calculée avec la plus noire perfidie ; s'il n'y avait eu entre vous et Publius aucun engagement de comparaître, comment alors vous appellerais-je? Méchant! Mais, quand il y aurait eu défaut, requérir et publier la saisie des biens n'était-ce pas faire voir la plus odieuse méchanceté? Rusé! vous ne vous en défendez pas. Fourbe! pour ce nom, vous vous faites gloire de le mériter. Audacieux, avare, perfide! tous ces mots sont usés, rebattus ; car c'est un acte sans exemple, inouï qu'il faut qualifier. Que dirai-je donc? En vérité, je crains que mes expressions ne soient ou d'une exagération qui paraisse outrer la nature, ou d'une faiblesse qui trahisse ma cause.

Vous dites que Publius n'a pas comparu. Aussitôt qu'il fut de retour à Rome, il vous demanda quel jour il avait pris l'engagement de comparaître. Le 5 février, répondites-vous sans hésiter. Quintius, en vous quittant, cherche à se rappeler le jour où il est parti de Rome pour la Gaule. Il consulte son journal, et il se trouve qu'il est parti le dernier jour de janvier. Si Publius était à Rome le 5 février, nous ne soutiendrons plus qu'il n'avait pas

---

XVIII. Non dubitavi, inquit, quum vadimonium desertum esset, bona proscribere. Improbe : verum, quoniam tu id tibi arrogas, et concedi postulas, concedamus. Quid, si numquam deseruit? si ista causa abs te tota per summam fraudem et malitiam ficta est? si vadimonium omnino tibi cum P. Quintio nullum fuit? quo te nomine appellemus? improbum? at etiamsi desertum vadimonium esset, tamen, in ista postulatione et proscriptione bonorum, improbissimus reperiebare ; num malitiosum? non negas : fraudulentum? jam id quidem adrogas tibi, et præclarum putas : audacem? cupidum? perfidiosum? vulgaria et obsoleta sunt ; res autem nova atque inaudita. Quid ergo est? vereor mehercule, ne aut gravioribus utar verbis, quam natura fert, aut levioribus, quam causa postulat.

Ais esse vadimonium desertum. Quæsivit a te, statim ut Romam rediit, Quintius, quo die vadimonium istuc factum esse diceres : respondisti statim, Nonis Feb. Discedens in memoriam rediit Quintius, quo die Roma in Galliam profectus sit ; ad ephemeridem revertitur : invenitur dies profectionis, prid.

pris l'engagement de comparaître. Mais comment vérifier le fait ? L. Albius, citoyen des plus honorables, est parti avec Publius ; il en rendra témoignage. Tous deux, à leur départ, furent reconduits par leurs amis ; on pourra les entendre. Les lettres de Publius, ces témoins si nombreux qui tous avaient les motifs les plus légitimes pour connaître le fait, sans avoir aucun intérêt pour en imposer, seront mis en comparaison avec celui qui dépose en faveur de Névius. Et avec une si bonne cause Publius pourrait craindre encore ? il ne cesserait point de s'abandonner aux alarmes ! il s'affligerait d'un danger imaginaire ! il redouterait plus le crédit de son adversaire qu'il ne prendrait d'assurance dans l'équité de son juge ! Austère dans ses mœurs, naturellement porté à la tristesse et à la solitude, il n'a jamais paru ni au cadran, ni au Champ-de-Mars, ni dans les festins ; il s'est appliqué à conserver ses amis par de justes égards, et son bien par une sage économie. Dans ses relations il est resté fidèle à ces antiques vertus dont le pur éclat s'est effacé devant nos mœurs d'aujourd'hui. Oui, Publius ne fût-il pas plus fondé en droit que son adversaire, il faudrait encore s'affliger de le voir succomber. Mais il a pour lui le bon droit, et cependant il ne réclame pas les mêmes priviléges que son adversaire. Il consent à être moins favorisé, pourvu toutefois que sa personne, sa réputation, sa fortune, son existence entière, ne soient pas livrées à la merci de Névius.

Kal. Feb. Nonis Feb. si Romæ fuit, causæ nihil dicimus, quin tibi vadimonium promiserit. Quid ? hoc inveniri qui potest ? Profectus est una L. Albius, homo cum primis honestus : dicet testimonium. Prosecuti sunt familiares et Albium, et Quintium : dicent hi quoque testimonium. Litteræ P. Quintii, testes tot, quibus omnibus causa justissima est, cur scire potuerint, nulla, cur mentiantur, cum astipulatore tuo comparabuntur. Et in hac ejus modi causa P. Quintius laborabit ! et diutius in tanto metu miser periculoque versabitur ! et vehementius eum gratia adversarii perterrebit, quam fides judicis consolabitur ! Vixit enim semper inculte, atque horride ; natura tristi ac recondita fuit ; non ad solarium, non in campo, non in conviviis versatus est ; id egit, ut amicos observantia, rem parcimonia retineret ; antiquam officii rationem dilexit, cujus splendor omnis his moribus obsolevit. At, si in causa pari discedere inferior videretur, tamen esset non mediocriter conquerendum : nunc, in causa superiore, ne ut par quidem sit, postulat ; inferiorem esse se patitur, duntaxat usque eo, ne cum bonis, fama, fortunisque omnibus Sexti Nævii cupiditati crudelitatique dedatur.

XIX. J'ai prouvé, comme je m'y étais engagé d'abord, Aquillius, que rien absolument n'avait motivé la requête de Névius. En effet, on ne lui devait rien, et quand on lui aurait dû, il ne s'était rien passé qui pût lui donner le prétexte d'une semblable rigueur. Maintenant, faites-y attention, les biens de Publius n'ont pu, en aucune manière, être saisis en vertu de l'édit du préteur. Greffier, lisez l'édit : *Celui qui se sera caché pour ne pas payer.* Ce n'est pas Publius, à moins que ce ne soit se cacher que de partir pour ses affaires en laissant un fondé de pouvoirs. *Celui qui n'aura point d'héritiers connus.* Il n'est pas non plus dans ce cas. *Celui qui aura quitté son pays pour aller en exil.* Cette disposition n'est point applicable à mon client. *Celui qui, étant absent, n'a point été défendu en justice.* Quand et comment croyez-vous, Névius, qu'il aurait fallu défendre Publius absent? Est-ce lorsque vous demandiez à être mis en possession de ses biens? Personne ne se présenta, car personne ne pouvait deviner la démarche que vous vouliez faire ; et d'ailleurs, qui pouvait réclamer? Le préteur n'ordonnait pas de faire la saisie, mais de la faire aux termes de son édit. Quand donc, pour la première fois, le fondé de pouvoirs a-t-il eu occasion de défendre l'absent? Est-ce lorsque vous affichiez les biens? Alors Alphenus s'est présenté, il s'est déclaré opposant ; il a arraché les affiches, et cette première obligation de mandataire, il l'a remplie avec le

---

XIX. Docui, quod primum pollicitus sum, C. Aquilli, causam omnino, cur postularet, non fuisse ; quod neque pecunia debebatur ; et, si maxime deberetur, commissum nihil esset, quare ad istam rationem perveniretur. Attende nunc, ex edicto prætoris, bona P. Quintii possideri nullo modo potuisse. Recita edictum : Qui fraudationis causa latitabit. Non est is Quintius ; nisi si latitant, qui ad negotium suum, relicto procuratore, proficiscuntur. Cui heres non exstabit. Ne is quidem. Qui exsilii causa solum verterit. Dici hoc de P. Quintio non potest : Qui absens judicio defensus non fuerit. Quo tempore existimas oportuisse, Næve, absentem Quintium defendi, aut quo modo? Tum, quum postulabas, ut bona possideres? Nemo adfuit ; neque enim quisquam divinare poterat, te postulaturum ; neque quemquam attinebat id recusare, quod prætor non fieri, sed ex edicto suo fieri jubebat. Qui locus igitur absentis defendendi procuratori primus datus est? Quum proscribebas? Ergo adfuit ; non passus est ; libellos dejecit Sext. Alphenus ; qui primus erat officii gradus, servatus est a procuratore summa cum diligentia. Videamus, quæ deinde sint consecuta.

plus grand zèle. Mais voyons ce qui a été fait ensuite. Vous saisissez publiquement un esclave de Publius, vous voulez l'emmener ; Alphénus s'y oppose, il l'arrache de vos mains et le fait ramener chez son maître. En cela encore on ne saurait dire qu'il n'a pas rempli le devoir d'un mandataire zélé. Vous dites que Publius vous devait ; son mandataire le nie ; vous lui donnez assignation, celui-ci l'accepte ; vous l'appelez devant le préteur, il y paraît avec vous ; vous demandez des juges, il ne les récuse pas. Si ce n'est pas là défendre un absent, je n'y conçois plus rien. Mais quel homme était-ce que ce mandataire ? Quelque vagabond, sans doute quelque misérable, un procédurier, un être assez vil pour supporter journellement les injures d'un bouffon enrichi. Rien moins que cela. C'était un chevalier romain, opulent, très-entendu dans la conduite de ses affaires ; c'était enfin celui que Névius, toutes les fois qu'il allait en Gaule, laissait à Rome avec sa procuration.

XX. Et vous osez nier, Névius, que Publius absent ait été représenté, quand il l'a été par celui-là même que vous choisissiez ordinairement pour votre représentant ; et lorsqu'on voit se charger de répondre en justice pour Publius l'homme à qui, en partant, vous remettiez en toute confiance la garde de votre fortune et de votre honneur, vous voulez faire croire que personne ne s'est présenté pour défendre Publius ! Je demandais, dit-il, que l'on donnât caution. — Vous n'en aviez pas le droit. — Mais on

Hominem P. Quintii deprehendis in publico ; conaris abducere : non patitur Alphenus ; vi tibi adimit ; curat, ut domum reducatur ad Quintium. Hic quoque summe constat procuratoris diligentis officium. Debere tibi dicis Quintium : procurator negat. Vadari vis : promittit. In jus vocas : sequitur. Judicium postulas : non recusat. Quid aliud sit absentem defendi, ego non intelligo. At quis erat procurator ? Credo aliquem ejectum hominem, egentem, litigiosum, improbum, qui posset scurræ divitis cotidianum convicium sustinere. Nihil minus. Eques romanus locuples, sui negotii bene gerens ; denique is, quem, quotiens, Nævius in Galliam profectus est, procuratorem Romæ reliquit.

XX. Et audes, Sexte Nævi, negare absentem defensum esse Quintium, quum eum defenderit idem, qui te solebat ? et, quum is judicium acciperet pro Quintio, cui tu et rem et famam tuam commendare proficiscens et concredere solebas ; conaris hoc dicere, neminem exstitisse, qui Quintium judicio defenderet ? Postulabam, inquit, ut satisdaretur. Injuria postulabas. Ita jubebare.

vous l'ordonnait. — Alphenus refusait de le faire. — D'accord ; mais le préteur l'avait ainsi jugé. — Aussi réclamait-on l'intervention des tribuns. — Ici, dit-il, je vous tiens. Ce n'est point accepter des juges ni se défendre en justice, que d'avoir recours aux tribuns. — Quand je songe à l'habileté d'Hortensius, je ne pense pas qu'il puisse me faire cette objection ; mais quand j'entends dire qu'il l'a déjà faite, et que je considère la cause en elle-même, je ne vois pas qu'il puisse dire autre chose. Car Névius convient qu'Alphenus a enlevé les affiches, qu'il a consenti l'assignation, qu'il a accepté le débat judiciaire dans les termes mêmes que proposait Névius, se réservant toutefois, ainsi que l'usage et la loi l'y autorisaient, d'en appeler aux magistrats institués pour la sauvegarde des citoyens. Il faut, ou que ces faits soient controuvés, ou qu'un magistrat aussi honorable que l'est Aquillius, après avoir prêté serment, établisse dans l'état cette jurisprudence, qu'un absent n'est pas défendu lorsque son fondé de pouvoirs a déclaré qu'il ne récusait aucune forme de procédure, et dans quelques termes qu'on la lui imposât ; lorsque son fondé de pouvoirs a osé, de la décision du préteur, en appeler à celle des tribuns ; qu'alors on pourra légalement se mettre en possession de ses biens, et que l'infortuné, pendant son absence et à son insu, devra être frappé de l'arrêt le plus flétrissant et le plus ignominieux, dépouillé à la fois de sa fortune et de son honneur. Un système si révoltant, il faut ou le consacrer, ou

Recusabat Alphenus. Ita ; verum prætor decernebat. Tribuni igitur appellabantur. Hic, te, inquit, teneo ; non est istud judicium pati, neque judicio defendere, quum auxilium a tribunis petas. Hoc ego, quum attendo qua prudentia sit Hortensius, dicturum esse cum non arbitror ; quum autem antea dixisse audio, et causam ipsam considero, quid aliud dicere possit, non reperio. Fatetur enim, libellos Alphenum dejecisse, vadimonium promisisse, judicium quin acciperet in ea ipsa verba, quæ Nævius edebat, non recusasse ; ita tamen, more et instituto, per eum magistratum, qui auxilii causa constitutus est. Aut hæc facta non sint, necesse est ; aut C. Aquillius, talis vir, juratus, hoc jus in civitate constituat, cujus procurator non recusarit omnia judicia, quæ quisque in verba postularit acceperit ; cujus procurator a prætore tribunos appellare ausus sit, eum non defendi ; ejus bona recte possideri posse ; ei misero, absenti, ignaro, omnia fortunarum suarum, omnia vitæ ornamenta per summum dedecus et ignominiam deripi convenire. Quod si probari nemini potest ; illud certe pro-

reconnaître que Publius a été défendu juridiquement pendant son absence. Dans ce dernier cas, la saisie de ses biens n'a point été faite aux termes de l'édit. Mais les tribuns du peuple n'ont pas même donné audience. Je conviens, s'il en est ainsi, que le fondé de pouvoirs devait se soumettre à la décision du préteur. Mais s'il est vrai que M. Brutus a déclaré publiquement qu'il intervierdrait si Alphenus et Névius n'en venaient pas à un accommodement, cet appel aux tribuns ne semblerait-il pas avoir eu pour but, non d'arrêter le cours de la justice, mais d'en accélérer les décisions.

XXI. Qu'arrive-t-il ensuite? Pour que tout le monde soit informé que Publius est représenté en justice, et pour que ni ses actes ni la bonne foi de son commettant ne puissent être l'objet d'un soupçon, Alphenus rassemble un grand nombre de citoyens honorablement connus. En leur présence, il conjure, au nom de l'amitié qui l'unit aux deux parties, Névius de ne point se porter contre Publius absent à des rigueurs sans motif. Si cependant il persistait à le poursuivre avec la fureur d'un ennemi implacable, Alphenus déclare qu'il est prêt à prouver, par toutes voies honnêtes et légales, que les prétentions de Névius ne sont pas fondées, et qu'il soutiendra devant les tribunaux toute action que celui-ci voudra intenter. Les témoins de cette protestation, tous citoyens honorables, en ont signé la minute : on ne saurait élever de doute sur son authenticité. Les tribunaux n'étaient pas saisis

---

bari omnibus necesse est, defensum esse judicio absentem Quintium. Quod quum ita est, ex edicto bona possessa non sunt. At enim tribuni plebis ne audierunt quidem. Fateor, si ita est, procuratorem decreto prætoris oportuisse parere. Quid, si M. Brutus intercessurum se dixit palam, nisi quid inter ipsum Alphenum et Nævium conveniret? videturne intercessisse appellatio tribunorum, non moræ, sed auxilii causa ?

XXI. Quid deinde fit ? Alphenus, ut omnes intelligere possent, judicio defendi Quintium, ne qua subesse posset aliena aut ipsius officio, aut hujus existimatione suspicio, viros bonos complures advocat ; testatur, isto audiente, se pro communi necessitudine id primum petere, ne quid atrocius in P. Quintium absentem sine causa facere conetur ; sin autem inimicissime atque infestissime contendere perseveret, se paratum esse omni recta atque honesta ratione defendere, quod petat, non deberi; se judicium id, quod edat, accipere. Ejus rei conditionisque tabellas obsignaverunt viri boni complures : res in dubium

de l'affaire, on n'avait ni affiché ni saisi les biens, lorsque Alphenus promit à Névius que Publius répondrait à l'assignation. Publius comparait; l'affaire reste en suspens pendant deux ans, grâce aux contestations que fait naître à dessein la mauvaise foi de Névius, jusqu'à ce qu'il ait trouvé le moyen de détourner la procédure de ses formes naturelles, et de la réduire au seul point où il la ramène aujourd'hui. Dites-nous, Aquillius, de tous les devoirs d'un bon mandataire, en est-il un seul qu'Alphenus vous semble avoir négligé? Quelle preuve nous donne-t-on que Publius n'ait point été défendu? Hortensius nous dira-t-il encore ce que déjà il nous a donné à entendre, et ce que Névius ne cesse de nous crier : que, vu les circonstances et le parti qui dominait, Névius ne pouvait alors lutter à forces égales contre Alphenus? Si je veux bien en convenir, on m'accordera, je pense, que loin de n'avoir point de représentant, Publius en avait un qui jouissait d'un certain crédit. Mais il me suffit, pour gagner ma cause, qu'il y ait eu un mandataire que Névius pût actionner. Je n'ai pas besoin de savoir ce qu'il était, mais seulement qu'il défendait l'absent devant le préteur et devant les juges. Il était, dites-vous, du parti qui dominait alors. Pourquoi non? Il était votre élève; vous l'aviez instruit dès sa jeunesse à ne pas reculer devant un noble, fût-il gladiateur. Ce qui faisait alors l'objet de vos vœux les plus ardents, Alphenus le désirait aussi. Dans cette

venire non potest. Fit, rebus omnibus integris, neque proscriptis, neque possessis bonis, ut Alphenus promittat Nævio, sisti Quintium. Venit ad vadimonium Quintius : jacet res in controversiis, isto calumniante, biennium, usque dum inveniretur, qua ratione et ab usitata consuetudine recederet, et in hoc singulare judicium causa omnis concluderetur. Quod officium, C. Aquilli, commemorari procuratoris potest, quod ab Alpheno præteritum esse videatur? Quid adfertur, quare P. Quintius absens negetur esse defensus? An vero id, quod Hortensium, quia nuper injecit, et quia Nævius semper id clamitat, dicturum arbitror, non fuisse Nævio parem certationem cum Alpheno, illo tempore, illis dominantibus? Quod si velim confiteri; illud, opinor, concedent, non procuratorem P. Quintii neminem fuisse, sed gratiosum fuisse. Mihi autem ad vincendum satis est, fuisse procuratorem, quicum experiri posset. Qualis is fuerit, si modo absentem defendebat per jus et per magistratum, nihil ad rem arbitror pertinere. Erat enim, inquit, illarum partium. Quidni? qui apud te esset educatus; quem tu a puero sic instituisses, ut nobili, ne gladiatori quidem, cederet: Sicut tu semper summe concupisti, idem volebat Alphenus:

lutte, vous ne le cédiez en rien l'un à l'autre. Il était, dites-vous, l'ami de Brutus, et c'est pour cela que ce dernier intervenait. Vous étiez, vous, celui de Burrhiénus, qui portait un décret injuste; vous étiez l'ami de tous ceux qui, par la violence et le crime, pouvaient tout alors, et osaient tout ce qu'ils pouvaient. Faisiez-vous dans ce temps-là des vœux pour le triomphe de ceux qui se donnent tant de peine aujourd'hui pour vous assurer la victoire? Osez le dire, non publiquement, mais seulement à ceux que vous avez appelés ici afin de vous soutenir. Oui, pour le zèle, vous rivalisiez tous les deux ; mais, par votre génie, votre astuce, votre adroit manége, vous l'avez facilement emporté. C'est assez de ces avantages, je n'en citerai pas d'autres. Alphenus s'est perdu avec ceux et pour ceux qu'il aimait. Vous, lorsque vous avez vu que ceux qui étaient vos amis ne pouvaient triompher, vous vous êtes fait des amis de ceux qui triomphaient. Mais je ne veux point rappeler des événements dont il faudrait, selon moi, éteindre et abolir à jamais la mémoire.

XXII. Je ne dis qu'une chose : si son attachement pour un parti donnait du pouvoir à Alphenus, il en donnait bien plus encore à Névius. Si Alphenus usait de son crédit pour demander des choses injustes, par le sien Névius en obtenait de bien plus injustes encore. Vous dites que vous auriez eu affaire à trop forte partie, parce qu'alors Alphenus ne vous était pas livré sans dé-

---

ea re tibi cum eo par contentio erat. Bruti, inquit, erat familiaris; itaque is intercedebat. Tu contra Burrhieni, qui injuriam decernebat; omnium denique illorum, qui tum et poterant per vim et scelus plurimum, et, quod poterant, id audebant. An omnes tu istos vincere volebas, qui nunc, tu ut vincas, tanto opere laborant? Aude id dicere, non palam, sed iis ipsis, quos advocasti. Neque enim inter studium vestrum quidquam, ut opinor, interfuit. Ingenio, vetustate, artificio tu facile vicisti : ut alia omittam, hoc satis est. Alphenus cum iis et propter eos periit, quos diligebat : tu, postquam, qui tibi erant amici, non poterant vincere, ut amici tibi essent, qui vincebant, effecisti. Tametsi nolo eam rem commemorando renovare, cujus omnino rei memoriam omnem tolli funditus ac deleri arbitror oportere.

XXII. Unum illud dico : si propter partium studium potens erat Alphenus; potentissimus Nævius : si fretus gratia postulabat aliquid iniquius Alphenus ; multo iniquiora Nævius impetrabat. Quodsi tum par tibi jus cum Alpheno fuisse non putas, quia tamen aliquem contra te advocare poterat ; quia magistratus aliquis reperiebatur, apud quem Alpheni causa consisteret : quid hoc

fense, parce qu'il y avait encore des magistrats devant qui son bon droit pût triompher ! A quoi doit se résoudre Publius, lui qui n'a point encore trouvé de juges équitables, qui n'a pu obtenir qu'on procédât à son égard dans les formes ordinaires, qui, dans les conditions, les requêtes, les actes auxquels il a été forcé de souscrire, n'a rien vu qui ne fût, je ne dis pas inique, mais inouï et sans exemple. Je voudrais plaider sur le fait de la dette. Cela ne se peut pas. — C'est pourtant là qu'est toute la question. — N'importe ; c'est votre tête qu'il faut défendre. — Eh bien ! puisque cela est nécessaire, accusez-moi donc. — Oui, mais il faut que par une jurisprudence nouvelle vous portiez la parole le premier. Vous parlerez, vous dis-je ; nous réglerons, comme il nous conviendra, le temps que vous devrez parler ; le juge, lui-même ne fera que ce que nous voudrons. Alors vous tâcherez de trouver pour avocat quelque homme d'une antique vertu, qui ne soit intimidé ni de l'éclat ni de la faveur dont nous sommes environnés. Pour moi, j'aurai pour appui L. Philippus, que son éloquence, sa sagesse, sa dignité, placent au premier rang dans la république ; j'aurai aussi pour défenseur Hortensius, illustre entre tous par son génie, sa noblesse, sa réputation ; je serai appuyé ici par nombre de nobles et de puissants personnages, dont le concours et la présence rempliraient des craintes les plus vives, non-seulement Publius, dont l'existence est compromise, mais ceux mêmes qui ne courraient aucun danger. — C'est ici que le combat est vraiment inégal ; mais il ne l'était pas dans

---

tempore Quintio statuendum est ? cui neque magistratus adhuc æquus inventus est, neque judicium redditum est usitatum ; non conditio, non sponsio, non denique ulla umquam intercessit postulatio, mitto æqua, verum ante hoc tempus ne fando quidem audita. De re pecuniaria cupio contendere : non licet. At ea controversia est : nihil ad me attinet ; causam capitis dicas, oportet. Accusa ubi ita necesse est. Non, inquit, nisi tu ante, novo modo, priore loco dixeris : dicendum necessario est ; præstituendæ horæ ad arbitrium nostrum ; judex ipse coercebitur. Quid tum? Tu aliquem patronum invenies, hominem antiqui officii, qui splendorem nostrum, et gratiam negligat? Pro me pugnabit L. Philippus, eloquentia, gravitate, honore florentissimus civitatis ; dicet Hortensius, excellens ingenio, nobilitate, existimatione ; aderunt autem homines nobilissimi ac potentissimi, quorum frequentiam et consessum non modo P. Quintius, qui de capite decernit, sed quivis, qui extra periculum sit, perhorrescat. Hæc

cette légère escarmouche, par laquelle vous préludâtes avec Alphenus. Ici vous n'avez pas même laissé à Publius une position où il pût tenir contre vous. Il vous faudra donc prouver ou qu'Alphenus n'a point déclaré qu'il était fondé de pouvoirs, qu'il n'a point enlevé les affiches, qu'il a refusé le débat juridique, ou, puisque ces faits sont avérés, convenir que vous n'avez pas été mis en possession des biens aux termes de l'édit.

XXIII. En effet, si vous les avez possédés aux termes de l'édit, je vous demande pourquoi n'ont-ils pas été mis en vente? pourquoi les autres créanciers et répondants ne se sont-ils pas assemblés? Publius n'avait-il d'autres créanciers que vous? Il en avait un grand nombre, car son frère avait laissé des dettes. Cependant comment ont-ils agi? Tous étaient absolument étrangers à Publius; il n'était pour eux qu'un débiteur : eh bien! il ne s'en est pas trouvé un qui fût capable d'une aussi odieuse méchanceté, qui osât attenter à l'honneur d'un absent. Un seul, son allié, son associé, son ami, Névius enfin, débiteur de la société, a ambitionné avec ardeur, comme le prix glorieux de ses efforts criminels, d'accabler, de terrasser son parent, de lui ravir non-seulement des biens acquis par des voies honorables, mais jusqu'à la lumière qui appartient à tous les hommes. Où étaient les autres créanciers? maintenant encore où sont-ils? En est-il un parmi eux qui dise que Publius s'est caché pour leur faire tort de leur

---

est iniqua certatio, non illa, qua tu contra Alphenum velitabaris; huic ne ubi consisteret quidem contra te, locum reliquisti. Quare aut doceas oportet, Alphenum negasse se procuratorem esse, non dejecisse libellos, judicium accipere noluisse; aut, quum hæc ita facta sint, ex edicto te bona P. Quintii non possedisse concedas.

XXIII. Etenim si ex edicto possedisti, quæro, cur bona non venierint; cur cæteri sponsores et creditores non convenerint. Nemone fuit cui deberet Quintius? Fuerunt, et complures fuerunt : propterea quod C. frater aliquantum æris alieni reliquerat. Quid ergo est? homines erant ab hoc omnes alienissimi; et iis debebatur : neque tamen quisquam inventus est tam insignite improbus, qui violare P. Quintii existimationem absentis auderet. Unus fuit, adfinis, socius, necessarius, Sext. Nævius, qui, quum ipse ultro deberet, quasi eximio præmio sceleris exposito, cupidissime contenderet, ut per se adflictum atque eversum propinquum suum, non modo honeste partis bonis, verum etiam communi luce privaret. Ubi erant cæteri creditores? denique hoc tempore ubi sunt? quis est qui fraudationis causa latuisse dicat? quis qui absentem de-

8.

créance? S'en trouve-t-il un seul qui nie qu'il ait été représenté en son absence? Aucun : au contraire, tous ceux qui ont eu, ou qui ont encore avec lui des rapports d'intérêt, viennent ici l'appuyer; tous prennent sa défense, tous font des vœux pour que sa loyauté, éprouvée en mille occasions, ne soit pas ternie par les perfides imputations de Névius. Afin d'être en droit d'exiger le cautionnement, il fallait produire des témoins qui déposassent ainsi : « Publius a manqué à l'ajournement consenti avec moi; il a usé de fraude à mon égard; il a d'abord désavoué sa signature, puis il m'a demandé du temps pour y faire honneur. Je n'ai pu le traduire en justice, il s'est caché; il n'a point laissé de représentants. » Aucun de ces griefs n'est articulé. N'importe, on trouvera des témoins qui déposeront dans ce sens. Nous verrons à leur répondre quand ils auront parlé ; qu'ils y songent bien pourtant. Du rang dont ils sont, leur déposition, si elle est conforme à la vérité, sera sans doute du plus grand poids ; mais, si elle est mensongère, loin d'avoir quelque autorité, elle ne servira qu'à prouver que si des noms imposants peuvent prêter à la vérité un appui victorieux, ils ne sauraient protéger l'imposture.

XXIV. Je demande donc deux choses : d'abord pourquoi Névius n'a pas achevé l'œuvre qu'il avait commencée, c'est-à-dire pourquoi il n'a pas mis en vente les biens dont il était en possession en vertu de l'édit ; ensuite pourquoi de tant d'autres créanciers

fensum neget esse Quintium? Nemo invenitur. At contra omnes, quibuscum ratio huic aut est, aut fuit, adsunt, defendunt : fides hujus multis locis cognita, ne perfidia Sexti Nævii derogetur, laborant. In hujus modi sponsionem testes dare oportebat ex eo numero, qui hæc dicerent : Vadimonium mihi deseruit ; me fraudavit ; a me nominis ejus, quod infitiatus esset, diem petiyit : ego experiri non potui ; latitavit, procuratorem nullum reliquit. Horum nihil dicitur. Parantur testes, qui hoc dicant. Verum, opinor, viderimus, quum dixerint : unum tamen hoc cogitent, ita se graves esse, ut si veritatem volent retinere, gravitatem possint obtinere ; si eam neglexerint, ita leves sint, ut omnes intelligant, non ad obtinendum mendacium, sed ad verum probandum, auctoritatem adjuvare.

XXIV. Ergo hæc duo quæro : primum, qua ratione Nævius susceptum negotium non transegerit, hoc est, cur bona, quæ ex edicto possidebat, non vendiderit ; deinde, cur ex tot creditoribus aliis ad istam rationem nemo accesserit ;

aucun ne s'est associé à sa demande? Je le demande, afin que vous soyez forcé de convenir que pas un n'a été capable d'une pareille témérité, et que vous n'avez pu ni poursuivre ni conduire à sa fin l'entreprise honteuse que vous aviez commencée. Et si vous-même, Névius, vous nous fournissiez la preuve que la saisie des biens de Publius n'a point été autorisée par l'édit, certes, votre témoignage, de peu de poids dans une affaire qui vous serait étrangère, doit avoir la plus grande importance dans la vôtre, alors qu'il vous condamne vous-même. Vous avez acheté les biens d'Alphenus que le dictateur Sylla mettait en vente; vous vous êtes associé Publius pour cette acquisition. Je n'en dis pas davantage : vous formiez une association volontaire avec un homme qui vous avait trompé dans une association héréditaire. Vous témoigniez publiquement de votre estime pour un homme que vous croyiez dépouillé de sa fortune et de son rang de citoyen.

Je ne le cache pas, Aquillius, je craignais de ne pouvoir conserver, dans le cours de ma défense, la liberté d'esprit et l'assurance nécessaires. Je songeais que, comme j'allais avoir Hortensius pour adversaire, et L. Philippus pour auditeur attentif, la crainte me ferait hésiter sur une foule de points. Quand le beau-frère de Publius, Q. Roscius, ici présent, vint me prier avec instance de prendre la défense de son parent, je lui dis qu'il me serait difficile, non-seulement de plaider contre de tels orateurs une cause

ut necessario confiteare, neque eorum tam temerarium quemquam fuisse, neque te ipsum id, quod turpissime suscepisses, perseverare et transigere potuisse. Quid, si tu ipse, Sexte Naevi, statuisti, bona P. Quintii ex edicto possessa non esse? opinor, tuum testimonium, quod in aliena re leve esset, id in tua, quoniam contra te est, gravissimum debet esse. Emisti bona Sexti Alpheni, L. Sulla dictatore vendente; socium tibi in hujus bonis edidisti Quintium. Plura non dico. Cum eo tu voluntariam societatem coibas, qui te in hereditaria societate fraudarat? et eum judicio tuo comprobabas, quem spoliatum fama fortunisque omnibus arbitrabare?

Diffidebam mehercule, C. Aquilli, satis animo certo et confirmato me posse in hac causa consistere. Sic cogitabam, quum contra dicturus esset Hortensius, et quum me esset attente auditurus Philippus, fore uti permultis in rebus timore prolaberer. Dicebam huic Q. Roscio, cujus soror est cum P. Quintio, quum a me peteret, et summe contenderet, ut suum propinquum defenderem, mihi perdifficile esse contra tales oratores non modo tantam causam perorare, sed

d'une si grande importance, mais même de hasarder un seul mot devant eux. Et comme il redoublait ses sollicitations, je lui dis encore, avec la familiarité d'un ami, qu'il faudrait avoir bien du front pour essayer un geste en sa présence, qu'un acteur qui voudrait rivaliser avec lui, eût-il d'ailleurs quelque réputation de talent et de goût, la perdrait aussitôt; et que j'avais à craindre pour moi une disgrâce de ce genre, en parlant contre un adversaire si puissant dans l'art de la parole.

XXV. Alors Roscius me dit tout ce qu'il crut capable de m'encourager ; et certes, quand il aurait gardé le silence, le vif intérêt, le zèle dont on le voyait animé pour son parent, en disaient bien assez, et avaient je ne sais quoi d'entraînant. Car si, comme artiste, il est le seul qui, par son admirable talent, nous paraisse digne de monter sur la scène, il est aussi, comme citoyen, le seul qui paraisse digne de s'y montrer jamais. — Malgré tout, me dit-il, si pour avoir gain de cause il vous suffisait de prouver qu'il n'y a personne qui puisse, en deux jours ou en trois au plus, faire sept cents milles, craindriez-vous encore de soutenir contre Hortensius une chose si simple? — Non, vraiment, répondis-je; mais quel rapport cela a-t-il avec notre affaire? — C'est là cependant, répliqua-t-il, tout ce qu'il s'agit de prouver. — Comment? Alors il m'explique la chose, et me révèle en même temps un trait de Névius, qui, s'il était connu, suffirait pour le

---

omnino verbum facere conari. Quum cupidius instaret, homini pro amicitia familiarius dixi, mihi videri ore durissimo esse, qui præsente eo gestum agere conaretur; qui vero cum ipso contenderent, eos, etiamsi quid antea recti aut venusti habere visi sunt, id amittere : ne quid mihi ejus modi accideret, quum contra talem artificem dicturus essem, me vereri.

XXV. Tum mihi Roscius et alia multa confirmandi mei causa dixit; et mehercule, si nihil diceret, tacito ipso officio et studio, quod habebat erga propinquum suum, quemvis commoveret. Etenim, quum artifex ejus modi sit, ut solus dignus videatur esse, qui in scœna spectetur; tum vir ejus modi est, ut solus dignus videatur, qui eo non accedat. Verumtamen, quid si, inquit, habes ejus modi causam, ut hoc tibi planum sit faciendum, neminem esse, qui possit biduo, aut summum triduo, septingenta millia passuum ambulare? tamenne vereris, ut possis hæc contra Hortensium contendere. Minime, inquam : sed quid id ad rem? Nimirum, inquit, in eo causa consistit. Quomodo? Docet me ejus modi rem, et factum simul Sexti Nævii, quod, si solum proferretur satis esse

confondre. Ici, Aquillius, et vous ses assesseurs, je vous prie de redoubler d'attention ; vous verrez que, dès l'origine de cette affaire, d'un côté c'est la cupidité et l'audace qui attaquent avec acharnement ; de l'autre, la bonne foi, la franchise, qui se défendent comme elles peuvent. Vous demandez l'autorisation d'entrer en possession des biens aux termes de l'édit. Quelle est la date de cette demande? C'est vous-même, Névius, que je veux entendre ; je veux qu'un attentat inouï soit attesté par celui-là même qui en est l'auteur. Eh bien ! Névius, quel est le jour ? — Le cinquième avant les kalendes intercalaires. — Fort bien ; et combien y a-t-il d'ici à vos domaines de la Gaule? Répondez, Névius. — Sept cents milles. — Encore mieux. — Publius est chassé du domaine. Quel jour? Vous nous apprendrez bien encore cela, Névius. Mais quoi ! vous gardez le silence. Allons, dites-nous-le. La honte vous retient ; je le conçois ; mais cette honte est aussi tardive qu'inutile. Oui, Aquillius, Publius est chassé du domaine la veille des kalendes intercalaires. En deux jours, ou si l'on accorde que le courrier soit parti aussitôt après l'audience, en moins de trois jours, on a parcouru sept cents milles. O merveille incroyable ! aveugle cupidité ! messager sans pareil ! Les agents et les satellites de Névius partent de Rome, franchissent les Alpes, et arrivent en deux jours chez les Sébusiens. Que Névius est heureux d'avoir de tels courriers, ou plutôt de tels Pégases à ses ordres !

deberet. Quod abs te, C. Aquilli, et a vobis, qui adestis in consilio, quæso, ut diligenter attendatis : profecto intelligetis, illinc ab initio cupiditatem pugnasse et audaciam ; hinc veritatem et pudorem, quoad potuerit, restitisse. Bona postulas ut ex edicto possidere liceat : quo die ? te ipsum, Nævi, volo audire ; volo, inauditum facinus, ipsius, qui id commisit, voce convinci. Dic, Nævi, diem. Ante v Kalend. intercalares. Bene agis : quam longe est hinc in saltum vestrum gallicanum? Nævi, te rogo, nec millia passuum. Optime. De saltu dejicitur Quintius : quo die? possumus hoc quoque ex te audire? Quid taces ? dic, inquam, diem : pudet dicere? Intelligo ; verum et sero, et nequicquam pudet. Dejicitur de saltu, C. Aquilli, pridie Kalend. intercalares : biduo post, aut, ut statim de jure aliquis cucurrerit, non toto triduo nec millia passuum conficiuntur. O rem incredibilem! o cupiditatem inconsideratam! o nuntium volucrem! Administri et satellites Sexti Nævii Roma trans Alpes in Sebusianos biduo veniunt. O hominem fortunatum, qui ejus modi nuntios, seu potius Pegasos habeat !

XXVI. Je ne crains pas de le dire : quand tous les Crassus avec tous les Antoine reviendraient à la vie, quand vous-même, L. Philippus, qu'on a vu briller parmi ces grands génies, vous vous joindriez à Hortensius pour plaider cette cause, je n'en serais pas moins sûr du succès. Il ne faut pas croire que l'éloquence décide de tout : il est des vérités tellement évidentes que rien ne saurait les affaiblir. Auriez-vous, Névius, avant même de requérir la saisie, envoyé des gens pour faire chasser de son bien un propriétaire par la main même de ses esclaves ? Des deux choses l'une, choisissez : la première est incroyable, l'autre est atroce ; toutes deux sont inouïes. Voulez-vous qu'on ait parcouru sept cents milles en deux jours ? Répondez. — Non ? Vous avez donc envoyé d'avance ? Je l'aime mieux ainsi ; car soutenir le premier fait, ce serait mentir avec trop d'effronterie ; convenir du second, ce serait avouer qu'il n'est pas de mensonge dont vous espériez pouvoir couvrir un crime aussi énorme. Et croyez-vous légitimer aux yeux d'Aquillius et de ses respectables assesseurs tant de cupidité, tant d'audace et de témérité ? Que signifient cette fureur, cette précipitation, ce besoin d'agir si prématurément ? Que voir dans cette conduite ? violence, scélératesse, brigandage, tout enfin, excepté justice, loyauté, délicatesse. Vous envoyez saisir avant que l'ordre n'en ait été donné par le préteur. Dans quel dessein ? Vous saviez qu'il le donnerait. Mais ne pouviez-vous

XXVI. Hic ego, si Crassi omnes cum Antoniis exsistant ; si tu, L. Philippe, qui inter illos florebas, hanc causam voles cum Hortensio dicere, tamen superior sim necesse est. Non enim, quemadmodum putatis, omnia sunt in eloquentia : est quædam tamen ita perspicua veritas, ut eam infirmare nulla res possit. An, antequam postulasti, ut bona possideres, misisti, qui curarent, ut dominus de suo fundo a sua familia vi dejiceretur ? Utrumlibet elige : alterum incredibile est ; alterum nefarium, et ante hoc tempus utrumque inauditum. Septingenta millia passuum vis esse decursa biduo ? dic : negas ? ante igitur misisti : malo. Si enim illud diceres, improbe mentiri viderere : quum hoc confiteris, id te admisisse concedis, quod ne mendacio quidem tegere possis. Hoc consilium Aquillio, et talibus viris tam cupidum, tam audax, tam temerarium probabitur ? Quid hæc amentia, quid hæc festinatio, quid hæc immaturitas tanta significat ? non vim ? non scelus ? non latrocinium ? non denique omnia potius, quam jus, quam officium, quam pudorem ? Mittis injussu prætoris : quo consilio ? Jussurum sciebas. Quid ? quum jussisset, tum mittere

attendre jusque-là? Vous alliez présenter votre requête? Oui, trente jours après; si toutefois aucun empêchement ne survenait, si vos intentions restaient les mêmes, si vous vous portiez bien, si enfin vous viviez encore. Le préteur eût donné l'autorisation. Oui, en admettant qu'il le voulût, qu'il fût en bonne santé, qu'il pût siéger sur son tribunal, que personne ne s'opposât à l'exécution de son décret, en donnant caution et en acceptant l'intervention des juges. Car, au nom des dieux immortels, si Alphenus, fondé de pouvoirs de Publius, eût consenti alors à vous donner caution et à paraître devant les juges, s'il eût accédé à toutes vos exigences, qu'auriez-vous fait? Auriez-vous rappelé de la Gaule votre messager? Mais déjà Publius aurait été chassé de sa propriété, arraché à ses dieux pénates, et pour comble d'indignité, c'est par la main de ses propres esclaves, qu'au reçu de votre message, cet acte violent aurait été exécuté sur sa personne! Et c'est vous qui osez intenter une action criminelle! vous que, de votre propre aveu, l'avarice et la cupidité ont seules dirigé; vous qui, ne pouvant prévoir un avenir, peut-être contraire à vos vœux, avez cependant confié à l'événement d'un temps qui ne vous appartenait point encore, les espérances d'un crime qu'il vous tardait d'avoir consommé! Et je parle comme si dans le temps même où le préteur eût autorisé la saisie, vous eussiez eu le droit d'user de mesures violentes pour déposséder Publius.

nonne poteras? Postulaturus eras. Quando? post dies xxx. Nempe si te nihil impediret, si voluntas eadem maneret, si valeres, denique si viveres. Prætor jussisset. Opinor, si vellet, si valeret, si jus diceret, si nemo recusaret, quin ex ipsius decreto et satisdare, et judicium accipere vellet. Nam, per deos immortales, si Alphenus, procurator P. Quintii, tibi tum satisdare et judicium accipere vellet, denique omnia, quæ postulares, facere voluisset, quid ageres? Revocares eum, quem in Galliam miseras? At hic quidem jam de fundo expulsus, jam a suis diis penatibus præceps ejectus; jam, quod indignissimum est, suorum servorum manibus, nuntio atque imperio tuo, violatus esset. Corrigeres hæc; scilicet; tu postea. De cujusquam vita dicere audes, qui hoc concedas necesse est; ita te cæcum cupiditate et avaritia fuisse, ut, quum postea quid futurum esset, ignorares, accidere autem multa possent, spem maleficii præsentis in incerto reliqui temporis eventu collocares? Atque hæc perinde loquor, quasi ipso illo tempore, quum te prætor jussisset ex edicto possidere, si in possessionem misisses, debueris aut potueris P. Quintium de possessione deturbare.

XXVII. Oui, tout le fait voir, Aquillius, c'est ici la lutte de la faiblesse et du bon droit contre l'imposture appuyée du crédit. Comment le préteur a-t-il autorisé la possession, Névius? Aux termes de l'édit, je pense. Or, comment est conçue la question sur laquelle nous sommes tenus de plaider ? *Si les biens de Publius n'ont point été possédés aux termes de l'édit.* Revenons à l'édit. Comment ordonne-t-il l'envoi en possession ? Si, en faisant la saisie, Névius s'est écarté de l'intention de l'édit, je le demande, Aquillius, ai-je besoin de démontrer que l'édit n'a point autorisé la saisie ? et j'ai gagné la somme stipulée dans l'acte d'ajournement. Consultons le texte de l'édit : *Ceux qui sont entrés en possession aux termes de l'édit.* Vous allez dire, Névius, que vous êtes dans ce cas ; car vous prétendez avoir pris possession d'après l'édit. Écoutez donc ; il vous prescrit votre devoir ; il vous guide, il vous trace la règle de votre conduite. *Ceux-là devront prendre possession ainsi qu'il suit.* — Comment ? — *Ce qu'ils pourront convenablement garder sur les lieux, ils l'y garderont ; ce qu'ils n'y pourront pas garder, il leur sera permis de le faire enlever et transporter ailleurs.* — Qu'y lit-on encore ? — *Ils ne pourront chasser de force le propriétaire.* Vous l'entendez : quand il se cacherait pour se dérober aux poursuites, quand personne ne le représenterait en justice, quand il n'agirait pas de bonne foi avec ses créanciers, on n'a pas le droit de le chasser de sa propriété. Lorsque vous allez vous mettre en

---

XXVII. Omnia sunt, C. Aquilli, ejus modi, quivis ut perspicere possit, in hac causa improbitatem et gratiam cum inopia et veritate contendere. Prætor te quemadmodum possidere jussit ? opinor ex edicto. Sponsio quæ in verba facta est ? SI EX EDICTO PRÆTORIS BONA P. QUINTII POSSESSA NON SINT. Redeamus ad edictum. Id quemadmodum jubet possidere ? Numquid est causæ, C. Aquilli, quin, si longe aliter possedit, quam prætor edixit, iste ex edicto non possiderit, ego sponsione vicerim ? Nihil opinor. Cognoscamus edictum : QUI EX EDICTO MEO IN POSSESSIONEM VENERINT. De te loquitur, Nævi, quemadmodum tu putas ; ais enim te ex edicto venisse : tibi, quid facias, definit ; te instituit ; tibi præcepta dat : EOS ITA VIDETUR IN POSSESSIONE ESSE OPORTERE. Quomodo ? QUOD IBIDEM RECTE CUSTODIRE POTERUNT, ID IBIDEM CUSTODIANT ; QUOD NON POTERUNT, ID AUFERRE ET ABDUCERE LICEBIT. Quid tum ? DOMINUM, inquit, INVITUM DETRUDERE NON PLACET. Eum ipsum, qui fraudandi causa latitet ; cum ipsum, quem judicio nemo defendat ; cum ipsum, qui cum omnibus creditoribus suis male

possession, le préteur lui-même vous le dit formellement, Névius :
Possédez de manière que Publius possède avec vous ; possédez
de manière qu'on n'use point de violence à son égard. Et vous,
comment observez-vous cette ordre? Je ne veux pas rappeler que
votre procédé arbitraire a frappé un homme qui ne s'était pas
caché, qui avait à Rome sa maison, sa femme, ses enfants, un
fondé de pouvoirs; je passe sous silence tous ces griefs, je vous
dirai seulement : Un propriétaire a été chassé de son bien; un
maître, devant ses dieux pénates, a été souillé par la main de ses
esclaves. Je dirai...

(Lacune.)

XXVIII. J'ai prouvé que Névius n'avait pas dit un mot de sa
créance à Publius, quoiqu'ils vécussent ensemble, quoique tous
les jours il pût lui en réclamer le payement; qu'ensuite, afin de
perdre Névius, il a mieux aimé s'engager dans le procès le plus
difficile, et en accepter tout l'odieux, que de s'en tenir à une
simple contestation pécuniaire qu'il pouvait terminer en un seul
jour, mais qui a donné lieu à tous les incidents de cette affaire,
comme lui-même en convient. C'est alors que je lui offris de lui
donner caution pour Publius, s'il avait l'intention de le poursuivre
comme créancier, à condition toutefois qu'il donnât les mêmes
sûretés à Publius pour les réclamations que celui-ci pourrait

---

agat, invitum de prædio detrudi vetat. Proficiscenti tibi in possessionem prætor
ipse, Sexte Nævi, palam dicit : Ita possideto, ut tecum simul possideat Quintius ;
ita possideto, ut Quintio vis ne adferatur. Quid? tu id quemadmodum observas?
mitto illud dicere, eum, qui non latitarit, cui Romæ domus, uxor, liberi, procurator esset; eum, qui tibi vadimonium non deseruisset; hæc omnia mitto :
illud dico, dominum expulsum esse de prædio ; domino a familia sua manus
adlatas esse ante suos Lares familiares : hoc dico..........

(Pauca desunt.)

XXVIII. Nævium ne appellasse quidem Quintium, quum simul esset, experiri
posset cotidie : deinde, quod omnia judicia difficillima, cum summa sua invidia, maximoque periculo P. Quintii fieri mallet, quam illud pecuniarium
judicium, quod uno die transigi posset; ex quo uno hæc omnia nata et profecta esse concedit. Quo in loco conditionem tuli, si vellet pecuniam petere,
P. Quintium judicatum solvi satisdaturum, dum ipse, si quid peteret, pari con-

avoir aussi à élever. J'ai montré que ce n'était qu'après avoir épuisé tous les moyens de douceur qu'on pouvait requérir contre un parent la saisie de ses biens, surtout quand il avait à Rome sa maison, sa femme, ses enfants, et un fondé de pouvoirs, ami des deux parties. Névius dit qu'il y a eu défaut ; j'ai prouvé, moi, qu'il n'y avait point eu d'ajournement; et que le jour où, à l'en croire, il aurait été consenti, Publius n'était pas à Rome. J'ai promis, pour ne laisser aucun doute à cet égard, de produire des témoins qui devaient être bien instruits, et qui n'avaient aucun intérêt d'en imposer. J'ai prouvé que la saisie des biens de Publius n'avait point été autorisée par l'édit, puisqu'on ne pouvait dire que Publius se fût caché par mauvaise foi, ni qu'il eût quitté Rome pour aller en exil. Restait cette allégation, qu'il n'avait point été représenté en justice. J'ai soutenu, au contraire, qu'il avait été parfaitement défendu, non par un étranger, par un plaideur de profession, un misérable, mais par un chevalier romain, son parent, son ami, par celui-là même à qui Névius avait coutume de laisser sa procuration. J'ai ajouté que, pour en avoir appelé aux tribuns, Alphenus n'en était pas moins prêt à subir les conséquences d'un jugement; que le crédit du fondé de pouvoirs n'avait point empêché Névius de faire valoir ses droits; tandis qu'au contraire le crédit de Névius, qui alors n'était que supérieur au nôtre, nous laisse à peine respirer maintenant.

ditione uteretur. Ostendi, quam multa ante fieri convenerit, quam hominis propinqui bona possideri postularentur; præsertim quum Romæ domus ejus, uxor, liberi essent, et procurator æque utriusque necessarius. Docui, quum desertum esse dicat vadimonium, omnino vadimonium nullum fuisse ; quo die hunc sibi promisisse dicat, eo die ne Romæ quidem eum fuisse : id testibus me pollicitus sum planum facturum, qui et scire deberent, et causam, cur mentirentur, non haberent. Ex edicto autem non potuisse bona possideri, demonstravi ; quod neque fraudandi causa latitasset, neque exsilii causa solum vertisse diceretur. Reliquum est, ut eum nemo judicio defenderit; quod contra copiosissime defensum esse contendi, non ab homine alieno, neque ab aliquo calumniatore atque improbo, sed ab equite romano, propinquo ac necessario suo, quem ipse Sext. Nævius procuratorem relinquere antea consuesset; neque eum, si tribunos appellarit, idcirco minus judicio pati paratum fuisse neque potentia procuratoris Nævio jus ereptum ; contra istum potentia sua tum tantummodo superiorem fuisse, nunc nobis vix respirandi potestatem dare.

XXIX. J'ai demandé pourquoi les biens n'avaient pas été mis en vente, s'ils étaient réellement saisis en vertu de l'édit; j'ai demandé aussi comment il se fait que, de tous les créanciers de Névius, aucun n'ait pris ces mesures violentes, et que, loin d'élever ici la voix pour l'accuser, tous prennent sa défense. Et, vous le savez, dans une affaire de cette nature, le témoignage des créanciers doit être considéré comme concluant. Je me suis servi contre notre adversaire de son propre aveu, en montrant qu'il avait agi naguère comme associé de Publius dans le temps même où, à ce qu'il prétend aujourd'hui, celui-ci ne devait point être compté parmi les vivants. J'ai fait ensuite ressortir sa célérité, ou plutôt son audace. J'ai démontré qu'il fallait ou qu'on eût parcouru sept cents milles en deux jours, ou que Névius eût fait procéder à la saisie plusieurs jours avant d'avoir requis et obtenu la mise en possession. J'ai rapporté en outre les dispositions de l'édit, qui défend, en termes formels, de déposséder violemment un propriétaire. D'où il suit que Névius n'a point possédé aux termes de l'édit, puisque, de son aveu, on a employé la violence pour déposséder Publius. Enfin j'ai prouvé que la mise en possession n'avait point été effectuée, puisque, pour qu'elle fût consommée, il fallait, non une saisie partielle, mais une saisie s'étendant à tout ce qui pouvait être occupé et possédé. J'ai dit que Publius avait à Rome sa maison, dont Névius n'avait pas même

XXIX. Quæsivi, quæ causa fuisset, cur bona non venissent, quum ex edicto possiderentur ; deinde illud quoque requisivi, qua ratione ex tot creditoribus nemo neque tum idem fecerit, neque nunc contra dicat, omnesque pro P. Quintio pugnent; præsertim quum in tali judicio testimonia creditorum existimentur ad rem maxime pertinere. Postea sum usus adversarii testimonio, qui sibi cum nuper edidit socium, quem, quo modo nunc intendit, ne in vivorum quidem numero tum demonstrat fuisse. Tum illam incredibilem celeritatem, seu potius audaciam, protuli : confirmavi necesse esse, aut biduo dcc millia passuum esse decursa, aut Sext. Nævium diebus compluribus ante in possessionem misisse, quam postularet, ut ei liceret bona possidere. Postea recitavi edictum, quod aperte dominum de prædio detrudi vetaret ; in quo constitit, Nævium ex edicto non possedisse, quum confiteretur ex prædio vi detrusum esse Quintium. Omnino autem bona possessa non esse constitui ; quod bonorum possessio spectetur non in aliqua parte, sed in universis, quæ teneri ac possideri possint. Dixi Romæ domum fuisse, quo iste ne aspirarit quidem;

eu l'idée de s'emparer ; un grand nombre d'esclaves, dont Névius n'avait saisi ni même touché aucun ; qu'ayant essayé de mettre la main sur l'un d'eux, il en avait été empêché, et n'avait pas renouvelé sa tentative. Même dans la Gaule, vous savez que Publius a des propriétés particulières dont Névius n'est point entré en possession. Enfin, dans la propriété même dont Névius s'est emparé par l'expulsion violente de son associé, il y a des esclaves appartenant en propre à Publius, qui n'ont point été chassés. De ce fait, ainsi que de toutes les paroles, les actions, les pensées de Névius, il résulte la preuve qu'il n'a jamais eu et n'a encore d'autre but que d'obtenir, par des voies illégales et violentes, par une procédure irrégulière, la possession en propre d'une propriété commune.

XXX. Maintenant que j'ai plaidé la cause, C. Aquillius, la nature de l'affaire et la grandeur du péril forcent Publius à vous en conjurer et vous en supplier, vous et ceux qui forment votre conseil, au nom de sa vieillesse et de l'abandon où il se trouve, ne suivez en ce moment d'autre impulsion que celle de votre humanité, de votre bonté naturelle : puisque le bon droit est de son côté, que sa détresse excite votre compassion, loin que le crédit de Névius vous rende cruel par condescendance. Du jour où nous vous avons eu pour juge, ces menaces qui nous faisaient trembler ont cessé de nous inspirer tant d'alarmes. Si dans cette cause les

servos complures, ex quibus iste possederit neminem ; ne attigerit quidem ; unum fuisse, quem attingere conatus sit ; prohibitum fuisse, quievisse. In ipsa Gallia cognostis in prædia privata Quintii Sext. Nævium non venisse. Denique ex ipso saltu, quem, per vim expulso socio, possedit, servos privatos Quintii non omnes ejectos esse. Ex quo, et ex cæteris dictis, factis, cogitatisque Sexti Nævii, quivis potest intelligere, istum nihil aliud egisse, neque nunc agere, nisi uti per vim, per injuriam, per iniquitatem judicii, totum agrum, qui communis est, suum facere possit.

XXX. Nunc causa perorata, res ipsa, et periculi magnitudo, C. Aquilli, cogere videtur, ut te, atque eos, qui tibi in consilio sunt, obsecret obtesteturque P. Quintius per senectutem ac solitudinem suam, nihil aliud, nisi ut vestræ naturæ bonitatique obsequamini ; ut, quum veritas cum hoc faciat, plus hujus inopia possit ad misericordiam, quam illius opes ad crudelitatem. Quo die ad te judicem venimus, eodem die illorum minas, quas ante horrebamus, negligere cœpimus. Si causa cum causa contenderet, nos nostram perfacile cuivis

droits seuls eussent été pesés dans la balance, il n'est pas de juge à qui il nous eût été facile de prouver la validité des nôtres. Mais c'était entre deux manières de vivre différentes qu'il fallait établir le parallèle : c'est alors surtout que nous avons senti qu'il nous fallait un juge tel que vous. En effet, il s'agit aujourd'hui de décider si la simplicité sauvage d'une vie économe et rustique peut se défendre devant le luxe et la licence, ou si elle doit être livrée, nue, avilie, dépouillée de tout ce qui faisait son ornement, à la cupidité sans frein et à l'intrigue audacieuse. Publius ne rivalise point de crédit avec vous, Névius, il ne vous le dispute point en richesses et en ressources, il n'a pas les talents qui vous ont élevé si haut. Il ne sait point, il l'avoue, faire le beau parleur et prendre le langage de la circonstance. Il ne sait point délaisser l'amitié malheureuse pour voler dans les bras de ceux que favorise la fortune; il ne sait point vivre dans la profusion; il n'étale pas à sa table le faste et la magnificence; sa maison n'est pas fermée à l'honneur et à la vertu, ou plutôt ouverte à tous les plaisirs et affichée comme un lieu de débauche. Non, l'accomplissement de ses devoirs, la bonne foi, le travail, une vie austère et sauvage, voilà ce qu'il a toujours chéri; et il le sent fort bien, les mœurs du temps donnent à son antagoniste une grande supériorité, et plaident puissamment en sa faveur. Mais quoi! faudra-t-il pour cela mettre la fortune et l'existence civile des hommes les plus vertueux entre les mains

---

probaturos statuebamus. Quod vitæ ratio cum ratione vitæ decerneret; idcirco nobis etiam magis te judice opus esse arbitrati sumus. Ea res enim nunc in discrimine versatur, utrumne possit se contra luxuriam ac licentiam rusticana illa atque inculta parcimonia defendere; an deformata, atque ornamentis omnibus spoliata, nuda cupiditati petulantiæque addicatur. Non comparat se tecum gratia P. Quintius, Sexte Nævi; non opibus, non facultate contendit; omnes tuas artes, quibus tu magnus es, tibi concedit. Fatetur se non belle dicere, non ad voluntatem loqui posse; non ab adflicta amicitia transfugere, atque ad florentem aliam devolare; non profusis sumptibus vivere; non ornare magnifice splendideque convivium; non habere domum clausam pudori et sanctimoniæ, patentem atque adeo expositam cupiditati et voluptatibus : contra, sibi officium, fidem, diligentiam, vitam omnino semper horridam atque aridam cordi fuisse. Ista superiora esse, ac plurimum posse his moribus sentit. Quid ergo est? non usque eo tamen, ut in capite fortunisque hominum honestissi-

de ceux qui, à l'austère morale des gens de bien, préfèrent le métier lucratif et les folles dépenses d'un Gallonius, et affectent des vices que Gallonius n'avait pas, l'audace et la perfidie. S'il est permis de vivre sans le bon plaisir de Névius, s'il est encore une place parmi les citoyens pour l'homme vertueux que Névius a proscrit ; si Publius peut sans crime respirer en dépit du caprice et de la volonté suprême de Névius ; ces biens qu'il doit à une conduite honorable, il pourra, protégé par votre justice, Aquillius, les défendre contre la plus impudente avidité ; il lui sera donc permis, après tant de peines et de malheurs, de respirer enfin dans le calme et la sécurité. Mais si, au contraire, Névius peut tout ce qu'il veut, et qu'il veuille ce qui n'est pas juste, que faire alors ? quel dieu faudra-t-il invoquer ? à quel homme recourir ? En un mot, sera-t-il des douleurs, sera-t-il des plaintes assez éclatantes pour déplorer une telle calamité ?

XXXI. Il est triste de se voir dépouillé de tous ses biens, plus malheureux encore de l'être injustement. Il est pénible de se voir trompé, plus pénible encore quand le trompeur est un de ses proches. Il est douloureux d'être dépossédé de sa fortune, plus douloureux encore de l'être avec déshonneur. Il est affreux d'être égorgé par un homme d'honneur et de courage, plus affreux encore de succomber sous les coups d'un homme dont la voix mercenaire a retenti dans les ventes publiques. Il est humiliant d'être vaincu par un égal ou par un supérieur, plus hu-

---

morum dominentur ii, qui relicta bonorum vivorum disciplina, et quæstum et sumptum Gallonii sequi maluerunt, atque etiam, quod in illo non fuit, cum audacia perfidiaque vixerunt. Si licet vivere eum, quem Sext. Nævius non vult, si est homini honesto locus in civitate, invito Nævio ; si fas est respirare P. Quintium, contra nutum ditionemque Nævii ; si quæ pudore ornamenta sibi peperit, ea potest contra petulantiam, te defendente, obtinere, spes est et hunc miserum atque infelicem aliquando tandem posse consistere. Sin et poterit Nævius id, quod libet, et ei libebit, quod non licet : quid agendum est ? quis deus appellandus est ? cujus hominis fides imploranda est ? qui denique questus, qui mœror dignus inveniri in calamitate tanta potest ?

XXXI. Miserum est exturbari fortunis omnibus ; miserius est injuria : acerbum est ab aliquo circumveniri ; acerbius, a propinquo : calamitosum est bonis everti ; calamitosius, cum dedecore : funestum est a forti atque honesto viro jugulari ; funestius, ab eo, cujus vox in præconio quæstu prostitit ; indignum

miliant encore de l'être par un inférieur, par un homme de rien. Il est pitoyable d'être livré, corps et bien, à la merci d'un autre; plus pitoyable encore de l'être à son ennemi. Il est horrible d'avoir à défendre sa vie au pied d'un tribunal, mille fois plus horrible d'être réduit à la défendre avant d'avoir entendu son accusateur.

Publius a tourné les yeux de tous côtés; il n'est pas de moyen dont il n'ait tenté le hasard; et faut-il le dire, Aquillius, c'est peu de n'avoir pas trouvé un préteur qui, non-seulement consentît à juger ses droits, mais même à lui laisser le choix de ses moyens, il n'a pu rien obtenir des amis de Névius : plus d'une fois, devant eux, il les a conjurés, au nom des dieux immortels, de l'attaquer par des voies légales, ou, s'ils voulaient consommer l'injustice, de lui laisser au moins l'honneur. Il fit plus, il osa s'exposer aux regards superbes de son ennemi; il saisit et baigna de ses larmes cette main dont Névius est si habile à signer la ruine de ses proches; il le conjura, au nom de la parenté qui les unit, au nom de l'épouse et des enfants de Névius, dont Publius est le plus proche parent, au nom des mânes de Caïus, d'accorder quelque chose, sinon aux liens du sang, du moins à la vieillesse; sinon à l'homme qui l'implorait, du moins à l'humanité; enfin, de faire avec lui un transaction qui ménageât son honneur, à quelque condition que ce fût, pourvu seulement qu'elle fût supportable. Repoussé par cet homme implacable,

est a pari vinci aut superiora; indignius, ab inferiore atque humiliore : luctuosum est tradi alteri cum bonis; luctuosius, inimico : horribile est causam capitis dicere; horribilius, priore loco dicere.

Omnia circumspexit Quintius, omnia periclitatus est, C. Aquilli : non prætorem modo, a quo jus impetraret, invenire non potuit, atque adeo ne unde arbitratu quidem suo postularet; sed ne amicos quidem Sexti Nævii : quorum sæpe et diu ad pedes jacuit stratus, obsecrans per deos immortales, ut aut secum jure contenderent, aut injuriam sine ignominia sibi imponerent. Denique ipsius inimici vultum superbissimum subiit; ipsius Sexti Nævii lacrymans manum prehendit, in propinquorum bonis proscribendis exercitatam obsecravit per fratris sui morti cinerem, per nomen propinquitatis, per ipsius conjugem et liberos, quibus propior P. Quintio nemo est, ut aliquando misericordiam caperet; aliquam, si non propinquitatis, at ætatis suæ, si non hominis, at humanitatis rationem haberet; ut secum aliquid, integra sua fama, qualibet, dummodo tolerabili, conditione transigeret. Ab ipso repudiatus, ab

sans être mieux reçu par les amis de Névius, accueilli par tous les magistrats avec la dureté la plus alarmante, il ne peut plus en appeler qu'à vous ; c'est à vous qu'il s'abandonne, lui, sa fortune, et tout ce qu'il possède au monde ; c'est à vous qu'il confie son honneur et tout l'espoir de quelques jours d'une vie languissante. Accablé de mille outrages, victime de criantes injustices, ce n'est pas un homme qui eût forfait à l'honneur, c'est un malheureux qui se met sous votre sauvegarde ! On l'a chassé d'un riche domaine, et, en butte à mille outrages, il a vu son ennemi s'établir en maître dans l'héritage de ses pères, alors que lui-même ne pouvait former la dot de sa fille, et pourtant il n'a rien fait qui pût démentir sa vie passée. Aussi ce qu'il demande avec instance, Aquillius, c'est de pouvoir conserver, en sortant de cette enceinte, l'honorable réputation qu'arrivé presque au terme de sa carrière, il a apportée devant votre tribunal. Que celui dont personne ne mit jamais en doute la probité ne soit pas, à soixante ans, marqué du sceau du déshonneur et de l'ignominie ; qu'un Névius ne fasse pas de tous ses biens des dépouilles et des trophées, et que, par votre sentence, il ne puisse empêcher que l'estime publique qui, jusqu'à la vieillesse, a suivi Publius, ne le suive jusqu'au tombeau.

amicis ejus non sublevatus, ab omni magistratu agitatus atque perterritus' quem præter te appellet, habet neminem : tibi se, tibi suas omnes opes fortunasque commendat ; tibi committit existimationem ac spem reliquæ vitæ. Multis vexatus contumeliis, plurimis jactatus injuriis, non turpis ad te, sed miser confugit. E fundo ornatissimo dejectus, ignominiis omnibus appetitus, quum illum in suis paternis bonis dominari videret, ipse filiæ nubili dotem conficere non posset, nihil alienum tamen vita superiore commisit. Itaque te hoc obsecrat, C. Aquilli, ut, quam existimationem, quam honestatem in judicium tuum, prope acta jam ætate decursaque, attulit, eam liceat ei secum ex hoc loco efferre ; ne is, de cujus officio nemo umquam dubitavit, sexagesimo denique anno, dedecore, macula, turpissimaque ignominia notetur ; ne ornamentis ejus omnibus Sext. Nævius pro spoliis abutatur : ne per te ferat, quo minus, quæ existimatio P. Quintium usque ad senectutem produxit, eadem usque ad rogum prosequatur.

TROISIÈME DISCOURS

DISCOURS

POUR

Q. ROSCIUS LE COMÉDIEN

TRADUCTION DE M. CH. DU ROZOIR

REVUE

PAR M. PAUL CHARPENTIER

SOMMAIRE

Après avoir gagné la cause de Publius Quintius, Cicéron, vers le commencement de l'année 674, défendit une femme d'Arretium en Toscane, à qui l'on contestait le droit de cité en vertu d'une loi de Sylla. Notre jeune orateur osa encore se charger d'une cause aussi délicate; il dut, pour établir les droits de sa cliente, s'élever de nouveau contre l'injustice d'une disposition émanée du dictateur; et ce fut après avoir pour la seconde fois fait triompher la faiblesse opprimée par la puissance, qu'il partit, vers la fin de l'été de l'année 675, pour la Grèce, où il résida environ dix-huit mois.

De retour à Rome, l'an 677, il demeura une partie de l'année éloigné des affaires et du barreau. Cette inaction parut si déplacée, que, par dérision, on ne l'appelait plus à Rome que le *Grec et le sophiste*. Enfin, les remontrances de son père et de ses amis le ramenèrent à l'activité, et les heureux fruits de deux années de nouvelles et profondes études ne furent plus perdus pour sa patrie : il reparut au barreau vers le milieu de l'année 677. De toutes les causes qu'il plaida alors, il ne nous reste que son plaidoyer pour le comédien Q. Roscius, encore ne nous est-il pas parvenu tout entier.

Dans cette cause, il s'agissait de savoir si le comédien Roscius devait de l'argent à un citoyen nommé C. Fannius Cherea, qui lui avait confié un de ses esclaves pour le former à l'art dramatique. Panurge, c'est le nom de cet esclave, donnait les plus belles espérances, lorsqu'il fut tué par un certain Flavius de Tarquinies. Le meurtrier, poursuivi devant les juges par Cherea et par Roscius, transigea avec ce dernier, en lui abandonnant un petit domaine. Roscius en prit possession, après avoir donné une certaine somme à Cherea pour lui tenir lieu de dédommagement. Celui-ci prétendit être lésé. L'affaire fut portée devant la justice. Le préteur nomma juge de cette affaire C. Pison, qui avait déjà servi d'arbitre entre les deux parties. M. Perpenna, personnage consulaire, fut l'assesseur de Pison. Cicéron plaida la cause de Roscius, et la gagna.

Son discours nous est parvenu tellement mutilé, qu'il n'est pas susceptible d'analyse. Nous n'en avons ni l'exorde, ni la narration, ni la péroraison ; ce qui nous reste n'est guère remarquable que par un bel éloge de Roscius.

Cicéron ne manque jamais de parler de Roscius avec la plus haute estime pour son talent comme pour son caractère. Dans le *Traité de l'Orateur*, il dit de lui que son jeu était tellement admirable, que, pour exprimer la supériorité d'un artiste dans tout autre genre, on avait pris l'habitude de l'appeler *un Roscius* (liv. I, ch. xxvi). Ailleurs, Cicéron se fait honneur d'avoir été l'élève de ce grand comédien pour la partie de l'orateur que Démosthène disait être la première, la seconde et la troisième, et que Roscius appelait l'éloquence du corps, pour l'action, en un mot, sans laquelle l'orateur le plus parfait tombe dans le rang des plus médiocres, et avec laquelle l'orateur médiocre s'élève au degré des plus parfaits. (*Orat.*, liv. III, ch. xxxvi.) Dans une circonstance, Cicéron, au rapport de Macrobe (*Saturn.*, liv. II, ch. x), ne craignit pas de reprocher au peuple romain assemblé d'avoir troublé le spectacle quand un pareil acteur occupait le théâtre. *Nam illam orationem quis est qui non legeret in qua populum Romanum objurgat quod, Roscio gestum agente, tumultuaverit.* Ici Macrobe fait allusion au discours que Cicéron, étant consul, adressa au peuple, qui s'était soulevé à cause de la loi du tribun Roscius Othon, qui avait assigné au théâtre une place distinguée aux chevaliers romains.

Bien que Cicéron eût environ trente et un ans lorsqu'il plaida cette cause, le discours pour Quintius Roscius le comédien offre les mêmes défauts que les deux précédents : toujours un grand luxe d'antithèses, et les formes interrogatoires trop multipliées. Quelques plaisanteries ne sont pas de bon goût. Il y a de la recherche dans certaines phrases ; mais en général le style est d'une clarté et d'une élégance remarquables, et l'on peut surtout admirer l'ordre et la lucidité avec lesquels l'orateur dispose ses preuves. Sous le rapport du fond, les arguments qu'il oppose aux prétentions de Cherea ne sont pas toujours très-convaincants. Par exemple, il est permis de croire que Cicéron établissait un principe contesté, même à Rome, quand il supposait qu'un associé avait le droit de transiger pour son compte et en son nom, sans rapporter à la masse commune la somme qu'il avait perçue. Enfin, la lecture de ce plaidoyer ne nous donne pas seulement des détails intéressants sur le caractère, le talent et la fortune du comédien Roscius; nous y trouvons encore quelques traits de mœurs intéressants. On y voit par exemple, comme dans le plaidoyer *pro Cluentio*, que les particuliers de Rome tenaient des livres de dépenses et de recettes avec le même ordre et la même authenticité que le font aujourd'hui les négociants les plus exacts

Le plaidoyer *pro Q. Roscio Comœdo* appartient à l'année 678, consulat de Cn. Octavius et C. Scribonius Curion. « Je sollicitais alors la questure, Cotta le consulat, Hortensius l'édilité, » dit notre orateur lui-même dans son *Brutus* (ch. xcii).

C. D.

TROISIÈME DISCOURS

DISCOURS

POUR

Q. ROSCIUS LE COMÉDIEN

(Lacune considérable.)

(Ces mots *malitiam naturæ, crederetur?* suivis d'une nouvelle lacune, ne présentent aucun sens véritable.)

I.... En effet, cet excellent homme, doué d'une bonne foi sans égale, prétendrait, dans sa propre cause, faire valoir le témoignage de ses registres. On entend dire à ceux qui justifient une dépense par les livres d'un homme probe : Aurais-je pu jamais corrompre un personnage si intègre, et l'engager à faire en ma faveur un faux sur son journal? Chereа, je m'y attends, va bien-

ORATIO TERTIA

ORATIO

PRO

Q. ROSCIO COMOEDO

(Multa desunt.)

. . . . . Malitiam naturæ, crederetur? . . . .

(Quædam desunt.)

1 . . . . Is scilicet vir optimus, et singulari fide præditus, in suo judicio, suis tabulis, testibus uti conatur. Solent fere dicere, qui per tabulas homines.... citi pecuniam expensam tulerunt : Egone talem virum corrumpere potui, ut mea causa falsum in codicem referret? Exspecto, quam mox

tôt vous tenir ce langage : Cette main pleine d'artifices, ces doigts auraient-ils pu jamais se prêter à inscrire une dette supposée? S'il montre son registre, Roscius produira le sien. L'article se trouvera sur l'un et ne sera point sur l'autre. — Pourquoi ici croire plutôt l'accusateur que l'accusé? L'aurais-je inscrit, dira l'un, sans l'autorisation de Roscius? Ne l'aurais-je pas inscrit, répondra l'autre, se je vous avais autorisé? En effet, si c'est une honte de porter sur un registre une dette supposée, il n'est pas moins déshonorant de ne point y porter une dette réelle : on condamne également le registre qui ne contient point le vrai et celui où le faux se trouve consigné.

Mais, tant que je me confie dans les moyens nombreux et décisifs de ma cause, voyez jusqu'où je m'avance. Si Fannius peut montrer un registre de recette et de dépense tenu par lui, dans ses intérêts, et comme il l'a entendu, donnez-lui gain de cause; j'y consens. Quel frère, quel père serait assez complaisant, à l'égard de son frère ou de son fils, pour reconnaître tout ce que contiendrait son registre? Roscius le ratifiera. Produisez donc vos livres : ce que vous croirez, il le croira; ce qui vous semblera prouvé fera foi à ses yeux. Nous demandions à l'instant, à M. Perpenna, les registres de P. Saturius; maintenant ce sont les vôtres, C. Fannius Chærea, seulement les vôtres que nous réclamons avec instance, et nous ne nous refusons

Chærea hac oratione utatur : Egone hanc manum, plenam perfidiæ, et hos digitos meos impellere potui, ut falsum perscriberent nomen? Quodsi ille suas proferet tabulas, proferet suas quoque Roscius : erit in illius tabulis hoc nomen; at in hujus non erit. Cur potius illius, quam hujus, credetur? Scripsisset ille, si non jussu hujus expensum tulisset? Non scripsisset hic, quod sibi expensum ferri jussisset? Nam, quemadmodum turpe est scribere, quod non debeatur; sic improbum est, non referre, quod debeas : æque enim tabulæ condemnantur ejus, qui verum non rettulit, et ejus, qui falsum perscripsit.

Sed ego copia et facultate causæ confisus, vide quo progrediar. Si tabulas C. Fannius accepti et expensi profert suas, in suam rem, suo arbitratu scriptas, quo minus secundum illum judicetis, non recuso. Quis hoc frater fratri, quis parens filio tribuit, ut, quodcumque rettulisset, id ratum haberet? ratum habebit Roscius? profer : quod tibi fuerit persuasum, huic erit persuasum; quod tibi fuerit probatum, huic erit probatum. Paullo ante a M. Perpenna P. Saturii tabulas poscebamus : nunc tuas, C. Fanni Chærea, solius flagitamus, et, quo minus secundum eas lis detur, non recusamus. Quid ita non profers?

pas à être jugés d'après leur témoignage. Pourquoi ne les point montrer? Ne tiendrait-il pas de journal? Le sien, au contraire, est fort en règle. Peut-être ne porte-t-il pas les créances de peu de valeur? Aucune somme n'y est oubliée. Celle-ci, d'ailleurs, est-elle si faible et si légère? Il est question de cent mille sesterces. Comment une somme si considérable a-t-elle pu être omise? comment cent mille sesterces n'ont-ils pas été portés sur un livre de dépense et de recette? Dieux immortels! il est donc un homme assez audacieux pour revendiquer une créance qu'il n'a point osé porter sur ses registres! Ce qu'il n'a pas voulu consigner sur son livre, lorsqu'il n'y avait pas de serment à prêter, il ne craint pas de le réclamer avec serment devant la justice! Et, ce dont il n'a pu se donner la preuve à lui-même, se flatte-t-il de le persuader aux autres?

II. C'est trop vite donner carrière à votre indignation sur l'article des registres, me dit-il; puis il avoue que cette créance n'a pas été portée sur son livre de dépense et de recette, mais il soutient qu'elle se trouve sur ses brouillons. C'est pousser trop loin, croyez-moi, l'égoïsme et l'amour-propre, que de venir nous réclamer de l'argent en vertu, non d'un registre, mais de brouillons informes. Citer son propre journal comme un titre de créance est un acte de présomption : mais citer des feuilles volantes, des notes confuses et surchargées, c'est le comble du délire. Si l'on suppose à ces notes la même valeur, la même authenticité, la même exactitude qu'à des livres en règle, à quoi

---

Non conficit tabulas? Imo diligentissime. Non refert parva nomina in codices? Imo omnes summas. Leve et tenue hoc nomen? HS cccıɔɔɔ sunt : quomodo tibi tanta pecunia extraordinaria jacet? quomodo HS cccıɔɔɔ in codice accepti et expensi non sunt? Proh di immortales! essene quemquam tanta audacia præditum, qui, quod nomen referre in tabulas timeat, id petere audeat? quod in codicem injuratus referre noluit, id jurare in litem non dubitet? quod sibi probare non possit, id persuadere alteri conetur?

II. Nimium cito, ait, me indignari de tabulis : non habere se hoc nomen in codice accepti et expensi relatum confitetur, sed in adversariis patere contendit. Usque eone te diligis, et magnifice circumspicis, ut pecuniam non ex tuis tabulis, sed ex adversariis petas? Suum codicem testis loco recitare, adrogantiæ est : suarum perscriptionum et liturarum adversaria proferre non amentiæ est? Quod si eandem vim, diligentiam, auctoritatemque habent ad-

bon ouvrir ces registres, et n'y rien omettre, et tout y classer par ordre de date, pour que ces écritures fassent foi dans l'avenir? Mais si, parce qu'on ne s'en rapporte point à des notes détachées, on a imaginé de tenir des registres, attachera-t-on, devant les juges, un caractère authentique et sacré à ce qui, partout ailleurs, n'obtient aucune créance? Pourquoi cette absence de soin dans la tenue de ces feuilles volantes, et cette scrupuleuse exactitude dans celle de vos registres? Pourquoi? c'est que les uns ne doivent durer qu'un mois, et que les autres doivent toujours servir : on déchire le journal, tandis qu'on garde précieusement le registre : l'un conserve le souvenir du moment, l'autre doit attester à perpétuité la bonne foi et la loyauté de chaque citoyen ; ici les articles sont jetés confusément, là, rédigés avec ordre : aussi jamais personne n'a produit en justice un journal, mais bien un livre et des registres en règle.

III. Vous-même, G. Pison, quelles que soient la loyauté, la vertu, la sagesse et la considération qu'on voit briller en vous, vous n'oseriez, d'après de simples notes, réclamer une créance. Quant à moi, sur un point si clairement démontré par l'usage, mon devoir n'est pas d'insister plus longtemps. Je me borne donc à faire cette question essentielle à la cause : Depuis quand, Fannius, cette créance se trouve-t-elle portée sur vos brouillons? Il rougit, il ne sait que répondre ; il n'a pas même la présence d'esprit de trouver un mensonge. Il y a deux mois, direz-vous.

versaria, quam tabulæ; quid attinet codicem instituere? conscribere? ordinem conservare? memoriæ tradere litterarum vetustatem? Sed si, quod adversariis nihil credimus, idcirco codicem scribere instituimus ; quod etiam apud omnes leve et infirmum est, id apud judicem grave et sanctum esse ducetur? Quid est, quod negligenter scribamus adversaria? quid est, quod diligenter conficiamus tabulas? qua de causa? quia hæc sunt menstrua, illæ sunt æternæ; hæc delentur statim, illæ servantur sancte ; hæc parvi temporis memoriam, illæ perpetuæ existimationis fidem et religionem amplectuntur ; hæc sunt dejecta, illæ in ordinem confectæ. Itaque adversaria in judicium protulit nemo : codicem protulit, tabulas recitavit.

III. Tu, C. Piso, tali fide, virtute, gravitate, auctoritate ornatus, ex adversariis pecuniam petere non auderes. Ego, quæ clara sunt consuetudine diutius dicere non debeo. Illud vero, quod ad rem vehementer pertinet, quæro : quam pridem hoc nomen, Fanni, in adversaria rettulisti? Erubescit ; quid respondeat, nescit; quid fingat extemplo, non habet. Sunt duo menses jam, dices. Tamen

Ne deviez-vous pas, depuis ce temps, la porter sur le registre de la recette et de la dépense? Il y a un peu plus de six mois? Pourquoi donc cette créance est-elle restée si longtemps portée sur un simple brouillon? Mais si l'on prouve qu'il y a plus de trois ans? Comment se fait-il, lorsque tous ceux qui tiennent des registres y consignent presque mois par mois leur recette et leur dépense, que cette créance soit restée plus de trois ans sur une feuille? Vos autres créances sont-elles, ou non, enregistrées? Si elles ne le sont pas, comment tenez-vous vos livres? Si elles le sont, pourquoi, en inscrivant par ordre les autres dettes, laissez-vous pendant trois ans, sur vos brouillons, celle-ci, qui monte à une somme si forte? Vous ne vouliez pas qu'on sût que Roscius avait des dettes? Pourquoi l'écriviez-vous? On vous avait demandé de ne point porter l'article sur vos registres? Pourquoi le consigner alors sur vos brouillons? Je ne vois pas qu'on puisse rien opposer à des raisons si péremptoires; toutefois, je veux prouver, par le témoignage de Fannius lui-même, que Roscius ne lui doit rien. Quelle audace! quelle témérité à moi! Mais si Fannius n'est pas à la fois l'adversaire et le témoin de Roscius, je veux que mon client perde son procès.

IV. On vous devait une somme déterminée, que vous réclamez aujourd'hui devant un tribunal, en donnant caution d'une partie de la somme, selon la loi. Or, si vous avez demandé un sesterce

---

in codicem acceptum et expensum referri debuit. Amplius sunt sex menses. Cur tamdiu jacet hoc nomen in adversariis? Quid si tandem amplius triennium est? quomodo, quum omnes, qui tabulas conficiant, menstruas pæne rationes in tabulas transferant, tu hoc nomen triennium amplius in adversariis jacere pateris? Utrum cætera nomina in codicem accepti et expensi digesta habes, an non? Si non, quomodo tabulas conficis? si etiam, quamobrem, quum cætera nomina in ordinem referebas, hoc nomen triennio amplius, quod erat in primis magnum, in adversariis relinquebas? Nolebas sciri, debere tibi Roscium: cur scribebas? Rogatus eras, ne referres: cur in adversariis scriptum habebas? Sed hæc quamquam firma esse video, tamen ipse mihi satisfacere non possum, nisi a C. Fannio ipso testimonium sumo, hanc pecuniam ei non deberi. Magnum est, quod conor; difficile est, quod polliceor: nisi eundem et adversarium et testem habuerit Roscius, nolo vincat.

IV. Pecunia tibi debebatur certa, quæ nunc petitur per judicem, in qua legitimæ partis sponsio facta est. Hic tu si amplius [HS] nummo petisti, quam,

de plus qu'on ne vous devait, vous avez déjà perdu votre procès; car autre chose est un jugement, autre chose un arbitrage. Le juge prononce sur une somme précise; l'arbitre, sur une somme indéterminée. Devant le juge, on arrive avec la chance de gagner ou de perdre tout ; devant un arbitre, on s'attend non à perdre la totalité, mais à obtenir plus ou moins sur le montant de ses réclamations. Rien ne le prouve mieux que les termes mêmes de la formule. Celle du jugement? elle est précise, sévère et simple : *S'il est démontré que cinquante mille sesterces sont dus.* Si le réclamant ne peut prouver que la dette est exactement de cette somme de cinquante mille sesterces, il perd son procès. Quelle est la forme de l'arbitrage? douce et modérée : *Ce qu'il est le plus juste, le plus convenable de donner.* Dans ce cas, le demandeur avoue qu'il réclame au delà de ce qui lui est dû; mais il sera plus que satisfait de la somme qu'aura fixée l'arbitre. Ainsi l'un est sûr de son affaire, et l'autre ne l'est point. Cela étant, expliquez-moi, Fannius, comment, pour cette même créance, pour ces cinquante mille sesterces, et sur la foi de vos livres, vous avez fait un compromis et pris un arbitre, afin de fixer la somme qu'il serait le plus juste et le plus convenable de vous compter ou de vous souscrire par un nouvel engagement? Quel fut votre arbitre en cette affaire? Plût aux dieux qu'il fût à Rome ! mais il y est. Plût aux dieux qu'il fût présent à la cause ! mais le

---

tibi debitum est, causam perdidisti : propterea quod aliud est judicium; aliud est arbitrium. Judicium est pecuniæ certæ ; arbitrium incertæ. Ad judicium hoc modo venimus, ut totam litem aut obtineamus, aut amittamus ; ad arbitrium hoc animo adimus, ut neque nihil, neque tantum, quantum postulavimus, consequamur. Ejus rei ipsa verba formulæ testimonio sunt. Quid est in judicio ? directum, asperum, simplex : Si paret hs ↃƆƆ dari oportere. Hic, nisi planum facit, HS ↃƆƆ ad libellam sibi deberi, causam perdit. Quid est in arbitrio? mite, moderatum : Quantum æquius, melius, id dari. Illud tamen confitetur plus se petere, quam debeatur; sed satis superque habere dicit, quod sibi ab arbitro tribuatur. Itaque alter causæ confidit, alter diffidit. Quæ quum ita sint, quæro abs te, quid ita de hac pecunia, de his ipsis HS ↃƆƆ, de tuarum tabularum fide compromissum feceris, arbitrum sumpseris, quantum æquius et melius sit, dari, repromittive, si pareret? Quis in hanc rem fuit arbiter? Utinam is quidem Romæ esset ! Romæ est. Utinam adesset in judicio! Adest. Uti

voici. Qu'il fût un des assesseurs de Pison! c'est Pison lui-même. Comment avez-vous choisi le même homme pour arbitre et pour juge? Arbitre, vous lui aviez remis un pouvoir sans bornes : juge, vous l'avez réduit à l'étroite formule d'un jugement prononcé sur consignation. Qui jamais a obtenu d'un arbitre tout ce qu'il réclama? Personne; parce qu'on n'a jamais attendu d'un arbitre que ce qu'il pouvait raisonnablement accorder. La même créance pour laquelle vous avez pris un arbitre, vous venez maintenant la soumettre à un juge. D'autres, lorsqu'ils prévoient que le jugement ne leur sera point favorable ont recours à l'arbitrage ; mais Fannius, de l'arbitre, n'a pas craint d'aller au juge, lui qui, en prenant un arbitre pour régler le montant de la créance en question, d'après le témoignage de ses livres, a jugé lui-même qu'elle ne lui était pas due. Voilà déjà deux points de la cause bien démontrés : Fannius avoue qu'il n'a point compté la somme; il ne dit pas l'avoir portée en dépense, puisqu'il ne le prouve pas d'après un registre. Reste à dire que c'est le montant d'une dette reconnue ; car, à quel autre titre réclamerait-il une somme fixe? Je ne le vois point. Il y a eu reconnaissance de la part du débiteur : mais où? quel jour? à quelle époque? en présence de qui? qui dépose que je me sois reconnu débiteur? Personne.

V. Si je terminais ici mon plaidoyer, peut-être aurais-je fait assez pour l'acquit de ma conscience et pour l'accomplissement

nam sederet in consilio C. Pisonis! Ipse C. Piso est: Eundemne tu arbitrum et judicem sumebas? eidem et infinitam largitionem remittebas, et eundem in angustissimam formulam sponsionis concludebas? Quis umquam ad arbitrum, quantum petiit, tantum abstulit? nemo : quantum enim æquius esset sibi dari, petiit. De quo nomine ad arbitrum adisti, de eo ad judicem venisti. Cæteri quum ad judicem causam labefactari animadvertunt, ad arbitrum confugiunt; hic ab arbitro ad judicem venire est ausus : qui quum de hac pecunia, de tabularum fide arbitrum sumpsit, judicavit, sibi pecuniam non deberi. Jam duæ partes causæ sunt confectæ : adnumerasse sese negat; expensum tulisse non dicit, quum tabulas non recitat. Reliquum est, ut stipulatum se esse dicat ; præterea enim, quemadmodum certam pecuniam petere possit, non reperio. Stipulatus es? ubi? quo die? quo tempore? quo præsente? quis spopondisse me dicit? nemo.

V. Hic ego si finem faciam dicendi, satis fidei et diligentiæ meæ, satis causæ

de mon devoir, assez pour l'éclaircissement de ma cause et des débats, assez pour satisfaire à la formule et à la consignation, assez même pour le juge en lui montrant ce qui l'oblige à prononcer en faveur de Roscius. On réclame une somme fixe, et le tiers en a été consigné. Assurément cette somme fut ou comptée, ou portée en dépense, ou stipulée entre les parties. Fannius avoue qu'il ne l'a point comptée; elle n'a point été portée en dépense, ses livres le prouvent; il n'y a point eu de reconnaissance verbale; le silence des témoins le démontre assez. Que faut-il de plus? Mais puisque l'accusé a toujours tenu fort peu à l'argent, et beaucoup à sa réputation; que nous plaidons devant un juge dont l'estime ne nous est pas moins précieuse que la sentence favorable que nous attendons de lui; enfin que la brillante assemblée qui nous appuie de sa présence, a droit à nos respects comme étant pour nous un second tribunal, nous allons traiter une dernière question avec autant de soin que si tout ce qui ressort de l'autorité des jugements, ou du pouvoir discrétionnaire des arbitrages, et tout ce qui constitue les devoirs de la société, se trouvait compromis et renfermé dans la formule qui fait la base de ce débat. Ce que j'ai dit jusqu'ici était indispensable; ce que je vais ajouter sera volontaire. Je m'adressais au juge; à présent je m'adresse à C. Pison. J'ai plaidé pour le défendeur; je plaiderai pour Roscius. J'ai parlé pour le gain de sa cause; c'est maintenant son honneur que je vais défendre.

et controversiæ, satis formulæ et sponsioni, satis etiam judici fecisse videar cur secundum Roscium judicari debeat. Pecunia petita est certa; cum tertia parte sponsio facta est. Hæc pecunia necesse est, aut data, aut expensa lata, aut stipulata sit. Datam non esse Fannius confitetur; expensam latam non esse codices Fannii confirmant; stipulatam non esse taciturnitas testium concedit. Quid ergo est? quod et reus is est, cui res et pecunia levissima, et existimatio sanctissima fuit semper; et judex est is, quem nos non minus bene de nobis existimare, quam secundum nos judicare velimus; advocatio ea est, quam, propter eximium splendorem, ut judicem unum vereri debeamus : perinde ac si in hanc formulam omnia judicia legitima, omnia arbitria honoraria, omnia officia domestica conclusa et comprehensa sint, perinde dicemus. Illa superior fuit oratio necessaria, hæc erit voluntaria : illa ad judicem, hæc ad C. Pisonem : illa pro reo, hæc pro Roscio : illa victoriæ, hæc bonæ existimationis causa, comparata.

VI. Fannius, vous demandez de l'argent à Roscius? quel argent? Parlez librement et sans contrainte. Est-ce une dette qu'il a contractée par suite de votre association? ou sa libéralité vous a-t-elle d'avance promis et assuré cet argent? Ici, je vois un fait plus grave et plus odieux; là, une chose moins importante et moins difficile. Une somme due en vertu de l'association? Que dites-vous? Craignons de glisser légèrement sur une telle imputation, et ne négligeons rien pour nous justifier. S'il est des causes privées qui touchent essentiellement à l'honneur, j'ai presque dit à l'existence, elles rentrent dans trois cas : l'abus de confiance, la tutelle et la société. En effet, il y a une perfidie aussi criminelle à violer la foi jurée, ce lien de la société, à spolier l'orphelin que l'on a pris sous sa tutelle, qu'à tromper l'associé qui a mis ses intérêts en commun avec les nôtres. Or, examinons ici quel homme a trompé, a frustré son associé; sa vie passée nous offrira sans doute un témoignage tacite, mais certain et infaillible en sa faveur ou contre lui. Q. Roscius! que dites-vous? Si des charbons ardents s'éteignent et se refroidissent dès qu'on les a jetés dans l'eau, les traits les plus acérés de la calomnie, lancés sur une vie innocente et pure, ne retombent-ils pas aussitôt faibles et impuissants? Roscius a dupé son associé? De pareils soupçons peuvent-ils atteindre un tel homme, lui qui, je ne crains pas d'en jurer, réunit en sa personne plus de loyauté en—

VI. Pecuniam petis, Fanni, a Roscio : quam ? dic audacter et aperte. Utrum quæ tibi ex societate debeatur? an, quæ ex liberalitate hujus promissa sit et ostentata ? quorum alterum est gravius et odiosius; alterum levius et facilius. Quæ ex societate debeatur? Quid ais? Hoc jam neque leviter ferendum est, neque negligenter defendendum. Si qua enim sunt privata judicia summæ existimationis, et pæne dicam capitis, tria hæc sunt, fiduciæ, tutelæ, societatis. Æque enim perfidiosum et nefarium est, fidem frangere, quæ continet vitam ; et pupillum fraudare, qui in tutelam pervenit ; et socium fallere, qui se in negotio conjunxit. Quæ quum ita sint, qui sit, qui socium fraudarit et fefellerit, consideremus : dabit enim nobis jam tacite vita acta in alterutram partem firmum et grave testimonium. Q. Roscius? quid ais? Nonne, ut ignis in aquam conjectus continuo restinguitur et refrigeratur; sic referens falsum crimen in purissimam et castissimam vitam collatum, statim concidit et exstinguitur? Roscius socium fraudavit? Potest hoc homini huic hærere peccatum? qui medius fidius (au'acter dico) plus fidei, quam artis; plus veritatis, quam disci—

core que de talent, plus de franchise que d'étude; lui chez qui le peuple romain estime encore plus l'homme que l'acteur; lui enfin qui, par son art prodigieux, honore autant notre scène qu'il honorerait le sénat par la pureté de ses mœurs? Mais j'ai bien affaire de parler ainsi de Roscius devant Pison! Je fais de lui un long éloge, comme pour un inconnu. Est-il quelqu'un au monde qui vous paraisse plus recommandable, qui à vos yeux soit plus sage, plus délicat, plus humain, plus serviable et plus magnanime? Vous-même, Saturius, qui déposez ici contre lui, le jugez-vous différemment? Toutes les fois que vous avez eu, dans cette cause, à prononcer son nom, l'avez-vous jamais appelé autrement qu'homme de bien? N'avez-vous pas dit que vous ne le nommiez qu'avec respect, formule réservée pour les personnages les plus éminents, ou pour nos meilleurs amis? Il y a eu, je l'avoue, une extrême inconséquence de votre part à déverser ainsi sur le même homme le blâme et la louange, et à en faire à la fois un homme de bien et un scélérat; à ne prononcer son nom qu'avec respect, et à prétendre qu'il avait dupé son associé. Mais, je le présume, la force de la vérité vous arrachait cet éloge, et la complaisance vous dictait l'accusation. C'est vous qui faisiez l'éloge de Roscius; c'est Fannius qui plaidait sa cause par votre organe.

VII. Roscius a fait une friponnerie! Ce mot choque à la fois les

---

plinæ possidet in se : quem populus Romanus meliorem virum, quam histrionem esse arbitratur; qui ita dignissimus est scæna propter artificium, ut dignissimus sit curia propter abstinentiam. Sed quid ego ineptus de Roscio apud Pisonem dico? ignotum hominem scilicet pluribus verbis commendo. Estne quisquam omnium mortalium, de quo melius existimes tu? estne quisquam, qui tibi purior, pudentior, humanior, officiosior liberaliorque videatur? Quid tu, Saturi, qui contra hunc venis, existimas aliter? nonne quotiescumque in causa in nomen hujus incidisti, totiens hunc et virum bonum esse dixisti, et honoris causa appellasti? quod nemo nisi aut honestissimo aut amicissimo facere consuevit. Qua in re mihi ridicule es visus esse inconstans, qui eundem et læderes, et laudares, et virum optimum, et hominem improbissimum esse diceres; eundem tu et honoris causa appellabas, et virum primarium esse dicebas, et socium fraudasse arguebas. Sed, ut opinor, laudem veritati tribuebas, crimen gratiæ concedebas : de hoc, ut existimabas, prædicabas; Chæreæ arbitratu causam agebas.

VII. Fraudavit Roscius. Est hoc quidem auribus animisque hominum absur-

oreilles et le bon sens. Quand même ce serait à quelque riche timide, sans esprit, sans activité, incapable de soutenir un procès, qu'il aurait eu affaire, l'imputation serait encore incroyable. Mais, voyons : quel est l'homme qui aurait été dupe? C'est C. Fannius Cherea que Roscius aurait friponné ! Vous tous, qui connaissez l'accusateur et l'accusé, daignez, je vous en supplie, mettre en parallèle leur vie passée ; et vous, qui ne les connaissez pas, jetez seulement un coup d'œil sur eux : cette tête, ces sourcils si bien rasés ne sentent-ils pas la perversité, ne proclament-ils pas la duplicité? Et si l'on peut juger des hommes par leur seul extérieur, des pieds à la tête, Fannius tout entier ne semble-t-il pas un composé de fraude, de fourberie, de mensonge? Il a pris l'habitude de se faire raser la tête et les sourcils, pour qu'on ne puisse pas dire de lui qu'il ressemble même par le poil à un honnête homme; et Roscius l'imite souvent sur la scène avec tant de vérité, qu'il méritait assurément plus de gratitude de la part de son modèle. En effet, Roscius, dans le rôle de Ballion, cet effronté, ce scélérat, ce parjure, n'est pas autre que Cherea. Vice, impureté, infamie, voilà Ballion, voilà aussi Cherea dans ses mœurs, dans son caractère : telle est sa conduite; et certes, il n'a pu supposer à Roscius l'esprit de fraude et de perversité qu'il possède, lui, à un si haut degré, qu'après s'être vu représenté au naturel dans le rôle du marchand d'esclaves. Examinez donc, je vous prie, Pison, examinez bien

dum. Quid, si tandem aliquem divitem timidum, dementem, inertem nactus esset, qui experiri non posset? tamen incredibile esset. Verumtamen, quem fraudarit, videamus C. Fannium Chæream Roscius fraudavit. Oro atque obsecro vos, qui nostis, vitam inter se utriusque conferte ; qui non nostis, faciem utriusque considerate : non ipsum caput, et supercilia illa penitus abrasa, olere malitiam, et clamitare calliditatem videntur? nonne ab imis unguibus usque ad verticem summum (si quam conjecturam adfert hominibus tacita corporis figura) ex fraude, fallaciis, mendaciis constare totus videtur? Qui idcirco capite et superciliis semper est rasis, ne ullum pilum viri boni habere dicatur : cujus personam præclare Roscius in scæna tractare consuevit; neque tamen pro beneficio ei par gratia refertur. Nam Ballionem illum improbissimum et perjurissimum lenonem quum agit, agit Chæream : persona illa lutulenta, impura, invisa, in hujus moribus, natura, vitaque est expressa. Qui quamobrem Roscium simiem sui in fraude et malitia existimarit, nihil videtur : nisi forte, quod præclare hunc imitari se in persona lenonis animadvertit. Quamobrem etiam atque

Roscius et Chærea. Roscius a trompé Fannius ! ainsi la vertu s'est jouée du vice ; la pudeur, de l'effronterie ; la bonne foi, du parjure ; l'inexpérience, de la ruse ; la libéralité, de l'avarice ! Cela est-il croyable ? Que l'on dise : Fannius a volé Roscius, on croira facilement, d'après l'idée qu'on s'est formée des deux personnages, que Fannius a fait le coup par méchanceté, et que Roscius s'est laissé duper par excès de confiance ; mais, au contraire, si l'on accuse Roscius d'avoir trompé Fannius, on ne pourra supposer que l'avarice ait rien fait convoiter à Roscius, ni que Fannius ait rien perdu par trop de facilité.

VIII. Voilà le point de départ, poursuivons notre examen : Roscius a fait tort à Fannius de cinquante mille sesterces. Par quelle raison ? Je vois sourire Saturius, fin matois, du moins il croit l'être. C'est, dit-il, afin d'avoir les cinquante mille sesterces. Fort bien ; mais pourquoi cette si grande envie d'avoir ces cinquante mille sesterces ? Voilà ce que je demande ; car, assurément, M. Perpenna, et vous C. Pison, jamais cette somme ne vous eût fait tromper un associé. Je puis donc bien demander pourquoi elle eût été d'un si grand prix aux yeux de Roscius. Était-il dans le besoin ? Loin de là, il est fort à son aise. Avait-il des dettes ? Encore moins ; car il avait beaucoup d'argent comptant. Était-il avare ? Pas davantage ; car, avant de devenir riche, il fut toujours très-grand, très-généreux. Dieux immortels ! Ros-

etiam considera, C. Piso, quis quem fraudasse dicatur. Roscius Fannium ? quid est hoc ? probus improbum, pudens impudentem, perjurum castus, callidum imperitus, liberalis avidum. Incredibile est. Quemadmodum, si Fannius Roscium fraudasse diceretur, utrumque ex utriusque persona veri simile videretur, et Fannium per malitiam fecisse, et Roscium per imprudentiam deceptum esse : sic quum Roscius Fannium fraudasse arguatur, utrumque incredibile est, et Roscium quidquam per avaritiam appetisse, et Fannium quidquam per se bonitate amisisse.

VIII. Principia sunt hujus modi : spectemus reliqua. HS ⅼⲟⲟⲟ Q. Roscius fraudavit Fannium. Qua de causa ? Subridet Saturius, veterator, ut sibi videtur. Ait propter ipsa HS ⅼⲟⲟⲟ. Video ; sed tamen cur ipsa HS ⅼⲟⲟⲟ tam vehementer concupierit, quæro ; nam tibi, M. Perpenna, C. Piso, certe tanti non fuissent, ut socium fraudaretis. Roscio cur tanti fuerit, causam requiro. Egebat ? Imo locuples erat. Debebat ? Imo in suis nummis versabatur. Avarus erat ? Imo etiam, antequam locuples, semper liberalissimus munificentissimusque fuit.

cius a refusé, dans une autre circonstance, de gagner trois cent mille sesterces, et il avait le pouvoir, l'assurance même d'obtenir cette somme, puisque Dyonisia en gagne bien deux cent mille ; et aujourd'hui il aura employé l'astuce, la perfidie, la méchanceté, pour s'en approprier cinquante mille! La première somme était immense, honorable, facile à gagner, à l'abri de toute contestation ; la seconde est petite, c'est un lucre honteux, pénible, sujet à litige. Depuis ces dix dernières années il aurait pu se faire payer six millions de sesterces ; il ne l'a point voulu ; il a accepté le labeur, et il en a refusé le salaire. Toujours prêt à se dévouer aux plaisirs du peuple romain, il a cessé depuis longtemps de travailler à sa fortune personnelle. Cette conduite, l'imiteriez-vous jamais, Fannius? Si jamais l'espoir d'un si bel avenir vous souriait, ne vous verrions-nous pas chercher à briller sur notre scène, dussiez-vous terminer votre rôle en rendant le dernier soupir? Accusez maintenant Roscius de vous avoir enlevé cinquante mille sesterces, lui qui a refusé des sommes énormes, non par aversion pour le travail, mais par un noble désintéressement !

Et maintenant parlerai-je des réflexions qui occupent sans doute votre esprit, juges? Roscius trompait Fannius dans des intérêts de société. Il existe des lois, des formules de procédure qui prévoient tous les cas ; il ne pourrait y avoir erreur, ni sur la nature de la contestation, ni sur la manière de se pourvoir.

Proh deum hominumque fidem! qui HS ↃↃↃ ↃↃↃ ↃↃↃ quæstus facere noluit (nam certe HS ↃↃↃ ↃↃↃ ↃↃↃ merere et potuit et debuit, si potest Dyonisia HS ↃↃↃ ↃↃↃ merere), is per summam fraudem, et malitiam, et perfidiam HS ↃↃↃ appetiit? Et illa fuit pecunia immanis, hæc parvula ; illa honesta, hæc sordida ; illa jucunda, hæc acerba ; illa propria, hæc in causa et in judicio collocata. Decem his annis proximis HS sexagiens honestissime consequi potuit : noluit. Laborem quæstus recepit ; quæstum laboris rejecit. Populo Romano adhuc servire non destitit ; sibi servire jampridem destitit. Hoc tu umquam, Fanni, faceres? et si hos quæstus recipere posses, non eodem tempore et gestum et animam ageres? Dic nunc te ab Roscio HS ↃↃↃ circumscriptum esse, qui tantas et tam infinitas pecunias non propter inertiam laboris, sed propter magnificentiam liberalitatis repudiarit.

Quid ego nunc illa dicam, quæ vobis in mentem venire certo scio? Fraudabat te in societate Roscius. Sunt jura, sunt formulæ de omnibus rebus constitutæ, ne quis in genere injuriæ, aut ratione actionis errare possit. Expressæ

L'édit du préteur donne les formules générales que chaque particulier doit adopter pour sa poursuite, selon le dommage, le mal, l'inconvénient, le désastre ou l'injustice, qui font la matière du procès.

IX. Cela étant, ne deviez-vous pas citer, devant un arbitre, Roscius, en sa qualité de votre associé? Ne connaissiez-vous pas une formule que personne n'ignore? Craignez-vous d'engager Roscius dans les chances d'un jugement sévère? Pourquoi? C'était un ancien ami. Alors pourquoi attaquez-vous son honneur? C'était un homme intègre; pourquoi l'accusez-vous? Le tort que j'avais à lui reprocher était si grave! Ainsi vous auriez craint de le traduire devant un arbitre, qui pouvait à son gré prononcer sur votre contestation, et aujourd'hui vous le feriez condamner par le juge, qui n'a point la latitude accordée à l'arbitre! Oui, portez votre plainte là où la loi vous ouvre une action, mais n'allez pas la présenter où il ne faut pas. D'ailleurs, cette plainte même est détruite par votre propre témoignage. Car, dès l'instant où vous n'avez point voulu vous prévaloir de la formule en question, vous avez prouvé que vous ne pouviez accuser Roscius à titre d'associé. Mais, dites-vous, il a fait un arrangement. Les registres de Fannius en font-ils foi ou non? S'ils ne l'établissent pas, quelles sont donc les bases de cet arrangement? S'ils l'établissent, alors faites-les connaître. Dites maintenant que Roscius vous a prié de prendre un de ses amis pour arbitre; il ne l'a

---

sunt enim ex unius cujusque damno, dolore, incommodo, calamitate, injuria publicæ a prætore formulæ, ad quas privata lis accommodatur.

IX. Quæ quum ita sint, cur non arbitrum pro socio adegeris Q. Roscium, quæro. Formulam non noras? Notissima erat. Judicio gravi experiri nolebas? Quid ita? propter familiaritatem veterem? cur ergo lædis? Propter integritatem hominis? cur igitur insimulas? Propter magnitudinem criminis? Itane vero? quem per arbitrum circumvenire non posses, cujus de ea re proprium erat judicium, hunc per judicem condemnabis, cujus de ea re nullum est arbitrium? Quin tu hoc crimen aut objice, ubi licet agere; aut jacere noli, ubi non oportet. Tametsi jam hoc tuo testimonio crimen sublatum est. Nam, quo tu tempore illa formula uti noluisti, nihil hunc in societatem fraudis fecisse judicasti : Fecit pactionem. Num tabulas habet, an non? si non habet, quemadmodum pactio est? si habet, cur non nominas? Dic nunc Roscium abs te petisse, ut familiarem suum sumeres arbitrum : non petiit. Dic pactionem

point fait. Dites qu'il a transigé pour se soustraire aux chances d'un procès; il n'a fait aucune transaction. Demandez pourquoi le jugement arbitral l'a libéré; c'est que sa conduite était pure et sans reproche.

Que s'est-il passé, en effet? Vous vous êtes rendu de vous-même chez Roscius; vous lui avez demandé excuse de votre imprudence; vous l'avez prié de porter au juge votre désistement, de vous pardonner; vous avez déclaré que vous ne comparaîtriez point; enfin vous avez proclamé qu'il ne vous devait rien comme associé. Roscius en informa le juge, et fut libéré de toutes poursuites. Et, après de tels antécédents, vous osez parler encore de vol et de fraude! Il persiste dans son système d'effronterie. Il avait, dit-il, fait un arrangement avec moi. Sans doute, pour éviter la condamnation. Mais qui aurait pu lui faire redouter une condamnation? La fraude était manifeste, le vol était avéré.

X. Mais de quelle nature était ce vol? Ici l'avocat commence, avec l'emphase d'un vieil histrion, l'histoire de l'association. Fannius, dit-il, avait un esclave nommé Panurge; et il admit Roscius à le posséder en commun avec lui. Ici s'élèvent les plaintes amères de Saturius : voilà Roscius devenu sans bourse délie propriétaire par moitié d'un esclave que Fannius avait seul acheté. En effet, dans sa munificence, cet homme, trop prodigue et d'une bonté trop facile, a fait présent de son esclave à Roscius!

---

fecisse, ut absolveretur : non pepigit. Quære quare sit absolutus? quod erat summa innocentia et integritate.

Quid enim factum est? venisti domum ultro Roscii; satisfecisti, quod temere commisisti; in judicium ut denuntiaret rogasti, ut ignosceret; te adfuturum negasti; debere tibi ex societate nihil, clamitasti : judici hic denuntiavit; absolutus est. Tamen fraudis ac furti mentionem facere audes? Perstat in impudentia. Pactionem enim, inquit, mecum fecerat. Idcirco videlicet ne condemnaretur. Quid erat causæ, cur metueret, ne condemnaretur? Res erat manifesta; furtum erat apertum.

X. Cujus rei furtum factum erat? Exorditur magna cum exspectatione veteris histrionis exponere societatem. Panurgus, inquit, fuit Fannii : is fuit ei cum Roscio communis. Hic primum questus est non leviter Saturius, communem factum esse gratis cum Roscio, qui pretio proprius fuisset Fannii. Largitus est scilicet homo liberalis, et dissolutus, et bonitate adfluens Fannius Roscio? Sic puto. Quoniam ille hic constitit paullisper, mihi quoque necesse

10.

Je veux bien le croire. Mais, puisque Saturius a insisté sur ce point, je dois, à son exemple, m'y arrêter aussi. Vous prétendez, Saturius, que Panurge appartenait exclusivement à Fannius : je soutiens, moi, qu'il n'appartenait qu'à Roscius. Que pouvait réclamer Fannius dans l'esclave? le corps; Roscius? le talent acquis. L'individu chez Panurge n'était rien ; le mérite seul était quelque chose. Ce qui était en lui la propriété de Fannius, ne valait pas cinquante mille sesterces; ce qui constituait celle de Roscius, en valait plus de cent mille. Personne ne se serait attaché à son extérieur, c'était son talent seul qu'on estimait. Avec ses bras l'esclave aurait tout au plus gagné douze as : l'acteur, formé par Roscius, se faisait payer facilement cent mille sesterces. O société fondée sur la fraude et l'injustice, où l'un n'apporte que cinquante mille contre cent mille! Peut-être regretterez-vous d'avoir tiré de votre caisse cinquante mille sesterces, tandis que le fruit des leçons de Roscius, l'acteur qu'il avait formé, en représentait cent mille. Que trouvait-on dans Panurge? qu'attendait-on de lui? quel motif de faveur, d'intérêt, offrait-il à la scène? C'était l'élève de Roscius. Ceux qui chérissaient le maître, applaudissaient l'élève; ceux qui admiraient l'un, protégeaient l'autre; Panurge ne pouvait manquer d'être un comédien de premier ordre, puisqu'on connaissait le nom de son maître. Tel est le commun des hommes; bien rarement la vérité sert de règle à leurs jugements, c'est presque toujours l'opinion. Peu de per-

---

est paullum commorari. Panurgum tu, Saturi, proprium Fannii dicis fuisse. At ego totum Roscii fuisse contendo. Quid erat enim Fannii? corpus. Quid Roscii? disciplina. Facies non erat, ars erat pretiosa. Ex qua parte erat Fannii, non erat HS ↀↀ; ex qua parte erat Roscii, amplius erat HS cccↀↀ. Nemo enim illum ex trunco corporis spectabat, sed ex artificio comico æstimabat. Nam illa membra merere per se non amplius poterant duodecim æris; disciplina, quæ erat ab hoc tradita, locabat se non minus, HS cccↀↀ. O societatem captiosam et indignam! ubi alter HS ↀↀ, alter cccↀↀ quod sit, in societatem adfert : nisi idcirco moleste pateris, quod HS ↀↀ tu ex arca proferebas, HS cccↀↀ ex disciplina et artificio Roscius promebat. Quam enim rem et exspectationem, quod studium, et quem favorem secum in scænam attulit Panurgus? Quod Roscii fuit discipulus. Qui diligebant hunc, illi favebant; qu admirabantur hunc, illum probant; qui denique hujus nomen audierant, illum eruditum et perfectum existimabant. Sic est vulgus : ex veritate pauca, ex

sonnes savaient apprécier le talent de Panurge : on demandait seulement à quelle école il s'était formé. Un sujet faible ou médiocre pouvait-il sortir de celle de Roscius? Instruit par Statilius, eût-il déployé plus de talent que Roscius lui-même, personne n'aurait voulu l'aller voir; car, comme on ne saurait admettre qu'un père sans probité puisse avoir un fils plein d'honneur, jamais on ne croira qu'un méchant histrion puisse former un bon comédien. Panurge, au contraire, par cela seul qu'il était sorti des mains de Roscius, semblait encore meilleur qu'il n'était réellement.

XI. L'acteur Éros nous en a dernièrement offert un nouvel exemple : chassé du théâtre, et par les sifflets, et par les cris redoublés des spectateurs, il alla se réfugier dans la maison de Roscius, comme à l'abri d'un autel protecteur; il réclama ses soins, son appui, son nom : et bientôt, du rang des plus détestables histrions, Éros s'est élevé au rang des meilleurs comédiens. Qui l'a porté si haut? le seul nom de Roscius. Mais, à l'égard de Panurge, Roscius s'est-il contenté de l'accueillir chez lui, pour qu'il obtînt le titre de son élève? Que de soins, de dégoûts, de peines, pour le former? En effet, plus un maître a de moyens et de talent, plus il éprouve de fatigue et d'impatience en donnant ses leçons ; et, quand il voit qu'on est si lent à saisir ce que lui-même apprit si facilement, c'est pour lui un vrai supplice.

opinione multa æstimat. Quid sciret ille, perpauci animadvertebant ; ubi didicisset, omnes quærebant. Nihil ab hoc pravum et perversum produci posse arbitrabantur. Si veniret ab Statilio, tametsi artificio Roscium superaret, aspicere nemo posset ; nemo enim, sicut ex improbo patre probum filium nasci, sic ex pessimo histrione bonum comœdum fieri posse existimaret. Quia veniebat a Roscio, plus etiam scire, quam sciebat, videbatur.

XI. Quod item nuper in Erote comœdo usu venit : qui posteaquam e scœna non modo sibilis, sed etiam convicio explodebatur, sicut in aram, confugit in hujus domum, disciplinam, patrocinium, nomen. Itaque perbrevi tempore, qui ne in novissimis quidem erat histrionibus, ad primos pervenit comœdos. Quæ res extulit eum? Una commendatio hujus : qui tamen Panurgum illum, non solum ut Roscii discipulus fuisse diceretur, domum recepit ; sed etiam summo cum labore, stomacho, miseriaque erudiit. Nam quo quisque est sollertior et ingeniosior, hoc docet iracundius et laboriosius : quod enim ipse celeriter adripuit, id quum tarde percipi videt, discruciatur.

Peut-être ces détails m'ont-ils entraîné trop loin; mais je voulais vous faire connaître à fond la nature de l'association. Qu'est-il arrivé depuis? Ce Panurge, continue-t-il, cet esclave commun, a été assassiné par un certain Q. Flavius de Tarquinies; et vous m'avez chargé de suivre la procédure. Elle était engagée, le dédommagement était fixé par le préteur, et vous, sans ma participation, vous avez transigé avec Flavius. — Est-ce pour la moitié ou pour l'association entière que j'ai transigé? Parlons plus clairement : est-ce pour moi seul, ou pour vous et pour moi? Pour moi seul, je le pouvais : plus d'un exemple m'y autorise; beaucoup d'autres l'ont fait de plein droit : en cela quel reproche auriez-vous à m'adresser? Demandez la part qui vous revient; réclamez, prenez votre dû; que chacun ait sa part respective, que chacun fasse valoir ses droits. — Mais vous avez tiré des vôtres le plus d'avantage possible. — Faites comme nous. — Vous avez transigé avec bénéfice pour votre moitié. — Qui vous empêche de transiger ainsi pour la vôtre? — Vous en avez tiré cent mille sesterces. — Si c'est la vérité, tirez-en pareille somme.

XII. Mais cette transaction de Roscius, dont on peut bien en paroles, et d'après les bruits de ville, exagérer l'importance, on se convaincra, en l'examinant d'après la réalité, qu'elle ne présentait qu'un avantage assez médiocre. Il a reçu en payement une terre, à l'époque de la dépréciation des biens ruraux : cette

---

Paullo longius oratio mea provecta est hac de causa, ut conditionem societatis diligenter cognosceretis. Quæ deinde sunt consecuta? Panurgum, inquit, hunc, servum communem, Q. Flavius Tarquiniensis quidam interficit : in hanc rem, inquit, me cognitorem dedisti. Lite contestata, judicio damni injuria constituto, tu sine me cum Flavio decidisti. Utrum pro dimidia parte, an pro tota societate? planius dicam, utrum pro me, an pro me et pro te? Pro me, potui : exemplo multorum licitum est; jure fecerunt multi; nihil in ea re tibi injuriæ feci. Pete tu tuum, exige, et aufer, quod debetur : suam quisque partem juris possideat et persequatur. At enim tu tuum negotium gessisti bene. Gere et tu tuum bene. Magno tu tuam dimidiam partem decidisti. Magno et tu tuam partem decide. HS cccɔɔɔ abstulisti. Si sit hoc vero; HS cccɔɔɔ tu quoque aufer.

XII. Sed hanc decisionem Roscii oratione et opinione augere licet; re et veritate mediocrem et tenuem esse invenietis. Accepit enim agrum temporibus

terre était alors sans habitation et presque entièrement sans culture; et depuis elle a gagné beaucoup en valeur. Faut-il s'en étonner? Les calamités publiques rendaient alors toutes les possessions incertaines; aujourd'hui, grâce à la bonté des dieux immortels, toutes les fortunes sont assurées. Cette terre était alors inculte et sans un seul bâtiment; aujourd'hui elle est bien cultivée, et possède en outre une ferme en très-bon état. Mais, comme vous êtes naturellement envieux, je me garderai bien de vous ôter ce souci, cette vive inquiétude. Oui, c'est une très-bonne affaire qu'a faite Roscius : il s'est fait donner un bien d'un revenu considérable. Que vous importe? Faites pour votre moitié tel arrangement qu'il vous plaira. Ici l'adversaire change ses batteries, et, faute de preuves, donne des suppositions. Vous avez, dit-il, transigé pour la totalité.

Toute la cause donc se réduit désormais à savoir si Roscius a transigé avec Flavius, seulement pour sa moitié, ou bien au nom des deux associés ; car si Roscius a touché quelque somme au nom des deux, il doit en rendre compte, nul doute. — Ce sont les droits de la société et non les siens dont il a fait remise en recevant une terre de Flavius. — La preuve? je vous prie. A-t-il donné à Flavius la garantie qu'*on ne réclamerait plus rien de lui par la suite?* En transigeant pour soi, on laisse entiers les droits des tiers : quand on transige pour des associés,

iis, quum jacerent pretia prædiorum : qui ager neque villam habuit, neque ex ulla parte fuit cultus; qui nunc multo pluris est, quam tunc fuit. Neque id est mirum : tum enim, propter rei publicæ calamitates, omnium possessiones erant incertæ; nunc, deum immortalium benignitate, omnium fortunæ sunt certæ : tum erat ager incultus sine tecto; nunc est cultissimus cum optima villa. Verumtamen, quoniam natura tam malevolus es, numquam ista te molestia et cura liberabo. Præclare suum negotium gessit Roscius ; fundum fructuosissimum abstulit : quid ad te? tuam partem dimidiam, quemadmodum vis, decide. Vertit hic rationem, et id, quod probare non potest, fingere conatur. De tota re, inquit, decidisti.

Ergo huc universa causa deducitur, utrum Roscius cum Flavio de sua parte an de tota societate fecerit pactionem. Nam ego Roscium, si quid communi nomine tetigit, confiteor præstare debere societati. Societatis, non suas lites redemit, quum fundum a Flavio accepit. Quid ita satis non dedit, AMPLIUS A SE NEMINEM PETITURUM? Qui de sua parte decidit, reliquis integram relinquit actio-

on garantit que, par la suite, aucun d'eux n'élèvera de réclamations. Quoi ! Flavius a-t-il pu oublier d'exiger pour lui une telle garantie ? Il ignorait peut-être que Panurge appartenait à une société ? Il le savait fort bien. Il ignorait que Fannius était l'associé de Roscius ? Assurément, puisque alors même Fannius était en procès avec lui. Pourquoi donc transige-t-il sans cette clause expresse que personne ne lui réclamera plus rien ? pourquoi transige-t-il moyennant la cession de sa terre, sans se faire libérer par un jugement ? pourquoi cette étrange maladresse, de ne point exiger de garantie de Roscius, et de ne point se prémunir contre les poursuites de Fannius ? Voilà le premier moyen que me fournissent l'application du droit civil et l'usage en matière de garanties ; moyen puissant et décisif, et que je pourrais développer avec plus d'étendue, si je ne trouvais dans ma cause des arguments plus péremptoires et plus victorieux encore.

XIII. Mais, afin que vous n'alliez point dire à tout le monde que je hasarde des promesses sans effet, c'est vous-même, Fannius, que je vais faire lever de votre banc, et citer comme témoin contre vous. Que porte votre accusation ? Roscius a transigé avec Flavius au nom de la société. A quelle époque ? il y a quatre ans. Que porte ma défense ? Roscius n'a transigé que pour sa part. Vous-même, il y a trois ans, vous fîtes avec Roscius un nouvel arrangement. Comment ? Greffier, lisez distinctement ce

nem : qui pro sociis transigit, satisdat, neminem eorum postea petiturum. Quid ita Flavio sibi cavere non venit in mentem ? nesciebat videlicet Panurgum fuisse in societate? Sciebat. Nesciebat Fannium Roscio esse socium ? Præclare : nam iste cum eo litem contestatam habebat. Cur igitur decidit, et non restipulatur, neminem amplius petiturum ? cur de fundo decidit, et judicio non absolvitur ? cur tam imperite facit, ut nec Roscium stipulatione adliget, neque a Fannio judicio se absolvat ? Est hoc primum et ex conditione juris, et ex consuetudine cautionis, gravissimum et firmissimum argumentum : quod ego pluribus verbis amplecterer, si non alia certiora et clariora testimonia in causa haberem.

XIII. Et, ne forte me hoc frustra pollicitum esse prædices ; te, te, inquam, Fanni, ab tuis subselliis contra te testem suscitabo. Criminatio tua quæ est ? Roscium cum Flavio pro societate decidisse. Quo tempore ? Abhinc annis IV. Defensio mea quæ est ? Roscium pro sua parte cum Flavio transegisse. Repro-

nouvel arrangement. Et vous, Pison, prêtez, je vous prie toute votre attention à cette lecture.

Ainsi, Fannius, malgré ses tergiversations, malgré lui-même, est contraint par moi de déposer contre lui. Quels sont, en effet, les termes de cette stipulation? *Je promets de payer à Roscius la moitié de ce que j'aurai touché de Flavius.* Voilà, Fannius, vos propres paroles. Que pouvez-vous toucher de Flavius, si Flavius ne doit rien? Et pourquoi Roscius ferait-il une nouvelle stipulation, pour ce qu'il a fait payer lui-même depuis longtemps? Que vous payera Flavius, puisqu'il s'est entièrement libéré envers Roscius? Pourquoi cette nouvelle stipulation pour un fait si ancien, dans une affaire terminée, et lorsque la société est dissoute? Qui rédigea cette stipulation? qui en fut le témoin, l'arbitre? Vous le demandez? Vous-même, Pison. Vous-même avez prié Roscius d'allouer quinze mille sesterces à Fannius pour les peines qu'il s'était données dans la poursuite de cette affaire devant les tribunaux, à condition que, s'il obtenait quelque chose de Flavius, Roscius en recevrait la moitié. Cette nouvelle stipulation ne dit-elle pas, en termes clairs et précis, que Roscius n'avait transigé que pour lui? Vous allez peut-être imaginer que Fannius s'est engagé à remettre à Roscius la moitié de ce qu'aurait donné Flavius, mais que Flavius n'a rien donné. Qu'importe? Devez-vous examiner le succès de la poursuite? Non,

---

mittis tu abhinc triennium Roscio. Quid? recita istam restipulationem clarius Attende, quæso, Piso.

Fannium invitum, et huc atque illuc tergiversantem, testimonium contra se dicere cogo. Quid enim restipulatio clamat? Quod a Flavio abstuleno, partem dimidia minde Roscio me soluturum spondeo. Tua vox est, Fanni. Quid tu auferre potes a Flavio, si Flavius nihil debet? Quid hic porro nunc restipulatur, quod jampridem ipse exegit? quid vero Flavius tibi daturus est, qui Roscio omne, quod debuit, dissolvit? cur in re tam veteri, in negotio tam confecto, in societate dissoluta, nova hæc restipulatio interponitur? Quis est hujus restipulationis scriptor? testis? arbiter? quis? tu, Piso. Tu enim Q. Roscium pro opera, pro labore, quod cognitor fuisset, quod vadimonia obisset, rogasti, ut Fannio daret HS ccciɔɔ, hac conditione, ut, si quid ille exegisset a Flavio, partem ejus dimidiam Roscio dissolveret. Satisne ista restipulatio dicere tibi videtur aperte, Roscium pro se decidisse? At enim forsitan hoc tibi veniat in mentem, repromisisse Fannium Roscio, si quid a Flavio exegisset, ejus partem dimidiam; sed omnino exegisse nihil. Quid? tu non exitum exactionis, sed

mais l'objet et le motif de la stipulation nouvelle; et, si Fannius a renoncé à poursuivre, il n'en a pas moins avoué, autant que possible, que Roscius avait transigé pour lui seul, et non pour l'association. Mais si je donne une preuve sans réplique, que depuis l'ancienne transaction de Roscius, et depuis le nouvel engagement contracté par Fannius, ce dernier a touché de Flavius cent mille sesterces pour l'affaire de Panurge, osera-t-il inculper plus longtemps la probité d'un homme aussi estimé que Roscius?

XIV. Je demandais tout à l'heure, et certes la question n'était pas indifférente, par quel motif Flavius faisait une transaction sur toute l'affaire, sans avoir, d'une part, la garantie de Roscius, de l'autre, le désistement de Fannius. Maintenant, ceci va paraître étrange, incroyable, je demande par quelle raison, ayant transigé avec Roscius pour la totalité, il a fait à Fannius un payement particulier de cent mille sesterces? Sur ce point, Saturius, je suis curieux d'entendre quelle sera votre réponse. Prétendrez-vous que jamais Fannius n'a tiré de Flavius cette somme de cent mille sesterces, ou qu'il l'a reçue à un autre titre et pour un tout autre objet? Si c'est à tout autre titre, quel rapport d'intérêt y avait-il entre vous et lui? Pas le moindre. Aviez-vous prise de corps contre lui? Non. En vérité je perds le temps en conjectures. Fannius, dit-on, n'a pas touché les cent

---

initium repromissionis spectare debes ; neque, si illc persequi noluit, non, quod in se fuit, judicavit, Roscium suas, non societatis lites redemisse. Quid? si tandem planum facio, post decisionem veterem Roscii, post repromissionem recentem hanc Fannii, HS ↃↃↃ Fannium a Q. Flavio, Panurgi nomine abstulisse; tamen diutius illudere viri optimi existimationi, Q. Roscii, audebit ?

XIV. Paullo ante quærebam, id quod vehementer ad rem pertinebat, qua de causa Flavius, quum de tota lite faceret pactionem, neque satis acciperet a Roscio neque judicio absolveretur a Fannio. Nunc vero, id quod mirum et incredibile est, requiro, quamobrem, quum de tota re decidisset cum Roscio, HS ↃↃↃ separatim Fannio dissolvit? Hoc loco, Saturi, quid pares respondere, scire cupio : utrum omnino Fannium a Flavio HS ↃↃↃ non abstulisse? an alio nomine et alia de causa abstulisse? Si alia de causa ; quæ ratio tibi cum eo intercesserat? nulla. Addictus erat tibi? non : frustra tempus contero. Omnino, inquit, HS ↃↃↃ a Flavio non abstulit, neque Panurgi nomine, neque cujus-

mille sesterces de Flavius, ni pour l'affaire de Panurge, ni pour aucune autre. Mais si je prouve que, depuis le dernier arrangement avec Roscius, Flavius vous a remis cent mille sesterces, comment ferez-vous pour sortir de ce procès sans recueillir toute la honte d'une condamnation? Quel témoignage invoquerai-je donc pour cela? Cette affaire avait, je pense, été portée devant les juges. Assurément. Le demandeur, qui était-il? Fannius. Le défendeur? Flavius. Le juge? Cluvius. Il est indispensable pour moi que l'un des trois vienne déposer, comme témoin, qu'il a été donné de l'argent. Quel est le plus véridique? Celui, n'en doutons pas, que les suffrages unanimes ont nommé juge. Parmi eux, quel sera donc mon témoin? Le demandeur? c'est Fannius; il n'aurait garde de déposer contre lui. Le défendeur? c'est Flavius : depuis longtemps il n'est plus; s'il existait, vous l'entendriez ici. Le juge? c'est Cluvius : que dit-il? que Fannius a reçu de Flavius cent mille sesterces comptant pour l'affaire de Panurge. Si c'est d'après sa fortune que vous jugez ce témoin, il est chevalier romain; si c'est d'après sa conduite, il jouit d'une brillante renommée; si c'est d'après vous-même, vous l'avez pris pour juge; si c'est d'après la vérité, il a déposé ce qu'il pouvait, ce qu'il devait savoir. Dites maintenant, dites que l'on doit récuser le témoignage d'un chevalier romain, homme d'honneur et votre juge. Voyez Fannius aux abois, promener autour de lui ses regards effarés. Il ne veut pas que nous lisions la

---

quam. Si planum facio, post hanc recentem stipulationem Roscii, HS cccɔɔɔ a Flavio te abstulisse; numquid causæ est, quin ab judicio abeas turpissime victus? Quo teste igitur hoc planum faciam? Venerat, ut opinor, hæc res in judicium. Certe. Quis erat petitor? Fannius. Quis reus? Flavius. Quis judex? Cluvius. Ex his unus mihi testis est producendus, qui pecuniam datam dicat. Quis est ex his gravissimus? Sine controversia, qui omnium judicio comprobatus est judex. Quem igitur ex his tribus a me testem exspectabis? Petitorem? Fannius est : contra se numquam testimonium dicet. Reum? Flavius est. Is jam pridem est mortuus. Si viveret, verba ejus audiretis. Judicem? Cluvius est. Quid is dicit? HS cccɔɔɔ Panurgi nomine Flavium Fannio dissolvisse. Quem tu si ex censu spectas, eques Romanus est : si ex vita, homo clarissimus est : si ex te, judicem sumpsisti: si ex veritate, id, quod scire potuit et debuit, dixit. Nega, nega nunc, equiti romano, homini honesto, judici tuo, credi oportere. Circumspicit, æstuat; negat nos Cluvii testimonium recitaturos. Re-

déposition de Cluvius. Il se trompe; il se berce d'une vaine et frivole espérance. Lisez la déposition de T. Manilius et de C. Luscius Ocrea, deux citoyens, deux sénateurs d'un mérite si distingué, qui ont appris l'affaire de la bouche de Cluvius. *Déposition de T. Manilius et de C. Luscius Ocrea.*

XV. Qu'allez-vous objecter? Est-ce Luscius et Manilius, ou même Cluvius, qu'il ne faut pas croire? Expliquons-nous d'une manière plus nette et plus claire. Luscius et Manilius n'ont-ils rien entendu dire à Cluvius touchant ces cent mille sesterces, ou bien Cluvius en a-t-il imposé à Luscius et à Manilius? Sur ce point je suis tranquille, et sûr de mon triomphe; quelle que puisse être votre réponse, je ne m'en mets nullement en peine. Les témoignages positifs et respectables des meilleurs citoyens, sont pour la cause de Roscius un rapport assez fort. Avez-vous déjà décidé qui sont ceux dont vous refusez de croire le serment? Est-ce Manilius et Luscius, qui, selon vous, sont des imposteurs? Dites-le, ne vous en faites pas faute; une telle audace est bien dans vos habitudes d'effronterie et d'arrogance : toute votre conduite y répond. Eh bien! qu'attendez-vous? que je vous dise que Luscius et Manilius sont deux sénateurs respectables par leur âge et par leur naissance; intègres et religieux par caractère; riches et puissants par leur fortune? Je m'en garderai bien; ce serait me faire tort à moi-même que de prétendre leur payer le tribut d'éloges que mérite une vie con-

citabimus; erras; inani et tenui spe te consolaris. Recita testimonium T. Manilii et C. Luscii Ocreæ, duorum senatorum, hominum ornatissimorum, qui ex Cluvio audierunt. TESTIMONIUM T. MANILI ET C. LUSCII OCREÆ.

XV. Utrum dicis? Luscio et Manilio; an et Cluvio non esse credendum? Planius atque apertius dicam. Utrum Luscius et Manilius nihil de HS ccciɔɔɔ ex Cluvio audierunt? an Cluvius falsum Luscio et Manilio dixit? Hoc ego loco, soluto et quieto sum animo; et, quorsum recidat responsum tuum, non magno opere laboro. Firmissimis enim et sanctissimis testimoniis virorum optimorum causa Roscii communita est. Si jam tibi deliberatum est, quibus abroges fidem juris jurandi, responde. Manilio et Luscio negas esse credendum? dic, aude : est tuæ contumaciæ, adrogantiæ, vitæque universæ vox. Quid? exspectas, quam mox ego Luscium et Manilium dicam ordine esse senatores; ætate grandes natu; natura sanctos et religiosos; copiis rei familiaris locupletes et pecuniosos? non faciam; nihil mihi detraham, quum illis exactæ ætatis severissime

sacrée tout entière à la plus austère vertu : ma jeunesse a plus besoin de toute leur estime que leur vieillesse sans reproche n'attend mes éloges. Mais c'est à vous, Pison, qu'il appartient de délibérer, de réfléchir mûrement lequel il vous faut admettre, ou du témoignage de Fannius Cherea, déposant librement dans sa propre cause, ou de celui de Luscius et de Manilius, déposant, après serment, dans une cause qui leur est étrangère. Reste à soutenir que Cluvius en a imposé à Manilius et à Luscius. Si Cherea le fait avec son impudence habituelle, récusera-t-il pour témoin celui qu'il a pris lui-même pour juge? Voudra-t-il que vous refusiez votre confiance à celui qui possède la sienne? Repoussera-t-il devant son juge, comme témoin, celui devant lequel, pour éclairer sa bonne foi et sa religion, quand il l'avait pour juge, il produisait des témoins? Un homme qu'il devrait recevoir pour juge, lors même qu'il serait présenté par moi, il oserait le récuser quand je le produirai comme témoin?

XVI. Répliquera-t-il que c'est sans avoir prêté serment que Cluvius a dit le fait à Luscius et à Manilius? S'il avait fait serment, vous le croiriez donc? Mais quelle différence établissez-vous entre le parjure et le menteur? Celui qui a l'habitude du mensonge n'est pas éloigné du parjure. Si je puis engager un homme à mentir, j'en aurai bientôt fait un parjure. Car celui qui s'est une fois écarté de la vérité, ne se fait pas plus scrupule de s'habituer au parjure qu'au mensonge. Peut-il craindre le

fructum, quem meruerunt, retribuam : magis mea adolescentia indiget illorum bona existimatione, quam illorum severissima senectus desiderat meam laudem. Tibi vero, Piso, diu deliberandum et concoquendum est, utrum potius Chæreæ injurato, in sua lite; an Manilio et Luscio juratis in alieno judicio credas. Reliquum est, ut Cluvium falsum dixisse Luscio et Manilio contendat : quod si facit, qua impudentia est, cumne testem improbabit, quem judicem probarit? ei negabit credi oportere, cui ipse crediderit? ejus testis ad judicem fidem infirmabit; cujus propter fidem et religionem judicis, testes comparabat? quem ego si ferrem judicem, refugere non deberet; quum testem producam, reprehendere audebit?

XVI. Dixit enim, inquit; injuratus Luscio et Manilio. Si diceret juratus, crederes? At quid interest inter perjurum et mendacem? Qui mentiri solet, pejerare consuevit. Quem ego, ut mentiatur, inducere possum; ut pejeret, exorare facile potero. Nam qui semel a veritate deflexit, hic non majore religione ad perjurium, quam ad mendacium perduci consuevit. Quis enim deprecatione

courroux céleste, celui qui est sourd à la voix de sa conscience ? Aussi les dieux frappent-ils du même châtiment le parjure et l'imposteur. Ce n'est pas, en effet, l'arrangement des paroles qui entrent dans la formule d'un serment, mais bien l'intention perfide et perverse de dresser un piége à la bonne foi, qui excite contre les hommes la colère et la vengeance des immortels. Oui, moi je soutiens au contraire que l'autorité de Cluvius aurait moins de poids s'il avait affirmé la chose avec serment, que maintenant qu'il l'assure sans avoir rien juré. Car alors des méchants pourraient l'accuser d'une partialité trop intéressée, en le voyant devenir témoin dans une affaire où il aurait été juge : au lieu qu'à présent ses ennemis ne peuvent reconnaître que de la probité, de l'honneur dans celui qui dit à ses amis ce qu'il sait. Soutenez encore, si vous le pouvez, si vous trouvez le moindre jour à le faire, que Cluvius a menti. Lui, Cluvius ! Ici la vérité me retient comme par la main et me force à m'arrêter, à insister quelques instants. D'où viendra donc le mensonge ? qui l'aurait forgé ? Roscius est assurément un homme adroit et rusé ; dès le principe il a raisonné de la sorte : « Puisque Fannius me demande cinquante mille sesterces, je prierai C. Cluvius, chevalier romain, personnage de la plus haute distinction, de mentir en ma faveur, de dire qu'il y a eu transaction, bien qu'il n'y en ait eu aucune ; que Flavius a compté cent mille sesterces à Fan-

---

deorum, non conscientiæ fide commovetur? Propterea quæ pœna ab diis immortalibus perjuro, hæc eadem mendaci constituta est. Non enim ex pactione verborum, quibus jus jurandum comprehenditur, sed ex perfidia et malitia, per quam insidiæ tenduntur alicui, di immortales hominibus irasci et succensere consuerunt. At ego hoc ex contrario contendo. Levior esset auctoritas Cluvii, si diceret juratus, quam nunc est, quum dicit injuratus. Tum enim forsitan improbis nimis cupidus videretur, qui, qua de re judex fuisset, testis esset : nunc omnibus inimicis necesse est castissimus et constantissimus esse videatur, qui id, quod scit, familiaribus suis dicit. Dic nunc, si potes, si res, si causa patitur, Cluvium esse mentitum. Mentitus est Cluvius ? Ipsa mihi veritas manum injecit, et paullisper consistere et commorari cogit. Unde hoc totum ductum et conflatum mendacium est ? Roscius est videlicet homo callidus et versutus ; hoc initio cogitare cœpit : quoniam Fannius a me petit IIS Ɔ, petam a C. Cluvio, equite romano, ornatissimo homine, ut mea causa mentiatur ; dicat, decisionem factam esse, quæ facta non est ; IIS cccɔɔɔ a

nius, bien que ce dernier n'ait rien reçu. » Voilà la première pensée d'un cœur corrompu, d'un esprit misérable et plus que borné. Qu'aura-t-il fait ensuite? Bien affermi dans son dessein, il se présente chez Cluvius. Qu'est-ce que Cluvius? Une tête légère? Non, c'est un grave personnage. Un homme facile à manier? Non, c'est l'esprit le plus fixe dans ses résolutions. Peut-être est-il l'ami de Roscius? à peine s'il le connaît. Après le salut d'usage, Roscius lui explique d'un ton doux et patelin le but de sa visite : « Veuillez mentir, par égard pour moi, devant quelques hommes de bien, vos amis les plus chers; dites qu'il y a eu transaction entre Flavius et Fannius, au sujet de Panurge, quoiqu'il n'en soit sien; ajoutez que cent mille sesterces ont été donnés par Flavius, quoiqu'il n'ait point donné un as. » A cela que répond Cluvius? « Assurément je mentirai pour vous avec plaisir, avec empressement. Si même un parjure peut vous être agréable, je suis tout à vous. Mais pourquoi vous être donné tant de peine en venant chez moi? Vous demandez si peu de chose que vous pouviez me le faire savoir par un messager. »

XVII. J'en atteste les dieux et les hommes; jamais Roscius n'aurait adressé une telle demande à Cluvius, lors même qu'il eût été question de cent millions de sesterces; jamais Cluvius n'aurait prêté les mains à pareille intrigue, alors qu'il eût partagé la proie. Vous-même, Fannius, je le dis en vérité, à peine oseriez-vous réclamer un tel service d'un Ballion, ou de quel-

---

Flavio data esse Fannio, quæ data non sunt. Est hoc principium improbi animi, miseri ingenii, nullius consilii. Quid deinde? Posteaquam se præclare confirmavit, venit ad Cluvium. Quem hominem? levem? immo gravissimum : mobilem? immo constantissimum : familiarem? immo alienissimum. Hunc posteaquam salutavit, rogare cœpit blande et concinne scilicet : Mentire mea causa, viris optimis, tuis familiaribus præsentibus; dic Flavium cum Fannio de Panurgo decidisse, qui nihil transegit; dic HS cccɔɔɔ dedisse, qui assem nullum dedit. Quid ille respondit? Ego vero cupide et libenter mentiar tua causa; et, si quando me vis pejerare, ut paullulum tu compendii facias, paratum fore scito : non fuit causa, cur tantum laborem caperes, et ad me venires; per nuntium hoc, quod erat tam leve, transigere potuisti.

XVII. Proh deum hominumque fidem! hoc aut Roscius umquam a Cluvio petisset, si HS milliens in judicium haberet? aut Cluvius Roscio petenti concessisset, si universæ prædæ particeps esset? Vix medius fidius tu, Fanni, a Ballione, aut

qu'un de son espèce ; vous ne pourriez l'y faire consentir, tant votre demande serait contraire, non-seulement à l'équité, mais même au simple bon sens. Oui, j'oublie que Roscius et Cluvius sont deux personnages de la plus haute distinction ; et je les suppose un instant capables d'une friponnerie pour leur intérêt. Roscius a suborné Cluvius comme faux témoin : pourquoi si tardivement? pourquoi seulement lors du second payement et non à l'époque du premier? Car il avait déjà soldé cinquante mille sesterces. Ensuite, si Roscius était une fois parvenu à faire mentir Cluvius, pourquoi ne lui a-t-il pas fait dire que Fannius avait reçu de Flavius, trois cent mille sesterces plutôt que cent mille, puisque, d'après leur nouvel accord, la moitié revenait de droit à Roscius?

Vous le comprenez maintenant, C. Pison : Roscius a stipulé pour lui seul et non pour la société. Trop convaincu de ce que je dis, Saturius n'ose insister davantage, ni heurter de front la vérité; mais, par une chicane nouvelle, il vient encore nous tendre un autre piége. Je veux, dit-il, que Roscius ait demandé sa part à Flavius, qu'il ait laissé entiers et francs de toute atteinte les droits de Fannius ; mais je prétends que ce qu'il a touché, en son nom, est devenu la propriété commune de l'association. Cette objection n'est pas moins fallacieuse que révoltante. Je le demande, en effet, Roscius avait-il ou non la faculté de revendiquer

---

aliquo ejus simili hoc postulare auderes et impetrare posses, quod quum est veritate falsum, tum ratione quoque est incredibile. Obliviscor enim, Roscium et Cluvium viros esse primarios: improbos temporis causa esse fingo. Falsum subornavit testem Roscius Cluvium : cur tam sero? cur quum altera pensio solvenda esset, non tum, quum prima? nam jam antea HS ↈ dissolverat. Deinde, si jam persuasum erat Cluvio, ut mentiretur; cur potius HS ↈↈↈ, quam ↈↈↈ ↈↈↈ ↈↈↈ data dixit Fannio a Flavio, quum ex restipulatione pars ejus dimidia Roscii esset?

Jam intelligis, C. Piso, sibi soli, societati nihil Roscium petisse. Hoc quum sentit Saturius esse apertum, resistere et repugnare contra veritatem non audet ; aliud fraudis et insidiarum in eodem vestigio diverticulum repperit. Petisse, inquit, suam partem Roscium a Flavio confiteor; vacuam et integram reliquisse Fannii concedo : sed, quod sibi exegit, id commune societatis factum esse contendo. Quo nihil captiosius, neque indignius potest dici. Quaero enim, potueritne Roscius ex societate suam partem petere, ecne? Si non potuit,

sa part de la société? S'il ne l'avait pas, comment l'a-t-il retirée? S'il l'a pu, comment n'aurait-il pas agi pour lui-même? Car reçut-on jamais pour un autre ce qu'on demande pour soi? Eh quoi! si Roscius eût réclamé tout ce qui revenait à la société, on ferait deux parts égales de tout ce qu'il aurait reçu; et, lorsqu'il n'a demandé que sa part, ce qu'il a reçu ne serait pas à lui?

XVIII. Quelle différence y a-t-il entre celui qui plaide par lui-même ou celui qui plaide par procureur? Quand on plaide soi-même, on ne requiert que pour soi; on ne peut requérir pour un autre, lorsqu'on n'a pas été chargé de défendre ses intérêts. Cela n'est-il point incontestable? Si Roscius avait stipulé pour vous, tout ce qu'on lui a alloué vous l'auriez pris pour vous. Il a demandé en son nom; donc, ce qu'il a obtenu, ce n'est pas pour vous, mais pour lui. Mais, si l'on a le droit de réclamer pour un autre, sans son autorisation expresse, expliquez pourquoi, après l'assassinat de Panurge, lorsque la procédure était entamée contre Flavius en réparation de dommage, vous avez été, pour cette affaire, le fondé de pouvoirs de Roscius, surtout quand, d'après votre langage, tout ce que vous demandiez pour vous, vous le demandiez également pour lui, et tout ce que vous réclamiez pour vous, devait revenir à l'association? Si Roscius n'avait rien à prétendre sur ce que vous aviez obtenu de Flavius, dans le cas où vous n'auriez pas eu la procuration de votre associé, vous

quemadmodum abstulit? si potuit; quemadmodum non sibi exegit? Nam quod sibi petitur, certe alteri non exigitur. An ita est? si quod universæ societatis fuisset petisset; quod tum redactum esset, æqualiter omnes partirentur: nunc, quum petierit, quod suæ partis esset; non quod abstulit soli sibi exegit?

XVIII. Quid interest inter eum, qui per se litigat, et qui cognitor datus? Qui per se litem contestatur, sibi soli petit: alteri nemo potest, nisi qui cognitor est factus. Itane vero? cognitor si fuisset tuus, quod vicisset judicio erres tuum. Suo nomine petiit; quod abstulit, sibi, non tibi exegit. Quod si quisquam petere potest alteri, qui cognitor non est factus, quæro, quid ita, quum Panurgus esset interfectus, et lis contestata cum Flavio damni injuria esset, tu in eam litem cognitor Roscii sis factus: quum præsertim ex tua oratione, quodcumque tibi peteres, huic peteres; quodcumque tibi exigeres, id in societatem recideret. Quod si ad Roscium nihil perveniret, quod tu a Flavio abstulisses, nisi te in suam litem dedisset cognitorem; ad te pervenire nihil

n'avez rien à prétendre sur ce qu'il a reçu, puisqu'il n'était pas votre délégué. Qu'aurez-vous à répondre ici, Fannius? Lorsque Roscius a transigé avec Flavius pour sa part, vous a-t-il, ou non, laissé votre action contre lui? Dans le premier cas, comment, depuis lors, avez-vous exigé de Flavius cent mille sesterces? Dans le second cas, pourquoi demander à Roscius ce que vous avez droit de réclamer pour vous-même. Car il en est de cela absolument comme d'un héritage commun. Un associé a sa part dans l'association, ainsi qu'un héritier dans la succession. L'héritier réclame pour lui seul et non pour ses collatéraux ; de même l'associé réclame en son nom, et jamais pour ses associés ; et, comme chacun n'a stipulé que pour lui, il paye aussi pour lui seul ; l'héritier, pour sa part de succession ; l'associé, dans le fonds commun sur sa part de la société. Ainsi Roscius était libre d'abandonner, en son nom, sa part à Flavius, sans qu'il pût y avoir réclamation de sa part ; et lorsqu'il s'est fait payer, en vous laissant tout droit de vous faire payer aussi, il n'a aucun partage à faire avec vous, à moins que, au mépris de toute justice, on ne vous laisse enlever à Roscius ce que vous ne pouvez extorquer à un autre. Saturius persiste et soutient que tout ce qu'un associé se fait payer appartient à l'association. S'il en est ainsi, quelle était donc l'étrange folie de Roscius lorsque, d'après l'avis et l'autorité des jurisconsultes, il a pris tous les soins possibles de

debet, quod Roscius pro sua parte exegit, quoniam tuus cognitor non est factus. Quid enim huic rei respondere poteris, Fanni? Quum de sua parte Roscius transegit cum Flavio, actionem tibi tuam reliquit, an non? Si non reliquit, quemadmodum HS ↂↀↀↀ ab eo postea exegisti ? si reliquit, quid ab hoc petis, quod per te persequi et petere debes ? Simillima enim et maxime gemina societas hereditatis est. Quemadmodum socius in societate habet partem, sic heres in hereditate habet partem. Ut heres sibi soli, non coheredibus petit, sic socius sibi soli, non sociis petit : et quemadmodum uterque pro sua parte petit, sic pro sua parte dissolvit, heres ex sua parte, qua hereditatem adiit; socius ex ea qua societatem coiit. Quemadmodum suam partem Roscius suo nomini condonare potuit Flavio, ut eam tu non peteres; sic, quum exegit, suam partem, et tibi integram petitionem reliquit, tecum partiri non debet nisi forte tu, perverso more, quod hujus est, ab alio extorquere non potes, huic eripere potes. Perstat in sententia Saturius : quodcumque sibi petat socius id societatis fieri. Quod si ita est; qua, malum, stultitia fuit Roscius, qui ex

faire promettre à Fannius, par un nouvel arrangement, de partager avec lui tout ce qu'aurait donné Flavius, puisque, sans cette précaution, sans cette disposition nouvelle, Fannius était encore redevable de cette somme à la société, c'est-à-dire à Roscius.....

(La fin du plaidoyer manque.)

juris peritorum consilio et auctoritate restipularetur a Fannio diligenter, ut, quod is exegisset a Flavio, dimidiam partem sibi dissolveret ; siquidem, sine cautione et repromissione, nihilominus id Fannius societati, hoc est, Roscio debebat.

(Multa desiderantur.)

QUATRIÈME DISCOURS

DISCOURS

CONTRE

Q. CÉCILIUS

TRADUCTION DE M. CH. DU ROZOIR

REVUE

PAR M. GRÉARD

INSPECTEUR DE L'ACADÉMIE DE PARIS

SOMMAIRE

§ Ier — *Sur les discours de Cicéron prononcés entre le plaidoyer* pro Roscio comœdo *et les Verrines.*

Entre le plaidoyer pour Roscius le comédien et le discours intitulé *Divinatio contra Cæcilium*, sept années s'écoulèrent, pendant lesquelles Cicéron se montra fort assidu au barreau, et ne cessa pas de plaider, même durant l'année 679 qu'il exerça la questure en Sicile. Parmi ces plaidoyers, huit seulement nous sont connus, soit par des fragments, soit seulement par leurs titres :

1° La défense de Scamander, affranchi de C. et de L. Fabricius, frères jumeaux, de la ville d'Aletrinum, à l'instigation desquels il avait tenté d'empoisonner A. Cluentius Avitus, chevalier romain. Cicéron explique, dans son plaidoyer pour Cluentius (du ch. XVI au ch. XXIII), les circonstances de ce procès, qu'il perdit, parce que, comme il l'avoue lui-même, Scamander était évidemment coupable. Cicéron avait alors trente-deux ans ; c'est dans la même année qu'il avait défendu Roscius le comédien (an de Rome 678, cons. Cn. Octavius et C. Scribonius Libon). Il ne reste rien du plaidoyer pour Scamander.

2° Le plaidoyer pour C. Mustius, chevalier romain, fermier de la République. C'est encore Cicéron lui-même (*seconde action contre Verrès*, I, 55) qui nous a conservé le souvenir de ce plaidoyer, dont il ne reste rien. On ignore quel était le point en litige. Plusieurs chronologistes placent l'affaire en 681, c'est-à-dire deux ans avant le procès de Verrès. On a lieu de penser, d'après les termes mêmes dont se sert Cicéron en parlant de ses relations avec Mustius, que le procès de ce chevalier doit avoir précédé au moins d'une année la préture de Verrès à Rome; il appartiendrait conséquemment à l'année 678.

3° Le plaidoyer pour M. Tullius Decula, accusé de dol, qui était fort considérable, puisqu'il se subdivisait en deux actions. Il nous en reste des fragments. Sigonius pense que ce Tullius est le même qui fut consul avec Cn. Cornelius Dolabella, l'an de Rome 673. Ce procès, selon Fabricius, suivi par M. Victor Le Clerc, date de la même année que ceux pour Q. Roscius et pour Scamander. Morabin le place après la questure de Cicéron, c'est-à-dire à l'an 680.

4° Le plaidoyer pour de jeunes nobles romains, prononcé en Sicile devant le préteur Peduceus, sous les ordres duquel Cicéron était questeur l'an 679 (consulat de L. Octavius et de C. Aurelius Cotta). Ces jeunes gens, qui faisaient partie de la garnison de Sicile, étaient accusés d'indiscipline et de lâcheté. Cicéron, dit Plutarque, les défendit avec un grand succès, et les fit absoudre. Il ne reste rien de ce plaidoyer.

5° Le discours aux Siciliens en quittant Lilybée, *quum quæstor e Lilybæo decederet*, l'an 680, sous le consulat de L. Licinius Lucullus et de M. Aurelius Cotta. Il n'en reste qu'un fragment cité par Fronton dans son livre intitulé *Exempla elocutionum*.

6° Le plaidoyer pour L. Varenus, accusé de meurtre, que Cicéron défendit, à son retour à Rome après sa questure, l'an 681 (consulat de M. Terentius Varro Lucullus et de C. Cassius Varus). Il en reste des fragments. Cicéron avait pour adversaire Erucius, qui avait été l'accusateur de S. Roscius d'Amérie.

7° Le plaidoyer pour P. Oppius, ancien questeur du consul M. Aurelius Cotta, qui était accusé par son général d'avoir fait des profits frauduleux sur les étapes des soldats, d'avoir cherché à les détourner de leurs devoirs par ses largesses, enfin d'avoir attenté à la vie du consul (même année 681). Quintilien, Ammien Marcellin et Fronton nous en ont conservé quelques fragments.

8° Le plaidoyer pour Sthenius, citoyen distingué de Thermus en Sicile, qui avait été l'objet des persécutions de Verrès. Sthenius s'était enfui à Rome, et Verrès l'avait frappé d'une condamnation capitale, non-seulement en son absence, mais même en l'absence de l'accusateur. On voulut appliquer à Sthenius la loi qui défendait à tout particulier condamné pour crime capital de rester à Rome. Cicéron le défendit avec succès devant le collège des tribuns. Ces particularités sur la défense de Sthenius sont tirées de la *seconde action contre Verrès* (I, ch. xxxiv à xli). Ce plaidoyer appartient à l'année 682 (consulat de P. Gellius Poplicola et de Cn. Cornelius Lentulus Clodianus). Cicéron lui-même indique cette date précise; aussi est-ce à tort que plusieurs éditeurs placent l'affaire sous le consulat suivant, trompés peut-être par la ressemblance du nom de P. Cornelius Lentulus Sura, l'un des consuls.

Ainsi furent remplies par Cicéron les six années qui s'écoulèrent entre sa questure et son édilité : c'était l'intervalle prescrit par les lois pour qu'un ancien questeur pût être élevé au rang de tribun ou d'édile. Le tribunat, depuis la dictature de Sylla, avait perdu presque toute sa puissance ; Cicéron tourna ses vues vers l'édilité. Vers le même temps, Hortensius aspirait au consulat. C'est ainsi que, six ans auparavant, la candidature de Cicéron à la questure s'était produite la même année que celle d'Hortensius à l'édilité. Son assiduité au barreau lui avait mérité la faveur du peuple, touché surtout de la rigueur avec laquelle il observait la loi Cincia, qu'en général on ne se faisait pas scrupule de violer ; c'était la loi qui défendait aux avocats de recevoir de l'argent ou des présents pour leurs plaidoyers.

§ II. — *Du discours intitulé* Divinatio contra Cæcilium.

On a vu que Cicéron avait dignement préludé à l'accusation de Verrès en défendant Sthénius, l'une des victimes de ce préteur. Cette circonstance, jointe aux souvenirs honorables qu'avait laissés sa questure à Lilybée, fut, sans doute, le motif qui porta les Siciliens à jeter les yeux sur lui pour obtenir justice des excès de Verrès.

Caïus Verrès, d'une famille patricienne, avait été successivement questeur de Carbon, qu'il trahit, après avoir été le complice de ses concussions (de l'an 670 à 672), puis lieutenant, et ensuite proquesteur de Cn. Dolabella en Asie, où tous deux commirent les plus odieuses vexations. Il était parvenu, par l'intrigue et la corruption, à la préture de Rome, l'an 680, et il avait passé au gouvernement de la Sicile, sous le consulat de M. Terentius Varro Lucullus et de C. Cassius Varus, l'an 681. Son père, nommé comme lui C. Verrès, ainsi que nous l'apprend Asconius Pedianus, était encore vivant. Verrès avait en outre sa femme, une fille mariée et un fils revêtu de la toge prétexte.

Il avait eu pour prédécesseur en Sicile C. Licinius Sacerdos, lequel avait succédé au préteur Sextus Peduceus, dont Cicéron avait été questeur l'an 679.

Pendant trois ans, Verrès conserva la préture de Sicile. La mort ayant enlevé Arrius, qui avait été désigné pour lui succéder au bout de la première année, les patrons que Verrès avait à Rome en profitèrent pour faire proroger ses pouvoirs.

Enfin, au bout de trois ans, Verrès fut remplacé dans la préture de Sicile par L. Cécilius Metellus. Peu s'en fallut que des réjouissances publiques ne signalassent son départ : le respect dû à la majesté du titre de citoyen romain empêcha seul les Siciliens de manifester leur joie. Mais cette contrainte ne servit qu'à faire éclater avec plus de violence leur haine et leur indignation, quand il eut repassé le détroit.

Toutes les villes de Sicile se réunirent pour accuser le coupable, à l'exception de Syracuse et de Messine, qu'il avait traitées avec plus de ménagement, ayant fait de l'une son séjour, et de l'autre l'entrepôt d'où il faisait passer ses vols en Italie. Quoique ces deux cités n'eussent pas toujours été à l'abri de ses déprédations et de ses violences, il avait trouvé le moyen de se les concilier, en leur donnant part au butin. Cicéron, à qui toutes les autres villes envoyèrent des députations, se laissa engager à soutenir leur cause par le souvenir de l'affection qu'elles lui avaient marquée pendant sa questure ; il leur avait d'ailleurs promis son appui.

Verrès avait bien prévu qu'il serait accusé, mais il se croyait certain d'être absous. Il avait pour lui ceux que leur naissance et leur position sociale appelaient au gouvernement des provinces, et qui pouvaient avoir besoin pour eux-mêmes, pour leurs parents ou pour leurs amis, de la même impunité. Entre ses protecteurs déclarés, on distinguait trois Metellus, un Scipion et le célèbre orateur Hortensius, qui était alors consul désigné.

Toutes ces difficultés, loin d'effrayer Cicéron, ne servirent qu'à l'animer, par l'espérance d'une gloire égale au succès de l'entreprise. Et le peuple, qui voyait dans cette affaire une occasion d'humilier la noblesse, applaudissait d'avance à l'accusation de Verrès.

En effet, la noblesse, livrée à tous les excès de la mollesse et de la débauche, ne recherchait le gouvernement des provinces que pour s'enrichir et employer les dépouilles des alliés à acheter les suffrages des plébéiens. Les opprimés s'adressaient en vain aux tribunaux, qui, depuis Sylla, étaient exclusivement composés de sénateurs. Les juges étaient le plus souvent aussi coupables que les accusés. Un mécontentement général régnait dans les provinces : on demandait que la judicature fût restituée à l'ordre équestre.

Cicéron, à ses débuts oratoires, avait osé heurter de front la toute-puissance de Sylla : il ne devait pas montrer moins d'énergie en dévoilant, dans le procès de Verrès, l'infamie des juges patriciens devant lesquels il avait à plaider. « Ainsi, » comme l'observe Morabin, « cette cause devait être d'un très-grand éclat, soit qu'on considérât la qualité des parties, soit qu'on portât ses regards sur la nature des crimes, soit enfin qu'on fît attention à l'intérêt que les deux ordres de l'État y devaient prendre. »

Mais ceux qui redoutaient le talent et l'énergie de Cicéron, avaient cru en triompher sans combattre, en suscitant un autre accusateur à Verrès. En effet, Q. Cécilius Niger s'était présenté à ce titre, en qualité de Sicilien, d'ancien questeur et d'ennemi de Verrès, au tribunal du préteur Man. Acilius Glabrion, chargé de connaître du crime de concussion.

Comme ennemi de Verrès, on ne pouvait, disait Cécilius, le soupçonner de prévarication ou d'intelligence avec lui ; comme son questeur, il connaissait ses crimes mieux que personne ; comme Sicilien, il devait être chargé de la défense de ses compatriotes.

Cherchait-il à sauver Verrès? Morabin et Middleton n'hésitent pas à le croire. La sentence des juges, qui donnèrent gain de cause à Cicéron, laisse peu de doutes sur la justesse de cette conjecture.

Il n'était pas rare, chez les Romains, qu'en matière criminelle, plusieurs accusateurs vinssent s'offrir dans la même affaire. Leurs prétentions réciproques devaient être jugées préliminairement par une espèce de procédure sommaire, appelée *divination*, parce qu'elle était purement conjecturale : c'était en effet à la sagacité du juge, de *deviner*, sans instruction préalable, quel était celui des prétendants à l'accusation qui pourrait le mieux s'en acquitter.

De là, le titre de *Divinatio*, qui est resté au discours contre Cécilius. Il se rapporte à l'an de Rome 684 (premier consulat de Pompée et de Crassus). Cicéron était candidat à l'édilité.

QUATRIÈME DISCOURS

DISCOURS
CONTRE
Q. CÉCILIUS

I. Juges, si par hasard quelqu'un parmi vous, ou parmi ceux qui m'écoutent, s'étonne qu'après avoir, depuis tant d'années, dans les causes particulières et publiques, toujours paru pour défendre, jamais pour attaquer, je change aujourd'hui tout à coup de dispositions et me présente comme accusateur; celui-là, quand il connaîtra les causes et les raisons de ma détermination, approuvera ma conduite, je n'en doute pas, et en même temps il reconnaîtra qu'en cette cause nul ne peut me disputer le droit de poursuivant.

Questeur en Sicile, lorsque je quittai cette province, je laissai

ORATIO QUARTA

DIVINATIO
IN
Q. CÆCILIUS

I. Si quis vestrum, judices, aut eorum qui adsunt, forte miratur, me, qui tot annos in causis judiciisque publicis ita sim versatus, ut defenderim multos, læserim neminem, subito nunc mutata voluntate, ad accusandum descendere; is, si mei consilii causam rationemque cognoverit, una et id, quod facio, probabit, et in hac causa profecto neminem præponendum esse mihi actorem putabit.

Quum quæstor in Sicilia fuissem, judices, itaque ex ea provincia decessissem,

dans tous les cœurs un si doux, un si fidèle souvenir de mon nom et de ma questure, que les Siciliens se persuadèrent qu'ils s'étaient créés en moi, à côté de leurs anciens et nombreux patrons, un appui de plus qui pouvait ne leur être pas inutile. Voilà pourquoi, spoliés et tyrannisés, ils sont venus de toute part, au nom de leurs cités, me solliciter d'embrasser la cause de leurs intérêts, me représentant que je leur avais souvent promis, souvent protesté que, si quelque occasion se présentait où ils eussent besoin de mes services, je ne faillirais pas à leur défense. Or le moment était venu, disaient-ils, de défendre non plus seulement leurs intérêts, mais leur vie, mais le salut de toute la province ; il ne restait plus même, dans leurs villes, de dieux dont ils pussent implorer le secours ; les statues les plus révérées, Verrès les avait enlevées des plus augustes sanctuaires ; tout ce que le libertinage pouvait imaginer d'infamies, la cruauté de supplices, l'avarice de rapines, le despotisme d'outrages, ils l'avaient éprouvé pendant les trois années de sa préture ; ils me suppliaient donc et me conjuraient de ne point rejeter les prières d'un peuple qui devait croire que, tant que je vivrais, il ne se trouverait réduit à adresser des prières à personne.

II. Ce n'est pas sans peine et sans douleur que je me suis vu

---

ut Siculis omnibus jucundam diuturnamque memoriam quæsturæ nominisque mei relinquerem : factum est, uti quum summum in veteribus patronis multis, tum nonnullum etiam in me præsidium suis fortunis constitutum esse arbitrarentur. Qui nunc populati atque vexati, cuncti ad me publice sæpe venerunt, ut suarum fortunarum omnium causam defensionemque susciperem : me sæpe esse pollicitum, sæpe ostendisse dicebant, si quod tempus accidisset, quo tempore aliquid a me requirerent, commodis eorum me non defuturum. Venisse tempus aiebant, non jam ut commoda sua, sed ut vitam salutemque totius provinciæ defenderem : sese jam ne deos quidem in suis urbibus, ad quos confugerent, habere, quod eorum simulacra sanctissima C. Verres ex delubris religiosissimis sustulisset : quas res luxuries in flagitiis, crudelitas in suppliciis, avaritia in rapinis, superbia in contumeliis efficere potuisset, eas omnes sese hoc uno prætore per triennium pertulisse : rogare et orare, ne illos supplices aspernarer, quos, me incolumi, nemini supplices esse oporteret.

II. Tuli graviter et acerbe, judices, in eum me locum adductum, ut aut eos

dans l'alternative ou de tromper l'espoir de ces hommes qui sollicitaient mon secours, ou de passer, cédant aux circonstances et à des obligations légitimes, au rôle d'accusateur, moi qui, dès ma première jeunesse, m'étais consacré au rôle de défenseur. Je leur disais qu'ils avaient, dans la personne de Q. Cécilius un poursuivant d'autant plus naturel qu'il avait été questeur après moi. J'espérais par ce moyen me tirer d'embarras ; mais je ne faisais que fournir des armes contre moi-même. Leurs instances eussent été moins vives, s'ils n'avaient pas connu cet homme ou s'il n'avait pas été questeur chez eux. Le sentiment du devoir, l'honneur, l'humanité, l'exemple de tant de vertueux citoyens, les principes et la conduite immémoriale de nos aïeux me déterminèrent à oublier mes propres intérêts, pour ne songer qu'à la sécurité de ceux auxquels m'attachait un lien sacré, et à prendre sur moi la charge de ce ministère.

Une considération du moins me console en cette affaire, juges : c'est que ce qui paraît de ma part une accusation doit être regardé moins comme une accusation que comme une défense. Car enfin, je défends une multitude d'hommes, une multitude de villes, toute une province, la Sicile entière. Si donc il est vrai que j'aie un coupable à accuser, il me semble que je ne m'écarte guère de mes principes ; et l'on ne peut dire que je renonce à secourir mes semblables et à les défendre. Et, quand

homines spes falleret, qui opem a me atque auxilium petissent ; aut ego, qui me ad defendendos homines ab ineunte adolescentia dedissem, tempore atque officio coactus ad accusandum traducerer. Dicebam, habere eos actorem Q. Cæcilium, qui præsertim quæstor in eadem provincia post me quæstorem fuisset Quo ego adjumento sperabam hanc a me molestiam posse demoveri, id mihi erat adversarium maxime. Nam illi multo mihi hoc facilius remisissent, si istum non nossent, aut si iste apud eos quæstor non fuisset. Adductus sum, judices, officio, fide, misericordia, multorum bonorum exemplo, vetere consuetudine institutoque majorum, ut onus hoc laboris atque officii, non ex meo, sed ex meorum necessariorum tempore, mihi suscipiendum putarem.

Quo in negotio tamen illa me res, judices, consolatur, quod hæc, quæ videtur esse accusatio mea, non potius accusatio, quam defensio est existimanda. Defendo enim multos mortales, multas civitates, provinciam Siciliam totam. Quamobrem, si mihi unus est accusandus, propemodum manere in instituto meo videor, et non omnino a defendendis hominibus sublevandisque discedere.

la cause ne serait pas aussi légitime, aussi noble, aussi importante ; quand les Siciliens ne m'auraient pas sollicité de m'en charger ; quand des liens aussi sacrés ne m'attacheraient pas à eux ; quand je n'aurais à alléguer d'autre motif que l'intérêt de la république, pour traduire, en mon nom, devant la justice, un homme d'une cupidité, d'une audace, d'une scélératesse sans égales, un homme qui s'est publiquement souillé de tous les crimes, de toutes les turpitudes, non-seulement en Sicile, mais en Achaïe, en Asie, en Cilicie, en Pamphylie, que dis-je, dans Rome même, sous les yeux du monde entier, qui pourrait blâmer ma conduite ou mes intentions ?

III. J'en atteste les dieux et les hommes : puis-je faire aujourd'hui rien de plus utile à l'État, de plus agréable au peuple romain, de plus conforme aux vœux des alliés et des nations étrangères, rien qui intéresse davantage la sécurité et la fortune de tous ? Nos provinces ravagées, tyrannisées, ruinées ; nos alliés, les tributaires du peuple romain, gémissants et réduits à la misère, réclament de nous, non plus une espérance de salut, mais une consolation de leurs désastres.

Ceux qui veulent que l'ordre des sénateurs reste en possession des tribunaux se plaignent de ne point trouver d'accusateurs qui soient à la hauteur de leur rôle ; ceux qui sont en état de remplir dignement ce ministère trouvent que les juges manquent de

Quodsi hanc causam tam idoneam, tam illustrem, tam gravem non haberem, si aut hoc a me Siculi non petissent, aut mihi cum Siculis causa tantæ necessitudinis non intercederet, et hoc, quod facio, me rei publicæ causa facere profiterer, ut homo singulari cupiditate, audacia, scelere præditus, cujus furta atque flagitia non in Sicilia solum, sed in Achaia, Asia, Cicilia, Pamphylia, Romæ denique ante oculos omnium maxima turpissimaque nossemus, me agente in judicium vocaretur : quis tandem esset, qui meum factum aut consilium posset reprehendere ?

III. Quid est, proh deum hominumque fidem ! in quo ego rei publicæ plus hoc tempore prodesse possim ? quid est, quod aut populo Romano gratius esse debeat, aut sociis exterisque nationibus optatius esse possit, aut saluti fortunisque omnium magis accommodatum sit ? Populatæ, vexatæ, funditus eversæ provinciæ ; socii, stipendiariique populi Romani adflicti, miseri, jam non salutis spem, sed exitii solatium quærunt.

Qui judicia manere apud ordinem senatorium volunt, queruntur accusatores se idoneos non habere ; qui accusare possunt judiciorum severitatem desi-

vigueur. Et cependant le peuple romain, au sein de ses embarras et de ses misères, ne souhaite rien tant que de voir renaître dans la république la rigueur et la sévérité des anciens tribunaux. C'est le regret de ces tribunaux qui a fait redemander avec instance la puissance tribunitienne; c'est le discrédit des jugements qui fait désirer qu'un autre ordre soit chargé de rendre la justice; ce sont les faiblesses et l'avilissement des juges qui ont fait réclamer la censure, dont le nom seul paraissait naguère si dur à l'oreille du peuple, comme une magistrature populaire et désirable. Aux excès de tant d'hommes pervers, aux plaintes journalières du peuple romain, au mépris dans lequel sont tombés les tribunaux, au mécontentement qu'excite un ordre entier, à tant de maux enfin, je n'ai vu qu'un seul remède, c'est que des hommes capables et intègres embrassassent la défense de la république et des lois. Je l'avoue donc, juges, c'est l'intérêt général qui m'a déterminé à me porter au secours de l'État, du côté où il est le plus en danger.

Maintenant que j'ai fait connaître quels motifs m'ont engagé à me présenter pour cette cause, je dois vous exposer l'objet du débat, afin que vous soyez mis en demeure de décider qui de nous deux doit être l'accusateur.

Il me semble quant à moi, juges, que, dans un procès de concussion, si plusieurs se disputent le droit de poursuivre l'accusé,

---

derant. Populus Romanus interea, tametsi multis incommodis difficultatibusque adfectus est, tamen nihil æque in re publica, atque illam veterem judiciorum vim gravitatemque requirit. Judiciorum desiderio tribunitia potestas efflagitata est; judiciorum levitate ordo quoque alius ad res judicandas postulatur; judicum culpa atque dedecore etiam censorium nomen; quod asperius antea populo videri solebat; id nunc poscitur; id jam populare atque plausibile factum est. In hac libidine hominum nocentissimorum, in populi Romani cotidiana querimonia, judiciorum infamia, totius ordinis offensione, quum hoc unum his tot incommodis remedium esse arbitrarer, ut homines idonei atque integri causam rei publicæ legumque susciperent; fateor me salutis omnium causa ad eam partem accessisse rei publicæ sublevandæ, quæ maxime laboraret.

Nunc, quoniam, quibus rebus adductus ad causam accesserim, demonstravi, dicendum necessario est de contentione nostra, ut in constituendo accusatore quid sequi possitis habeatis.

Ego sic intelligo, judices : quum de pecuniis repetundis nomen cujuspiam

il y a surtout deux choses à considérer : d'abord quel est celui que souhaite le plus, comme poursuivant, la partie plaignante, puis quel est celui que redoute le plus l'inculpé.

IV. Dans cette cause, juges, quoique ces deux points me paraissent assez clairs, je ne laisserai pas de les traiter l'un et l'autre, en commençant par celui qui doit vous être le plus à cœur, je veux dire le désir des plaignants; car c'est pour eux qu'ont été institués ces tribunaux de concussion. Verrès est accusé d'avoir pendant trois ans ravagé la province de Sicile, dévasté les cités, pillé les maisons, dépouillé les temples. Tous les Siciliens sont là qui se plaignent, et c'est à mon zèle qu'ils ont recours, zèle qu'ils connaissent pour l'avoir depuis longtemps éprouvé; c'est par mon organe qu'ils implorent votre appui et la protection des lois du peuple romain; c'est moi qu'ils ont choisi pour avocat de leur infortune, pour vengeur de leurs injures, pour représentant de leur droit et défenseur de leur cause.

Direz-vous, Cécilius, que ce n'est point à la prière des Siciliens que je me mêle de cette affaire, ou que le désir de ces bons et fidèles alliés ne doit pas peser d'un grand poids aux yeux des juges? Si vous osez avancer ce que Verrès, dont vous feignez d'être l'ennemi, voudrait bien faire croire, à savoir que les Sici-

deferatur, si certamen inter aliquos sit, cui potissimum delatio detur, hæc duo in primis spectari oportere : quem maxime velint actorem esse ii, quibus factæ esse dicantur injuriæ, et quem minime velit is, qui eas injurias fecisse arguatur.

IV. In hac causa, judices, tametsi utrumque esse arbitror perspicuum, tamen de utroque dicam, et de eo prius, quod apud vos plurimum debet valere, hoc est, de voluntate eorum, quibus injuriæ factæ sunt; quorum causa judicium de pecuniis repetundis est constitutum. Siciliam provinciam C. Verres per triennium depopulatus esse, Siculorum civitates vastasse, domos exinanisse, fana spoliasse dicitur. Adsunt, queruntur Siculi universi; ad meam fidem, quam habent spectatam jam, et diu cognitam, confugiunt; auxilium sibi per me a vobis atque a populi Romani legibus petunt; me defensorem calamitatum suarum, me ultorem injuriarum, me cognitorem juris sui, me actorem causæ totius esse voluerunt.

Utrum, Q. Cæcili, hoc dices; me non Siculorum rogatu ad causam accedere, an optimorum fidelissimorumque sociorum voluntatem apud hos gravem esse non oportere? Si id audebis dicere, quod C. Verres, cui te inimicum esse simulas, maxime existimari vult, Siculos hoc a me non petisse; primum causam

liens ne m'ont point chargé de leurs intérêts; d'abord vous venez en aide à votre ennemi, vous déchargez sa cause non pas d'une simple présomption, mais d'une sorte de jugement formel qui s'est produit, du moment où le bruit s'est répandu que tous les Siciliens avaient cherché un accusateur de ses violences. Si, vous, son ennemi, Cécilius, vous niez un fait que n'ose pas nier celui même dont ce fait détruit toutes les espérances, prenez garde qu'on ne vous accuse de poursuivre trop doucement vos inimitiés. En second lieu, j'ai pour témoins les citoyens les plus distingués de notre république; il n'est pas nécessaire que je les nomme tous : j'interpellerai seulement ceux qui sont ici présents; et, certes, ce sont ceux par qui, si j'en imposais, il m'en coûterait le plus de me voir convaincu d'impudence. Il sait bien ce qui en est, C. Marcellus, membre de ce tribunal; il le sait aussi, Cn. Lentulus Marcellinus, que je vois dans cette assemblée : eux sur lesquels les Siciliens fondent leurs meilleures espérances et leur plus ferme appui, parce que leur province tout entière est dévouée au nom des Marcellus; ils savent que nonseulement on m'a sollicité, mais qu'on m'a sollicité tant de fois, et avec tant d'instances, qu'il fallait nécessairement ou me charger de la cause, ou dénier les obligations les plus sacrées. Mais qu'est-il besoin de recourir à des témoins, comme si le fait était douteux ou obscur? Ils sont là, juges, ces respectables députés de tous les cantons de la Sicile; ils vous prient, vous supplient

---

inimici tui sublevabis, de quo non præjudicium, sed plane judicium jam factum putatur, quod ita percrebuit, Siculos omnes actorem suæ causæ contra illius injurias quæsisse. Hoc si tu, inimicus ejus, factum negabis, quod ipse, cui maxime hæc res obstat, negare non audet; videto, ne nimium familiariter inimicitias exercere videare. Deinde sunt testes, viri clarissimi nostræ civitatis, quos omnes a me nominari non est necesse : eos, qui adsunt, appellabo; quos, si mentirer, testes esse impudentiæ meæ minime vellem. Scit is, qui est in consilio, C. Marcellus; scit is, quem adesse video, Cn. Lentulus Marcellinus : quorum fide atque præsidio Siculi maxime nituntur, quod omnino Marcellorum nomini tota illa provincia adjuncta est. Hi sciunt, hoc non modo a me petitum esse, sed ita sæpe et ita vehementer esse petitum, ut aut causa mihi suscipienda fuerit, aut officium necessitudinis repudiandum. Sed quid ego his testibus utor, quasi res dubia aut obscura sit? Adsunt homines ex tota provincia nobilissimi, qui præsentes vos orant atque obsecrant, judices, ut in actore

que, dans le choix de leur défenseur, votre jugement soit conforme au leur. Ils sont là, les députés de toutes les cités de la Sicile, à l'exception de deux villes; de celles-là précisément qui, par leur présence, atténueraient deux inculpations des plus graves, et dont la responsabilité leur incombe en commun avec C. Verrès.

Mais pourquoi est-ce à moi que l'on s'est plus particulièrement adressé? S'il pouvait y avoir quelque doute sur la réalité du fait, j'en dirais la raison. Mais la chose est si claire, qu'il suffit d'ouvrir les yeux pour la reconnaître. Je me bornerai donc à dire que je ne vois pas quel tort pourrait me faire cette préférence. Ce n'est pas que je me flatte, juges, — loin de moi une telle présomption et de vous une telle pensée! — qu'ils m'aient préféré à tous leurs patrons. Non, certes, non; mais la situation présente, la santé, les moyens oratoires, voilà ce qu'ils ont considéré dans chacun de nous. Pour moi, et tels ont toujours été sur ce point mon désir et mes sentiments, j'aurais voulu qu'un de ceux qui sont en état de poursuivre ce procès s'en chargeât plutôt que moi, mais j'aimais mieux que ce fût moi que personne.

V. Du moment qu'il est constant que les Siciliens ont sollicité mon intervention, il ne me reste plus qu'à examiner si leur démarche doit avoir à vos yeux quelque poids, si des alliés du peu-

---

causæ suæ deligendo vestrum judicium ab suo judicio ne discrepet. Omnium civitatum totius Siciliæ legationes adsunt, præter duas civitates : quarum duarum, si adessent, duo crimina vel maxima minuerentur, quæ cum his civitatibus C. Verri communicata sunt.

At enim cur a me potissimum hoc præsidium petiverunt? Si esset dubium, petissent a me præsidium, necne, dicerem cur petissent. Nunc vero quum id ita perspicuum sit, ut oculis judicare possitis, nescio cur hoc mihi detrimento esse debeat, si id mihi objiciatur, me potissimum esse delectum. Verum id mihi non sumo, judices, et hoc non modo in oratione mea non pono, sed ne in opinione quidem cujusquam relinquo, me omnibus patronis esse præpositum. Non ita est; sed unius cujusque temporis, valetudinis, facultatis ad agendum, ducta ratio est. Mea fuit semper hæc in hac re voluntas et sententia; quemvis ut hoc mallem de iis, qui essent idonei, suscipere, quam me; me ut mallem, quam neminem.

V. Reliquum est jam, ut illud quæramus, quum hoc constet, Siculos a me petisse, ecquid hanc rem apud vos animosque vestros valere oporteat ; ecquid

ple romain, vos suppliants, doivent, quand ils vous demandent justice, trouver près de vous quelque considération. Mais qu'ai-je besoin d'en dire davantage sur ce point ? Comme s'il n'était pas évident que la loi sur les concussions a été exclusivement rendue en vue des alliés ! Les citoyens à qui l'on a enlevé leurs biens se pourvoient devant les tribunaux civils, en vertu du droit privé : la loi sur les concussions est une loi sociale ; c'est le code des étrangers ; c'est leur asile, leur fort, fort aujourd'hui moins solide, il est vrai, qu'il ne l'était jadis ; mais enfin, s'il peut rester encore quelque fonds d'espérance, quelque sujet de consolation aux alliés, il repose tout entier sur cette loi, que le peuple romain, que les nations les plus lointaines désirent depuis si longtemps voir placée sous une sévère et vigilante protection. Or, qui niera qu'une action légale ne doive être poursuivie conformément au désir de ceux en faveur de qui la loi a été instituée ? La Sicile entière, si elle pouvait se faire entendre ici d'une seule voix, vous dirait : « Tout ce qu'il y avait d'or, d'argent, d'ornements dans mes villes, dans mes maisons, dans mes temples, tout ce que la générosité du sénat et du peuple romain m'avait accordé de priviléges, vous seul, Verrès, vous me l'avez enlevé, vous me l'avez ravi. En conséquence, je vous redemande, au nom de la loi, cent millions de sesterces. » Si, dis-je, toute la province pouvait parler à la fois, c'est ainsi que sa voix se ferait en-

---

auctoritatis apud vos in suo jure repetundo socii populi Romani, supplices vestri, habere debeant. De quo quid ego plura commemorem ? quasi vero dubium sit, quin tota lex de pecuniis repetundis sociorum causa constituta sit. Nam civibus quum sunt ereptæ pecuniæ, civili fere actione et privato jure repetuntur : hæc lex socialis est : hoc jus nationum exterarum est ; hanc habent arcem, minus aliquanto nunc quidem munitam, quam antea ; verum tamen, si qua reliqua spes est, quæ sociorum animos consolari possit, ea tota in hac lege posita est : cujus legis non modo a populo Romano, sed etiam ab ultimis nationibus jam pridem severi custodes requiruntur. Quis ergo est, qui neget oportere eorum arbitratu lege agi, quorum causa lex sit constituta ? Sicilia tota, si una voce loqueretur, hoc diceret : « Quod auri, quod argenti, quod ornamentorum in meis urbibus, sedibus, delubris fuit ; quod in una quaque re, beneficio senati populique Romani, juris habui, id mihi tu, C. Verres, eripuisti atque abstulisti : quo nomine abs te sestertium millies ex lege repeto. » Si universa, ut dixi, provincia loqui posset, hac voce uteretur : quoniam id non poterat, harum

tendre ; mais, ne le pouvant pas, elle a choisi elle-même pour son organe celui qui lui a paru propre à la remplacer. Et, dans une affaire de cette nature, il pourrait se rencontrer un homme assez impudent pour oser, contre la volonté des intéressés, mettre la main ou prétendre à une cause qui ne le regarde point !

VI. Si les Siciliens vous disaient, Cécilius : « Nous ne vous connaissons pas ; nous ne savons qui vous êtes ; jusqu'à ce jour nous ne vous avions jamais vu : permettez-nous de confier la défense de nos intérêts à un homme dont le dévouement nous est connu » Que diraient-ils que tout le monde ne dût trouver raisonnable ? Eh bien ! voici ce qu'ils disent : « ils nous connaissent tous deux, ils désirent que l'un des deux se charge de la défense de leurs intérêts, mais pour l'autre, ils n'en veulent point.» Pourquoi n'en veulent-ils pas ? Quand même ils ne le diraient pas, leur silence serait assez clair ; mais, ce silence, ils ne le gardent pas. Et vous leur offririez vos services malgré eux ! et vous parleriez dans une cause qui ne vous regarde pas ! et vous défendriez des hommes qui aimeraient mieux être abandonnés de tous que défendus par vous ! et vous promettriez votre ministère à des hommes qui pensent que vous ne pouvez point, qu'alors même que vous voudriez, vous ne pourriez plaider leur cause ! Pourquoi, s'ils ont encore un reste d'espérance, fondé sur la sévérité de la loi et du tribunal, pourquoi travailler à la leur arracher ? pourquoi vous immiscer dans cette affaire contre l'aveu de ceux dont la loi veut

---

rerum actorem, quem idoneum esse arbitrata est, ipsa delegit. In ejus modi re quisquam tam impudens reperietur, qui ad alienam causam, invitis iis, quorum negotium est, accedere aut aspirare audeat ?

VI. Si tibi, Q. Caecili , hoc Siculi dicerent : Te non novimus ; nescimus qui sis ; numquam te antea vidimus ; sine nos per cum nostras fortunas defendere, cujus fides est nobis cognita : nonne id dicerent, quod cuivis probare deberent ? Nunc hoc dicunt : utrumque se nosse ; alterum se cupere defensorem esse fortunarum suarum, alterum plane nolle. Cur nolint, etiamsi tacent, satis dicunt ; verum non tacent : tamen his invitissimis te offeres ? tamen in aliena causa loquere ? tamen eos defendes, qui se ab omnibus desertos potius, quam abs te defensos esse malunt ? tamen his operam tuam pollicebere, qui te neque velle sua causa, nec, si cupias, posse arbitrantur ? Cur eorum spem exiguam reliquarum fortunarum, quam habent in legis et in judicii severitate positam, vi extorquere conaris ? cur te interponis, invitissimis his, quibus maxime lex

que les convenances soient avant tout consultées? après les avoir si mal servis dans leur province, pourquoi chercher à achever leur ruine? pourquoi leur ôter le moyen non-seulement de poursuivre leur droit, mais de se plaindre de leurs malheurs? Car si c'est vous qui êtes chargé de l'accusation, croyez-vous qu'on verra paraître devant ce tribunal aucun de ceux qui, vous le savez bien, voudraient aujourd'hui non pas se venger d'un autre par vous, mais qui cherchent quelqu'un qui les venge de vous-même?

VII. Mais de tout cela, dira-t-on, il ne résulte qu'une chose : c'est que c'est moi que les Siciliens préfèrent. L'autre question, la question de savoir par qui Verrès craint le plus d'être accusé, est, en effet, si obscure! Eh! vit-on jamais personne intriguer plus ouvertement pour obtenir les honneurs, se débattre plus vivement pour sauver son existence, que ne font cet homme et ses amis, pour empêcher que cette accusation me soit confiée? Il est bien des choses que Verrès s'attend à trouver en moi, et dont il sait que vous êtes mal pourvu, Cécilius. La différence qui, à cet égard, existe entre nous deux, je la ferai sentir tout à l'heure. Pour le moment, je me bornerai à dire, et votre conscience ne me démentira pas, qu'il n'y a rien en moi que cet homme méprise, rien en vous qu'il redoute. Aussi ce puissant défenseur et ami de Verrès (Hortensius) vous appuie-t-il de son suffrage, aussi m'attaque-t-il, aussi demande-t-il publiquement

---

consultum esse vult? cur de quibus in provincia non optime es meritus, eos nunc plane fortunis omnibus conaris evertere? cur his non modo persequendi juris sui, sed etiam deplorandæ calamitatis adimis potestatem? Nam, te actore, quem eorum adfuturum putas, quos intelligis, non ut per te alium, sed ut per alium aliquem te ipsum ulciscantur laborare?

VII. At enim solum id est, ut me Siculi maxime velint : alterum illud, credo, obscurum est, a quo Verres minime se accusari velit. Ecquis umquam tam palam de honore, tam vehementer de salute sua contendit, quam ille, atque illius amici, ne hæc mihi delatio detur? Sunt multa, quæ Verres in me esse arbitratur, quæ scit in te, Q. Cæcili, non esse : quæ cujusmodi in utroque nostrum sint, paullo post commemorabo. Nunc tantum id dicam, quod tacitus tu mihi adsentiare : nullam rem in me esse, quam ille contemnat, nullam in te, quam pertimescat. Itaque magnus ille defensor et amicus ejus tibi [Hortensius] suffragatur, me oppugnat; aperte ab judicibus petit, ut tu mihi anteponare;

12.

aux juges de vous préférer à moi ; aussi proteste-t-il que c'est en homme d'honneur, sans nul sentiment de haine, sans dessein de nuire, qu'il élève cette prétention. « Car enfin, » dit-il, « je ne demande pas ce que j'ai toujours obtenu, quand j'y ai mis quelque ardeur, je ne demande pas que l'accusé soit absous ; mais que ce soit celui-ci plutôt que celui-là qui le poursuive, voilà ce que je demande : faites cela pour moi ; accordez-moi cette satisfaction, vous le pouvez sans peine ; la chose est honnête et n'a rien qui puisse vous compromettre. Si vous me l'accordez, vous me donnerez le moyen, sans exposer au moindre risque votre sécurité ou votre honneur, de faire absoudre un homme dont le sort m'intéresse. » Et, pour que la crainte vienne à l'appui de la bienveillance, il ajoute qu'il y a dans le tribunal certains membres auxquels il voudrait que les tablettes fussent montrées ; ce qui est la chose du monde la plus facile, puisque les juges ne viennent pas déposer leur suffrage l'un après l'autre, mais tous à la fois, et que d'ailleurs chaque votant reçoit une tablette enduite de la cire conforme à la loi, et non de cette cire suspecte qui a causé tant de scandale. Au fond, ce n'est pas tant Verrès qui l'intéresse ; c'est que toute cette affaire ne lui plaît guère. Il prévoit que si de ces jeunes nobles dont jusqu'à présent il s'est joué, si de ces délateurs mercenaires qu'il a toujours, non sans raison, méprisés et comptés pour rien, l'idée d'accuser passe à des hommes d'un caractère énergique et éprouvé, c'en est fait de sa domination dans les tribunaux.

---

et ait, hoc se honeste, sine ulla invidia, ac sine ulla offensione contendere. « Non enim, inquit, illud peto, quod soleo, quum vehementius contendi, impetrare, reus ut absolvatur, non peto ; sed ut ab hoc potius quam ab illo accusetur, id peto. Da mihi hoc ; concede, quod facile est, quod honestum, quod non invidiosum : quod quum dederis, sine ullo tuo periculo, sine infamia illud dederis, ut is absolvatur, cujus ego causa laboro. » Et ait idem, ut aliquis metus adjunctus sit ad gratiam, certos esse in consilio, quibus ostendi tabellas velit ; id esse perfacile ; non enim singulos ferre sententias, sed universos constituere ; ceratam uni cuique tabellam dari cera legitima, non infami illa ac nefaria. Atque is non tam propter Verrem laborat, quam quod eum minime res tota delectat. Videt enim, si a pueris nobilibus, quos adhuc elusit ; si a quadruplatoribus, quos non sine causa contempsit semper, ac pro nihilo putavit, accusandi voluntas ad viros fortes, spectatosque homines translata sit, sese in judiciis diutius dominari non posse.

VIII. Mais je le lui déclare à l'avance : si vous voulez que ce soit moi qui plaide cette cause, il lui faudra changer entièrement son plan de défense, et cela, pour un système meilleur, surtout plus honnête qu'il ne le voudrait bien, pour un système conforme aux doctrines des grands orateurs qu'il a lui-même entendus, des L. Crassus et des Marc-Antoine, qui pensaient que, même dans les causes et les affaires de ses amis, il ne faut apporter au tribunal que probité et talent. Non, il n'aura pas lieu de penser, si c'est moi parle, qu'un tribunal puisse être corrompu sans qu'il en résulte de grands dangers. Car si, dans cette accusation, ce sont les Siciliens qui m'ont remis leur cause, c'est de la cause du peuple romain tout entier que je me regarde comme chargé. Ce n'est pas un seul criminel que je prétends écraser, ainsi que l'ont demandé les Siciliens, c'est la corruption elle-même, et depuis longtemps le peuple romain nous le commande, que je dois étouffer, anéantir. Jusqu'où pourront aller mes efforts, quel en sera le succès, j'aime mieux sur ce point m'en remettre à l'espérance de mes auditeurs que de me flatter ici.

Mais vous, Cécilius, de quoi êtes-vous capable? Dans quelle circonstance, dans quelle affaire, avez-vous, je ne dis pas, donné une idée, mais fait vous-même l'essai de vos forces? N'avez-vous pas songé combien il est difficile de soutenir dignement une

VIII. Huic ego homini jam ante denuntio, si a me causam hanc vos agi volueritis, rationem illi defendendi totam esse mutandam ; et ita tamen mutandam, ut meliore et honestiore conditione sit, quam qua ipse esse vult ; ut imitetur homines eos, quos ipse vidit, amplissimos. L. Crassum et M. Antonium ; qui nihil se arbitrabantur ad judicia causasque amicorum, præter fidem et ingenium, adferre oportere. Nihil erit, quod, me agente, arbitretur, judicium sine magno multorum periculo posse corrumpi. Ego in hoc judicio mihi Siculorum causam receptam, populi Romani susceptam esse arbitror : ut mihi non unus homo improbus opprimendus sit, id quod Siculi petiverunt, sed id quo populus Romanus jamdiu flagitat, omnino omnis improbitas, exstinguenda atque delenda sit. In quo quid eniti, aut quid efficere possim, malo in aliorum spe relinquere, quam in oratione mea ponere.

Tu vero, Cæcili, quid potes? quo tempore, aut qua in re non modo specimen cæteris aliquod dedisti, sed tute tui periculum fecisti? In mentem tibi non venit, quid negotii sit causam publicam sustinere? vitam alterius totam expli-

cause publique, de développer toute la vie d'un homme, d'en tracer le tableau devant les juges, bien plus de mettre clairement ce tableau sous tous les yeux, de défendre à la fois le salut des alliés, l'intérêt des provinces, l'autorité des lois, la majesté de la justice?

IX. Apprenez de moi, c'est une occasion de vous instruire, combien de qualités doit réunir un homme qui veut en accuser un autre; et s'il en est une seule que vous reconnaissiez en vous, je consens, à l'instant même, à la réalisation de vos vœux. Il faut d'abord une probité et une vertu peu communes; car quoi de plus intolérable que d'entendre quelqu'un demander compte à un autre de sa vie, qui ne saurait lui-même rendre compte de la sienne? Sur cela, je ne m'engagerai point dans de longs développements, mais il est une chose qui frappe les yeux de tout le monde, c'est qu'il n'y a encore que les Siciliens qui aient eu occasion de vous connaître, et l'on sait que, tout irrités qu'ils sont contre celui dont vous dites être l'ennemi, les Siciliens déclarent que, si c'est vous qui le poursuivez, ils ne paraîtront point au tribunal. Pourquoi? ce n'est pas moi qui vous le dirai. Laissez les juges en penser ce qu'ils en doivent penser. Quant aux Siciliens, en gens trop avisés je le veux bien, et, trop défiants, ils pensent que votre intention n'est pas de rapporter de la Sicile des pièces authentiques contre Verrès; mais, comme dans ces pièces sont à la fois consignés les actes et de sa préture et ceux de votre ques-

---

care? atque eam non modo in animis judicum, sed etiam in oculis conspectuque omnium exponere? sociorum salutem, commoda provinciarium, vim legum, gravitatem judiciorum defendere?

IX. Cognosce ex me, quoniam hoc primum tempus discendi nactus es, quam multa esse oporteat in eo, qui alterum accuset : ex quibus si unum aliquod in te cognoveris, ego jam tibi ipse istuc, quod expetis, mea voluntate concedam. — Primum integritatem atque innocentiam singularem. Nihil est enim, quod minus ferendum sit, quam rationem ab altero vitæ reposcere eum, qui non possit suæ reddere. Hic ego de te plura non dicam : unum illud credo omnes animadvertere, te adhuc ab nullis, nisi a Siculis, potuisse cognosci; Siculos hoc dicere, quum eidem sint irati, cui tu te inimicum esse dicis, sese tamen te actore, ad judicium non adfuturos. Quare negent, ex me non audies : hos patere id suspicari, quod necesse est. Illi quidem, ut est hominum genus nimis acutum et suspiciosum, non te ex Sicilia litteras in Verrem deportare velle

ture, ils vous soupçonnent de vouloir non les lever, mais les enlever de la province. — Une seconde qualité nécessaire dans un accusateur, c'est qu'il soit ferme et de bonne foi. Or quand vous auriez le désir de l'être, je le sens bien, vous ne le pourriez pas. Je ne citerai point ici des faits qu'il vous serait impossible de contester, si je les citais. Je ne dirai point qu'avant de quitter la Sicile, vous vous étiez réconcilié avec Verrès; qu'à votre défaut, Potamon, votre secrétaire et votre intime ami, fut retenu auprès de Verrès; que M. Cécilius, votre frère, jeune homme d'un mérite distingué, ne paraît point dans cette affaire, ne vous assiste point dans votre poursuite, bien plus, qu'il demeure chez Verrès, et vit avec lui dans la plus grande familiarité, en véritable ami. Ce sont là des preuves que vous êtes un accusateur de mauvaise foi. Il en existe bien d'autres, mais je ne les ferai pas valoir pour le moment. Je me bornerai à dire que, quand vous voudriez le plus sincèrement du monde être un loyal accusateur, vous ne le pourriez pas; car je sais une infinité de délits qui vous sont tellement communs avec Verrès, que dans votre accusation, vous n'oseriez pas y toucher.

X. Toute la Sicile se plaint que Verrès ayant ordonné aux fermiers du domaine de lui fournir sa provision de grains, le boisseau de froment valant alors deux sesterces, il en a exigé la valeur en argent, à douze sesterces par boisseau. Voilà un délit

arbitrantur, sed, quum iisdem litteris illius prætura et tua quæstura consignata sit, asportare te velle ex Sicilia litteras suspicantur. — Deinde accusatorem firmum verumque esse oportet. Eum ego si te putem cupere esse, facile intelligo esse non posse. Nec ea dico, quæ, si dicam, tamen infirmare non possis : te, ante quam de Sicilia decesseris, in gratiam redisse cum Verre ; Potamonem, scribam et familiarem tuum, retentum esse a Verre in provincia, quum tu decederes ; M. Cæcilium, fratrem tuum, lectissimum atque ornatissimum adolescentem non modo non adesse, neque tecum tuas injurias persequi, sed esse cum Verre, cum illo familiarissime atque amicissime vivere. Sunt hæc et alia in te falsi accusatoris signa permulta : quibus ego nunc non utor : hoc dico, te, si maxime cupias, tamen verum accusatorem esse non posse. Video enim permulta esse crimina, quorum tibi societas cum Verre ejus modi est, ut ea in accusando attingere non audeas.

X. Queritur Sicilia tota, C. Verrem ab aratoribus, quum frumentum sibi in cellam imperavisset, et quum esset tritici modius HS II, pro frumento, in modios singulos, duodenos sestertios exegisse. Magnum crimen, ingens pecunia,

grave, une forte somme, un vol impudent, une vexation criante. Moi, avec ce seul chef d'accusation, naturellement je le condamne. Vous, Cécilius, que ferez-vous? Passerez-vous sous silence ou articulerez-vous un tel chef? Si vous l'articulez, sera-ce pour reprocher au coupable ce que, à la même époque, dans la même province, vous avez fait vous-même? Oserez-vous accuser autrui, au risque de vous condamner vous-même sans recours? Si vous n'en parlez pas, que devra-t-on penser d'un accusateur qui, par crainte d'un danger personnel, recule je ne dis pas devant l'articulation, mais devant la simple mention d'un crime aussi certain, aussi grave? Autre exemple : il a été fait un achat de grains en Sicile sous la préture de Verrès, en vertu d'un sénatus-consulte; mais le prix de ce grain n'a pas été acquitté tout entier. Le chef d'accusation est grave; grave entre mes mains, nul dans les vôtres. Car vous étiez questeur, vous aviez l'administration des deniers publics, et, quelque envie que le préteur pût avoir d'en détourner quelque chose, il dépendait presque entièrement de vous de l'en empêcher. Voilà donc encore un chef d'accusation dont il ne sera pas fait mention, si c'est vous qui êtes l'accusateur. Ainsi, dans tout le cours du procès, il ne sera rien dit des vols les plus notoires de cet homme, rien de ses iniquités les plus criantes. Croyez-moi, Cécilius, il est impossible qu'un accusateur défende loyalement les alliés de la république, lorsqu'il a partagé les rapines de l'accusé.

furtum impudens, injuria non ferenda. Ego hoc uno crimine illum condemnem necesse est : tu, Cæcili, quid facies? Utrum hoc tantum crimen prætermittes, an objicies? Si objicies, idne alteri crimini dabis, quod eodem tempore, in eadem provincia, tu ipse fecisti? audebis ita accusare alterum, ut, quo minus tute condemnere, recusare non possis? Sin prætermittes, qualis erit ista tua accusatio, quæ, domestici periculi metu, certissimi et maximi criminis non modo suspicionem, verum etiam mentionem ipsam pertimescat? Emptum est ex S. C. frumentum ab Siculis, prætore Verre : pro quo frumento pecunia omnis soluta non est. Grave est hoc crimen in Verrem : grave, me agente; te accusante, nullum. Eras enim tu quæstor : pecuniam publicam tu tractabas : ex qua, etiamsi cuperet prætor, tamen, ne qua deductio fieret, magna ex parte tua potestas erat. Hujus quoque igitur criminis, te accusante, mentio nulla fiet. Silebitur toto judicio de maximis et notissimis illius furtis et injuriis. Mihi crede, Cæcili, non potest, in accusando, socios vere defendere is, qui

Les fermiers de la dîme ont exigé qu'au lieu de grain on leur donnât de l'argent. Eh bien! cela ne s'est-il fait que sous la préture de Verrès? Vraiment non! nous l'avons vu aussi sous la questure de Cécilius. Lui ferez-vous un crime de ce que vous auriez pu, de ce que vous auriez dû empêcher? ou bien toute cette affaire sera-t-elle mise en oubli? Verrès n'entendra donc point dire un mot, dans son procès, d'une chose dont il eût été bien embarrassé, alors qu'il la faisait, d'indiquer comment il la pourrait justifier.

XI. Et je ne parle ici que de faits qui sont de notoriété publique. Il y a d'autres larcins plus cachés dont cet homme, sans doute pour endormir le zèle impétueux de son questeur, partageait avec lui le profit, le plus généreusement du monde. On m'en a fait, vous le savez, un fidèle rapport. Si je voulais publier ce rapport, tout le monde reconnaîtrait, sans peine, que non-seulement il y avait entre vous accord parfait d'intention, mais que vous en êtes même encore à partager le butin. Si donc vous demandez le droit d'indice, vous fondant sur ce que Verrès a agi de concert avec vous, j'y consens, pourvu que la loi le permette; mais dès le moment que c'est le droit d'accusation qui est en cause, vous ne pouvez vous dispenser de le céder à ceux qu'aucune faute personnelle n'empêche de mettre à découvert celles d'autrui. Et voyez la différence entre mon accusation et la

---

cum reo criminum societate conjunctus est. Mancipes a civitatibus pro frumento pecuniam exegerunt. Quid? hoc Verre prætore factum est solum? non; sed etiam quæstore Cæcilio. Quid igitur? daturus es huic crimini, quod et potuisti prohibere ne fieret, et debuisti? an totum id relinques? Ergo id omnino Verres in judicio suo non audiet, quod quum faciebat, quemadmodum defensurus esset, non reperiebat.

XI. Atque ego hæc, quæ in medio posita sunt, commemoro: Sunt alia magis occulta furta, quæ ille, ut istius, credo, animos atque impetus retardaret, cum quæstore suo benignissime communicavit. Hæc tu scis ad me esse delata : quæ si velim proferre, facile omnes intelligent, vobis inter vos non modo voluntatem fuisse conjunctam, sed ne prædam quidem adhuc esse divisam. Quapropter si tibi indicium postulas dari, quod tecum una fecerit, concedo, si id lege permittitur; sin autem de accusatione dicimus, concedas oportet iis, qui nullo suo peccato impediuntur, quo minus alterius peccata demonstrare possint. Ac vide, quantum interfuturum sit inter meam atque tuam accusationem. Ego

vôtre ! Moi, je prétends imputer à Verrès même ce que vous avez fait sans Verrès, pour ne vous en avoir pas empêché, lorsqu'il avait le souverain pouvoir. Vous, au contraire, vous ne lu objecterez pas même ce qu'il a fait, de peur qu'on ne vous trouve, à certains égards, son complice.

Et de ces qualités, sans lesquelles il est impossible de soutenir une cause, surtout une cause de cette importance, vous semble-t-il, Cécilius, qu'il n'en faille tenir compte, je veux dire un certain talent d'avocat, une certaine habitude de la parole, une certaine connaissance, ou du moins une certaine pratique du barreau, des tribunaux et des lois ? Je sais combien est difficile et semée d'écueils la route où je m'engage ; car, si la présomption est toujours chose odieuse, certes il n'est rien de plus insupportable que les prétentions au génie et à l'éloquence. Je ne dirai donc rien de mon talent oratoire ; je ne vois pas d'ailleurs ce que j'en pourrais dire, et, quand je le verrais, je n'en dirais rien. En effet, ou l'opinion que l'on a de moi doit me suffire, quelle qu'elle soit ; ou si mon ambition n'en est pas satisfaite, tout ce que je pourrais en dire n'y saurait rien ajouter.

XII. Et vous, Cécilius (je veux, laissant à part tout esprit de rivalité, vous parler en ami), quelle opinion avez-vous de vous-même ? Voyez, réfléchissez, descendez au fond de votre cœur ; examinez et qui vous êtes, et de quoi vous vous sentez capable. Pensez-vous, qu'en matières si importantes et si déli-

---

etiam quæ tu sine Verre commisisti, Verri crimini daturus sum, quod te non prohibuerit, quum summam ipse haberet potestatem : tu contra ne quæ ille quidem fecit objicies, ne qua ex parte conjunctus cum eo reperiare.

Quid illa, Cæcili, contemnendane tibi videntur esse, sine quibus causa sustineri, præsertim tanta, nullo modo potest ? aliqua facultas agendi ? aliqua dicendi consuetudo ? aliqua in foro, judiciis, legibus aut ratio, aut exercitatio ? Intelligo, quam scopuloso difficilique in loco verser : nam quum omnis adrogantia odiosa est, tum illa ingenii atque eloquentiæ multo molestissima. Quamobrem nihil dico de meo ingenio : neque est, quod possim dicere ; neque, is esset, dicerem : aut enim id mihi satis est, quod est de me opinionis, quidquid est ; aut, si id parum est, ego majus id commemorando facere non possum.

XII. De te, Cæcili (jam mehercule hoc, extra hanc contentionem certamenque nostrum, familiariter tecum loquar), tu ipse quemadmodum existimes, vide tiam atque etiam ; et tu te collige ; et qui sis, et quid facere possis, considera. Putasne te posse de maximis acerbissimisque rebus, quum causam so-

cates, lorsque vous vous serez chargé de défendre et la cause des alliés, et la fortune d'une province, et les droits du peuple romain, et l'autorité des tribunaux, et la majesté des lois, pensez-vous trouver en vous la voix, la mémoire, l'habileté, le talent nécessaires pour présenter des faits si nombreux, si graves, si variés? Pensez-vous que tous les crimes que Verrès a commis, et dans sa questure, et dans sa lieutenance, et dans sa préture, tant à Rome et en Italie que dans l'Achaïe, l'Asie et la Pamphylie, vous soyez de force à les bien distribuer selon l'ordre des temps et des lieux, dans l'énumération de vos griefs et le développement de vos moyens? Pensez-vous, et dans une pareille accusation c'est ce qu'il y a de plus nécessaire, pensez-vous arriver à ce que tant d'infamies, tant d'iniquités, tant de cruautés paraissent aussi horribles, aussi révoltantes à ceux qui vous les entendront raconter, qu'elles le parurent à ceux qui en ont été les victimes? Elles sont grandes, croyez-moi, ces obligations, n'en faites pas mépris. Il faudra tout narrer, tout prouver, tout développer. Il faudra non-seulement exposer la cause, mais encore la traiter avec énergie, abondance, et arriver, si vous voulez aboutir à quelque chose, à ce que vos auditeurs vous écoutent, bien plus, à ce qu'ils aient intérêt et plaisir à vous écouter. Quand, pour cela, la nature vous aurait merveilleusement doué, quand vous auriez, dès l'enfance, reçu les meilleures leçons, et pratiqué les meilleurs exercices, quand vous auriez appris le grec

ciorum, fortunasque provinciæ, jus populi Romani, gravitatem judicii legumque susceperis, tot res, tam graves, tam varias voce, memoria, consilio, ingenio, sustinere? Putasne te posse, quæ C. Verres in quæstura, quæ in legatione, quæ in prætura, quæ Romæ, quæ in Italia, quæ in Achaia, Asia, Pamphyliaque patrarit, ea, quemadmodum locis temporibusque divisa sunt, sic criminibus et oratione distinguere? Putasne posse, id quod in hujus modi reo maxime necessarium est, facere ut, quæ ille libidinose, quæ nefarie, quæ crudeliter fecerit, ea æque acerba et indigna videantur esse iis qui audient, atque illis visa sunt, qui senserunt? Magna sunt ea, quæ dico, mihi crede : noli hæc contemnere. Dicenda, demonstranda, explicanda sunt omnia ; causa non solum exponenda, sed etiam graviter copioseque agenda est, perficiendum est, si quid agere aut proficere vis, ut homines te non solum audiant, verum etiam libenter studioseque audiant. In quo si te multum natura adjuvaret ; si optimis a pueritia disciplinis atque artibus studuisses, et in his elaborasses ; si litteras Græcas Athenis, non

à Athènes, et non à Lilybée, le latin à Rome, et non en Sicile, ce serait un prodige que, chargé d'une affaire si considérable, et qui tient tous les esprits dans l'attente, vous eussiez assez de force d'esprit pour la concevoir, assez de mémoire pour l'embrasser, assez d'éloquence pour l'exposer, assez d'organe et de vigueur pour en soutenir les débats.

Peut-être allez-vous me dire : et vous-même réunissez-vous toutes ces qualités? Plût aux dieux! Mais du moins j'ai, dès l'enfance, travaillé avec zèle à les acquérir. Et si ce but est si élevé, si difficile, que je n'ai pu l'atteindre, bien que les études de toute ma vie n'aient point eu d'autre objet, combien devez-vous en être éloigné, je vous le demande, vous qui, non-seulement ne vous en êtes jamais occupé, mais qui, même en ce moment où vous entrez dans la carrière, n'avez pas l'idée de la nature et de l'importance de la tâche.

XIII. Moi qui suis, ainsi que tout le monde le sait, tellement assidu au forum et aux tribunaux, qu'il n'est guère personne de mon âge qui ait défendu plus de causes, moi qui consacre toutes les heures que me laissent les affaires de mes amis, aux études et aux exercices qui peuvent m'aguerrir et me préparer aux luttes de la tribune ; cependant, j'en atteste les dieux dont j'implore la faveur, toutes les fois que je songe à ce jour où, après avoir entendu appeler l'accusé devant les juges, il faudra que je prenne la parole, je sens non-seulement mon cœur pal-

---

Lilybæi, Latinas Romæ, non in Sicilia, didicisses : tamen esset magnum, tantam causam, tam exspectatam, et diligentia consequi, et memoria complecti, et oratione expromere, et voce et viribus sustinere.

Fortasse dices : Quid ergo? hæc in te sunt omnia? Utinam quidem essent! verum tamen ut esse possent, magno studio mihi a pueritia est elaboratum. Quodsi ego hæc, propter magnitudinem rerum ac difficultatem, adsequi non potui, qui in omni vita nihil aliud egi : quam longe tu te ab his rebus abesse arbitrare, quas non modo antea numquam cogitasti, sed ne nunc quidem, quum in eas ingrederis, quæ et quantæ sint, suspicari potes?

XIII. Ego, qui, sicut omnes sciunt, in foro judiciisque ita verser, ut ejusdem ætatis aut nemo, aut pauci, plures causas defenderint; et qui omne tempus, quod mihi ab amicorum negotiis datur, in his studiis laboribusque consumam, quo paratior ad usum forensem, promptiorque esse possim : tamen, ita deos mihi velim propitios, ut, quum illius temporis mihi venit in mentem, quo die

piter d'émotion, mais tout mon corps frissonner. Je me représente l'empressement, le concours de la foule, l'attente excitée par l'importance du jugement, la multitude des auditeurs attirés par l'infâme renom de Verrès, l'attention éveillée par sa scélératesse! Dans cette pensée, je cherche en tremblant ce qu'il me sera possible de dire qui réponde à l'indignation de ceux qu'il a soulevés contre lui, à l'attente générale et à la grandeur du sujet. Pour vous, Cécilius, il n'y a dans tout cela rien qui vous effraye, rien qui vous préoccupe, rien qui vous inquiète; et pourvu que vous ayez pu vous grossir la mémoire d'un: « *j'en atteste le très-grand et très-bon Jupiter;* » d'un « *Je voudrais qu'il eût été possible, juges,* » ou de quelque autre vieille formule, vous vous imaginez que vous voilà armé de toutes pièces et prêt à affronter le tribunal. Cependant, personne ne dût-il vous répondre, et n'eussiez-vous que la cause à exposer, je suis persuadé que vous n'y arriveriez pas. Et vous ne songez même pas que vous aurez une lutte à soutenir contre l'homme le plus disert, le plus rompu à l'art de la parole, que c'est avec lui qu'il vous faudra discuter, et tout à la fois porter et parer les coups. Pour moi, si je loue son talent, ce n'est pas que je le craigne; j'en fais grande estime, mais je me flatte qu'il réussira plus aisément à me charmer qu'à me tromper.

citato reo, mihi dicendum sit, non solum commoveor animo, sed etiam toto corpore perhorresco. Jam nunc mente et cogitatione prospicio, quae tum studia hominum, qui concursus futuri sint; quantam exspectationem magnitudo judicii sit adlatura; quantam auditorum multitudinem C. Verris infamia concitatura; quantam denique audientiam orationi meae improbitas illius factura sit. Quae quum cogito, jam nunc timeo, quidnam pro offensione hominum, qui illi inimici infensique sunt, et exspectatione omnium, et magnitudine rerum dignum eloqui possim. Tu horum nihil metuis, nihil cogitas, nihil laboras; et si quid ex vetere aliqua oratione: JOVEM EGO OPTIMUM MAXIMUM, aut, VELLEM, SI FIERI POTUISSET, JUDICES, aut aliquid ejus modi ediscere potueris, praeclare te paratum in judicium venturum arbitraris. Ac si tibi nemo responsurus esset, tamen ipsam causam, ut ego arbitror, demonstrare non posses. Nunc ne illud quidem cogitas, tibi cum homine disertissimo, et ad dicendum paratissimo, futurum esse certamen; quicum modo disserendum, modo omni ratione pugnandum certandumque sit? Cujus ego ingenium ita laudo, ut non pertimescam; ita probo, ut me ab eo delectari facilius, quam decipi putem posse.

XIV. Non, jamais il ne parviendra à me surprendre par son habileté, à me donner le change par ses artifices, à m'ébranler, à me démonter par les ressources de son talent. Je connais tous les coups, toutes les manœuvres de l'homme. Nous nous sommes plus d'une fois rencontrés, tantôt sur le même terrain, tantôt sur des terrains contraires. Lorsqu'il prendra contre moi la parole, il n'oubliera point que, dans cette affaire, son talent, quelque grand qu'il soit, ne laissera pas d'être jugé. Mais vous, Cécilius, comme il se jouera de vous, comme il vous ballottera ! Il me semble déjà le voir. Combien de fois ne vous dira-t-il pas : de deux choses l'une, choisissez ; voulez-vous que la chose soit ou ne soit pas, que le fait soit vrai ou faux. Et quelque chose que vous direz, vous aurez toujours parlé contre vous-même. Grands dieux ! quelle agitation, quel étourdissement, quelles ténèbres pour un homme qui a si peu de malice ! Que sera-ce, lorsqu'il se mettra à diviser les chefs de votre accusation, à compter sur ses doigts chaque partie de votre plaidoyer ? Que sera-ce, lorsque vous le verrez trancher hardiment sur tel grief, éluder celui-ci, justifier celui-là ? Je n'en doute pas, alors, vous-même alors, vous aurez peur d'avoir compromis l'innocence en péril. Et quand il en viendra à s'attendrir, à mêler ses plaintes à celles de son client, à le soulager de la haine publique, pour en rejeter sur vous le fardeau, à rappeler et les liens sacrés qui attachent

---

XIV. Numquam ille me opprimet consilio ; numquam ullo artificio pervertet ; numquam ingenio me suo labefactare atque infirmare conabitur : novi omnes hominis petitiones rationesque dicendi ; sæpe in iisdem, sæpe in contrariis causis versati sumus. Ita contra me ille dicet, quamvis sit ingeniosus, ut nonnullum etiam de suo ingenio judicium fieri arbitretur. Te vero, Cæcili, quemadmodum sit clusurus, quam omni ratione jactaturus, videre jam videor ; quotiens ille tibi potestatem optionemque facturus sit, ut eligas utrum velis ; factum esse, necne ; verum esse, an falsum ; utrum dixeris, id contra te futurum. Qui tibi æstus, qui error, quæ tenebræ, di immortales ! erunt, homini minime malo ? Quid ? quum accusationis tuæ membra dividere cœperit, et in digitis suis singulas partes causæ constituere ? Quid ? quum unum quidque transigere ; expedire, absolvere ? Ipse profecto metuere incipies, ne innocenti periculum facesseris. Quid ? quum commiserari, conqueri, et ex illius invidia deonerare aliquid et in te trajicere cœperit ?, commemorare quæstoris cum prætore necessitudinem constitutam ? morem majorum ? sortis religionem ? poterisne

le questeur au préteur, et les institutions de nos ancêtres, et les saints engagements que le sort vous avait imposés : pourrez-vous soutenir l'indignation qu'excitera contre vous son éloquence? Prenez-y garde, songez-y bien, non-seulement il vous écrasera du poids de sa parole, mais d'un geste, d'un mouvement, il vous fascinera et vous fera perdre de vue votre plan et vos idées. Nous allons bien en juger tout à l'heure. Si vous venez à bout de me répondre aujourd'hui, si vous parvenez à détacher quelque chose de ce cahier de morceaux d'emprunt que vous a donné je ne sais quel maître d'école, je croirai que vous saurez tenir votre place dans cette cause, et y faire votre devoir ; mais si, dans ce prélude, vous vous en tirez mal avec moi, que deviendrez-vous dans le vrai combat contre un adversaire si redoutable?

XV. Soit, va-t-on dire, par lui-même Cécilius n'est rien, il ne peut rien; mais il se présente soutenu par des assesseurs exercés qui ne manquent pas de talent. C'est bien là quelque chose : ce n'est pourtant pas assez ; car, en cela comme en tout, le chef d'une entreprise doit être le mieux pourvu, le mieux préparé. Quoi qu'il en soit, en fait de premier assesseur, je vois L. Apuleius, un novice, non point par l'âge assurément, mais par l'expérience et la pratique du barreau. Après lui, si je ne me trompe, voici Allienus; celui-ci du moins a paru sur les bancs ; mais est-il en état de parler? Je n'ai jamais fait grande attention à lui ; tout ce

---

ejus orationis subire invidiam? Vide modo; etiam atque etiam considera : mihi enim videtur periculum fore, ne ille non modo verbis te obruat, sed gestu ipso ac motu corporis præstringat aciem ingenii tui, teque ab institutis tuis cogitationibusque abducat. Atque hujusce rei judicium jam continuo video futurum. Si enim mihi hodie respondere ad hæc, quæ dico, potueris ; si ab isto libro, quem tibi magister ludi, nescio qui, ex alienis orationibus compositum dedit, verbo uno discesseris; posse te et illi quoque judicio non deesse; et causæ atque officio tuo satisfacere arbitrabor : sin mecum, in hac prolusione, nihil fueris: quem te in ipsa pugna, cum acerrimo adversario, fore putemus?

XV. Esto : ipse nihil est, nihil potest ; ac venit paratus cum subscriptoribus exercitatis et disertis. Est tamen hoc aliquid : tametsi non est satis. Omnibus enim rebus is, qui princeps in agendo est, ornatissimus et paratissimus esse debet. Verum tamen L. Apuleium esse video proximum subscriptorem, hominem non ætate, sed usu forensi atque exercitatione tironem. Deinde, ut opinor, habet Allienum, hunc tamen a subselliis : qui, quid in dicendo posset

que je sais, c'est que pour crier fort, il ne manque ni de poumons ni d'habitude. C'est sur lui, Cécilius, que reposent toutes vos espérances ; c'est lui, si la cause vous est déférée, qui en portera tout le fardeau. Encore ne déploiera-t-il pas la vigueur de ses moyens ; il ménagera votre gloire, votre réputation ; il baissera quelque peu le ton de son éloquence pour que vous ayez l'air d'être quelque chose. Ainsi, dans nos pièces grecques, celui qui ne joue que le second ou le troisième rôle, eût-il un plus bel organe que le principal acteur, prend néanmoins un ton plus bas pour laisser l'avantage au premier rôle. Voilà ce que fera sans doute Allienus. Il se prêtera à votre faiblesse, il vous ménagera, il ne déploiera pas toute l'énergie dont il est capable. Voyez donc, juges, quelle espèce d'accusateurs nous aurons dans une cause d'un si grand intérêt, puisque Allienus lui-même devra se retrancher une partie de son talent, supposé qu'il en ait, et que Cécilius ne pourra se croire quelque chose qu'autant qu'Allienus y mettra moins de véhémence et lui cédera le premier rôle ! Quant au dernier assesseur, je ne sais pas qui il peut être, à moins que ce ne soit quelqu'un de ces misérables discoureurs qui vous ont demandé de servir de seconds à celui, quel qu'il soit, que vous aurez choisi pour accusateur. Préparé comme vous l'êtes, il vous faudra bien pourtant adopter quelqu'un de cette race d'aventuriers (d'Allienus). Et pour eux, je ne leur ferai pas l'honneur de

nunquam satis attendi ; in clamando quidem video eum esse bene robustum atque exercitatum. In hoc spes tuæ sunt omnes ; hic, si tu eris actor constitutus, totum judicium sustinebit. At ne is quidem tantum contendet in dicendo, quantum potest, sed consulet laudi et existimationi tuæ ; et ex eo, quod ipse potest in dicendo, aliquantum remittet, ut tu tamen aliquid esse videare. Ut in actoribus Græcis fieri videmus ; sæpe illum, qui est secundarum aut tertiarum partium, quum possit aliquanto clarius dicere, quam ipse primarum, multum summittere, ut ille princeps quam maxime excellat : sic faciet Allienus ; tibi serviet, tibi lenocinabitur ; minus aliquanto contendet, quam potest. Jam hoc considerate, cujus modi accusatores in tanto judicio simus habituri : quum et ipse Allienus ex ea facultate, si quam habet, aliquantum detracturus sit ; et Cæcilius tum denique se aliquid futurum putet, si Allienus minus vehemens fuerit, et sibi primas in dicendo partes concesserit? Quartum quem sit habiturus, non video, nisi quem forte ex illo grege moratorum, qui subscriptionem sibi postularunt, cuicumque vos delationem dedissetis. Ex quibus alienissimis hominibus, ita paratus venis, ut tibi hospes aliquis sit recipiendus. Quibus

répondre directement à ce qu'ils ont pu dire, ni de les réfuter les uns après les autres; mais, puisque le hasard les a rassemblés sous ma main, je vais en peu de mots, et chemin faisant, leur rendre à tous du même coup la justice qui leur est due.

XVI. Vous semblé-je, dites-moi, assez dépourvu d'amis pour qu'on aille me prendre dans la foule le premier venu pour assesseur, au préjudice de ceux que j'ai amenés? Et vous, êtes-vous donc dans une si grande disette d'accusés, que vous cherchiez à m'enlever une cause dont je veux me charger, au lieu d'aller chercher des accusés de votre rang près de la colonne Ménia? Placez-moi, dit l'un de vous, en qualité de surveillant auprès de Cicéron. Et moi, de combien de surveillants n'aurai-je pas besoin si je vous laisse approcher de la cassette où sont mes pièces, non-seulement pour vous empêcher de rien révéler, mais encore de rien emporter? Au reste, pour en finir au sujet de cette surveillance, je vous déclare à tous, en deux mots, que des juges tels que les nôtres ne souffriront pas, si cette grande cause m'est confiée, que personne me serve d'assesseur malgré moi : ma probité repousse les surveillants, et ma vigilance craint les fureteurs.

Mais pour en revenir à vous, Cécilius, vous voyez combien de choses vous manquent, combien aussi vous en avez qu'un accusé coupable désire trouver dans son accusateur. A cela que peut-on

---

ego non sum tantum honorem habiturus, ut ad ea, quæ dixerint, certo loco aut singillatim uni cuique, respondeam : sic breviter, quoniam non consulto, sed casu in eorum mentionem incidi, quasi præteriens, satis faciam universis.

XVI. Tantane vobis inopia videor esse amicorum, ut mihi non ex his, quos mecum adduxerim, sed de populo subscriptor addatur? vobis autem tanta inopia reorum est, ut mihi causam præripere conemini potius, quam aliquos a columna Mænia, vestri ordinis reos, reperiatis? Custodem, inquit, Tullio me apponite. Quid? mihi quam multis custodibus opus erit, si te semel ad meas capsas admisero? qui non solum, ne quid enunties, sed etiam ne quid auferas, custodiendus sis. Sed de isto custode toto sic vobis brevissime respondebo : non esse hos tales viros commissuros, ut ad causam tantam, a me susceptam, mihi creditam, quisquam subscriptor, me invito, aspirare possit. Etenim fides mea custodem repudiat, diligentia speculatorem reformidat.

Verum, ut ad te, Cæcili, redeam, quam multa te deficiant, vides ; quam multa sint in te, quæ reus nocens in accusatore suo cupiat esse, profecto jam

dire? car prenez garde que je ne demande pas ce que vous direz, vous; je sais que ce n'est pas vous qui répondrez, mais ce cahier que votre souffleur tient dans sa main; et s'il veut vous donner un bon avis, il vous conseillera de vous retirer sans me répondre un mot. En effet, que direz-vous ? ce que vous répétez sans cesse, que Verrès vous a fait du mal? Je le crois; car il ne serait pas vraisemblable que, quand il en a fait à tous les Siciliens, seul vous eussiez eu le privilége d'être épargné. Mais tous les autres Siciliens ont trouvé un vengeur. Vous, en faisant de vains efforts pour poursuivre votre vengeance personnelle, vous ne réussirez qu'à empêcher que vous et les autres ne soyez vengés. Et vous ne songez pas qu'on examine, en pareil cas, non pas seulement si l'on doit, mais si l'on peut tirer vengeance de l'injustice; que celui qui réunit le droit et le pouvoir mérite la préférence, et que, dans celui qui n'a que l'un sans avoir l'autre, on considère moins les intentions que le pouvoir? Que si vous croyez que l'accusation appartient à celui que Verrès a le plus maltraité, pensez-vous que les juges doivent être plus touchés du tort qu'il vous a causé personnellement, que du pillage et de la ruine de toute une province? Je me flatte que vous m'accorderez que les malheurs de la Sicile sont beaucoup plus graves et doivent bien davantage révolter tout le monde. Souffrez donc qu'une province vous soit préférée pour cette accusation ; car

---

intelligis, Quid ad hæc dici potest? non enim quæro quid tu dicturus sis : video mihi non te, sed hunc librum esse responsurum, quem monitor tuus hic tenet ; qui, si te recte monere volet, suadebit tibi, ut hinc discedas, neque mihi verbum ullum respondeas? Quid enim dices ? an id quod dictitas, injuriam tibi fecisse Verrem ? Arbitror : neque enim esset veri simile, quum omnibus Siculis faceret injurias, te illi unum eximium, cui consuleret, fuisse. Sed cæteri Siculi ultorem suarum injuriarum invenerunt : tu, dum tuas injurias per te, id quod non potes, persequi conaris, id agis, ut cæterorum quoque injuriæ sint impunitæ atque inultæ : et hoc te præterit, non id solum spectari solere, qui debeat, sed etiam illud, qui possit ulcisci ; in quo utrumque sit, eum superiorem esse ; in quo alterutrum, in eo non, quid is velit, sed quid facere possit, quæri solere. Quodsi ei potissimum censes permitti oportere accusandi potestatem, cui maximam C. Verres injuriam fecerit; utrum tandem censes hos judices gravius ferre oportere, te ab illo esse læsum; an provinciam Siciliam esse vexatam ac perditam? Opinor, concedes, multo hoc et esse gravius, et ab omnibus ferri gravius oportere. Concede igitur, ut tibi

c'est la province qui accuse, lorsque celui-là prend en main l'affaire par qui elle-même a voulu que ses droits fussent défendus, ses injures vengées, la cause poursuivie.

XVII. Mais peut-être est-ce que Verrès vous a fait un mal capable de soulever tous les cœurs, bien que vous seul en ayez souffert. — Point du tout : ici, juges, il importe que vous connaissiez de quelle nature est ce mal, et sur quel motif Cécilius fonde son inimitié. Je vais vous l'apprendre; car, pour lui, assurément il ne vous le dira jamais, à moins qu'il n'ait complétement perdu le sens. Il existe à Lilybée une certaine Agonis, une affranchie de Vénus Érycine. Cette femme, avant la questure de Cécilius, était riche et opulente. Un capitaine de la flotte d'Antonius allait, contre toute justice, lui enlever des musiciens qui étaient parmi ses esclaves, sous prétexte qu'il en avait besoin sur sa flotte. Agonis fit valoir le privilége dont jouissent en Sicile toutes les personnes consacrées à Vénus, même celles qui ont été relevées de leurs vœux. Croyant arrêter l'officier en lui opposant le nom de Vénus et la sainteté de son culte, elle déclara qu'elle appartenait corps et biens à la déesse. Dès que le questeur Cécilius fut instruit de l'affaire, cet homme intègre et de la plus sévère équité manda Agonis ; puis, sans perdre de temps, il nomma des commissaires pour vérifier s'il était vrai qu'elle eût dit qu'elle appartenait corps et biens à Vénus. Ceux-ci

---

anteponatur in accusando provincia : nam provincia accusat, quum is agit causam, quem sibi illa defensorem sui juris, ultorem injuriarum, actorem causæ totius adoptavit.

XVII. At eam tibi C. Verres fecit injuriam, quæ cæterorum quoque animos posset alieno incommodo commovere. — Minime : nam id quoque ad rem pertinere arbitror, qualis injuria dicatur; quæ causa inimicitiarum proferatur. Cognoscite ex me : nam iste eam profecto, nisi plane nihil sapit, numquam proferet. Agonis est quædam, Lilybætana, liberta Veneris Erycinæ ; quæ mulier, ante hunc quæstorem, copiosa plane et locuples fuit. Ab hac præfectus Antonii quidam symphoniacos servos abducebat per injuriam, quibus se in classe uti velle dicebat. Tum illa, ut mos in Sicilia est omnium Veneriorum, et eorum, qui a Venere se liberaverunt, ut præfecto illi religionem Veneris nomenque objiceret, dixit et se et omnia sua Veneris esse. Ubi hoc quæstori Cæcilio, viro optimo et homini æquissimo, nuntiatum est ; vocari ad se Agonidem jubet : judicium dat statim, si pareret eam se et sua Veneris esse

déclarèrent naturellement que cela était vrai ; il n'y avait, en effet, aucun doute qu'elle l'eût dit. Aussitôt il envoie prendre possession des biens de la femme, la déclare esclave de Vénus, met ses biens en vente et les convertit en argent. Ainsi, pour avoir voulu, par le nom et sous la protection de Vénus, se conserver quelques esclaves, Agonis avait perdu sa fortune et sa liberté, par un abus de pouvoir de Cécilius. Verrès, peu de temps après, vient à Lilybée : il prend connaissance de l'affaire, blâme la conduite du questeur, et l'oblige à restituer comptant à Agonis l'argent qu'il avait retiré de la vente de ses biens. Je vois votre étonnement : Verrès n'est pas encore Verrès ; c'est un autre Mucius ! Que pouvait-il faire, en effet, de plus délicat pour obtenir l'estime publique, de plus juste pour soulager la peine d'une femme, de plus fort pour réprimer la cupidité de son questeur? Cette conduite me paraît mériter les plus grands éloges. Mais soudain, par un changement à vue, comme s'il eût pris quelque breuvage de Circé, le voilà redevenu verrat, le voilà revenu à sa nature, à son caractère ; il garde pour lui une grande partie de la somme. Et la femme ne recouvra que le peu qu'il voulut bien lui laisser.

XVIII. Si vous prétendez que, dans cette affaire, vous avez été lésé par Verrès, je vous laisserai dire, je conviendrai de tout. Mais si vous vous plaignez qu'il vous ait fait une injustice, je le

dixisse ; judicant recuperatores id, quod necesse erat ; neque enim erat cuiquam dubium, quin illa dixisset. Iste in possessionem bonorum mulieris mittit ; ipsam Veneri in servitutem adjudicat ; deinde bona vendit ; pecuniam redigit. Ita, dum pauca mancipia, Veneris nomine, Agonis, ac religione, retinere vult, fortunas omnes libertatemque suam istius injuria perdidit. Lilybæum Verres venit postea ; rem cognoscit ; factum improbat ; cogit quæstorem suum pecuniam, quam ex Agonidis bonis redegisset, eam mulieri omnem adnumerare et reddere. Est adhuc, id quod vos omnes admirari video, non Verres, sed Q. Mucius. Quid enim facere potuit elegantius ad hominum existimationem? æquius ad levandam mulieris calamitatem ? vehementius ad quæstoris libidinem coercendam ? Summe hæc omnia mihi videntur esse laudanda. Sed repente e vestigio, ex homine, tamquam aliquo Circæo poculo, factus est Verres ; redit ad se atque ad mores suos : nam ex illa pecunia magnam partem ad se vertit ; mulieri reddidit quantulum visum est.

XVIII. Hic tu, si læsum te a Verre esse dicis ; patiar et concedam : si injuriam tibi factam quereris ; defendam et negabo. Deinde de injuria, quæ tibi

défendrai, je soutiendrai le contraire. D'ailleurs, en supposant qu'il y ait eu injustice, nul de nous ne doit lui en demander plus sévèrement raison que vous-même, sa victime. Or, depuis, vous vous êtes réconcilié avec lui, vous avez été plusieurs fois chez lui, il a même soupé chez vous. Aimez-vous mieux passer pour un traître que pour un prévaricateur? Car c'est l'un ou l'autre, il n'y a point de milieu; mais je ne veux pas vous faire violence sur ce point : vous êtes le maître de choisir. Et si cette injustice même dont vous auriez été la victime ne subsiste plus, quel motif alléguerez-vous pour que l'on vous préfère, je ne dis pas seulement à moi, mais à tout autre? Peut-être direz-vous, et tout le monde s'y attend, que vous avez été questeur de Verrès. La raison serait sérieuse, s'il s'agissait de décider qui de nous deux devrait être son meilleur ami. Mais, lorsque nous nous disputons le droit de se déclarer son ennemi, il serait absurde de prétendre que les liaisons qu'on a eues avec lui soient un titre pour l'attaquer.

En effet, quand votre préteur aurait eu envers vous les plus grands torts, il y aurait plus de mérite à vous de les supporter que d'en tirer vengeance. Mais comme il n'a rien fait de plus honnête dans toute sa vie que ce que vous appelez une injustice, le tribunal prononcera-t-il qu'un motif qu'il n'approuverait pas même dans un autre, puisse vous autoriser à compter

facta sit, neminem nostrum graviorem vindicem esse oportet, quam te ipsum, cui facta dicitur. Si tu cum illo postea in gratiam redisti; si domi illius aliquotiens fuisti ; si ille apud te postea cœnavit, utrum te perfidiosum, an prævaricatorem existimari mavis? Video esse necesse alterutrum : sed ego tecum in eo non pugnabo, quo minus, utrum velis, eligas. Quid si ne injuriæ quidem, quæ tibi ab illo facta sit, causa remanet? quid habes, quod possis dicere, quamobrem non modo mihi, sed cuiquam anteponare? nisi forte illud, quod dicturum te esse audio, quæstorem illius fuisse. Quæ causa gravis esset, si certares mecum, uter nostrum illi amicior esse deberet : in contentione suscipiendarum inimicitiarum, ridiculum est putare, causam necessitudinis ad inferendum periculum justam videri oportere.

Etenim, si plurimas a tuo prætore injurias accepisses; tamen eas ferendo, majorem laudem, quam ulciscendo, mererere : quum vero nullum illius in vita rectius factum sit, quam id, quod tu injuriam appellas; hi statuent, hanc causam, quam ne in alio quidem probarent, in te justam ad necessitudinem vio-

pour rien une liaison sacrée? Vous eût-il fait la plus grande injustice, vous avez été son questeur; vous ne pouvez l'accuser sans encourir le blâme. Dès le moment qu'il ne vous en a fait aucune, vous ne pouvez l'accuser sans vous rendre criminel. L'injustice n'étant pas prouvée, pensez-vous qu'il y ait un seul des juges qui n'aime mieux vous voir sortir d'ici exempt de blâme que chargé d'un crime?

XIX. Et voyez quelle différence entre mon opinion et la vôtre! Vous, bien que, sous tous les rapports, vous ayez moins de titres, vous pensez que vous méritez la préférence comme accusateur, par la seule raison que vous avez été questeur de Verrès; et moi, quand vous auriez l'avantage sous tous les autres rapports, je penserais que, pour cette raison seule, vous devriez être écarté. Car c'est un principe que nous ont transmis nos ancêtres, qu'un préteur doit être comme un père aux yeux de son questeur, et qu'il n'y a point de liaison plus respectable, plus sacrée que cette alliance formée par le sort, et qui associe deux citoyens, dans la même province, aux mêmes devoirs, aux mêmes fonctions. Ainsi, quand vous seriez en droit de l'accuser, puisqu'il a été pour vous un second père, vous ne le pourriez sans blesser la piété filiale. — Mais vous n'avez été victime d'aucune injustice; et il a été votre préteur et vous cherchez à le perdre! N'est-ce pas, convenez-en, lui déclarer une guerre in-

laudam videri? qui, si summam injuriam ab illo accepisti, tamen, quoniam quæstor ejus fuisti, non potes eum sine ulla vituperatione accusare; si vero nulla tibi facta est injuria, sine scelere eum accusare non potes. Quare quum incertum sit de injuria, quemquam esse horum putas, qui non malit te sine vituperatione, quam cum scelere, discedere?

XIX. Ac vide, quid differat inter meam opinionem ac tuam. Tu, quum omnibus rebus inferior sis, hac una in re te mihi anteferri putas oportere, quod quæstor illius fueris : ego, si superior cæteris rebus esses, hanc unam ob causam te accusatorem repudiari putarem oportere. Sic enim a majoribus nostris accepimus, prætorem quæstori suo parentis loco esse oportere; nullam neque justiorem, neque graviorem causam necessitudinis posse reperiri, quam conjunctionem sortis, quam provinciæ, quam officii, quam publicam muneris societatem. Quamobrem si jure eum posses accusare, tamen, quum is tibi parentis numero fuisset, id pie facere non posses : quum vero neque injuriam acceperis, et prætori tuo periculum crees; fatearis necesse est, te illi injustum

juste et sacrilége? Car, enfin, votre questure est précisément ce qui vous impose le devoir de justifier avant tout de vos motifs d'accuser un magistrat dont vous avez été le questeur, bien loin de vous autoriser à demander la préférence pour intenter l'accusation. Jamais, ou peu s'en faut, on n'a vu de questeur disputer le droit d'accuser, que ce titre seul n'ait fait rejeter sa demande. C'est ainsi que ni L. Philo ne put obtenir l'autorisation de se porter accusateur contre C. Servilius, ni M. Aurelius Scaurus contre L. Flaccus, ni Cn. Pompée contre Titus Albucius. Aucun d'eux ne fut exclu pour cause d'indignité, mais on ne voulut pas que personne pût s'appuyer de l'autorité des tribunaux pour rompre, à son gré, des rapports regardés comme sacrés. Et remarquez que Cn. Pompée se trouvait avec C. Julius précisément dans la même situation que vous et moi. Il avait été questeur d'Albucius ainsi que vous l'avez été de Verrès. Julius, pour justifier son droit d'accusation, alléguait que c'était à la prière des Sardes qu'il s'était intéressé à la cause, comme moi à la prière des Siciliens. Ce motif-là a toujours été d'un grand poids; toujours le rôle d'accusateur a paru très-honorable, lorsque c'est pour les alliés, pour le salut d'une province, pour l'intérêt des nations étrangères, qu'on a affronté la haine et bravé le danger, qu'on ne s'est épargné ni travail, ni soins, ni peine.

---

impiumque bellum inferre conari. Etenim ista quæstura ad eam rem valet, ut elaborandum tibi in ratione reddenda sit, quamobrem, cui quæstor fueris, accuses; non ut ob eam ipsam causam postulandum sit, ut tibi potissimum accusatio detur. Neque fere umquam venit in contentionem de accusando, qui quæstor fuisset, quin repudiaretur. Itaque neque L. Philoni in C. Servilium nominis deferendi potestas est data, neque M. Aurelio Scauro in L. Flaccum, neque Cn. Pompeio in T. Albucium : quorum nemo propter indignitatem repudiatus est; sed ne libido violandæ necessitudinis auctoritate judicum comprobaretur. Atque ille Cn. Pompeius ita cum C. Julio contendit, ut tu mecum. Quæstor enim Albucii fuerat, ut tu Verris. Julius hoc secum auctoritatis ad accusandum adferebat, quod, ut hoc tempore nos ab Siculis, sic tum ille ab Sardis rogatus, ad causam accesserat. Semper hæc causa plurimum valuit; semper hæc ratio accusandi fuit honestissima, pro sociis, pro salute provinciæ, pro exterarum nationum commodis inimicitias suscipere, ad periculum accedere, operam, studium, laborem interponere.

XX. En effet, si l'on peut approuver ceux qui veulent poursuivre la réparation de leurs injures personnelles, quoiqu'ils ne servent au fond que leurs ressentiments et non l'intérêt de l'État, combien n'est-ce pas une conduite plus honorable et plus digne non-seulement de l'approbation, mais de la faveur publique, que de venir, sans avoir soi-même à se plaindre de rien, défendre et venger les alliés et les amis du peuple romain, par la seule raison qu'on est indigné et touché de leurs maux? Dernièrement, lorsque Pison, cet homme de cœur et si intègre, demanda qu'il lui fût permis de poursuivre P. Gabinius, Q. Cécilius Metellus lui disputa ce droit, en disant qu'il avait à venger d'anciennes injures. L'estime et la considération dont Pison jouissait étaient des arguments de poids; mais il s'y joignit de plus ce motif, juste par excellence, que les Achéens l'avaient choisi pour défenseur. En effet, puisque la loi établie contre les concussionnaires a pour objet de protéger les alliés et les amis du peuple romain, il serait injuste de ne pas regarder comme le plus digne d'invoquer la loi et d'en poursuivre l'application en justice, celui que les alliés ont choisi de préférence pour les représenter devant le tribunal et y défendre leurs intérêts. N'est-il pas vrai que le motif le plus honorable à alléguer doit être aussi le plus puissant pour convaincre? Or de ces deux langages lequel vous paraît le plus noble et le plus glorieux : « j'ai accusé celui dont j'avais été le questeur, celui à

XX. Etenim si probabilis est corum causa, qui injurias suas persequi volunt; qua in re dolori suo, non rei publicae commodis serviunt : quanto illa causa honestior, quae non solum probabilis videri, sed etiam grata esse debet, nulla privatim accepta injuria, sociorum atque amicorum populi Romani dolore atque injuriis commoveri? Naper quum in P. Gabinium vir fortissimus et innocentissimus, L. Piso delationem nominis postularet, et contra Q. Cæcilius peteret, isque se veteres inimicitias jam diu susceptas persequi diceret : quum auctoritas et dignitas Pisonis valebat plurimum, tum illa erat causa justissima, quod eum sibi Achæi patronum adoptarant. Etenim quum lex ipsa de pecuniis repetundis sociorum atque amicorum populi Romani patrona sit; iniquum est non cum legis judiciique actorem idoneum maxime putari, quem actorem causæ suæ socii, defensoremque fortunarum suarum potissimum esse voluerunt. An, quod ad commemorandum est honestius, id ad probandum non multo videri debet æquius? Utra igitur est splendidior, utra illustrior commemoratio : « Accusavi eum, cui quæstor fueram, quicum me sors, consuetudoque majo-

qui m'avaient associé le sort, les usages de nos ancêtres, la volonté des dieux et des hommes ; » ou bien : « j'ai accusé, à la prière des alliés et des amis de la république ; j'ai été choisi par toute une province pour défendre ses droits et ses intérêts? » Qui peut douter qu'il ne soit plus honorable d'accuser en faveur du peuple chez lequel on a exercé la questure, que d'accuser le magistrat sous lequel on l'a exercée? Aux plus beaux temps de la république, les citoyens les plus illustres regardaient comme une très-noble et très-belle fonction de défendre leurs hôtes, leurs clients, et les nations étrangères que l'amitié ou les armes avaient soumises au peuple romain, de les garantir contre l'injustice et de protéger leurs intérêts. Nous savons que Caton, le sage par excellence, l'homme illustre et avisé s'il en fût, s'attira des inimitiés nombreuses et redoutables en vengeant les Espagnols chez lesquels il avait exercé son consulat. Dernièrement, nous avons vu Cn. Domitius assigner M. Silanus, pour le tort qu'il avait fait à un seul homme, Égritomare, l'hôte et l'ami de son père.

XXI. Il n'est rien, en effet, qui ait jamais plus effrayé les coupables, que de voir cette institution de nos ancêtres reprise, rétablie après un long intervalle ; et ces plaintes des alliés confiant leur cause à un orateur qui se sent quelque chose dans le cœur, à un homme qui embrasse la défense de leurs intérêts

rum, quicum me deorum hominumque judicium conjunxerat; » an : « Accusavi rogatu sociorum atque amicorum ; delectus sum ab universa provincia, qui ejus jura fortunasque defenderem? » Dubitare quisquam potest, quin honestius sit, eorum causa, apud quos quæstor fueris, quam eum, cujus quæstor fueris, accusare? Clarissimi viri nostræ civitatis, temporibus optimis, hoc sibi amplissimum pulcherrimumque ducebant, ab hospitibus clientibusque suis, ab exteris nationibus, quæ in amicitiam populi Romani ditionemque essent, injurias propulsare, eorumque fortunas defendere. M. Catonem illum sapientem, clarissimum virum et prudentissimum, cum multis graves inimicitias gessisse accepimus propter Hispanorum, apud quos consul fuerat, injurias. Nuper Cn. Domitium scimus M. Silano diem dixisse propter unius hominis Ægritomari, paterni amici atque hospitis, injurias.

XXI. Neque enim magis animos hominum nocentium res umquam ulla commovit, quam hæc majorum consuetudo, longo intervallo repetita ac relata ; sociorum querimoniæ delatæ ad hominem non inertissimum; susceptæ ab eo, qui videbatur eorum fortunas fide diligentiaque sua posse defendere. Hoc ti-

parce qu'il se croit assez de loyauté et de dévouement pour les défendre. Voilà ce qu'ils craignent ces hommes pervers, voilà ce qui les tourmente. Voilà les usages qu'ils voient avec peine introduire ou remettre en vigueur. Ils pensent que, si cette coutume se rétablit et reprend autorité, ce sera par les hommes les plus considérés et les plus honorables, et non plus par des jeunes gens sans expérience ou par des délateurs mercenaires, que la justice sera administrée. Nos pères et nos ancêtres n'eurent garde de réclamer contre cette institution, lorsque P. Lentulus, depuis prince du sénat, accusait Man. Aquillius, avec C. Rutilius Rufus pour assesseur; ou lorsque P. Scipion l'Africain, cet homme si considérable par sa valeur, sa fortune, sa gloire, ses services, après avoir été consul deux fois, puis censeur, poursuivait L. Cotta devant les tribunaux. C'était à bon droit que florissait alors le nom du peuple romain ; c'était à juste titre que l'autorité de cet empire et la majesté de cette cité souveraine commandaient le respect. Nul n'était étonné alors de voir dans l'Africain ce qu'on est surpris, et ce qu'on n'est pas moins fâché que surpris de voir dans un citoyen comme moi, sans grand crédit ni grands moyens. Que veut-il donc, disent-ils ? Être compté parmi les accusateurs, lui qui fut jusqu'à présent le défenseur des accusés : et cela aujourd'hui, à son âge, quand il postule l'édilité ! Eh bien oui, je pense que non-seulement à mon âge, mais dans un

ment homines ; hoc laborant, hoc institui, atque adeo institutum referri ac renovari, moleste ferunt, putant fore ut, si paullatim hæc consuetudo serpere ac prodire cœperit, per homines honestissimos virosque fortissimos, non imperitos adolescentulos, aut illius modi quadruplatores, leges judiciaque administrentur. Cujus consuetudinis atque instituti patres majoresque nostros non pœnitebat tum, quum P. Lentulus is, qui princeps senatus fuit, accusabat M'. Aquillium, subscriptore C. Rutilio Rufo ; aut quum P. Africanus, homo virtute, fortuna, gloria, rebus gestis amplissimus, postea quam bis consul et censor fuerat, L. Cottam in judicium vocabat. Jure tum florebat populi Romani nomen ; jure auctoritas hujus imperii, civitatisque majestas, gravis habebatur. Nemo mirabatur in Africano illo, quod in me nunc, homine parvis opibus ac facultatibus prædito, simulant sese mirari, quum moleste ferunt. Quid sibi iste vult ? accusatoremne se existimari, qui antea defendere consuerat ; nunc præsertim, ea jam ætate, quum ædilitatem petat ? Ego vero ætatis non modo meæ, sed multo etiam superioris, et honoris amplissimi puto esse, et

âge bien plus avancé encore et alors même qu'on occupe les dignités les plus hautes, c'est un devoir d'accuser les oppresseurs aussi bien que de prendre la défense des opprimés. Et certes, ou c'est le seul remède capable de rendre quelque vigueur à la république malade et presque désespérée, à des tribunaux flétris et infectés par la corruption et par l'infamie de quelques membres, que les hommes honorables intègres et actifs entre tous, veillent au maintien des lois et à l'autorité de la justice; ou, si ce remède lui-même est impuissant, c'est qu'on n'en saurait trouver qui guérisse tant de maux. Non, jamais le salut de la république ne sera mieux assuré, que lorsque les accusateurs ne seront pas moins inquiets de leur considération, de leur honneur, de leur réputation, que les accusés de leur existence et de leur fortune. Aussi les accusateurs n'ont-ils jamais été plus scrupuleux, plus infatigables, que lorsqu'ils ont senti qu'il y allait pour eux de l'estime publique.

XXII. Vous devez donc, juges, demeurer convaincus que Cécilius, qui jamais n'a joui d'aucune estime, et dont ici encore l'on ne peut rien attendre ; qui n'a point de réputation acquise à conserver, point d'espérance à assurer pour l'avenir, ne se piquera dans cette cause, ni de sévérité, ni d'attention, ni de scrupule ; car il ne risque rien ; quand il sortirait de cette affaire, couvert de honte, chargé d'infamie, il n'y perdrait aucun

accusare improbos, et miseros calamitososque defendere. Et profecto aut hoc remedium est ægrotæ ac prope desperatæ rei publicæ, judiciisque corruptis ac contaminatis paucorum vitio ac turpitudine, homines ad legum defensionem, judiciorumque auctoritatem, quam honestissimos et integerrimos diligentissimosque accedere; aut, si ne hoc quidem prodesse poterit, profecto nulla umquam medicina his tot incommodis reperietur. Nulla salus rei publicæ major est, quam eos, qui alterum accusant, non minus de laude, de honore, de fama sua, quam illos, qui accusantur, de capite ac fortunis suis pertimescere. Itaque semper ii diligentissime laboriosissimeque accusarunt, qui se ipsos in discrimen existimationis venire arbitrati sunt.

XXII. Quamobrem hoc statuere, judices, debetis, Q. Cæcilium, de quo nulla umquam opinio fuerit, nullaque in hoc ipso judicio exspectatio futura sit ; qui neque, ut ante collectam famam conservet, neque uti reliqui temporis spem confirmet, laborat ; non nimis hanc causam severe, non nimis accurate, non nimis diligenter acturum : habet enim nihil quod in offensione deperdat ; ut turpissime flagitiosissimeque discedat, nihil de suis veteribus ornamentis re-

titre de gloire. Quant à nous, au contraire, nous avons déjà donné bien des gages au peuple romain. Pour les conserver, les défendre, les fortifier, les recouvrer sans aucune atteinte, nous ne saurions faire trop d'efforts. Ces gages, le peuple romain les trouve dans la dignité que je sollicite, dans les espérances de la carrière que j'ai en vue; dans cette estime que mes peines, mes travaux, mes veilles m'ont acquise. Et, grâce à lui, je pourrai les conserver entiers et intacts, si, dans cette affaire, mon zèle et mon activité méritent son approbation, tandis que je les perdrai tous en un moment, après les avoir réunis un à un et à force de temps, pour peu qu'on me voie ici chanceler et dévier du droit chemin. C'est donc à vous, juges, de choisir celui qui vous paraît le plus en état de soutenir cette cause importante et l'honneur des tribunaux, par sa loyauté, par son activité, par ses lumières, et par sa considération personnelle. Si vous me préférez Q. Cécilius, je ne me croirai pas, quant à moi, vaincu par un mérite supérieur. Pour vous, prenez garde que le peuple romain ne pense que cette accusation si honnête, si désintéressée, si dévouée, ne vous a déplu, que parce qu'elle déplaît à votre ordre.

quiret. A nobis multos obsides habet populus Romanus : quos ut incolumes conservare, tueri, confirmare ac recuperare possimus, omni ratione erit dimicandum. Habet honorem, quem petimus ; habet spem, quam propositam nobis habemus : habet existimationem, multo sudore, labore, vigiliisque collectam : ut, si in hac causa nostrum officium ac diligentiam probaverimus, hæc, quæ dixi, retinere per populum Romanum incolumia ac salva possimus ; si tantulum offensum titubatumque sit, ut ea, quæ singillatim ac diu collecta sunt, uno tempore universa perdamus. Quapropter, judices, vestrum est deligere, quem existimetis facillime posse magnitudinem causæ ac judicii sustinere fide, diligentia, consilio, autoritate. Vos si mihi Q. Cæcilium anteposueritis, ego me dignitate superatum non arbitrabor : populus Romanus ne, tam honestam, tam severam, diligentemque accusationem neque vobis placuisse, neque ordini vestro placere arbitretur providete.

CINQUIÈME DISCOURS

PREMIÈRE ACTION
CONTRE VERRÈS

TRADUCTION DE M. CH. DU ROZOIR

REVUE

PAR M. GRÉARD
INSPECTEUR DE L'ACADÉMIE DE PARIS

SOMMAIRE

Cicéron l'emporta sur Cécilius. Il demanda et obtint cent dix jours pour aller recueillir, en Sicile, des preuves et des témoignages ; mais il n'en prit que cinquante. Il s'était fait accompagner par son cousin L. Cicéron.

Pour éviter les émissaires qu'avait apostés l'accusé et les pirates qui infestaient les mers, il suivit un chemin détourné par Vibo-Valentia, ville maritime du Brutium. Souvent en Sicile, de peur d'être reconnu au train d'un sénateur voyageant en litière, il fut obligé d'aller à pied, d'une ville à l'autre.

« Dans les voyages de cette nature, » dit Middleton, « les frais tombaient sur la province ou sur les villes qui avaient part à l'accusation ; mais Cicéron, par un désintéressement digne de ses motifs, ne voulut engager la Sicile dans aucune dépense, et prit toujours son logement sans éclat, chez ses amis et chez ses hôtes. » Au reste, partout, excepté dans Messine, il fut reçu avec empressement et honneur.

La célérité de son retour déconcerta les protecteurs de Verrès, qui s'étaient flattés de faire remettre à l'année suivante le jugement de cette affaire, pour qu'elle passât à d'autres juges qu'au préteur Glabrion et à ses assesseurs, peut-être même pour lui en ôter la poursuite.

Au mois de juillet, Q. Hortensius et Q. Metellus Creticus furent désignés consuls. Les préteurs furent ensuite nommés, et l'attribution des causes de concussion étant échue à M. Metellus, frère de Creticus, tout semblait promettre à Verrès un facile triomphe. Mais aux comices pour l'élection des édiles, Cicéron, ayant été désigné, ne songea plus qu'à son procès ; et, dès le cinquième jour d'août, il l'entama par un discours connu sous le nom de *Première action contre Verrès*, discours dont l'exorde seul a été écrit. Cicéron, après l'exorde, se borna à produire les informations et les témoins, opération qui l'occupa neuf jours entiers. Quintilien le loue avec raison d'avoir, en cette conjoncture, contenu son éloquence, et procédé avec rapidité. Sans cette rapidité, Verrès lui échappait. S'il eût manqué à se présenter le 5 août, il ne serait plus resté que deux jours avant les jeux de Pompée, qui en devaient durer quinze, et qui, étant suivis des jeux romains, en faisaient perdre quarante. Alors les amis de l'accusé auraient pu obtenir des remises jusqu'à d'autres jeux institués en l'honneur de la Victoire, qui venaient presque immédiatement après les jeux plébéiens. Après quoi, la nouvelle année consulaire commençant, l'affaire aurait passé à d'autres magistrats. Grâce à la diligence de Cicéron, toutes ces intrigues furent déjouées. La nouveauté de cette conduite et la notoriété des crimes qui se trouvèrent invinciblement prouvés par les dépositions, confondirent Hortensius jusqu'à lui ôter le courage de prononcer un seul mot pour la défense de son client; et Verrès prit le parti de prévenir sa condamnation par un exil volontaire.

CINQUIÈME DISCOURS

PREMIÈRE ACTION
CONTRE VERRÈS

PRÉAMBULE

1. Ce que vous deviez appeler de tous vos vœux, juges; ce qui pouvait, mieux que quoi que ce soit, contribuer à apaiser la malveillance soulevée contre votre ordre, et à relever les tribunaux de leur discrédit, semble, bien moins par un effet de la prudence humaine que par une faveur des dieux, vous être donné, vous être offert, en cette conjoncture décisive pour l'État. Il y a déjà longtemps en effet qu'a pris pied une opinion aussi funeste à l'État que dangereuse pour vous : oui, non-seulement dans Rome, mais

ORATIO QUINTA

IN VERREM
ACTIO PRIMA

PROŒMIUM

1. Quod erat optandum maxime, judices, et quod unum ad invidiam vestri ordinis, infamiamque judiciorum sedandam, maxime pertinebat; id non humano consilio, sed prope divinitus datum atque oblatum vobis summo rei publicæ tempore videtur. Inveteravit enim jam opinio perniciosa rei publicæ, vobisque periculosa, quæ non modo Romæ, sed etiam apud exteras nationes omnium

chez les nations étrangères, on répète de bouche en bouche qu'avec des tribunaux tels qu'ils existent aujourd'hui, l'homme qui a de l'argent, fût-il coupable, ne peut être condamné. C'est dans un moment si critique pour votre ordre, menacé de perdre le pouvoir judiciaire, c'est quand on s'apprête à enflammer par des harangues et des propositions de lois cet esprit de malveillance contre le sénat, qu'est amené devant vous C. Verrès, cet homme depuis longtemps condamné par sa vie, de l'aveu de tous, et par ses actions, mais absous d'avance par sa fortune, ainsi qu'il s'en flatte du moins et qu'il s'en vante. Et moi, juges, si, répondant au vœu et à l'attente du peuple romain, je me présente, dans cette cause, comme accusateur, ce n'est pas pour aggraver le poids de la malveillance dont l'ordre est accusé, mais pour alléger celui d'un commun discrédit. J'amène devant vous un homme qui vous fournit l'occasion de rendre à vos jugements la considération qu'ils ont perdue, de rentrer en grâce auprès du peuple romain, de donner satisfaction aux nations étrangères, un homme, le déprédateur du trésor public, l'oppresseur de l'Asie et de la Pamphylie, le violateur éhonté de la justice dans Rome, la plaie et le fléau de la Sicile. Si vous le jugez avec une sévérité conforme à votre serment, cette autorité qui doit rester dans vos mains n'en sortira pas ; mais, si les immenses richesses de l'accusé étouffent dans les tribunaux la voix de la conscience et de la vérité, j'aurai du moins la satisfaction d'avoir montré que

sermone percrebuit, his judiciis, quæ nunc sunt, pecuniosum hominem quamvis sit nocens, neminem posse damnari. Nunc, in ipso discrimine ordinis judiciorumque vestrorum, quum sint parati, qui concionibus et legibus hanc invidiam senatus inflammare conentur, reus in judicium adductus est C. Verres homo vita atque factis omnium jam opinione damnatus, pecuniæ magnitudine, sua spe ac prædicatione absolutus. Huic ego causæ, judices, cum summa voluntate exspectatione populi Romani actor accessi, non ut augerem invidiam ordinis, sed ut infamiæ communi succurrerem. Adduxi enim hominem, in quo reconciliare existimationem judiciorum amissam, redire in gratiam cum populo Romano, satisfacere exteris nationibus possetis ; depeculatorem ærarii, vexatorem Asiæ atque Pamphyliæ, prædonem juris urbani, labem atque perniciem provinciæ Siciliæ. De quo si vos severe religioseque judicaveritis, auctoritas ea, quæ in vobis remanere debet, hærebit : sin istius ingentes divitiæ judicorum religionem veritatemque perfregerint, ego hoc tamen adsequar, ut judi-

s'il a manqué à la république un tribunal, il n'a pas manqué d'accusé aux juges ni d'accusateur à l'accusé.

II. Quant à moi, j'en fais ici l'aveu ; C. Verrès m'a tendu, sur terre et sur mer, bien des piéges auxquels j'ai échappé soit par ma propre vigilance, soit grâce au zèle et au dévouement de mes amis; cependant jamais je ne me suis cru exposé à d'aussi grands dangers, jamais je n'ai conçu de craintes aussi vives qu'aujourd'hui, devant ce tribunal. Et quelque trouble que me causent l'attente excitée par mon accusation et le concours d'un si grand nombre de citoyens, j'en suis moins violemment ému que des piéges que cherche à tendre en même temps à vous, à moi, au préteur M'. Glabrion, aux alliés, aux nations étrangères, à votre ordre, au nom même de sénateur, ce misérable qui va disant et répétant que ceux-là seuls doivent craindre, qui n'ont volé que pour eux seuls; que pour lui, il a assez pillé pour faire le bonheur de beaucoup d'autres; qu'il n'est point de vertu qu'on ne puisse corrompre, point de citadelle qu'on ne prenne d'assaut avec de l'or. Si à l'audace de la pensée il joignait l'habileté d'exécution, peut-être aurait-il trouvé quelque moyen de nous surprendre; mais, par un heureux hasard, son incroyable hardiesse est accompagnée d'une rare imprudence. Car, de même qu'il prenait jadis, à ciel ouvert, l'argent de tout le monde, de même, aujourd'hui,

---

cium potius rei publicæ, quam aut reus judicibus, aut accusator reo defuisse videatur.

II. Equidem, ut de me confitear, judices, quum multæ mihi a C. Verre insidiæ terra marique factæ sint, quas partim mea diligentia devitarim, partim amicorum studio officioque reppulerim ; numquam tamen neque tantum periculum mihi adire visus sum, neque tanto opere pertimui, ut nunc in ipso judicio. Neque tantum me exspectatio accusationis meæ, concursusque tantæ multitudinis, quibus ego rebus vehementissime perturbor, commovet, quantum istius insidiæ nefariæ, quas uno tempore mihi, vobis, M'. Glabrioni prætori, sociis, exteris nationibus, ordini, nomini denique senatorio facere conatur : qui ita dictitat, iis esse metuendum, qui, quod ipsis solis satis esset, surripuissent; se tantum eripuisse, ut id multis satis esse possit; nihil esse tam sanctum, quod non violari ; tam munitum, quod non expugnari pecunia possit. Quodsi, quam audax est ad conandum, tam esset obscurus in agendo, fortasse aliqua in re nos aliquando fefellisset. Verum hoc adhuc percommode cadit, quod cum incredibili ejus audacia singularis stultitia conjuncta est. Nam ut apertus in cor-

dans son espoir de corrompre ses juges, il ne cache à personne ses desseins et ses tentatives. Il déclare qu'il n'a eu peur qu'une seule fois en sa vie; c'est le jour que je le mis en accusation, parce que, revenu depuis peu de sa province, et chargé du poids d'une malveillance et d'une déconsidération qui ne dataient pas de la veille, en proie à de vieilles haines, il trouvait le moment peu commode pour corrompre ses juges. Aussi, bien que je n'eusse demandé qu'un très-court délai pour aller chercher des renseignements en Sicile, il trouva quelqu'un qui demanda deux jours de moins pour se rendre en Achaïe. Non qu'il eût le dessein de faire, à force d'activité et d'adresse, ce que je suis parvenu à faire à force de peine et de veilles. Car cet enquêteur d'Achaïe n'alla pas même jusqu'à Brindes. Et moi, en cinquante jours que j'ai mis à parcourir toute la Sicile, j'ai reçu les dépositions, recueilli tous les griefs des peuples et des particuliers; en sorte que chacun est demeuré convaincu que cet homme avait été suscité par Verrès, non pour amener son accusé devant les juges, mais pour me faire perdre un temps précieux.

III. Aujourd'hui, voulez-vous savoir quelle est l'idée de cet homme, le plus audacieux et le plus insensé de tous les hommes. Il sent que je ne me présente devant ce tribunal qu'assez muni, assez préparé, pour faire retentir à vos oreilles, bien plus, pour

---

ripiendis pecuniis fuit, sic in spe corrumpendi judicii perspicua sua consilia conatusque omnibus fecit. Semel, ait, se in vita pertimuisse, tum, quum primum reus a me factus est : quod, quum e provincia recens esset, invidiaque et infamia non recenti, sed vetere ac diuturna flagraret, tum ad judicium corrumpendum tempus alienum offenderet. Itaque quum ego diem in Siciliam inquirendi perexiguam postulavissem, invenit iste, qui sibi in Achaiam biduo breviorem diem postularet : non ut is idem conficeret diligentia et industria sua, quod ego meo labore et vigiliis consecutus sum. Etenim ille Achaicus inquisitor ne Brundisium quidem pervenit; ego Siciliam totam quinquaginta diebus sic obii, ut omnium populorum privatorumque litteras injuriasque cognoscerem : ut perspicuum cuivis esse posset, hominem ab isto quaesitum esse, non qui reum suum adduceret, sed qui meum tempus obsideret.

III. Nunc homo audacissimus atque amentissimus hoc cogitat. Intelligit, me ita paratum atque instructum in judicium venire; ut non modo in auribus vestris, sed in oculis omnium, sua furta atque flagitia defixurus sim. Videt

exposer à tous les regards ses brigandages et ses infamies. Il reconnaît ici nombre de sénateurs qui furent témoins de son audace. Il voit rassemblés quantité de chevaliers romains, de citoyens et d'alliés envers lesquels il a commis d'éclatantes injustices. Il voit enfin réunies les députations respectables des cités les plus fidèles, munies d'actes et de témoignages publics : eh bien, telle est la mauvaise opinion qu'il a conçue de tous les gens de bien ; il pense que les tribunaux, composés de sénateurs, sont descendus à un tel degré de corruption et d'avilissement, qu'il ose s'applaudir hautement d'avoir aimé avec passion l'argent, l'argent étant, dit-il, du plus puissant secours ; il dit, il répète qu'il a acheté, ce qui était le plus difficile, l'époque de son jugement, afin de pouvoir plus aisément acheter le reste ; si bien que, ne pouvant se soustraire à la tempête des accusations, il a du moins écarté le moment de l'orage. Ah ! s'il eût fondé quelque espérance, je ne dis pas sur sa cause, mais sur un appui honorable, sur l'éloquence ou le crédit d'un défenseur, il ne rassemblerait pas, il ne saisirait pas ces misérables subterfuges ; il ne porterait pas le dédain et le mépris pour le sénat, au point de faire désigner, à son choix, un membre de cet ordre pour jouer le rôle d'accusé et occuper le sénat de sa défense, tandis que lui préparerait la sienne. Les espérances dont il se flatte, et le but de ses manœuvres, sont pour moi bien

senatores multos esse testes audaciæ suæ ; videt, multos equites Romanos, frequentes præterea cives atque socios, quibus ipse insignes injurias fecerit. Videt etiam tot tam graves ab amicissimis civitatibus legationes cum publicis auctoritatibus ac testimoniis convenisse. Quæ quum ita sint, usque eo de omnibus bonis male existimat ; usque eo de omnibus bonis male existimat ; usque eo de senatoria judicia perdita profligataque esse arbitratur, ut hoc palam dictitet, non sine causa se cupidum pecuniæ fuisse, quoniam tantum in pecunia præsidium experiatur esse ; sese (id quod difficillimum fuerit) tempus ipsum emisse judicii sui, quo cætera facilius emere posset : ut, quoniam criminum vim subterfugere nullo modo poterat, procellam temporis devitaret. Quodsi non modo in causa, verum in aliquo honesto præsidio, aut alicujus eloquentia, aut gratia, spem aliquam collocasset ; profecto non hæc omnia colligeret atque aucuparetur ; non usque eo despiceret contemneretque ordinem senatorium, ut arbitratu ejus deligeretur ex senatu, qui reus fieret : qui, dum hic quæ opus essent compararet, causam interea ante eum diceret. Quibus ego rebus quid

faciles à deviner; mais qu'il compte réussir avec un tel préteur et de tels juges, c'est ce que je ne puis concevoir. Il est cependant une chose que je comprends, et que le peuple romain a bien senti, lors de la récusation des juges : c'est que ses espérances sont de telle nature qu'il n'attend son salut que de son argent, et que, cette ressource venant à lui manquer, il ne trouverait pas d'autre appui.

IV. En effet, quel génie assez vaste, quel assez grand talent d'éloquence pourrait entreprendre de justifier, même en partie, une vie souillée de tant de vices, convaincue de tant de crimes, déjà condamnée par le vœu et le jugement de tous? Sans parler des taches et de l'ignominie de son adolescence, sa questure, qui fut son premier pas dans les honneurs, que nous présente-t-elle? Cn. Carbon dépouillé des deniers publics par son questeur, un consul volé et trahi, une armée désertée, une province abandonnée, des liens formés par le sort et par la religion foulés aux pieds. Sa lieutenance a été une calamité pour toute l'Asie et la Pamphylie : dans ces provinces, il a pillé une quantité de maisons, une foule de villes, et tous les lieux sacrés. C'est alors qu'il renouvela contre Dolabella le crime qui avait déjà flétri sa questure : par ses malversations, il attira la haine publique sur celui dont il avait été le lieutenant et le proquesteur;

---

iste speret, et quo animum intendat, facile perspicio. Quamobrem vero se confidat aliquid perficere posse, hoc praetore et hoc consilio, intelligere non possum. Unum illud intelligo, quod populus Romanus in rejectione judicum judicavit, ea spe istum fuisse praeditum, ut omnem rationem salutis in pecunia poneret; hoc erepto praesidio, ut nullam sibi rem adjumento fore arbitraretur.

IV. Etenim quod est ingenium tantum, quae tanta facultas dicendi et copia, quae istius vitam, tot vitiis flagitiisque convictam, jam pridem omnium voluntate judicioque damnatam, aliqua ex parte possit defendere ? Cujus ut adolescentiae maculas ignominiasque praeteream; quaestura, primus gradus honoris, quidnam aliud habet in se, nisi Cn. Carbonem spoliatum a quaestore suo pecunia publica, nudatum et proditum consulem, desertum exercitum, relictam provinciam, sortis necessitudinem religionemque violatam ? Cujus legatio exitium fuit Asiae totius et Pamphyliae : quibus in provinciis multas domos, plurimas urbes, omnia fana depopulatus est, tum quum in Cn. Dolabellam scelus suum illud pristinum renovavit et instauravit quaestorium; quum eum, cui legatus et pro quaestore fuisset, et in invidiam suis maleficiis adduxit, et in ipsis periculis

et non-seulement il l'abandonna dans le danger, mais encore il le dénonça et le trahit. Sa préture à Rome, c'est la dégradation des édifices sacrés, ce sont les travaux publics négligés, et, dans l'administration de la justice, des mises en possession, des biens adjugés, donnés arbitrairement contre toutes les règles établies. Mais c'est en Sicile qu'il a laissé les traces les plus profondes, les témoignages les plus durables de tous ses vices. Pendant trois ans, il a tyrannisé, ruiné cette province à ce point que rien ne saurait la rétablir dans son ancien état et qu'il faudra bien des années, bien des préteurs irréprochables, pour la relever en partie de ses ruines. Sous son gouvernement, les Siciliens n'ont trouvé d'appui ni dans leurs lois, ni dans nos sénatus-consultes, ni dans le droit des gens ; personne, dans la Sicile, ne possède que ce qui a pu échapper à la connaissance de ce monstre de cupidité et de débauche, ou que ce que lui-même a pu laisser par satiété.

V. Aucune affaire, pendant trois ans, n'a été jugée qu'au gré de son caprice ; pas un bien, vînt-il d'un père ou d'un aïeul, dont par lui, sur son ordre, le propriétaire n'ait été dépouillé. Des sommes énormes levées sur les terres des laboureurs par des arrêts d'une iniquité sans exemple ; les alliés les plus fidèles traités en ennemis ; des citoyens romains livrés aux tortures, et mis à mort comme des esclaves ; les hommes les plus coupables

non solum deseruit, sed etiam oppugnavit ac prodidit. Cujus prætura urbana ædium sacrarum fuit publicorumque operum depopulatio, simul in jure dicundo, bonorum possessionumque, contra omnium instituta, addictio et condonatio. Jam vero omnium vitiorum suorum plurima et maxima constituit monumenta et judicia in provincia Sicilia : quam iste per triennium ita vexavit ac perdidit, ut ea restitui in antiquum statum nullo modo possit ; vix autem per multos annos, innocentesque prætores aliqua ex parte recreari aliquando posse videatur. Hoc prætore Siculi neque suas leges, neque nostra senatus consulta, neque communia jura tenuerunt : tantum quisque habet in Sicilia, quantum hominis avarissimi et libidinosissimi aut imprudentiam subterfugit, aut satietati superfuit.

V. Nulla res per triennium, nisi ad nutum istius, judicata est ; nulla res tam patrita cujusquam atque avita fuit, quæ non ab eo, imperio istius, abjudicaretur. Innumerabiles pecuniæ ex aratorum bonis novo nefarioque instituto coactæ ; socii fidelissimi in hostium numero existimati ; cives Romani servilem in modum cruciati et necati ; homines nocentissimi propter pecunias judicio li-

absous par leurs trésors ; les plus honorables, les plus intègres, dénoncés en leur absence, condamnés et bannis sans avoir pu se défendre ; les ports les mieux fortifiés, les villes les plus grandes et les plus sûres, ouverts aux pirates et aux brigands ; les matelots et les soldats siciliens, nos alliés et nos amis, réduits à mourir de faim ; les flottes les mieux équipées et les plus utiles perdues et détruites, à la honte éternelle du peuple romain : voilà l'histoire de sa préture. Et ces antiques monuments, dont les plus riches souverains avaient doté la Sicile pour l'embellissement des villes, ou que la générosité de nos généraux vainqueurs avaient laissés ou rendus à ses habitants, il les a tous pillés, dépouillés. Et ce n'est pas seulement sur les statues et les ornements des édifices publics, c'est sur les sanctuaires consacrés aux plus augustes cérémonies qu'il a exercé ses brigandages. Enfin il n'a laissé aux Siciliens aucune de leurs divinités, aucune de celles du moins qui lui parurent avoir le mérite du travail ou de l'antiquité. Quant à ses honteux désordres, à ses débauches effrénées, la pudeur me défend de les retracer ici ; aussi bien je ne veux pas aggraver, en le rappelant, le malheur de ceux qui n'ont pu mettre leurs femmes et leurs enfants à l'abri des atteintes de sa lubricité. — Mais, sans doute, en commettant ces crimes horribles, il a pris soin de les dérober à tous les regards. — Loin de là, il n'est personne qui, connaissant son

berati ; honestissimi atque integerrimi, absentes rei facti, indicta causa damnati et ejecti ; portus munitissimi, maximae tutissimaeque urbes piratis praedonibusque patefactae ; nautae militesque Siculorum, socii nostri atque amici, fame necati ; classes optimae atque opportunissimae cum magna ignominia populi Romani amissae et perditae. Idem iste praetor monumenta antiquissima partim regum locupletissimorum, quae illi ornamento urbibus esse voluerunt, partim etiam nostrorum imperatorum, quae victores civitatibus Siculis aut dederunt, aut reddiderunt, spoliavit nudavitque omnia. Neque hoc solum in statuis ornamentisque publicis fecit, sed etiam delubra omnia, sanctissimis religionibus consecrata, depopulatus est ; deum denique nullum Siculis, qui ei paullo magis adfabre atque antiquo artificio factus videretur, reliquit. In stupris vero et flagitiis nefarias ejus libidines commemorare pudore deterreor : simul illorum calamitatem commemorando augere nolo, quibus liberos conjugesque suas integras ab istius petulantia conservare non licitum est. — At enim haec ita commissa sunt ab isto, ut non cognita sint ab omnibus. — Hominem

nom, ne puisse, j'en suis sûr, raconter ses abominables forfaits : de sorte que je dois craindre qu'on m'accuse d'en omettre un grand nombre, plutôt que d'en imaginer pour le perdre. Et je suis persuadé que cette foule de citoyens qui se pressent autour de nous, viennent ici moins pour apprendre de moi les faits de cette cause, que pour vérifier si je dis bien ce qu'ils savent.

VI. Dans une pareille situation, cet homme éperdu, désespéré, se prépare à me combattre avec des armes autres que les armes ordinaires. Il ne cherche point à m'opposer un orateur éloquent ; il ne s'appuie, ni sur le crédit, ni sur l'autorité, ni sur la puissance ; ou s'il affecte encore de compter sur ces moyens, je pénètre ses desseins ; car il ne sait pas bien cacher ses manœuvres : il prétend m'en imposer par de vains titres de noblesse, par les noms de quelques orgueilleux, qui m'embarrassent moins parce qu'ils sont nobles, qu'ils ne me servent parce qu'ils sont connus ; il feint d'espérer en leur appui ; au fond, il prépare depuis longtemps un secret ressort. Juges, je vais exposer en peu de mots quels sont et son espoir et ses projets. Mais apprenez d'abord quelle marche il a adoptée dès le commencement du procès. A peine revenu de sa province, il a traité pour d'énormes sommes du renvoi de son jugement. Cet infâme marché a subsisté avec toutes ses conditions jusqu'au moment de la récusation des

esse arbitror neminem, qui nomen istius audierit, quin facta quoque ejus nefaria commemorare possit, ut mihi magis timendum sit, ne multa crimina prætermittere, quam ne qua in istum fingere existimer. Neque enim mihi videtur hæc multitudo, quæ ad audiendum convenit, cognoscere ex me causam voluisse, sed ea, quæ scit, mecum recognoscere.

VI. Quæ quum ita sint, iste homo amens ac perditus alia mecum ratione pugnat : non id agit, ut alicujus eloquentiam mihi opponat ; non gratia, non auctoritate cujusquam, non potentia nititur : simulat his se rebus confidere ; sed video, quid agat : neque agit enim occultissime. Proponit inania mihi nobilitatis, hoc est, hominum adrogantium nomina ; qui non tam me impediunt, quod nobiles sunt, quam adjuvant, quod noti sunt : simulat se eorum præsidio confidere, quum interea aliud quiddam jam diu machinetur. Quam spem nunc habeat in manibus, et quid moliatur, breviter jam, judices, vobis exponam : sed prius, ut ab initio res ab eo constituta sit, quæso, cognoscite. Ut primum e provincia rediit, redemptio est hujus judicii facta grandi pecunia : ea mansit in conditione atque pacto usque ad eum finem, dum judices rejecti sunt. Postea quam rejectio judicum facta est, quod et in

juges. Ce n'est qu'après cette opération où la fortune, en favorisant le peuple romain dans le tirage au sort, et où l'extrême attention que j'ai mise dans mes récusations, avaient renversé ses espérances et trompé son insolence, ce n'est qu'après cela que le traité fut rompu. Tout allait donc à souhait. Les listes de vos noms et des membres de ce tribunal se trouvaient dans les mains de tout le monde : plus de note, plus de couleur, plus de viles manœuvres dont il parût possible de flétrir vos suffrages. Et lui, naguère si fier, si triomphant, était devenu soudain si humble, si abattu, qu'il semblait condamné non-seulement dans l'esprit du peuple romain, mais même à ses propres yeux. Mais voici que tout à coup, ces jours derniers, après la tenue des comices consulaires, il reprend, avec des sommes plus considérables, ses projets d'autrefois ; il tend les mêmes pièges par les mêmes personnages à votre honneur et à la fortune de tous les citoyens. Le fait, sénateurs, nous a d'abord été révélé par des indices vagues et par des témoignages incertains ; mais une fois entrés dans la voie du soupçon, nous avons pénétré droit au cœur de l'intrigue.

VII. Hortensius, consul désigné, revenait du Champ de Mars à sa maison, accompagné d'une foule nombreuse qui lui faisait cortége. Par hasard, C. Curion rencontre cette multitude ; je nomme ici Curion sans aucune intention de l'offenser ; au contraire ; en effet, je ne rapporterai de lui que des paroles qu'il n'eût pas dites

sortitione istius spem fortuna populi Romani, et in rejiciendis judicibus mea diligentia istorum impudentiam vicerat, renunciata est tota conductio. Præclare se res habebat : libelli nominum vestrorum consiliique hujus in manibus erant omnium ; nulla nota, nullus color, nullæ sordes videbantur his sententiis adlini posse : quum iste repente ex alacri atque læto sic erat humilis atque demissus, ut non modo populo Romano, sed etiam sibi ipse condemnatus videretur. Ecce autem repente, his diebus paucis, comitiis consularibus factis, eadem illa vetera consilia pecunia majore repetuntur, eædemque vestræ famæ fortunisque omnium insidiæ per eosdem homines comparantur. Quæ res primo, judices, pertenui nobis argumento indicioque patefacta est : post aperto suspicionis introitu ad omnia intima istorum consilia sine ullo errore pervenimus.

VII. Nam ut Hortensius, consul designatus, domum reducebatur e campo, cum maxima frequentia ac multitudine : fit obviam casu ei multitudini C. Curio ; quem ego hominem, honoris potius quam contumeliæ causa, nominatum volo. Etenim ea dicam, quæ ille, si commemorari noluisset, non tanto in conventu,

si ouvertement, si publiquement, en présence de tant de monde, s'il eût voulu en faire un mystère. Toutefois, j'userai envers lui de ménagement et de mesure ; je veux que l'on voie que je n'ai point oublié les égards dus à son rang et à l'amitié qui nous unit. Près de l'arc de triomphe de Fabius, il aperçoit donc Verrès dans la foule et il lui adresse la parole pour le complimenter à haute voix, sans dire un mot à Hortensius, qui venait d'être nommé consul, ni à ses parents, ni à ses amis qui étaient là : c'est avec Verrès qu'il s'arrête, c'est Verrès qu'il embrasse, Verrès qu'il engage à être bien tranquille. « Je vous déclare, dit-il, absous par les comices de ce jour. » Ce propos, entendu par un grand nombre de citoyens honorables, m'est aussitôt rapporté, ou plutôt tous ceux que je rencontre me le racontent. Les uns en étaient indignés, les autres en riaient ; ceux-ci riaient, parce qu'ils pensaient que la cause dépendait, non des comices consulaires, mais du poids des témoignages, de la nature des crimes, de la conviction des juges ; ceux-ci s'indignaient parce qu'ils voyaient plus loin, et que ces félicitations semblaient annoncer l'espoir de corrompre les juges. Voici en effet, comme ils raisonnaient entre eux et avec moi, ces honnêtes gens. « Il est clair, il est évident, » disaient-ils, » qu'il n'y a plus de justice. L'accusé qui se croyait condamné la veille est absous le lendemain, parce que son défenseur est nommé consul. Quoi !

---

tam aperte palamque dixisset : quæ tamen a me pedetemptim cauteque dicentur, ut et amicitiæ nostræ, et dignitatis illius habita ratio esse intelligatur. Videt ad ipsum fornicem Fabianum in turba Verrem ; appellat hominem, et ei voce maxima gratulatur ; ipsi Hortensio, qui consul erat factus, propinquis necessariisque ejus, qui tum aderant, verbum nullum facit ; cum hoc consistit, hunc amplexatur, hunc jubet sine cura esse : « Renuntio, inquit, tibi, te hodiernis comitiis esse absolutum. » Quod quum tam multi homines honestissimi audissent, statim ad me defertur : immo vero, ut quisque me viderat, narrabat. Aliis illud indignum, aliis ridiculum videbatur : ridiculum iis, qui istius causam in testium fide, in criminum ratione, in judicum potestate, non in comitiis consularibus, positam arbitrabantur ; indignum iis, qui altius perspiciebant, et hanc gratulationem ad judicium corrumpendum spectare arbitrabantur. Etenim sic ratiocinabantur, sic honestissimi homines inter se et mecum loquebantur : « Aperte jam ac perspicue nulla esse judicia : qui reus pridie jam ipse se condemnatum putabat, is, postea quam defensor ejus consul est

toute la Sicile, tous les Siciliens, tous les commerçants, tous les actes publics et privés de la province sont à Rome, et tout cela ne sera d'aucun poids, s'il ne plaît au consul désigné ! Et les juges ne prononceront pas d'après les chefs d'accusation, les dépositions des témoins, l'opinion du peuple romain ! Non, tout cédera au pouvoir et tournera au gré d'un seul homme. »

VIII. Je l'avouerai, juges, ces discours faisaient sur moi une vive impression, car c'étaient les plus honnêtes gens qui me disaient : « Votre accusé vous sera enlevé ; mais nous, nous ne pourrons conserver plus longtemps l'administration de la justice. Car, du moment qu'il sera acquitté, qui pourrait se refuser à le remettre en d'autres mains ? » ce qui était pénible à tout le monde. Et on était moins ému de la joie soudaine de ce misérable que des félicitations vraiment étranges d'un citoyen si considérable. Je voulais dissimuler le chagrin que j'en éprouvais ; je voulais cacher sous un visage riant et dérober par le silence la douleur dont j'étais pénétré. Mais voilà qu'à la même époque, les préteurs désignés ayant tiré au sort leurs divers départements, et celui des concussions étant échu à M. Metellus, on m'annonce que Verrès en a reçu tant de compliments, qu'il s'est empressé d'envoyer à sa maison pour le faire savoir à sa femme. Sans doute, je ne voyais pas cet incident avec plaisir : et cependant je ne concevais pas quelle crainte sérieuse il pouvait m'inspirer. La seule chose qui m'in-

---

factus, absolvitur. Quid igitur? quod tota Sicilia, quod omnes Siculi, omnes negotiatores, omnes publicæ privatæque litteræ Romæ sunt, nihilne id valebit? nihil, invito consule designato. Quid judices? non crimina, non testes, non existimationem populi Romani sequentur? non omnia in unius potestate ac moderatione vertentur. »

VIII. Vere loquar, judices : vehementer me hæc res commovebat. Optimus enim quisque ita loquebatur : « Iste quidem tibi eripietur ; sed nos non tenebimus judicia diutius : etenim quis poterit, Verre absoluto, de transferendis judiciis recusare? » Erat omnibus molestum : neque eos tam istius hominis perditi subita lætitia, quam hominis amplissimi nova gratulatio commovebat. Cupiebam dissimulare me id moleste ferre, cupiebam animi dolorem vultu tegere, et taciturnitate celare. Ecce autem illis ipsis diebus, quum prætores designati sortirentur, et M. Metello obtigisset, ut is de pecuniis repetundis quæreret, nuntiatur mihi, tantam isti gratulationem esse factam, ut is quoque domum pueros mitteret, qui uxori suæ nuntiarent. Sane ne hæc quidem res mihi placebat : neque tamen, qui tanto opere in hac sorte metuendum mihi esse, intelli-

quiétât, c'est que, sur le rapport de quelques hommes sûrs qui m'avaient instruit de tout, j'avais appris que plusieurs paniers, remplis d'argent de Sicile, avaient été portés de la maison d'un sénateur dans celle d'un chevalier romain ; qu'environ dix de ces paniers avaient été laissés chez le sénateur pour servir aux comices où j'étais intéressé, et que les distributeurs de toutes les tribus avaient été, cette nuit-là, réunis chez Verrès. L'un d'eux, qui croyait devoir tout faire pour moi, vient me trouver la nuit même, et me rapporte les discours qu'a tenus l'accusé. « Il leur a rappelé avec quelle générosité il les avait traités lorsqu'il avait brigué la préture, ainsi que dans les dernières élections consulaires et prétoriennes ; ensuite, il leur a promis autant d'argent qu'ils voudraient, s'ils ruinaient ma candidature à l'édilité. Les uns avaient répondu qu'ils n'osaient le tenter ; les autres qu'ils ne croyaient pas pouvoir y réussir. Cependant il s'était trouvé un ami intrépide de la même famille, nommé Q. Verrès, de la tribu Romilia, consommé dans l'art des distributeurs, disciple et ami du père de l'accusé, qui avait garanti le succès moyennant cinq cent mille sesterces ; et alors quelques autres avaient promis de le seconder : tel étant l'état de choses, il venait me prévenir, dans une pensée de dévouement, de bien me tenir sur mes gardes. »

IX. J'étais assailli par les plus graves inquiétudes et j'avais bien

gebam. Unum illud ex hominibus certis, ex quibus omnia comperi, reperiebam ; fiscos complures cum pecunia Siciliensi a quodam senatore ad equitem Romanum esse translatos ; ex his quasi X fiscos ad senatorem illum relicto comitiorum meorum nomine ; divisores omnium tribuum noctu ad istum vocatos. Ex quibus quidam, qui se omnia mea causa debere arbitrabatur, eadem illa nocte ad me venit ; demonstrat, qua iste oratione usus esset : « commemorasse istum, quam liberaliter eos tractasset etiam antea, quum ipse prœturam petisset, et proximis consularibus prœtoriisque comitiis ; deinde continuo esse pollicitum, quantam vellent pecuniam, si me œdilitate dejecissent. Hic alios negasse audere ; alios respondisse, non putare id perfici posse ; inventum tamen esse fortem amicum ex eadem familia Q. Verrem, Romilia, ex optima divisorum disciplina, patris istius discipulum atque amicum, qui, HS quingentis millibus depositis, id se perfecturum polliceretur ; et fuisse tamen nonnullos, qui se una facturos esse dicerent. Quæ quum ita essent, sane benevolo animo me, ut magno opere caverem, præmonebat. »

IX. Sollicitabar rebus maximis uno atque eo perexiguo tempore : urgebant

peu de temps devant moi. Les comices approchaient, et l'on prodiguait l'argent pour m'y combattre. Le jugement pressait, et les paniers pleins d'or de la Sicile n'étaient pas moins menaçants. La préoccupation des comices m'empêchait de m'occuper du jugement; le jugement ne me permettait pas de donner toute mon attention à ma candidature. Le prendre sur un ton de menace avec les distributeurs, il n'y avait pas moyen; je voyais bien qu'ils n'ignoraient pas que j'étais lié, enchaîné par cette accusation. Dans le même temps, j'apprends qu'Hortensius a engagé les Siciliens à se rendre chez lui, et que les députés, comprenant pourquoi on les invitait, n'ont point accédé à cette invitation, à laquelle rien ne les forçait de se rendre. Cependant nos comices, où Verrès croyait être le maître, comme dans tous les autres de cette année, se sont ouverts. Vous l'auriez vu alors, cet homme puissant, courir de tribu en tribu, et avec lui son fils, charmant et aimable jeune homme qui allait saluant, abordant les amis de son père, je veux dire les distributeurs. Mais, le sens de ces manœuvres saisi et compris, le peuple romain n'a pas voulu souffrir que celui dont les richesses n'avaient pu me détourner de la ligne du devoir, arrivât, par son argent, à m'exclure de la carrière des honneurs. Dès lors, affranchi des soucis de ma candidature, l'esprit plus libre et plus à l'aise, toutes mes pensées, toutes mes démarches n'ont eu d'autre objet que cette cause. Et j'ai

comitia; et in his ipsis oppugnabar grandi pecunia. Instabat judicium; ei quoque negotio fisci Sicilienses minabantur. Agere, quæ ad judicium pertinebant, liberé, comitiorum metu deterrebar; petitioni toto animo servire, propter judicium, non licebat. Minari denique divisoribus ratio non erat, propterea quod eos intelligere videbam, me hoc judicio districtum atque obligatum futurum. Atque hoc ipso tempore Siculis denuntiatum esse audio; primum ab Hortensio, domum ad illum ut venirent; Siculos sane in eo liberos fuisse, qui, quamobrem arcesserentur quum intelligerent, non venisse. Interea comitia nostra, quorum iste se, ut cæterorum hoc anno comitiorum dominum esse arbitrabatur, haberi cœpta sunt. Cursare iste, homo potens, cum filio blando et gratioso, circum tribus; paternos amicos, hoc est divisores, appellare omnes et convenire. Quod quum esset intellectum et animadversum, fecit animo libentissimo populus Romanus, ut, cujus divitiæ me de fide deducere non potuissent, ne ejusdem pecunia de honore dejiceret. Postea quam illa petitionis magna cura liberatus sum, animo cœpi multo magis vacuo ac soluto, nihil aliud, nisi de judicio, agere et cogitare. Reperio, judices, hæc ab istis consilia inita

découvert, juges, que le plan de mes adversaires avait été de gagner du temps à tout prix afin que la cause fût plaidée devant le préteur M. Metellus : en quoi ils trouvaient de nombreux avantages : d'abord M. Metellus était leur ami dévoué ; ensuite ils devaient avoir pour eux non-seulement Hortensius le consul, mais Q. Metellus. Et remarquez, juges, combien celui-ci doit être dévoué aux intérêts de Verrès : il lui a donné par anticipation, pour ainsi dire, une preuve de sa bonne volonté, en échange sans doute des suffrages qu'il lui avait aussi, comme par anticipation, à l'avance assurés. Avez-vous pensé que je garderais le silence sur de pareilles manœuvres, et que, dans un tel péril pour la république et pour ma réputation, je transigerais, en faveur de qui que ce fût, avec mes devoirs ou avec mon honneur ? L'autre consul désigné fait appeler les Siciliens ; quelques-uns se rendent chez lui, parce que L. Metellus est préteur en Sicile. Il leur déclare « qu'il est consul ; que de ses deux frères, l'un a le gouvernement de la Sicile, que l'autre sera chargé des affaires de concussion, et que toutes les mesures sont prises pour qu'on ne puisse nuire à Verrès. »

X. Qu'est-ce donc, je vous le demande, Metellus, que corrompre la justice, si ce n'est faire ce que vous faites ? si ce n'est effrayer des témoins, des Siciliens surtout, si timides aujourd'hui et si découragés, en faisant valoir l'autorité, que dis-je, la crainte du pouvoir d'un consul et de deux préteurs ? Que feriez-vous donc

et constituta, ut, quacumque opus esset ratione, res ita duceretur, ut apud M. Metellum prætorem causa diceretur ; in eo esse hæc commoda : primum M Metellum, amicissimum ; deinde Hortensium consulem non solum, sed etiam Q. Metellum ; qui quam isti sit amicus, attendite : dedit enim prærogativam suæ voluntatis ejus modi, ut isti pro prærogativis jam reddidisse videatur. An me taciturum tantis de rebus existimavistis? et me, in tanto rei publicæ existimationisque meæ periculo, cuiquam consulturum potius, quam officio et dignitati meæ? Arcessit alter consul designatus Siculos : veniunt nonnulli, propterea quod L. Metellus esset prætor in Sicilia. Cum iis ita loquitur : « se consulem esse ; fratrem suum alterum Siciliam provinciam obtinere, alterum esse quæsiturum de pecuniis repetundis ; Verri ne noceri possit, multis rationibus esse provisum. »

X. Quid est, quæso, Metelle, judicium corrumpere, si hoc non est? testes, præsertim Siculos, timidos homines et adflictos, non solum auctoritate deterrere, sed etiam consulari metu, et duorum prætorum potestate? Quid faceres

pour un homme innocent, pour un de vos proches, si vous oubliez ainsi vos devoirs et votre rang pour un misérable qui vous est absolument étranger? N'est-ce pas vous exposer à rendre, aux yeux de ceux qui ne vous connaissent pas, certains propos vraisemblables? Car Verrès assure, me disait-on, que ce n'est pas au destin, comme tous les autres consuls de votre famille, mais à son assistance, que vous devez le consulat. Ainsi deux consuls et un juge seront à sa dévotion. « Non-seulement, » disait-il, « nous échapperons à un homme trop exact dans ses informations, trop jaloux de l'estime du peuple, à Man. Glabrion; nous aurons encore un autre avantage : au nombre des juges est M. Césonius, collègue de notre accusateur, homme d'une probité éprouvée, reconnue dans la judicature; rien ne serait plus malheureux que de le trouver parmi des juges que nous voudrions corrompre, lui qui naguère, membre d'un tribunal présidé par Junius, a fait éclater son indignation contre les honteuses transactions de ses collègues, que dis-je? qui s'en est fait le dénonciateur. Or, à dater des kalendes de janvier, nous n'aurons parmi les juges ni lui, ni Q. Manlius, ni Q. Cornificius, ces modèles de sévérité et d'intégrité, car ils seront alors tribuns du peuple. D'autre part, P. Sulpicius, ce magistrat d'une probité morose, doit entrer en charge aux nones de décembre; M. Créperius, de cette famille de chevaliers si connue par l'austérité de ses principes; L. Cassius,

pro homine innocente et propinquo, quum, propter hominem perditissimum atque alienissimum, de officio ac dignitate decedis; et commitius, ut, quod ille dictitat, alicui, qui te ignorat, verum esse videatur? Nam hoc Verrem dicere aiebant, te non fato, ut cæteros ex vestra familia, sed opera sua, consulem factum. Duo igitur consules et quæsitor erunt ex illius voluntate. « Non solum effugiemus, » inquit, « hominem in quærendo nimium diligentem, nimium servientem populi existimationi, M'. Glabrionem : accedet nobis etiam illud. Judex est M. Cæsonius, collega nostri accusatoris, homo in rebus judicandis spectatus et cognitus, quem minime expediat esse in eo consilio, quod conemur aliqua ratione corrumpere : propterea quod jam antea, quum judex in Juniano consilio fuisset, turpissimum illud facinus non solum graviter tulit, sed etiam in medium protulit. Hunc judicem ex kal. Januar. non habebimus. Q. Manlium et Q. Cornificium, duos severissimos atque integerrimos judices, quod tribuni plebis tum erunt, judices non habebimus. P. Sulpicius, judex tristis et integer, magistratum ineat necesse est nonis Decembr. M. Crepereius, ex acerrima illa equestri familia et disciplina; L. Cassius, ex familia quum ad cæ-

d'une autre famille si rigide en tout et particulièrement en fait de justice; Cn. Tremellius, ce magistrat d'une exactitude, d'une probité supérieure ; ces trois hommes du vieux temps sont désignés tribuns militaires. Ainsi, dès les kalendes de janvier, ils ne seront plus juges. Nous aurons même à tirer au sort pour un remplaçant de M. Metellus, puisqu'il doit présider le tribunal. Bref, après les kalendes de janvier, le préteur et presque tout le tribunal étant changés, les grandes menaces de l'accusateur, la grande attente du jugement, nous les éluderons comme il nous plaira. » — Puis ils faisaient leur calcul. Aujourd'hui commencent les nones de sextilis ; vous ne vous êtes assemblés qu'à la neuvième heure : ce jour est hors de compte. Dix jours doivent s'écouler avant les jeux Votifs que Pompée doit célébrer ; ces jeux emporteront bien une quinzaine ; ensuite viendront immédiatement les jeux Romains. Ainsi, ce n'est qu'au bout d'environ quarante jours qu'ils pensent être appelés à répondre à ce que nous aurons dit ; et ils espèrent ensuite amener facilement, soit en présentant leur défense, soit en alléguant des excuses pour obtenir des délais, une prolongation de l'affaire jusqu'aux fêtes de la Victoire; à ces jeux succéderont immédiatement les jeux Plébéiens, après lesquels il n'y aura que peu ou point de jours d'audience : les effets de l'accusation ainsi amortis, refroidis, l'affaire arrivera comme nouvelle au préteur M. Metellus. — Certes, si je m'étais défié de ce magistrat, je l'aurais récusé;

teras res, tum ad judicandum severissima ; Cn. Tremellius, homo summa religione et diligentia : tres hi homines veteres tribuni militares sunt designati : ex kal. Januar. non judicabunt. Subsortiemur etiam in M. Metelli locum ; quoniam is huic ipsi quæstioni præfuturus est. Ita secundum kalendas Januar. et prætore, et prope toto consilio commutato, magnas accusatoris minas, magnamque judicii exspectationem ad nostrum arbitrium libidinemque eludemus. » — Nonæ sunt hodie Sextiles ; hora nona convenire cœpistis. Hunc diem jam ne numerant quidem. Decem dies sunt ante ludos Votivos, quos Cn. Pompeius facturus est ; hi ludi dies quindecim auferent ; deinde continuo Romani consequentur. Ita prope XL diebus interpositis, tum denique se ad ea, quæ a nobis dicta erunt ; responsuros esse arbitrantur ; deinde se ducturos et dicendo, et excusando, facile ad ludos Victoriæ. Cum his plebeios esse conjunctos : secundum quos aut nulli, aut perpauci dies ad agendum futuri sunt. Ita defessa ac refrigerata accusatione, rem integram ad M. Metellum prætorem esse ventu-

aujourd'hui, j'aime mieux le voir siéger dans cette cause, comme juge que comme préteur; j'aime mieux lui confier, après son serment, sa propre tablette, que celle des autres, sans avoir son serment pour gage.

XI. Maintenant, juges, c'est vous que je consulte : que dois-je faire, à votre avis? car le conseil que vous me donnerez tacitement, je ne doute pas que je doive l'adopter. Si je profite pour parler du temps que m'accorde la loi, mes travaux, mes soins, mon zèle, ne seront pas sans récompense; et mon accusation prouvera que, de mémoire d'homme, nul ne s'est présenté devant un tribunal, mieux préparé, plus attentif, ni possédant mieux sa cause. Mais, en m'occupant ainsi des intérêts de mon honneur, je cours grand risque que l'accusé ne m'échappe. Quel est donc le meilleur parti à prendre? Il n'a rien d'obscur, et n'est pas, je crois, difficile à découvrir. Cet honneur, que pourrait me procurer une plaidoirie complète et suivie, réservons-en les avantages pour un autre temps, n'attaquons maintenant le coupable qu'avec des registres, des témoins, des mémoires et des actes publics et privés. L'affaire sera entre vous et moi, Hortensius; je le dis ouvertement. Si je pensais que vous n'apportez à la lutte que votre éloquence et votre habileté à réfuter les chefs d'accusation, moi aussi, je mettrais tous mes soins à développer dans mon accusation les griefs que j'impute à Verrès : mais,

---

ram: Quem ego hominem, si ejus fidei diffusus essem, judicem non retinuissem : nunc tamen eo animo sum, ut eo judice, quam prætore, hanc rem transigi malim, malo enim jurato suam, quam injurato aliorum tabellas committere.
XI. Nunc ego, judices, jam vos consulo, quid mihi faciendum putetis : id enim consilii mihi profecto taciti dabitis, quod egomet mihi necessario capiendum intelligo. Si utar ad dicendum meo legitimo tempore, mei laboris, industriæ diligentiæque capiam fructum ; et ex accusatione perficiam, ut nemo umquam post hominum memoriam paratior, vigilantior, compositior ad judicium venisse videatur. Sed in hac laude industriæ meæ, reus ne elabatur, summum periculum est. Quid est igitur quod fieri possit? non obscurum, opinor, neque absconditum. Fructum istum laudis, qui ex perpetua oratione percipi potuit, in alia tempora reservemus : nunc hominem tabulis, testibus, privatis publicisque litteris auctoritatibusque accusemus. Res omnis mihi tecum erit, Hortensi. Dicam aperte. Si te mecum dicendo ac diluendis criminibus in hac causa contendere putarem, ego quoque in accusando, atque in explicandis cri-

puisque votre dessein est de me combattre moins d'après votre caractère, que d'après le besoin de la cause et le danger de votre client, il faut bien trouver quelque moyen à opposer à une pareille tactique. Votre plan est de commencer votre plaidoyer après les deux fêtes ; le mien est d'obtenir la seconde action avant les premiers jeux. Ainsi l'on verra que votre tactique est une tactique politique, tandis que ma conduite à moi m'est imposée par la nécessité.

XII. J'ai dit que l'affaire serait de vous à moi : je m'explique. Lorsqu'à la prière des Siciliens, je consentis à me charger de leur cause, considérant comme honorable et glorieux pour moi qu'ils voulussent bien mettre à l'épreuve mon zèle et mon dévouement, de même qu'ils avaient éprouvé mon intégrité et mon désintéressement, je me proposai, la tâche acceptée, un but encore plus élevé ; je voulus faire éclater aux yeux du peuple romain mes sentiments à l'égard de l'État. Car, je l'avouerai, Hortensius, il ne me semblait nullement digne de mes soins et de mes efforts d'appeler devant les tribunaux un homme déjà condamné devant l'opinion, si cette tyrannie insupportable, cette passion que vous avez portée depuis quelques années dans certains jugements, n'entrait pour beaucoup dans cette cause perdue. Mais, puisque cette domination absolue, ce despotisme dans nos tribunaux a tant d'attraits pour vous, puisqu'il existe des hommes qui

---

minibus operam consumerem : nunc, quoniam pugnare contra me instituisti, non tam ex tua natura, quam ex istius tempore et causa, malitiose ; necesse est istius modi rationi aliquo consilio obsistere. Tua ratio est, ut secundum binos ludos mihi respondere incipias ; mea, ut ante primos ludos comperendinem. Ita fiet, ut tua ista ratio existimetur astuta ; meum hoc consilium, necessarium.

XII. Verum illud, quod institueram dicere, mihi rem tecum esse, hujus modi est. Ego, quum hanc causam, Siculorum rogatu, recepissem, idque mihi amplum et præclarum existimassem, eos velle meæ fidei diligentiæque periculum facere, qui innocentiæ abstinentiæque fecissent : tum, suscepto negotio, majus mihi quiddam proposui ; in quo meam in rem publicam voluntatem populus Romanus perspicere posset. Nam illud mihi nequaquam dignum industria conatuque meo videbatur, istum a me in judicium jam omnium judicio condemnatum vocari, nisi ista tua intolerabilis potentia, et ea cupiditas, qua per hosce annos in quibusdam judiciis usus es, etiam in istius hominis desperati causa interponeretur. Nunc vero, quoniam hæc te omnis dominatio regnumque judi-

ne sauraient ni rougir ni se lasser de leurs désordres et de leur infamie, qui semblent prendre à tâche de braver la haine et l'indignation du peuple romain, je me plais à le reconnaître : oui, je me suis chargé du poids d'une entreprise bien lourde, bien périlleuse, mais qui mérite que je déploie toute la force de mon âge et mon zèle. Puisqu'un ordre tout entier est victime de l'audace et de la méchanceté de quelques-uns de ses membres ; puisqu'il gémit sous le poids de l'infamie de leurs jugements, je le déclare à ces hommes pervers, je serai pour eux un ennemi, un accusateur opiniâtre, inflexible, un adversaire implacable. Voilà le devoir que je m'impose, que je réclame, que je remplirai, dans ma magistrature, du haut de cette tribune d'où le peuple romain a voulu que je l'éclairasse, à dater des kalendes de janvier, sur les intérêts de l'État et sur les desseins des méchants. Tel est le grand et magnifique spectacle que je promets au peuple pendant mon édilité. Je le déclare, je le signifie, je l'annonce l'avance : que ceux qui ont coutume de déposer, de recevoir ou de promettre, de corrompre, en un mot, la justice comme séquestres ou comme agents ; que ceux qui, dans un tel but, font parade de leur pouvoir ou de leur impudence, s'abstiennent, en cette cause, de souiller leurs cœurs et leurs mains de ces manœuvres criminelles.

XIII. Alors Hortensius sera consul, revêtu du commandement

---

ciorum tanto opere delectat, et sunt homines, quos libidinis infamiæque suæ neque pudeat, neque tædeat, qui quasi de industria in odium offensionemque populi Romani irruere videantur : hoc me profiteor suscepisse, magnum fortasse onus, et mihi periculosum, verum tamen dignum, in quo omnes nervos ætatis industriæque meæ contenderem. Quoniam totus ordo paucorum improbitate et audacia premitur, et urgetur infamia judiciorum : profiteor huic generi hominum me inimicum, accusatorem, odiosum, adsiduum, acerbum adversarium. Hoc mihi sumo, hoc mihi deposco, quod agam in magistratu, quod agam ex eo loco, ex quo me populus Romanus ex kalend. Januar. secum agere de re publica ac de hominibus improbis voluit ; hoc munus ædilitatis meæ populo Romano amplissimum pulcherrimumque polliceor. Moneo, prædico, ante denuntio : qui aut deponere, aut recipere, aut accipere, aut polliceri, aut sequestres, aut interpretes corrumpendi judicii solent esse, quique ad hanc rem aut potentiam, aut impudentiam suam professi sunt, abstineant in hoc judicio manus animosque ab hoc scelere nefario.

XIII. Erit tum consul Hortensius cum summo imperio et potestate ; ego au-

et de l'autorité suprêmes; moi, je serai édile, c'est-à-dire, simplement quelque chose de plus qu'un particulier : cependant la cause que je m'engage à soutenir est de telle nature, elle sera si agréable au peuple romain, qu'Hortensius, quoique consul, paraîtra auprès de moi encore moins, s'il est possible, qu'un simple citoyen. Non-seulement on rappellera, mais on démontrera, par des preuves certaines, les coupables intrigues, les infamies qui ont souillé les tribunaux depuis dix ans qu'ils sont confiés au sénat. Le peuple romain apprendra de moi comment l'ordre des chevaliers a rendu la justice pendant près de cinquante années de suite, sans qu'aucun chevalier ait encouru le plus léger soupçon d'avoir reçu de l'argent pour un jugement prononcé ; comment, depuis que les sénateurs seuls composent nos tribunaux, depuis qu'on a dépouillé le peuple du droit qu'il avait sur chacun de nous, Q. Calidius a pu dire, après sa condamnation, qu'on ne pouvait honnêtement condamner un préteur pour moins de trois cent mille sesterces ; comment, le sénateur P. Septimius ayant été condamné devant le préteur Q. Hortensius comme coupable de concussion, on fixa l'amende d'après la somme qu'il avait reçue comme juge ; comment, C. Herennius et C. Popillius, tous deux sénateurs, ayant été convaincus du crime de péculat, et M. Attilius du crime de lèse-majesté, il fut

tem ædilis, hoc est, paullo amplius quam privatus : tamen hæc hujus modi res est, quam me acturum esse pollicitor, ita populo Romano grata atque jucunda, ut ipse consul in hac causa præ me minus etiam, si fieri possit, quam privatus esse videatur. Omnia non modo commemorabuntur, sed etiam, expositis certis rebus, agentur, quæ inter decem annos, postea quam judicia ad senatum translata sunt, in rebus judicandis nefarie flagitioseque facta sunt. Cognoscet ex me populus Romanus, quid sit, quamobrem, quum equester ordo judicaret, annos prope quinquaginta continuos, in nullo, judice equite romano judicante, ne tenuissima quidem suspicio acceptæ pecuniæ ob rem judicandam constituta sit ; quid sit, quod judiciis ad senatorium ordinem translatis, sublataque populi Romani in unum quemque nostrum potestate, Q. Calidius damnatus dixerit, minoris HS triciens prætorium hominem honeste non posse damnari ; quid sit, quod, P. Septimio senatore damnato, Q. Hortensio prætore, de pecuniis repetundis, lis æstimata sit eo nomine, quod ille ob rem judicandam pecuniam accepisset ; quod in C. Herennio, quod in C. Popillio, senatoribus, qui ambo peculatus damnati sunt ; quod in M. Attilio, qui de majestate damnatus est, hoc

prouvé qu'ils avaient reçu de l'argent pour prix d'une de leurs sentences; comment il s'est trouvé des sénateurs qui, dès que leur nom fut sorti de l'urne que tenait C. Verrès, alors préteur de la ville, allèrent sur-le-champ donner leur voix contre l'accusé sans avoir entendu la cause; comment enfin on a vu un sénateur, juge dans cette même cause, recevoir de l'argent et de l'accusé pour le distribuer aux juges, et de l'accusateur pour condamner l'accusé. Pourrai-je alors assez déplorer cette tache, cette infamie, cette calamité qui pèse sur le monde entier? Pourrai-je assez déplorer qu'on ait vu dans Rome, lorsque l'administration de la justice était confiée au sénat, les tablettes portant la sentence de juges liés par le même serment, marquées de couleurs différentes? Oui toutes ces iniquités seront par moi dévoilées dans leur détail et sans ménagement; j'en prends l'engagement.

XIV. Et de quels sentiments serai-je pénétré, je vous le demande, si je découvre qu'il s'est commis dans ce jugement quelque manœuvre, quelque prévarication semblable? surtout si j'arrive à prouver, par de nombreux témoignages, que Verrès a, plus d'une fois, dit, en Sicile, devant un grand nombre de témoins, « qu'il avait à sa dévotion un homme puissant, sous la protection duquel il pillait impunément la province ; que ce n'était pas pour lui seul qu'il amassait; qu'il avait partagé le fruit des trois années de sa préture, qu'il croirait avoir fait de très-bonnes affaires,

planum factum est, eos pecuniam ob rem judicandam accepisse; quod inventi sunt senatores, qui, C. Verre prætore urbano sortiente, exirent in eum reum, quem incognita causa condemnarent; quod inventus [est] senator, qui quum judex esset in eodem judicio, et ab reo pecuniam acciperet quam judicibus divideret, et ab accusatore, ut reum condemnaret. Jam vero quomodo ego illam labem, ignominiam, calamitatemque totius ordinis conquerar? hoc factum esse in hac civitate, quum senatorius ordo judicaret, ut discoloribus signis juratorum hominum sententiæ notarentur? Hæc omnia me diligenter severeque acturum esse, polliceor.

XIV. Quo me tandem animo fore putetis, si quid in hoc ipso judicio intellexero simili aliqua ratione esse violatum atque commissum? quum præsertim planum facere multis testibus possim, C. Verrem in Sicilia, multis audientibus, sæpe dixisse, « se habere hominem potentem, cujus fiducia provinciam spoliaret; neque sibi soli pecuniam quærere, sed ita triennium illud præturæ Siciliensis distributum habere, ut secum præclare agi diceret, si unius anni quæ-

s'il pouvait garder pour sa part le produit de la première année, donner à ses patrons et à ses défenseurs les revenus de la seconde, et enfin réserver à ses juges la moisson la plus riche et la plus abondante, les profits de la troisième? » C'est ce qui m'a suggéré cette réflexion que je faisais naguère devant M'. Glabrion, au moment de la récusation des juges, réflexion qui m'a semblé produire une vive impression sur le peuple. « Je m'attends, lui disai-je, à ce que les peuples étrangers envoient des ambassadeurs pour demander l'abolition de la loi et des tribunaux contre les concussionnaires, en se fondant sur ceci que, sans ces tribunaux, chacun se contenterait de voler ce qu'il croirait suffisant pour lui et pour ses enfants; tandis qu'avec de tels tribunaux, chacun prend pour lui, pour ses patrons, défenseurs, préteur, juges ; qu'ainsi les dilapidations n'ont plus de bornes ; qu'on peut bien assouvir la cupidité du plus avide des hommes, mais non payer son infâme triomphe devant les tribunaux. » O jugements mémorables ! ô brillante renommée de notre ordre! les alliés du peuple romain ne veulent plus des jugements sur les concussions, qui furent établis dans leur intérêt par nos ancêtres ! Verrès, en effet, aurait-il pu concevoir quelque bonne espérance, s'il n'avait toujours eu de vous la plus mauvaise opinion? Et c'est ce qui doit vous le rendre encore plus odieux, s'il est possible, qu'il ne l'est

---

stum in rem suam converteret ; alterum patronis et defensoribus suis traderet; tertium illum uberrimum quæstuosissimumque annum totum judicibus reservaret. » Ex quo mihi venit in mentem illud dicere, quod apud M'. Glabrionem nuper, quum in rejiciendis judicibus commemorassem, intellexi, vehementer populum Romanum commoveri : me arbitrari fore, uti nationes exteræ legatos ad populum Romanum mitterent, ut lex de pecuniis repetundis judiciumque tolleretur, si enim judicia nulla sint, tantum unum quemque ablaturum putant, quantum sibi ac liberis suis satis esse arbitretur; nunc, quod ejus modi judicia sint, tantum unum quemque auferre, quantum sibi, patronis, advocatis, prætori, judicibus satis futurum sit ; hoc profecto infinitum esse ; se avarissimi hominis cupiditati satis facere posse, nocentissimæ victoriæ non posse. O commemoranda judicia, præclaramque existimationem nostri ordinis ! quum socii populi Romani judicia de pecuniis repetundis fieri nolunt, quæ a majoribus nostris sociorum causa comparata sunt. An iste umquam de se bonam spem habuisset, nisi de vobis malam opinionem animo imbibisset ? Quo majore etiam si fieri potest, apud vos odio esse debet, quam est apud populum Ro-

au peuple romain, puisqu'il a pu vous croire aussi avides, aussi pervers, aussi parjures que lui !

XV. Au nom des dieux immortels, juges, songez-y bien et réfléchissez à la situation. Je vous en avertis, je ne puis assez vous le répéter, oui, je suis convaincu que ce sont les dieux qui vous ont offert une occasion si favorable pour mettre l'ordre entier des sénateurs à l'abri de la malveillance, de la haine, de l'infamie, d'un honteux avilissement. C'est une opinion répandue qu'il n'y a plus dans les arrêts des tribunaux, ni probité, ni conscience, ni justice. Aussi sommes-nous en butte au dédain, au mépris du peuple romain, en proie à l'ignominie, et à une ignominie qui date de loin. N'allons pas chercher d'autre cause de l'ardeur avec laquelle le peuple romain a réclamé le rétablissement de la puissance tribunitienne ; cette puissance, il ne la redemandait qu'en parole ; ce qu'il réclamait en réalité, c'était de vrais tribunaux. Cette vérité n'échappa point à la sagacité de l'illustre et sage Q. Catulus. Lorsque Cn. Pompée, ce vaillant et glorieux citoyen, proposa le rétablissement de la puissance tribunitienne, Catulus, à qui on demandait son avis, répondit par ces paroles pleines d'autorité : « Les pères conscrits administrent mal et scandaleusement la justice ; s'ils eussent voulu, dans les tribunaux, répondre à la pensée du peuple romain, la puissance des tribuns n'aurait pas été si vivement regrettée. » Enfin, lorsque Pompée

manum; quum in avaritia, scelere, perjurio vos sui similes esse arbitretur.

XV. Cui loco, per deos immortales, judices, consulite ac providete. Moneo prædicoque id, quod intelligo, tempus opportunissimum vobis hoc divinitus datum esse, ut odio, invidia, infamia, turpitudine totum ordinem liberetis. Nulla in judiciis severitas, nulla religio, nulla denique jam existimantur esse judicia. Itaque a populo Romano contemnimur, despicimur; gravi diuturnaque jam flagramus infamia. Neque enim ullam aliam ob causam populus Romanus tribunitiam potestatem tanto studio requisivit : quam quum poscebat, verbo illam poscere videbatur, re vera judicia poscebat. Neque hoc Q. Catulum, hominem sapientissimum atque amplissimum, fugit, qui Cn. Pompeio, viro fortissimo et clarissimo, de tribunitia potestate referente, quum esse sententiam rogatus, hoc initio est summa cum auctoritate usus : « Patres conscriptos judicia male et flagitiose tueri ; quodsi in rebus judicandis populi Romani existimationi satisfacere voluissent, non tanto opere homines fuisse tribunitiam potestatem desideraturos. » Ipse denique Cn. Pompeius, quum primum concionem ad urbem

lui-même, haranguant pour la première fois le peuple aux portes de la ville, en qualité de consul désigné, vint à traiter le point qui excitait évidemment la plus vive attente, et fit entendre qu'il rétablirait la puissance tribunitienne, il fut accueilli par un murmure général d'assentiment ; mais, quand il ajouta que « les provinces étaient dévastées et opprimées, que les jugements n'étaient qu'infamie et scandale ; qu'il songeait à ces abus et voulait y mettre ordre, » alors ce ne fut plus par un simple murmure, mais par des acclamations que le peuple romain témoigna ses sentiments.

XVI. Maintenant tout le monde est en éveil ; on veut savoir à quel point chacun de vous se montrera fidèle à son serment et zélé pour le maintien des lois. On voit que, depuis le rétablissement de la puissance tribunitienne, il n'a été condamné qu'un seul sénateur, et encore était-il pauvre. On ne vous en blâme point positivement, mais on ne trouve pas là non plus grand sujet de louange ; car il n'y a aucun mérite à demeurer honnête, lorsque personne ne peut ni ne veut vous corrompre. Mais, ici, tandis que vous allez juger l'accusé, vous serez jugés vous-mêmes par le peuple romain. En prononçant sur le sort de Verrès, vous ferez connaître si un homme coupable et riche peut être condamné par un tribunal composé de sénateurs. J'ajoute que l'accusé est un de ces hommes où il n'y a, à côté de

---

consul designatus habuit ; ubi (id quod maxime exspectari videbatur) ostendit se tribunitiam potestatem restituturum, factus est in eo strepitus, et grata concionis admurmuratio. Idem, in eadem concione, quum dixisset « populatas vexatasque esse provincias ; judicia autem turpia et flagitiosa fieri ; ei rei se providere ac consulere velle ; » tum vero non strepitu, sed maximo clamore suam populus Romanus significavit voluntatem.

XVI. Nunc autem homines in speculis sunt ; observant, quemadmodum sese unusquisque vestrum gerat in retinenda religione, conservandisque legibus. Vident adhuc post legem tribunitiam unum senatorem vel tenuissimum esse damnatum : quod tametsi non reprehendunt, tamen magno opere, quod laudent, non habent. Nulla est enim laus, ibi esse integrum, ubi nemo est, qui aut possit, aut conetur corrumpere. Hoc est judicium, in quo vos de reo, populus Romanus de vobis judicabit : in hoc homine statuetur, possitne, senatoribus judicantibus, homo nocentissimus pecuniosissimusque damnari. Deinde est hujus modi reus, in quo homine nihil sit, præter summa peccata, maxi-

crimes énormes qu'immenses richesses ; de sorte que, s'il est acquitté, il ne peut en ressortir que le plus honteux de tous les soupçons. On ne croira pas que l'amitié, les liens du sang, une bonne conduite dans d'autres occasions, ni même quelques basses complaisances aient pu vous faire illusion sur tant d'odieux excès. Enfin, quant à moi, juges, je présenterai la cause de telle façon, j'apporterai des faits si notoires, si bien attestés, si graves, si manifestes, que personne n'osera employer son crédit pour obtenir de vous l'acquittement du coupable. J'ai d'ailleurs un moyen infaillible, une voie sûre pour suivre pas à pas et pour déjouer leurs plus secrètes intrigues. Je mettrai les choses dans une telle évidence, que le peuple romain croira non-seulement entendre de ses oreilles le récit de tous leurs complots, mais les voir de ses yeux. A vous, sénateurs, d'effacer et de faire disparaître la tache de honte et d'infamie dont cet ordre a reçu la marque depuis quelques années. Tout le monde convient que, depuis l'organisation actuelle des tribunaux, aucun n'a réuni des membres aussi considérables par l'éclat et la considération de leurs noms. S'il s'y commet quelque prévarication, on n'ira point chercher dans le même ordre des juges plus propres à leurs fonctions, car ce serait impossible ; mais on prendra le parti décisif de choisir un autre ordre pour composer les tribunaux.

---

mamque pecuniam; ut, si liberatus sit, nulla alia suspicio, nisi ea, quæ turpissima est, residere possit : non gratia, non cognatione, non aliis recte factis, non denique aliquo mediocri vitio, tot tantaque ejus vitia sublevata esse existimabuntur. Postremo ego causam sic agam, judices : ejusmodi res, ita notas, ita testatas, ita magnas, ita manifestas proferam, ut nemo a vobis, ut istum absolvatis, per gratiam conetur contendere. Habeo autem certam viam atque rationem, qua omnes illorum conatus investigare et consequi possim. Ita res a me agetur, ut in eorum consiliis omnibus non modo aures hominum, sed etiam oculi populi Romani interesse videantur. Vos aliquot jam per annos conceptam huic ordini turpitudinem atque infamiam delere ac tollere potestis. Constat inter omnes, post hæc constituta judicia, quibus nunc utimur, nullum hoc splendore atque hac dignitate consilium fuisse. Hic si quid erit offensum, omnes homines non jam ex eodem ordine alios magis idoneos, quod fieri non potest, sed alium omnino ordinem ad res judicandas quærendum arbitrabuntur.

XVII. Ainsi, juges, je demande, avant tout, aux dieux immortels de m'accorder ce que je crois devoir espérer avec confiance : qu'ils fassent que, dans cette cause, il ne se rencontre pas d'autre coupable que celui qui, depuis longtemps, a été reconnu pour tel. S'il se trouvait plusieurs coupables, je vous le déclare, juges, et je le déclare au peuple romain, la vie me manquera plutôt que la force et la persévérance pour poursuivre leur malhonnêteté. Mais ces infamies que je m'engage à poursuivre sans pitié au prix de toute espèce de travaux, de dangers, de haines, dans le cas où elles seraient commises, votre sagesse, M'. Glabrion, votre autorité, votre vigilance, peuvent les prévenir : soutenez la cause des tribunaux, soutenez la cause de la sévérité, de l'intégrité, de la bonne foi, de la conscience ; soutenez la cause du sénat, afin que, justifié par ce jugement, il recouvre l'estime et la bienveillance du peuple romain ; songez qui vous êtes, où vous siégez ; songez à ce que le peuple romain attend de vous, à ce que vous devez à vos ancêtres ; rappelez à votre souvenir la loi Acilia, ouvrage de votre père, grâce à laquelle le peuple romain a obtenu les jugements les plus équitables et les plus sévères en matière de concussions. Vous êtes environné d'exemples respectables qui ne vous permettent point d'oublier la gloire de votre famille, qui vous rappellent nuit et jour la fermeté d'un père, la sagesse d'un aïeul, l'inflexible droiture d'un beau-père. Si vous déployez l'énergie et

XVII. Quapropter primum ab dis immortalibus, quod sperare mihi videor, hoc idem, judices, opto, ut in hoc judicio nemo improbus, præter eum, qui jam pridem inventus est, reperiatur : deinde, si plures improbi fuerint, hoc vobis, hoc populo Romano, judices, confirmo : vitam mehercuic mihi prius, quam vim perseverantiamque, ad illorum improbitatem persequendam, defuturam. Verum quod ego laboribus, periculis, inimicitiisque meis tum, quum admissum erit, dedecus, severe me persecuturum esse polliceor, id ne accidat, ut tua sapientia, auctoritate, diligentia, M'. Glabrio, potes providere. Suscipe causam judiciorum ; suscipe causam severitatis, integritatis, fidei, religionis ; suscipe causam senatus, ut is hoc judicio probatus, cum populo Romano et in laude et in gratia esse possit. Cogita, qui sis, quo loco sis, quid dare populo Romano, quid reddere majoribus tuis debeas ; fac tibi paternæ legis Aciliæ veniat in mentem, qua lege populus Romanus de pecuniis repetundis optimis judiciis severissimisque judicibus usus est. Circumstant te summæ auctoritates, quæ te oblivisci laudis domesticæ non sinant, quæ te dies noctesque commoneant, fortissimum tibi patrem, sapientissimum avum, gravissimum socerum

la vigueur de Glabrion votre père, pour résister à l'audace des scélérats ; la sagacité de votre aïeul Scévola pour découvrir les embûches qu'on tend à votre honneur et à celui de tous les juges ; l'inébranlable fermeté de votre beau-père Scaurus pour demeurer fidèle à la justice et à la vérité, le peuple romain verra qu'avec un préteur aussi intègre, aussi honnête, et un tribunal aussi bien choisi, les richesses immenses d'un accusé coupable n'ont servi qu'à prouver sa culpabilité, bien loin de contribuer à le sauver.

XVIII. Pour moi, je suis décidé à ne point m'exposer à ce que dans cette cause, on nous donne un autre préteur et d'autres juges. Je ne souffrirai pas que l'affaire traîne en longueur, si bien que les Siciliens, qui naguère ne bougèrent point lorsque, par un procédé sans exemple, les consuls désignés les firent appeler en masse par leurs esclaves, se voient plus tard convoqués par les licteurs de ces mêmes consuls en charge ; et que ces infortunés, jadis alliés et amis du peuple romain, aujourd'hui ses clients et ses suppliants, soient dépouillés, par un pouvoir tyrannique, de leurs droits, de leurs biens, et même de la liberté de se plaindre. Je ne permettrai certainement pas que, mon plaidoyer fini, on ne réponde que quarante jours après, lorsque ce long intervalle aura fait oublier mon accusation ; je ne souffrirai pas que le jugement ne soit prononcé qu'après le

usse. Quare si Glabrionis patris vim et acrimoniam ceperis ad resistendum hominibus audacissimis ; si avi Scævolæ prudentiam ad prospiciendas insidias, quæ tuæ atque horum famæ comparantur ; si soceri Scauri constantiam, ut ne quis te de vera et certa possit sententia demovere : intelliget populus Romanus integerrimo atque honestissimo prætore, delectoque consilio, nocenti reo magnitudinem pecuniæ plus habuisse momenti ad suspicionem criminis, quam ad rationem salutis.

XVIII. Mihi certum est non committere, ut in hac causa prætor nobis consiliumque mutetur. Non patiar rem in id tempus adduci, ut Siculi, quos adhuc servi designatorum consulum non moverunt, quum eos novo exemplo universos arcesserent, eos tum lictores consulum vocent ; ut homines miseri, antea socii atque amici populi Romani, nunc servi ac supplices non modo jus suum fortunasque omnes eorum imperio amittant, verum etiam deplorandi juris sui potestatem non habeant. Non sinam profecto, causa a me perorata, quadraginta diebus interpositis, tum nobis denique respondeant, quum accusatio nostra in oblivionem diuturnitate adducta sit : non committam, ut tum res

départ de cette foule de citoyens venus de toutes les parties de l'Italie pour assister aux comices, aux jeux ou au cens. A vous les résultats de ce jugement, honneur ou discrédit; à moi le travail et la peine; à tous les citoyens, la connaissance de cette cause et le souvenir de ce qui aura été dit par chacun de nous. J'userai d'un moyen qui n'est pas nouveau, et qu'ont déjà employé ceux qui tiennent aujourd'hui le premier rang dans l'État; je commencerai par interroger les témoins. La seule innovation que je me permettrai consistera à les produire dans un ordre qui présentera successivement toutes les parties de l'accusation. Quand, par mes questions, mes preuves, mes déductions, j'aurai établi chaque point, je rapprocherai les dépositions des faits : il n'y aura donc d'autre différence entre les procédés accoutumés de l'accusation et ceux que je suivrai ici, qu'en ce que, d'ordinaire, on produit les témoins après les plaidoyers, tandis qu'ici on les produira à la suite de chaque fait. Mes adversaires auront d'ailleurs aussi la faculté d'interroger, de prouver, de discuter. Que si quelqu'un regrette de ne pas m'entendre exposer toutes les charges de l'accusation dans un plaidoyer suivi, il sera satisfait à la seconde action. Qu'il comprenne bien pour le moment que la marche que nous suivons a pour but de déjouer les intrigues de nos adversaires, et nous est imposée par la nécessité. — Tel sera donc le plan de l'accusation

judicetur, quum hæc frequentia totius Italiæ Roma discesserit; quæ convenit uno tempore undique, comitiorum, ludorum, censendique causa. Hujus judicii et laudis fructum, et offensionis periculum, vestrum; laborem, sollicitudinemque, nostram; scientiam quid agatur, memoriamque, quid a quoque dictum sit, omnium puto esse oportere. Faciam hoc non novum, sed ab iis, qui nunc principes nostræ civitatis sunt, ante factum, ut testibus utar statim : illud a me novum, judices, cognoscetis, quod ita testes constituam, ut crimen totum explicem; ubi id interrogando, argumentis atque oratione firmavero, ctum testes ad crimen accommodem : ut nihil inter illam usitatam accusationem, atque hanc novam intersit, nisi quod in illa tunc, quum omnia dicta sunt, testes dantur; hic in singulas res dabuntur; ut illis quoque eadem interrogandi facultas, argumentandi dicendique sit. Si quis erit, qui perpetuam orationem accusationemque desideret, altera actione audiet : nunc id, quod facimus (ea ratione facimus, ut malitiæ illorum consilio nostro occurramus) necessario fieri intelligat. Hæc primæ actionis erit accusatio. Dicimus, C. Ver-

dans cette première action. Nous soutenons que C. Verrès, indépendamment de ses abus de pouvoir et de ses cruautés sans nombre contre les citoyens romains et les alliés, indépendamment de ses outrages aux dieux et aux hommes, a, contre les lois, enlevé de la Sicile quarante millions de sesterces. Nous le prouverons par des témoins, par des actes privés et publics; et nos preuves seront telles, que vous jugerez qu'avec plus de temps même et de liberté, nous n'aurions pas eu besoin d'un long discours.

rem, quum multa libidinose, multa crudeliter in cives Romanos atque in socios, multa in deos hominesque nefarie fecerit, tum præterea quadringentiens sestertium ex Sicilia contra leges abstulisse. Hoc testibus, hoc tabulis privatis, publicisque auctoritatibus, ita vobis planum faciemus, ut hoc statuatis, etiamsi spatium ad dicendum nostro commodo, vacuosque dies habuissemus, tamen oratione longa nihil opus fuisse.

SIXIÈME DISCOURS

SECONDE ACTION
CONTRE VERRÈS

TRADUCTION DE M. GUÉROULT

ANNOTÉE
PAR M. CH. DU ROZOIR

REVUE
PAR M. GRÉARD
INSPECTEUR DE L'ACADÉMIE DE PARIS

SOMMAIRE

Les cinq discours qui forment la seconde action contre Verrès n'ont point été prononcés, Verrès s'étant après la première action, condamné lui-même à l'exil; et Cicéron, qui n'avait pas encore exercé son éloquence en qualité d'accusateur, ne les composa, comme il le dit lui-même, « que pour laisser un monument de son habileté dans ce genre, ainsi que le modèle d'une juste et vive accusation contre un magistrat cruel, prévaricateur et débauché. »

Ces cinq discours ont été désignés par les grammairiens et les éditeurs, sous les titres suivants : 1° *de Prætura urbana*, 2° *Siciliensis*, 3° *Frumentaria*, 4° *de Signis*, 5° *de Suppliciis*. Dans le premier, Cicéron peint la vie privée et publique de l'accusé avant son gouvernement de Sicile; dans le second, il rapporte ses prévarications comme juge et comme magistrat; dans le troisième, il l'accuse de dilapidations et de vols commis dans les approvisionnements; dans le quatrième, il traite des monuments d'art qu'il s'était appropriés; dans le cinquième, des meurtres dont il s'était rendu coupable.

Dans son discours contre Cécilius, Cicéron avait fait monter l'estimation des dommages des Siciliens à cent millions de sesterces environ 12,500,000 fr. de notre monnaie. D'autre part, dans le discours qui forme la première action, nous voyons que ses demandes n'excédèrent pas les quatre cent mille sesterces du vol desquels il s'était restreint à le convaincre. Cependant la restitution imposée aux concussionnaires était ordinairement du double et quelquefois du quadruple. Asconius demande la raison de cette différence, et il n'en trouve point de plus plausible que le grand crédit d'Hortensius, contre qui, selon lui, Cicéron se trouva trop faible pour obtenir une justice plus entière. Mais, comme l'observe Morabin, « en creusant plus avant, il n'est pas difficile de découvrir qu'Hortensius tout seul n'aurait pas été capable d'empêcher l'effet de la loi. Le premier, peut-être l'unique mobile de la prévarication, fut le corps entier, je ne dis pas seulement de la noblesse, quoique Cicéron semble n'attaquer qu'elle, mais de tous les gens en place ou qui pouvaient y être un jour, lesquels, sans être déterminés par une volonté expresse à piller comme Verrès, regardaient comme une attribution de leurs charges de pouvoir le faire impunément. Car quant à ce que dit Plutarque, que la modicité de cette somme, qu'il ne fait monter qu'à trois cent mille sesterces, fut rejetée sur notre orateur, qu'on soupçonna de s'être laissé corrompre, on peut mettre cela au nombre des choses que Plutarque a copiées sans examen, et sur lesquelles il est en contradiction avec lui-même. »

A cette explication Middleton ajoute que, « s'il y eut, en effet, quelque diminution dans l'amende, elle put se faire du consentement de toutes les parties, en faveur peut-être de la soumission de Verrès, et comme une sorte de compensation pour les embarras et les peines qu'elle épargnait à ses agresseurs. Il est sûr du moins que cette fameuse affaire, loin de jeter la moindre tache sur le caractère de Cicéron, servit au contraire à faire éclater plus que jamais son mérite et son intégrité, et que les Siciliens conservèrent une vive reconnaissance pour le service qu'il leur avait rendu. »

Quoi qu'il en soit, on ignore l'usage qui fut fait de l'amende infligée à Verrès. Il y a lieu de croire que la plus grande partie fut envoyée en Sicile. Ce qui est sûr, c'est que les frais du procès, et les trésors qu'avait prodigués le coupable pour corrompre les juges, ne le ruinèrent point. Il continua de vivre avec une sorte de magnificence. Sénèque le père nous apprend qu'il fut dans le cas d'éprouver l'obligeance de Cicéron, mais il n'indique point à quelle occasion [1]. Moins sensible à un bienfait récent qu'à ses anciennes injures, Verrès se réjouit de la fin tragique de son accusateur; mais il fut à son tour proscrit par les triumvirs. S'étant avisé de refuser ses statues et sa vaisselle de Corinthe à Marc Antoine, on le mit sur les tables fatales, et il fut tué peut-être par les mêmes sicaires qui avaient frappé l'auteur des *Verrines* et des *Philippiques*.

On a relevé dans les Verrines une certaine monotonie de transition et de tours. Desmeuniers fait à Cicéron le reproche d'avoir ré-

---

[1] In sequenti parte dixit, exorari solere inimicos, ipsum exoratum a Vatinio, C. quoque Verri adfuisse. (*Suasoriarum liber* vi.)

pété soixante-sept fois dans son premier discours les mots *populus Romanus*. Ce traducteur, dit M. V. Le Clerc, aurait mieux fait de compter ses contre-sens.

Une autre critique, qui paraît plus judicieuse, porte sur l'exagération à laquelle Cicéron paraît quelquefois s'être abandonné pour rendre Verrès à la fois odieux et ridicule ; mais ce défaut, si c'en est un, est celui de tous les accusateurs judiciaires. On a pu aussi relever quelques traits de mauvais goût; Cicéron, en cela, sacrifiait au penchant qu'eurent toujours les Romains pour les jeux de mots.

SIXIÈME DISCOURS

SECONDE ACTION
CONTRE VERRÈS

LIVRE PREMIER
SUR SA QUESTURE, SA LIEUTENANCE ET SA PRÉTURE

I. Personne de vous, sans doute, n'ignore, juges, le bruit répandu ces jours passés et l'opinion généralement établie que C. Verrès ne soutiendrait point une seconde action, et n'oserait reparaître devant le tribunal. Ce bruit avait couru, non-seulement parce que Verrès avait, en effet, pris le parti et la résolution de ne point comparaître, mais aussi parce qu'on ne

ORATIO SEXTA

IN VERREM
ACTIO SECUNDA

LIBER PRIMUS
DE QUÆSTURA, DE LEGATIONE, DE PRÆTURA URBANA

I. Neminem vestrum ignorare arbitror, judices, hunc per hosce dies sermonem vulgi, atque hanc opinionem populi Romani fuisse, C. Verrem altera actione responsurum non esse, neque ad judicium adfuturum. Quæ fama non idcirco solum emanarat, quod iste certe statuerat ac deliberaverat non adesse; verum etiam, quod nemo quemquam tam audacem, tam amentem, tam impu-

pouvait croire qu'un homme convaincu de tant de crimes, par tant de témoins, fût assez hardi, assez insensé, assez impudent, pour soutenir les regards des juges et affronter ceux du peuple romain. Mais Verrès ne se dément pas ; il est ce qu'il a toujours été, voué à tout entreprendre, prêt à tout entendre. Le voici donc, il répond, il a un défenseur. Une seule ressource lui restait dans le grand jour qui éclaire tant d'infamies ; son silence et son éloignement auraient pu laisser croire que, malgré son impudence, il conservait encore quelque pudeur. Il n'en a pas profité ; je ne m'en plains pas, juges. Oui, je vois non sans plaisir que nous allons recueillir, vous le fruit de votre intégrité, et moi celui de ma peine. Si Verrès avait suivi sa première résolution de ne point comparaître, on ne connaîtrait pas, autant qu'il m'importe, tout ce qu'il m'en a coûté de soins pour rassembler, pour établir les chefs de cette accusation. Et vous, juges, vous auriez peu de mérite à prononcer sur cette affaire ; car ce n'est pas à un arrêt obscur que le peuple romain borne ici son attente ; ce ne pourrait être assez pour lui de voir un contumax condamné par votre tribunal, et votre courage se déployer contre un accusé que nul n'oserait défendre. Qu'il se montre, au contraire, qu'il réponde, que les citoyens les plus puissants l'appuient de tout leur crédit, de tout leur zèle ; que ma vigilance soit en lutte avec leur cupidité, votre intégrité avec ses richesses, la

---

dentem fore arbitrabatur, qui tam nefariis criminibus, tam multis testibus evictus, ora judicum aspicere, aut os suum populo Romano ostendere auderet. Est idem Verres, qui fuit semper ; ut ad audendum projectus, sic paratus ad audiendum : præsto est ; respondet ; defenditur. Ne hoc quidem sibi reliqui facit, ut in rebus turpissimis, quum manifesto teneatur, si reticeat, et absit, tamen impudentiæ suæ pudentem exitum quæsisse videatur. Patior, judices, et non moleste fero, me laboris mei, vos virtutis vestræ fructum esse laturos. Nam si iste id fecisset, quod primo statuerat, ut non adesset ; minus aliquanto, quam mihi opus esset, cognosceretur, quid ego in hac accusatione comparanda constituendaque elaborassem : vestra vero laus tenuis plane atque obscura, judices, esset. Neque enim hoc a vobis populus Romanus exspectat, neque eo potest esse contentus, si condemnatus sit, is, qui adesse noluerit ; et si fortes fueritis in eo, quem nemo sit ausus defendere. Immo vero adsit, respondeat ; summis opibus, summo studio potentissimorum hominum defendatur ; certet mea diligentia cum illorum omnium cupiditate ; vestra integritas cum istius pecunia ; testium constantia

fermeté des témoins avec les menaces et le pouvoir de ses protecteurs : c'est quand ils seront descendus dans la lice pour combattre que vous pourrez vous vanter d'avoir vaincu. Mais, s'il eût été condamné sans avoir comparu, il eût paru moins se soustraire au châtiment que vous dérober la gloire de l'avoir condamné.

II. Il n'est point aujourd'hui de plus grand service à rendre à la république que de faire comprendre au peuple romain qu'avec des juges sévèrement choisis par l'accusateur, les alliés, les lois et la république peuvent encore trouver de fidèles appuis dans l'ordre sénatorial ; rien de plus désastreux pour l'État, au contraire, que de laisser cette opinion s'établir parmi le peuple, qu'auprès de cet ordre la vérité, l'intégrité, la bonne foi, la religion, n'ont aucun crédit. Je crois donc venir en aide, en ce moment, à une partie du corps de l'État bien importante, mais en même temps bien malade, presque désespérée ; et en cela, je me préoccupe moins de mon honneur personnel que du vôtre, juges. Oui, je suis ici pour faire tomber les attaques qu'on adresse aux tribunaux et cesser le mépris. J'ai voulu que, cette cause étant jugée selon le vœu du peuple romain, on pût dire que mon activité avait contribué en quelque chose à faire recouvrer aux jugements leur première autorité ; j'ai voulu enfin que, de quelque manière que cette affaire fût décidée, tous nos

cum illius patronorum minis atque potentia : tum demum illa omnia victa videbuntur, quum in contentionem certamenque venerint. Absens si iste esset damnatus, non tam ipse sibi consuluisse, quam invidisse vestræ laudi videretur.

II. Neque enim salus ulla rei publicæ major hoc tempore reperiri potest, quam populum Romanum intelligere, diligenter rejectis ab accusatore judicibus, socios, leges, rem publicam, senatorio consilio maxime posse defendi : neque tanta fortunis omnium pernicies potest accedere, quam opinione populi Romani rationem veritatis, integritatis, fidei, religionis, ab hoc ordine abjudicari. Itaque mihi videor magnam, et maxime ægram, et prope depositam rei publicæ partem suscepisse ; neque in eo magis meæ, quam vestræ laudi existimationique servisse. Accessi enim ad invidiam judiciorum levandam, vituperationemque tollendam : ut, quum hæc res pro voluntate populi Romani esset judicata, aliqua ex parte mea diligentia constituta auctoritas judiciorum videretur ; postremo, ut esset hoc judicatum, ut finis aliquando judiciariæ contro-

débats sur l'administration de la justice eussent enfin un terme. Car nul doute, juges, que de cette cause dépende la solution de cette grande question. L'accusé est le plus coupable des hommes ; si vous le condamnez, tout le monde cessera de dire qu'avec la composition actuelle des tribunaux, l'argent fait tout ; s'il est absous, alors nous n'aurons plus qu'à cesser de nous opposer à la translation de la puissance judiciaire. Mais sera-t-il absous ? Lui-même ne l'espère plus, et le peuple romain ne le craint pas. Il est vrai qu'il a l'impudence de paraître et de répliquer : quelques personnes en sont étonnées ; pour moi, qui connais son audace et son extravagance, je n'y trouve rien de surprenant : il a commis tant de crimes, tant de sacriléges envers les dieux et les hommes, que le remords de son crime l'aveugle et lui ôte la raison.

III. Oui, je le vois poursuivi par les mânes de tant de citoyens romains qu'il a fait tomber sous la hache, assassiner dans les prisons, attacher à la croix, alors qu'ils invoquaient les droits de l'homme libre et du citoyen. Je le vois traîné au supplice par les dieux paternels, lui qu'on a vu traîner à la mort des fils arrachés du sein de leurs mères, et forcer des pères à lui payer la faveur d'ensevelir leurs enfants ! Tant de cultes outragés, d'autels profanés, de temples renversés, de statues enlevées de leurs sanctuaires, que dis-je ? ignominieusement jetées dans la poussière, ne permettent pas que son âme soit un seul mo-

versiæ constitueretur. Etenim sine dubio, judices, in hac causa ea res in discrimen adducitur. Reus est enim nocentissimus : qui si condemnatur, desinent homines dicere, his judiciis pecuniam plurimum posse : sin absolvitur, desinemus nos de judiciis transferendis recusare. Tametsi de absolutione istius neque ipse jam sperat, nec populus Romanus metuit. De impudentia singulari quod adest, quod respondet, sunt qui mirentur : mihi, pro cætera ejus audacia atque amentia, ne hoc quidem mirandum videtur. Multa enim et in deos et in homines impie nefarieque commisit ; quorum scelerum pœnis agitatur, et a mente consilioque deducitur.

III. Agunt eum præcipitem pœnæ civium Romanorum, quos partim securi percussit, partim in vinculis necavit, partim implorantes jura libertatis et civitatis in crucem sustulit. Rapiunt eum ad supplicium di patrii, quod iste inventus est, qui e complexu parentum abreptos filios ad necem duceret, et parentes pretium pro sepultura liberum posceret. Religiones vero cærimoniæque omnium sacrorum fanorumque violatæ ; simulacraque deorum, quæ non modo ex suis templis ablata sunt, sed etiam jacent in tenebris, ab isto retrusa

ment à l'abri de l'égarement du délire. Je ne le vois pas seulement courir au-devant de sa condamnation ; il semble qu'il ne serait pas content lui-même si, après tant de crimes, il ne subissait que la peine réservée aux plus avides concussionnaires ; il lui faut, il attend un châtiment extraordinaire, et digne de son étrange et monstrueuse perversité ! Il ne s'agit pas seulement de lui faire restituer à ceux qui les réclament tant de richesses qu'il a ravies ; les outrages faits aux dieux immortels, les tortures exercées contre les citoyens romains, le sang de l'innocence tant de fois répandu, voilà ce qu'il faudra que son supplice expie. Ce n'est point seulement un voleur, mais un brigand ; ce n'est point un adultère, mais le fléau de tout ce qui conserve quelque pudeur ; ce n'est pas un sacrilége, mais l'ennemi déclaré des autels et des dieux ; ce n'est point un assassin, mais l'impitoyable bourreau des citoyens et des alliés, que nous avons amené devant votre tribunal : si bien qu'à mon sens, il est le seul accusé qui jamais ait dû se trouver heureux d'être condamné.

IV. Car enfin, qui ne sent que si, malgré les dieux et les hommes, vous le renvoyez absous, rien ne pourra le soustraire à la vengeance du peuple romain ? Qui ne voit combien nous devrons nous féliciter, si le peuple romain se contente du châtiment de ce seul criminel, et ne juge pas que ce misérable, en

atque abdita, consistere ejus animum sine furore atque amentia non sinunt. Neque iste mihi videtur se ad damnationem offerre solum, neque hoc avaritiæ supplicio communi, qui se tot sceleribus obstrinxerit, contentus esse : singularem quamdam pœnam istius immanis atque importuna natura desiderat. Non id solum quæritur, ut, isto damnato, bona restituantur iis, quibus erepta sunt ; sed et religiones deorum immortalium expiandæ, et civium Romanorum cruciatus, multorumque innocentium sanguis, istius supplicio luendus est. Non enim furem, sed ereptorem ; non adulterum, sed expugnatorem pudicitiæ ; non sacrilegum, sed hostem sacrorum religionumque ; non sicarium, sed crudelissimum carnificem civium sociorumque, in vestrum judicium adduximus : ut ego hunc unum ejus modi reum post hominum memoriam fuisse arbitrer, cui damnari expediret.

IV. Nam quis hoc non intelligit, istum absolutum, dis hominibusque invitis tamen ex manibus populi Romani eripi nullo modo posse ? Quis hoc non perspicit, præclare nobiscum actum iri, si populus Romanus istius unius supplicio contentus fuerit, ac non sic statuerit, non istum majus in sese scelus concepisse,

pillant les temples, en assassinant tant d'hommes innocents, en faisant tuer, torturer, mettre en croix des citoyens romains, en rendant, à prix d'argent, la liberté à des chefs de pirates, ne s'est pas montré plus coupable que ceux qui auraient, malgré leur serment, acquitté, par leur sentence, un accusé couvert de tant de crimes abominables? Non, non, juges, ici nulle forfaiture n'est possible, ni à l'égard d'un pareil accusé, ni dans les circonstances actuelles, ni devant un tel tribunal; et, s'il m'est permis de le dire sans présomption devant des magistrats comme vous, ce n'est pas un accusateur tel que moi qui se laissera soustraire par l'intrigue ou arracher par la force un accusé si coupable, si manifestement convaincu. Eh quoi! à des juges comme vous, je ne prouverais pas, moi, que Verrès a volé de l'argent contre les lois! Des hommes de votre caractère pourraient ne compter pour rien tant de témoignages de sénateurs, de chevaliers romains, de cités, d'hommes honorables d'une si belle province, tant d'actes authentiques des particuliers et des peuples! Et cette volonté du peuple romain, manifestée avec tant d'éclat, ils pourraient y résister! Qu'ils le fassent donc! Nous trouverons, si nous pouvons le traduire vivant devant un autre tribunal, oui, nous trouverons des juges à qui nous prouverons que, pendant sa questure, il a détourné des fonds remis par la république au consul Cn. Carbon, des juges à qui nous persuaderons qu'ayant reçu des questeurs une somme pour un

quum fana spoliarit, quum tot homines innocentes necarit, quum cives Romanos morte, cruciatu, cruce adfecerit, quum prædonum duces, accepta pecunia, dimiserit, quam eos, si qui istum tot, tantis, tam nefariis sceleribus coopertum, jurati sententia sua liberarint? Non est, non est in hoc homine cuiquam peccandi locus, judices : non is est reus, non id tempus, non id consilium, metuo ne quid adrogantius apud tales viros videar dicere. — Ne actor quidem est is, cui reus tam nocens, tam perditus, tam victus, aut occulte surripi, aut impune eripi possit. Hic ego judicibus non probabo, C. Verrem contra leges pecunias cepisse? sustinebunt tales viri, se tot senatoribus, tot equitibus Romanis, tot civitatibus, tot hominibus honestissimis ex tam illustri provincia, tot populorum privatorumque litteris non credidisse? tantæ populi Romani voluntati restitisse? Sustineant : reperiemus, si istum vivum ad aliud judicium perducere poterimus, quibus probemus, istum in quæstura pecuniam publicam, Cn. Carboni consuli datam, avertisse; quibus persuadeamus, istum

usage déterminé (et vous avez entendu ce fait dans la première action), il s'est approprié cet argent; il se trouvera des juges qui ne lui pardonneront pas de s'être permis de décharger de la dîme quelques contribuables pour recevoir d'eux le prix de cette faveur; il s'en trouvera qui verront un péculat digne du châtiment le plus sévère, dans la spoliation des monuments de M. Marcellus et de P. Scipion l'Africain, monuments qui portaient, il est vrai, le nom de ces grands hommes, mais qui étaient réellement, de l'aveu de tous, la propriété du peuple romain, et qu'il n'a pas craint de ravir à des sanctuaires consacrés, aux villes de nos alliés et de nos amis.

V. Qu'il échappe à la peine du péculat : il faudra qu'il songe à ces chefs ennemis qu'il a mis en liberté pour de l'argent; il faudra qu'il prépare quelque réponse au sujet de ces hommes qu'en leur place, il a détenus dans sa maison; qu'il cherche quelque moyen de parer le coup que lui ont porté, je n edis pas mes allégations, mais ses propres aveux; qu'il se souvienne qu'à la première action, réveillé de son sommeil par le cri d'horreur et d'indignation du peuple romain, il confessa que ce n'étaient pas les chefs de pirates qu'il avait fait décapiter, et que, de ce moment, il eut à craindre qu'on ne l'accusât de les avoir relâchés pour de l'argent; il faudra bien qu'il avoue (et comment pourrait-il le nier?) que, depuis son retour à Rome, il a gardé chez lui des chefs

alieno nomine a quæstoribus urbanis, quod priore actione didicistis, pecuniam abstulisse. Erunt, qui et in eo quoque audaciam ejus reprehendant, quod aliquot nominibus de capite, quantum commodum fuerit, frumenti decumani detraxerit. Erunt etiam fortasse, judices, qui illum ejus peculatum vel acerrime vindicandum putent, quod iste M. Marcelli et P. Africani monumenta, quæ nomine illorum, re vera populi Romani et erant, et habebantur, ex fanis religiosissimis, ex urbibus sociorum atque amicorum non dubitaverit auferre.

V. Emerserit ex peculatus etiam judicio : meditetur de ducibus hostium, quos accepta pecunia liberavit; videat, quid de illis respondeat, quos in eorum locum subditos domi suæ reservavit; quærat non solum, quemadmodum nostro crimini, verum etiam quo pacto suæ confessioni possit mederi; meminerit, se priore actione, clamore populi Romani infesto atque inimico excitatum, confessum esse, duces a se prædonum securi non esse percussos; se jam tuum esse veritum, ne sibi crimini daretur, eos ab se pecunia liberatos; fateatur id, quod negari non potest, se privatum hominem, prædonum duces vivos atque ino-

de pirates pleins de force et de santé, jusqu'au moment où j'y ai mis bon ordre. Et, s'il démontre au tribunal chargé de poursuivre les crimes de lèse-majesté qu'il n'a point agi contre la loi, je conviendrai qu'il a bien fait. Que s'il s'échappe encore de ce mauvais pas, j'irai me placer au poste où depuis longtemps m'appelle le peuple romain. Le peuple romain pense, en effet, que c'est à lui qu'il appartient de juger les crimes contre la liberté et les droits des citoyens, et il a raison de le penser. Verrès parvint-il à faire violence à la justice sénatoriale, à éluder toutes les poursuites, à échapper à votre sévérité : il n'échappera pas, croyez-moi, aux liens plus étroits dont le peuple romain saura l'enlacer. Le peuple romain en croira ces respectables chevaliers qui, dans leur première déposition, vous ont dit que, sous leurs yeux, un citoyen romain, alors qu'il offrait pour garants les hommes les plus honorables, a été attaché sur une croix. Nos trente-cinq tribus en croiront M. Annius, cet homme si grave et si éclairé, qui vous a dit qu'en sa présence, on a fait tomber sous la hache la tête d'un citoyen romain. On écoutera L. Flavius, un de nos illustres chevaliers, qui a déclaré que son intime ami, Herennius, arrivant d'Afrique, où il faisait le commerce, fut, dans Syracuse, malgré la réclamation de plus de cent citoyens romains, qui tous le connaissaient et qui intercédaient pour lui les larmes aux yeux, livré à la hache du licteur. Il ne s'élèvera aucun doute sur la bonne foi, sur la véracité et la con-

---

lumes domi suæ, postea quam Romam redierit, usque dum per me licuerit, tenuisse : hoc, in illo majestatis judicio, si licuisse sibi ostenderit, ego oportuisse concedam. Ex hoc quoque evaserit : proficiscar eo, quo me jampridem vocat populus Romanus. De jure enim libertatis et civitatis suum putat esse judicium, et recte putat. Confringat iste sane vi sua consilia senatoria ; quæstiones omnium perrumpat ; evolet ex vestra severitate : mihi credite, arctioribus apud populum Romanum laqueis tenebitur. Credet iis equitibus Romanis populus Romanus, quid ad vos ante producti testes, ipsis inspectantibus, ab isto civem Romanum, qui cognitores homines honestos daret, sublatam esse in crucem dixerunt. Credent omnes v et xxx tribus homini gravissimo atque ornatissimo M. Annio, qui se præsente, civem Romanum securi percussum esse dixit. Audietur a populo Romano vir primarius, eques Romanus, L. Flavius, qui suum familiarem Herennium, negotiatorem ex Africa, quum eum Syracusis amplius centum cives Romani cognoscerent, lacrymantesque defenderent, pro testimonio dixit, securi esse percussum. Probabit fidem, et auctoritatem, et re-

science de L. Suétius, cet homme recommandable à tant de titres, qui, sous la foi du serment, a dit devant vous qu'un grand nombre de citoyens romains, jetés dans les carrières, avaient péri d'une mort cruelle et violente, par les ordres de Verrès. Non, quand, du haut de la tribune où m'a appelé la bienveillance du peuple romain, je développerai toutes les horreurs de cette cause, je ne crains pas qu'aucune force puisse soustraire le coupable au jugement du peuple romain, ni que je puisse moi-même, durant mon édilité, offrir au peuple romain aucun spectacle qui soit à ses yeux plus agréable et plus beau.

VI. Il faut donc que tous nous fassions ici tout ce qui dépend de nous : nul, dans cette cause, ne peut faillir sans qu'il en résulte un péril pour vous, juges. Pour moi, d'après la conduite que j'ai tenue dans cette affaire jusqu'ici, on peut deviner et prévoir quelle elle sera dans le reste. Mon dévouement à la république s'est manifesté du moment que, rétablissant un usage interrompu depuis une longue suite d'années, et cédant aux sollicitations des plus fidèles alliés du peuple romain, qui sont aussi mes amis, j'ai déféré devant la justice le plus audacieux des hommes. Et cet acte, de ma part, a trouvé une telle approbation auprès des hommes les plus distingués, des hommes d'élite, au nombre desquels étaient plusieurs d'entre vous, qu'un citoyen qui avait été le questeur de Verrès, et qui avait contre lui les

---

ligionem suam L. Suetius, homo omnibus ornamentis præditus, qui juratus apud vos dixit, multos cives Romanos in lautumiis, istius imperio crudelissime per vim morte esse mulctatos. Hanc ego causam quum agam, beneficio populi Romani, de loco superiore, non vereor, ne aut istum vis ulla ex populi Romani suffragiis eripere, aut a me ullum munus ædilitatis amplius aut gratius populo Romano esse possit.

VI. Quapropter omnes in hoc judicio conentur omnia : nihil est jam, quod in hac causa peccare quisquam, judices, nisi vestro periculo, possit. Mea quidem ratio, quum in præteritis rebus est cognita, tum in reliquis explorata atque provisa est. Ego meum studium in rem publicam jam illo tempore ostendi, quum longo intervallo veterem consuetudinem rettuli, et rogatu sociorum atque amicorum populi Romani, meorum autem necessariorum, nomen hominis audacissimi detuli. Quod meum factum lectissimi viri atque ornatissimi (quo in numero e vobis complures fuere) ita probarunt, ut ei, qui istius quæstor fuisset, et ab isto læsus inimicitias justas persequeretur, non modo deferendi

plus graves sujets de plaintes, ne pût obtenir d'eux l'autorisation qu'il sollicitait de l'accuser, ni même celle de souscrire l'accusation. Je suis allé en Sicile pour recueillir des informations, et l'on a pu juger de mon activité par la promptitude de mon retour, de mon zèle par le nombre des pièces et les témoins que j'ai produits, de ma conscience et de mes scrupules, lorsqu'on m'a vu, moi, sénateur, arrivant chez les alliés du peuple romain, dans une province où j'avais exercé la questure, et joignant à ce titre celui de défenseur d'une cause commune à tous les habitants, accepter un logement chez mes hôtes et mes amis, plutôt que dans la maison d'aucun de ceux qui avaient imploré mon appui. Mon voyage n'a causé ni embarras ni dépenses, soit aux cités, soit aux particuliers. Dans mes enquêtes, j'ai mis toute la rigueur qu'autorisait la loi, mais non pas autant que j'en aurais pu déployer pour satisfaire le ressentiment des victimes de l'accusé. A peine étais-je de retour à Rome, que Verrès et ses amis, foule riche et brillante, semèrent mille bruits pour décourager les témoins, disant qu'une grosse somme d'argent m'avait détourné de poursuivre sérieusement l'accusation ; et, bien que cette calomnie ne trouvât point crédit auprès des Siciliens (les témoins ayant pu apprécier mon caractère pendant ma questure dans leur province), ni auprès de tant d'illustres citoyens de Rome, qui, bien connus eux-mêmes, connaissent parfaitement chacun de nous, cependant j'ai craint que l'on ne conçût quel-

---

nominis, sed ne subscribendi quidem, quum id postularet, facerent potestatem. In Siciliam sum inquirendi causa profectus : quo in negotio industriam meam celeritas reditionis, diligentiam multitudo litterarum et testium declaravit ; pudorem vero ac religionem, quod, quum venissem senator ad socios populi Romani, qui in ea provincia quæstor fuissem, ad hospites meos ac necessarios causæ communis defensor deverti potius, quam ad eos, qui a me auxilium petivissent. Nemini meus adventus labori, aut sumptui, neque publice, neque privatim, fuit. Vim in inquirendo tantam habui, quantam mihi lex dabat; non quantam habere poteram istorum studio, quos iste vexarat. Romam ut ex Sicilia redii, quum iste, atque istius amici, homines lauti et urbani, sermones hujusce modi dissipassent, quo animos testium retardarent, me magna pecunia a vera accusatione esse deductum, tametsi probabatur nemini, quod et ex Sicilia testes erant ii, qui quæstorem me in provincia cognoverant, et hinc homines maxime illustres, qui, ut ipsi noti sunt, sic nostrum unum

que doute sur ma droiture et mon intégrité, jusqu'au moment de la récusation des juges.

VII. Touchant la récusation des juges, je savais qu'on avait suspecté quelques-uns de nos concitoyens de s'être prêtés à un accommodement, quoique dans l'accusation même, ils eussent fait preuve de zèle et d'activité. Pour moi, tel a été mon procédé de récusation, que, depuis l'établissement de l'ordre actuel, il ne s'est jamais vu de tribunal comparable à celui-ci pour la dignité et le mérite de ses membres. Verrès prétend en partager l'honneur avec moi, sans doute parce qu'il a rejeté P. Galba et gardé M. Lucretius; parce que son défenseur lui ayant demandé pourquoi il avait souffert que Sextus Peduceus, Q. Considius et Q. Junius, ses intimes amis, fussent rayés de la liste, il répondit qu'il les connaissait pour être trop attachés à la loi et à leur opinion. Aussi, la récusation faite, je me flattais de voir le fardeau de cette cause vous incomber en même temps qu'à moi; je pensais que ceux qui me connaissent, et même que ceux qui ne me connaissent pas, rendraient également justice à ma droiture et à mon activité. L'événement ne m'a point trompé; car, dans les comices où je me présentai, en dépit des largesses prodiguées par Verrès, le peuple romain a jugé que l'argent, qui n'avait rien pu sur moi contre l'honneur, ne devait rien pouvoir sur lui contre la récompense que je sollicitais. Le premier jour que

quemque optime norunt; tamen usque eo timui, ne quis de mea fide atque integritate dubitaret, donec ad rejiciendos judices venimus.

VII. Sciebam in rejiciendis judicibus nonnullos, memoria nostra, pactioni suspicionem non vitasse, quum ipsa in accusatione, eorum industria ac diligentia probaretur. Ita rejeci judices, ut hoc constet, post hunc statum rei publicæ, quo nunc utimur, simili splendore et dignitate consilium nullum fuisse. Quam iste laudem communem, ait, sibi esse mecum : qui quum P. Galbam judicem rejecisset, M. Lucretium retinuit; et, quum ejus patronus ex eo quæreret, cur suos familiarissimos, Sext. Peducæum, Q. Considium, Q. Junium rejici passus esset, respondit, quod eos in judicando nimium sui juris sententiæque cognosceret. Itaque, judicibus rejectis, sperabam, jam onus meum vobiscum esse commune; putabam non solum notis, sed etiam ignotis probatam meam fidem esse et diligentiam : quod me non fefellit. Nam comitiis meis quum isto infinita largitione contra me uteretur, populus Romanus judicavit, istius pecuniam, quæ apud me contra fidem meam nihil potuisset, apud se contra honorem meum nihil posse debere. Quo quidem die primum, judices,

vous êtes venus prendre séance en qualité de juges, quel homme si prévenu contre l'ordre sénatorial, si impatient de nouveauté, si avide de réformes, en fait de tribunaux et de juges, n'aurait été saisi de respect à la vue de votre auguste assemblée? Après avoir, par la considération dont vous jouissez, recueilli ce premier fruit de mes soins, il ne m'a pas fallu plus d'une heure pour enlever à cet accusé si audacieux, si opulent, si prodigue, si déterminé, tout espoir de séduire ses juges : le premier jour, le peuple romain, frappé de cette multitude de témoins que j'avais fait paraître, jugea que, si cet homme était absous, la république ne pouvait subsister ; le second jour, les amis de l'accusé, ainsi que ses défenseurs, perdirent non-seulement l'espérance de triompher, mais même l'envie de le défendre ; le troisième jour l'avait tellement atterré lui-même, qu'il feignit d'être malade, non pour examiner ce qu'il répondrait, mais pour trouver un moyen de ne pas répondre. Enfin, les jours suivants, tant de charges, tant de témoins, venus de Rome et des provinces, l'ont tellement accablé, tellement écrasé, que, bien que les jours consacrés aux jeux aient interrompu la cause, il n'est personne qui n'ait vu en lui, non pas un accusé dont le jugement était ajourné, mais un coupable condamné.

VIII. En ce qui me concerne, juges, la cause est donc gagnée ; car ce n'était point les dépouilles de Verrès, mais l'estime du peuple romain que j'ambitionnais. Mon devoir m'imposait de ne

citati in hunc reum consedistis, quis tam inimicus huic ordini fuit, quis tam novarum rerum, judiciorum, judicumque cupidus, qui non conspectu, consessuque vestro commoveretur? Quum in eo vestra mihi dignitas fructum diligentiæ referret ; id sum assecutus, ut una hora, qua cœpi dicere, reo audaci, pecunioso, profuso, perdito, spem judicii corrumpendi præciderem ; ut primo die, testium tanto numero citato, populus Romanus judicaret, ipso absoluto rem publicam stare non posse ; ut alter dies amicis istius ac defensoribus non modo spem victoriæ, sed etiam voluntatem defensionis auferret ; tertius dies sic hominem prosterneret, ut, morbo simulato, non, quid responderet, sed, quemadmodum non responderet, deliberaret : deinde reliquis diebus, his criminibus, his testibus et urbanis, et provincialibus sic obrutus atque oppressus est, ut his ludorum diebus interpositi, nemo istum comperendinaret, sed condemnatum judicaret.

VIII. Quapropter ego, quod ad me attinet, judices, vici : non enim spolia C. Verris, sed existimationem populi Romani concupivi. Meum fuit cum causa

point aborder l'accusation sans raison légitime. Et quelle raison plus légitime que le choix et la confiance d'une illustre province, que les intérêts de la république elle-même? Quoi de plus utile à la gloire de l'Etat, dans un moment où les tribunaux sont en butte à tant d'attaques, que de traduire devant eux un homme dont la condamnation puisse rendre à tout un ordre l'estime et la faveur du peuple romain? que de mettre en évidence, que de persuader à chacun combien est coupable l'accusé qui est devant vous? Et quel Romain n'a pas, de la première action, emporté cette pensée que, si l'on réunissait les crimes, les brigandages, les infamies de tous les condamnés jusqu'à ce jour, on y trouverait à peine quelque objet de comparaison avec une faible partie des attentats de Verrès? C'est à vous, juges, d'examiner et de faire ce qu'exigent votre réputation, l'opinion publique, le salut commun; tel est l'éclat du rang où vous êtes placés, que vous ne pouvez faillir sans compromettre la république et l'exposer au plus grand péril : car le peuple romain ne peut espérer qu'il se rencontrera dans le sénat des juges équitables, si vous n'êtes pas tels vous-mêmes. Il faudra bien, si de l'ordre entier il ne peut plus rien attendre, qu'il cherche une autre classe d'hommes et une autre organisation judiciaire. Que si vous attachez peu d'importance à la chose, parce que vous ne trouvez dans l'administration de la justice qu'un fardeau pesant, vous devez sentir d'abord combien il est différent pour vous que vous déposiez vo-

accedere ad accusandum : quæ causa fuit justior, quam a tam illustri provincia defensorem constitui et diligi? rei publicæ consulere : quid jam rei publicæ honestius; quam in tanta invidia judiciorum adducere hominem, cujus damnatione totus ordo cum populo Romano et in laude et in gratia possit esse? ostendere ac persuadere, hominem nocentem adductum esse : quis est in populo Romano, qui hoc non ex priore actione abstulerit, omnium ante damnatorum scelera, furta, flagitia, si in unum locum conferantur, vix cum hujus parva parte æquari conferrique posse? Vos, quod ad vestram famam, existimationem, salutemque communem pertinet, judices, prospicite atque consulite : splendor vester facit, ut peccare sine summo rei publicæ detrimento ac periculo non possitis. Non enim potest sperare populus Romanus, esse alios in senatu, qui recte possint judicare, vos si non potueritis. Necesse est, quum de toto ordine desperavit, aliud genus hominum atque aliam rationem judiciorum requirat. Hoc si vobis ideo levius videtur, quod putatis onus esse grave et incommodum, judicare; intelligere debetis, primum interesse, utrum id onus

lontairement ce fardeau, ou que le pouvoir judiciaire vous soit enlevé, parce que vous n'aurez pu donner au peuple romain la preuve de votre droiture et de votre intégrité ; songez de plus combien il sera dangereux pour nous d'être cités devant des juges à qui le peuple romain aura, par haine contre vous, remis le pouvoir judiciaire. Je dois ici vous dire une chose dont je ne suis que trop convaincu ; oui il est des hommes, je vous le proteste, qui portent la haine contre votre ordre jusqu'à dire dès aujourd'hui, ouvertement, qu'ils souhaitent que ce misérable dont ils connaissent cependant tous les crimes, soit acquitté, pour que le sénat soit honteusement et ignominieusement dépouillé de la puissance judiciaire. Si j'insiste sur ce point, ce n'est pas que je me défie de votre équité, juges ; mais je crains les espérances nouvelles de nos adversaires, qui, ramenant tout à coup Verrès de la porte de la ville au tribunal, ont donné lieu à certaines personnes de soupçonner que ce n'était pas sans motif qu'il avait si subitement changé de résolution.

IX. Maintenant, pour épargner à Hortensius un nouveau genre de plaintes ; pour qu'il ne dise pas que c'est de la part de l'accusateur écraser l'accusé, que de ne point parler de lui, et qu'il n'y a rien de plus préjudiciable aux intérêts de l'innocent, que le silence d'un adversaire ; pour qu'il ne fasse pas l'éloge de mon talent tout autrement que je ne le voudrais, en disant que,

vosmet ipsi rejeceritis, an, quod probare populo Romano fidem vestram et religionem non potueritis, eo vobis judicandi potestas erepta sit : deinde etiam illud cogitate, quanto periculo venturi simus ad eos judices, quos propter odium vestri populus Romanus de vobis voluerit judicare. Verum vobis dicam id, quod intellexi, judices : homines scitote esse quosdam, quos tantum odium vestri ordinis teneat, ut hoc palam jam dictitent, se istum, quem sciant esse hominem improbissimum, hoc uno nomine absolvi velle, ut ab senatu judicia per ignominiam turpitudinemque auferantur. Hæc me, judices, pluribus verbis vobiscum agere coegit non timor meus de vestra fide, sed spes illorum nova, quæ quum Verrem a porta subito ad judicium retraxisset, nonnulli suspicati sunt, non sine causa illius consilium tam repente esse mutatum.

IX. Nunc, ne novo querimoniæ genere uti possit Hortensius, et ea dicere, opprimi reum, de quo nihil dicat accusator ; nihil esse tam periculosum fortunis innocentium, quam tacere adversarios ; et ne aliter, quam ego velim, meum laudet ingenium, quum dicat, me, si multa dixissem, sublevaturum fuisse

si j'avais beaucoup parlé, j'aurais mis son client fort à l'aise, et que c'est en ne parlant pas que je l'ai perdu ; je me prêterai à son désir ; je parlerai sans interruption, non qu'un discours suivi soit ici nécessaire, mais je suis curieux de voir ce qu'il aimera le moins de mon silence ou de mes paroles. Sans doute, vous allez exiger que je ne perde pas une minute des heures que m'accorde la loi ; si je n'emploie pas rigoureusement tout mon temps, vous vous plaindrez, vous attesterez et les dieux et les hommes, vous vous écrierez qu'on opprime Verrès, puisque son accusateur refuse de parler aussi longtemps qu'il en a le droit. Eh quoi donc ! ce que la loi m'accorde, il ne me sera pas permis de n'en point user? Car c'est en ma faveur que la loi me donne du temps pour accuser, afin que je puisse développer convenablement mes griefs et mes moyens. Ne pas mettre ce temps à profit, ce n'est pas vous faire tort, c'est renoncer à une partie de mes avantages. — Mais, dit-il, une cause doit être instruite. — Oui, sans doute ; car, autrement, le moyen de condamner un accusé, quelque coupable qu'il soit ! Vous vous plaignez donc ici de ce que je n'ai pas fait tout ce qui était nécessaire pour que votre client fût condamné? car, s'il arrive qu'après l'instruction de la cause, nombre d'accusés soient acquittés, personne, tant qu'elle n'a pas été instruite, ne peut être condamné. — Mais je le prive du bénéfice de l'ajournement? — Non, mais de l'obligation la plus pénible qu'impose la loi, du

---

cum, quem contra dicerem ; quia non dixerim, perdidisse ; morem illi geram, utar oratione perpetua : non quoniam hoc sit necesse ; verum ut experiar, utrum ille ferat molestius, me tunc tacuisse, an nunc dicere. Hic tu fortasse eris diligens, ne quam ego horam de meis legitimis horis remittam : nisi omni tempore, quod mihi lege concessum est, abusus ero, querere ; deum atque hominum fidem implorabis ; circumveniri C. Verrem, quod accusator nolit tam diu, quam diu liceat dicere. Quod mihi lex mea causa det, eo mihi non uti non licebit? nam accusandi mihi tempus mea causa datum est, ut possem oratione mea crimina causamque explicare : hoc si non utor, non tibi injuriam facio, sed de meo jure aliquid et commodo detraho. Causam enim, inquit, cognosci oportet. Ea re quidem, quod aliter condemnari reus, quamvis sit nocens, non potest. Id igitur tu moleste tulisti, a me aliquid factum esse, quod minus iste condemnari posset ? nam causa cognita multi possunt absolvi : incognita quidem condemnari nemo potest. Adimo enim comperendinatum. Quod habet lex

désagrément d'avoir à plaider deux fois la cause, et c'est pour moi plutôt que pour vous que cette loi a été portée, ou du moins pas plus pour vous que pour moi : car, s'il est avantageux de parler deux fois, cet avantage est commun aux deux parties. D'un autre côté, s'il est nécessaire que celui qui a parlé le second soit réfuté, c'est dans l'intérêt de l'accusateur qu'a été établie la réplique. C'est, si je ne me trompe, Glaucia qui, le premier, proposa la loi de l'ajournement. Avant lui, on pouvait prononcer dès la première action, ou bien demander un plus ample informé, sans fixer de délai. Laquelle de ces deux lois vous paraît la plus douce? c'est sûrement l'ancienne, je veux dire celle qui permettait d'acquitter à l'instant ou de retarder la condamnation. Eh bien ! je vous permets de réclamer la loi Acilia, cette loi d'après laquelle on a vu tant d'accusés condamnés après une seule plaidoirie et de l'accusateur et du défenseur, après une seule audition de témoins ; et quoiqu'ils ne fussent par chargés à beaucoup près, de crimes aussi manifestes et aussi grands que ceux dont vous êtes convaincu ! Supposez que ce soit, non d'après la loi actuelle, qui est si rigoureuse, mais d'après l'ancienne, qui est plus douce, que vous avez à vous défendre. J'accuserai, vous répondrez ; les témoins entendus, je laisserai les juges aller aux voix, et bien que la loi autorise un plus ample informé, je suis sûr qu'ils rougiraient de ne pas prononcer à l'instant.

X. Sans doute on ne doit juger qu'après la cause instruite ;

---

in se molestissimum, bis ut causa dicatur, id aut mea causa potius est constitutum, quam tua, aut nihilo tua potius, quam mea. Nam si bis dicere est commodum, certe utriusque commune est. Si cum, qui posterius dixit, opus est redargui ; accusatoris causa, ut bis ageretur, constitutum est. Verum, ut opinor, Glaucia primus tulit, ut comperendinaretur reus : antea vel judicari primo poterat, ve amplius pronuntiari. Utram igitur putas legem molliorem ? opinor illam veterem, qua vel cito absolvi, vel tarde condemnari licebat. Ego tibi illam Aciliam legem restituo, qua lege multi semel accusati, semel dicta causa, semel auditis testibus, condemnati sunt, nequaquam tam manifestis, neque tantis criminibus, quantis tu convinceris. Puta te non hac tam atroci, sed illa lege mitissima causam dicere. Accusabo : respondebis : testibus editis, ita mittam in consilium, ut, etiam si lex ampliandi faciat potestatem, tamen isti turpe sibi existiment, non primo judicare.

X. Verum, si causam cognosci opus est, parumne cognita est? Dissimulamus.

mais ne l'est-elle pas suffisamment? Ne cherchons pas à dissimuler, Hortensius, ce qui nous est souvent arrivé dans nos plaidoiries. Qu'est-ce qui s'en rapporte à nous dans ce genre de cause où il est question d'objets dérobés ou enlevés avec effraction? N'est-ce pas dans les pièces authentiques et dans la déposition des témoins que les juges vont chercher tous les éléments de leur conviction? J'ai promis, dans la première action, de prouver jusqu'à l'évidence que C. Verrès avait, au mépris de la loi, volé quarante millions de sesterces. Eh bien! aurais-je rendu les faits plus évidents, si je les avais racontés de la manière suivante : Dion, de la ville d'Halèse, avait un fils à qui, sous la préture de Sacerdos, un de ses parents légua une très-riche succession ; toutefois il put la recueillir sans aucune difficulté ni contestation. Mais à peine Verrès eut-il mis le pied dans la province, que, par une dépêche envoyée à Messine, il manda Dion devant son tribunal, puis il aposta ses calomniateurs à gage, pour requérir que la succession fût confisquée au profit de Vénus Érycine, et s'arrogea la connaissance de cette affaire. Je pourrais ensuite entrer dans de longs détails, et finir en disant que Dion fut forcé de payer un million de sesterces pour gagner une cause imperdable ; que Verrès s'arrangea, en outre, pour se faire envoyer certains troupeaux de cavales appartenant à son client, et enlever tout ce qu'il y avait d'argenterie et de tapisseries appartenant à la succession. Tous les discours que nous pourrions faire là-

---

Hortensi, quod sæpe experti in dicendo sumus. Quis nos magno opere attendit unquam in hoc quidem genere causarum, ubi aliquid ereptum, aut ablatum a quopiam dicitur? nonne aut in tabulis, aut in testibus omnis exspectatio judicum est? Dixi prima actione, me planum esse facturum, C. Verrem HS quadringenties contra leges abstulisse. Quid? hoc planius egissem, si ita narrassem? Dio quidam fuit Halesinus; qui, quum ejus filio, prætore Sacerdote, hereditas a propinquo permagna venisset, nihil habuit tum neque negotii, neque controversiæ. Verres, simul ac tetigit provinciam, statim Messanam litteras dedit; Dionem evocavit; calumniatores ex sinu suo apposuit, qui illam hereditatem Veneri Erycinæ commissam esse dicerent; hac de re ostendit se ipsum cogniturum. Possum deinceps totam rem explicare; deinde ad extremum id, quod accidit, dicere : Dionem HS deciens centena millia numerasse, ut causam certissimam obtineret; præterea greges equarum ejus istum abigendos curasse; argenti vestisque stragulæ quod fuerit, curasse auferendum. Hæc neque quum ego dicerem

dessus, moi pour établir le délit, vous pour le nier, ne produiraient pas grand effet. Mais quand le juge dresserait-il l'oreille et tendrait-il son attention? Lorsque Dion comparaîtrait lui-même avec les agents qu'il employait dans ses domaines de Sicile; lorsqu'il serait démontré en pleine audience que Dion, le jour même qu'il plaidait sa cause, avait fait des emprunts, retiré ses créances, vendu des terres; lorsqu'on produirait les registres des honnêtes gens; lorsque ceux qui ont ouvert leur bourse à Dion viendraient attester qu'ils lui avaient entendu dire qu'il n'empruntait ces fonds que pour les donner à Verrès; lorsque les amis, les hôtes, les protecteurs de Dion, tous hommes honorables, confirmeraient cette déclaration par leur témoignage. Oui, c'est à ce moment, juges, que vous écouteriez attentivement, ainsi que vous l'avez fait; c'est alors que la cause vous semblerait réellement plaidée. Eh bien voilà les principes qui m'ont dirigé dans la première action. Je me suis attaché à mettre si bien tous les délits en évidence, qu'il n'y en eût pas un seul qui vous parût avoir besoin des lenteurs d'une accusation suivie. Et je prétends que les témoins n'ont fait aucune déposition qui ait pu vous laisser quelque doute, ou vous laisser à désirer qu'un orateur éloquent la développât.

XI. Vous n'avez pas oublié, en effet, la marche que j'ai suivie dans l'audition des témoins : je commençais par exposer, par dé-

neque quum tu negares, magni momenti nostra esset oratio. Quo tempore igitur aures judex erigeret, animumque attenderet? Quum Dio ipse prodiret, quum cæteri, qui tum in Sicilia negotiis Dionis interfuissent; quum per eos ipsos dies, per quos causam Dio diceret, reperiretur pecunias sumpsisse mutuas, nomina sua exegisse, prædia vendidisse; quum tabulæ virorum bonorum proferrentur; quum, qui pecuniam Dioni dederunt, dicerent se jam tuum audisse, eo nummos sumi, ut Verri darentur; quum amici, hospites, patroni Dionis, homines honestissimi, hæc eadem se audisse dicerent. Opinor, quum hæc fierent, tuum vos audiretis, sicut audistis; tum causa agi videretur. Sit a me sunt acta omnia priore actione, ut in criminibus omnibus nullum esset, in quo quisquam vestrum perpetuam accusationem requireret. Nego esse quidquam a testibus dictum, quod aut vestrum cuipiam esset obscurum, aut cujusquam oratoris eloquentiam quæreret.

XI. Etenim sic me ipsum egisse memoria tenetis, ut in testibus interrogandis omnia crimina proponerem, et explicarem, ut, quum rem totam in medio

velopper chacun des griefs, et quand j'en avais bien expliqué toutes les circonstances, j'interrogeais chaque témoin. Aussi n'est-ce pas vous seulement, vous nos juges, qui possédez l'ensemble de l'accusation : cette cause ne renferme rien que le peuple romain ne connaisse. Mais pourquoi vous parler de ce que j'ai fait, comme si mon inclination m'y eût porté plutôt que les procédés de mes adversaires? Vous saviez (c'est à eux ici que je m'adresse), vous saviez que j'avais demandé cent dix jours pour aller en Sicile recueillir des renseignements, et vous m'avez arrêté en suscitant un accusateur qui n'en demandait que cent huit pour se rendre, dans le même dessein, en Achaïe. Après m'avoir fait perdre trois mois d'un temps précieux, vous vous êtes flattés que je vous abandonnerais tout le reste de l'année, et que, lorsque j'aurais employé les heures que la loi m'accordait, je vous laisserais la liberté d'attendre que les jeux Votifs et les jeux Romains eussent été célébrés : vous ne m'auriez ainsi répondu qu'au bout de quarante jours, et vous auriez pu si bien traîner les choses en longueur, que du préteur M'. Glabrion et de la majeure partie de ses assesseurs, l'affaire fût passée à un autre préteur et à un autre tribunal. Si je n'avais pas saisi le but de ces manœuvres, si tout le monde, amis ou inconnus, ne m'eût point averti que vos actions, vos pensées, vos démarches tendaient toutes à faire renvoyer la cause à l'année suivante ; et qu'enfin j'eusse voulu em-

---

posuissem, tum denique testem interrogarem. Itaque non modo vos, quibus est judicandum, nostra crimina tenetis, sed etiam populus Romanus totam accusationem causamque cognovit. Tametsi ita de meo facto loquor, quasi ego illud mea voluntate potius, quam vestra injuria adductus fecerim. Interposuistis accusatorem, qui, quum ego mihi C et X dies solos in Siciliam postulassem, C et VIII sibi in Achaiam postularet. Menses mihi tres quum eripuisses ad agendum maxime appositos, reliquum omne tempus hujus anni me vobis remissurum putastis : ut, quum horis nostris nos essemus usi, tu, binis ludis interpositis, quadragesimo post die responderes; deinde ita tempus duceretur, ut a M'. Glabrione prætore, et a magna parte horum judicum, ad prætorem alium judicesque alios veniremus. Hæc si ego non vidissem; si me non omnes noti ignotique monuissent, id agi, id cogitari, in eo laborari, ut res in illud tempus rejiceretur; credo, si meis horis in accusando uti voluissem, vererer, ne mihi crimina non suppeterent, ne oratio deesset, ne vox viresque defice-

ployer contre l'accusé le temps dont la loi me permettait de disposer, j'aurais eu à craindre, sans doute, de manquer de griefs, de paroles, de voix, de forces, et de ne pouvoir accuser deux fois un coupable, que personne n'aurait osé défendre dans la première action. Le parti que j'ai pris a obtenu l'approbation des juges et celle du peuple romain : tout le monde est persuadé qu'il n'y avait pas d'autre moyen de déjouer leurs intrigues et leur effronterie. Et, en effet, quelle eût été ma sottise, si, lorsqu'on avait fait marché avec lui pour le sauver, à condition *qu'il ne serait jugé qu'après les kalendes de janvier*, si, pouvant éviter ce délai, j'eusse précisément attendu ce jour! Mais, aujourd'hui que j'ai dessein d'exposer toute la cause dans le plus grand détail, je dois ménager avec soin le temps qui m'est accordé.

XII. Aussi je ne m'arrêterai point sur la première partie de la vie de Verrès, toute de scandale et d'infamie. Il ne m'entendra lui reprocher ni les turpitudes ni les fautes de son enfance, non plus que les actions impures de sa première jeunesse ; vous vous rappelez ce qu'elle fut ; et d'ailleurs, pour en avoir une juste idée, vous n'avez qu'à regarder son digne rejeton. Je passerai sous silence tout ce que je ne pourrais raconter sans rougir ; je ne considérerai pas seulement ce qu'il mérite d'entendre, mais ce qu'il me convient de dire. Permettez, je vous en supplie, à ma pudeur, de ne point dévoiler toutes ses impudicités. Je lui fais

---

rent, ne, quem nemo prima actione defendere ausus esset, cum ego bis accusare non possem. Ego meum consilium tum judicibus, tum populo Romano probavi. Nemo est, qui alia ratione istorum injuriæ atque impudentiæ potuisse obsisti arbitretur. Etenim qua stultitia fuissem, si quam diem, qui istum eripiendum redemerunt, in cautione viderunt, quum ita caverent, si POST KALENDAS JAN. IN CONSILIUM IRETUR ; in eam diem ego, quum potuissem vitare, incidissem ? Nunc mihi temporis ejus, quod mihi ad dicendum datur, quoniam in animo est causam omnem exponere, habenda ratio est diligenter.

XII. Itaque primum illum actum istius vitæ, turpissimum et flagitiosissimum prætermittam. Nihil a me de pueritiæ suæ flagitiis peccatisque audiet, nihil ex illa impura adolescentia sua : quæ qualis fuerit, aut meministis, aut ex eo, quem sui simillimum produxit, recognoscere potestis. Omnia præteribo, quæ mihi turpia dictu videbuntur ; neque solum, quid istum audire, verum etiam, quid me deceat dicere, considerabo. Vos, quæso, date hoc, et concedite pudori meo, ut aliquam partem de istius impudentia reticere possim. Omne illud

grâce de tout le temps qui a précédé celui où il parvint aux magistratures et aux fonctions publiques. Taisons-nous sur ses orgies nocturnes; qu'il ne soit question ni de ministres de prostitution, ni de joueurs, ni de corrupteurs de l'inexpérience. Que les honteuses brèches qu'il a faites à la fortune de son père, et que les outrages qu'a subis sa jeunesse soient mis en oubli. Épargnons-lui la révélation de ses premières abominations, mais qu'en revanche, il souffre que je prenne dans le reste de sa vie un dédommagement du sacrifice considérable que je fais.

Vous avez été questeur du consul Cn. Papirius, il y a quatorze ans : c'est à partir de ce moment jusques à aujourd'hui, que je dénonce votre conduite. Pas une seule heure, depuis lors, qui n'ait été marquée par un vol, par un forfait, par un acte de cruauté, par une infamie. Ces années se sont partagées entre votre questure, votre lieutenance en Asie, votre préture à Rome, puis en Sicile. Ces quatre époques formeront les quatre divisions de mon accusation.

XIII. Questeur, vous tirâtes d'après le sénatus-consulte une province au sort : il vous échut une province consulaire, dont vous eûtes l'administration avec le consul Cn. Carbon. Les citoyens étaient alors divisés en deux partis. Je ne dirai point quel devait être le vôtre ; je dis seulement que, dans la circonstance où vous vous trouviez, revêtu comme vous l'étiez d'une magistrature, il était de votre devoir de décider lequel des deux vous

tempus, quod fuit, ante quam iste ad magistratus remque publicam accessit, habeat per me solutum ac liberum. Sileatur de nocturnis ejus bacchationibus ac vigiliis ; lenonum, aleatorum, perductorum nulla mentio fiat ; damna, dedecora, quæ res patris ejus, ætas ipsius pertulit, prætereantur ; lucretur indicia veteris infamiæ, patiatur ejus vita reliqua, me hanc tantam jacturam criminum facere.

Quæstor Cn. Papirio consuli fuisti abhinc annos quattuordecim : ex ea die ad hanc diem quæ fecisti, in judicium voco. Hora nulla vacua a furto, scelere, crudelitate, flagitio reperietur. Hi sunt anni consumpti in quæstura, et legatione Asiatica, et prætura urbana, et prætura Siciliensi. Quare hæc eadem erit quadripertita distributio totius accusationis meæ.

XIII. Quæstor ex senatus consulto provinciam sortitus es : obtigit tibi consularis, ut cum consule Cn. Carbone esses, eamque provinciam obtineres. Erat tum dissensio civium ; qua nihil sum dicturus, quid sentire debueris : unum hoc dico, in ejusmodi tempore ac sorte statuere te debuisse, utrum

vouliez embrasser et défendre. Carbon voyait avec peine qu'on lui eût donné pour questeur un homme si notoirement sans conduite et sans talents : cependant il le combla de toute sorte de bienfaits. Pour abréger, des fonds avaient été alloués et délivrés ; notre questeur partit pour sa province ; il arrive dans la Gaule Cisalpine, à l'armée du consul, avec cet argent. Là, apprenez quel fut son début dans la carrière de la magistrature et de l'administration. A la première occasion qui s'offrit à lui, il emporta la caisse. Questeur, il abandonna tout, consul, armée, fonctions, province. Je devine la réponse que je lui suggère : il relève la tête, et se flatte que le vent des partis va souffler sur cette accusation en sa faveur et la faire évanouir ; il compte sur l'opposition de ceux dont la haine poursuit Cn. Carbon jusque dans la tombe ; il espère qu'ils lui sauront gré de cette désertion, de cette trahison envers son consul. Comme si c'était par dévouement pour la noblesse et par zèle de parti, qu'il se fût ainsi conduit ; comme s'il n'avait point ouvertement volé le consul, l'armée, la province ; comme s'il ne se fût point enfui pour mettre en sûreté ce vol impudent ! Oui, en effet, on peut avoir des doutes sur ses motifs ; on peut supposer que c'est par éloignement pour les hommes nouveaux que lui, C. Verrès, a repassé vers les siens, en se rangeant du côté de la noblesse, et que l'argent ne fût pour rien dans sa détermination. Voyons, au surplus, de

malles sentire atque defendere. Carbo graviter ferebat; sibi quæstorem obtigisse, hominem singulari luxuria atque inertia .: verumtamen ornabat eum beneficiis omnibus. Ne diutius teneam, pecunia attributa, numerata est ; profectus est quæstor in provinciam ; venit in Galliam exspectatus ad exercitum consularem cum pecunia. Simul ac primum ei occasio visa est (cognoscite hominis principium magistratuum gerendorum et rei publicæ administrandæ), aversa pecunia publica, quæstor consulem, exercitum, sortem provinciamque deseruit. Video quid egerim : erigit se ; sperat, sibi auram posse aliquam adflari, in hoc crimine, voluntatis dissensionisque eorum, quibus Cn. Carbonis mortui nomen odio sit ; quibus illam relictionem proditionemque consulis sui gratam sperat fore. Quasi vero id cupiditate defendendæ nobilitatis, aut studio partium fecerit, ac non apertissime consulem, exercitum, provinciamque compilarit, et propter impudentissimum furtum aufugerit. Est enim obscurum, et ejusmodi factum ejus, ut possit aliquis suspicari, C. Verrem, quod ferre novos homines non potuerit, ad nobilitatem, hoc est, ad suos transisse : nihil fecisse

quelle manière il a rendu ses comptes. Lui-même va nous apprendre les motifs de sa désertion; c'est lui-même qui va se trahir.

XIV. Remarquez d'abord combien il est laconique : *J'ai reçu*, dit-il, *deux millions deux cent trente-cinq mille quatre cent dix-sept sesterces. J'en ai donné pour la paye, pour les vivres, pour les lieutenants, les questeurs, la garde du prétoire, un million six cent trente-cinq mille quatre cent dix-sept. J'en ai laissé six cent mille à Rimini.* Est-ce là rendre des comptes ? Est-ce ainsi que vous, Hortensius, que moi, que quelque autre que ce soit, en avons jamais rendu ? En vérité, quelle impudence ! quelle audace ! Trouve-t-on rien de semblable dans aucun des comptes rendus par tant de fonctionnaires ? Ce n'est pas tout : ces six cent mille sesterces dont il n'a pu désigner même un faux emploi, et qu'il dit avoir laissés à Rimini ; ces six cent mille sesterces, reliquat de la somme dont il était dépositaire, Carbon ne les a point touchés, Sylla ne les a point vus, et ils n'ont point été reportés dans le trésor public. Il a choisi Rimini plutôt qu'un autre endroit, parce que, au moment où il rendait ses comptes, Rimini fut saccagée et mise au pillage. Il ne soupçonnait pas, ce que tout à l'heure il va voir, qu'il reste plusieurs citoyens échappés au désastre de cette malheureuse cité, qui vont déposer contre lui. Faites une seconde lecture : *Comptes*

propter pecuniam. Videamus, rationes quemadmodum rettulerit. Jam ipse ostendet, quamobrem Cn. Carbonem reliquerit ; jam se ipse indicabit.

XIV. Primum brevitatem cognoscite : ACCEPI, inquit, VICIENS DUCENTA TRIGINTA QUINQUE MILLIA QUADRINGENTOS XVII NUMMOS : DEDI STIPENDIO, FRUMENTO, LEGATIS, PRO QUÆSTORIBUS, COHORTI PRÆTORIÆ, HS MILLE SEXCENTA TRIGINTA QUINQUE MILLIA QUADRINGENTOS XVII NUMMOS. RELIQUI ARIMINI HS SEXCENTA MILLIA. Hoc est rationes referre ? hoc modo aut ego, aut tu, Hortensi, aut quisquam hominum rettulit ? Quid hoc est ? quæ impudentia ? quæ audacia ? quod exemplum ex tot hominum rationibus relatis hujusmodi est ? Illa tamen HS sexcenta millia, quæ ne falso quidem potuit, quibus data essent, describere, quæ se Arimini scribit reliquisse, quæ ipsa HS sexcenta millia reliqua facta sunt, neque Carbo attigit, neque Sulla vidit, neque in ærarium relata sunt. Oppidum sibi elegit Ariminum, quod tum, quum iste rationes referebat, oppressum direptumque erat : non suspicabatur id, quod nunc sentiet, satis multos ex illa calamitate Ariminensium testes nobis in hanc rem reliquos esse.

17.

rendus à P. Lentulus et à L. Triarius, questeurs de Rome. Lisez : En exécution d'un sénatus-consulte.

Ce fut pour avoir la faculté de rendre ainsi ses comptes, que tout à coup il se fit partisan de Sylla, et non par zèle pour relever l'honneur et la dignité de la noblesse. Quand vous auriez déserté les mains vides, votre désertion n'en paraîtrait pas moins aussi criminelle que votre trahison envers votre consul est abominable. Mauvais citoyen, consul pervers, homme séditieux, tel était Cn. Carbon; mais pour d'autres. Pour vous, quand a-t-il commencé à l'être? lorsqu'il vous eût confié la caisse, les vivres, l'armée, toutes ses ressources. Si, avant cette époque, sa conduite vous eût déplu, vous auriez fait ce qu'une année plus tard, nous avons vu faire à M. Pison. Le sort l'avait donné pour questeur au consul L. Scipion; il ne toucha point les fonds, il ne se rendit point à l'armée : fidèle à son opinion, il ne s'exposa point à trahir les devoirs que lui dictaient l'honneur, l'usage de nos ancêtres, le choix du sort.

XV. En effet, si l'on veut tout bouleverser, tout confondre; si la décision du sort, si l'union d'intérêt dans la bonne et dans la mauvaise fortune n'a plus rien de sacré; si les principes et les institutions de nos ancêtres n'ont plus d'autorité, notre vie ne sera plus qu'une carrière de périls, en butte à toutes les malveillances, à toutes les attaques. La société voit un ennemi com-

---

Recita denuo : P. LENTULO, L. TRIARIO, QUÆSTORIBUS URBANIS, RES RATIONUM RELATARUM. Recita : EX SENATUS CONSULTO.

Ut hoc pacto rationem referre liceret, eo Sullanus repente factus est, non ut honos et dignitas nobilitati restitueretur. Quodsi illinc inanis profugisses, tamen ista tua fuga nefaria, proditio consulis tui scelerata judicaretur. Malus civis, improbus consul, seditiosus homo Cn. Carbo fuit. Fuerit aliis : tibi quando esse cœpit? posteaquam tibi pecuniam, rem frumentariam, rationes omnes suas exercitumque commisit. Nam si tibi antea displicuisset, idem fecisses, quod, anno post, M. Piso. Quæstor quum L. Scipioni consuli obtigisset, non attigit pecuniam, non ad exercitum profectus est : quod de re publica sensit, ita sensit, ut nec fidem suam, nec morem majorum, nec necessitudinem sortis læderet.

XV. Etenim si hæc perturbare omnia, et permiscere volumus, totam vitam periculosam, invidiosam, infestamque reddemus ; si nullam religionem sors habebit, nullam sanctitatem conjunctio secundæ dubiæque fortunæ, nullam auctoritatem mores atque instituta majorum. Omnium est communis inimi-

mun dans celui qui s'est déclaré contre les siens. Jamais homme sensé n'a cru devoir se fier à un traître. Sylla lui-même, à qui la défection de Verrès dut faire si grand plaisir, Sylla l'éloigna de sa personne et de son armée ; il l'invita à rester à Bénévent, c'est-à-dire dans une ville dont les habitants lui étaient fidèlement attachés, et où il était sûr que le transfuge ne pourrait rien faire de préjudiciable à ses grands desseins et à sa cause. Si, dans la suite, il le récompensa généreusement, s'il lui donna à piller les biens de quelques proscrits, il le paya comme on paye un traître, mais il ne le traita jamais en ami. Quoiqu'il y ait encore aujourd'hui des hommes dont la haine poursuit Carbon jusque dans la tombe, ils doivent considérer non pas ce qu'ils auraient voulu qu'il lui arrivât, mais ce qu'ils auraient à craindre pour eux-mêmes dans une telle conjoncture. Il s'agit d'un mal commun, d'une crainte commune, d'un péril commun. Il n'y a point de pièges plus perfides que ceux qui sont tendus sous le voile du devoir, ou que dérobe à nos regards le masque de la bienveillance : celui qui attaque ouvertement avertit de se mettre sur ses gardes, et l'on peut aisément l'éviter ; mais la haine cachée, secrète, domestique, s'avance dans l'ombre, et frappe avant qu'on ait pu la découvrir et même l'apercevoir. N'est-ce pas là ce que vous avez fait ? On vous avait envoyé à l'armée en qualité de questeur ; non-seulement vous aviez reçu en

---

cus, qui fuit hostis suorum. Nemo unquam sapiens proditori credendum putavit. Ipse Sulla, cui adventus istius gratissimus esse debuit, ab se hominem, atque ab exercitu suo removit : Beneventi esse jussit apud eos, quos suis partibus amicissimos esse intelligebat, ubi iste summæ rei causæque nocere nihil posset. Ei postea præmia tamen liberaliter tribuit : bona quædam proscriptorum in agro Beneventano diripienda concessit ; habuit honorem ut proditori, non ut amico fidem. Nunc, quamvis sint homines, qui mortuum Cn. Carbonem oderint ; tamen hi debent, non, quid illi accidere voluerint, sed quid ipsis in tali re metuendum sit, cogitare. Commune est hoc malum, communis metus, commune periculum. Nullæ sunt occultiores insidiæ, quam eæ, quæ latent in simulatione officii, aut in aliquo necessitudinis nomine : nam eum, qui palam est adversarius, facile cavendo vitare possis ; hoc vero occultum, intestinum ac domesticum malum, non modo exsistit, verum etiam opprimit, ante quam prospicere atque explorare potueris. Itane vero ? tum, quum quæstor ad exercitum missus sis, custos non solum pecuniæ, sed etiam consulis particeps om-

dépôt la caisse militaire du consul, mais vous deviez prendre part à toutes ses opérations, à toutes ses délibérations ; vous deviez vous regarder comme son fils, et tout à coup vous l'abandonnez, vous désertez, vous passez dans le camp de ses adversaires ! Quelle scélératesse ! O misérable, ô monstre qu'il faudrait reléguer aux extrémités de la terre ! Non, un être qui s'est rendu coupable d'un tel forfait ne s'arrêtera point à ce premier pas dans la carrière du crime. Il est impossible qu'il ne médite pas toujours quelque nouvel attentat, qu'il ne cherche pas sans cesse à donner un libre essor à son audace, à sa perfidie. Aussi le même homme, que Cn. Dolabella prit dans la suite pour questeur, après le meurtre de C. Malleolus (et je ne sais si ces nouveaux liens ne devaient pas être plus sacrés pour lui que les premiers, et si un choix volontaire n'impose pas plus de devoirs que celui du sort) ; ce même Verrès, dis-je, se conduisit envers Cn. Dolabella comme il s'était conduit envers Cn. Carbon. Il rejeta ses propres délits sur ce préteur, il fournit des renseignements contre lui à ses ennemis et à ses accusateurs, il déposa enfin, avec la haine du plus méchant et du plus lâche des ennemis, contre un magistrat dont il avait été le lieutenant et le proquesteur. Et l'infortuné fut non-seulement victime de la plus noire des trahisons, du faux et coupable témoignage de son questeur, mais il se vit encore en butte à l'indignation publique, pour des vols et des infamies dont ce misérable était presque le seul auteur.

nium rerum, consiliorumque fueris ; habitus sis in liberum loco, sicut mos majorum ferebat : repente relinquas ? deseras ? ad adversarios transeas ? O scelus ! o portentum in ultimas terras exportandum ! Non enim potest ea natura, quæ tantum facinus commiserit, hoc uno scelere esse contenta : necesse est semper aliquid ejusmodi moliatur ; necesse est in simili audacia perfidiaque versetur. Itaque idem iste, quem Cn. Dolabella postea, C. Malleolo occiso, pro quæstore habuit (haud scio, an major etiam hæc necessitudo fuerit, quam illa Carbonis, ac plus judicium voluntatis valere, quam sortis debeat), idem in Cn. Dolabellam, qui in Cn. Carbonem fuit. Nam quæ in ipsum valebant crimina, contulit in illum, causamque illius omnem ad inimicos accusatoresque detulit ; ipse in eum, cui legatus, cui pro quæstore fuerat, inimicissimum atque improbissimum testimonium dixit. Ille, miser quum esset, tum proditione istius nefaria, tum improbo et falso ejusdem testimonio, tum multo etiam ex maxima parte, istius furtorum ac flagitiorum invidia conflagravit.

XVI. Que ferez-vous, juges, d'un tel homme? que pouvez-vous attendre d'un monstre aussi malfaisant, aussi perfide, d'un être qui, sans respect pour le sort qui l'attachait à Cn. Carbon, et pour le choix spontané qui le rapprochait de Cn. Dolabella, ne s'est pas contenté de les abandonner l'un et l'autre, mais les a livrés et leur a porté les premiers coups? N'allez point, juges, évaluer ces crimes d'après la brièveté de mes discours, — car il faut que je me hâte, si je veux vous exposer tous les faits qui entrent dans mon plan; — mais pesez leur gravité.

A présent que sa questure vous est bien connue, et que vous avez sous les yeux le tableau de ses vols et de ses forfaits dans cette première magistrature, écoutez ce qui va suivre. Dans cette énumération toutefois, je passerai sous silence le temps des proscriptions et des brigandages de la dictature de Sylla. Je ne veux point qu'il fasse valoir, pour sa justification, les calamités d'une époque désastreuse. C'est de crimes avérés, et qui lui sont personnels, que je l'accuserai. Ainsi, retranchons de l'accusation tout le temps de la domination de Sylla, et voyons sa brillante lieutenance.

XVII. A peine le gouvernement de la Cilicie eut-il été donné à Cn. Dolabella, dieux immortels! quelle chaleur, que d'intrigues de la part de Verrès, quel siége en règle pour emporter cette lieutenance! Ce fut là le principe de tous les malheurs qui ont accablé Cn. Dolabella. A peine, en effet, Verrès se fût-il mis en route,

XVI. Quid hoc homine faciatis? aut ad quam spem tam perfidiosum, tam importunum animal reservetis? qui in Cn. Carbone sortem, in Cn. Dolabella voluntatem neglexerit ac violarit, eosque ambos non solum deseruerit, sed etiam prodiderit atque oppugnarit. Nolite, quæso, judices, brevitate orationis meæ potius, quam rerum ipsarum magnitudine, crimina ponderare ; mihi enim properandum necessario est, ut omnia vobis, quæ mihi constituta sunt, possim exponere. Quamobrem, quæstura istius demonstrata, primique magistratus et furto et scelere perspecto, reliqua attendite : in quibus illud tempus Sullanarum proscriptionum ac rapinarum prætermittam ; neque ego istum sibi ex communi calamitate defensionem ullam sinam sumere: suis eum certis propriisque criminibus accusabo. Quamobrem, hoc omni tempore Sullano ex accusatione circumscripto, legationem ejus præclaram cognoscite.

XVII. Postea quam Cn. Dolabellæ provincia Cilicia constituta est ; o di immortales! quanta iste cupiditate, quibus allegationibus illam sibi legationem expugnavit? id quod Cn. Dolabellæ principium maximæ calamitatis fuit. Nam

que partout où il passa, on vit en lui non un lieutenant du peuple romain, mais un de ces ouragans qui ne laissent rien dans les pays où ils éclatent. En traversant l'Achaïe (ici je laisserai de côté les délits du second ordre, les vexations que quelque autre a pu commettre, et je ne parlerai que de faits qui lui sont particuliers, et qui, imputés à tout autre accusé, pourraient paraître incroyables), en Achaïe, dis-je, il demanda une somme d'argent au magistrat de Sicyone. Mais pourquoi, dira-t-on, en accuser Verrès ? d'autres l'ont fait comme lui. Le magistrat ayant refusé, il sévit contre lui. C'était une vexation odieuse, soit ; mais elle n'était pas sans exemple. Attendez et voyez quel fut le genre de châtiment, et vous jugerez quelle espèce d'homme est Verrès. Il fit allumer dans un réduit étroit un feu de bois vert et humide ; ce fut là qu'un homme libre, un citoyen distingué dans son pays par sa naissance, un allié, un ami du peuple romain, fut enfermé au milieu de la fumée, et laissé à demi mort. Et que de tableaux, que de statues n'a-t-il pas emportés de l'Achaïe? Ce n'est pas ici le lieu d'en parler, je réserve ces détails pour un autre moment. Vous avez entendu dire qu'à cette époque, il y eut dans Athènes une grande quantité d'or enlevée du temple de Minerve : le fait a été rapporté dans le procès de Cn. Dolabella ; rapporté ! que dis-je? on a même estimé la somme. Eh bien, juges, vous verrez que Verrès fut non-seulement le complice, mais le principal auteur de ce vol.

ut iste profectus est, quacumque iter fecit, ejus modi fuit, non ut legatus populi Romani, sed ut quædam calamitas pervadere videretur. In Achaia (prætermittam minora omnia, quorum simile forsitan alius quoque aliquid aliquando fecerit : nihil dicam, nisi singulare, nisi quod, si in alium reum diceretur, incredibile videretur), magistratum Sicyonium nummos poposcit. Ne sit hoc crimen in Verrem : fecerunt alii. Quum ille non daret, animadvertit. Improbum, sed non inauditum. Genus animadversionis videte : quæretis, ex quo genere hominum istum judicetis. Ignem ex lignis viridibus atque humidis in loco angusto fieri jussit : ibi hominem ingenuum, domi nobilem, populi Romani socium atque amicum, fumo excruciatum, semivivum reliquit. Jam quæ iste signa, quas tabulas pictas ex Achaia sustulerit, non dicam hoc loco : est alius mihi locus ad hanc istius cupiditatem demonstrandam servatus. Athenis audistis ex æde Minervæ grande auri pondus ablatum; dictum hoc est in C. Dolabellæ judicio : dictum? etiam æstimatum. Hujus consilii non modo participem C. Verrem, sed principem fuisse reperietis.

XVIII. Le voilà à Délos : là, profanant un temple révéré d'Apollon, il enlève secrètement, pendant la nuit, les statues les plus belles et les plus antiques, et il les fait entasser sur son vaisseau de charge. Le lendemain, en voyant leur temple dépouillé, les habitants de Délos ressentirent une vive douleur : car telle est la vénération qu'ils ont pour ce temple, telle est sa respectable antiquité, qu'ils croient que ce fut là que naquit Apollon. Cependant ils n'osèrent se plaindre, dans la crainte que Dolabella ne fût pour quelque chose dans ce vol sacrilége. Tout à coup des tempêtes s'élèvent, et si violentes, juges, que non-seulement Dolabella n'aurait pu se rembarquer quand il l'aurait voulu, mais qu'il pouvait à peine tenir pied dans la ville, tant les vagues s'élançaient furieuses hors de la mer! Le bâtiment de notre corsaire, chargé de tant de vols sacriléges, est jeté sur le rivage et brisé. On y retrouve les statues d'Apollon. Elles sont replacées par ordre de Dolabella : la tourmente s'apaise, et Dolabella peut quitter Délos. Non, Verrès, quoique ton cœur soit fermé à tout sentiment humain, à toute pensée religieuse, je ne doute pas qu'en ce moment, où un si grand péril te menace, le souvenir de tes crimes ne se retrace à ta pensée! Peux-tu concevoir quelque espérance de salut, alors que tu te rappelles combien de fois tu as outragé les dieux immortels par tes impiétés, par tes crimes, par tes abominations? Quoi! c'est Apollon de

XVIII. Delum venit : ibi ex fano Apollinis religiosissimo noctu clam sustulit signa pulcerrima atque antiquissima; eaque in onerariam navem suam conjicienda curavit. Postridie quum fanum spoliatum viderent ii, qui Delum incolebant, graviter ferebant : est enim tanta apud eos ejus fani religio atque antiquitas, ut in eo loco ipsum Apollinem natum esse arbitrentur : verbum tamen facere non audebant, ne forte ea res ad Dolabellam ipsum pertineret. Tum subito tempestates coortæ sunt ; maxime, judices, ut non modo proficisci, cum cuperet, Dolabella non posset, sed vix in oppido consisteret : ita magni fluctus ejiciebantur. Hic navis illa prædonis istius, onusta signis religiosis, expulsa atque ejecta fluctu, frangitur ; in litore signa illa Apollinis reperiuntur; jussu Dolabellæ reponuntur; tempestas sedatur; Dolabella Delo proficiscitur. Non dubito, quin, tametsi nullus in te sensus humanitatis, nulla ratio umquam fuit religionis, nunc tamen, in metu periculoque tuo, tuorum tibi scelerum veniat in mentem. Potesne tibi ulla spes salutis commoda ostendi; quum recordaris, in deos immortales quam impius, quam

Délos que tu as osé dépouiller! c'est sur un temple si antique, si saint, si respecté, que tu as entrepris de porter des mains impies et sacriléges! Si, dans ton enfance, tu as négligé de t'instruire sur ce point; si tu n'as point appris alors ce que tant d'ouvrages nous ont transmis, n'as-tu donc pu apprendre depuis, en arrivant sur les lieux mêmes, ce que la tradition et l'histoire nous attestent, que Latone, après avoir erré longtemps, fugitive, enceinte, et prête à devenir mère (car le terme de sa grossesse était arrivé), se réfugia dans Délos, et que ce fut là qu'elle mit au jour Apollon et Diane? D'après cette opinion, commune à tous les hommes, Délos est regardée comme consacrée à ces dieux; tel fut et tel est le respect religieux dont, aujourd'hui encore, ils sont entourés, que les Perses eux-mêmes, dans la guerre qu'ils avaient déclarée à toute la Grèce, à ses dieux comme à ses habitants, ayant abordé à Délos avec une flotte de mille vaisseaux, se gardèrent bien de porter sur aucun objet sacré une main profane. Et ce temple si auguste, ô le plus méchant et le plus insensé des hommes, tu as osé le dépouiller! Quelle est donc cette cupidité effrénée qui a pu détruire en toi tout sentiment de respect pour le culte le plus saint? Si alors la passion t'aveuglait, ne reconnais-tu pas aujourd'hui qu'il n'y a point de supplice qui, depuis longtemps, ne te soit dû pour le prix de tant de forfaits?

sceleratus, quam nefarius fueris? Apollinemne tu Delium spoliare ausus es? illine tu templo, tam antiquo, tam sancto, tam religioso manus impias ac sacrilegas adferre conatus es? Si in pueritia non his artibus et disciplinis institutus eras, ut ea, quæ litteris mandata sunt, disceres atque cognosceres : ne postea quidem, quum in ea ipsa loca venisti, potuisti accipere id, quod est proditum memoriæ ac litteris? Latonam ex longo errore et fuga, gravidam, et jam ad pariendum [vicinam] temporibus exactis, confugisse Delum, atque ibi Apollinem Dianamque peperisse : quâ ex opinione hominum illa insula eorum deorum sacra putatur; tantaque ejus auctoritas religionis et est, et semper fuit, ut ne Persæ quidem, quum bellum toti Græciæ, dis hominibusque indixissent, et mille numero navium classem ad Delum appulissent, quidquam conarentur aut violare aut attingere. Hoc tu fanum depopulari, homo improbissime atque amentissime, audebas? fuit ulla cupiditas tanta, quæ tantam exstingueret religionem? et, si tum hæc non cogitabas, ne nunc quidem recordaris, nullum esse tantum malum, quod non tibi pro sceleribus tuis jam diu debeatur?

XIX. Mais voyons-le arriver en Asie. Rappellerai-je tant de collations, de soupers, de chevaux, de présents de toute espèce qu'il se fit donner? Je ne lui demanderai point compte de ses délits quotidiens. Je dis seulement que, dans l'île de Chio, il a enlevé de force de magnifiques statues; qu'il a fait la même chose dans les péninsules d'Érythres et d'Halicarnasse; qu'à Ténédos (je ne parle point de l'argent qu'il y a volé), Ténès lui-même, que les habitants révèrent comme leur principale divinité, Ténès, fondateur de leur ville, et dont leur île porte le nom; oui, ce même Ténès, si admirablement travaillé, que vous avez vu autrefois dans la place des comices, fut ravi par lui, au désespoir de toute la population. Et le pillage à main armée de ce temple si ancien et si célèbre, de ce temple, consacré à Junon Samienne, que de larmes n'a-t-il pas fait verser aux habitants de Samos! quelle douleur amère pour toute l'Asie! quel éclat scandaleux aux yeux de tous les peuples! est-il un seul de vous qui n'en ait entendu parler? Des députés de Samos se rendirent en Asie auprès de C. Néron, pour demander vengeance d'un pareil brigandage; il leur répondit que des plaintes de cette nature, contre un lieutenant de la république, ne pouvaient être jugées par un préteur, et que c'était à Rome qu'il fallait les porter. C'est sur ce grief que, dans la première action, vous avez entendu Charidème de Chio faire sa déposition. Il a déclaré que, chargé par Dolabella, en qualité de com-

XIX. In Asiam vero postquam venit, quid ego adventus istius prandia, cœnas, equos, muneraque commemorem? Nihil cum Verre de cotidianis criminibus acturus sum. Chio per vim signa pulcherrima dico abstulisse, item Erythris et Halicarnasso. Tenedo (præterco pecuniam, quam eripuit), Tenem ipsum, quid apud Tenedios sanctissimus deus habetur, qui urbem illam dicitur condidisse, cujus ex nomine Tenedus nominatur: hunc ipsum, inquam, Tenem pulcherrime factum, quem quondam in comitio vidistis, abstulit magno cum gemitu civitatis. Illa vero expugnatio fani antiquissimi et nobilissimi Junonis Samiæ, quum luctuosa Samiis fuit? quam acerba toti Asiæ? quam clara apud omnes? quam nemini vestrum inaudita? De qua expugnatione quum legati ad C. Neronem in Asiam Samo venissent, responsum tulerunt, ejus modi querimonias, quæ ad legatum populi Romani pertinerent, non ad prætorem, sed Romam deferri oportere. Qua de re Charidemum Chium testimonium priore actione dicere audistis: sese, quum esset trierarchus, et Verrem ex Asia decedentem prosequeretur, jussu Dolabellæ fuisse una cum isto Sami; seseque tum

mandant d'une galère, d'accompagner Verrès à son départ de
l'Asie, il s'était rendu avec lui à Samos; que là, il apprit alors
le pillage du temple de Junon et de la ville de Samos; que, plus
tard, sur la plainte des Samiens, il avait été cité à Chio devant
ses concitoyens; mais qu'il avait été acquitté après avoir prouvé
clairement que les délits dont se plaignaient les députés de Samos lui étaient étrangers, et ne concernaient que Verrès. Et que
de tableaux, que de statues Verrès n'a-t-il pas enlevés de Samos?
Moi-même j'en ai pu faire le relevé dans sa maison, lorsque j'y
vins mettre les scellés. Où sont maintenant ces statues, Verrès?
Je parle de celles que dernièrement nous avons vues chez vous
adossées à toutes les colonnes, ou même placées entre les entre-
colonnements, en plein air, dans toutes les allées de votre
parc. Pourquoi sont-elles restées dans votre maison, tant que
vous avez pensé que votre procès serait porté devant un autre
préteur, assisté des juges que vous vous étiez flatté d'obtenir du
sort, à la place de ceux qui siégent sur ce tribunal? Pourquoi,
du moment où vous vous êtes aperçu que nous aimions beaucoup
mieux nous servir de nos témoins que de profiter des heures de
plaidoirie qui pouvaient tourner à notre avantage, pourquoi
toutes les statues ont-elles disparu, excepté les deux qui sont
encore au milieu de votre cour, et qui font partie de celles que
vous avez enlevées de Samos? Avez-vous pensé que je ne citerais
pas en témoignage ces bons amis qui sont venus tant de fois
dans votre maison, et que je ne leur demanderais pas s'il n'y

scire spoliatum esse fanum Junonis et oppidum Samum; posteaque se causam
apud Chios, cives suos, Samiis accusantibus, publice dixisse; eoque se esse
absolutum, quod planum fecisset, ea, quæ legati Samiorum dicerent, ad Verrem, non ad se, pertinere. Quas iste tabulas illinc, quæ signa sustulit? quæ
cognovi egomet apud istum in ædibus nuper, quum obsignandi gratia venissem. Quæ signa nunc, Verres, ubi sunt? illa quæro, quæ apud te nuper ad
omnes columnas, omnibus etiam intercolumniis, in silva denique disposita sub
divo vidimus. Cur ea, quam diu alium prætorem cum iis judicibus, quos
in horum locum subsortiturus eras, de te in consilium iturum, putasti, tam diu
domi fuerunt? postea quam nostris testibus nos, quam horis tuis, uti malle vidi-
sti, nullum signum domi reliquisti, præter duo, quæ in mediis ædibus sunt quæ
ipsa Samo sublata sunt? Non putasti me tuis familiarissimis in hanc rem
testimonia denuntiaturum, qui tum domi sæpe fuissent; ex quibus quærerem

avait pas eu des statues que l'on n'y trouvait plus? Quelle idée, je vous le demande, nos juges vont-ils se faire de vous, s'ils voient qu'au lieu de vous défendre contre votre accusateur, vous en êtes déjà à vous débattre contre le questeur du trésor et les enchérisseurs des biens confisqués?

XX. Aspendus est, comme vous savez, une ancienne ville de la Pamphylie, toute remplie de chefs-d'œuvre de sculpture. Je ne dirai pas que telle ou telle statue fut enlevée : je dirai, Verrès, que vous n'en avez pas laissé une seule. Oui, toutes furent enlevées et des temples et des lieux publics, à la face du ciel, sous les yeux de tous les habitants; toutes furent entassées sur des chariots et emportées hors de la ville. Ce fameux joueur de luth d'Aspendus, dont vous avez souvent entendu parler comme ayant donné lieu, chez les Grecs, au proverbe : *il chante en sourdine*, Verrès l'enleva aussi et le plaça dans ses appartements intérieurs, comme pour prouver qu'il était plus habile encore à jouer en sourdine que ce musicien lui-même. Dans Perga, Diane, comme vous savez, a un temple très-ancien et très-respecté : je dis, Verrès, que ce temple a été, lui aussi, entièrement pillé et dépouillé par vous; vous avez détaché de Diane elle-même l'or qui couvrait sa statue. Malheureux! quelle audace, quelle frénésie est la vôtre! Car enfin, vous n'êtes venu dans ces villes alliées et amies du peuple romain qu'avec le pouvoir et le titre de lieutenant. Et alors même qu'après les avoir emportées d'assaut,

---

signa scirentne fuisse, quæ non essent? Quid tum hos de te judicaturos arbitratus es, quum viderent, te jam non contra accusatorem tuum, sed contra quæstorem sectoremque pugnare?

XX. Aspendum vetus oppidum et nobile in Pamphylia scitis esse, plenissimum signorum optimorum. Non dicam illinc hoc signum ablatum esse, et illud : hoc dico, nullum te Aspendi signum, Verres, reliquisse; omnia ex fanis, ex locis publicis, palam, spectantibus omnibus, plaustris evecta asportataque esse. Atque etiam illum Aspendium citharistam, de quo sæpe audistis id, quod est Græcis hominibus in proverbio, quem omnia intus canere dicebant, sustulit, et in intimis suis ædibus posuit : ut etiam illum ipsum artificio suo superasse videatur. Pergæ fanum antiquissimum et sanctissimum Dianæ scimus esse : id quoque a te nudatum ac spoliatum esse; ex ipsa Diana, quod habebat auri, detractum atque ablatum esse dico. Quæ, malum, est ista tanta audacia atque amentia? quas enim sociorum atque amicorum urbes adisti legationis

à la tête d'une armée, vous les auriez dépouillées de leurs statues et de leurs objets d'art, ce n'est pas dans votre palais, j'imagine, ou dans les jardins de vos amis que vous auriez dû transporter ces merveilles, mais à Rome, dans les édifices publics.

XXI. Parlerai-je ici de M. Marcellus, qui prit la superbe Syracuse? parlerai-je de L. Scipion, qui fit la guerre en Asie et vainquit Antiochus, un des plus puissants monarques? de Flaminius, qui subjugua le roi Philippe et la Macédoine? de L. Paullus, qui triompha de Persée à force de courage et de talent? de L. Mummius, qui ruina la belle et opulente Corinthe, remplie de tant d'objets précieux, et qui soumit aux lois souveraines du peuple romain les villes de l'Achaïe et de la Béotie? Les maisons de ces héros n'étaient ornées que par l'honneur et la vertu, elles étaient vides de statues et de tableaux; tandis que nous voyons Rome entière, et les temples des dieux, et toutes les contrées de l'Italie, décorées des monuments dont ils les enrichirent par leurs dons. Je crains qu'on ne me reproche d'emprunter à des temps trop anciens des exemples surannés; il y avait alors, à cet égard, chez tous les citoyens, une telle uniformité de sentiments, que ce noble désintéressement, cette touchante simplicité étaient moins le fait du mérite personnel de quelques hommes que des mœurs générales de l'époque. Eh bien! un citoyen illustre par d'éclatants exploits, P. Servilius, est ici présent, il va vous juger :

jure et nomine, quum in eas vi cum exercitu imperioque invasisses, tamen, opinor, quæ signa atque ornamenta ex his urbibus sustulisses, hæc non in tuam domum, neque in suburbana amicorum, sed Romam in publicum deportasses.

XXI. Quid ego de M. Marcello loquar, qui Syracusas, urbem ornatissimam, cepit ? quid de L. Scipione, qui bellum in Asia gessit, Antiochumque, regem potentissimum, vicit? quid de Flaminio, qui regem Philippum et Macedoniam subegit ? quid de L. Paullo, qui regem Persen vi ac virtute superavit? quid de L. Mummio, qui urbem pulcherrimam atque ornatissimam, Corinthum, plenissimam rerum omnium, sustulit, urbesque Achaiæ Bœotiæque multas sub imperium populi Romani ditionemque subjunxit ? quorum domus, quum honore et virtute florerent, signis et tabulis pictis erant vacuæ ; at vero urbem totam, templa deorum, omnesque Italiæ partes, illorum donis ac monumentis exornatas videmus. Vereor, ne hæc forte cuiquam nimis antiqua et jam obsoleta videantur : ita enim tum æquabiliter omnes erant ejus modi, ut hæc laus eximiæ virtutis et innocentiæ, non solum hominum, verum etiam temporum illorum esse videatur. P. Servilius, vir clarissimus, maximis rebus gestis, adest;

il a, par son habileté, par sa valeur, par celle de ses troupes, emporté de vive force Olympe, ville ancienne, florissante, et riche en monuments. Voilà un exemple, emprunté à la vie d'un noble guerrier, et tout récent. Car P. Servilius n'est entré, en général victorieux, dans Olympe, ville ennemie, que depuis que vous, Verrès, simple lieutenant après votre questure, vous vous êtes avisé, en pleine paix, de piller et d'opprimer les villes alliées et amies du peuple romain. Eh bien ce que vos mains sacriléges ont ravi dans les temples les plus saints, nous ne le retrouvons que dans vos maisons et dans celles de vos amis ; tandis que les statues et les autres monuments que P. Servilius a pu enlever légitimement d'une ville ennemie, en vertu du droit de la guerre et de la victoire, après l'avoir prise à force ouverte, ont tous été par lui fidèlement apportés au peuple romain, promenés devant le char triomphal, et soigneusement inscrits sur les registres du trésor public. Oui, juges, les registres publics attestent la probité scrupuleuse de cet homme considérable. Lisez : *Compte rendu par P. Servilius.*

Ce n'est pas seulement le nombre des statues, mais la grandeur, l'attitude, le costume de chacune d'elles, que vous voyez spécifiés dans ces registres. Ah ! certes, la vertu et la victoire offrent des jouissances bien plus douces que cette grossière volupté qui consiste à satisfaire ses passions et sa cupidité, et je puis dire que Servilius garde avec un soin plus jaloux

---

de te sententiam laturus est : Olympum vi, copiis, consilio, virtute cepit, urbem antiquam, et omnibus rebus auctam et ornatam. Recens exemplum fortissimi viri profero ; nam postea Servilius imperator populi Romani Olympum, urbem hostium, cepit, quam tu in iisdem locis legatus quæstorius oppida pacata sociorum atque amicorum diripienda ac vexanda curasti. Tu, quæ ex fanis religiosissimis per scelus et latrocinium abstulisti, ea nos videre, nisi in tuis amicorumque tuorum tectis, non possumus : P. Servilius, quæ signa atque ornamenta ex urbe hostium, vi et virtute capta, belli lege, atque imperatorio jure sustulit, ea populo Romano apportavit, per triumphum vexit, in tabulas publicas ad ærarium perscribenda curavit. Cognoscite ex litteris publicis hominis amplissimi diligentiam. Recita : Rationes relatæ P. Servilii.

Non solum numerum signorum, sed etiam unius cujusque magnitudinem, figuram, statum, litteris definiri vides. Certe major est virtutis victoriæque jucunditas, quam ista voluptas, quæ percipitur ex libidine et cupiditate : multo

l'état et la description des dépouilles dont il a enrichi le peuple
romain, que vous la liste de vos rapines.

XXII. Vous allez dire sans doute que vos statues et vos tableaux
ont aussi décoré la ville et le Forum du peuple romain. Oui, je
m'en souviens; j'ai vu, avec le peuple romain, le Forum et les
comices ornés d'une façon magnifique pour les yeux, mais en même
temps singulièrement affligeante et lugubre à la pensée; j'ai vu
briller de toutes parts les rapines, le butin fait sur nos provinces,
les dépouilles de nos alliés et de nos amis. Et ce fut en ce moment,
juges, que Verrès conçut l'espérance de commettre encore de
plus grands crimes : car il eut la preuve que ceux qui prétendaient régner en maîtres sur les tribunaux étaient les esclaves
des mêmes passions que lui. Alors aussi nos alliés et les nations
étrangères commencèrent à désespérer de la conservation de
leurs biens. On vit même plusieurs députés de l'Asie et de l'A-
chaïe, qui, par hasard, se trouvaient à Rome, adresser au milieu
du Forum leurs adorations aux statues des dieux enlevées aux
temples de leur patrie; puis, retrouvant en divers endroits
d'autres statues, d'autres ornements, ils les contemplaient, les
yeux baignés de larmes. « Non, disaient-ils, nous l'avons entendu ;
non, il n'est plus permis d'en douter; c'en est fait des alliés et des amis de la république, puisque nous voyons que dans
le Forum du peuple romain, à cette place même où ceux de qui

diligentius habere dico Servilium prædam populi Romani, quam te tua furta
notata atque descripta.

XXII. Dices, tua quoque signa et tabulas pictas ornamento urbi Foroque populi Romani fuisse. Memini : vidi simul cum populo Romano Forum comitium-
que adornatum, ad speciem magnifico ornatu, ad sensum cogitationemque
acerbo et lugubri. Vidi collucere omnia furtis tuis, præda provinciarum, spoliis sociorum atque amicorum. Quo quidem tempore, judices, iste spem maximam reliquorum quoque peccatorum nactus est. Vidit enim, eos, qui judiciorum dominos se dici volebant, harum cupidatatum esse servos. Socii
vero nationesque exteræ spem omnium tum primum abjecere rerum ac fortunarum suarum : propterea quod casu legati ex Asia atque Achaia plurimi Romæ tunc fuerunt, qui deorum simulacra ex suis fanis sublata in Foro vene-
rabantur, itemque cætera signa et ornamenta quum cognoscerent, alia alio in
loco lacrimantes intuebantur. Quorum omnium hunc sermonem tum esse au-
diebamus : « Nihil esse, quod quisquam dubitaret de exitio sociorum atque
amicorum, quum quidem viderent in Foro populi Romani, quo in loco antea

les alliés avaient eu à se plaindre étaient jadis accusés et condamnés, on étale publiquement aujourd'hui des richesses ravies, enlevées aux alliés, au mépris de toutes les lois. » Verrès ne niera pas, je crois, qu'il possède une multitude innombrable de statues et de tableaux ; mais il va dire sans doute encore que tout ce qu'il a si impudemment enlevé de force ou dérobé, il l'a acheté. Évidemment, quand nous l'avons envoyé en Achaïe, en Asie, en Pamphylie, aux frais de la république, et avec le titre de lieutenant, c'était pour y faire le métier de marchand de statues et de tableaux !

XXIII. J'ai tous ses registres et ceux de son père ; je les ai parcourus et relevés tous avec la plus grande attention ; les livres du père jusqu'à sa mort, ceux de l'accusé jusqu'au moment où il dit avoir cessé de les tenir. Car, juges, voici encore une chose qui lui est particulière : on parle d'un homme qui ne tint jamais de livres de compte, et c'est M. Antonius, de qui l'on s'est formé cette opinion : opinion fausse, car il en a tenu de très-exacts. Mais j'admets qu'il y ait eu des exemples de cette déplorable négligence. On parle d'un autre individu qui, après s'être d'abord dispensé d'en tenir, s'y mit au bout de quelque temps, et lui aussi, il pouvait être excusable. Mais voici qui est nouveau et vraiment dérisoire. J'avais demandé à l'accusé son livre de compte : il me dit qu'il n'en avait tenu que jusqu'au consulat de M. Terentius et de C. Cassius ; que depuis, il avait cessé. Quoi qu'il en soit, je re-

---

qui sociis injurias fecerant, accusari et condemnari solebant, ibi esse palam posita ea, quæ ab sociis per scelus ablata ereptaque essent. » Hic ego non arbitror illum negaturum, signa sese plurima, tabulas pictas innumerabiles habere, sed, ut opinor, solet hæc, quæ rapuit et furatus est, non numquam dicere se emisse : quoniam quidem in Achaiam, Asiam, Pamphyliam, sumptu publico, et legationis nomine, mercator signorum tabularumque pictarum missus est.

XXIII. Habeo et istius, et patris ejus accepi, tabulas omnes, quas diligentissime legi atque digessi : patris, quoad vixit ; tuas, quoad ais te confecisse. Nam in isto, judices, hoc novum reperietis. Audimus, aliquem tabulas numquam confecisse ; quæ est opinio hominum de Antonio falsa : nam fecit diligentissime : verum sit hoc genus aliquod minime probandum. Audimus, alium non ab initio fecisse, sed ex tempore aliquo confecisse : est aliqua etiam hujusce rei ratio. Hoc vero novum et ridiculum est, quod hic nobis respondit, quum b eo tabulas postularemus : usque ad M. Terentium et C. Cassium consules

mets à un autre moment l'examen de cette réponse : aujourd'hui, peu m'importe; j'ai vos registres et ceux de votre père, ils me suffisent pour l'époque dont je parle. Vous avez rapporté des provinces beaucoup de statues fort belles, et un grand nombre d'excellents tableaux. Vous ne pouvez le nier, et plût au ciel que vous n'en convinssiez point! Eh bien montrez-moi un seul achat porté sur le livre de votre père ou sur le vôtre, et je vous donne gain de cause. Mais vous ne sauriez pas même dire comment vous avez acheté les deux belles statues qui sont aujourd'hui dans votre cour, après avoir été si longtemps à Samos, devant la porte du temple de Junon : oui, ces deux chefs-d'œuvre, qui sont maintenant seuls dans votre maison, attendant que l'enchérisseur leur permette enfin de se réunir aux autres.

XXIV. Mais sans doute c'était seulement pour les objets de cette nature que sa passion ne connaissait point de frein; dans ses autres caprices, il savait se modérer, et la raison avait sur lui quelque pouvoir. Que d'adolescents de naissance libre, que d'épouses légitimes ont été victimes de sa brutalité pendant son infâme et cruelle lieutenance! Est-il une ville où il ait mis le pied sans y laisser plus de traces de ses débauches et de ses crimes que de ses pas? J'abandonne les faits que l'on pourrait nier; je ne parlerai pas même de tous ceux qui sont notoires, incontestables. Parmi tant d'actions scandaleuses, je ne m'arrêterai qu'à

confecisse, postea destitisse. Alio loco, hoc cujus modi sit, considerabimus nunc nihil ad me attinet : horum enim temporum, in quibus nunc versor, habeo tabulas, et tuas, et patris. Plurima signa pulcherrima, plurimas tabulas optimas deportasse te, negare non potes : atque utinam neges! Unum ostende in tabulis aut tuis aut patris tui emptum esse ; vicisti : ne hæc quidem duo signa pulcherrima, quæ nunc ad impluvium tuum stant, quæ multos annos ad valvas Junonis Samiæ steterunt, habes quomodo emeris; hæc, inquam, duo, quæ in ædibus tuis sola jam sunt, quæ sectorem exspectant, relicta ac destituta a cæteris signis.

XXIV. At credo, in hisce solis rebus indomitas cupiditates atque effrenatas habebat; cæteræ libidines ejus ratione aliqua aut modo continebantur. Quam multis istum ingenuis, quam multis matribus familias, in illa tætra atque impura legatione, vim attulisse existimatis? ecquo in oppido pedem posuit, ubis non plura stuprorum flagitiorumque suorum, quam adventus sui vestigia reliquerit? Sed ego omnia, quæ negari poterunt, prætermittam ; etiam hæc, quæ certissima sunt et clarissima, relinquam; unum aliquod de nefariis istius facti

une seule, pour arriver plus promptement à la Sicile, puisque c'est la cause de cette province que j'ai pris l'engagement de défendre. Sur les côtes de l'Hellespont est Lampsaque, la ville la plus belle et la plus célèbre de notre province d'Asie. Ses habitants, toujours pleins d'obligeance et d'égards envers les citoyens romains, sont d'ailleurs d'un caractère singulièrement doux et paisible, et plus faits, en un mot, pour ce repos qui plaît tant aux Grecs, que pour l'agitation et les actes de violence. Or il advint que Verrès redemanda avec beaucoup d'instance à Cn. Dolabella d'être envoyé auprès du roi Nicomède et du roi Sadala, voyage qu'il avait sollicité bien plus dans son intérêt personnel que dans celui de la république, et Lampsaque se trouva sur sa route, pour son malheur et presque pour sa perte. On le conduit chez un nommé Janitor, qui lui donne l'hospitalité; les gens de de sa suite sont placés chez d'autres habitants. Aussitôt, selon son usage, et suivant l'instinct de libertinage qui le poussait, il charge ses compagnons de voyage, tous gens de crimes et de débauches, d'aller à la découverte et de lui trouver quelque jeune fille ou femme mariée qui vaille la peine de l'arrêter quelques jours à Lampsaque.

XXV. Parmi les gens de sa suite se trouvait un certain Rubrius, que la nature semblait avoir formé pour servir les passions de son maître. Partout où cet homme arrivait, il déployait un ta-

eligam; quo facilius ad Siciliam possim aliquando, quæ mihi hoc oneris negotiique imposuit, pervenire. Oppidum est in Hellesponto Lampsacum, judices, in primis Asiæ provinciæ clarum et nobile : homines autem ipsi Lampsaceni tum summe in omnes cives Romanos officiosi, tum præterea maxime sedati et quieti prope præter cæteros, ad summum Græcorum otium potius, quam ad ullam vim aut tumultum accommodati. Accidit, quum iste a Cn. Dolabella efflagitasset, ut se ad regem Nicomedem, regemque Sadalam mitteret, quumque iter hoc sibi magis quæstum suum, quam ad rei publicæ tempus accommodatum deposcisset; ut illo itinere veniret Lampsacum, cum magna calamitate et prope pernicie civitatis. Deducitur iste ad Janitorem quendam hospitem; comitesque ejus item apud cæteros hospites collocantur. Ut mos erat istius, atque ut cum suæ libidines flagitiosæ facere admonebant, statim negotium dat illis suis comitibus, nequissimis turpissimisque hominibus, uti videant et investigent, ecqua virgo sit, aut mulier digna, quamobrem ipse Lampsaci diutius commoretur.

XXV. Erat comes ejus Rubrius quidam, homo factus ad istius libidines, qui miro artificio, quocumque venerat, hæc investigare omnia solebat. Is ad eum

lent merveilleux à découvrir des objets dignes de le satisfaire. Il vient dire à Verrès qu'il y a, à Lampsaque, un nommé Philodamus, le premier de la ville, sans contredit, par sa naissance, son rang, ses richesses et sa considération personnelle; qu'il a une fille demeurant avec lui, et qui n'est pas mariée; qu'elle est fort belle, mais qu'elle a une réputation de vertu et de chasteté exemplaire. A ce récit, notre homme devint tout de feu pour un objet que non-seulement il n'avait jamais vu, mais que n'avait pas vu davantage celui même qui lui en parlait. Dans son ardeur, il annonce à l'instant qu'il veut aller loger chez Philodamus. Janitor, qui ne se doute de rien, mais qui craint de lui avoir manqué en quelque chose, s'efforce de le retenir. Verrès, n'ayant à donner aucune raison plausible pour quitter son hôte, imagine un autre moyen d'accomplir son infâme projet. Il déclare que Rubrius, les délices de son cœur, son ministre et son agent fidèle dans ces sortes d'affaires, n'a pas un logement convenable, il donne ordre qu'on le conduise chez Philodamus. Dès que Philodamus est instruit de cette disposition, bien qu'il ne doutât pas de l'outrage qu'on lui préparait à lui et à sa famille, il se rendit aussitôt près de Verrès; il lui représenta qu'on lui imposait une charge dont il n'était pas possible; que, lorsque c'était son tour de donner le logement, il recevait les préteurs ou les consuls, mais jamais des gens de la suite des lieutenants.

rem istam defert : Philodamum esse quemdam, genere, honore, copiis, existimatione facile principem Lampsacenorum ; ejus esse filiam, quæ cum patre habitaret, propterea quod virum non haberet, mulierem eximia pulcritudine, sed eam summa integritate pudicitiaque existimari. Homo, ut hæc audivit, sic exarsit ad id, quod non modo ipse numquam viderat, sed ne audierat quidem ab eo, qui ipse vidisset, ut statim ad Philodamum migrare se diceret velle. Hospes Janitor, qui nihil suspicaretur, veritus, ne quid in ipso se offenderetur, hominem summa vi retinere cœpit. Iste, qui hospitis relinquendi causam reperire non posset, alia sibi ratione viam munire ad stuprum cœpit : Rubrium delicias suas, in omnibus ejus modi rebus adjutorem suum et conscium, parum laute deversari dicit; ad Philodamum deduci jubet. Quod ubi est Philodamo nuntiatum, tametsi erat ignarus, quantum sibi ac liberis suis jam tum mali constitueretur, tamen ad istum venit ; ostendit munus illud suum non esse ; se, quum suæ partes essent hospitum recipiendorum, tum ipsos tamen prætores et consules, non legatorum adseclas, recipere solere. Iste, qui una cupi-

Verrès, tout entier à sa passion, ne tint aucun compte des remontrances de Philodamus, et Rubrius fut établi de force dans une maison qui devait être dispensée de le recevoir.

XXVI. Philodamus, voyant qu'il ne pouvait obtenir justice, ne se départit point cependant de sa politesse et de ses procédés ordinaires. Jaloux de conserver la réputation qu'il s'était acquise par son honnêteté et par ses égards envers nos concitoyens, il ne voulut pas avoir l'air de recevoir malgré lui Rubrius. Il fait préparer un repas aussi splendide et aussi brillant que sa grande fortune le lui permettait, prie Rubrius d'inviter les personnes qui lui seront agréables, et ne demande place que pour lui seul. Il pousse l'attention jusqu'à envoyer son fils, jeune homme d'un très-grand mérite, souper dehors chez un de ses parents. Rubrius invite les gens de la suite de Verrès, et celui-ci a bien soin de leur donner ses instructions. Ils arrivent à l'heure précise : on se met à table, la conversation s'engage, on parle de porter des santés à la manière des Grecs. Philodamus applaudit à la proposition; on demande les plus grandes coupes : la joie et les propos animent le festin. Lorsque Rubrius voit les esprits bien échauffés : « Pourquoi, je vous prie, Philodamus, « dit-il, » pourquoi ne faites-vous pas venir votre fille au milieu de nous? » Cet homme, respectable par la gravité de ses mœurs, par son âge et par son titre de père, demeure interdit

---

ditate raperetur, totum illius postulatum causamque neglexit ; per vim ad eum, qui recipere non debebat, Rubrium deduci imperavit.

XXVI. Hic Philodamus, postea quam jus suum obtinere non potuit, ut humanitatem consuetudinemque suam retineret, laborabat. Homo, qui semper hospitalissimus amicissimusque nostrorum hominum existimatus esset, noluit videri ipsum illum Rubrium invitus in domum suam recepisse ; magnifice et ornate, ut erat in primis inter suos copiosus, convivium comparat : rogat Rubrium, ut, quos ei commodum sit, invitet; locum sibi soli, si videatur, relinquat etiam filium suum, lectissimum adolescentem, foras ad propinquum suum quendam mittit ad cœnam. Rubrius istius comites invitat : eos omnes Verres certiores facit quid opus esset. Mature veniunt : discumbitur : fit sermo inter eos, et invitatio, ut Græco more biberetur. Hortatur hospes : poscunt majoribus poculis : celebratur omnium sermone lætitiaque convivium. Postea quam satis calere res Rubrio visa est : « Quæso, inquit, Philodame, cur ad nos filiam tuam non intro vocari jubes? » Homo, qui et summa gravitate, et jam id ætatis, et parens esset, obstupuit hominis improbi dicto. Instare Rubrius. Tum ille, ut

à cette interpellation de l'impudent personnage, Rubrius insiste. Philodamus, pour répondre quelque chose, dit que ce n'est point l'usage, chez les Grecs, que les femmes se mettent à table avec les hommes. Tout à coup un autre s'écrie d'un autre côté : « Vraiment la coutume est absurde; qu'on nous amène la jeune femme! » Et en même temps, Rubrius commande à ses esclaves de fermer la porte et d'y faire sentinelle. Philodamus ne doute point que l'honneur de sa fille ne soit menacé; il appelle à lui ses esclaves, il leur ordonne de ne point s'occuper de lui, de veiller sur sa fille; il veut enfin que l'un d'eux coure avertir son fils du malheur qui menace la famille. Cependant, toute la maison retentit de clameurs; violent combat entre les esclaves de Rubrius et ceux de son hôte. Le plus honorable des hommes, le premier citoyen de sa ville, est maltraité dans sa maison. Chacun fait arme de ce qu'il trouve. Enfin Philodamus est aspergé d'un vase d'eau bouillante, de la main même de Rubrius. Le fils, en apprenant ce qui se passe, accourt, hors de lui, pour défendre et la vie de son père et l'honneur de sa sœur. Les habitants de Lampsaque, à cette nouvelle, animés tous des mêmes sentiments, tous également émus et par leur respectueux attachement pour Philodamus et par l'indignité de l'attentat, accourent à sa maison. Il était nuit, le licteur Cornelius est tué au milieu des esclaves de Rubrius, chargés avec lui d'enlever la jeune femme; plusieurs esclaves sont blessés; Rubrius lui-même

aliquid responderet, negavit moris esse Græcorum, ut in convivio virorum accumberent mulieres. Hic tum alius ex alia parte : « Enimvero ferendum hoc non est; vocetur mulier! » Et simul servis suis Rubrius, ut januam clauderent; et ipsi ad fores assisterent, imperat. Quod ubi ille intellexit id agi, atque id parari, ut filiæ suæ vis adferetur, servos suos ad se vocat : his imperat, ut se ipsum negligant, filiam defendant; excurrat aliquis, qui hoc tantum domestici mali filio suo nuntiet. Clamor intereà fit tota domo ; pugna inter servos Rubrii atque hospitis. Jactatur domi suæ vir primus, et homo honestissimus : pro se quisque manus adfert : aqua denique ferventi a Rubrio ipso Philodamus perfunditur. Hæc ubi filio nuntiata sunt, statim examinatus ad ædes contendit, ut et vitæ patris, et pudicitiæ sororis succurreret. Omnes eodem animo Lampsaceni, simul ut hoc audiverunt, quod eos tum Philodami dignitas, tum injuriæ magnitudo movebat, ad ædes noctu convenerunt. Hic lictor istius Cornelius, qui cum ejus servis erat a Rubrio, quasi in præsidio, ad auferendam mulierem collocatus, occiditur; servi nonnulli vulnerantur; ipse Rubrius in turba saucia-

est frappé dans la mêlée. Verrès, qui voit ce violent tumulte excité par ses passions brutales, ne songe qu'au moyen de s'esquiver, s'il est possible.

XXVII. Le lendemain matin, les habitants se forment en assemblée ; on délibère sur le meilleur parti à prendre ; les plus autorisés prennent la parole. Et chacun de penser, de dire hautement « qu'il n'était point à craindre que le sénat et le peuple romain crussent devoir tirer vengeance de la ville pour avoir repoussé à main armée un tel attentat ; que, si les lieutenants du peuple romain s'arrogeaient envers les alliés et les nations étrangères un tel pouvoir, qu'il ne leur fût pas même permis de défendre l'honneur de leurs enfants contre la lubricité de ces despotes, il valait mieux s'exposer à tout souffrir que de vivre plus longtemps sous une exécrable tyrannie. » Tous, animés du même sentiment, tous s'exprimant dans le même sens, avec la même indignation, se rendent en masse à la maison où logeait Verrès : ils en assaillent la porte à coups de pierres ; ils la forcent avec des leviers, ils l'entourent de bois et de sarments ; déjà ils y mettaient le feu. Les citoyens romains établis dans la ville accourent de toutes parts ; ils les conjurent d'avoir plus d'égard au caractère de lieutenant du peuple romain qu'à la personne de celui qui en était revêtu ; sans doute, c'est un homme in-

---

tur. Iste, qui sua cupiditate tantos tumultus concitatos videret, cupere aliqua evolare, si posset.

XXVII. Postridie mane homines in concionem veniunt ; quærunt quid optimum factu sit ; pro se quisque, ut in quoque erat auctoritatis plurimum, ad populum loquebatur ; inventus est nemo, cujus non hæc et sententia esset, et oratio : « Non esse metuendum, si istius nefarium scelus Lampsaceni ulti vi manuque essent, ne senatus populusque Romanus in eam civitatem animadvertendum putaret. Quod si hoc legati jure populi Romani in socios nationesque exteras uterentur, ut pudicitiam liberorum servare ab eorum libidine tutam non liceret, quidvis esse perpeti satius, quam in tanta vi atque acerbitate versari. » Hæc quum omnes sentirent, et quum in eam rationem pro suo quisque sensu ac dolore loqueretur ; omnes ad eam domum, in qua iste deversabatur, profecti sunt : cædere januam saxis, instare ferro, ligna et sarmenta circumdare, ignemque subjicere cœperunt. Tum cives Romani, qui Lampsaci negotiabantur, concurrunt ; orant Lampsacenos, ut gravius apud eos nomen legationis, quam injuria legati putaretur : sese intelligere hominem illum esse impurum ac nefa-

fâme, abominable, mais, puisqu'il n'avait pu couronner sa criminelle tentative, et ne devait plus reparaître dans Lampsaque, ils auront moins à regretter d'avoir épargné un scélérat que de n'avoir pas épargné un lieutenant. Grâce à leurs instances, cet homme, beaucoup plus coupable et plus méchant que jadis Hadrianus, fut assurément plus heureux. En effet, Hadrianus fut brûlé vif dans sa maison d'Utique, par des citoyens romains que son avarice avait révoltés; et son châtiment parut si bien mérité, que tout le monde s'en réjouit, et que l'on ne fit aucune information contre ses meurtriers. Verrès, poursuivi par les flammes de nos alliés, a cependant échappé à cet incendie et au péril qui le menaçait; et jusqu'ici il n'a pu rien imaginer qui nous expliquât comment il a fait pour s'exposer à un si grand péril, ou quel accident l'y avait jeté. En effet, il ne saurait dire : « c'est en voulant apaiser une insurrection, en exigeant une contribution de blé, en levant un subside, en travaillant enfin aux intérêts de la république, que j'ai peut-être mis un peu trop de dureté dans mes ordres, dans mes réprimandes, dans mes menaces. » Et quand il pourrait alléguer ces raisons, il ne serait pas encore excusable d'avoir, en exaspérant les alliés de la république par l'excessive dureté de ses commandements, attiré sur sa tête un péril si grave.

XXVIII. Aujourd'hui, il n'ose ni avouer la véritable cause de

rium ; sed, quoniam nec perfecisset, quod conatus esset, neque futurus esset Lampsaci postea, levius eorum peccatum fore, si homini scelerato pepercissent, quam si legato non pepercissent. Sic iste multo sceleratior et nequior quam ille Hadrianus, aliquanto etiam felicior fuit. Ille, quod ejus avaritiam cives Romani ferre non potuerant, Uticæ domi suæ vivus exustus est ; idque ita illi merito accidisse existimatum est, ut lætarentur omnes, neque ulla animadversio constitueretur : hic sociorum ambustus incendio, tamen ex illa flammam periculoque evolavit; neque adhuc causam ullam excogitare potuit, quamobrem commiserit, aut quid evenerit, ut tantum periculum veniret. Non enim potest dicere : « Quum seditionem sedare vellem, quum frumentum imperarem, quum stipendium cogerem, quum aliquid denique rei publicæ causa gererem; quod acrius imperavi, quod animadverti, quod minatus sum. » Quæ si diceret, tamen ignosci non oporteret, si nimis atrociter imperando sociis, in tantum adductus periculum videretur.

XXVIII. Nunc quum ipse causam illius tumultus neque veram dicere, neque

cette insurrection, ni en imaginer une fausse. Mais P. Tettius, l'un des hommes les plus honorables de son ordre, et qui alors était huissier de C. Néron, vous a déclaré qu'il avait entendu tous les détails de cette affaire à Lampsaque; et un citoyen recommandable à toutes sortes de titres, C. Varron, qui était à cette époque tribun militaire en Asie, a déclaré tenir absolument les mêmes faits de la bouche de Philodamus. Pouvez-vous donc hésiter à croire que la fortune n'a voulu sauver l'accusé d'un si grand péril que pour le réserver à votre justice? A moins qu'il ne répète ce qu'a dit Hortensius dans la première action, lorsqu'il interrompit P. Tettius au milieu de sa déposition, — ce qui fit assez connaître que, pour peu que ce défenseur eût quelque chose à dire, il ne pouvait garder le silence, et que, s'il l'avait gardé sur les autres faits, c'était faute d'avoir rien à répondre; — il dit donc alors que Philodamus et son fils avaient été condamnés par C. Néron. Sans entrer ici dans une longue discussion, je dirai seulement que ce préteur et son conseil n'ont prononcé que d'après un fait constant, sur le meurtre du licteur Cornelius. Ils ne pensèrent pas que jamais on pût avoir le droit de tuer un homme, même pour se venger. Aussi je vois dans cet arrêt de Néron, non pas la justification de votre méchanceté, mais la punition de deux hommes coupables d'homicide. Et encore cette condamnation, comment l'a-t-on obtenue? Je vais vous l'appren-

falsam confingere audeat; homo autem ordinis sui frugalissimus, qui tum accensus C. Neroni fuit, P. Tettius, hæc eadem se Lampsaci cognosse dixerit : vir omnibus rebus ornatissimus C. Varro, qui tum in Asia tribunus militum fuit, hæc eadem ipsa se ex Philodamo audisse dicat : potestis dubitare, quin istum fortuna non tam ex illo periculo eripere voluerit, quam ad vestrum judicium reservare? Nisi vero illud dicet, quod et in testimonio Tettii, priore actione, interpellavit Hortensius (quo tempore quidem signi satis dedit, si quid esset, quod posset dicere, se tacere non posse; ut, quam diu in cæteris rebus tacuerit, scire omnes possemus, nihil habuisse, quod diceret). Hoc tum dixit, Philodamum, et ejus filium, a C. Nerone esse damnatos. De quo ne multa disseram, tantum dico, secutum id esse Neronem, et ejus consilium, quod Cornelium lictorem occisum esse constaret : putasse non oportere esse cuiquam, ne in ulciscenda quidem injuria, hominis occidendi potestatem. In quo video, Neronis judicio non te absolutum esse improbitatis, sed illos damnatos esse credis. Verum ista damnatio tamen cujus modi fuit? Audite, quæso, judices, et

dre, juges, pour que, sensibles enfin aux malheurs de nos alliés, vous leur montriez qu'ils peuvent encore compter sur l'appui de votre justice.

XXIX. Toute l'Asie approuvait, comme bien méritée, la mort de ce prétendu licteur de Verrès, qui n'était, en réalité, que le ministre de ses infâmes débauches. Verrès craignit que Philodamus ne fût acquitté par Néron. Il prie, il conjure Dolabella de quitter sa province pour se rendre auprès de Néron. Il lui remontre qu'il n'y a point de sûreté pour lui, si on laisse Philodamus vivre et venir à Rome. Dolabella fut touché : il fit ce que beaucoup de personnes lui ont reproché d'avoir fait ; il quitta son armée, son gouvernement, une guerre importante, et, pour obliger le plus misérable des hommes, il se rendit en Asie, dans un gouvernement qui lui était étranger. Arrivé auprès de Néron, il ne cessa de l'importuner pour qu'il s'occupât de l'affaire de Philodamus ; lui-même était venu dans l'intention de siéger au nombre des juges et d'opiner le premier ; il avait aussi emmené avec lui ses préfets et ses tribuns militaires ; Néron en fit ses assesseurs ; Verrès lui-même, ce modèle des juges équitables, prit place au tribunal. On y voyait encore plusieurs Romains, créanciers des Grecs, qui, pour faire rentrer leurs fonds, avaient d'autant plus besoin de la protection d'un lieutenant, que ce lieutenant se pique moins de probité. Le malheureux

---

aliquando miseremini sociorum, et ostendite, aliquid his in vestra fide præsidii esse oportere.

XXIX. Quod toti Asiæ jure occisus videbatur istius ille, verbo lictor, re vera minister improbissimæ cupiditatis ; pertimuit iste, ne Philodamus Neronis judicio liberaretur : rogat et orat Dolabellam, ut de sua provincia decedat, ad Neronem proficiscatur : se demonstrat incolumem esse non posse, si Philodamo vivere, atque aliquando Romam venire licuisset. Commotus est Dolabella : fecit id, quod multi reprehenderunt, ut exercitum, provinciam, bellum relinqueret, et in Asiam, hominis nequissimi causa, in alienam provinciam, proficisceretur. Postea quam ad Neronem venit, contendit ab eo, ut Philodami causam cognosceret. Venerat ipse, qui esset in consilio, et primus sententiam diceret ; adduxerat etiam præfectos, et tribunos militares suos, quos Nero omnes in consilium vocavit : erat in consilio etiam æquissimus judex ipse Verres ; erant nonnulli togati creditores Græcorum, quibus ad exigendas pecunias improbissimi cujusque legati plurimum prodest gratia. Ille miser defensorem reperiri

Philodamus ne pouvait trouver aucun défenseur. Quel Romain aurait voulu déplaire à Dolabella? quel Grec n'aurait pas été effrayé par sa toute-puissante autorité? L'accusateur qu'on avait choisi était d'ailleurs un citoyen romain, créancier des habitants de Lampsaque; et cet homme, en déposant tout ce que Verrès l'avait chargé de dire, était assuré d'avoir les licteurs de celui-ci à ses ordres, pour se faire payer de la cité. En dépit de tout cet acharnement, de toutes ces intrigues, bien que le malheureux Philodamus eût contre lui tant de gens pour l'accuser et personne pour le défendre, bien que Dolabella, à la tête de ses officiers, combattît pour lui dans le tribunal, bien que Verrès déclarât qu'il y allait de sa fortune, bien qu'il fût tout à la fois admis à déposer comme témoin, à délibérer comme juge, et qu'il eût en outre suborné l'accusateur; malgré toutes ces manœuvres, dis-je, et quoiqu'il fût constaté qu'il y avait eu un homme tué, l'attentat de Verrès semblait néanmoins si criant, et l'acte si criminel, que le tribunal prononça un plus ample informé, au sujet de Philodamus.

XXX. Parlerai-je de la chaleur que mit Dolabella dans la seconde instance? parlerai-je des larmes de son protégé, de ses allées et venues chez tous les juges? de l'embarras de C. Néron, cet homme excellent d'ailleurs, et d'une probité à toute épreuve, mais d'un caractère parfois timide et mou, qui cependant n'avait, en cette circonstance, autre chose à faire qu'à répondre au vœu

---

neminem poterat. Quis enim esset aut togatus, qui Dolabellæ gratia; aut Græcus, qui ejusdem vi et imperio non moveretur ? Accusator autem opponitur civis Romanus de creditoribus Lampsacenorum : qui, si dixisset, quod iste jussisset, per ejusdem istius lictores a populo pecuniam posset exigere. Quum hæc omnia tanta contentione, tantis copiis agerentur; quum illum miserum multi accusarent, nemo defenderet; quumque Dolabella cum suis præfectis pugnaret in consilio; Verres fortunas agi suas diceret, idem testimonium diceret; idem esset in consilio; idem accusatorem parasset; hæc quum omnia fierent, et quum hominem constaret occisum : tamen tanta vis istius injuriæ, tanta in isto improbitas putabatur, ut de Philodamo amplius pronuntiaretur.

XXX. Quid ego nunc in altera actione Cn. Dolabellæ spiritus, quid hujus lacrimas et concursationes proferam ? quid C. Neronis, viri optimi atque innocentissimi, nonnullis in rebus animum nimis timidum atque demissum ? qui in illa re quid facere potuerit, non habebat, nisi forte, id quod omnes tum

général, en jugeant l'affaire sans Verrès et Dolabella ? En effet, tout ce qu'il aurait fait sans eux aurait été approuvé, au lieu que la sentence qui fut alors rendue passa moins pour avoir été prononcée par Néron qu'extorquée par Dolabella. Philodamus et son fils avaient été condamnés à une très-faible majorité. Dolabella, toujours présent, demande, exige qu'ils soient à l'instant décapités, afin que la multitude n'ait pas le temps de les entendre se plaindre de la scélératesse abominable de Verrès. L'échafaud est dressé dans la place publique de Laodicée ; spectacle douloureux, lamentable, horrible pour toute la province d'Asie! Un vieux père conduit au supplice, et son fils à sa suite, pour avoir défendu, l'un l'honneur de ses enfants, l'autre la vie de son père et la réputation de sa sœur ! Tous deux pleuraient, non sur le supplice qu'ils allaient subir, mais le père sur la mort de son fils, et le fils sur celle de son père. Que de larmes ne versa pas Néron lui-même ! que de pleurs par toute l'Asie ! quel deuil et quels gémissements dans Lampsaque, alors qu'on vit des hommes innocents, de noble race, des alliés et des amis du peuple romain, tomber sous la hache du bourreau, pour expier la scélératesse et l'exécrable brutalité du plus infâme des hommes ! Non, non, Dolabella, ni ton malheur, ni celui de tes enfants, que tu as laissés dans la misère et dans l'abandon, ne peuvent plus émouvoir ma pitié ! Qu'était donc Verrès à tes yeux, pour que tu aies voulu

desiderabant, ut ageret eam rem sine Verre et Dolabella : quidquid esset sine his actum, omnes probarent; tum vero quod pronuntiatum est, non per Neronem judicatum, sed per Dolabellam ereptum existimabatur. Condemnatur enim perpaucis sententiis Philodamus et ejus filius. Adest, instat, urget Dolabella, ut quam primum securi feriantur, quo quam minime multi ex illis de istius nefario scelere audire possent. Constituitur in foro Laodiceæ spectaculum acerbum, et miserum, et grave toti Asiæ provinciæ ; grandis natu parens adductus ad supplicium ; ex altera parte filius : ille, quod pudicitiam liberorum ; hic, quod vitam patris, famamque sororis defenderat. Flebat uterque, non de suo supplicio sed pater de filii morte, de patris filius. Quid lacrimarum ipsum Neronem putatis profudisse? Quem fletum totius Asiæ fuisse? quem luctum et gemitum Lampsacenorum? securi esse percussos homines innocentes, nobiles, socios populi Romani atque amicos, propter hominis flagitiosissimi singularem nequitiam atque improbissimam cupiditatem? Jamjam, Dolabella, neque me tui, neque tuorum liberum, quos tu miseros in egestate atque in solitudine reliquisti, misereri potest. Verresne tibi tanti fuit, ut ejus libidinem hominum inno-

que son crime fût lavé dans le sang de ces innocents? Devais-tu l'éloigner de ton armée et de l'ennemi, pour venir, par l'abus d'autorité le plus cruel, tirer du péril ce misérable? Parce que tu l'avais subrogé à ton premier questeur, croyais-tu qu'il ne cesserait jamais d'être ton ami? Ne savais-tu pas que le consul Cn. Carbon, dont il avait été réellement le questeur, s'était vu non-seulement abandonné par lui, mais privé de tout secours, dépouillé de son trésor, indignement assailli et trahi? Aussi as-tu éprouvé à ton tour sa perfidie, lorsque tu l'as vu se joindre à tes ennemis, déposer avec acharnement contre toi, te charger des délits dont lui-même était coupable, et refuser de rendre ses comptes aux trésoriers de l'État jusqu'après ta condamnation?

XXXI. Et vous, Verrès, porterez-vous si loin vos passions, que les provinces du peuple romain et les nations étrangères ne puissent ni les supporter ni les assouvir? Il faudra donc que tout ce que vous voyez, tout ce dont vous entendez parler, tout ce que vous désirez, tout ce qui vous passe dans l'imagination, soit, au premier signe, mis à votre disposition pour satisfaire vos goûts et vos caprices, il faudra que des satellites soient envoyés, des maisons forcées, et que des populations entières, des populations paisibles, alliées et amies de la république, soient obligées de recourir à la violence et aux armes, pour se garantir, ainsi que leurs enfants, de la scélératesse et de la brutalité d'un lieu-

centium sanguine lui velles? Idcirco exercitum atque hostem relinquebas, ut tua vi et crudelitate istius hominis improbissimi pericula sublevares? Quod cum tibi quæstoris in locum constitueras, idcirco tibi amicum in perpetuum fore putasti? Nesciebas, ab eo Cn. Carbonem consulem, cujus re vera quæstor fuit, non modo relictum, sed etiam spoliatum auxiliis, pecunia, nefarie oppugnatum et proditum? Expertus igitur es istius perfidiam tum, quum se ad inimicos tuos contulit; quum in te homo ipse nocens acerrimum testimonium dixit, quum rationes ad ærarium, nisi damnato te, referre noluit.

XXXI. Tantæne tuæ, Verres, libidines erunt, ut eas capere ac sustinere non provinciæ populi Romani, non nationes exteræ possint? Tune, quod videris, quod audieris, quod concupieris, quod cogitaris, nisi id ad nutum tuum præsto fuerit, nisi libidini tuæ cupiditatique paruerit, immittentur homines; expugnabuntur domus? civitates non modo pacatæ, verum etiam sociorum atque amicorum, ad vim atque ad arma confugient, ut ab se atque ab liberis suis legati populi Romani scelus ac libidinem propulsare possint? Nam quæro

tenant du peuple romain! Car, répondez-moi, n'avez-vous pas été assiégé dans Lampsaque? la multitude n'a-t-elle pas mis le feu à la maison que vous occupiez? les Lampsacéniens n'ont-ils pas voulu brûler vif un lieutenant du peuple romain? Vous ne pouvez le nier : j'ai entre les mains votre propre témoignage rendu en présence de Néron; voici de plus votre lettre adressée au même magistrat. Lisez d'abord la première de ces pièces : DÉPOSITION DE C. VERRÈS CONTRE ARTÉMIDORE. Lisez maintenant la lettre : EXTRAIT D'UNE LETTRE DE C. VERRÈS A C. NÉRON. *Bientôt après ils vinrent dans la maison...* La cité de Lampsaque prétendait-elle faire la guerre au peuple romain? voulait-elle s'affranchir de notre souveraineté, et ne plus reconnaître nos lois? Car je n'ignore pas, je sais par l'histoire et par la tradition que toutes les fois qu'un représentant du peuple romain se voit dans une ville étrangère, je ne dis pas assiégé, je ne dis pas attaqué le fer et la flamme à la main, mais seulement insulté de quelque manière, si la ville n'en fait une réparation éclatante, on ne manque pas de lui déclarer la guerre et de la combattre sans ménagement. Quel motif poussa donc les habitants de Lampsaque, au sortir de l'assemblée dont vous parlez, à se porter en masse sur votre maison? Car, ni dans votre lettre adressée à Néron, ni dans votre déposition, vous ne faites connaître la cause d'une si terrible émeute. Vous dites que vous fûtes assiégé, qu'on apporta du feu, qu'on entoura votre maison de matières combustibles, que votre

---

abs te, circumsessusne sis Lampsaci ; cœperitne domum, in qua deversabare, illa multitudo incendere ; voluerintne legatum populi Romani comburere vivum Lampsaceni ? Negare non potes : habeo enim testimonium tuum, quod apud Neronem dixisti; habeo quas ad eumdem litteras inisisti. Recita hunc ipsum locum de testimonio : TESTIMONIUM C. VERRIS IN ATEMIDORUM. Recita ex Verris litteris ad Neronem : EX LITTERIS C. VERRIS AD C. NERONEM. NON MULTO POST IN DOMUM. Bellumne populo Romano Lampsaceni facere conabantur ? deficere ab imperio ac nomine nostro volebant ? Video enim, et ex iis, quæ legi et audivi, intelligo : in qua civitate non modo legatus populi romani circumsessus, non modo igni, ferro, manu, copiis oppugnatus, sed aliqua ex parte violatus sit ; nisi publice satisfactum sit, ei civitati bellum indici atque inferri solere. Quæ fuit igitur causa, cur cuncta civitas Lampsacenorum de concione, quemadmodum tute scribis, domum tuam concurrerent ? Tu enim neque in litteris, quas Neroni mittis, neque in testimonio, causam tanti tumultus ostendis ullam : obsessum

licteur fut tué; vous ajoutez qu'il ne vous fut pas possible de vous montrer; mais la cause qui vous a mis dans une situation si terrible, vous n'en parlez pas. Si Rubrius avait commis quelque violence de son chef, et non pas à votre instigation, pour servir votre libertinage, les habitants seraient venus vous demander justice contre ce subordonné, et non vous assaillir dans votre domicile. Les témoins que j'ai produits vous ont dit, juges, quel fut le motif de l'insurrection; Verrès vous l'a caché : que faut-il de plus pour confirmer mes allégations, puisque la déposition des témoins se joint ici au silence opiniâtre de l'accusé?

XXXII. Épargnerez-vous, juges, un coupable dont les attentats sont si révoltants, que ses victimes n'ont pu, ni attendre le temps prescrit par la loi pour en demander vengeance, ni contenir un moment la violence de leur ressentiment? Vous avez été assiégé; mais par qui? par les habitants de Lampsaque; des barbares, sans doute, ou du moins des hommes qui méprisent le nom romain : loin de là, par des hommes dont la nature, l'habitude, l'éducation a fait le peuple le plus doux; par des hommes que la politique nous a donnés pour alliés et la fortune pour sujets, et qui aiment à implorer notre protection; en sorte qu'il est évident pour tout le monde que, si vous ne les aviez pas forcés par le plus sanglant outrage, par la violence la plus criminelle, à penser qu'il leur serait plus facile de mourir que de sup-

---

te dicis; ignem adlatum, sarmenta circumdata, lictorem tuum occisum esse dicis; prodeundi tibi in publicum potestatem factam negas : causam hujus tanti terroris occultas. Nam si quam Rubrius injuriam suo nomine, ac non impulsu tuo et tua cupiditate fecisset, de tui comitis injuria questum ad te potius, quam te oppugnatum venirent. Quum igitur, quæ causa illius tumultus fuerit, testes a nobis producti dixerint, ipse celarit ; nonne causam hanc, quam nos proposuimus, tum illorum testimonia, tum istius taciturnitas perpetua confirmat ?

XXXII. Huic homini parcetis igitur, judices, cujus tanta peccata sunt, ut ii, quibus injurias fecerit, neque legitimum tempus exspectare ad ulciscendum neque vim tantam doloris in posterum differre potuerint? Circumsessus es : a quibus? a Lampsacenis, barbaris hominibus, credo, aut iis, qui populi Romani nomen contemnerent. Immo vero ab hominibus, et natura, et consuetudine, et disciplina lenissimis; porro autem populi Romani, conditione sociis, fortuna servis, voluntate supplicibus : ut perspicuum sit omnibus, nisi tanta acerbitas injuriæ, tanta vis sceleris fuisset, ut Lampsaceni moriendum sibi potius, quam

porter une pareille tyrannie, ils ne se seraient jamais laissé aller jusqu'à écouter leur emportement contre votre libertinage, plutôt que leur respect pour votre caractère de lieutenant. Ah ! n'allez pas, je vous en conjure par les dieux immortels, contraindre nos alliés et les nations étrangères à faire usage de cette ressource extrême, dont ils useront nécessairement, si vous ne savez les venger vous-mêmes. Rien n'aurait été capable de calmer les habitants de Lampsaque, s'ils n'avaient été persuadés qu'à Rome, le coupable trouverait son châtiment ; et bien que l'outrage qu'ils ont souffert fût tel, qu'aucune peine légale ne pût en être la suffisante expiation, ils aimèrent mieux confier la vengeance de leurs griefs à nos lois et à nos tribunaux que de l'abandonner à l'emportement de leur douleur. Et vous, Verrès lorsque votre libertinage criminel a soulevé contre vous toute une ville célèbre ; lorsque vous avez contraint ses malheureux habitants à chercher dans la violence, les voies de fait et les armes, une protection qu'ils désespéraient d'obtenir de nos lois et de nos tribunaux ; lorsque vous vous êtes conduit au milieu des villes de nos alliés, non pas en lieutenant du peuple romain, mais en tyran débauché et cruel ; lorsque les nations étrangères vous ont vu profaner notre nom et la gloire de notre empire par les plus infâmes outrages ; lorsque peu s'en est fallu que le fer des amis du peuple romain ne vous frappât et que vous ne fussiez dévoré par les flammes de nos alliés, vous espérez trouver en ces

perpetiendum putarent ; numquam illos in eum locum progressuros fuisse, ut vehementius odio libidinis tuæ, quam metu legationis moverentur. Nolite, per deos immortales, cogere socios atque exteras nationes, hoc uti perfugio : quo, nisi vos vindicatis, utentur necessario. Lampsacenos in istum numquam ulla res mitigasset, nisi eum pœnas Romæ daturum credidissent. Etsi talem acceperant injuriam, quam nulla lege satis digne persequi possent ; tamen incommoda sua nostris committere legibus et judiciis, quam dolori suo permittere maluerunt. Tu mihi, quum circumsessus a tam illustri civitate sis propter tuum scelus atque flagitium ; quum coegeris homines miseros et calamitosos, quasi desperatis nostris legibus et judiciis, ad vim, ad manus, ad arma confugere ; quum te in oppidis et civitatibus amicorum non legatum populi Romani, sed tyrannum libidinosum crudelemque præbueris ; quum apud exteras nationes, imperii nominisque nostri famam tuis probris flagitiisque violaris ; quum te ex ferro amicorum populi Romani eripueris, atque ex flamma sociorum evolaris :

lieux un refuge! Erreur! C'est pour que vous vinssiez ici vous briser contre un écueil, et non pas vous y reposer comme dans un port, qu'ils vous ont laissé échapper vivant de leurs mains.

XXXIII. A vous entendre, il est prouvé judiciairement que c'est à tort que vous avez été bloqué dans Lampsaque, puisque Philodamus et son fils ont été condamnés. Eh bien, je vais établir, je vais démontrer par la déposition d'un témoin, malhonnête homme, il est vrai (car c'est vous qui serez ici mon témoin), mais d'un grand poids dans cette affaire; je vais démontrer, dis-je, que vous avez rejeté sur d'autres le tort d'avoir été les instigateurs et les auteurs de cet attroupement, et que ceux que vous en avez accusés n'ont point été punis. Et dès lors la sentence de Néron n'aura désormais plus rien dont vous puissiez tirer avantage. Lisez ce que Verrès écrit à Néron : Lettre de C. Verrès a Néron. Thémistagoras et Thessalus... C'est bien Thémistagoras et Thessalus que vous accusez dans votre lettre d'avoir soulevé le peuple. Et quel peuple? celui qui vous assiégea, celui qui voulut vous brûler vif. Or où les avez-vous traduits en justice? où les avez-vous accusés? où avez-vous défendu l'honneur et les droits d'un lieutenant de la république? Vous allez me dire que tous ces points on été traités dans le procès de Philodamus. Soit, montrez-nous la déposition de Verrès, voyons ce qu'il a dit après avoir prêté serment. Lisez : *Interrogé par l'accusateur, il a répondu que son intention n'était pas de poursuivre devant ce tribunal, qu'il re-*

---

hic tibi perfugium speras futurum? Erras : ut huc incideres, non ut hic conquiesceres, illi te vivum exire passi sunt.

XXXIII. Et ais, judicium esse factum, te injuria circumsessum esse Lampsaci, quod Philodamus cum filio condemnatus sit. Quid? si doceo, si planum facio, teste homine nequam, verum ad hanc rem tamen idoneo, te ipso, inquam, teste doceo; te hujus circumsessionis tuae causam et culpam in alios transtulisse? neque in eos, quos tu insimularas, esse animadversum? jam nihil te judicium Neronis adjuvat. Recita, quas ad Neronem litteras misit : Epistola C. Verris ad Neronem. Themistagoras et Thessalus.... Themistagoram et Thessalum scribis populum concitasse. Quem populum? qui te circumsedit; qui te vivum comburere conatus est. Ubi hos persequeris? ubi accusas? ubi defendis jus nomenque legati? In Philodami judicio dices id actum. Cedo mihi ipsius Verris testimonium : videamus, quid idem iste juratus dixerit. Recita : Ab accusatore rogatus respondit, in hoc judicio non persequi;

mettait sa poursuite à un autre temps. En quoi donc la sentence de Néron peut-elle vous être favorable? quel avantage peut-il résulter pour vous de la condamnation de Philodamus? Malgré votre titre de lieutenant, on vous avait assailli, et, comme vous l'avez écrit vous-même à Néron, on avait, dans votre personne, fait un outrage notoire au peuple romain, à tous les lieutenants de la république, et vous n'avez fait aucune poursuite; vous avez déclaré que vous la réserviez pour un autre temps. A quel temps donc? quand avez-vous fait cette poursuite? pourquoi avez-vous laissé avilir les droits de votre charge? pourquoi avez-vous abandonné, trahi la cause du peuple romain? D'où vient cette indifférence pour une injure qui tombait sur la république en même temps que sur vous? Ne deviez-vous pas déférer cette affaire au sénat? ne deviez-vous pas lui porter vos plaintes sur des voies de fait si abominables? ne deviez-vous pas solliciter un ordre des consuls, pour que les auteurs de l'insurrection fussent appelés à Rome? Dernièrement, sur la plainte de M. Aurelius Scaurus contre les Éphésiens, qui avaient, disait-il, usé de violence envers lui, questeur, pour l'empêcher d'emmener du temple de Diane un de ses esclaves réfugié dans cet asile, nous avons vu Périclés, un des plus nobles Éphésiens, mandé à Rome, comme le principal auteur de cet acte d'insolence : si donc vous aviez instruit le sénat que, malgré votre qualité de lieutenant, on s'était porté, dans Lampsaque, à de tels excès contre vous, que

---

SIBI IN ANIMO ESSE, ALIO TEMPORE PERSEQUI. Quid igitur te juvat Neronis judicium? quid Philodami damnatio? Legatus quum esses circumsessus, quumque, quemadmodum tute ad Neronem scripsisti, populo Romano communique causæ legatorum facta esset injuria insignis, non es persecutus : dicis tibi in animo esse, alio tempore persequi. Quod fuit id tempus? quando es persecutus? Cur imminuisti jus legationis? cur causam populi Romani deseruisti ac prodidisti? cur injurias tuas, conjunctas cum publicis, reliquisti? Non te ad senatum causam deferre; non de tam atrocibus injuriis conqueri; non eos homines, qui populum concitarant, consulum litteris evocandos curare oportuit? Nuper, M. Aurelio Scauro postulante ; quod is Ephesi se quæstorem vi prohibitum esse dicebat, quo minus e fano Dianæ servum suum, qui in illud asylum confugisset, abduceret; Pericles Ephesius, homo nobilissimus, Romam evocatus est, quod auctor injuriæ illius fuisse arguebatur : tu, si te legatum ita Lampsaci tractatum esse, senatum docuisses, ut tui comites vulnerarentur, lictor

les officiers de votre suite avaient été blessés, votre licteur tué, vous-même investi dans votre domicile, et presque brûlé; et que les instigateurs, les auteurs, les premiers exécuteurs de cet attentat étaient ceux que vous désigniez dans votre lettre, c'est-à-dire Thémistagoras et Thessalus, qui n'aurait été indigné? qui n'aurait cru travailler d'avance pour soi, en vengeant vos outrages? qui n'aurait pensé que, si, dans cette affaire, vous étiez personnellement insulté, le péril était commun pour tous? Et il importe en effet, que le titre de lieutenant soit tellement sacré, que celui qui en est revêtu n'ait rien à redouter non-seulement de la fidélité de nos alliés, mais même des armes de nos ennemis.

XXXIV. L'affaire de Lampsaque est sans doute un acte bien odieux de libertinage et de cruauté : voici un trait d'avidité qui, dans son genre, n'est pas moins révoltant. Verrès demanda aux Milésiens un vaisseau pour l'escorter jusqu'à Mynde. Ceux-ci s'empressèrent de mettre à sa disposition un des plus beaux brigantins de leur flotte, tout équipé et tout armé. Il partit pour Mynde avec cette escorte. Je ne dirai pas quelle quantité de laine il emporta des magasins publics de Milet, ni combien coûta sa réception dans cette ville; quels outrages et quelles avanies il fit essuyer au magistrat : je pourrais cependant, sans outrer la vérité, en parler avec autant d'indignation que de véhémence; mais non, je ne le ferai pas, je réserve tous ces détails pour le

occideretur, ipse circumsessus pæne incenderere; ejus autem rei duces et auctores et principes fuisse, quos scribis, Themistagoram et Thessalum : quis non commoveretur? quis non ex injuria quæ tibi esset facta, sibi provideret? quis non in ea re causam tuam, periculum commune agi arbitraretur? Etenim nomen legati ejus modi esse debet, quod non modo inter sociorum jura, sed etiam inter hostium tela incolume versetur.

XXXIV. Magnum hoc Lampsacenum crimen est libidinis atque improbissimæ cupiditatis : accipite nunc avaritiæ prope modum in suo genere non levius. Milesios navem poposcit, quæ eum præsidii causa Myndum prosequeretur. Illi statim myoparonem egregium de sua classe, ornatum atque armatum dederunt. Hoc præsidio Myndum profectus est. Nam, quid a Milesiis lanæ publicæ abstulerit, item de sumptu in adventum, de contumeliis et injuriis in magistratum Milesium, tametsi dici quum vere, tum graviter et vehementer potest, tamen dicere prætermittam, eaque omnia testibus integra reservabo : illud, quod

moment où je produirai les témoins. Mais il est un fait sur lequel je ne puis ici ni garder le silence, ni m'exprimer comme il conviendrait de le faire; le voici : il ordonne aux soldats et aux rameurs de retourner à pied de Mynde à Milet. Quant au magnifique brigantin choisi par les Milésiens parmi les dix vaisseaux de leur escadre, il le vendit à L. Magius et L. Rabius, domiciliés l'un et l'autre dans la ville de Mynde. — Ce sont les hommes que le sénat a dernièrement déclarés traîtres à la patrie : c'est sur ce bâtiment qu'ils se transportaient chez tous les ennemis de la république, depuis Dianium, en Espagne, jusqu'à Sinope, dans le Pont. — Dieux immortels! incroyable avidité! étrange audace! Un vaisseau de la flotte romaine vous avait été confié par la cité de Milet pour vous servir d'escorte, et vous avez osé le vendre! Si l'énormité du délit, si l'opinion publique ne vous effrayait pas, comment n'avez-vous pas songé du moins, que ce vol impudent, ou plutôt ce détestable brigandage, serait un jour dénoncé par cette illustre et noble cité? Il est vrai, qu'à votre prière, Dolabella entreprit de punir le capitaine du brigantin, pour avoir instruit les Milésiens de tout ce qui s'était passé; il est vrai qu'il fit rayer la déclaration de cet officier, inscrite, en vertu de leurs lois, sur les registres de la cité; mais était-ce assez pour vous croire à l'abri de toute poursuite?

neque taceri ullo modo neque dici pro dignitate potest, cognoscite. Milites remigesque Miletum Myndo pedibus reverti jubet : ipse myoparonem pulcherrimum, de decem Milesiorum navibus electum, L. Magio et L. Rabio, qui Myndi habitabant, vendidit. Hi sunt homines, quos nuper senatus in hostium numero habendos censuit; hoc illi navigio ad omnes populi Romani hostes, usque a Dianio, quod in Hispania est, ad Sinopen, quæ in Ponto est, navigaverunt. O di immortales! incredibilem avaritiam, singularemque audaciam! Navem tu de classe populi Romani, quam tibi Milesia civitas, ut te prosequeretur, dedisset, ausus es vendere? Si te magnitudo maleficii, si te hominum existimatio non movebat; ne illud quidem cogitabas, hujus improbissimi furti, sive adeo nefariæ prædæ, tam illustrem ac tam nobilem civitatem testem futuram? An quia tum Cn. Dolabella in eum, qui ei myoparoni præfuerat, Milesiisque rem gestam renuntiarat, animadvertere tuo rogatu conatus est, renuntiationemque ejus, quæ erat in publicas litteras relata illorum legibus, tolli jusserat : idcirco te ex hoc crimine elapsum esse arbitrabare?

XXXV. Vous vous êtes, en cela, étrangement trompé. Et ce n'est pas, au reste, la seule fois. Toujours vous avez pensé, et particulièrement lorsque vous étiez en Sicile, que pour vous justifier, il suffisait ou d'empêcher que certaines choses fussent inscrites sur les registres publics, ou d'user de contrainte pour les faire effacer. Déjà, dans la première action, plusieurs cités de la Sicile vous ont montré que c'était une précaution illusoire : voyez-en aujourd'hui une nouvelle preuve. Les habitants de ces cités obéissent tant que celui qui a le pouvoir demeure dans leurs murs ; dès qu'il est éloigné, non-seulement ils consignent tout d'abord dans leurs archives les faits qu'on leur avait défendu d'y enregistrer, ils y inscrivent même la cause qui les avait d'abord empêchés de les porter. Les archives de Milet existent, et elles existeront tant que subsistera cette ville. Ses habitants, conformément aux ordres de L. Murena, avaient fait construire dix vaisseaux avec la contribution qu'ils devaient au peuple romain, ainsi que l'ont fait, chacune pour sa part, toutes les autres cités de l'Asie. Les Milésiens ayant donc, sur ces dix vaisseaux, perdu un navire, non dans une attaque soudaine de pirates mais par le brigandage d'un lieutenant de la république, non dans une tempête, mais par cet horrible fléau qui a désolé nos alliés, ils l'ont consigné sur leurs registres. Les députés de Milet, hommes de la plus haute distinction, et les premiers de leur ville, sont maintenant à Rome : quoiqu'ils attendent le mois de février et

XXXV. Multum te ista fefellit opinio, et quidem multis in locis. Semper enim existimasti, et maxime in Sicilia, satis cautum tibi ad defensionem fore, si aut referri aliquid in litteras publicas vetuisses, aut, quod relatum esset, tolli coegisses. Hoc quam nihil sit, tametsi ex multis Siciliæ civitatibus priore actione didicisti, tamen etiam in hac ipsa civitate cognosce. Sunt illi quidem dicto audientes, quamdiu adsunt ii qui imperant : simul ac discesserunt, non solum illud perscribunt, quod tum prohibiti sunt, sed etiam causam ascribunt, cur non tum in litteras relatum sit. Manent istæ litteræ Mileti ; manent, et dum erit illa civitas, manebunt. Decem enim naves, jussu L. Murenæ, populus Milesius ex pecunia vectigali populi Romani fecerat, sicut pro sua quæque parte Asiæ cæteræ civitates. Quamobrem unam ex decem, non prædonum repentino adventu, sed legati latrocinio ; non vi tempestatis, sed hac horribili tempestate sociorum, amissam, in litteras publicas rettulerunt. Sunt Romæ legati Milesii, homines nobilissimi ac principes civitatis : qui, tametsi mensem

l'agrément des consuls désignés, si on les interroge, ils ne pourront nier un pareil attentat; mais il ne sera pas même nécessaire de les appeler en témoignage pour qu'ils rompent le silence ; oui, ils feront connaître, par respect pour leur serment et pour les lois de leur patrie, tout ce qui concerne ce brigantin. Ils établiront qu'à l'égard de cette flotte, destinée à combattre les pirates, Verrès s'est comporté comme le plus scélérat des pirates.

XXXVI. C. Malleolus, questeur de Cn. Dolabella, avait péri misérablement; Verrès crut voir dans cette mort deux successions qui lui arrivaient : d'abord, une vice-questure, car Dolabella le chargea aussitôt d'en faire les fonctions; ensuite une tutelle, car, se trouvant tuteur du fils de Malleolus, il fit main-basse sur les biens de son pupille. En effet, Malleolus, en partant pour la Cilicie, n'avait laissé presque rien à Rome; il avait d'ailleurs placé dans la province, des sommes considérables, et s'était fait faire beaucoup d'obligations. Il avait ramassé une immense quantité d'argenterie du travail le plus précieux; car, intime ami de Verrès, Malleolus avait la même passion, la même manie des belles choses. Il laissa donc à sa mort une très-riche argenterie, puis un grand nombre d'esclaves, parmi lesquels se trouvaient beaucoup d'artistes et de jeunes gens d'une grande beauté. Verrès prit dans l'argenterie tout ce qui lui plut, choisit les esclaves qui lui convenaient, fit transporter chez lui les vins et

---

Februarium, et consulum designatorum nomen exspectant, tamen hoc tantum facinus non modo negare interrogati, sed ne producti quidem reticere poterunt : dicent, inquam, et religione adducti, et domesticarum legum metu, quid illo myoparone factum sit; ostendent, C. Verrem in ea classe, quæ contra piratas ædificata sit, piratam ipsum conscceleratum fuisse.

XXXVI. C. Malleolo, quæstore Cn. Dolabellæ, occiso, duas sibi hereditates venisse arbitratus est : unam quæstoriæ procurationis; nam a Dolabella statim pro quæstore jussus est esse : alteram tutelæ; nam, quum pupilli Malleoli tutor esset, in bona ejus impetum fecit. Nam Malleolus in provinciam sic copiose profectus erat, ut domi prorsus nihil relinqueret : præterea pecunias occuparat apud populos, et syngraphas fecerat; argenti optimi cælati grande pondus secum tulerat (nam ille quoque sodalis istius erat in hoc morbo et cupiditate); grande pondus argenti, familiam magnam, multos artifices, multos formosos homines reliquerat. Iste, quod argenti placuit, invasit; quæ mancipia voluit abduxit ; vina cæteraque, quæ in Asia facillime comparantur, quæ ille relique-

toutes les autres denrées que l'on se procure à bon compte en Asie, vendit le reste, et le fit payer comptant : la vente produisit deux millions cinq cent mille sesterces. La somme était certaine. Cependant il revint à Rome sans donner un mot de reconnaissance ni au pupille, ni à la mère, ni aux tuteurs; quant aux esclaves d'élite, qui appartenaient au pupille, il garda chez lui et près de sa personne, cette belle et savante jeunesse, disant qu'ils étaient à lui et qu'il les avait achetés. La mère et l'aïeule de l'enfant l'ayant sollicité, s'il ne rendait ni argent ni comptes, de faire connaître au moins ce qu'il avait recueilli de la succession de Malleolus, il se décida, après des instances réitérées, à déclarer un million de sesterces; puis, au bas d'une page de son registre, et sur la raie, preuve accusatrice de sa mauvaise foi, il écrivit un dernier article, portant qu'il avait livré à l'esclave Chrysogon six cent mille sesterces des deniers de son pupille Malleolus. Comment un million de sesterces s'est-il trouvé réduit à six cent mille? comment ce chiffre de six cent se trouve-t-il faire le compte avec tant de précision, que, tout comme pour l'argent destiné à Cn. Carbon, on voit ici un reliquat de six cent mille sesterces? Comment cette somme a-t-elle été portée en compte comme délivrée à Chrysogon? Pourquoi ce dernier article à la fin de la page, et sur la raie? C'est à vous d'en juger. Quoi qu'il en soit, après avoir reconnu six cent mille sesterces, il n'en a pas remis cinq mille. Quant aux esclaves, depuis sa mise en accusation, il en a rendu, à la vérité, quelques-

---

rat, asportavit; reliqua vendidit, pecuniam exegit. Quum cum ad HS viciens quinquiens redegisse constaret, ut Romam rediit, nullam litteram pupillo, nullam matri ejus, nullam tutoribus reddidit : servos artifices pupilli quum haberet domi, circum pedes autem homines formosos et litteratos; suos esse dicebat, se emisse. Quum sæpius mater et avia pueri postularent, uti, si non redderet pecuniam, nec rationem daret, diceret saltem; quantum pecuniæ Malleoli deportasset; multis efflagitatus aliquando dixit HS deciens : deinde in codicis extrema cera nomen infimum in flagitiosa litura fecit : expensa Chrysogono servo HS sexcenta millia accepta pupillo Malleolo rettulit. Quomodo ex deciens HS sexcenta sint facta: quomodo ne de eodem modo quadrarint, ut illa, de Cn. Carbonis pecunia, reliqua HS sexcenta facta sint, quomodo Chrysogono expensa lata sint; cur id nomen infimum, in lituraque sit, vos existimabitis. Tamen HS sexcenta millia quum accepta rettulisset, HS quinque millia soluta

uns, mais les autres sont restés en son pouvoir ; il retient même à tous leur pécule et leurs suppléants.

XXXVII. Quelle admirable tutelle ! Voilà un homme qui mérite qu'on lui confie ses enfants, qui respecte la mémoire d'un collègue, d'un ami mort, qui redoute l'opinion des vivants ! Ce n'était pas assez que l'Asie entière se fût abandonnée à vos spoliations, à vos rapines, ce n'était pas assez d'avoir toute la Pamphylie à mettre au pillage : tant de proies si riches ne vous suffisaient pas ; il fallait encore à votre rapacité la spoliation d'un héritage, la spoliation d'un pupille, la spoliation du fils d'un collègue. Ici ce ne sont plus des Siciliens, des laboureurs comme vous dites, qui viennent vous assaillir ; ce ne sont point des hommes que vos décrets, que vos ordonnances ont irrités, soulevés contre vous : c'est Malleolus que j'ai fait paraître ; c'est sa mère et son aïeule. On les a toutes deux entendues, dans leur infortune, pleurer sur leur enfant dépossédé par vous de l'héritage paternel. Que voulez-vous de plus ? Faut-il que du fond des enfers Malleolus revienne vous reprocher d'avoir trahi vos devoirs de tuteur, de collègue et d'ami ? Figurez-vous qu'il est là et qu'il vous dit : « O le plus rapace et le plus impur des hommes, rends au fils de ton collègue les biens de son père, sinon tous ceux que tu as détournés, du moins ceux que tu as reconnus ! Pourquoi forces-tu le fils de ton collègue à faire entendre, la première fois qu'il se présente dans le Forum, les

non sunt. Homines, posteaquam reus factus est, alii redditi, alii etiam nunc retinentur ; peculia omnium vicariique retinentur.

XXXVII. Hæc est istius præclara tutela. En, cui tuos liberos committas ; en memoriam mortui sodalis ; en metum vivorum existimationis. Quum tibi me tota Asia spoliandam ac vexandam præbuisset ; quum tibi exposita esset omnis ad prædandum Pamphylia : contentus his tam opimis rebus non fuisti ? manus a tutela, manus a pupillo, manus a sodalis filio abstinere non potuisti ? Jam te non Siculi, non aratores, ut dictitas, circumveniunt ; non hi, qui decretis edictisque tuis in te concitati infestique sunt : Malleolus a me productus est, et mater ejus atque avia ; quæ miseræ, flentes, eversum a te puerum patriis bonis esse dixerunt. Quid exspectas ? an dum ab inferis ille Malleolus existat, atque abs te officia tutelæ, sodalitatis, familiaritatisque flagitet ? Ipsum putato adesse : « Homo avarissime et spurcissime, redde bona sodalis filio, si non quæ abstulisti, at quæ confessus es. Cur cogis sodalis filium hanc primam in

accents de la douleur et de la plainte? pourquoi faut-il que l'épouse, la belle-mère, toute la maison de ton collègue, soient obligées de venir déposer contre toi? pourquoi les femmes les plus modestes et les plus vertueuses sont-elles réduites par toi à paraître, contre l'usage, au milieu d'une si nombreuse réunion d'hommes? » Lisez la déposition des témoins : *Déposition de la mère et de l'aïeule.*

XXXVIII. Proquesteur, quelles vexations n'a-t-il pas exercées envers la commune des Milyades? combien la Lycie, la Pamphylie, la Pisidie et toute la Phrygie n'ont-elles pas eu à souffrir pour la levée des grains, soit en nature, soit en argent, de l'essai qu'il y a fait de son système de rapine, si bien développé depuis en Sicile! Il n'est pas nécessaire d'en parler avec détail. Sachez seulement que, pour ces différents articles qui lui passaient tous par les mains, il imposait aux villes des contributions en blés, cuirs, cilices, sarrots, et qu'au lieu de les exiger, il s'en faisait payer la valeur; que, pour ces articles seuls, Cn. Dolabella a été condamné à restituer trois millions de sesterces. Toutes ces exactions étaient autorisées, il est vrai, par Dolabella; mais enfin C. Verrès en était l'exécuteur. Je pourrais citer un grand nombre de faits, je me borne à un seul. Lisez : *Restitutions imposées à Dolabella, préteur du peuple romain, pour des sommes qu'il a exigées. Attendu que la commune des*

Foro vocem cum dolore et querimonia emittere? cur sodalis uxorem, sodalis socrum, domum denique totam sodalis mortui, contra te testimonium dicere? cur pudentissimas lectissimasque feminas in tantum virorum conventum insolitas invitasque prodire cogis ? ». Recita omnium testimonia : TESTIMONIUM MATRIS ET AVIÆ.

XXXVIII. Pro quæstore vero quo modo iste commune Milyadum vexarit, quo modo Lyciam, Pamphyliam, Pisidiam, Phrygiamque totam frumento imperando, æstimando, hac sua, quam tum primum excogitavit, Siciliensi æstimatione adflixerit, non est necesse demonstrare verbis. Hoc scitote : his nominibus — quæ res per eum gestæ sunt, quum iste civitatibus frumentum, coria, cilicia, saccos imperaret, neque ea sumeret, pro his rebus pecuniam exigeret, — his nominibus solis, Cn. Dolabellæ HS ad triciens litem esse æstimatam. Quæ omnia, etiamsi voluntate Dolabellæ fiebant, per istum tamen omnia gerebantur. Consistam in uno nomine : multa enim sunt ex eodem genere. Recita : DE LITIBUS ÆSTIMATIS CN. DOLABELLÆ PR. PECUNIÆ REDACTÆ. QUOD A COMMUN

Milyades... Ces contributions, Verrès, c'est vous qui les avez imposées, vous qui en avez fait l'évaluation, vous qui en avez reçu le montant. Oui vous, je le soutiens; je dis plus, vous avez déployé la même violence et la même iniquité dans tous les cantons de la province; vous avez partout enlevé des sommes énormes, et passé partout comme un ouragan, un fléau. Aussi M. Scaurus, pour accuser plus sûrement Cn. Dolabella, eut-il soin de gagner Verrès et de le tenir à sa discrétion. Ce jeune homme ayant, dans le cours de ses enquêtes, acquis la connaissance de mille larcins, de mille infamies de Verrès, sut habilement profiter de ces découvertes : il lui montra un énorme recueil de ses prouesses, en rejeta ce qu'il voulut sur Dolabela, et fit paraître comme témoin Verrès, qui déclara tout ce qu'il jugea pouvoir convenir à l'accusateur.

Certes, si j'eusse voulu me servir des témoins de cette espèce, de ceux qui furent les complices de ses vols, j'en aurais trouvé mille, qui, pour se soustraire aux conséquences de l'accusation, en se joignant à l'accusateur, se seraient soumis volontiers à tout ce que j'aurais exigé d'eux. J'ai rejeté toutes leurs offres; je ne veux dans mon camp ni traîtres ni déserteurs. Peut-être doivent-ils être regardés comme plus habiles, les accusateurs qui ont fait usage de tous ces moyens; mais je suis plus jaloux d'entendre louer en moi le défenseur que l'accusateur.

MILYADUM...:. Te hæc coegisse, te æstimasse, tibi pecuniam numeratam esse dico; eademque vi et injuria, quum pecunias maximas cogeres, per omnes partes provinciæ te, tanquam aliquam calamitosam tempestatem, pestemque, pervasisse demonstro. Itaque M. Scaurus, qui Cn. Dolabellam accusavit, istum in sua potestate ac ditione tenuit. Homo adolescens quum istic in inquirendo multa furta ac flagitia cognosceret, fecit perite et callide : voluen ejus rerum gestarum maximum isti ostendit; ab homine, quæ voluit, in Dolabellam abstulit; istum testem produxit : dixit iste, quæ velle accusatorem putavit.

Quo ex genere mihi testium, qui cum isto furati sunt, si uti voluissem, magna copia fuisset; qui ut se periculo litium, conjunctione criminum liberarent, quo ego vellem, descensuros pollicebantur. Eorum ego voluntatem omnium repudiavi : non modo proditori, sed ne perfugæ quidem locus in meis castris cuiquam fuit. Forsitan meliores illi accusatores habendi sint, qui hæc omnia fecerunt; sed ego defensorem in mea persona, non accusatorem, maxime laudari volo.

Verrès n'ose point rendre ses comptes au trésor avant la condamnation de Dolabella ; il obtient du sénat un délai, sous prétexte que ses registres avaient été mis sous le scellé par les accusateurs de Dolabella, comme s'il n'avait pas la faculté de les transcrire. Oui, Verrès est le seul entre tous qui a trouvé moyen de ne jamais rendre ses comptes au trésor.

XXXIX. Vous avez entendu le compte de sa questure, rendu en trois lignes ; ceux de sa lieutenance, rendus seulement après la condamnation et le bannissement du magistrat qui pouvait les contester ; quant aux comptes de sa préture, qu'un sénatus-consulte lui avait ordonné de rendre sur-le-champ, il ne les a pas encore présentés. Il attend, a-t-il dit, l'arrivée de son questeur au sénat, comme si, lorsqu'un questeur peut rendre ses comptes sans son préteur, ainsi que vous l'avez fait, Hortensius, ainsi que l'ont fait tous les autres questeurs, un préteur ne pouvait pas aussi bien rendre les siens sans son questeur. Il a dit qu'on avait ainsi opéré pour Dolabella : raison assez mauvaise, mais d'un augure qui devait plaire aux pères conscrits ; aussi l'ont-ils acceptée. Quoi qu'il en soit, vos questeurs sont arrivés il y a longtemps ; pourquoi n'avez-vous pas rendu vos comptes? Parmi tout ce qu'on a pu tirer du bourbier de votre lieutenance et de votre proquesture, se trouvent ces articles qui ont été mis nécessairement sur le compte de Dolabella : *Extrait des restitutions imposées à Dolabella, préteur du peuple romain.* Or,

---

Rationes ad ærarium, antequam Dolabella condemnatus est, non audet referre ; impetrat a senatu, ut dies sibi prorogaretur, quod tabulas suas ab accusatoribus Dolabellæ obsignatas diceret : proinde quasi exscribendi potestatem non haberet. Solus est hic, qui numquam rationes ad ærarium referat.

XXXIX. Audistis quæstoriam rationem tribus versiculis relatam ; legationis non, nisi condemnato et ejecto eo, qui posset reprehendere : nunc denique præturæ, quam ex senatus consulto statim referre debuit, usque ad hoc tempus non rettulit. Quæstorem se in senatum espectare dixit : proinde quasi non, ut quæstor sine prætore posset rationem referre — ut tu, Hortensi, ut omnes, eodem modo sine quæstore prætor. Dixit, idem Dolabellam impetrasse. Omen magis patribus conscriptis, quam causa placuit : probaverunt. Verum quæstores quoque jam pridem venerunt : cur non rettulisti? Illarum rationum ex ea fæce legationis quæstoriæque tuæ procurationis, illa sunt nomina quæ Dolabellæ necessario sunt æstimata : Ex litibus æstimatis Dolabellæ pr. p. r.

Dolabella déclare qu'il lui a été remis par Verrès cinq cent trente-cinq mille sesterces de moins que Verrès n'a porté en dépense dans ses livres; Dolabella déclare encore que Verrès a reçu deux cent trente-deux mille sesterces de plus que ne portent ses registres ; il dit enfin que celui-ci a reçu, pour fourniture de grains, un million quatre-vingt mille sesterces en sus de ce que porte le livre de recette de cet homme d'une probité si pure. Et voilà d'où proviennent ces richesses extraordinaires; privés de guides, mais conduits par quelques légers indices, nous en avons enfin découvert la source : de là, ces fonds confiés aux deux frères Q. et Cn. Postumus Curtius, lesquels résultent de plusieurs obligations, mais sans aucune mention sur les livres de Verrès; de là, ces quatorze cent mille sesterces comptés, dans Athènes, à P. Tadius, ainsi que je le prouverai par témoins; de là enfin l'achat public de la préture, car personne n'ignore comment il est devenu préteur. Sans doute, ce fut grâce à ses talents, à ses services connus, à la haute estime dont il jouit pour l'austérité de ses mœurs, et, ce qui est un moindre mérite, à son assiduité dans nos assemblées; lui qui, avant sa questure, avait passé sa vie avec des prostituées et des agents de débauche; qui, dans l'exercice de sa questure, s'était comporté de la manière que vous savez; qui, après cette abominable questure, était resté à peine trois jours à Rome; qui, pendant son absence, ne s'était pas laissé oublier, car on ne parlait que de lui, partout on racontait ses infamies : voilà l'homme qui à peine rentré dans Rome, est

PECUNIÆ REDACTÆ. Quod minus Dolabella Verri acceptum rettulit, quam Verres illi expensum tulerit, HS quingenta triginta quinque millia et quod plus fecit Dolabella Verrem accepisse, quam iste in suis tabulis habuit, HS ducenta triginta duo millia ; et quod plus frumenti fecit accepisse istum, HS deciens et octingenta millia : quod tu, homo castissimus, aliud in tabulis habebas. Hinc illæ extraordinariæ pecuniæ, quas nullo duce tamen aliqua ex particula investigamus, redundarunt; hinc ratio cum Q. et Cn. Postumis Curtiis, multis nominibus, quorum in tabulis iste habet nullum ; hinc HS quaterdeciens P. Tadio numeratum Athenis, testibus planum faciam; hinc empta apertissime prætura : nisi forte id etiam dubium est quomodo isto prætor factus sit. Homo scilicet aut industria, aut opera probata, aut frugalitatis existimatione præclara, aut denique, id quod levissimum est, adsiduitate : qui ante quæsturam cum meretricibus lenonibusque vixisset; quæsturam ita gessisset, quemadmodum cognovistis; Romæ post quæsturam illam nefariam vix triduum constitisset;

nommé préteur gratuitement! D'autres sommes ont été données pour qu'il ne fût pas accusé de brigue : à qui furent-elles données? ce n'est ni mon affaire, ni le moment de le dire ; ce qu'il y a de certain, c'est que, dans le temps, il n'y avait personne qui mît la chose en doute. O le plus stupide, le plus insensé des hommes! quoi! lorsque tu rédigeais tes comptes, et que tu voulais cacher la trace suspecte de ces sommes exorbitantes, imaginais-tu que, pour échapper à toute accusation, il suffisait de ne point parler des créances sur ceux à qui tu prêtais ces fonds, et de n'en laisser aucune indication sur tes livres? Mais les Curtius n'avaient-ils pas pris une note exacte de tous les billets qu'ils t'avaient faits? De quoi te servait de n'avoir point inscrit ta créance? croyais-tu que, dans le procès, tes registres seraient seuls consultés?

XL. Venons enfin à cette merveilleuse préture, dont les crimes sont plus connus de ceux qui nous écoutent que de nous-mêmes, qui pourtant nous présentons si bien préparés devant ce tribunal ; car, malgré tous mes soins, je ne crois pas qu'il me soit possible d'échapper au reproche de négligence. Bien des gens, en effet, ne manqueront pas de dire : « Voici un fait dont il ne parle pas, et que j'ai vu! pourquoi garder le silence sur cette injustice faite à moi, à mon ami? la chose eut lieu devant moi. » Je prie donc tous ceux qui ont connaissance des violences de cet homme,

absens non in oblivione jacuisset, sed in adsidua commemoratione omnibus omnium flagitiorum fuisset : is repente, ut Romam venit, gratis prætor factus est! Alia porro pecunia, ne accusaretur, data. Cui sit data, nihil ad me, nihil ad rem pertinere arbitror : datam quidem esse tum inter omnes recentis negotio facile constabat. Homo stultissime et amentissime, tabulas quum conficeres, et quum extraordinariæ pecuniæ crimen subterfugere velles ; satis te elapsurum omni suspicione arbitrabare, si, quibus pecuniam credebas, his expensum non ferres, neque in tuas tabulas ullum nomen referres; quum tot tibi nominibus acceptum Curtii referrent? Quid proderat tibi, te expensum illis non tulisse? An tuis solis tabulis te causam dicturum existimasti?

XL. Verum ad illam jam veniamus præclaram præturam, criminaque ea, quæ notiora sunt his, qui adsunt, quam nobis, qui meditati ad dicendum paratique venimus : in quibus non dubito, quin offensionem negligentiæ vitare atque effugere non possim. Multi enim ita dicent : « De illo nihil dixit, in quo interfui : illam injuriam non attigit, quæ mihi, aut quæ amico meo facta est, quibus ego in rebus interfui. » His omnibus, qui istius injurias norunt, hoc est, populo Romano universo, me vehementer excusatum volo, non negligentia mea

c'est-à-dire tout le peuple romain, de vouloir bien croire que ce n'est point par négligence que je laisserai de côté beaucoup de faits, mon intention étant d'en réserver une partie pour l'audition des témoins ; de plus, je me trouve forcé d'en omettre un grand nombre, à cause du peu de temps qui m'est accordé. J'en ferai d'ailleurs, bien malgré moi, l'aveu : Verrès a pris soin qu'il n'y eût aucun moment dans sa vie qui ne fût marqué par quelque mauvaise action, aussi n'ai-je pu connaître toutes celles qu'il a commises. Ainsi, dans l'énumération des crimes de sa préture, vous n'entendrez que le récit de deux espèces de méfaits relatifs, les uns à l'administration de la justice, les autres à l'entretien des bâtiments ; et encore n'exigez de moi que des détails dignes d'un accusé de cette importance, à qui il ne convient de reprocher rien de léger, rien de médiocre.

Verrès donc, à peine nommé préteur, sort du lit de la belle Chélidon, après y avoir pris les auspices ; il est porté par le sort, au département de la ville, au gré de ses désirs et des vœux de Chélidon, bien plus qu'à la satisfaction du peuple romain. Pour son début, par quel édit établit-il sa jurisprudence ? vous allez l'apprendre.

XLI. P. Annius Asellus avait cessé de vivre pendant la préture de C. Sacerdos. Il n'avait qu'une fille unique, et l'état de ses biens n'était pas inscrit sur le rôle des censeurs. La nature lui commandait d'instituer cette enfant son héritière, aucune loi ne

---

tore, ut multa prætereath, sed quod alia testibus integra reservari velim, multa autem propter rationem brevitatis ac temporis prætermittenda existimem. Fatebor etiam illud invitus, me prorsus, quum iste punctum temporis nullum vacuum peccato præterire passus sit, omnia, quæ ab isto commissa sunt, non potuisse cognoscere. Quapropter ita me de prætura criminibus auditote, ut ex utroque genere, et juris dicendi, et sartorum tectorum exigendorum, ea postuletis, quæ maxime digna sint eo reo, cui parvum ac mediocre objici nihil oporteat.

Nam ut prætor factus est, qui auspicato a Chelidone surrexisset, sortem nactus est urbanæ provinciæ, magis ex sua et Chelidonis, quam ex populi Romani voluntate : qui principio, qualis in edicto constituendo fuerit, cognoscite.

XLI. P. Annius Asellus mortuus est, C. Sacerdote prætore. Is, quum haberet unicam filiam, neque census esset ; quod eum natura hortabatur, lex nulla prohibebat, fecit, ut filiam bonis suis heredem institueret. Heres erat illa

s'y opposait ; il le fit : la succession appartenait donc à sa fille ; les lois, l'équité, les intentions du père, les ordonnances des préteurs, la jurisprudence constamment en vigueur jusqu'à l'époque où Asellus était décédé, tout parlait en sa faveur. Verrès n'était encore que préteur désigné. Fût-il instruit par ses émissaires, fut-il par eux mis à l'épreuve, ou est-ce, par un effet de la sagacité qu'il a toujours signalée dans ces rencontres, qu'il en vint tout à coup, sans guide et sans maître, à ce comble de perversité ? Je l'ignore. Quoi qu'il en soit, vous pourrez, par là, juger de l'audace et de la démence de cet homme. Il fait prier de venir L. Annius, qui devait hériter au défaut de la fille d'Asellus : car on ne me persuadera pas que Lucius soit allé de lui-même trouver Verrès. Il lui dit que, par un édit, il peut lui adjuger la succession, et lui apprend de quelle manière la chose peut s'effectuer. Si Lucius jugea l'objet bon à prendre, le préteur le jugea bon à vendre. Cependant Verrès, tout audacieux qu'il était, crut devoir s'adresser sous main à la mère de la pupille, aimant mieux recevoir une somme d'argent pour ne pas enfreindre ses ordonnances, que pour y ajouter une clause si odieuse et si révoltante. Mais comment les tuteurs pourraient-ils, au nom de leur pupille, donner au préteur une somme considérable ? Quel moyen de la faire entrer dans leurs comptes et de se mettre à l'abri de toute poursuite ? ils n'en voyaient aucun. Ils ne pouvaient d'ailleurs imaginer qu'il était si malhonnête homme. Malgré les sol-

faciebant omnia cum pupilla, legis æquitas, voluntas patris, edicta prætorum, consuetudo juris ejus, quod erat tum, quum Asellus est mortuus. Iste, prætor designatus — utrum admonitus, an temptatus, an, qua est iste sagacitate in his rebus, sine duce ullo, sine indice, pervenerit ad hanc improbitatem, nescio : vos, tantum hominis audaciam amentiamque cognoscite, — appellat heredem L. Annium, qui erat institutus secundum filiam — non enim mihi persuadetur, istum ab illo prius appellatum ; — dicit, se posse ei condonare edicto hereditatem ; docet hominem, quid possit fieri. Illi bona res, huic vendibilis videbatur. Iste, tametsi singulari est audacia, tamen ad pupillæ matrem summittebat : malebat pecuniam accipere, ne quid novi ediceret, quam ut hoc edictum tam improbum et inhumanum interponeret. Tutores, pecuniam prætori si pupillæ nomine dedissent, grandem præsertim, quemadmodum in rationem inducerent, quemadmodum sine periculo suo dare possent, non videbant ; simul et istum iore tam improbum non arbitrabantur : sæpe appellati, pernegaverunt. Iste ad

licitations, ils ne se prêtèrent à aucun accommodement. Verrès ne consulta plus que celui qu'il voulait gratifier de la succession. Voici son ordonnance; elle est vraiment dans toutes les règles de l'équité : *Considérant que la loi Voconia...* Qui aurait jamais cru que Verrès se déclarerait l'ennemi des femmes? Ne s'est-il pas permis cette sortie contre elles, que pour que l'on ne dît point que c'était Chélidon qui lui avait dicté toute cette ordonnance? Il veut, dit-il, mettre un frein à la cupidité humaine : qui, plus que lui, en eut jamais le droit, je ne dis pas seulement de nos jours, mais même chez nos ancêtres? quel mortel fut aussi éloigné d'être cupide? Lisez donc, je vous prie, ce qui suit : car c'est un plaisir pour moi de voir en lui tant de sagesse, tant de connaissance des lois, tant de gravité dans ses décisions. *Celui qui, à dater de la censure d'Aulus Postumius et de Quintus Fulvius, et depuis cette époque, a fait ou fera.* A fait ou fera! Remarquez ces mots; qui jamais s'est exprimé de la sorte dans un édit? qui jamais a, dans un édit, statué des peines et des nullités rétroactives pour de tels actes, accomplis dans un temps où il était impossible de prévoir ces dispositions?

XLII. Le testament de P. Annius était conforme au droit civil, aux lois, à l'autorité des jurisconsultes : il n'offrait rien qui blessât la probité, la nature, la société; et quand il en aurait été ainsi, il ne pouvait être annulé par une jurisprudence établie

---

arbitrium ejus, cui condonabat hereditatem ereptam a liberis, quam æquum edictum conscripserit, quæso, cognoscite : Quum intelligam, legem Voconiam..... Quis umquam crederet Verrem mulierum adversarium futurum? an ideo aliquid contra mulieres fecit, ne totum edictum ad Chelidonis arbitrium scriptum videretur? Cupiditati hominum ait se obviam ire. Quis potius, non modo his temporibus, sed etiam apud majores nostros? quis tam remotus fuit a cupiditate? Dic, quæso, cætera : delectat enim me hominis gravitas, scientia juris, auctoritas : Qui ab A. Postumio, Q. Fluvio censoribus, postve ea fecit, fecerit. Fecit, fecerit! Quis umquam edixit isto modo? quis umquam ejus rei fraudem aut periculum proposuit edicto, quæ neque post edictum, neque ante edictum provideri potuit?

XLII. Jure, legibus, auctoritate omnium, qui consulebantur, testamentum P. Annius fecerat, non improbum, non inofficiosum, non inhumanum : quods[i] ita fecisset, tamen post illius mortem nihil de testamento illius novi juris con-

depuis la mort du testateur. La loi Voconia vous agréait sans doute; mais que n'imitiez-vous Voconius lui-même? Sa loi n'avait déshérité ni les filles, ni les femmes qui étaient en possession; elle établissait seulement, pour l'avenir, que ceux qui auraient fait la déclaration de leurs biens depuis les censeurs précités, ne pourraient instituer héritière aucune fille ou femme mariée. Dans la loi Voconia, on ne dit point: *fait ou fera;* aucune loi n'a d'effet rétroactif, à moins qu'elle n'ait pour objet des choses par elles-mêmes si criminelles, si attentatoires à tous les principes, que, n'existât-il pas de loi, on devrait avoir grand soin de s'en abstenir. Et même pour ces délits, nous voyons souvent que le législateur les a proscrits, en laissant le passé à l'abri de toute poursuite judiciaire. Il existe des lois Cornéliennes sur les testaments, sur les monnaies, et sur beaucoup d'autres objets; elles ne donnent point au peuple un droit nouveau, mais elles portent que ce qui aura, de tout temps, constitué une action condamnable, sera de la compétence du peuple, à dater d'une époque déterminée. Quant au droit civil, on ne fait aucun nouveau règlement sans statuer que tout ce qui lui est antérieur sera respecté. Voyez avec moi les lois Atinia, Furia, et même la loi Voconia, enfin toutes celles qui composent notre droit civil; et vous trouverez que toutes ne portent de dispositions obligatoires que postérieurement à la promulgation. Ceux qui donnent le plus d'extension aux édits du préteur les appellent des lois annuelles;

---

stitui oporteret. Voconia lex te videlicet delectabat ? imitatus esses ipsum illum C. Voconium, qui lege sua hereditatem ademit nulli neque virgini neque mulieri; sanxit in posterum, qui post eos censores census esset, ne quis heredem virginem, neve mulierem faceret. In lege Voconia non est, FECIT FECERIT : neque in ulla praeteritum tempus reprehenditur, nisi ejus rei, quae sua sponte tam scelerata ac nefaria est, ut, etiamsi lex non esset, magno opere vitanda fuerit. Atque in his rebus multa videmus ita sancta esse legibus, ut ante facta in judicium non vocentur. Cornelia testamentaria, nummaria, caeteræ complures : in quibus non jus aliquod novum populo constituitur, sed sancitur, ut, quod semper malum facinus fuerit, ejus quaestio ad populum pertineat, ex certo tempore. De jure vero civili si quis novi quid instituit, is non omnia, quae ante acta sunt, rata esse patietur? Cedo mihi leges Atinias, Furias, ipsam, ut dixi, Voconiam, omnes praeterea de jure civili; hoc reperies in omnibus statui jus, quo post eam legem populus utatur. Qui plurimum tribuunt edicto, praetoris

mais vous, vous prétendez que vos édits embrassent plus de temps que les lois ! Si les édits du préteur expirent aux kalendes de janvier, n'est-il pas clair que ce n'est qu'aux kalendes de janvier qu'ils commencent à être en vigueur ? Un préteur ne peut empiéter sur l'année de son successeur ; lui accorderez-vous le droit de rétrograder sur l'année du magistrat qui l'a précédé ?

XLIII. Et si vous n'aviez pas établi votre jurisprudence pour l'intérêt d'un seul individu, vous l'auriez rédigée avec plus de soin. Vous avez mis : *Celui qui fera ou aura fait héritier*. Mais si quelqu'un a légué plus que la succession ne peut rapporter à l'héritier ou aux héritiers, ce que la loi Voconia ne permet pas à ceux dont les biens sont inscrits sur les rôles des censeurs, pourquoi n'avez-vous pas prévu ce cas, qui est du même genre ? C'est que vous vous êtes moins occupé de l'espèce, que de l'intérêt d'un seul. Ce qui prouve que vous aviez été payé. Si votre édit n'eût réglé que l'avenir, ce serait toujours un acte d'iniquité ; mais il serait moins odieux ; on ne pourrait que le blâmer sans en suspecter les motifs, et personne ne s'exposerait à l'enfreindre. Mais il est conçu de telle façon que tout le monde voit clairement, que ce n'est pas dans l'intérêt général que vous l'avez fait, mais uniquement pour les héritiers en second de P. Annius. Aussi, malgré le préambule verbeux et évidemment payé que vous y avez mis, s'est-il trouvé après vou,

---

edictum legem annuam dicunt esse. Tu edicto plus amplecteris, quam lege. Si finem edicto prætoris adferunt Kalendæ Januarii, cur non initium quoqu edicti nascitur a Kalendis Januarii ? an in eum annum progredi nemo poteri edicto, quo prætor alius futurus est ; in illum, quo alius prætor fuit, regre dietur ?

XLIII. Ac si hoc juris non unius causa hominis edixisses, cautius composui ses. Scribis : SI QUIS HEREDEM FECIT, FECERIT. Quid si plus legarit, quam ad he redem heredesve perveniat, quod per legem Voconiam ei, qui census non si licet, cur hoc, quum in eodem genere sit, non caves ? Quia non generis, se hominis causam verbis amplecteris : ut facile appareat, te pretio esse commo tum. Atque hoc si in posterum edixisses, minus esset nefarium ; tamen esse improbum : sed tum vituperari posset, in dubium venire non posset : nem enim committeret. Nunc est ejus modi edictum, ut quivis intelligat, non po pulo esse scriptum, sed P. Annii secundis heredibus. Itaque quum a te capi illud tam multis verbis, mercenario prooemio, esset ornatum ; ecquis est h

un seul préteur qui ait rien publié de pareil dans son édit? Que dis-je, publié? il n'est jamais venu à la pensée de personne que la chose fût possible. Depuis votre préture, combien de testaments semblables à celui d'Asellus! Dernièrement encore, nous avons vu Annia, femme très-riche en argent comptant, mais dont les biens n'avaient pas été compris dans le cens, instituer sa fille-héritière, de l'avis de la plupart de ses parents. C'est assurément une preuve assez forte de l'opinion générale, sur la conduite criminelle et véritablement étrange que Verrès avait tenue dans cette affaire. Car enfin, un règlement que ce préteur s'était plu à donner, personne ne s'est avisé de craindre qu'il se rencontrât aucun autre magistrat qui voulût s'y conformer. Il n'y a jamais eu que vous dans le monde qui, non content de réformer la volonté des vivants, avez annulé celle des morts. Et vous-même, vous avez supprimé cet article dans l'édit que vous avez publié en arrivant en Sicile : votre intention était, s'il survenait fortuitement quelques cas semblables, de statuer d'après l'édit de Rome. Mais ce moyen de défense que vous vous réserviez, vous l'avez détruit, en infirmant, dans votre édit provincial, votre propre autorité.

XLIV. Et je ne doute pas, juges, que comme à moi, qui chéris par-dessus tout ma fille, cet édit ne vous paraisse injuste et cruel, à vous qui avez pour vos filles les mêmes sentiments, la même tendresse. En effet, quel bien plus précieux, plus

ventus postea prætor, qui illud idem ediceret? Non modo nemo dixit; sed ne metuit quidem quisquam, ne quis ediceret. Nam post te prætorem multi testamenta eodem modo fecerunt : in his nuper Annia. Ea de multorum propinquorum sententia, pecuniosa mulier, quod censa non erat, testamento fecit heredem filiam. Itaque hoc magnum judicium hominum de istius singulari improbitate, quod Verres sua sponte instituisset, id neminem metuisse, ne quis reperiretur, qui (istius institutum) sequi vellet. Solus enim tu inventus es, cui non satis fuerit corrigere voluntates vivorum, nisi etiam rescinderes mortuorum. Tu ipse ex Siciliensi edicto hoc sustulisti : voluisti, ex improviso si quæ res nata esset, ex urbano edicto decernere. Quam postea tu tibi defensionem relinquebas, in ea maxime offendisti, quum tuam auctoritatem tute ipse edicto provinciali repudiabas.

XLIV. Atque ego non dubito, quin, ut mihi, cui mea filia maxime cordi est, res hæc acerba videtur atque indigna, sic unicuique vestrum, qui simili sensu,

cher avons-nous reçu de la nature? quel objet plus digne
de toutes nos affections, de toute notre tendresse? Homme
insensible! vous n'avez donc pas craint d'insulter à la mémoire d'Annius! vous n'avez pas craint de troubler sa cen-
dre et ses restes, en dépouillant ses enfants d'un patrimoine que leur avaient transmis et la volonté d'un père, et le
droit naturel, et les lois! Et pourquoi? pour en gratifier celui
qui devait vous en tenir compte. Ceux à qui nous faisons part de
ces biens, de ces revenus pendant notre vie, se les verront donc
enlever par un préteur, quand nous ne serons plus! *Je n'accor-
derai*, dit-il, *ni la permission de me présenter une requête, ni
la mise en possession*. Vous dépouillerez donc une pupille de sa
robe prétexte? Vous lui arracherez les ornements, non-seulement de sa fortune, mais de sa condition? Et nous nous étonnons
que les habitants de Lampsaque aient couru aux armes contre un
pareil homme! nous nous étonnons que cet homme, en quittant
sa province, ait été réduit à s'évader clandestinement de Syracuse! Ah! si nous étions aussi sensibles aux malheurs des autres
qu'aux violences qui nous sont personnelles, il y a longtemps que
l'on ne trouverait plus dans le Forum l'empreinte de ses pas! Un
père donne à sa fille : vous ne le permettez pas. Les lois l'y autori-
sent : vous vous y opposez. Dans sa donation, il ne s'écarte point
du droit civil : qu'y trouvez-vous à redire? rien, ce me semble.
Mais je vous l'accorde : faites votre opposition, si vous pouvez, si

atque indulgentia filiarum commovemini. Quid enim natura nobis jucundius,
quid carius esse voluit? quid est dignius, in quo omnis nostra diligentia indulgen-
tiaque consumatur? Homo importunissime, cur tantam injuriam P. Annio mortuo fecisti? cur hunc dolorem cineri ejus atque ossibus inussisti, ut liberis
ejus bona patria, voluntate patris, jure, legibus tradita, eriperes, et, cui tibi
esset commodum, condonares? Quibuscum vivi bona nostra partimur, iis prætor adimere, nobis mortuis, bona fortunasque poterit? Nec petitionem inquit,
nec possessionem dabo. Eripies igitur pupillæ togam prætextam? detrahes ornamenta non solum fortunæ, sed etiam ingenuitatis? Miramur, ad arma contra
istum hominem Lampsacenos isse? miramur, istum de provincia decedentem
clam Syracusis profugisse? Nos, si alienam vicem pro nostra injuria doleremus,
vestigium istius in Foro nullum esset relictum. Pater dat filiæ : prohibes. Leges sinunt : tamen te interponis. De suis bonis ita dat, ut ab jure non abeat : quid
habes, quod reprehendas? nihil, opinor. At ego concedo, prohibe, si potes :

vous trouvez quelqu'un qui la reçoive, qui s'y prête, s'il est possible qu'un seul individu la respecte. Croyez-vous qu'on vous laissera dépouiller les morts de leurs intentions, les vivants de leurs biens, tous les citoyens de leurs droits? Croyez-vous que le peuple romain ne vous aurait pas puni de sa main, s'il n'eût mieux aimé que ce tribunal vous fit expier vos attentats? Depuis l'établissement de la juridiction prétoriale, jamais on ne s'est écarté de ce principe, à savoir que, toutes les fois qu'il n'y avait point de testament, le plus proche parent devenait héritier et devait être mis en possession. Il serait facile de prouver l'équité de cette mesure; mais il suffit de rappeler que, sur ce fait, tous les magistrats ont prononcé conformément à cette jurisprudence, et que c'est un édit ancien et consacré par une tradition constante.

XLV. Écoutez maintenant, juges, un autre édit de notre préteur. La matière est depuis longtemps réglée, mais l'édit est nouveau; et, tandis qu'il veut bien donner des leçons de droit civil, envoyez vos jeunes gens à son école. Vous allez admirer le génie et la science du personnage. Un certain Minucius était mort avant sa préture; on ne connaissait de lui aucun testament. D'après la loi, la succession revenait à la famille Minucia. Si Verrès eût suivi les édits constamment observés avant et après lui, les Minucius auraient été mis en possession; si quelqu'un se fût prétendu héritier en vertu d'un testament encore inconnu,

si habes, qui te audiat; si potest tibi dicto audiens esse quisquam. Eripiatu voluntatem mortuis, bona vivis, jus omnibus? Hoc populus Romanus non manu vindicasset, nisi te huic tempori atque huic judicio reservasset? Posteaquam jus prætorium constitutum est, semper hoc jure usi sumus : si tabulæ testamenti non proferrentur, tum, uti proximum quemque potissimum heredem esse oporteret, ita secundum eum possessio daretur. Quare hoc sit æquissimum, facile est dicere : sed in re tam usitata satis est ostendere, omnes antea jus ita dixisse, et hoc vetus edictum translatitiumque esse.

XLV. Cognoscite aliud hominis in re vetere edictum novum; et simul, dum est unde jus civile discatur, adolescentes ei in disciplinam tradite : mirum est hominis ingenium, mira prudentia. Minucius quidam mortuus est ante istum prætorem : ejus testamentum erat nullum : lege hereditas ad gentem Minuciam veniebat. Si habuisset iste edictum, quod ante istum et postea omnes habuerunt, possessio Minuciæ genti esset data. Si quis testamento se heredem esse

d'après la loi il aurait dû se pourvoir en revendication d'hérédité; et, après s'être engagé, ainsi que sa partie adverse, à des dommages et intérêts, il aurait été admis à plaider. Telle est la règle que nos pères, ce me semble, suivaient, et que nous avons toujours suivie nous-mêmes. Voyez comme Verrès l'a réformée. Son édit est rédigé dans des termes tels qu'on ne peut douter qu'il n'ait été fait en faveur d'un tiers : il est vrai que le nom ne s'y trouve pas; mais l'affaire est détaillée dans toutes ses circonstances : le droit, la coutume, l'équité, les édits antérieurs n'y sont comptés pour rien. *En vertu de l'édit du préteur de Rome : Si une succession est en litige, et qu'il y ait un possesseur, il ne donnera point caution.* Qu'importe au préteur laquelle des parties possède? s'agit-il d'autre chose que de savoir qui doit posséder? Ainsi, parce qu'un homme s'est mis en possession, vous l'autorisez à y rester. Et s'il n'y était pas, vous ne l'y mettriez point : car aucun mot de votre édit ne le fait entendre, et je n'y vois rien autre chose que l'intention de favoriser la partie qui vous a payé. Ce qui suit est vraiment risible : *S'il y a contestation relativement à la succession, et qu'on me présente la minute du testament portant au moins le nombre de signatures exigé par la loi, j'adjugerai la succession conformément aux intentions du testateur.* Cet article est tiré des anciens édits. Mais il faut lire ce qui suit : *Si l'on ne produit pas la minute du testament,* etc. Que dit-il? qu'il adjugera la succession à celui qui

---

arbitraretur, quod tum non exstaret, lege ageret in hereditatem ; aut, pro præde litis vindiciarum quum satis accepisset, sponsionem faceret : ita de hereditate certaret. Hoc, opinor, jure et majores nostri, et nos semper usi sumus. Videte, ut hoc iste correxerit. Componit edictum iis verbis, ut quivis intelligere possit, unius hominis causa conscriptum esse; tantum quod hominem non nominat : causam quidem totam perscribit ; jus, consuetudinem, æquitatem, edicta omnium negligit. EX EDICTO URBANO : SI DE HEREDITATE AMBIGITUR, SI POSSESSOR, SPONSIONEM NON FACIET. Quid id ad prætorem, uter possessor sit ? nonne id quæri oportet, utrum possessorem esse oporteat ? Ergo quia possessor est, non moves possessione ; si possessor non esset, non dares : nusquam enim scribis, neque tu aliud quidquam edicto amplecteris, nisi eam causam, pro qua pecuniam acceperas. Jam hoc ridiculum est : SI DE HEREDITATE AMBIGITUR, ET TABULÆ TESTAMENTI OBSIGNATÆ NON MINUS MULTIS SIGNIS, QUAM E LEGE OPORTET, AD ME PROFERENTUR ; SECUNDUM TABULAS TESTAMENTI POTISSIMUM HEREDITATEM DABO. Hoc

se prétendra l'héritier. Il est donc indifférent que le testament soit produit, ou ne le soit pas? Je dis plus, si on le produit et qu'il s'y trouve une signature de moins que la loi ne le prescrit, vous ne mettrez point en possession ; si on ne le produit pas, vous l'y mettrez. Est-il besoin de faire observer que personne, depuis Verrès, n'a publié une pareille ordonnance? Mais, faut-il s'étonner qu'il ne se soit rencontré personne qui ait voulu lui ressembler? Lui-même, dans ses édits relatifs à la Sicile, n'a point inséré de pareilles clauses. C'est, il est vrai, parce qu'il avait touché son salaire. Aussi en fut-il de cet édit comme du précédent, et Verrès publia par la suite, sur la mise en possession des héritages, un édit absolument dans les mêmes termes que les édits publiés par tous les préteurs de Rome, excepté lui. *Extrait de l'édit de Sicile : Si une succession est contestée...*

XLVI. Au nom des dieux immortels, quelle conséquence faut-il tirer d'une pareille conduite? car je dois ici vous renouveler la question que je vous ai faite au sujet de la succession d'Annius, sur les héritages qui peuvent échoir aux femmes? Pourquoi n'avez-vous pas transporté les articles en question dans votre édit provincial, sur la possession des héritages ? Est-ce que les Siciliens vous ont paru mériter plus d'égards que nous? est-ce que les principes de la justice ne sont pas les mêmes à Rome que dans la Sicile? car, si l'on est souvent obligé dans les provinces

---

translatitium est : sequi illud oportet, SI TABULÆ TESTAMENTI NON PROFERENTUR. Quid ait? se ei daturum, qui se dicat heredem esse. Quid ergo interest, proferantur, necne? si protulerit, uno signo ut sit minus, quam ex lege oportet, non des possessionem : si omnino tabulas non proferet, dabis. Quid nunc dicam? neminem umquam postea alium edixisse? valde si mirum, neminem fuisse, qui istius se similem dici vellet. Ipse in Siciliensi edicto hoc non habet; exegerat enim jam mercedem : item ut illo edicto, de quo ante dixi, in Sicilia de hereditatum possessionibus dandis, edixit idem, quod omnes Romæ, præter istum. Ex EDICTO SICILIENSI: SI DE HEREDITATE AMBIGITUR...

XLVI. At, per deos immortales, quid est, quod de hoc dici possit? Iterum enim jam quæro abs te, sicut modo in illo capite Anniano de mulierum hereditatibus, nunc in hoc de hereditatum possessionibus : cur ea capita in edictum provinciale transferre nolueris? Utrum digniores homines existimasti eos, qui habitabant in provincia, quam nos, qui æquo jure uterentur? an aliud Romæ æquum est, aliud in Sicilia? Non enim hoc potest hoc loco dici, multa esse in

d'établir des règlements différents de ceux de la métropole, on ne peut alléguer cette nécessité pour la possession des héritages, ni pour les successions qui échoient aux femmes. Je vois que, sur ces deux points, tous les préteurs, et vous-même, vous vous êtes expliqués en autant de mots, ni plus ni moins, que dans les édits publiés à Rome. Ce qu'à Rome, à votre grand déshonneur, vous aviez, après vous être fait bien payer, inséré dans votre édit, plus tard, de peur de vous diffamer gratuitement dans votre province, vous l'avez supprimé dans votre édit pour la Sicile. Ainsi, après avoir, préteur désigné, rédigé son édit au gré de ceux qui le payaient, pour obtenir des lois favorables à leurs intérêts, Verrès, une fois en charge, rendit sans scrupule des édits tout contraires. Et voilà pourquoi L. Pison a rempli plusieurs registres du détail des affaires dans lesquelles il fut obligé d'intervenir, parce que son collègue avait rendu des décrets en opposition avec son propre édit. Je ne pense pas que vous ayez oublié, juges, de quelle foule et de quelle classe de citoyens le tribunal de Pison était presque tous les jours entouré. Certes, sans un tel collègue, Verrès aurait été lapidé dans le Forum. Mais ses injustices semblaient plus supportables, parce qu'on trouvait dans la droiture et dans l'équité de Pison un asile toujours ouvert, un appui auquel chacun pouvait recourir sans embarras, sans peine, sans frais, sans avocat. Rappelez-vous, en effet, juges,

---

provinciis aliter edicenda : non de hereditatum quidem possessionibus, non de mulierum hereditatibus. Nam utroque genere video non modo cæteros, sed te ipsum totidem verbis edixisse, quot verbis edici Romæ solet. Quæ Romæ magna cum infamia, pretio accepto, edixeras, ea sola te, ne gratis in provincia male audires, ex edicto Siciliensi sustulisse video. Et, quum edictum totum eorum arbitratu, quamdiu fuit designatus, componeret, qui ab isto jus ad utilitatem suam nundinarentur; tum vero in magistratu contra illud edictum suum sine ulla religione decernebat. Itaque L. Piso multos codices implevit earum rerum, in quibus ita intercessit, quod iste aliter, atque ut edixerat, decrevisset. Quod vos oblitos esse non arbitror, quæ multitudo, qui ordo ad Pisonis sellam isto prætore solitus sit convenire : quem iste collegam nisi habuisset, lapidibus coopertus esset in Foro. Sed eo leviores istius injuriæ videbantur, quod erat in æquitate prudentiaque Pisonis paratissimum perfugium ; quo sine labore, sine molestia, sine impensa, etiam sine patrono homines uterentur. Nam, quæso, redite in memoriam, judices, quæ libido istius in jure

de quelle manière arbitraire Verrès rendait la justice; que de contradictions dans ses arrêts, quel trafic scandaleux; quelle solitude chez les jurisconsultes les plus accrédités, tandis que la maison de la Chélidon était toujours pleine de gens qui, en sortant de chez elle, allaient chez Verrès! Et lui, sur quelques mots qui lui étaient dits, tantôt il rappelait les parties qu'il avait déjà jugées, et réformait sa sentence; tantôt il prononçait sans aucun scrupule, entre d'autres plaideurs, le contraire de ce qu'il avait prononcé la veille dans des causes absolument semblables. De là ces sarcasmes que l'indignation inspirait aux mécontents : les uns disaient, vous les avez entendus, qu'il ne fallait pas s'étonner que le *jus* du verrat fût si mauvais; d'autres plus flegmatiques, mais non moins plaisants dans leur courroux, maudissaient *Sacerdos* de n'avoir pas sacrifié un si méchant verrat. Je ne vous aurais pas rapporté ces jeux de mots, qui ne sont, sans doute, ni de très-bon goût, ni dignes d'être répétés devant un tribunal si respectable; mais j'ai voulu vous faire sentir qu'il n'était personne qui ne s'entretînt de la conduite infâme et des iniquités de Verrès, et qu'elles avaient passé comme en proverbes.

XLVII. Parlerai-je maintenant de son insolence ou de sa cruauté envers les plébéiens, et par où commencerai-je? La cruauté assurément a quelque chose de plus grave et de plus abominable. Pensez-vous que ceux qui nous entendent aient oublié avec

dicundo fuerit, quæ varietas decretorum, quæ nundinatio, quam inanes domus eorum omnium, qui de jure civili consuli solent, quam plena atque referta Chelidonis : a qua muliere quum erat ad eum ventum, et in aurem ejus insusurratum, alias revocabat eos, inter quos jam decreverat, decretumque mutabat; alias inter alios contrarium sine ulla religione decernebat, ac proximis paullo ante decreverat. Hinc illi homines erant, qui etiam ridiculi inveniebantur ex dolore : quorum alii, ut audistis, negabant mirandum esse, jus tam nequam esse verrinum : alii etiam frigidiores erant; sed, quia stomachabantur, ridiculi videbantur esse, quum Sacerdotem exsecrabantur, qui verrem tam nequam reliquisset. Quæ ego non commemorarem (neque enim perfacete dicta, neque porro hac severitate et digna sunt), nisi vos illud vellem recordari, istius nequitiam et iniquitatem tum in ore vulgi, atque in communibus proverbiis esse versatam.

XLVII. In plebem vero Romanam utrum superbiam prius memorem, an crudelitatem? Sine dubio, crudelitas gravior est atque atrocior. Oblitosne igitur

quelle fureur il faisait battre de verges des citoyens romains? action barbare contre laquelle un tribun réclama dans une assemblée, où il produisit aux yeux du peuple romain un malheureux qui venait d'être frappé de verges; mais c'est un fait que je vous ferai connaître en détail, lorsqu'il en sera temps. Quant à son insolence, qui ne sait à quel excès il la porta? qui ne connaît son mépris, son dédain pour les citoyens pauvres, qu'il ne regardait pas même comme des hommes libres?

P. Trebonius s'était donné par testament plusieurs héritiers honnêtes et estimés : de ce nombre était un de ses affranchis. Le testateur avait un frère, Aulus Trebonius, qui avait été proscrit. Voulant lui assurer un sort, il stipula dans le testament que les héritiers s'engageraient par serment à prendre individuellement leurs mesures, pour que la moitié, au moins, de leur part fût remise à ce malheureux frère. L'affranchi fait le serment. Les autres héritiers vont trouver le préteur; ils lui font entendre qu'il n'y a pas lieu à prêter le serment; que ce serait chose contraire à la loi Cornelia, qui défend de donner aucun secours à un proscrit. Dispense leur est donnée du serment, et le préteur les autorise à se mettre en possession. Je n'y trouve point à redire : il n'était pas juste, sans doute, qu'un homme, proscrit et dénué de tout, reçût quelque chose des biens de son frère; mais l'affranchi aurait cru commettre un crime, s'il n'eût pas prononcé le ser-

---

hos putatis esse, quemadmodum sit iste solitus virgis plebem Romanam concidere? Quam rem etiam tribunus plebis in concione egit; quum eum, quem virgis iste ceciderat, in prospectum populi Romani produxit : cujus rei cognoscendæ faciam vobis suo tempore potestatem. Superbia vero quæ fuerit, quis ignorat? quemadmodum is tenuissimum quemque contempserit, despexerit, liberum esse numquam duxerit?

P. Trebonius viros bonos et honestos complures fecit heredes; in his fecit suum libertum. Is A. Trebonium fratrem habuerat proscriptum : ei quum cautum vellet, scripsit, ut heredes jurarent, se curaturos, ut ex sua cujusque parte ne minus dimidium ad A. Trebonium fratrem illum proscriptum perveniret. Libertus jurat. Cæteri heredes adeunt ad Verrem : docent, non oportere se jurare; facturos esse, quod contra legem Corneliam esset, quæ proscriptum juvari vetat. Impetrant, ut ne jurent : dat his possessionem. Id ego non reprehendo; etenim erat iniquum, homini proscripto, egenti, de fraternis bonis quidquam dari; at ille libertus, nisi ex testamento patroni jurasset, scelus se

ment exigé par le testament de son patron. Verrès déclare donc qu'il ne le mettra pas en possession de l'héritage, non-seulement pour qu'il ne puisse donner aucun secours à un proscrit qui avait été son patron, mais afin de le punir en même temps d'avoir exécuté les intentions de son autre patron. Vous accordez la possession à celui qui n'a point prêté le serment : soit, vous en avez le droit, vous êtes préteur. Mais à quel titre la refuserez-vous à celui qui a prêté le serment? Il donnait des secours à un proscrit. La loi existe; la peine est formelle. Mais cela regarde-t-il le juge civil? Que reprochez-vous à l'affranchi? D'avoir voulu venir au secours d'un patron alors au sein de la misère? d'avoir respecté la dernière volonté de son autre patron, dont il avait reçu le plus grand des bienfaits? De ces deux choses enfin, que lui reprochez-vous? Écoutez ce que, du haut de son siége, a prononcé ce vertueux magistrat : « Un chevalier romain, si opulent, aurait donc un affranchi pour héritier! » Assurément, l'ordre des affranchis est bien modéré, pour avoir souffert qu'il sortît vivant de son tribunal! Je pourrais citer mille autres décrets évidemment rendus pour de l'argent, sans que j'aie même besoin de les prouver; la bizarrerie et l'iniquité de ces actes ne laissant aucun doute sur ce point. Je n'en rapporterai qu'un seul qui vous fera juger des autres; c'est celui dont vous avez déjà entendu parler lors de la première action.

XLVIII. Il s'agit de C. Sulpicius Olympus. Cet homme mou-

facturum arbitrabatur. Itaque ei Verres possessionem hereditatis negat se daturum, ne posset patronum suum proscriptum juvare; simul ut esset pœna, quod alterius patroni testamento obtemperasset. Das possessionem ei, qui non juravit : concedo : prætorium est. Adimis tu ei, qui juravit : quo exemplo? Proscriptum juvat. Lex est; pœna est. Quid ad eum, qui jus dicit? Utrum reprehendis, quod patronum juvabat eum, qui tum in miseriis erat; an, quod alterius patroni mortui voluntatem conservabat, a quo summum beneficium acceperat? Utrum horum reprehendis? Et hoc tum de sella vir optimus dixit : « Equiti Romano, tam locupleti, libertinus sit homo heres? » O modestum ordinem, quod illinc vivus surrexit! Possum sexcenta decreta proferre, in quibus, ut ego pecuniam non dicam intercessisse, ipsa decretorum novitas iniquitasque declarat. Verum, ut ex uno de cæteris conjecturam facere possitis : id quod priore actione cognostis, audite.

XLVIII. C. Sulpicius Olympus fuit. Is mortuus est C. Sacerdote prætore, ne-

rut pendant la préture de C. Sacerdos. Verrès, si je ne me trompe, ne s'était pas encore mis sur les rangs pour cette magistrature. Quoi qu'il en soit, Sulpicius avait institué son héritier M. Octavius Ligur. Celui-ci recueillit la succession, et il en resta paisible possesseur, tant que Sacerdos fut en fonction. Mais à peine Verrès fut-il entré en charge, qu'en vertu d'un édit de ce nouveau magistrat, qui n'avait rien de commun avec celui de son prédécesseur, la fille du patron de Sulpicius réclama le sixième de l'héritage. Ligur était absent. Son frère, Lucius, défendait sa cause. Ses amis, ses parents comparurent avec lui. Le préteur déclara que, si l'on ne prenait des arrangements avec cette femme, il la mettrait en possession. L. Gellius plaida pour Ligur ; il démontra que l'édit de Verrès n'était pas applicable aux successions échues avant sa préture ; et que, si cet édit avait existé lors de la mort de Sulpicius, Ligur n'aurait peut-être pas accepté l'héritage. Rien de plus juste que ces raisons, appuyées, d'ailleurs, par des personnages d'un très-grand crédit ; mais l'argent prévalut. Ligur arrive à Rome ; il ne doutait pas que, s'il pouvait obtenir une audience du préteur, la justice de sa cause, et la considération dont il jouissait personnellement le détermineraient en sa faveur : il va donc trouver Verrès, lui explique l'affaire, lui représente depuis combien de temps cette succession lui était échue ; en un mot, il lui expose tout ce que peut faire valoir un homme d'esprit dans une excellente cause. Il finit par le prier de ne point

---

scio an ante, quam Verres præturam petere cœpérit Fecit heredem M. Octavium Ligurem. Ligur hereditatem adiit : possedit Sacerdote prætore, sine ulla controversia. Postcaquam Verres magistratum iniit, ex edicto istius, quod edictum Sacerdos non habuerat, Sulpicii patroni filia sextam partem hereditatis ab Ligure petere cœpit. Ligur non aderat. L. frater ejus causam agebat : aderant amici, propinqui. Dicebat iste, nisi cum muliere decideretur, in possessionem se ire jussurum. L. Gellius causam Liguris defendebat : docebat, edictum ejus non oportere ad eas hereditates valere, quæ ante eum prætorem venissent ; si hoc tum fuisset edictum, fortasse Ligurem hereditatem aditurum non fuisse. Æqua postulatio, summa hominum auctoritas pretio superabatur. Venit Romam Ligur : non dubitabat, quin, si ipse Verrem convenisset, æquitate causæ et auctoritate sua commovere hominem posset : domum ad eum venit : rem demonstrat ; quam pridem sibi hereditas venisset, docet ; quod facile in causa æquissima homini ingenioso fuit : multa, quæ quemvis movere possent, dixit ; ad

faire si peu de cas de la considération, de ne point dédaigner l'opinion publique, de ne point se souiller d'une injustice aussi criante. Le préteur lui reproche de mettre trop d'âpreté et trop d'empressement à recueillir une succession inattendue. « Vous devriez, » lui dit-il, « penser aussi aux intérêts du préteur, » ajoutant qu'il a besoin de bien des choses pour lui-même et pour la meute qu'il entretient autour de lui. Je ne saurais mieux faire que d'en référer, pour tous ces détails à ce que vous a dit Octavius dans sa déposition. Vous l'avez entendue! Eh bien, Verrès, qu'avez-vous à répondre? faut-il ne donner aucune confiance à de pareils témoins? et leur déposition est-elle étrangère à la cause? Direz-vous que ni M. Octavius ni L. Ligur, son frère, ne méritent qu'on les croie? Si vous les récusez, qui donc nous croira? et nous-mêmes qui croirons-nous? Dites-moi, Verrès, quel moyen aura-t-on de constater un délit par témoins, si celui-ci n'en est point un, ou si la déposition de tels hommes est comptée pour si peu de chose? C'est vraiment peu de chose, en effet, que de voir le préteur de la ville établir en principe, pour le temps de sa magistrature, que tous ceux à qui il surviendra un héritage seront tenus de constituer le préteur leur cohéritier. Pouvons-nous mettre en doute le ton d'insolence qu'il prenait avec les hommes d'une naissance, d'une considération et d'un ordre inférieurs, avec les villageois des municipes, enfin avec les affranchis, en qui jamais il n'a vu des hommes libres, lorsque, pour rendre justice à

extremum petere cœpit, ne usque eo suam auctoritatem despiceret, gratiamque contemneret, ut se tanta injuria adficeret. Homo Ligurem accusare cœpit, qui in re adventitia atque hereditaria tam diligens, tam attentus esset : debere eum aiebat suam quoque rationem ducere, multa sibi opus esse, multa canibus suis, quos circa se haberet. Non possum illa planius commemorare, quam ipsum Ligurem pro testimonio dicere audistis. Quid enim, Verres? utrum ne his quidem testibus credetur? an hæc ad rem non pertinent? non M. Octavio? non L. Liguri? Quis nobis credet? cui nos? quid est, Verres, quod planum fieri testibus possit, si hoc non fit? an id, quod dicunt, leve est? nihil levius, quam prætorem urbis hoc juris in suo magistratu constituere, omnibus iis, quibus hereditas venerit, coheredem prætorem esse oportere. An vero dubitamus, quo ore iste cæteros homines inferiore loco, auctoritate, ordine, quo ore homines rusticanos ex municipiis, quo denique ore, quos numquam liberos putavit, libertinos homines, solitus sit appellare, qui ob jus di-

M. Octavius Ligur, homme que sa naissance, son rang, son nom, sa vertu, son esprit, ses richesses, rendaient respectable à tant de titres, il a eu le front de lui demander de l'argent?

XLIX. Dirai-je de quelle manière il s'est comporté pour l'entretien des édifices publics? Vous avez entendu les victimes de ses exactions : beaucoup d'autres pourront vous en parler; des faits notoires et manifestes vous ont été rappelés; on vous en citera d'autres encore. C. Fannius, chevalier romain, frère de Q. Titinius, un de vos juges, a dit vous avoir donné de l'argent. Lisez *la déposition de C. Fannius*. N'allez pas, juges, croire le témoin Fannius; ni vous, Q. Titinius, croire votre frère C. Fannius : ce qu'il dit est incroyable. Il taxe C. Verrès d'avidité et d'impudence : ces reproches évidemment doivent s'adresser à tout autre qu'à Verrès.

Nous avons la déposition de Q. Tadius, intime ami du père de Verrès, et allié de sa mère, de nom et de naissance. Il a prouvé par ses registres qu'il avait donné de l'argent à Verrès. Lisez *les registres de Q. Tadius*. Lisez *sa déposition*. Ne croira-t-on ni ces pièces, ni son témoignage? Alors sur quoi désormais motiverons-nous nos jugements? N'est-ce pas autoriser tous les délits et tous les méfaits, que de ne pas ajouter foi au témoignage des hommes les plus considérés, et de compter pour rien les registres des gens de bien? Quant à ces sujets de plaintes qui reviennent

cundum M. Octavium Ligurem, hominem ornatissimum loco, ordine, nomine, virtute, ingenio, copiis, poscere pecuniam non dubitarit?
XLIX. In sartis tectis vero quemadmodum sese gesserit, quid ego dicam? dixerunt, qui senserunt; sunt alii, qui dicant : notæ res ac manifestæ, prolatæ sunt, et proferentur. Dixit C. Fannius, eques Romanus, frater germanus Q. Titinii, judicis tui, tibi se pecuniam dedisse. Recita TESTIMONIUM C. FANNII. Nolite C. Fannio, fratri tuo, credere; noli, inquam, tu, Q. Titini C. Fannio fratri tuo credere : dicit enim rem incredibilem; C. Verrem insimulat avaritiæ et audaciæ : quæ vitia videntur in quemvis potius, quam in istum convenire.
Dixit Q. Tadius, homo familiarissimus patris istius, non alienus a matris ejus genere et nomine; tabulas protulit, quibus pecuniam se dedisse ostendit. Recita NOMINA Q. TADII. Recita TESTIMONIUM Q. TADII. Ne tabulis quidem Q. Tadii, nec testimonio credetur? Quid igitur in judiciis sequemur? quid est aliud, omnibus omnia peccata et maleficia concedere, nisi hoc, hominum honestissimorum testimoniis et virorum bonorum tabulis non credere? Nam quid ego

journellement dans toutes les conversations du peuple romain, à ce brigandage impudent, nouveau, sans exemple, est-il besoin de vous en occuper? Dirai-je, que dans le temple de Castor, dans cet édifice si auguste, si fréquenté, et qui tous les jours est ouvert aux regards et aux hommages du peuple romain, dans un temple où le sénat est si souvent convoqué, où sans cesse on vient en foule délibérer sur les affaires les plus importantes, dirai-je que dans ce lieu, Verrès, bravant les discours du public, a osé laisser un monument éternel de son audace?

L. L'entretien du temple de Castor avait été confié à P. Junius par les consuls L. Sylla et Q. Metellus. Il mourut, laissant un fils en bas âge Les consuls L. Octavius et C. Aurelius, après avoir nommé un autre entrepreneur, ne purent trouver le temps d'examiner en quel état se trouvaient ces bâtiments; il en fut de même des préteurs C. Sacerdos et M. Césius, qui furent ensuite chargés de cette affaire. Intervint un sénatus-consulte, ordonnant aux préteurs C. Verrès et P. Célius de faire la visite de ces édifices, et de prendre une décision au sujet de ceux qui n'avaient point encore été soumis à cette vérification. Investi de ce pouvoir, Verrès, ainsi que vous l'ont attesté C. Fannius et Q. Tadius, Verrès, qui s'était permis d'exercer ouvertement, et avec la dernière impudence, toutes sortes de brigandages, voulut, dans cette occasion, laisser de ses déprédations un témoignage parti-

---

de cotidiano sermone querimoniaque populi Romani loquar? de istius impudentissimo furto, seu potius novo ac singulari latronicio? ausum esse in æde Castoris, celeberrimo clarissimoque monumento, quod templum, in oculis cotidianoque aspectu populi Romani est positum, quo sæpenumero senatus convocatur, quo maximarum rerum frequentissimæ cotidie advocationes fiunt, in eo loco, in sermone hominum, audaciæ suæ monumentum æternum relinquere?

L. Ædem Castoris, judices, P. Junius habuit, tuendam, L. Sulla, Q. Metello consulibus. Is mortuus est : reliquit pupillum parvum filium. Quum L. Octavius, C. Aurelius, consules, ædes sacras locavissent, neque potuissent omnia sarta tecta exigere, neque ii prætores, quibus erat negotium datum, C. Sacerdos et M. Cæsius ; factum est senatus consultum, quibus de sartis tectis cognitum et udicatum non esset, uti C. Verres, P. Cœlius, prætores, cognoscerent et judicarent. Qua potestate iste permissa, ut ex C. Fannio et ex Q. Tadio cognovistis, verum tamen quum esset omnibus in rebus apertissime impudentissimeque

culièrement insigne, un témoignage que nous pussions non-seulement entendre quelquefois rappeler, mais avoir tous les jours sous les yeux. Il demanda qui était chargé de l'entretien du temple de Castor. Junius était mort, il le savait, mais il voulait savoir qui cela regardait après lui : il apprend que c'est le fils de Junius, encore en tutelle. Notre homme, qui avait répété mille fois que les pupilles, soit garçons, soit filles, étaient une excellente proie pour les préteurs, ne manqua pas de dire que c'était une bonne aubaine qui lui tombait dans la poche. Ce vaste monument, d'une si belle construction, n'avait besoin, à la vérité, d'aucune réparation ; mais Verrès se flattait d'y trouver quelque chose à faire, et partant quelque chose à rapiner. Il fallait remettre le temple de Castor à L. Rabonius, qui se trouvait être en même temps tuteur du fils de Junius, d'après le testament du père. Celui-ci avait déjà fait tous ses arrangements avec son pupille pour que l'entreprise lui fût confiée, sans que leurs intérêts réciproques eussent à en souffrir. Le préteur fait venir Rabonius, il lui demande si son pupille n'a point manqué à lui remettre tout ce qu'on pouvait exiger de lui. Le tuteur répond, comme il était vrai, que son pupille n'aura pas grand' peine à lui faire la remise complète ; qu'il ne manque ni statue ni offrandes, et que le temple est dans le meilleur état. C'était pour Verrès chose inadmissible, qu'on pût le voir sortir d'un temple si vaste

prædatus, hoc voluit clarissimum relinquere incidium latrociniorum suorum, de quo non audire aliquando, sed videre cotidie possemus. Quæsivit, quis ædem Castoris sartam tectam deberet tradere. Junium ipsum mortuum esse sciebat : scire volebat, ad quem illa res pertineret. Audit pupillum esse filium. Homo, qui semper ita palam dictitasset, pupillos et pupillas certissimam prædam esse prætoribus, optatum negotium sibi in sinum delatum esse dicebat. Monumentum illa amplitudine, illo opere, quamvis sartum tectum, integrumque esset, tamen aliquid se inventurum, in quo moliri prædarique posset, arbitrabatur. L. Rabonio ædem Castoris tradi oportebat : is casu pupilli Junii tutor erat testamento patris ; cum eo sine ullo intertrimento convenerat jam, quemadmodum traderetur. Iste ad se Rabonium vocat : quærit, ecquid sit, quod a pupillo traditum non sit, quod exigi debeat. Quum ille, id quod erat, diceret, facilem pupillo traditionem esse ; signa et dona comparere omnia : ipsum templum omni opere esse integrum : indignum isti videre cœpit, ex tanta

et d'un si coûteux entretien, sans un riche butin, surtout ayant affaire à un pupille.

LI. Il va lui-même au temple de Castor, et l'examine dans tous les détails; il voit des plafonds bien lambrissés, le reste tout neuf et sans aucune dégradation. Il s'agite, cherche ce qu'il doit faire. Alors un de ces limiers, dont il avait dit à Ligur qu'il entretenait un grand nombre, lui dit : « Verrès, vous n'avez rien à faire ici, à moins que vous n'exigiez que ces colonnes soient exactement d'aplomb. » Notre homme, dont l'ignorance en toutes choses est extrême, demande ce que c'est que l'aplomb : on lui dit qu'il n'y a presque point de colonnes dont la pose soit exactement perpendiculaire. « Par tous les dieux! voyons cela, » dit-il; « oui, je veux que les colonnes soient remises bien d'aplomb. » Rabonius connaissait la loi; il savait qu'elle oblige seulement à livrer le même nombre de colonnes, sans faire mention de leur aplomb, et que d'ailleurs il n'était pas de son intérêt d'accepter avec cette clause, de peur d'être tenu de rendre à la même condition. Il soutient donc qu'il ne doit pas être tenu à cette condition, qui ne pouvait être exigée. Verrès l'invite à se tranquilliser, et lui laisse entrevoir l'espérance de quelque part au bénéfice. Rabonius était d'un caractère doux et souple; il ne fut pas difficile de le réduire au silence, et Verrès arrêta définitivement que les colonnes seraient livrées d'aplomb. Cette disposition nouvelle et inatten-

---

æde tantoque opere se non optimum præda, præsertim a pupillo discedere.

LI. Venit ipse in ædem Castoris; considerat templum; videt undique tectum pulcherrime laqueatum, præterea cætera nova atque integra. Versat se; quærit quid agat. Dicit ei quidam ex illis canibus, quos iste Liguri dixerat esse circa se multos : « Tu, Verres, hic quod moliare nihil habes, nisi forte vis ad perpendiculum colomnas exigere. » Homo omnium rerum imperitus, quærit quid sit ad perpendiculum. Dicunt ei, fere nullam esse columnam, quæ ad perpendiculum esse possit. « Nam mehercule, inquit, sic agamus : columnæ ad perpendiculum exigantur. » Rabonius, qui legem nosset, qua in lege numerus tantum colunarum traditur, perpendiculi mentio fit nulla, et qui non putaret sibi expedire, ita accipere, ne eodem modo reddendum esset : negat id sibi deberi; negat oportere exigi. Iste Rabonium, quiescere jubet; et simul ei non nullam spem societatis ostendit : hominem modestum, et minime pertinacem, facile coercet ; columnas ita se exacturum esse confirmat. Nova res, atque

tendue pouvait ruiner le pupille. On en fait part aussitôt à C. Mustius, son beau-père, qui est mort dernièrement ; à Marcius Junius, son oncle paternel, et à son tuteur P. Potitius, homme de mœurs austères. Tous ensemble s'empressent d'en référer à un de nos plus illustres citoyens, M. Marcellus, dont on connaît la haute vertu et l'extrême obligeance, et qui était aussi tuteur de Junius. Marcellus se rend chez Verrès, il le prie, il le conjure, dans les termes les plus pressants, de ne point, par la plus criante injustice, enlever à Junius, son pupille, l'héritage de ses parents. Verrès, qui avait déjà dévoré en espérance cette riche proie, ne se laisse émouvoir, ni par la force des raisons qui lui sont alléguées, ni par la considération personnelle qu'il doit à Marcellus. Il répond que la vérification se fera conformément à l'ordonnance. Les tuteurs, voyant que les pourparlers étaient inutiles, et qu'il était même difficile d'obtenir accès auprès de cet homme, aux yeux de qui ni le droit, ni l'équité, ni l'humanité, ni les sollicitations des parents, ni le zèle de l'amitié, ni l'autorité de la vertu, n'avaient de valeur au prix de l'argent, les tuteurs, dis-je, arrêtent entre eux que le meilleur parti à prendre, c'est d'avoir recours à Chélidon. Et qui n'aurait eu la même idée ? Qui ne sait que, pendant toute la préture de Verrès, cette femme fut l'arbitre des destinées du peuple romain, dans les tribunaux civils et dans tous les procès entre particuliers, bien plus, que l'intendance des bâtiments publics fut livrée à sa direction,

improvisa pupilli calamitas nuntiatur statim C. Mustio, vitrico pupilli, qui nuper est mortuus; M. Junio, patruo; P. Potitio, tutori, homini frugalissimo. Hi rem ad virum primarium, summo officio ac virtute præditum, M. Marcellum, qui erat pupilli tutor, deferunt. Venit ad Verrem M. Marcellus : petit ab eo, pro sua fide ac diligentia, pluribus verbis, ne per summam injuriam pupillum Junium fortunis patriis conetur evertere. Iste, qui jam spe et opinione prædam illam devorasset, neque ulla æquitate orationis, neque auctoritate M. Marcelli commotus est. Itaque, quemadmodum ostendisset, se id exacturum esse, respondit. Quum sibi omnes ad istum adlegationes difficiles, omnes aditus arduos, ac potius interclusos viderent, apud quem non jus, non æquitas, non misericordia, non propinqui oratio, non amici voluntas, non cujusquam auctoritas, pro pretio, non gratia valeret, statuunt, id sibi optimum esse factu, quod cuivis venisset in mentem, petere auxilium a Chelidone, quæ isto prætore non modo in jure civili, privatorumque omnium controversiis, populo Romano præfuit, verum etiam in his sartis tectis dominata est.

LII. On vit donc aller chez Chélidon C. Mustius, chevalier romain, fermier de l'État, citoyen des plus considérés. On y vit aussi venir M. Junius, oncle paternel du pupille, personnage d'une probité sévère et de mœurs irréprochables. Vint enfin l'homme le plus estimé de son ordre par sa dignité, par ses nobles sentiments, et par son attachement à ses devoirs : je veux parler de P. Potitius, l'un des tuteurs. Oh! que de cœurs a navrés votre préture! que de chagrins, d'humiliations elle a coûtés! Sans parler du reste, de quelle honte, de quelle douleur ces hommes respectables durent être pénétrés, lorsqu'ils entrèrent dans la maison d'une courtisane? Se seraient-ils jamais soumis à une pareille infamie, si un devoir sacré, si le titre de tuteurs ne les y avait forcés? Ils arrivent donc chez Chélidon : la maison était pleine : on y venait solliciter de nouveaux règlements, de nouvelles lois, de nouvelles sentences. « Qu'il m'envoie en possession, moi; moi, qu'il m'y laisse; moi, je demande qu'il ne me condamne pas, moi, que ces biens me soient adjugés. » Les uns comptaient de l'argent, d'autres signaient des obligations. La presse était si grande, que l'on ne se serait jamais imaginé que l'on fût chez une courtisane; on aurait cru assister à l'audience du préteur. Quand leur tour est venu, on les introduit. Mustius prend la parole, explique l'affaire, promet de l'argent; Chélidon répond, en courtisane, d'un air gracieux; elle leur proteste que ce sera pour elle un plaisir de les obliger, et qu'elle

---

LII. Venit ad Chelidonem C. Mutius, eques Romanus, publicanus, homo cum primis honestus : venit M. Junius, patruus pueri, frugalissimus homo et castissimus : venit homo, summo honore, summo pudore et summo officio spectatissimus ordinis sui, P. Potitius tutor. O multis acerbam, o miseram, atque indignam præturam tuam! Ut mittam cætera, quo tandem pudore tales viros, quo dolore, meretricis domum venisse arbitramini? qui nulla conditione istam turpitudinem subissent, nisi officii necessitudinibus ratio coegisset. Veniunt, ut dico, ad Chelidonem. Domus erat plena : nova jura, nova decreta, nova judicia petebantur : « Mihi det possessionem : mihi ne adimat : in me judicium ne det : mihi bona addicat. » Alii nummos numerabant; alii tabulas obsignabant : domus erat non meretricio conventu, sed prætoria turba referta. Simul ac potestas primum data est, adeunt hi, quos dixi : loquitur Mustius, rem demonstrat, petit auxilium, pecuniam pollicetur. Respondit illa, ut meretrix, non inhumane : libenter, ait, se esse facturam, et se cum isto diligenter sermoci-

en conférera sérieusement avec le préteur ; elle les engage à repasser. Ils se retirent ; ils reviennent le lendemain ; Chélidon leur déclare que le préteur est inexorable, vu que l'affaire, à ce qu'il dit, est très-bonne.

LIII. Je crains que s'il est quelqu'un, dans cette assemblée, qui n'ait point assisté à la première action, il ne m'accuse ici d'inventer ; le fait est véritablement si infâme qu'il en devient incroyable. Mais il vous en a été donné connaissance, juges ; vous avez entendu la déposition faite, sous la foi du serment, par P. Potitius, un des tuteurs de Junius, et celle de M. Junius, son oncle, également chargé de la tutelle. Mustius vous aurait rendu le même témoignage, s'il eût vécu ; mais, à la place de Mustius, L. Domitius vous a déclaré qu'il avait, dans le temps, appris le fait de la bouche de Mustius. Il savait que C. Mustius, de son vivant, m'en avait souvent parlé, attendu que j'étais fort lié avec lui, depuis surtout que je lui avais fait gagner un procès où il s'agissait de toute sa fortune. Domitius savait même que je n'ignorais pas que Mustius lui confiait tout ce qui l'intéressait ; cependant il évita, aussi longtemps qu'il put, de rien dire sur Chélidon, et ne fit, à cet égard, que des réponses évasives. Telle est la délicatesse de ce noble jeune homme, l'honneur de tous les Romains de son âge, que, malgré mes instances, il aima mieux se retrancher dans des réponses vagues, plutôt que de prononcer le nom de Chélidon. Il dit d'abord que des amis du préteur avaient été

naturam ; reverti jubet. Tum discedunt ; postridie revertuntur : negat illa posse hominem exorari ; permagnam cum dicere ex illa re pecuniam confici posse.

LIII. Vereor, ne quis forte de populo, qui priori actioni non adfuit, hæc, quia propter insignem turpitudinem sunt incredibilia, fingi a me arbitretur. Ea vos antea, judices, cognovistis. Dixit juratus P. Potitius, tutor pupilli Junii : dixit M. Junius tutor et patruus : Mustius dixisset, si viveret, sed pro Mustio, recenti re de Mustio auditum dixit L. Domitius. Qui quum sciret, me ex Mustio vivo audisse, quod eo sum usus plurimum — etenim id judicium, quod prope omnium fortunarum suarum C. Mustius habuit, me uno defendente vicit, — quum hoc, ut dico, sciret L. Domitius, me scire, ad eum res omnes Mustium solitum esse deferre ; tamen de Chelidone reticuit, quoad potuit : alio responsionem suam derivavit. Tantus in adolescente clarissimo ac principe juventutis pudor fuit, ut aliquandiu, quum a me premeretur, omnia potius responderet, quam Chelidonem nominaret. Primo necessarios istius ad

priés de s'interposer auprès de celui-ci; puis, à force d'être pressé, il se détermina enfin à nommer Chélidon. N'avez-vous pas honte, Verrès, d'avoir exercé votre préture au gré d'une femme, dont L. Domitius ne croyait pas que l'honneur lui permît de prononcer le nom?

LIV. N'ayant rien obtenu de Chélidon, les tuteurs de Junius font de nécessité vertu, et se chargent eux-mêmes de l'affaire. Ils transigent avec Rabonius, et lui comptent deux cent mille sesterces pour une chose qui en valait tout au plus quarante mille. Rabonius se hâte d'en prévenir Verrès; la somme, suivant lui, était assez forte, le vol assez impudent. Verrès, qui comptait sur beaucoup plus, reçoit fort mal Rabonius, déclare que cet arrangement ne peut le satisfaire, et finit par l'avertir qu'il va mettre l'entreprise des réparations à l'enchère. Les tuteurs ignoraient tout : ils regardaient leur transaction avec Rabonius comme définitive, et ne craignaient pas de nouveau malheur pour leur pupille. Le préteur ne perd point de temps : par son ordre, et sans affiche, sans annonce préalable, on commence la criée dans le moment le plus défavorable, pendant les jeux Romains, lorsque le Forum était encore tout décoré. Cependant Rabonius avertit les tuteurs que leur transaction est annulée. Ils arrivent à temps : Junius, l'oncle, lève la main : le préteur pâlit, ses traits s'altèrent, la voix lui manque, il perd la tête. Que faire? Il songe

cum allegatos esse dicebat, deinde aliquando coactus Chelidonem nominavit. Non te pudet, Verres, ejus mulieris arbitratu gessisse præturam, quam L. Domitius ab se nominari, vix sibi honestum esse arbitrabatur?

LIV. Rejecti a Chelidone, capiunt consilium necessarium, ut suscipiant ipsi negotium : cum Rabonio tutore, quod erat vix HS quadraginta millium, transigunt HS ducentis millibus. Refert ad istum rem Rabonius : ut sibi videatur, satis grandem pecuniam; et satis impudentem esse. Iste, qui aliquando plus cogitasset, male accipit verbis Rabonium, negat eum sibi illa decisione satisfacere posse, ne multa, locaturum se esse confirmat. Tutores hæc nesciunt; quod actum erat cum Rabonio, putant id esse certissimum; nullam majorem pupillo metuunt calamitatem. Iste vero non procrastinat : locare incipit, non proscripta neque edicta die, alienissimo tempore, ludis ipsis Romanis, Foro ornato. Itaque renuntiat Rabonius illam decisionem tutoribus. Accurrunt tamen ad tempus tutores : digitum tollit Junius patruus : isti color immutatus

que, si l'adjudication est accordée au pupille, si l'émissaire qu'il a aposté n'obtient pas l'entreprise, c'est une proie qui lui échappe. Il imagine donc... quoi? oh! rien d'ingénieux, rien dont on puisse dire : cela est mal, mais c'est adroit. Non, n'attendez de lui ni piége ni malice : il ne fait rien qu'à découvert, au grand jour, avec effronterie, avec folie, avec audace. Si les réparations, se dit-il, sont adjugées au pupille, ma proie m'échappe des mains ; quel moyen de la retenir? quel moyen? Que le pupille ne soit pas adjudicataire. Mais alors que devient l'usage, — usage toujours admis, dans les ventes publiques de biens chargés d'hypothèques, soit directes, soit à titre de caution, par tous les consuls, par tous les censeurs, tous les préteurs, tous les questeurs, — de favoriser spécialement le possesseur actuel comme étant celui que l'adjudication intéresse le plus? Verrès exclut le seul peut-être qui devait avoir le privilége de se porter adjudicataire. Car enfin, pourrait dire celui-ci, pourquoi un étranger prétend-il, malgré moi, à une entreprise qui sera payée de mes fonds? pourquoi vient-il sur mon marché? C'est à mes frais que doivent se faire les réparations qui sont adjugées ; je m'engage, moi, à les faire : ce sera à vous, qui me les avez allouées, à examiner l'ouvrage; mes biens et ceux de mes cautions en répondent au trésor public. Et si, vous préteur, vous ne regardez pas cette garantie comme suffisante, vous serez le maître de jeter ma fortune à qui vous plaira,

---

est; vultus, oratio, mens denique excidit. Quid ageret, cœpit cogitare : si opus pupillo redimeretur, si res abiret ab eo mancipe, quem ipse apposuisset, sibi nullam prædam esse. Itaque excogitat : quid? nihil ingeniose ; nihil, quod quisquam possit dicere : Improbe, verum callide ; nihil ab isto tectum, nihil veteratorium exspectaveritis : omnia aperta, omnia perspicua reperiuntur, impudentia, amentia, audacia. Si pupillo opus redimitur, mihi præda de manibus eripitur : quod est igitur remedium? quod? ne liceat pupillo redimere. Ubi illa consuetudo in bonis prædibus, prædiisque vendundis, omnium consulum, censorum, prætorum, quæstorum denique, ut optima conditione sit is, cuja res sit, cujum periculum? Excludit eum solum, cui prope dicam soli potestatem factam esse oportebat. Quid enim quisquam ad meam pecuniam, me invito, aspirat? quid accedit? Locatur opus id, quod ex mea pecunia reficiatur : ego me refecturum esse dico : probatio futura est tua, qui locas : prædibus et prædiis populo cautum est. Et, si non putas cautum, scilicet tu

vous m'empêcherez de venir me présenter pour la défendre!

LV. C'est une chose curieuse, que son ordonnance; vous y reconnaîtrez l'auteur de l'édit sur les successions : *Réparations à faire par le pupille Junius.* Parlez donc plus haut, je vous prie. *C. Verrès, préteur de Rome, a de plus ordonné.* C'est la formule des amendements aux lois censoriales. Pourquoi pas? je lis dans beaucoup d'anciennes lois : *Cn. Domitius, L. Metellus, L. Cassius, Cn. Servilius, censeurs, ont ordonné de plus.* C. Verrès peut bien vouloir procéder comme eux. Eh bien, qu'a-t-il ordonné? *Que quiconque aura obtenu des censeurs L. Marcius et M. Perperna l'adjudication de l'entretien d'un édifice public, ne pourra y être associé pour une part quelconque, ni admis en son nom à la fin de son bail.* Pourquoi cela? Aviez-vous peur que l'ouvrage fût défectueux? mais la vérification vous en était soumise; craigniez-vous que le pupille ne fût pas assez riche? mais ses biens et ceux de ses cautions offraient une garantie plus que suffisante pour le trésor public, et vous pouviez en exiger une plus forte encore. Enfin, si cette considération, si l'injustice d'un pareil décret ne vous arrêtait pas; si la ruine d'un pupille, les larmes de sa famille, la générosité de D. Brutus, qui l'avait cautionné, si l'appui d'un tuteur aussi respectable que M. Marcellus n'étaient auprès de vous d'aucun poids, n'avez-vous pas réfléchi, du moins, que telle était la nature de ce délit, que vous ne pouviez ni le nier, puisque vos registres le cons-

prætor in mea bona, quos voles, immittes? me ad meas fortunas defendendas accedere non sines!

LV. Operæ pretium est, ipsam legem cognoscere : dicetis, eundem conscripsisse, qui illud edictum de hereditate : Lex opere faciundo quæ pupilli Junii. Dic, dic, quæso, clarius. C. Verres pr. Urbis addidit. Corriguntur leges censoriæ. Quid enim? video in multis veteribus legibus : Cn. Domitius, L. Metellus, L. Cassius, Cn. Servilius, censores addiderunt : vult aliquid ejusmodi C. Verres. Dic : quid addidit? Qui de L. Marcio, M. Perperna, censoribus redemerit, eum socium ne admittito, neve ei partem dato, neve ei redimito. Quid ita? ne vitiosum opus fieret? at erat probatio tua : ne parum locuples esset? at erat, et esset amplius, si velles, populo cautum prædibus et prædiis. Hic te si res ipsa, si indignitas, injuriæ tuæ non commovebat, si pupilli calamitas, si propinquorum lacrymæ, si D. Bruti, cujus prædia subierunt periculum, si M. Marcelli tutoris auctoritas apud te ponderis nihil habebat : ne illud quidem animadvertebas, ejus modi fore hoc peccatum tuum, quod tu

tataient, ni l'avouer avec quelque espoir de le justifier? L'ouvrage est adjugé pour cinq cent soixante mille sesterces, quoique les tuteurs ne cessassent de crier qu'ils le feraient pour quatre-vingt mille, au gré du plus injuste des hommes. Quels étaient, en effet, ces grands travaux? vous les avez vus, juges : toutes les colonnes que vous avez vues reblanchies ont été démontées à peu de frais par le moyen d'une grue, puis rétablies avec les mêmes pierres : voilà ce que vous avez adjugé au prix de cinq cent soixante mille sesterces; encore y a-t-il plusieurs de ces colonnes auxquelles votre entrepreneur n'a pas touché. Je soutiens même qu'il y en a une à laquelle on n'a fait autre chose que de recrépir le chapiteau. Quant à moi, si j'avais pensé qu'il en coûtât tant d'argent pour reblanchir des colonnes, certes je n'aurais jamais demandé l'édilité.

LVI. Mais il fallait présenter l'affaire de manière à couvrir cette spoliation d'un pupille. Aussi lit-on dans votre édit : *Si dans vos travaux vous causez quelque dégradation, vous la réparerez*. Quelle dégradation pouvait-on supposer, puisqu'il ne s'agissait que de remettre chaque pierre à sa place? Vous ajoutez : *L'adjudicataire donnera caution de dédommager la personne à qui le premier entrepreneur avait cédé son bail*. C'est, sans doute, une plaisanterie de contraindre Rabonius à se donner caution à lui-même. On lit plus bas : *L'argent sera payé comptant*. Par qui? par un homme qui vous a crié qu'il ferait pour

---

neque negare posses — in tabulas enim rettulisti, — nec cum defensione aliqua confiteri? Addicitur id opus HS ɔlx millibus; quum tutores HS lxxx millibus id opus ad illius hominis iniquissimi arbitrium se effecturos esse clamarent. Etenim quid erat operis? id, quod vos vidistis : omnes illæ columnæ, quas dealbatas vidistis, machina apposita, nulla impensa dejectæ, eisdemque lapidibus repositæ sunt : hoc tu HS ɔlx millibus locavisti. Atqui in illis columnis dico esse, quæ a tuo redemptore commotæ non sint ; dico esse, ex qua tantum tectorium vetus delitum sit, et novum inductum. Quod si tanta pecunia columnas dealbari putassem, certe nunquam ædilitatem petivissem.

LVI. At, ut videatur tamen res agi, et non eripi pupillo : Si quid operis causa nescideris, repicito. Quid erat, quod rescinderet, quum suo quemque loco lapidem reponeret? Qui redemerit, satisdet damni infecti ei, qui a vetere redemptore acceperit. Deridet, quum sibi ipsum jubet satisdare Rabonium. Pecunia præsens solvetor. Quibus de bonis? ejus, qui, quod tu HS

quatre-vingt mille sesterces ce que vous avez adjugé pour cinq cent soixante mille! Par le pupille? Son âge, son état d'orphelin vous aurait obligé de défendre ses intérêts en votre qualité de préteur, s'il n'avait pas eu de tuteurs; mais, défendu qu'il était par ceux-ci, vous avez ravi, et son patrimoine, et jusqu'aux biens des tuteurs eux-mêmes. L'édit porte encore ces mots : *Que le tout soit de bons matériaux, chacun en son genre.* Il n'a fallu que retailler quelques pierres et les reposer à l'aide de la machine à cet usage. Car je ne vois ici ni pierres, ni matériaux à voiturer; tout s'est réduit au travail de quelques manœuvres, et à l'emploi d'une seule grue; la dépense n'a pu être considérable. Que croyez-vous, juges, qui soit le plus cher, d'élever une colonne toute neuve sans y employer aucune pierre qui ait déjà servi, ou d'en rétablir quatre comme celle-ci? Personne ne doute qu'il n'en coûte beaucoup plus pour en construire une neuve. Je prouverai que de fortes colonnes toutes neuves, et voiturées de très-loin par des chemins difficiles, sont revenues seulement à quarante mille sesterces chacune : je vous citerai les maisons particulières dont elles ornent la cour. Mais il est inutile d'insister sur l'impudence de Verrès, tout le monde la connaît. D'ailleurs, n'a-t-il pas fait montre de se moquer de l'opinion publique, en terminant son édit par cette clause : *Les vieux matériaux reviendront à l'entrepreneur.* Comme s'il devait résulter de vieux matériaux d'un

---

IDLX millibus locasti, HS LXXX millibus effecturum se esse clamavit. Quibus de bonis? pupilli, cujus ætatem et solitudinem, etiamsi tutores non essent, defendere prætor debuit. Tutoribus defendentibus, non modo patrias ejus fortunas sed etiam bona tutorum ademisti. Hoc opus novum suo cuique facito. Lapis aliquis cædendus, et apportandus fuit machina sua : nam illo non saxum, non materies advecta est. Tantum operis in ista locatione fuit, quantum paucæ operæ fabrorum mercedis tulerunt, et manus pretium machinæ. Utrum existimatis minus operis esse, unam columnam efficere ab integro novam nullo lapide redivivo, an quattuor illas reponere? nemo dubitat, quin multo majus sit novam facere. Ostendam, in ædibus privatis, longa difficilique vectura, columnas singulas ad impluvium, HS quadragenis millibus, non minus magnas, locatas. Sed ineptum est de tam perspicua istius impudentia pluribus verbis disputare, præsertim quum iste aperte tota lege omnium sermonem atque existimationem contempserit, qui etiam ad extremum ascripserit, Rediviva sibi ha-

travail consistant à réparer les colonnes avec ces mêmes matériaux. Le pupille ne pouvait être adjudicataire ; je le veux : mais il n'était pas nécessaire pour cela que ce fût Verrès lui-même qui eût l'entreprise : le premier venu pouvait enchérir. Tous furent écartés aussi ouvertement que le pupille : l'ouvrage devant être achevé aux kalendes de décembre, l'adjudication se fit vers les ides de septembre : par ce délai insuffisant, il écarta tout le monde.

LVII. Mais comment Rabonius trouva-t-il ce délai suffisant ? Personne ne vint chicaner Rabonius, ni aux kalendes, ni aux nones, ni aux ides de décembre ; et Verrès partit même pour sa province avant que l'ouvrage fût achevé. Depuis qu'il a été traduit en justice, il a prétendu d'abord qu'il ne pouvait porter sur ses registres l'acceptation de la remise de cet ouvrage : ensuite, se voyant pressé par Rabonius, il se rejeta sur moi, et dit que j'avais mis le scellé sur ses papiers. Aussitôt Rabonius m'en demande communication ; il me fait parler par mes amis, et n'a pas de peine à l'obtenir. Verrès ne savait plus quel parti prendre ; il croyait se ménager un moyen de justification, en n'inscrivant point sur ses registres la remise de l'ouvrage ; d'un autre côté, il sentait bien que Rabonius ferait tout connaître ; et d'ailleurs, quelle manœuvre pouvait être plus manifeste que celle-ci ne le serait aujourd'hui encore, quand même nous n'aurions pas le témoignage de Rabonius ? C'est quatre ans après l'époque fixée pour la confec-

neto : quasi quidquam redivivi ex opere illo tolleretur, ac non totum opus ex redivivis constitueretur. At enim si pupillo redimi non licebat, non necesse erat rem ad ipsum pervenire : poterat aliquis ad id negotium de populo accedere. Omnes exclusi sunt non minus aperte, quam pupillus : diem præstituit operi faciundo, Kalendas Decembres ; locat circiter Idus Septembres ; angustiis temporis excluduntur omnes.

LVII. Quid ergo ? Rabonius istam diem quomodo assequitur ? Nemo Rabonio molestus est, neque Kalendis Decembribus, neque Nonis, neque Idibus ; denique aliquanto in provinciam iste proficiscitur prius, quam opus effectum est. Posteaquam reus factus est, primo negabat opus in acceptum referre posse : quum instaret Rabonius, in me causam conferebat, quod tum codicem obsignassem. Petit a me Rabonius, et amicos allegat : facile impetrat : iste, quid ageret nesciebat. Si in acceptum non rettulisset, putabat se aliquid defensionis habiturum. Rabonium porro intelligebat rem totam esse patefacturum : tametsi

tion de l'ouvrage, que Verrès en a porté l'acceptation sur ses registres. Il n'aurait pu procéder ainsi, si tout autre avait obtenu l'entreprise; mais personne ne se présenta, parce que le temps parut trop court aux uns, et que les autres ne voulurent point se mettre sous la dépendance d'un homme qui aurait considéré cette affaire comme une proie qu'ils lui auraient enlevée; car, est-il besoin de chercher dans quelles mains a passé cet argent? Lui-même l'a fait assez connaître. D'abord Decimus Brutus s'étant plaint hautement, quoique l'adjudication eût été fixée à cinq cent soixante mille sesterces, et qu'il les eût déjà payés de sa bourse, le préteur lui remit cent dix mille sesterces : certes, si cette somme eût été à prendre sur les fonds d'autrui, il n'aurait pu en disposer. En second lieu, l'argent fut compté à Cornificius, alors son secrétaire, il ne peut le nier. Ce n'est pas tout encore : les registres de Rabonius attestent que cet argent fut le butin de Verrès. Lisez *les registres de Rabonius*.

LVIII. A ce sujet, Q. Hortensius s'est plaint, dans sa première plaidoirie, qu'un pupille ait paru devant vous en robe prétexte, et que l'oncle de Junius l'eût accompagné avec d'autres témoins pour déposer. Il s'est écrié que je cherchais à faire de l'effet, à émouvoir les esprits, en amenant un enfant au pied du tribunal; qu'y avait-il donc dans cet enfant qui fût calculé pour produire de l'effet et pour émouvoir les esprits? Qu'aurait-on dit de plus, si

quid poterat esse apertius, quam nunc est, ut uno minus teste haberet Rabonio? Opus in acceptum rettulit quadrienno post, quam diem operi dixerat. Hac conditione, si quis de populo redemptor accessisset, non esset usus : quum die cæteros redemptores exclusisset, tum in ejus arbitrium ac potestatem venire nolebant, qui sibi ereptam prædam arbitraretur. Nam quid argumentemur quo ista pecunia pervenerit? facit ipse indicium. Primum quum vehementius cum eo D. Brutus contenderet, qui de sua pecunia HS DLX millia numeravit ; quod jam iste ferre non poterat, opere addicto, prædibus acceptis, de HS DLX millibus, remisit D. Bruto HS CX millia. Hoc, si aliena res esset, certe facere non potuisset. Deinde nummi numerati sunt Cornificio : quem scribam suum fuisse negare non potest. Postremo ipsius Rabonii tabulæ prædam illam istius fuisse clamant : recita NOMINA RABONII.

LVIII. Hic etiam priore actione, Q. Hortensius pupillum Junium venisse pretextatum in vestrum conspectum, et stetisse cum patruo testimonium dicente, questus est ; et me populariter agere, atque invidiam commovere, quod puerum producerem, clamavit. Quid erat, Hortensi, tandem in illo puero populare?

j'avais produit au milieu du Forum le fils de Gracchus ou celui de Saturninus, pour que son nom et le souvenir de son père soulevassent une multitude ignorante? C'était le fils de P. Junius, d'un homme appartenant à la classe des plébéiens, un enfant que son père, en mourant, avait cru nécessaire de recommander à ses tuteurs, à sa famille, et de mettre sous la protection des lois et des magistrats. Dépouillé par la plus inique adjudication non-seulement des biens de son père, mais de tout ce qu'il possédait de son chef, il est venu réclamer votre justice; il a voulu, s'il ne pouvait se faire entendre, avoir du moins la consolation de voir revêtu d'habits moins fastueux celui qui, par un vol impudent, l'a réduit depuis plusieurs années à ne porter que les tristes vêtements de la misère. Ce n'était donc point son âge, Hortensius, mais sa cause ; ce n'était point son costume, mais son malheur qui vous paraissait propre à produire de l'effet; vous étiez moins inquiet qu'il fût venu avec sa robe prétexte que sans collier d'or : car personne n'était blessé de le voir avec un costume autorisé par l'usage et par le droit de sa naissance; mais chacun était indigné que cet ornement, dont son père avait décoré son enfance, comme marque distinctive de sa fortune et de sa condition, lui eût été arraché par un brigand. Ses larmes, que l'on voyait couler, n'avaient rien de plus calculé pour l'effet que les nôtres, que les vôtres, Hortensius, que celles des hommes qui vont

quid invidiosum? Gracchi, credo, aut Saturnini, aut alicujus hominis ejus modi produxeram filium, ut nomine ipso, et memoria patris, animos imperitæ multitudinis concitarem. P. Junii erat, hominis de plebe Romana, filius, quem pater moriens tum tutoribus et propinquis, tum legibus, tum æquitati magistratuum, tum judiciis vestris commendatum putavit. Hic istius scelerata locatione, nefarioque latrocinio, bonis patriis fortunisque omnibus spoliatus, venit in judicium : si nihil aliud, saltem, ut cum, cujus opera ipse multos annos est in sordibus, paullo tamen obsoletius vestitum videret. Itaque tibi, Hortensi, non illius ætas, sed causa ; non vestitus, sed fortuna, popularis videbatur; neque tam commovebat, quod ille cum toga prætexta, quam quod sine bulla venerat : vestitus enim neminem commovebat is, quem illi mos, et jus ingenuitatis dabat; quod ornamentum pueritiæ pater dederat, indicium atque insigne fortunæ, hoc ab isto prædone ereptum esse, graviter et acerbe homines ferebant. Neque erant hæ lacrymæ populares magis, quam nostræ, quam tuæ, Q. Hortensi, quam horum, qui sententiam laturi sunt : ideo, quod com-

nous juger : car il s'agit ici d'une cause commune, d'un péril commun ; et nous devons, par une défense commune, nous prémunir contre les attentats d'une perversité qui, comme un incendie, menace de tout consumer. Nous avons des enfants en bas âge ; aucun de nous ne sait combien de temps il lui reste à vivre : et, tant que nous respirons, nous devons veiller à ce que leur enfance et leur abandon trouvent un jour un appui assez fort pour les protéger. Et qui pourrait défendre la faiblesse de nos enfants contre l'iniquité des magistrats? Leur mère? Oui, sans doute, la mère d'Annia, cette femme d'un rang illustre, lui a été d'un puissant secours ! Vainement elle implorait les dieux et les hommes : Verrès n'en a pas moins ravi à sa pupille les biens de son père. Ses tuteurs, sans doute, seront plus heureux à le défendre? Vraiment la chose est facile avec un préteur qui a repoussé les représentations, les prières, et fait litière du crédit d'un tuteur tel que Marcellus, intercédant pour Junius, son pupille!

LIX. Examinerons-nous ce qu'il a fait au fond de la Phrygie, et dans les cantons les plus reculés de la Pamphylie, à quelles pirateries il s'est livré dans la guerre des pirates, lui qui, sur le Forum du peuple Romain, s'est conduit en exécrable corsaire? Ne devine-t-on pas avec quelle audace il a pillé les ennemis, celui qui s'est approprié, comme sa proie, les trophées de L. Metellus; celui qui a fait payer plus cher pour

munis est causa, commune periculum ; communi præsidio talis improbitas : tanquam aliquod incendium, restinguenda est. Habemus enim liberos parvos, incertum est, quam longa nostrum cujusque vita futura sit : consulere vivi ac prospicere debemus, ut illorum solitudo et pueritia quam firmissimo præsidio munita sit. Quis est enim, qui tueri possit liberum nostrorum pueritiam contra improbitatem magistratuum ? Mater, credo. Scilicet magno præsidio fuit Anniæ pupillæ mater, femina primaria : minus, illa deos hominesque implorante, iste infanti pupillæ fortunas patrias ademit. Tutoresne defenderent ? perfacile vero apud istius modi prætorem, a quo M. Marcelli tutoris, in causa pupilli Junii, et oratio, et voluntas, et auctoritas repudiata est.

LIX. Quærimus etiam, quid iste in ultima Phrygia, quid in extremis Pamphyliæ partibus fecerit? qualis in bello prædonum prædo ipse fuerit ? qui in Foro populi Romani pirata nefarius reperiatur. Dubitamus, quid iste in hostium præda molitus sit, qui manubias sibi tantas ex L. Metelli manubiis fece-

reblanchir quatre colonnes, qu'il n'en a coûté à Metellus pour les faire construire? Attendrons-nous que les témoins venus de Sicile fassent leur déposition? Mais tous ceux qui ont visité le temple de Castor ne déposeront-ils pas contre votre cupidité, contre votre iniquité et votre audace? Peut-on aller de la statue de Vertumne au grand Cirque, sans rencontrer à chaque pas des traces de votre cupidité? Vous-même, Verrès, vous n'oseriez passer sur cette voie où doit passer la pompe de nos chars sacrés, tant vous y avez commis de brigandages. Croira-t-on que, séparé de l'Italie par le détroit, vous ayez ménagé les alliés, vous qui n'avez pas craint de faire du temple de Castor un témoin de vos rapines, témoin qui pût être toujours vu du peuple romain, et de vos juges, au moment de prononcer sur votre sort?

LX. Faut-il rappeler encore que, durant sa préture, Verrès s'est arrogé la décision d'une cause publique? car c'est une affaire qu'on ne peut passer sous silence. C'est devant ce préteur que l'amende fut requise contre Q. Opimius, traduit en justice, sous prétexte d'avoir voulu, lorsqu'il était tribun, empêcher l'exécution de la loi Cornelia, mais en réalité, pour avoir parlé, pendant son tribunat, contre les intentions d'un illustre personnage. Si je voulais dire tout ce que je sais sur ce jugement, il me faudrait citer et blesser beaucoup de personnes; ce qui n'est pas nécessaire. Je rappellerai seulement que quelques ambitieux, pour ne rien dire de plus, se servirent de l'autorité du

rit? qui majore pecunia quattuor columnas dealbandas, quam ille omnes ædificandas locaverit? Exspectemus, quid dicant ex Sicilia testes : quis unquam templum illud aspexit, quin avaritiæ tuæ, quin injuriæ, quin audaciæ testis esset? Quis a signo Vertumni in Circum maximum venit, quin is in unoquoque gradu de avaritia tua commoneretur? quam tu viam tensarum atque pompæ ejus modi exegisti, ut tu ipse illa ire non audeas. Te putet quisquam, quum ab Italia freto disjunctus esses, sociis temperasse? qui ædem Castoris, testem furtorum tuorum esse volueris ; quam populus romanus cotidie, judices etiam tum, quum de te sententiam ferrent, viderent?

LX. Atque etiam judicium in prætura publicum exercuit : non enim prætereundum est ne id quidem. Petita multa est apud istum prætorem a Q. Opimio qui adductus est in judicium, verbo, quod, quum esset tribunus plebis, intercessisset contra legem Corneliam; re quod in tribunatu dixisset contra alicujus hominis nobilis voluntatem. De quo judicio, si velim dicere omnia, multi appellandi lædendique sint ; quod mihi non est necesse. Tantum dicam; pauco

préteur pour se donner le plaisir de perdre Q. Opimius. Verrès viendra-t-il encore se plaindre que la première action se soit terminée en neuf jours, lorsque, devant un tribunal, il n'a fallu que trois heures pour qu'un sénateur romain, Q. Opimius, fût dépouillé de ses biens, de son rang, de tous ses titres? jugement tellement inique, qu'on a souvent, depuis, délibéré dans le sénat si l'on n'abolirait pas les amendes et les enquêtes de cette espèce. Et lorsqu'il fut procédé à la vente des biens de Q. Opimius, quelles déprédations Verrès ne se permit-il pas, et avec quel front, avec quelle méchanceté? Mais ces détails m'entraîneraient trop loin. Je n'ajoute qu'un mot, c'est que, si je ne vous donne pas la preuve authentique des faits, d'après les registres des hommes les plus dignes de foi, je permets qu'on regarde toute cette imputation comme entièrement controuvée dans l'intérêt de ma cause. Mais celui qui, abusant de la condamnation d'un sénateur romain, à laquelle il avait présidé comme préteur, a eu la bassesse de s'approprier les dépouilles de cet infortuné, comme un trophée pris sur l'ennemi, pourrait-il détourner de sa tête le châtiment?

LXI. Quant au remplacement par le sort des juges dans la cause jugée par Junius, je n'en parlerai pas. Et que pourrais-je dire contre les listes que vous avez produites? l'entreprise serait difficile; et votre intégrité, celle de vos assesseurs, pour ne pas dire aussi l'anneau d'or de votre secrétaire m'en dissuadent.

homines, ut levissime dicam, arrogantes, hoc adjutore, Q. Opimium per ludum et jocum fortunis omnibus evertisse. Is mihi etiam queritur, quod a nobis, ix solis diebus, prima actio sui judicii transacta sit, quum apud ipsum tribus horis Q. Opimius, senator populi Romani, bona, fortunas, ornamenta omnia amiserit? cujus propter indignitatem judicii, sæpissime est actum in senatu, ut genus hoc totum multarum ac judiciorum ejus modi tolleretur. Jam vero in bonis Q. Opimii vendendis, quas iste prædæ, quam aperte, quam improbe fecerit, longum est dicere. Hoc dico : nisi vobis id hominum honestissimorum tabulis planum fecero, fingi a me hoc totum temporis causa putatote. Jam qui ex calamitate senatoris populi Romani, quum prætor judicio ejus præfuisset spolia domum suam referre, et manubias detrahere conatus est, is ullam ab sese calamitatem poterit deprecari?

LXI. Nam de subsortitione illa Juniana judicum nihil dico. Quid enim? contra tabulas, quas tu protulisti, audeam dicere? Difficile est : non enim me tua solum, et judicum auctoritas, sed etiam annulus aureus scribæ tui deterret. Non dicam

Je me tairai donc sur ce qu'il me serait malaisé de prouver; mais je dirai et je prouverai que plusieurs personnes d'un rang distingué vous ont entendu dire qu'il fallait vous pardonner si vous aviez produit une fausse liste, parce que, sans cette précaution, la haine, qui partout éclata contre C. Junius, aurait alors éclaté contre vous-même, au péril de vos jours.

C'est ainsi que Verrès a, de longue main, pris ses précautions et pourvu à sa sûreté, en consignant sur ses registres publics et particuliers ce qui ne s'était point fait; en effaçant ce qui s'y trouvait; en retranchant, en changeant, en intercalant, et surtout en prenant soin que les ratures ne parussent pas. Car il en est venu au point de ne pouvoir justifier ses crimes que par d'autres crimes. C'est par un tirage au sort de cette espèce, que l'insensé s'était aussi flatté de faire changer ses juges par les soins de Q. Curtius, son digne ami, qui devait être président d'un autre tribunal, juge de la question. Et si, grâce à l'appui du peuple romain, à ses cris, à ses menaces, je n'avais su lui résister, l'avantage d'avoir des juges tirés de cette noble décurie, dont j'avais tant d'intérêt à rechercher la coopération, cet avantage m'aurait été enlevé; et Junius, abusant du sort au gré de Verrès, leur en substituait d'autres pour former son conseil.....

id, quod probare difficile est : hoc dicam, quod ostendam, multos ex te viros primarios audisse, quum diceres, ignosci tibi oportere, quod falsum codicem protuleris; nam, qua invidia C. Junius conflagravit, ea, nisi providisses, tibi ipsi tum pereundum fuisse.

Hoc modo iste sibi et saluti suæ prospicere didicit, referendo in tabulas et privatas et publicas, quod gestum non esset; tollendo, quod esset, et semper aliquid demendo, mutando, curando, ne litura appareret, interpolando. Eo enim usque progreditur, ut ne defensionem quidem maleficiorum suorum sine aliis maleficiis reperire possit. Ejusdem modi sortitionem homo amentissimus suorum quoque judicum fore putavit per sodalem suum, Q. Curtium, judicem quæstionis : cui nisi ego vi populi, et hominum clamore atque convitio restitissem ; ex hac decuria nostra, cujus mihi copiam quam largissime factam oportebat, erepta esset facultas eorum, quos (ubi) iste annuerat, in suum consilium sine causa subsortiebatur....

(Cætera desiderantur.)

FIN DU TOME CINQUIÈME

NOTES

DISCOURS POUR SEXTUS ROSCIUS D'AMÉRIE

I, page 9. *Tant d'éloquents orateurs, d'illustres citoyens.* Roscius comptait, parmi les hôtes et les amis de sa famille, des Scipion, des Metellus, des Servilius, des Messala, en un mot les premiers personnages de la république, tous d'ailleurs attachés au parti du sénat, qui triomphait alors sous l'influence de Sylla. Cette circonstance ne laissait pas de donner à Cicéron quelque espoir de sortir sans désavantage de la lutte dangereuse qu'il engageait avec Chrysogon.

Page 9. *Qui sont assis devant votre tribunal.* Dans les causes criminelles, l'accusé, outre ses défenseurs, amenait devant le tribunal un certain nombre de citoyens distingués, dont la présence servait de recommandation à sa cause. On les nommait *advocati, vocati ad causam.*

Page 10. *Aucune témérité n'est permise à leur âge*, etc. Ceci rappelle ces vers de Juvénal, sat. VIII :

> Nunc animi vitium tanto conspectius in se
> Crimen habet, quanto major qui peccat habetur.

Page 10. *Condamner sans entendre.* Les proscriptions de Sylla n'étaient autre chose que des condamnations arbitraires, sans avoir entendu ni même appelé ceux qui en étaient l'objet. On sent d'après cela combien ce trait de l'orateur était courageux. Un ancien commentateur trouve que ces mots : *non modo ignoscendi ratio, verum etiam cognoscendi,* sont une allusion à ce vers de Térence :

> Nam et cognoscendi et ignoscendi dabitur locus (*apud patrem*).
> *Heauton.*, act. II, sc. III.

Page 11. *J'ai été sollicité par des hommes.* « C'est une observation à faire, que Cicéron, dans chaque cause qu'il plaide, commence par établir les motifs personnels qui l'ont déterminé à s'en charger; et l'importance qu'il met à les bien fonder prouve qu'indépendamment de la cause même, il y avait des convenances particulières à garder pour se charger, avec l'approbation générale, du rôle d'accusateur ou de défenseur. C'était, pour les hommes considérables, une fonction publique, souvent liée aux intérêts de l'État, bien différente de cette foule de petits procès particuliers que les orateurs de réputation et les hommes en place abandonnaient aux avocats subalternes, à ceux qui sont désignés en latin par un mot qui signifie plaideurs de causes : *causidici.* » (Laharpe, *Cours de littérature*, tome III, chap. IV, *Analyse des ouvrages de Cicéron.*)

II, page 11. *Six millions de sesterces.* Le sesterce était le quart du denier romain, valant quatre-vingt-dix centimes (dix-huit sous); or, le sesterce valait vingt-deux centimes et demi (quatre sous et demi). Ainsi, les biens de Sextus Roscius offraient une valeur de 1,350,000 fr., et ils furent adjugés au protégé de Sylla pour la modique somme de 450 fr., si l'on veut entendre ici *nummus* par sesterce. Plutarque évalue les biens de Roscius à deux cent cinquante talents, ce qui donne une somme à peu près égale à celle qu'énonce Cicéron; mais il ajoute qu'ils furent adjugés deux mille drachmes, ce qui ferait 1,800 fr.

Page 11. *Sylla, dont je ne prononce le nom qu'avec respect.* Cette formule reviendra souvent dans le discours de Cicéron. Les orateurs l'employaient toujours lorsqu'ils ne savaient pas si la personne dont ils parlaient consentait à être nommée. — Remarquons encore ici avec Laharpe, « qu'en attaquant Chrysogon avec toute la force dont il était capable, en le rendant aussi odieux qu'il était possible, il a pour Sylla tous les ménagements imaginables, et prend toujours le parti le plus prudent, lorsque l'on combat l'autorité, celui de supposer qu'elle n'est point instruite, et même qu'elle ne saurait l'être. »

Page 12. *L. Cornelius Chrysogon.* Affranchi de Sylla (*voyez* le sommaire de ce discours). Chrysogon avait pour prénom L. Cornelius, parce que les esclaves prenaient le nom du maître qui les avait affranchis. Voilà pourquoi les dix mille esclaves auxquels Sylla, après son abdication, donna la liberté avec le droit de cité, prirent tous le nom de L. Cornelius avec un autre surnom. Chrysogon avait été amené d'Asie à Rome, exposé en vente sur la place publique, et acheté par Sylla.

III, page 13. *Appelés du sénat à ce tribunal.* Les sénateurs jouirent du privilége d'être nommés seuls juges jusqu'à l'an 630. Ils en furent dépossédés par C. Gracchus l'an 631, jusqu'à l'an 666, que la loi Plautia les remit en possession de cette prérogative, mais concurremment avec les chevaliers, ou même de simples plébéiens. En 672, Sylla rendit exclusivement la judicature au sénat, après avoir fait entrer dans ce corps trois cents chevaliers. Cet ordre de choses, existant au moment où Cicéron plaidait pour Roscius, ne dura que jusqu'en 684 (consulat de Pompée et de Crassus): alors les chevaliers furent de nouveau associés aux sénateurs pour les fonctions judiciaires.

IV, page 14. *Enfin à ma timidité naturelle.* Cicéron parle souvent de sa timidité. (Voyez *Divinat. in Cæcilium*, cap. XLI; *pro Cluentio*, cap. LI; *pro rege Dejotaro*, cap. I; enfin, dans le Traité *de Oratore*, liv. II, ch. XXVI, où il s'est peint lui-même sous le nom de l'orateur Crassus.) Cette timidité fut bien préjudiciable à son client quand il plaida pour Milon. — Cette phrase symétrique, *Commoditati ingenium, gravitati ætas, libertati tempora*, etc., a rappelé à un ancien commentateur ce distique :

> Pastor, arator, eques, pavi, colui, superavi,
> Capras, rus, hostes : fronde, ligone, manu.

Page 14. *M. Fannius.* Alors préteur. Il avait, dix ans auparavant, par délégation du préteur, été chargé de la poursuite des assassins. Voilà pourquoi Cicéron dit: *Quum huic idem quæstioni judex præesses.*

V, page 15. *Voici la première fois.* Pendant la guerre civile et durant les proscriptions de Sylla, c'est-à-dire depuis l'an 666 jusqu'à l'an 672, le cours de la justice avait été interrompu. Quelques mois après avoir été revêtu de la dictature, Sylla mit un terme à tous ces désordres. Il porta ou remit en vigueur des lois contre les faussaires, les incendiaires, les empoisonneurs, les meurtriers, etc.; enfin, l'on doit dire qu'il usa de tous les moyens d'un habile réformateur pour ramener l'ordre dans l'Etat. (*Voyez* APPIEN, *Guerres civiles*, liv. I, et PLUTARQUE, *Vies de Marius et de Sylla*.)

VI, page 16. *Du municipe d'Amérie.* Les villes municipales étaient celles qui avaient obtenu en tout ou en partie les prérogatives dont jouissaient les citoyens romains. Les unes avaient reçu le droit de cité, mais sans qu'on leur eût accordé le droit de suffrage, ni la faculté de parvenir aux magistratures, ni même quelquefois la liberté de contracter mariage avec des femmes romaines. Les autres participèrent à tous les droits attachés à la qualité de citoyen; mais les habitants de ces villes ne pouvaient prendre le titre de citoyens romains qu'après s'être établis à Rome, et s'être fait inscrire dans une tribu.

Cette inégalité de traitement et ces distinctions entre les villes de l'Italie disparurent à la fin de la guerre sociale, l'an 665. Le droit de cité fut accordé sans restriction à l'Italie entière, et tous ses habitants furent inscrits sur les rôles des citoyens.

Page 17. *Partisan déclaré de la noblesse.* L'élévation des familles plébéiennes aux dignités curules avait depuis longtemps effacé la distinction entre les patriciens et les descendants des plébéiens parvenus à la noblesse. Il en résulta que ces plébéiens, devenus nobles, se séparèrent du peuple, et firent corps avec les patriciens, et que les luttes qui s'élevèrent depuis le temps des Gracques furent entre la noblesse et le peuple, et non pas entre les patriciens et les plébéiens, comme dans les commencements de la république.

Page 17. *Dans tous les pays.* Cette expression marque que, lors des proscriptions de Sylla, aucun lieu ne put servir d'asile à ceux dont les noms étaient portés sur les listes fatales.

VII, page 18. *Après la première heure de la nuit.* Chez les Romains, le jour naturel, c'est-à-dire le temps de la présence du soleil sur l'horizon, était divisé en douze portions ou en douze heures. Les jours étant inégaux, ces heures devenaient inégales comme eux dans les différents temps de l'année; elles étaient plus longues l'été que l'hiver.

On comptait la première heure du jour au lever du soleil, et la première de la nuit au coucher de cet astre.

Roscius fut tué vers l'équinoxe de septembre, l'an de Rome 672. A cette époque, les jours et les nuits sont divisés en douze parties égales. Ainsi, *après la première heure de la nuit* signifie, selon notre manière de compter, entre sept et huit heures du soir.

Page 19. *Cinquante-six milles.* Environ seize de nos lieues. Cette diligence de Glaucia suppose quelque motif pressant. Les Romains ne connaissaient pas l'usage des postes et relais, et ne pouvaient voyager aussi rapidement que les modernes. — *Cisium.* Chariot léger à deux roues, et dont, suivant Jean le Saxon, on faisait encore usage en Hongrie au seizième siècle.

Page 19. *Au camp de Sylla, près de Volaterre.* Sylla était alors occupé à réduire Volaterre, ville d'Étrurie, où s'étaient réfugiés plusieurs partisans de Marius, qui soutinrent un siège de trois ans.

VIII, page 20. *Que sur lui seul roule tout le gouvernement.* Avec quel adroit ménagement l'orateur parle de Sylla! Cette longue énumération des travaux de Sylla n'est point une vaine amplification. L'orateur a pour objet de prouver que plus le dictateur est occupé de soins divers, moins il est surprenant qu'il ignore quelque chose de ce qu'on fait autour de lui. Elle rappelle ces vers adressés à Auguste par Horace :

> Quum tot sustineas et tanta negotia solus, etc.
> *Epist.* II, I.

Page 20. *Il n'a pas le loisir de respirer.* Ainsi, dans le discours pro Archia. « Quum nullum otiosum spiritum duxerimus. »

Page 20. *Quelque heureux que soit ce grand homme.* On reconnaît ici l'homme qui saura quelque jour si heureusement louer César. Cicéron n'ignorait pas que nul éloge ne flattait plus Sylla que celui de son bonheur.

IX, page 21. *Les décurions.* Les décurions formaient le sénat des villes municipales qui se gouvernaient suivant leurs propres lois. Le nom de décurion venait de ce que, dans l'origine, lorsqu'on établissait une colonie, on choisissait le dixième des citoyens pour former le conseil public.

Page 22. *T. Roscius Capiton.* On a lieu d'être surpris que Capiton se trouve parmi ces députés. S'il s'était mis en possession de trois des domaines de Roscius, et si Glaucia était venu lui apporter la nouvelle du meurtre de Roscius, comment put-on lui confier une mission si diamétralement contraire à ses intérêts personnels? Il y a là quelque chose d'inexplicable.

X, page 23. *Cæcilia, fille de Nepos.* C'était la fille de Q. Cæcilius Metellus Nepos, et la femme de Sylla. On conviendra que si Roscius avait une telle protection, on est moins étonné que Cicéron ait gagné sa cause.

XI, page 24. *De quoi faut-il me plaindre d'abord?* Ce passage a rappelé à un ancien commentateur ces vers que Virgile met dans la bouche de Sinon :

> Heu! quæ nunc tellus, inquit, quæ me æquora possunt
> Accipere? aut quid jam misero mihi denique restat?
> Cui neque apud Danaos usquam locus?...
> *Æneid.* II, 69.

XII, page 25. *En C. Fimbria.* Ce fait eut lieu l'an de Rome 668. L'année suivante, C. Flavius Fimbria partit comme lieutenant du proconsul L. Valérius Flaccus, qui prétendait ôter à Sylla le commandement de la guerre contre Mithridate. Dans un soulèvement des soldats qu'il excita lui-même à Byzance, Fimbria fit assassiner son général, et prit le commandement des troupes. A leur tête, il obtint sur le roi de Pont des succès décisifs, et qui portèrent Sylla à accorder la paix à ce prince. Délivré de la guerre étrangère, le vainqueur d'Orchomène poursuivit en Lydie Fimbria, qui, abandonné de ses troupes, se donna la mort.

Page 25. *Q. Scévola.* Q. Mucius Scévola était fils de P. Mucius Scévola, consul l'an de Rome 637, et qui avait composé dix livres sur le droit. Q. Mucius, non moins habile jurisconsulte, mit le premier en ordre le droit civil, et composa seize livres sur cette matière. On trouve dans le Digeste plus de quarante-trois titres de ses écrits. Il fut consul l'an de Rome 659. Envoyé en Asie, il gouverna cette province avec tant de sagesse, qu'on y institua des fêtes appelées Muciennes, pour renouveler tous les ans le souvenir de son administration. Nommé souverain pontife l'an 660, il fut, deux ans après, poignardé par l'ordre de Fimbria.

Page 26. *La mort même de ce grand homme.* La mort de Scévola n'eut lieu que quatre ans après la tentative de Fimbria. Il fut, sous le consulat de Carbon et du jeune Marius, l'an 672, assassiné par les satellites du préteur Damasippus, dans le temple de Vesta. On trouve dans Lucain le tableau de cet événement tragique :

> Te quoque neglectum, violatæ, Scævola, dextræ
> Ante ipsum penetrale Deæ, semperque calentes
> Mactavere focos : parvum sed fessa senectus
> Sanguinis effudit jugulo, flammisque pepercit.
> — *Phars.* II, 126.

XV, page 30. *Dans cet ordre de citoyens.* L'ordre équestre. Plusieurs traducteurs n'ont pas entendu ainsi ces mots, *illius ordinis*, et ils se sont trompés. Les chevaliers étaient les *industriels* comme les financiers de la république romaine. Les manufactures et les grandes exploitations agricoles ne les occupaient pas moins que le commerce en grand et la levée des impôts.

XVI, page 31. *Le vieillard de Cécilius.* Cécilius Italicus était de la nation des Insubriens, dans la Gaule cisalpine. Horace et Velleius le placent à côté de Térence, et comme celui-ci il était né esclave. Il mourut l'an 586, un an après Ennius. Il ne nous reste pas même les titres de ses comédies.

XVIII, page 33. *Cet Attilius.* C. Attilius Regulus, surnommé Serranus, consul l'an de Rome 497, puis l'an 504.

Page 34. *La gloire du nom romain.* On doit remarquer dans tout ce passage des répétitions que plusieurs traducteurs ont évitées en élaguant quelques mots de l'orateur : nous n'avons pas cru devoir prendre cette liberté.

XIX, page 36. *La loi Remmia.* D'autres lisent Memmia : au reste, l'auteur et l'époque de cette loi sont également inconnus. Elle portait que la lettre K, initiale de *kalumnia,* ainsi qu'on l'écrivait alors, serait imprimée sur le front du faux accusateur.

XX, page 37. *Des oies sont entretenues.* L'an de Rome 365, lorsque les Gaulois tentèrent de surprendre le Capitole, les cris des oies réveillèrent les Romains, et depuis cette époque l'on nourrit un certain nombre de ces animaux dans l'enceinte de cette forteresse.

Page 37. *De vous nourrir aussi.* Le droit d'accuser était accordé à tous les citoyens. Cette institution fut longtemps à Rome la garantie de la liberté publique, et il était d'usage que les jeunes citoyens qui aspiraient aux charges publiques débutassent dans la carrière par une accusation courageuse intentée à un citoyen puissant ; mais comme toujours l'abus est près du bien, trop de gens faisaient, par amour du gain, métier d'accusateurs. La loi leur accordait le quart de l'amende ou de la confiscation prononcée contre le condamné.

Quintilien, dans les préceptes de morale qu'il donne aux orateurs, les engage à préférer la défense des accusés à la tâche plus pénible d'accuser eux-mêmes. Cependant il avoue « que les plus grands hommes n'ont pas refusé cet emploi, et que les jeunes citoyens les plus distingués, en accusant de mauvais citoyens, ont vu regarder ces accusations comme un gage de leur attachement à la république... Témoin les Hortensius, les Lucullus, les Sulpicius, les Cicéron, les César, et plusieurs autres, sans parler des deux Catons, dont l'un a eu le nom de Sage, et l'autre l'a été certainement, ou je ne sais qui le sera jamais. » (Liv. XII, ch. vii.)

XXI, page 39. *Plaidé de cause publique.* Ceux qui prétendent que Cicéron a prononcé le plaidoyer *pro Quintio* avant celui-ci, s'étayent de ce passage, fondés sur ce que le plaidoyer pour P. Quintius était une cause privée. Nous avons présenté dans le sommaire la distinction entre les causes publiques et les causes privées.

XXII, page 40. *Et que le peuple semble indigné.* Il est facile de sentir combien cette réflexion adroite de l'orateur dut piquer la curiosité de l'auditoire et lui concilier la bienveillance des juges et du public. Quintilien (*Instit. de l'Orat.*, liv. IV, ch. ii) cite comme un modèle de narration cet endroit, « où, dit-il, Cicéron nous représente si bien l'inquiétude et les mouvements que se donnaient les amis de Chrysogon, pour l'avoir seulement ouï nommer. »

XXIII, page 41. *T. Clélius.* Valère Maxime rapporte cette même anecdote (liv. VIII, ch. I, n° 13). — *Terracine* ou *Anxur*, ancienne ville des Volsques dans le Latium.

XXIV, page 42. *Aux oracles des dieux immortels.* L'orateur fait ici allusion aux tragiques aventures d'Oreste et d'Agamemnon. On sait que ce fut par l'ordre d'Apollon que le premier tua sa mère Clytemnestre.

S'arrêter en aucun lieu. Voici comment, à l'imitation d'Euripide, Virgile décrit les tourments d'Oreste :

> Aut Agamemnonius scenis agitatus Orestes,
> Armatam facibus matrem et serpentibus atris
> Quum fugit, ultricesque sedent in limine diræ.
> *Æneid.* VI, 471.

XXV, page 44. *Ne s'en rendrait coupable.* Voyez Diogène Laërce, *Vie de Solon.*

Page 45. *Dans le Tibre.* Une loi des Douze-Tables (l'an 303) condamnait les parricides à être cousus dans un sac et jetés dans le Tibre. Nous la trouvons dans les livres à Herennius (liv. I, ch. XIII) : *Lex est : qui parentem necasse judicatus erit, is obvolutus, et obligatus corio, devehatur in profluentem.* Elle est, sinon citée, du moins rappelée formellement liv. II *de Inventione,* ch. L. Sylla renouvela cette loi contre les parricides; il l'étendit à divers autres degrés de parenté. Le code pénal des Romains subit divers changements, et parvint à cette modération que Tite Live a si fort vantée. Mais le supplice des parricides resta toujours le même. Ce fut aussi le seul crime pour lequel la prescription n'eut jamais lieu. On ajouta même une nouvelle peine sous la dictature de César; ce fut la confiscation des biens.

Sénèque nous fait connaître, dans son *Traité de la clémence* (liv. I, ch. XXIII), que, de son temps, le parricide était devenu un crime commun. On y lit cette phrase épouvantable : *Pessimo loco pietas fuit, postquam sæpius culeos, quam cruces vidimus.* C'en est fait de la piété filiale, depuis que nous avons vu plus de sacs que de croix !

XXVI, page 46. *Un crime si épouvantable.* C'est, selon Quintilien, une grande adresse de la part de l'orateur que de rendre un crime dont on nous accuse moins vraisemblable à force d'en exagérer l'horreur; et c'est ainsi que, dans l'oraison pour Roscius, Cicéron, parlant de l'énormité du parricide, toute manifeste qu'elle est par elle-même, ne laisse pas de l'aggraver encore par la véhémence de ses paroles. (QUINTILIEN, liv. IX, chap. II.)

XXVIII, page 49. *J'en appelle à vous, P. Scipion, à vous, Metellus.* L. Cornelius Scipion Nasica, petit-fils de celui qui tua Tib. Gracchus, et fils de Q. Scipion Nasica, mort consul l'an 643, fut gendre de Licinius Crassus l'orateur. Cicéron (in *Bruto*, LVIII) fait l'éloge de sa conversation et de ses discours publics. Il fut exilé durant les guerres civiles de Marius et de Sylla. Son fils, adopté par Metellus Pius, est célèbre dans l'histoire sous le nom de Metellus Scipion. On peut supposer que le Metellus dont il est ici question est Q. Cécilius Metellus Pius qui fut consul avec Sylla, son gendre, l'an 674.

XXIX, page 52. *S'il réserve quelque chose pour les témoins.* A Rome, on ne faisait paraître les témoins qu'après que la cause avait été plaidée. On voit une nouvelle preuve de cette coutume dans la cinquième *Verrine*, où Cicéron fait, contre l'usage, intervenir les témoins à mesure qu'il développe les différents chefs de l'accusation.

XXX, page 53. *Cet illustre L. Cassius.* L. Cassius Longinus, consul l'an 627, avec L. Corn. Cinna; censeur l'an de Rome 629 avec Cn. Servilius Cæpio. Sa justice et son intégrité engagèrent les Romains à lui conférer, quelques années après, la dignité de préteur, à laquelle il n'était pas d'usage de revenir quand on s'était élevé au consulat. Cicéron parle souvent de ce personnage, entre autres dans les *Verrines* et dans son *Brutus*. (*Voyez* encore, sur Cassius Longinus, *Guerre de Jugurtha*, ch. XXXII, Valère-Maxime (liv. III, ch. VII, n° 9) dit que le tribunal de Cassius était l'écueil des accusés, *scopulus reorum*.

XXXI, page 55. *Avec un étranger.* Chrysogon.

XXXII, page 55. *Une nouvelle bataille de Cannes.* On sait que la bataille de Cannes coûta la vie à plus de quatre-vingt-dix mille Romains ou alliés. Voilà pourquoi l'orateur donne ce nom aux massacres de Sylla, qui fit égorger des milliers de citoyens de la faction de Marius. Le fer n'épargna point les accusateurs qui dénonçaient les assassins.

Auprès de celui de Servilius. Le lac de Servilius était un réservoir dans l'enceinte de Rome, non loin du forum, et au bord duquel beaucoup de massacres avaient été commis par les sicaires de Sylla. Sénèque, dans son *Traité de la Providence* (ch. III) rappelle ces horribles circonstances : *Videant largum in foro sanguinem, et suprà Servilium lacum (id etiam proscriptionis Sullanæ spoliarium est) senatorum capita,* etc. Il est inutile sans doute de rappeler que le lac

Trasimène dans l'Étrurie fut témoin d'une victoire qu'Annibal remporta sur ses bords.

Au fer des Phrygiens. Vers que l'on croit tiré d'une ancienne tragédie d'Ennius. Les Romains appliquaient la dénomination de *Phrygiens* aux hommes sans principes et sans mœurs. — ... *Les Curtius, les Marius, les Memmius.* On ne voit pas bien si l'orateur parle avec respect ou mépris de tous ces accusateurs. Nous n'avons trouvé dans les auteurs aucun document sur le Curtius dont il est ici question. — *Les Marius.* Il s'agit sans doute ici de M. Marius Gratidianus, qui fut si cruellement massacré sur le tombeau des Catulus par Catilina, alors un des sicaires de Sylla. — *Les Memmius.* Ce ne peut être C. Memmius, tribun du peuple, dans la bouche duquel Salluste (*Jug.*, ch. xxxi) met un fort beau discours contre la noblesse, et qui, l'an 653, sous le sixième consulat de Marius, fut tué par Saturninus, au milieu des comices consulaires. On doit plutôt supposer que Cicéron parle ici de Lucius Memmius qu'il regardait, ainsi que Lucius, comme un médiocre orateur : *Oratores mediocres, accusatores acres atque acerbi*, dit-il dans son *Brutus* (ch. xxxvi). Quelques éditions portent *Mamercos* au lieu de *Memmios*.

Page 56. *Nouveau Priam, le vieil Antistius.* — *Nouveau Priam ;* antonomase pour exprimer l'excès de l'infortune qui peut accabler un vieillard. *P. Antistius :* Cicéron en parle dans son *Brutus* comme d'un orateur médiocre, mais à qui l'habitude de la tribune avait donné une certaine facilité. « Il se distingua surtout, dit-il, entre le départ et le retour de Sylla, époque où les lois étaient sans force et le gouvernement sans dignité. Il avait d'autant plus de succès, que le forum était à peu près désert. Sulpicius avait péri, Cotta et Curion étaient absents ; de tous les avocats de ce temps il ne restait que Carbon et Pomponius, et il n'était pas difficile à Antistius de les surpasser l'un et l'autre. » (*Brutus*, ch. lxiii.) Antistius était le beau-père de Pompée ; il fut tué en plein sénat par ordre du jeune Marius, l'an de Rome 672. (*Voy.* Tite Live, *Epitome ;* Velleius Paterculus, liv. ii, ch. 26, et Appien, *Guerres civiles*, liv. i.) — *Les lois ne permettaient plus de combattre.* La loi exemptait du service militaire les hommes qui avaient atteint l'âge de quarante-six ans. Varron (liv. ii *de Vita populi Romani*) recule cette époque jusqu'à cinquante ans. Après quinze campagnes, on était vétéran, et dispensé de prendre les armes, si ce n'est pour la défense de la ville et dans les dangers extrêmes ; mais on ne voit aucune loi qui ait *interdit* le service militaire en raison de l'âge.

XXXV, page 61. *Ce nouvel automédon.* Automédon, qui conduisait le char d'Achille, fut, après la mort d'Hector, chargé par son maître d'aller annoncer cette nouvelle aux Grecs.

L'emporte par son éclat sur toutes les autres. — *Lemniscata palma,* mot à mot, *palme ornée de rubans.* Ici l'orateur fait allusion aux palmes que recevaient les gladiateurs qui avaient tué leur adversaire, faisant entendre par là que Capiton avait commis plusieurs meurtres.

Page 62. *Précipité du haut du pont dans le Tibre.* Les citoyens de Rome ne pouvaient plus, passé soixante ans, donner les suffrages. Quand une centurie était appelée à donner ses votes, elle se retirait dans une enceinte formée par des palissades (*septum, ovile*); des officiers nommés *diribitores* distribuaient un bulletin à chaque citoyen; mais, pour entrer dans l'enceinte, on passait par des ponts si étroits, qu'on n'y pouvait marcher qu'un à un. Là, des inspecteurs arrêtaient au passage les sexagénaires qui prétendaient voter au mépris de la loi. Ceux qui se mettaient dans ce cas étaient appelés *depontani, de ponte dejecti.* C'est à cet usage que Cicéron fait ici allusion par ce rapprochement avec les meurtres qu'avait pu commettre Capiton en noyant ses victimes.

XXXVI, page 62. *L'un.* Titus Roscius Magnus. *L'autre.* Titus Roscius Capiton.

Page 63. *Scipion l'Africain.* Ici l'orateur fait allusion à un trait de la vie de Scipion l'Africain, qu'il rapporte tout au long dans le ch. XLVIII de l'oraison *pro Cluentio,* et qu'on peut lire encore dans Valère Maxime (liv. IV, ch. I, n° 10), et dans les Apophthegmes de Plutarque.

XXXXIII, page 66. *Si l'accusateur juge à propos de les appeler en témoignage.* L'accusateur pouvait seul produire des témoins. Il les interrogeait le premier. Après lui l'accusé avait le droit de les questionner à son tour. Jamais les juges ne leur adressaient aucune question.

XLIII, page 74. *Ce nom si riche de Chrysogon.* — *Venio nunc ad illud nomen aureum.* En effet, le nom de Chrysogon est formé de deux mots grecs, χρυσός, or, et γόνος, fruit, produit. Ce jeu de mots de notre orateur a été imité par notre Ronsard, qui a dit du vieux Dorat : *Dorat, qui a nom doré.*

Page 75. *Loi Valéria ou Cornélia.* L'an 671, après la mort de Carbon et de Marius, Rome se trouva sans magistrats. Valerius Flaccus fut nommé interroi pour présider aux élections. Il proposa au peuple de nommer Sylla dictateur perpétuel, de ratifier tout ce qu'il avait fait, et de lui donner le droit de vie et de mort sur tous les citoyens. La loi passa sans contradiction. Une seconde loi, plus affreuse encore, déclarait coupables tous ceux qui avaient suivi le parti de Marius, et légitimait les proscriptions et les confiscations qui en étaient la suite. Par la loi *Cornélia*, l'orateur entend l'édit de Sylla sur les proscriptions. Par cet édit, les biens des proscrits étaient confisqués, et leurs fils et petits-fils déclarés inhabiles à posséder aucune charge. Il prononçait la peine de mort contre tous ceux qui auraient sauvé un proscrit.

Cicéron, le courage de dire qu'il ne connaît pas ces lois, parce qu'on les avait promulguées contre toutes les formes, et qu'elles étaient tyranniques.

Page 79. LACUNE CONSIDÉRABLE. Ici l'orateur achevait de prouver l'illégalité de la vente des biens de Roscius, et commençait contre Chrysogon une courageuse invective, dont nous n'avons que la fin.

XLVI, page 79. *Dans le pays de Salente.* Dans cette partie de la Messapie qui répond à la terre d'Otrante. — *Ou dans le Bruttium* (Calabre ultérieure), la partie la plus méridionale de l'Italie.

Descendre du mont Palatin. C'est sur cette colline que les principaux habitants de Rome avaient leur demeure. Les temps étaient bien changés depuis Valerius Publicola, qui, pour complaire au peuple, avait fait abattre la maison qu'il avait sur le Palatin.

Ce fameux réchaud. — *Authepsa* vient de deux mots grecs, αὐτός, lui-même, et ἕψω, cuire, vase qui cuit tout seul. C'était une espèce de vase à deux fonds : on remplissait de feu celui d'en bas, et on mettait dans l'autre ce qu'on voulait cuire. Des commentateurs conjecturèrent que c'était simplement un réchaud destiné à tenir chauds les plats servis sur la table. Un passage de Sénèque (*Questions naturelles*, § 24) peut servir à éclaircir ce passage de Cicéron.

XLVII, page 80. *Les vœux que j'avais formés d'abord pour le parti le plus faible.* Phrase détournée pour indiquer le parti de Marius. Il n'est pas étonnant que Cicéron, simple chevalier romain et petit-neveu de Marius par les femmes, ait d'abord formé des vœux pour ce parti.

Page 81. *Et au bonheur de Sylla.* Malgré toutes ces protestations, l'orateur ne pensait pas ce qu'il dit; mais ces concessions indispensables qu'il fait à la puissance n'ôtent rien à la gloire de l'action courageuse qu'il fit en défendant Roscius.

XLVIII, page 83. *N'ayant pu souffrir la splendeur de l'ordre équestre*. La faction de Sylla ne ménagea pas plus l'ordre équestre que celui du peuple, et Sylla ôta aux chevaliers le droit de siéger dans les tribunaux. Il y avait du courage à Cicéron de parler aussi librement à des juges qui, en vertu de cette mesure du dictateur, étaient seuls en possession de rendre la justice ; mais il fut invariable dans ses opinions à l'égard de l'importance politique qu'il fallait donner à l'ordre équestre, afin de pondérer les deux pouvoirs ennemis de l'État.

XLIX, page 59. *Et jusqu'à son anneau*. Les Romains de l'ordre équestre portaient, comme les patriciens, un anneau qui annonçait leur rang.

L, page 87. *Cécilia, fille de Metellus Belearicus, sœur de Metellus Nepos*. Il y a dans le texte *Balearici filia, Nepotis sorore*. Ce passage a embarrassé les commentateurs ; car Cicéron a déjà dit, au ch. x de ce discours : *Cæcilia Nepotis filia*, et ils ont proposé d'effacer ici les deux mots : *Balearici* et *sorore*, pour laisser seulement *filia Nepotis*. Mais à quoi bon ce changement, puisqu'il est certain qu'il y a eu deux Cécilia Metella, tante et nièce, qui vivaient au moment du procès de Roscius ? L'une était fille de Metellus, surnommé Belearicus à cause de la conquête des îles Baléares, lequel fut consul l'an 631, et censeur deux ans après. L'autre était fille de Metellus Nepos, fils de Balearicus, et par conséquent nièce de la précédente, et c'est elle qui épousa Sylla. Or, l'on conçoit très-bien que la tante ait eu pour Roscius les mêmes bontés que sa nièce. Il paraît que Cécilia Metella la tante fut une matrone de la plus haute vertu : Cicéron n'en parle qu'avec respect dans son traité *de la Divination* (liv. i, ch. 2 et 44), où il rapporte que, pendant la guerre des Marses, le sénat fit rétablir le temple de Junon conservatrice, d'après un songe de Cécilia Metella. Enfin les éloges que Cicéron donne ici à Cécilia conviennent beaucoup mieux à la fille de Balearicus qu'à sa nièce, fille de Nepos, laquelle, si l'on en croit Plutarque dans la *Vie de Sylla*, n'était rien moins que vertueuse.

LI. *Messala*. M. Valerius Messala, de l'illustre famille de Valerius Publicola, n'avait alors que vingt-trois ans. Il parvint au consulat vingt ans après le procès de Roscius, l'an 693, et deux ans après le consulat de Cicéron. Notre orateur en fait un brillant éloge dans le chap. lxx de son *Brutus*.

LIII, page 90. *Jusqu'aux enfants au berceau*. Salluste, dans le discours qu'il fait tenir à Lepidus, flétrit avec encore plus d'énergie cette cruelle disposition de la tyrannie dictatoriale.

DISCOURS POUR PUBLIUS QUINTIUS

I, page 99. *Le crédit et l'éloquence.* Racine a parodié cet exorde de la manière la plus heureuse dans sa comédie des *Plaideurs. Messieurs,* dit l'Intimé :

> Messieurs, tout ce qui peut étonner un coupable,
> Tout ce que les mortels ont de plus redoutable,
> Semble s'être assemblé contre nous par hasard ;
> Je veux dire la brigue et l'éloquence. Car,
> D'un côté, le crédit du defunt m'épouvante ;
> Et de l'autre côté, l'éloquence éclatante
> De maître Petit-Jean m'éblouit. . . . . . .
> . . . . Mais, quelque défiance
> Que nous doive inspirer la susdite éloquence
> Et le susdit crédit, ce néanmoins, messieurs,
> L'ancre de vos bontés nous rassure. D'ailleurs,
> Devant le grand Dandin l'innocence est hardie.
> *Les Plaideurs,* acte III, sc. III.

« Toutefois, observe M. Burnouf dans ces notes sur ce plaidoyer, ce n'est pas Cicéron que Racine a voulu tourner en ridicule, ce sont les mauvais avocats qui croyaient imiter Cicéron en le contrefaisant. » Au reste, ce serait peut-être ici le cas d'examiner si l'imitation servile de cet orateur n'a pas plus retardé que favorisé les progrès de notre barreau.

Aquillius. Surnommé Gallus ; il avait étudié la jurisprudence sous Q. Mucius Scévola l'augure. Il fut des amis de Cicéron et l'un de ses collègues dans la préture ; mais il n'alla pas plus loin dans la carrière des honneurs, quoiqu'il eût pu tout espérer du crédit qu'il avait acquis dans la profession de jurisconsulte. Il y était tellement employé, et trouvait tant de charmes dans cette occupation, que, pour ne pas y renoncer, il abandonna la poursuite du consulat. Cicéron nous apprend que c'était Aquillius qui avait inventé les formules contre le dol (*Offic.,* lib. III, ch. 14). Dans l'affaire de P. Quintius, C. Aquillius avait été désigné par le préteur Cn. Dollabella pour juger la cause. Ce juge délégué était assisté, selon la coutume, de trois assesseurs.

Q. Hortensius. Fils de L. Hortensius qui avait été préteur et gouverneur de Sicile, naquit vers l'an de Rome 450. Il comptait parmi ses aïeux un dictateur l'an 467. Il parvint au consulat l'an 684. Il plaida sa première cause en 658, quinze ans avant le début de Cicéron dans la même carrière.

II, page 101. *De son existence.* Ici ces mots *fortunis omnibus* comprennent non-seulement la fortune, mais encore l'état, la considération, en un mot l'existence sociale de Publius Quintius.

On s'étonnerait de voir Cicéron donner tant d'importance à une affaire privée, si l'on ne se rappelait quelle était la sévérité de la législation romaine en matière d'ajournement. Quand un homme ajourné ne comparaissait pas, le demandeur obtenait un décret qui le mettait en possession des biens de son adversaire. Si celui-ci ne se présentait pas dans l'intervalle de trente jours après la prise de possession, le demandeur affichait la vente des biens. Cette vente entraînait le déshonneur; on confisquait toutes les propriétés du contumace, on le rayait du rôle des citoyens, et il était mort civilement. Après le décret du préteur, qui accordait la prise de possession et la vente des biens, l'accusé pouvait en appeler aux tribuns du peuple. Si les tribuns arrêtaient l'exécution du décret, l'affaire se portait devant le peuple, qui jugeait en dernier ressort. C'est ainsi qu'une contestation purement civile, après être devenue criminelle par le défaut du demandeur, devenait enfin une cause publique.

Page 102. *La partialité du préteur.* Cn. Dolabella.

Qu'on prononçât sur l'honneur de mon client. C'est-à-dire qu'on prononçât que Publius avait laissé prendre défaut contre lui, et éludé par une fuite déshonorante les poursuites de son créancier.

Page 104. *Un seul mot de son accusateur.* Publius était demandeur dans cette affaire; Cicéron devait parler le premier, pour attaquer en nullité la saisie faite sur ses biens par Névius.

III, page 104. *Aux portiques de Licinius.* Ces portiques appartenant à la république, selon Turnèbe, étaient situés dans le forum. Selon Desjardins, dans ses *addenda* aux Commentaires des premiers discours de Cicéron, ces portiques faisaient partie de la maison de Licinius (peut-être Licinius Crassus). M. Burnouf se prononce pour cette dernière opinion.

IV, page 106. *Vu la différence des monnaies.* Pour comprendre cet endroit, il faut supposer que la dette contractée par Caïus Quintius envers Scapula était spécifiée en monnaie ayant cours dans la Gaule. Il fallait donc qu'Aquillius, qui était alors questeur, se chargeât de déterminer le rapport de la monnaie gauloise avec le denier romain, monnaie d'argent valant quatre sesterces.

Au temple de Castor. Dans le forum, où les banquiers *argentarii* tenaient leurs comptoirs.

V, page 107. *Dans une vente à l'encan.* Manière adroite de rappeler la bassesse de la condition de Névius, et l'habitude qu'il avait prise de se jouer de sa parole. — On peut voir dans l'*Ane d'or* d'Apulée, *passim*, beaucoup de détails sur le métier de crieur.

Page 108. *Après plusieurs ajournements.* Il faut donner la signification du mot *vadimonium*, qui se retrouve ici, et d'autres mots analogues qui reviennent fréquemment dans Cicéron. *Vas* ou *vadis*, dans le langage du droit, est celui qui a promis de se présenter en justice pour un autre. *Vadari* se disait de celui qui demandait cette sûreté, laquelle s'exprimait par le mot *vadimonium*. Ainsi, *vadimonium constituere* signifiait, de la part du juge, donner jour pour assigner; *vadimonium promittere*, promettre de comparaître devant lui : *vadimonium debere*, être tenu par promesse de se représenter ; *vadimonium habere*, avoir assignation ; *vadimonium differre*, donner délai ; *vadimonium deserere*, manquer à l'assignation ; *vadimonium missum facere*, en décharger la partie. On contractait cet engagement en présence du juge, et de là naissait l'obligation de se trouver en personne au tribunal, obligation commune au défendeur et à sa caution :

> Casu tunc respondere vadato
> Debebat, quod ni fecisset, perdere litem.
> HORACE.

Page 109. *Au comptoir de Sextius.* C'était vraisemblablement un banquier dont le comptoir était, comme celui de ses confrères, autour du forum. Des traducteurs supposent que *tabula Sextii* signifie plutôt un greffe placé aux environs du forum, et où l'on prenait acte des défauts de comparution. — *A la seconde heure.* Entre six et neuf heures du matin.

Page 109. *En vertu de son édit.* Chaque préteur de la ville, en entrant en charge, faisait afficher un édit par lequel il déclarait d'après quels principes de jurisprudence il prononcerait ses sentences. Ces édits étaient une sorte d'interprétation, de supplément de la loi ; mais il n'était pas permis de la changer. Les édits des préteurs sont un des éléments les plus respectables du droit romain. — *La mise en possession des biens de Publius.* Si un homme ne comparaissait pas au jour de l'assignation, ses biens étaient adjugés à l'accusateur, lequel était tenu de se conformer, pour la mise en possession, aux formes prescrites par l'édit du préteur, et cela sous peine de nullité.

VII, page 110. *C. Flaccus.* De la famille des Valerius.

Page 111. *Des coups mortels.* Mot à mot, *ne cessait de viser à la tête*. En effet, dans les combats de gladiateurs, c'était en enfonçant son glaive dans la gorge de son adversaire, que le vainqueur terminait le combat; mais le peuple savait mauvais gré au furieux qui ménageait assez peu son plaisir pour hâter le moment de cette catastrophe. Le traducteur qui mettrait ici *viser toujours au cœur*, ferait une espèce de contre-sens. On sait qu'un des points principaux de l'affreuse science des gladiateurs consistait à tendre avec grâce la gorge au coup mortel.

Page 111. *On en appelle aux tribuns.* Cette circonstance indique que ces faits se passaient sous la domination du parti de Marius, alors que Sylla n'avait pas encore dépouillé le tribunat de ses priviléges. Au reste, l'orateur a précédemment bien précisé l'époque, en énonçant le consulat de Scipion et de Norbanus.

VIII, page 111. *D'après la formule* QUOD AB EO PETAT. Dans l'édition Barbou, on a prétendu rétablir la formule tout entière en substituant à ces mots *quoniam ejus* celui-ci *cujus* : QUOD AB EO PETAT CUJUS EX DICTO PRÆTORIS BONA XXX DIES POSSESSA SINT. Cette modification ne change rien au sens de toute la phrase; mais, comme il était d'usage dans les plaidoiries de ne citer que les premiers mots des formules, la correction paraît superflue.

Page 112. *Des défenseurs de Publius.* Mucius et ses autres avocats. Cicéron n'était pas encore chargé de l'affaire.

Page 112. *Où il s'agissait pour lui de la vie.* C'est-à-dire de l'existence civile.

Page 112. *Dolabella.* Cn. Cornelius Dolabella, préteur de la ville, l'an de Rome 675, sous le consulat de M. Tullius Decula et de Cn. Corn. Dolabella. Gouverneur de la Cilicie après sa préture, il eut Verrès pour lieutenant et pour pro-questeur. Accusé de corruption au sortir de son gouvernement, il vit Verrès se joindre à Marcus Scaurus son dénonciateur, et fut condamné. (*Voyez* la première action contre Verrès, chap. IV, et la deuxième action, livre premier du chap. XV au chap. XXXVIII.)

Page 112. *Ou qu'il consignât l'amende.* Cette consignation était accompagnée d'un serment, et imprimait une tache sur l'accusé.

IX, Page 115. *Il vous a pris pour juge, Aquillius.* Cette expression, *sumpsit*, il vous a pris, il vous a choisi pour juge, a embarrassé les commentateurs; car Publius n'avait pu choisir pour juge Aquillius, qui avait été indiqué par le préteur. « Mais, comme l'observe M. Burnouf, en ne récusant pas un juge, les parties étaient censées l'avoir choisi elles-mêmes. Cicéron s'exprime ainsi pour s'attirer la bienveillance d'Aquillius, en exagérant la confiance de son client. »

Il y avait trois espèces de *capitis deminutio*.

La première, *maxima*, ôtait en même temps le droit de cité et la liberté. Les déserteurs en temps de guerre, les militaires pris par les ennemis, les coupables condamnés au dernier supplice, en étaient frappés.

La moyenne, *media*, privait seulement du droit de cité, mais non pas de la liberté. Ce genre de peine était prononcé contre ceux qui étaient exilés ou relégués dans les îles.

La troisième espèce de dégradation, *minima capitis deminutio*, sans ôter le titre de citoyen ni la liberté, faisait perdre seulement le droit de famille et de parenté. Si quelqu'un, par exemple, s'était fait adopter ou émanciper par une autre famille que la sienne, il perdait ce que les Romains appelaient *jus familiæ, jus cognationis ;* il devenait étranger à sa famille, et il ne pouvait plus en hériter *ab intestat*.

X, page 114. *Ni la force de prononcer*. Allusion que fait ici l'orateur à la faiblesse de sa constitution, qui l'obligea, après deux ans de plaidoiries, à faire un voyage en Asie.

Page 114. *Je diviserai ma plaidoirie*. Il paraît, par tout ce paragraphe, que la méthode de diviser un plaidoyer en plusieurs points n'était pas généralement en usage. Cicéron dit ailleurs (dans son *Brutus*, chap. LXXXVIII) qu'Hortensius avait deux choses qui n'étaient qu'à lui : les divisions, par lesquelles il marquait les différentes parties de son discours ; les résumés, par lesquels il rappelait les arguments de son adversaire et les siens. Faut-il des divisions, n'en faut-il pas ? C'est une question bien débattue, et qui ne sera jamais résolue d'une manière positive, parce que tantôt il en faut, tantôt il n'en faut pas. Cicéron (*de Inventione*, I, 22) dit qu'une division bien faite jette de la lumière et de la clarté sur tout le discours. Mais lui-même a rarement fait usage de divisions aussi marquées que celles de ce plaidoyer. Quintilien (IV, 5) expose les avantages et les inconvénients de la division. Il conclut qu'une bonne division est un auxiliaire fort utile de la mémoire ; mais il ne veut pas que les subdivisions soient trop nombreuses, et que l'on sépare les choses que la nature a réunies. Cette multitude de petites parties, mises à côté les unes des autres, font retomber dans l'obscurité qu'on veut éviter en divisant. Rien n'est d'ailleurs plus froid et plus contraire à l'émotion qu'on veut produire dans l'âme des juges, que ces subdivisions symétriques et minutieuses. Il importe aussi de leur cacher l'art et de leur dérober le but auquel on veut les conduire. Car, comme dit Fénelon, l'art se décrédite lui-même : il se trahit en se montrant. On peut voir avec quelle force ce grand écrivain, dans ses *Dialogues sur l'éloquence*, s'élève contre la méthode des divisions. C'est qu'il considère l'éloquence dans son plus bel attribut, celui de toucher le cœur et de remuer les passions. Comme, dans notre barreau moderne, on a surtout besoin d'éclairer le juge, l'usage a prévalu de diviser toujours...... Au reste, dans le passage de Cicéron qui a donné lieu à ces réflexions, on ne peut méconnaître une légère teinte d'ironie. L'orateur semble dire à son rival que, quels que soient le mérite et l'utilité des divisions, on saura, quand on le voudra, diviser comme lui, et que si c'est là un de ses moyens de triomphe, il doit craindre de le voir bientôt échapper de ses mains.

XIII, page 119. *De jouer le beau rôle dans cette affaire.* En effet, Névius, en se présentant comme un créancier ayant déjà obtenu des sentences contre son accusateur, avait en apparence le rôle le plus honorable.

XIV, page 121. *En délais et en remises.* Apparemment que Névius, attaché à la faction de Sylla, eut recours à tous ces délais pour avoir des juges qui lui fissent gagner sa cause. On voyait tous les jours à Rome des exemples de cette manœuvre, qui tendait à introduire dans les jugements la partialité politique.

XV, page 124. *Des gérants et des syndics.* — *Magister*, en style judiciaire, était un créancier désigné par les autres créanciers, avec l'approbation du préteur, pour présider à la vente publique des biens du débiteur insolvable.

XVI, page 126. *L. Lucullus.* Un des assesseurs d'Aquillius. Plusieurs critiques ont pensé que ce ne pouvait être l'illustre Lucullus vainqueur de Mithridate. C'est, selon Manuce, ou L. Lucullus qui, dans l'oraison de Cicéron intitulée *In toga candida*, est mentionné comme un des accusateurs de Catilina; ou L. Lucilius Balbus, que Cicéron, dans son *Brutus* (ch. XLII), met, avec C. Aquillius Gallus, au nombre des instituteurs de Serv. Sulpicius, et qu'il vante comme orateur et comme jurisconsulte. Je n'hésite pas, pour mon compte, à adopter cette dernière supposition; mais j'ai cru devoir respecter le texte, qui porte. *L. Lucullum.*

XVII, page 126. *P. Quintilius et M. Marcellus.* Ce sont les autres assesseurs d'Aquillius. — *P. Quintilius*, surnommé Varus, habile jurisconsulte. Pighius pense que c'est le même qui est cité avec éloge dans le discours *pro Cluentio* (chap. XIX). — *M. Marcellus*, frère de C. Marcellus qui fut consul avec L. Æmilius Paullus, l'an de

Rome 704, était plus jaloux d'exceller dans la connaissance des lois que dans l'éloquence, selon Asconius Pedianus, qui, dans son Commentaire sur l'oraison *contre Cécilius* (chap. IV), le met avec C. Aquillius au nombre des plus habiles jurisconsultes.

XVIII, page 129. *Au cadran.* J'ai cru pouvoir rendre mot à mot cette expression *solarium*, qui sans doute indiquait un lieu de promenade dans la place publique, non loin de la tribune aux harangues, et là où était exposé le cadran solaire que Valerius Messala apporta dans Rome après la prise de Catane en Sicile, l'an 492.

XIX, page 130. *Aux termes de son édit.* C'est-à-dire de se conformer, pour la saisie, aux formalités stipulées pour les créanciers dans son édit annuel. Il s'agit ici du préteur Burrhienus.

XXI, page 134. *A lutter à forces égales contre Alphénus.* On voulait donner à ce débat une couleur politique. Névius se prévalait du crédit que lui donnait son accession au parti de Sylla, alors triomphant depuis plusieurs années. Alphénus, au contraire, avait été fidèle au parti de Marius, qui dominait lorsqu'il se portait procureur de Publius. Névius en voulait conclure qu'Alphénus avait alors abusé de son influence politique pour l'opprimer. La manière dont Cicéron rétorque cet argument contre Névius, et le rend suspect à ses nouveaux amis, fait de ce morceau un des plus remarquables de tout le discours. On aime à voir le courageux orateur flétrir, dans la personne de Névius, tous les transfuges qui grossirent le parti des nobles quand Marius fut abattu.

Page 134. *Devant un noble, fut-il gladiateur.* Cicéron paraît jouer sur le sens du mot *nobilis*, qui signifie également un noble et un homme fameux dans quelque genre que ce soit.

XXIV, page 139. *Vous vous êtes associé Publius pour cette acquisition.* Alphénus, moins flexible dans ses opinions que Névius, fut proscrit avec les fidèles partisans de la cause populaire. Et ce même Publius, qu'Alphénus avait défendu si courageusement, s'associe avec ce même Névius pour se faire adjuger la dépouille de leur ami commun ! Ce fait prouve que Publius n'était guère plus délicat que son adversaire ; « et, comme l'observe Desmeuniers, si Aquillius, frappé de toutes les iniquités du crieur Névius, renvoya Publius absous, il ne lui accorda sûrement pas son estime. »

Page 139-140. *De talent et de goût.* Le comédien Roscius disait : Le point essentiel, c'est de plaire ; *caput artis decere*. Cette maxime est pour le barreau, la tribune et la chaire, comme pour le théâtre.

XXV, page 140. *De s'y montrer jamais.* Ces éloges, que Cicéron sait donner à Roscius en plein tribunal, honorent d'autant plus ce comédien que sa profession était déshonorante chez les Romains.

Page 140. *Craindriez-vous encore de soutenir contre Hortensius.* On ne peut s'empêcher d'admirer la noble réserve, la discrétion adroite, avec laquelle Cicéron, pour ne pas humilier par le plus victorieux argument un adversaire tel qu'Hortensius, en fait ainsi honneur à celui qui l'avait pressé de se charger de cette cause.

Page 141. *Le cinquième jour avant les kalendes intercalaires.* L'année romaine n'était alors que de trois cents cinquante-cinq jours, divisés en douze mois. Pour la faire concorder avec le cours du soleil, on intercalait tous les deux ans, entre février et mars, un mois de vingt-deux jours, et tous les quatre ans un mois de vingt-quatre jours. Les kalendes étaient le premier de chaque mois; on comptait ainsi les derniers jours du mois précédent, cinquième, quatrième, troisième jour avant les kalendes, *veille* des kalendes. Enfin, les kalendes faisaient dans ce compte le premier des cinq jours. Il n'y avait donc que deux jours francs entre le cinquième jour et la veille des kalendes. On peut supposer, si cette année-là l'intercalation fut régulière, que le cinquième jour avant les kalendes répondait au 25 février romain, et la veille des kalendes au 28. Jules César, comme on sait, réforma l'année de Numa, et lui donna trois cents soixante-cinq jours : dès lors il ne fut plus besoin de ces mois intercalaires, qui ont fait de la chronologie romaine un véritable chaos.

Page 141. *Sept cents milles.* Trois cent cinquante lieues environ.

Page 141. *Les Sébusiens. Sebusiani, Secusiani* ou *Segusiani*, dont César (*Comment.*, liv. I, ch. i) a dit : *Hi sunt intra provinciam trans Rhodanum primi*, ne pouvaient habiter un autre pays que la Bresse.

XXVI, page 142. *Quand tous les Crassus, tous les Antoines.* L. Licinius Crassus, consul l'an 659, censeur l'an 661. M. Antonius, consul avec Aulus Postumius Albinus, l'an de Rome 655, censeur l'an 637. Tous deux furent de grands orateurs, et leur éloge revient dans maint endroit des œuvres de Cicéron.

Page 143. *Trente jours après.* Ironie, dont le but est de faire ressortir plus énergiquement la coupable précipitation de Névius.

XXVIII, page 145. *J'ai prouvé.* On peut supposer que les premiers mots de cette récapitulation de la cause sont perdus comme les derniers mots du chapitre qui précède, et qui contenait la fin de la confirmation. C'est sans doute dans cette lacune que se trouvaient ces mots cités par Ulpien, comme appartenant à ce plaidoyer: *Turpis occultatio sui.* « Il est honteux de se cacher. »

XXX, page 150. *D'un Gallonius.* P. Gallonius, surnommé le *Gouffre*, crieur public, digne collègue de Névius. Il était si gourmand, que sa voracité semblait faire oublier ses autres vices. C'est de lui que Lélius le sage, cité par le poëte Lucilius, disait *qu'il n'avait jamais su faire un bon souper.* Cicéron parle de ce personnage au liv. II, ch. VIII, *de Finibus.* Horace (*Satire* II, liv. II, v. 47) nous apprend que ce fut chez Gallonius que le premier turbot parut sur la table d'un citoyen romain.

XXXI, page 151. *Sans avoir entendu son accusateur.* Tout ce passage offre une suite d'antithèses du plus mauvais goût. « L'auditeur, dit le sage Rollin, prévient la réponse, et est fatigué de cette espèce de refrain qui est toujours sur le même ton. »

Page 151. *Le choix de ses moyens.* Le droit romain autorisait plusieurs sortes d'action pour une seule cause, et le défendeur en avait l'option. Ainsi, en cas de vol, il pouvait simplement revendiquer la chose, *rei vindicatione*, ou poursuivre criminellement le vol, *conditione furtiva.*

DISCOURS POUR Q. ROSCIUS

I, page 157. *Chérea.* C. Fannius Chéréa, l'adversaire de Roscius (*Voyez* le sommaire, tant sur ce personnage que pour ce qui concerne la tenue des registres chez les Romains.)

Page 158. *A M. Perpenna les registres de P. Saturius.* M. Perpenna ou Perperna, l'un des assesseurs du préteur Pison dans cette cause, est plusieurs fois mentionné dans Cicéron. On voit au livre II du traité de l'*Orateur* (ch. LXV), que Perpenna fut juge du procès d'Aculéon, accusé par Marcius Gratidianus; puis dans la *seconde action contre Verrès* (liv. I, ch. LV), qu'il fut censeur avec L. Marcius (Philippus). Cette censure appartient à l'année 668 de Rome. M. Perpenna avait été consul avec C. Claudius Pulcher, l'an 662. Il ne faut pas le confondre avec le préteur Perpenna qui alors était en Espagne, et qui, l'an 685, assassina Sertorius. — *P. Saturius* était l'avocat de Chéréa. Il est question de ce personnage au chapitre XXXVIII du plaidoyer *pro Cluentio.* — Des éditions portent *paullo ante*

M. Perpennæ, au lieu de *paullo ante a M. Perpenna*, version que nous avons adoptée; car ce génitif n'aurait aucun sens, attendu que Perpenna était l'un des juges de la cause.

De tous ces détails sur la tenue des livres et journaux de recette et de dépense, il résulte que ceux qui donnaient de l'argent n'écrivaient pas toujours la somme sur leur propre registre ; ils chargeaient un tiers de l'inscrire sur le leur, afin qu'on ajoutât plus de foi à leur créance. Il faut se souvenir aussi qu'il y avait autour du Forum des banquiers, sur les registres desquels on inscrivait les prêts qui se faisaient entre citoyens. Mais pourquoi demande-t-on ici les registres de P. Saturius, qui était le défenseur de Cherea? Était-il aussi banquier? Avait-il été chargé par Cherea de tenir un registre pour lui ? Ces difficultés paraissent insolubles : elles ont résisté à toute la sagacité des commentateurs ; ce que nous avons perdu de ce discours aurait sans doute jeté quelque jour sur ce passage.

Page 159. *Cent mille sesterces*. Vingt-cinq mille francs, selon l'abbé Auger ; douze mille cinq cents livres tournois, selon Desmeuniers.

Page 159. *Sur ses brouillons*.— *Adversaria*, registres volants qu'on avait toujours sous les yeux pour porter à la hâte les articles de la recette et de la dépense, qu'on transportait ensuite sur des registres en règle.

III, page 160. *C. Pison*. Ernesti conjecture que ce C. Calpurnius Pison est le même qui fut consul avec Man. Acilius Glabrion, l'an 687 ; et ce qui vient à l'appui de cette hypothèse, c'est que Cicéron, dans son *Brutus* (ch. LXVIII), en parle comme d'un contemporain de ce même Glabrion.

Page 161. *Pourquoi le consigner alors sur vos brouillons*. Desmeumeuniers explique la pensée de Cicéron en ajoutant cette paraphrase : « qui servent de base aux registres. » Il observe avec raison que cette dernière réplique n'est pas juste; que Cicéron, dans la plupart de ses ouvrages, cherche trop à accabler son adversaire par une multitude de preuves, qu'il met son esprit à la torture pour trouver des raisons, et en adopte souvent de mauvaises.

IV. 161. *En donnant caution d'une partie de la somme*. C'était le tiers, ainsi qu'on peut l'inférer de ce que dit Cicéron dans le chapitre suivant, *cum tertia parte sponsio facta est*. Les deux plaideurs s'engageaient par serment à perdre cette somme qu'ils consignaient si le juge leur donnait tort.

Page 161. *Si vous avez demandé un sesterce de plus*. C'était une loi positive chez les Romains ; dans les affaires civiles la forme emportait presque toujours le fond.

IV, page 162. *Vous avez fait un compromis.* Lorsque les parties se soumettaient à la décision d'un arbitre, elles mettaient en dépôt une certaine somme, qu'on appelait *compromis*. On perdait cette somme quand on ne voulait pas obéir à la décision de l'arbitre : ainsi la somme déposée par ceux qui plaidaient en justice réglée, se nommait *consignation*, et la somme déposée par ceux qui s'en rapportaient à des arbitres, se nommait *compromis*. Pour perdre la consignation, il suffisait de manquer de bonne foi sur l'article le plus léger ; et pour perdre le compromis, il fallait refuser de souscrire à la décision des arbitres.

V, page 164. *A la formule.* En donnant action et des juges, le préteur marquait ce qu'on devait demander et prouver : c'est ce qu'on appelait la *formule* du préteur. Le juge ne pouvait pas plus s'en écarter dans sa sentence que les parties dans leurs conclusions.

Page 164. *J'ai plaidé pour le défendeur.* Reus veut dire indifféremment *défendeur* et *accusé*. Cicéron lui-même a défini ce mot : *Reos appello non eos modo qui arguuntur, sed omnes quorum de* RE *disceptatur* (Or. II, ch. LXIII).

VI, Page 166. *Chez qui le peuple romain estime encore plus l'homme que l'acteur.* Ces éloges prodigués à un comédien sont d'autant plus remarquables, que chez les Romains cette profession était déshonorante. La loi défendait le mariage entre les comédiennes et les citoyens; seulement les plébéiens pouvaient épouser les filles dont la mère ou l'aïeule avait monté sur le théâtre. La loi cependant n'annulait pas les mariages contractés au mépris de ces prohibitions ; mais elle décernait une peine contre les infracteurs. Après la mort de la femme, sa dot appartenait au fisc.

Dans une note curieuse de M. V. Le Clerc, on trouve l'indication des différents auteurs qui ont mentionné Roscius avec éloge. Ce sont parmi les anciens, Horace (*Epist.* II, I, 81), Pline (liv. VII, ch. XXXIX), Quintilien (liv. XI, ch. III), Macrobe (*Saturn.*, liv. III, ch. XIV), Athénée (liv. XIV), Plutarque (*Vie de Cicéron*); et parmi les modernes, Desjardins (*Addenda* V) et l'abbé Fraguier (*Recherches sur la vie de Roscius*, dans les *Mémoires de l'Académie des inscriptions et belles-lettres*).

VII, page 167. *Même par le poil à un honnête homme.* C'était chez les Romains une marque de mollesse de se faire raser la tête et les sourcils. — J'ai tâché, dans ma traduction, de me rapprocher du latin plus que n'ont fait les autres traducteurs. Desmeuniers, qui a cru devoir supprimer tout ce passage, depuis ces mots, *qui idcirco*, jusqu'à ceux-ci, *habere dicatur*, trouve de mauvais goût et de mauvais ton cette plaisanterie dont l'abbé Auger vante l'agrément.

VII, page 167. *Dans le rôle de Ballion*. Nom du marchand d'esclaves dans le *Pseudolus* de Plaute.

VIII, page 169. *Trois cent mille sesterces*. Soixante-quinze mille francs. — *Deux cent mille*. Cinquante mille francs. Aulu-Gelle (liv. I, ch. v) parle de cette Dionysia, danseuse célèbre, à laquelle on comparait Hortensius, à cause du soin trop marqué que prenait cet orateur de faire briller ses avantages extérieurs.

Page 169. *Sujet à litige*. Cette suite d'antithèses n'ajoute rien à la pensée. — Ce qui suit, *eodem tempore gestum et animam ageres*, est encore de bien mauvais goût. On remarque autant de fautes de ce genre dans ce plaidoyer que dans les deux précédents; ce qui prouve que son voyage en Grèce forma peu le talent du jeune orateur. Pour lui donner tout son développement, il ne fallait rien moins que l'importance des affaires qu'il eut à traiter par la suite. Comme l'a fort bien dit M. V. Le Clerc : *il faut l'attendre aux Verrines*.

Page 169. *Six millions de sesterces*. Sept cent cinquante mille livres tournois, selon Desmeuniers. — Ces détails sur le traitement des grands comédiens et des danseurs à Rome ne sont pas ce qu'il y a de moins curieux dans ce plaidoyer. Roscius n'avait pas toujours été si désintéressé. Macrobe nous apprend qu'indépendamment de ses appointements ordinaires, qu'on lui payait comme à ses camarades pour chaque représentation, il avait sur le trésor public un traitement qu'on évalue à près de 450 fr. par jour. *Tanta fuit gratia ut mercedem diurnam de publico mille denarios sine gregalibus solus acceperit.* (*Saturnal.*, liv. II, ch. x.) Le même auteur ajoute (*ibid.*) que le comédien Ésope laissa cinq millions de patrimoine à son fils. C'est ce fils qui, s'il faut en croire Horace, voulut, en faisant dissoudre une perle dans le vinaigre donner à sa maîtresse le singulier plaisir d'avaler d'un trait une valeur de 75,000 francs.

X, page 171. *Avec l'emphase d'un vieil histrion*. Binet a fait rapporter ces mots *veteris histrionis* à *societatem*, et cette version a été suivie par le dernier éditeur de Cicéron. Je pense que la phrase acquiert un sens bien plus complet en faisant rapporter *veteris histrionis* au mot *expectatione*.

X, page 172. *L'individu chez Panurge n'était rien.* L'indifférence avec laquelle, dans tout ce plaidoyer, Cicéron parle de la personne et du meurtre de cet esclave, prouve combien les droits de l'humanité étaient méprisés des Romains. Un esclave n'était pour eux qu'une chose. Le tuer n'était pas un crime envers lui, mais un tort fait à son maître ; et ce tort se rachetait par de l'argent, tout comme s'il n'eût été question que d'une bête de somme.

XII, page 174. *De la dépréciation des biens ruraux.* A cause des proscriptions de Sylla.

XIII, page 177. *Libéré envers Roscius.* Nous ne pouvons pas savoir aujourd'hui tous les détails de cette affaire ; mais il paraît que ces raisonnements de Cicéron n'étaient pas justes. Cherea pouvait répondre : Lorsque j'ai fait cette convention, je ne savais pas que Roscius eût transigé. Roscius ayant transigé pour son compte, on est surpris de le voir demander la moitié de ce qu'obtiendra Cherea.

Page 177. *Quinze mille sesterces.* Environ trois mille livres. — Les commentateurs ont fait observer avec raison que la somme de *cent mille sesterces* est exorbitante, puisque c'est tout ce que Roscius avait reçu de Flavius ; que cette somme devait être moindre, et que le texte est fautif en cet endroit, comme dans plusieurs des notes numérales de ce discours. Paul Manuce et Freigius proposent ɔcɔɔ ; Ernesti, iɔɔɔ.

XIV, page 181. *Cluvius.* On est embarrassé de savoir ce qu'était ce Cluvius. Puisqu'il était chevalier romain, comment se fait-il qu'il ait été juge sous la domination de Sylla, époque du procès de Cherea avec Roscius ? Mais il paraît certain que, même alors dans les causes particulières, le préteur pouvait prendre des juges parmi les chevaliers romains, et même parmi le peuple. Ce Cluvius n'est pas le même dont il est question dans les lettres de Cicéron (*ad Atticum*, lib. VI, epist. 2 ; *ad Diversos*, lib. XIII, epist. 56) ; car, plus loin, l'orateur lui donnera pour prénom *Caïus*, et celui des lettres a pour prénom *Marcus*.

XVI, page 184. *Je suis tout à vous.* Racine s'était peut-être inspiré de ce passage si plaisant lorsque dans les *Plaideurs* il laissa échapper quelques-uns de ses traits les plus piquants sur les faux témoins, entre autres celui-ci :

Et qui jure pour moi lorsque j'en ai besoin.

XVII, page 186. *Cinquante mille sesterces.* Il est superflu de répéter que tous ces nombres paraissent avoir été altérés par les copistes. On ne voit nulle part, dans ce qui précède, que Roscius eût payé cinquante mille sesterces à son associé ; on voit seulement qu'il lui en a payé quinze mille pour ses démarches.

Page 186. *Plutôt que cent mille.* Desmeuniers démontre la fausseté de ce raisonnement. En effet, il y avait à Rome des registres où l'on inscrivait les décisions des juges et des arbitres. Ainsi Cluvius n'aurait pu exciper en faveur de Roscius d'une décision qui n'aurait pas existé.

DISCOURS CONTRE Q. CÉCILIUS

Page 199. Les anciens appelaient *divinatio* le discours dont l'objet était de déterminer l'accusateur. Dans une cause qui se prépare, entre plusieurs *accusateurs* qui se présentent pour la soutenir, quel est celui qui la fera le mieux valoir ? On ne peut que le conjecturer, le *deviner*, tel est le sens du mot *divinatio*, d'après Aulu-Gelle, II, 4; Cf. Quintilien ; Asconius, et les jurisconsultes Hitman et Pillet.

I, page 199. Il y avait à Rome deux sortes de tribunaux, *judicia privata et publica*. Devant les premiers se jugeaient les causes civiles, et tous les différents survenus entre des particuliers. Devant les tribunaux publics, étaient portées les causes criminelles, et tout ce qui avait un rapport direct ou indirect à l'intérêt général.

Les tribunaux civils étaient présidés par le préteur, qui pouvait juger lui-même, ou par un citoyen auquel il déléguait son autorité, mais en lui prescrivant une formule dont il ne lui était pas permis de s'écarter. Ce juge était choisi par le préteur, et, pour cette raison, appelé *judex selectus*. Le préteur ne pouvait renvoyer une affaire à un juge inférieur que lorsque la loi était claire sur le cas en question, et qu'il ne s'agissait que du fait. Quand la question roulait sur le droit, et que le cas n'était pas clairement exprimé dans la loi, c'était le préteur lui-même qui jugeait, assisté de son conseil. Ses *assesseurs* étaient au nombre de dix, *decemviri*. On les appelait *juges*, quoiqu'ils ne prononçassent pas la sentence, et qu'ils donnassent seulement leur avis. Les causes les plus importantes se plaidaient devant le conseil des *centumvirs*, auquel les décemvirs présidaient sous l'autorité du préteur. Quoiqu'on les nommât centumvirs, ils étaient cent cinq, car on en choisissait *trois* dans chaque tribu, et il y avait *trente-cinq tribus*. Ils étaient nommés par leurs tribus respectives.

Les centumvirs étaient divisés en quatre conseils, qui donnaient audience dans quatre salles différentes de la basilique Julia, présidés par des décemvirs sous les ordres du préteur. Le préteur choisissait tantôt un, tantôt deux de ces conseils ; quelquefois il les réunissait tous les quatre.

Quand la question était peu importante et roulait sur le fait, non sur le droit, le préteur la renvoyait à un juge ordinaire, qu'il nommait ou qu'il laissait au choix des parties.

Le nombre des juges pour les tribunaux civils (*privata judicia*) avait été fixé par Sylla à six cents. Le préteur en dressait tous les ans le rôle. Ils étaient tirés indifféremment des trois ordres. Personne ne pouvait être dispensé de cette charge, à moins d'avoir soixante ans, père de trois enfants, ou attaché au sacerdoce. Dans la suite, Vespasien exempta les grammairiens, les orateurs et les médecins. Les conditions pour être juge étaient d'avoir vingt-cinq ans (vingt sous Auguste), d'être compté parmi les plus imposés de l'État, d'avoir une réputation sans tache. Le préteur partageait les juges en différentes classes, suivant qu'ils étaient plus ou moins riches.

I, page 199. Quintilien (liv. IX, ch. II) cite ce passage de Cicéron comme un modèle : « La prolepse, » dit-il, « est d'un secours merveilleux dans les plaidoyers. C'est une figure par le moyen de laquelle nous allons au-devant de ce que l'on pourrait nous objecter. On s'en sert fort bien dans toutes les parties du discours, mais principalement dans l'exorde, pour nous prémunir contre la mauvaise opinion que les juges pourraient avoir de nous. Telle est celle qu'emploie Cicéron, lorsque parlant de Cécilius, il prévient la surprise où l'on aurait pu être, de ce qu'il se portait pour accusateur, lui qui jusque-là avait fait profession de défendre tous ceux qui avaient besoin de son ministère, et qui n'avait jamais accusé personne. »

Page 199. Cicéron, dès l'abord, marque parfaitement la division de son discours : 1° Cicéron doit-il accuser ; 2° Cicéron doit-il être, comme accusateur, préféré à Cécilius ? (Asconius.)

Page 200. C'étaient d'abord les Marcellus, descendants du vainqueur de Syracuse ; les Scipion, dont l'aïeul, P. Scipion l'Africain, après la destruction de Carthage, rendit à la Sicile les monuments précieux dont elle avait été dépouillée par les Carthaginois ; les Metellus : quelques années auparavant, deux Metellus, Celer et Nepos, avaient mis en accusation, pour ses concussions, M. Lepidus, qui avait été préteur en Sicile.

On distinguait alors trois Metellus, l'un Q. Cécil. Metellus Creticus, consul désigné avec Hortensius, et ses deux frères, Lucius et Marcus, le premier, qui avait succédé à Verrès dans la préture de Sicile l'an 684, et qui fut consul l'année suivante ; le second, qui était préteur de Rome l'année même du consulat de Quintus.

I, page 200. « Je croirais, au contraire, que Cicéron ne se fit presser d'accepter cette accusation, qu'autant qu'il fallait pour ne pas paraître l'avoir demandée. Tout ce qu'il dit, en effet, des instances que lui avaient faites les députés de cette île, réfléchissait sur lui-même, en ce qu'ayant à parler contre cet ancien préteur protégé par une partie de tout ce qu'il y avait de plus grand à Rome, il lui convenait plus qu'à tout autre de paraître y avoir été forcé par la nécessité qu'impose le devoir. » (MORABIN.)

II, page 200. *Graviter*, parce que Cicéron ne voulait pas se porter accusateur ; *acerbe*, parce qu'il était sensible aux plaintes des Siciliens. (ASCONIUS.)

Page 201. Sur Cecilius, *Voy.* Plutarque, *Vie de Cicéron.*

III, page 202. Allusion aux revers qu'éprouvèrent au barreau, à l'encontre d'Hortensius, C. Julius César, Ap. Claudius et M. Scaurus, jeunes patriciens, qui avaient voulu se distinguer par des accusations contre des personnages puissants. Hortensius, entre autres succès obtenus contre eux, fit absoudre Varron et Dolabella, que César et Appius avaient accusés.

IV, page 204. On appelait *patronus* celui qui défendait quelqu'un en justice, s'il portait la parole pour son client ; *advocatus*, celui qui l'assistait de ses conseils, de ses démarches et de ses sollicitations, ou même seulement de sa présence ; *procurator*, celui qui suivait toute l'affaire en l'absence de son client ou de son ami ; *cognitor*, celui qui, même lui présent, s'en occupait comme de sa propre affaire. Aussi Cicéron emploie-t-il ici le mot de *cognitorem* pour exprimer le défenseur le plus dévoué. *Actor causæ* comporte également la signification de *patronus, si orator est.* (ASCONIUS.)

Page 205. C. Claudius Marcellus avait succédé, l'an de Rome 675, dans le gouvernement de la Sicile, à M. Æmilius Lepidus, le même qui souleva la guerre civile après la mort de Sylla. (Voy. *Seconde action contre Verrès*, II, 4 et 91.) Revêtu, quoique préteur, d'une autorité proconsulaire, Marcellus répara les maux qu'avaient faits à la Sicile les vexations de Lepidus, et releva cette province abattue et ruinée. — *Cn. Lentulus Marcellinus*, de la famille des Marcellus, était passé par adoption dans celle des Cornelius Lentulus. Il fut consul avec L. Marcius Philippus l'an de Rome 698. Il sera encore question de lui dans la *Seconde action contre Verrès* (II, 45), mais seulement sous le nom de Lentulus.

IV, page 206. L'une, concernant Syracuse, d'avoir été la complice des vols de Verrès; l'autre, concernant Messine, d'en avoir été la receleuse. Au reste, Cicéron glisse légèrement là-dessus, pour ne pas laisser à Verrès l'ombre même d'un avantage; car ses partisans n'auraient pas manqué de faire tourner à son avantage la bonne volonté que lui témoignaient les Syracusains et les Mamertins.

Page 206. *La situation présente.* — L'un des trois Marcellus faisait partie du tribunal. — *La santé.* L'autre, Marcellinus, était alors d'une faible santé. — *Les moyens oratoires.* Le troisième Marcellus était plus curieux de la jurisprudence que de l'art oratoire. (Asconius.)

V, page 207. Le tribunal contre les concussionnaires fut le premier tribunal permanent établi dans Rome. On désignait par le mot de *concussionnaires*, les magistrats, les juges, et en général, les fonctionnaires qui avaient extorqué ou enlevé de l'argent aux alliés et aux sujets de la république.

Le premier exemple que l'histoire romaine nous fournisse des plaintes portées contre les gouverneurs de provinces, est de l'an 582. Tite Live rapporte, à cette date, qu'il vint à Rome une députation d'Espagnols qui se plaignit amèrement de l'avarice des magistrats. Les députés se jetèrent à genoux au milieu du sénat, et le supplièrent de ne point permettre que les sujets de la république fussent pillés et vexés avec plus de cruauté que ses ennemis mêmes. Un des accusés fut absous; les autres prévinrent leur condamnation par un exil volontaire.

Le tribun L. Calpurnius Pison fut le premier qui proposa une loi pénale contre le crime de concussion, l'an 605 de Rome. Elle ne devait pas être sévère, puisque Lentulus, deux ans après avoir été condamné par le tribunal, fut élevé à la censure, l'une des principales dignités de la république. Il y a toute apparence que les concussionnaires ne furent d'abord obligés qu'à la restitution.

La loi *Junia* (portée par Junius Pennus, tribun en 627) condamna les coupables à un exil de dix ans, quelque modique que fût la somme. On n'exprimait jamais l'exil dans la sentence, parce qu'un citoyen ne pouvait être privé du droit de cité que de son propre consentement. On lui défendait l'usage du feu et de l'eau, *interdicebatur aqua et igne.* Les exilés étaient morts civilement.

La loi *Cornelia*, dont Sylla fut l'auteur, assujettit au même tribunal tous les magistrats de la ville et les juges qui se seraient laissé corrompre; mais cette disposition ne fut pas maintenue.

Jules César, dans son premier consulat, ajouta une nouvelle loi appelée de son nom *Julia*. Cicéron la trouvait rigoureuse. Cependant il paraît qu'elle avait supprimé la peine de l'exil, et que les condamnés étaient seulement exclus du sénat et dégradés. Elle adoucissait même les peines portées par les autres lois, qui, *outre l'exil*, ordonnaient la restitution quelquefois du double, et même du quadruple, selon la qualité du délit. Ce qui peut-être la fait regarder comme très-sévère par Cicéron, c'est que, dans le cas où le délinquant ne pouvait restituer toute la somme réclamée, elle voulait qu'on recherchât ceux qui avaient eu part au délit, ou qui en avaient profité de manière ou d'autre.

Sous les empereurs, la peine ordinaire était la dégradation. Celui qui en était frappé ne pouvait pas siéger dans les tribunaux, ni intenter aucune accusation, ni même être appelé en témoignage. (Voir sur cette question, Laboulaye, *Essai sur les lois criminelles des Romains*.)

V, page 207. Asconius, expliquant ces mots : *quod in unaquaque re*, dit que Cicéron veut parler des lois d'Hiéron, et de celles qu'avait établies le proconsul P. Rupilius l'an 625 après la première guerre des esclaves.

VII, page 209. Cicéron définit ainsi *honor : præmium virtutis judicio studioque civium delatum ad aliquem*.

Page 210. Asconius nous apprend l'anecdote à laquelle l'orateur fait ici allusion. Terentius Varron, cousin d'Hortensius, fut, à son retour d'Asie, accusé de concussion, d'abord devant le préteur L. Furius Purpureo, ensuite devant P. Lentulus Sura. Il fut absous grâce aux manœuvres d'Hortensius, qui, après avoir corrompu les juges, imagina, « pour que la crainte vînt à l'appui de la bienveillance, » de leur distribuer des tablettes dont la cire était d'une couleur différente de celle des tablettes ordinaires. Si quelqu'un de ces juges n'avait pas tenu sa promesse, Hortensius voulait pouvoir s'en assurer en examinant ce qui était écrit sur sa tablette, ainsi reconnaissable par sa couleur.

Page 210. *Quadruplatores*. On appelait ainsi les accusateurs à qui la loi accordait le quart des biens du condamné.

VIII, page 211. Et les juges vendus, et ceux qui les achètent, et les garants, et les exécuteurs, et les agents de ces infâmes marchés. (Asconius.)

IX, page 212. Cette louange n'est pas ironique. L'orateur ne cherche point ici à jeter le blâme sur Marcus, parce que, dans cette circonstance, il ne remplit pas envers Quintius les bons offices d'un frère en l'assistant dans ce procès ; il veut seulement faire voir combien il est étroitement lié avec Verrès. (ASCONIUS.)

X, page 214. Le mot *quæstor* est dérivé du verbe *quærere*. L'une des principales fonctions du questeur était la recherche des revenus de la république. Il y avait trois sortes de questeurs : 1° les questeurs de la ville, chargés de la garde du trésor public ; on les appelait *quæstores ærarii;* 2° les questeurs militaires, ou provinciaux ; ils avaient soin de la recette des deniers, et distribuaient la paye aux troupes ; 3° les questeurs des crimes capitaux, *quæstores parricidii*, espèce de commissaires nommés par le peuple pour la recherche de certains crimes. Il ne faut pas les confondre avec les autres questeurs.

Le nombre de questeurs fut d'abord de quatre, deux pour la ville, chargés de la garde du trésor et du maniement des finances ; deux militaires. Le nombre en augmenta à mesure que celui des provinces s'accrut. Sylla le porta jusqu'à vingt, et César à quarante. Deux questeurs restaient dans la ville, les autres étaient répartis dans les provinces, ou suivaient à l'armée les consuls et les autres généraux ; c'était le sort qui en décidait.

Pour obtenir la questure, il fallait avoir au moins vingt-six ans accomplis. Cette magistrature était le premier degré des honneurs, et nul ne parvenait aux magistratures plus élevées sans l'avoir traversée.

Dans l'origine, tant que les questeurs étaient en charge, ils avaient entrée au sénat ; mais après en être sortis, ils ne conservaient pas droit de séance, si les censeurs ne les avaient pas inscrits sur le rôle de cette compagnie. Dans la suite, Sylla les maintint au rang de sénateurs, par le droit seul de leur charge ; mais, pour l'occuper, il fallut avoir trente ans : âge nécessaire pour être sénateur.

Les questeurs de la ville, délivraient aux magistrats les sommes que leur assignait la république, faisaient vendre le butin fait sur l'ennemi et les biens confisqués, remettaient aux consuls, lorsqu'ils entraient en campagne, les aigles des légions, mises en dépôt dans le trésor, recevaient, logeaient et défrayaient les ambassadeurs, ordonnaient les funérailles décrétées par le sénat aux frais de la république, avaient l'intendance des monnaies, etc.

Il y avait un questeur *provinciæ* dans chaque province prétorienne ou proconsulaire, excepté la Sicile, où il y en avait deux. Les questeurs provinciaux accompagnaient partout le général, et étaient chargés de la caisse militaire ; ils levaient les impôts, et ne rendaient compte qu'à la république des deniers qui avaient passé par leurs mains. Ils étaient accompagnés de licteurs ; distinction dont ne jouissaient pas les questeurs qui étaient dans Rome. Lorsque le préteur quittait sa province, il en remettait le gouvernement au questeur jusqu'à l'arrivée de son successeur. Le questeur devait avoir pour son général les sentiments d'un fils pour son père.

X, page 245. Asconius nous apprend que les Siciliens étaient dans le cas de faire aux Romains trois prestations de grains chaque année. Ils devaient d'abord livrer aux Romains la dîme de leurs récoltes, sans recevoir aucun payement ; puis fournir une autre partie de leurs grains au prix d'achat fixé par le sénat ; enfin en livrer une troisième quantité au préteur, soit en nature, pour être déposés dans des greniers, soit en argent, au prix d'estimation qu'il fixait. On appelait *mancipes* les fermiers publics qui se faisaient adjuger dans la province la commission de recueillir le blé pour l'approvisionnement de Rome. Ces publicains avaient les mêmes fonctions que les *collecteurs de dîmes* pour le clergé remplissaient en France avant la révolution.

XIII, page 249. Asconius nous apprend que ces formules banales étaient usitées par les mauvais avocats du temps de Cicéron. Caton le censeur avait coutume d'invoquer les dieux au commencement de ses harangues ; mais il paraît que cet usage, fort respectable en lui-même, avait fini par devenir ridicule du temps d'Asconius. Ce critique cite à ce propos ce vers de Virgile :

> Præfatus divos solio rex infit ab alto.

Puis, à l'occasion de cette autre tournure, *vellem si fieri potuisset,* il rapporte deux autres exemples, l'un tiré de Lucilius :

> Vellem cum primis fieri, si fors potuisset.

Et le second de Virgile ;

> Ante equidem summa de re statuisse Latini,
> Et vellem, et fuerat melius.

Vitiose ambo, ajoute-t-il.

XIV, page 221. « Du côté de l'éloquence, » dit Quintilien, liv. XI, « Cicéron est le premier à reconnaître que ses adversaires en avaient infiniment ; et, quelque supériorité qu'il eût sur eux à cet égard, on n'a jamais vu qu'il s'en fît trop accroire..... Lors même qu'il fut question de faire choix d'un accusateur dans le jugement de Verrès, bien que ce choix ne roulât qu'entre Q. Cécilius et lui, et que l'important fût de démontrer qui des deux était le plus propre pour cette accusation, il se contenta de faire voir que Cécilius n'avait ni le talent, ni les qualités nécessaires, sans se les arroger lui-même ; disant qu'il ne les avait pas non plus, mais qu'au moins il avait travaillé à les acquérir. C'est seulement quelquefois, dans ses lettres, écrivant familièrement à ses amis, ou dans ses dialogues, qu'il dit librement ce qu'il pense de son éloquence, encore est-ce sous un autre nom; et après tout, il n'en dit que ce qui est vrai. »

XV, page 222. Le mot du texte n'est pas *oratores*, mais *moratores*, de mauvais discoureurs, qu'on employait, dit Asconius, *ad moram faciendam*, afin de donner le temps à de meilleurs orateurs de se reposer ou de se préparer. Pour comprendre ce passage, il faut se souvenir que, dans les tribunaux, deux ou trois avocats étaient souvent chargés de plaider la même cause, dont ils se partageaient les divers points. C'est ce que vient de dire Cicéron, en parlant de lui-même et d'Hortensius : *Sæpe in iisdem... causis versati sumus.*

XVI, page 223. Un certain Menius avait vendu sa maison aux censeurs Caton et Valerius Flaccus, qui bâtirent sur l'emplacement la basilique Porcia. Mais il excepta du marché une colonne, du haut de laquelle lui et ses descendants pourraient assister aux combats de gladiateurs, qui alors se donnaient dans le Forum. Près de cette colonne, siégeaient les triumvirs chargés de la répression des filous et des esclaves. Là plaidaient de misérables avocats, auxquels Cicéron compare les souscripteurs de Cécilius.

Page 224. Il faut observer que Cicéron affecte de répéter que Cécilius est Sicilien, pour lui ôter la considération attachée au titre de citoyen romain. (Asconius.)

XVII, page 225. Marcus Antonius, fils de l'orateur et père du triumvir, avait été chargé, avec un pouvoir très-étendu, de garder toute la côte maritime appartenant aux Romains. Il commit beaucoup de vexations et d'injustices par lui-même et par ses lieutenants. Il déclara la guerre aux Crétois, et il périt dans cette expédition. (Asconius.)

XIX, page 228. Quintilien cite avec éloge la dextérité avec laquelle Cicéron réfute les arguments en faveur de son adversaire. « Cécilius, dit-il, demandait la commission d'accuser Verrès, en se fondant sur ce qu'il avait été son questeur; et Cicéron, qui la demandait aussi, fait, de cette raison même, un moyen pour l'obtenir. » (Liv. X, ch. XIII.)

Page 231. Il n'était pas permis à tout le monde indistinctement de se porter accusateur devant les tribunaux. Ce droit était interdit aux soldats, aux gens notés d'infamie, aux comédiens dans tous les cas, aux affranchis envers leurs anciens maîtres, aux magistrats inférieurs envers ceux auxquels ils avaient été subordonnés, aux pupilles envers leurs tuteurs, etc.

Les accusateurs étaient presque toujours des jeunes gens des familles les plus distinguées, ou d'un grand talent, qui cherchaient à se faire connaître. Dans le crime de lèse-majesté, le quart des biens des condamnés était donné aux *accusateurs*. Il en résulta de grands abus sous les empereurs.

Lorsque plusieurs accusateurs se présentaient, le juge décidait. Ceux qui n'avaient pas été préférés aidaient le principal accusateur, et veillaient à ce qu'il employât tous les moyens que lui fournissait la cause. On les appelait pour cela *custodes*.

L'accusateur prononçait d'abord le serment de calomnie, c'est-à-dire qu'il déclarait qu'il avait de bonnes preuves pour accuser. S'il ne prouvait pas, et que l'accusé fût déclaré absous, il était lui-même condamné, et marqué sur le front de la lettre K.

XX, page 231. Caton l'ancien, qui, sous son consulat, l'an de Rome 559, avait commandé en Espagne, accusa Servius Sulpicius Galba et L. Furius, qui avaient exercé dans cette province les fonctions de préteur. Le premier avait fait périr en pleine paix trente mille Lusitaniens ; le second avait commis de criantes injustices dans l'estimation du blé que devaient fournir les Espagnols. Ce procès eut lieu l'an 605 de Rome, l'année même de la mort de Caton, et la première année de la troisième guerre punique.

XXI, page 232. Bien que Cicéron n'eût que trente-sept ans, il pouvait paraître un peu trop âgé pour débuter dans les fonctions d'accusateur; car c'était par là que commençaient les jeunes citoyens qui aspiraient aux honneurs.

XXII, page 254. Il y avait, de la part de Cicéron, courage à se prononcer ainsi contre les préjugés politiques de ses juges, et ici Quintilien le cite pour modèle : « Les juges, » dit-il, « ont leurs opinions, leurs préjugés, qu'il faut ou fortifier ou détruire, selon le besoin de la cause. Tantôt il sera nécessaire de les rassurer contre les dangers dont ils peuvent être menacés ;... tantôt il faudra intimider les juges, comme le fait Cicéron dans ses plaidoyers contre Verrès. » (Liv. I, ch. I, *de l'Exorde*.)

PREMIÈRE ACTION CONTRE VERRÈS

I, page 240. *Par des harangues.* Allusion aux harangues que le tribun L. Quintius prononçait devant le peuple pour dépouiller les sénateurs du pouvoir judiciaire. — *Et par des lois.* Le préteur L. Aurelius Cotta se disposait à porter une loi pour transférer aux chevaliers romains le pouvoir judiciaire.

Page 240. *Le déprédateur du trésor public.* Comme questeur du consul Carbon.

Page 240. *L'oppresseur de l'Asie et de la Pamphylie.* Comme lieutenant et proquesteur de Dolabella.

Page 240. *Le violateur éhonté de la justice.* Dans sa préture urbaine.

II, page 242. *Le jour que je le mis en accusation.* Ces mots signifient, selon Asconius, l'action d'être interrogé devant le préteur d'après la formule prescrite par la loi. Quand les deux parties étaient en présence, l'accusateur énonçait le fait devant l'accusé en présence du préteur, par exemple : *Aio te Siculos spoliasse.* Si l'accusé gardait le silence, il était condamné comme convaincu. S'il niait les griefs qui lui étaient imputés, le demandeur requérait du juge le temps nécessaire pour informer sur ces imputations ; puis l'on dressait l'acte d'accusation.

Page 242. *Diem perexiguam.* Ici *diem* est du féminin, parce qu'il exprime un délai très-court : de là le diminutif *diecula.* Le jour de douze heures est toujours masculin. (Asconius.)

Page 242. Quel était cet accusateur suscité par Verrès ? On l'ignorait même du temps d'Asconius. Les uns, selon ce scoliaste, prétendaient que c'était Rupilius ; les autres, que c'était Oppius. Ceux-là disaient que Rupilius était l'accusateur, et Oppius l'accusé. Enfin d'autres croyaient qu'il s'agissait de Q. Metellus Nepos, accusateur de Curion. — Quand deux accusations étaient présentées à la fois devant le même tribunal, la priorité était accordée à celui des deux accusateurs qui demandait le moins de temps pour apporter ses preuves.

III, page 243. Verrès était presque venu à bout de faire renvoyer l'accusation à l'année suivante.

Page 243. Oppius ou Curion, dit Asconius.

IV, page 244. *Les lieux sacrés. Fanum,* chapelle ainsi dite du mot *fari*, de certaines paroles que le prêtre y récitait; *ædes*, grand édifice sacré; *ædicula*, chapelle ouverte; *sacellum*, chapelle sans toit. — (On appelait aussi *fana* les jardins qui renfermaient un monument funèbre. Cicéron donna ce nom au lieu qu'il avait consacré à la mémoire de sa fille Tullie. *Nollem illud*, dit-il à Atticus (liv. XII, lett. 55 et 56), *ullo nomine nisi* FANI *appellari... Fanum fieri volo, neque hoc mihi erui potest sepulcri similitudinem effugere.*)— *Delubrum*, la niche où l'on mettait l'image de la divinité, *quasi dei labrum; labrum* figurément le bassin d'une fontaine (le vase où l'on met une chandelle se nomme *candelabrum*).

IV, page 245. Il y avait alors huit préteurs à Rome, changés tous les ans, et nommés par les centuries. Le premier, *urbanus*, juge civil entre les citoyens; le second, *peregrinus*, entre les étrangers; les six autres juges au criminel : 1er, crime de lèse-majesté; 2e, concussion; 3e, péculat; 4e, meurtre et autres voies de fait; 5e, brigue; 6e, calomnie, crime de faux. Chaque tribunal était spécial. Le préteur ne pouvait recevoir aucune plainte sur des délits qui n'étaient pas de son attribution.

Le préteur de la ville marchait précédé de deux licteurs : *Prætor urbanus, quei nunc est, queique posthac fuerit, duos lictoreis apud se habeto usque ad supremam ad solem occasum, jus inter civeis deicito.* Il jugeait lui-même les causes dans lesquelles la question roulait sur le droit, et non sur le fait. Quand il ne s'agissait que du fait, et que la loi ne présentait aucun doute, il renvoyait l'affaire à un juge nommé par lui, et à qui il prescrivait la formule dont il devait se servir. Ces juges étaient pris parmi les sénateurs ou les chevaliers. L'arrêt prononcé par le préteur s'appelait *décret*.

Le préteur n'avait le droit de rien changer aux lois des Douze-Tables, mais seulement d'y suppléer dans les cas auxquels elles n'avaient pas pourvu.

Quoique ce fût l'usage de tirer au sort les assesseurs du préteur urbain, seul juge nécessaire dans les affaires civiles, il paraît que le sénat l'autorisait quelquefois à les choisir. (*Lettres à Atticus*, liv. XIV, lett. I.)

Nul ne pouvait citer un autre en justice sans y être autorisé par le préteur. Le défendeur (*reus*) avait droit de poursuivre le demandeur qui l'aurait assigné sans cette autorisation. Le préteur lui-même ne pouvait être cité en justice tant qu'il était en fonctions.

Lorsque le préteur prononçait un jugement de condamnation, il quittait sa robe prétexte.

Il fallait avoir quarante ans pour être préteur : on ne pouvait l'être que deux ans après avoir exercé l'édilité ou le tribunat du peuple.

V, page 246. Sthenius et Heraclius. Voyez *Seconde action contre Verrès*, II, ch. 34.

Page 246. C'est de Syracuse et de son port que Cicéron veut parler ici ; mais, pour amplifier la chose, il emploie le pluriel au lieu du singulier.

Page 246. Agathocle, Hiéron.

Page 246. Marcellus, vainqueur de Syracuse; Scipion, vainqueur d'Annibal. *Dedit Marcellus, reddidit ex Africa Scipio.* (Asconius.)

Page 246. Allusion à l'aventure de l'épouse de Cléomènes. Voyez *Seconde action*, III, ch. 14.

VI, page 247. Asconius dit que Cicéron veut parler ici d'Hortensius, des trois Metellus et de Metellus Scipion.

Page 247. Il y a dans le latin une antithèse véritable entre les mots *nobiles* et *noti :* on ne saurait la rendre en français. On voit ici, observe M. Le Clerc, que le mot *notus* en latin, comme celui de *connu* en français, se prend quelquefois en mauvaise part.

Page 248. Voici la manière dont on procédait pour l'élection des juges. Le préteur du ressort des concussions, par exemple, jetait dans une urne tous les noms des juges du même ressort; on en tirait le nombre convenable : c'est ce qui s'appelait *sortiri*. L'accusateur et l'accusé récusaient ceux qu'ils jugeaient à propos, car ils pouvaient chacun exercer ce droit dans la limite d'un certain nombre de juges. On tirait une seconde fois au sort pour remplacer ceux qui avaient été récusés, et c'est là ce qu'il faut entendre par *subsortiri, subsortitio*.

Page 248. Allusion aux tablettes enduites d'une cire particulière que, dans l'affaire de Terentius Varron, accusé par Scaurus, Hortensius avait distribuées aux juges qu'il avait achetés.

VII, page 249. *Negotiator*, marchand en gros, *mercator*, en détail; *institor*, qui vend pour le compte d'un autre; *exercitor*, armateur. Les gens de boutique n'étaient point estimés : *Sordidi etiam putandi qui mercantur a mercatoribus quod statim vendant; nihil enim proficiunt, nisi admodum mentiantur.* (Cicero, *de Officiis*, I, 42.) Les *institores* étaient tous des affranchis ou des esclaves. Quant aux *negotiatores*, ils étaient considérés; car il n'y avait guère que des chevaliers romains qui fissent le commerce en gros. Ils avaient des maisons dans les plus riches provinces.

VIII, page 250. *Nous ne pouvons conserver plus longtemps l'administration de la justice.* En prêtant ce langage à des sénateurs eux-mêmes, Cicéron use envers les juges de plus de ménagement que s'il avait fait dire à des plébéiens : *Otons au sénat les tribunaux.* (Asconius.)

Page 251. *De la maison d'un sénateur dans celle d'un chevalier romain.* Asconius se raille de ceux qui cherchaient sérieusement les noms de ce sénateur et de ce chevalier, et qui ne voyaient pas que Cicéron ne présentait des détails aussi précis que pour rendre odieux ses adversaires. Au reste, on était partagé sur le nom de ce sénateur. Les uns prétendaient que c'était Hortensius; les autres, que c'était Crassus, depuis l'un des triumvirs. Le chevalier était un certain Publicius, alors connu pour être un agent de corruption dans les élections.

IX, page 252. *Enfant plein de charmes, et qui ne manque point d'amis.* Ceci est pris en mauvaise part. *Blando et gratioso.* — *Feminis ac maxime meretricibus blanditiæ conveniunt*, dit Asconius. *Gratia vero quæ potest in adolescentibus esse sine infamia?* Car, ajoute ce scoliaste, *gratia*, pour un jeune garçon, ne veut dire autre chose que le grand nombre d'adorateurs.

Page 253. — *Prærogativa* est ici à double entente. Pour comprendre cet endroit, il faut savoir que, dans l'élection aux grandes magistratures, on tirait au sort la centurie qui donnerait la première son suffrage. Cette centurie s'appelait *prérogative* et entraînait ordinairement le suffrage des autres centuries. Ainsi, quand on l'avait pour soi, c'était comme une assurance qu'on les aurait toutes. Q. Metellus donne donc à Verrès une *prérogative*, c'est-à-dire une assurance de sa protection pour les centuries *prérogatives* qu'il lui avait procurées, à lui et à M. Metellus, son frère. (Asconius.)

X, page 254. Allusion à ce vers que le poëte Névius avait fait autrefois sur les Metellus, qui semblaient comme en possession des premières charges de l'État :

Fato Metelli Romæ fiunt consules.

Celui des Metellus qui était alors consul, répondit à Névius par ce vers :

Dabunt Metelli malum Nævio poetæ.

Page 254. Cornificius, questeur l'an 672, fut collègue de Cicéron comme augure, puis se mit avec Césonius sur les rangs pour le consulat la même année que Cicéron. Il était d'une famille fort obscure, et n'avait pas ces talents extraordinaires qui, à Rome, suppléaient à la naissance. Aussi, dans ses *Lettres à Atticus* (liv. I, let. 1), Cicéron dit à ce propos : *Je ne doute pas que ses prétentions ne vous fassent rire, ou plutôt ne vous fassent pitié.* Ce fut Cornificius qui, dans le sénat, dénonça le sacrilége commis par Clodius, qui s'était introduit, déguisé en femme, dans la maison de César, au moment où l'épouse de celui-ci célébrait les mystères de la Bonne-Déesse. C'est à Cornificius lui-même, selon les uns, à son fils, selon les autres, que sont adressées quatorze des lettres familières de Cicéron (liv. XII). Quelques critiques attribuent à Cornificius le traité de rhétorique *ad Herennium*.

X, page 255. *Cn. Tremellius.* Surnommé *Scrofa*, ami particulier d'Atticus. (*Voyez* les *Lettres de Cicéron à Atticus*, V, 4 ; VI, 1.) Il écrivit sur l'agriculture, et Varron parle de lui (*de l'Agriculture*, liv. I, ch. II, et liv. II, ch. IV). Macrobe en fait aussi mention (*Saturn.*, liv. I, ch. VI).

Page 255. Il était ordinaire aux généraux romains de vouer des jeux en l'honneur de quelque divinité, lorsque, dans une action, la victoire était vivement disputée, et que du succès d'une guerre dépendait le salut de la république. Ils étaient très-religieux observateurs de ces sortes de promesses, soit qu'elles fussent avouées ou autorisés par le sénat, soit qu'étant moins solennelles, elles n'engageassent que leur auteur.

Les jeux Votifs de Pompée, qui furent célébrés le 16 août, surpassèrent en magnificence tous ceux qu'on avait vus jusqu'alors ; mais ces jeux différaient des autres en ce qu'ils ne furent célébrés qu'une seule fois, au lieu que les jeux Romains, les jeux Plébéiens, et même ceux que Sylla avait consacrés à la Victoire, revenaient tous les ans.

Page 255. *Les jeux Romains*, ou les grands jeux, qui se célébraient du 4 au 12 septembre, avaient été institués sous Tarquin l'Ancien, à l'occasion de la prise d'Apioles sur les Latins. Selon Asconius, l'institution des jeux Romains remontait au règne de Romulus, à l'époque de l'enlèvement des Sabines, et ils furent voués à *Consus*, le dieu des desseins secrets, autrement dit Neptune, roi des Latins et aux grands dieux, c'est-à-dire aux dieux lares de la ville de Rome.

XII, page 258. Les édiles (et c'était une fonction de leur charge) célébraient les divers jeux avec plus ou moins de magnificence. Cette obligation de célébrer les jeux, et les jeux mêmes que célébrait un édile, s'appelaient *ædilitatis munus*. Asconius, non content des mauraises plaisanteries qui échappent quelquefois à Cicéron, en suppose une bien peu vraisemblable en cet endroit : *Allusit*, dit-il, *ad ambiguitatem muneris, et Verris, nomen bestiæ præferentis.* (Note de M. V. Le Clerc.)

XIII, page 259. Le crime de *concussion* comprenait tous les abus que les magistrats faisaient de leur autorité pour mettre à contribution les provinces dont l'administration leur était confiée, et pour tirer de l'argent de ceux à qui ils devaient rendre gratuitement la justice. Ce crime était connu sous le titre *de pecuniis repetundis*, parce qu'il donnait lieu à une action que les provinces ou les particuliers intentaient pour se faire restituer ce que le magistrat avait exigé d'eux illégalement. Les concussionnaires n'étaient d'abord condamnés qu'à la restitution, mais depuis on y ajouta le bannissement. Dans la suite, la loi Julia, portée par Jules César, au lieu de les bannir, les déclara incapables d'assister au sénat, d'exercer aucun office, ni même d'être reçus en témoignage.

Le mot *péculat* vient de *pecus*. Dans les premiers temps, l'or et l'argent qu'on pouvait retirer de la vente de leurs troupeaux faisaient toute la richesse des Romains. Ce nom fut conservé pour désigner le vol ou la dilapidation des deniers publics. Les coupables en furent quittes d'abord pour une somme proportionnée au délit ; plus tard, une loi de Jules César les condamna au bannissement.

Page 259. *Un sénateur juge dans cette cause.* C. Élius Stalenus Pétus. On trouve dans le plaidoyer *pour Cluentius* (du ch. xxiv au ch. xxxvii) tous les détails de l'infâme conduite de ce sénateur, toutefois avec quelques réticences relativement à l'argent que Stalenus avait reçu de Cluentius. Cicéron, qui était alors l'avocat de ce dernier, ne voulait pas convenir de faits qui auraient pu nuire à son client.

XIV, page 261. Nouvelle allusion à Hortensius.

XV, page 263. Les généraux revêtus d'un commandement militaire dans les provinces, tant qu'ils étaient en exercice, ou qu'ils sollicitaient les honneurs du triomphe, ne pouvaient entrer dans Rome. Pompée se tenait hors des portes, parce qu'il demandait le triomphe, après ses victoires contre Sertorius. Dans sa première harangue au peuple, il se prononça pour le rétablissement de la puissance tribunitienne, Palicanus étant tribun. (Asconius.)

XVI, page 264. Asconius prétend que Cicéron parle ici du Dolabella dont Verrès fut questeur : Manuce n'est pas de son avis, et il paraît avoir raison, attendu que ce Dolabella avait été condamné bien avant que Pompée eût porté sa loi en faveur du tribunat.

XVI, page 264. C'est ainsi qu'Asconius veut qu'on entende le mot *gratia* par amitié ; car, observe-t-il, Cicéron ne veut pas même faire croire que Verrès soit l'ami d'Hortensius, mais seulement son associé pour le pillage. — Quant aux liens du sang et aux complaisances cela se rapporte à Metellus, collègue d'Hortensius, qui défendait Verrès avec autant de chaleur que s'il eût été son parent. (ASCONIUS.)

XVII, page 265. *La loi Acilia*. M'. Acilius Glabrion, père du préteur devant lequel se plaida la cause de Verrès, porta, étant tribun, une loi très-sévère contre les concussions, qui permettait même de condamner dès la première audience. (ASCONIUS.)

La loi Servilia, *de repetundis*, était l'ouvrage du tribun C. Servilius Glaucia, qui la proposa pour mettre dans son parti les chevaliers ou publicains de son temps, qui ne donnaient que trop souvent lieu aux plaintes que l'on faisait de leurs concussions dans les provinces. Quand elle n'aurait différé de la loi Acilia qu'en ce qu'elle accordait aux accusés la remise à trois jours, c'était beaucoup de gagner du temps pour des gens qui savaient si bien en profiter, et qui, étant reçus à se faire entendre de nouveau dans leurs défenses, avaient tant de moyens de se procurer des juges favorables. (MORABIN.)

XVIII, page 267. On a dit plus haut qu'Hortensius et Metellus avaient mandé chez eux les députés siciliens.

SECONDE ACTION CONTRE VERRÈS

LIVRE PREMIER

I, page 275. Quintilien (liv. IX, ch. IV) cite ce passage comme un exemple d'euphonie à cause du mot NOSCE *dies* qui se trouve dans le texte pour *hos* : « Pourquoi, dit-il, *hosce*, et non pas *hos* ? Ce mot n'avait rien de rude. Je n'en pourrais peut-être pas rendre raison, mais je sens que l'autre est mieux. Pourquoi Cicéron ne s'est-il pas contenté de dire *sermonem vulgi fuisse* ? la composition le permettant. Je ne sais pourquoi ; mais, quand je consulte mon oreille, il me semble qu'elle serait moins satisfaite, si cette double expression n'y était pas. »

I, page 276. *Depositam*, id est, *desperatæ salutis*, comme dans ce vers de Virgile :

>Ille ut depositi proferret fata parentis.

III, page 279. Une amende et l'exil.

Page 279. Asconius explique ainsi la pensée de l'orateur. Ce sera un bien pour Verrès d'être condamné par le jugement actuel, parce que, s'il était absous, il serait cité devant le peuple romain, qui le condamnerait au dernier supplice qu'il mérite. Au reste, Cicéron explique plus loin sa pensée (ch. xlv).

IV, page 280. Les lois romaines condamnaient à mort les pirates, et surtout leurs chefs.

V, page 281. C'étaient d'honnêtes marchands. Cicéron développe ce fait dans le cinquième livre de cette seconde *Action, de Suppliciis*.

Page 282. C'est-à-dire tant que je ne les ai pas réclamés pour les faire conduire dans une prison publique. C'était un crime de lèse-majesté à un particulier de garder dans sa maison des ennemis publics. Ainsi Verrès était coupable de ce crime, soit qu'il eût relâché les chefs de pirates, soit qu'il les eût gardés dans sa maison.

Page 282. Du crime de lèse-majesté, Cicéron passe au crime qu'on appelait *perduellionis*, ou, d'après le sens primitif de ce mot, crime de parricide contre la patrie. C'est l'idée qu'en donne Tite Live, liv. I, ch. xxvi L'abbé Auger renvoie ici à son traité *de la Constitution des Romains*. On peut surtout consulter le discours de Cicéron *pour Rabirius*, accusé de ce crime de haute trahison, qui emportait la peine capitale, et qui se jugeait dans le Champs-de-Mars, devant tout le peuple assemblé. (Note de M. J. V. Le Clerc.)

VII, page 285. C'est-à-dire depuis dix ans que Sylla avait ôté à l'ordre des chevaliers les tribunaux, pour les donner à l'ordre sénatorial.

IX, page 289. Ernesti, suivi par M. V. Le Clerc a entendu ces mots *adimo enim comperendinatum*, comme une nouvelle interpellation d'Hortensius, auquel l'orateur doit répondre. Binet, en traduisant ainsi : *J'abandonne l'ajournement en ce qu'il a de plus pénible*, fait de ce membre de phrase la continuation des raisonnements de l'orateur ; ce qui présente un sens moins satisfaisant.

XI, page 295. Vingt jours étaient donnés à l'accusateur pour procéder contre l'accusé; vingt jours étaient ensuite accordés aux défenseurs de ce dernier : de sorte qu'en ne prenant la parole qu'à l'expiration du terme légal, Hortensius aurait pu ne répondre qu'au bout de quarante jours, comme le dit Cicéron.

XIV, page 298. M. Pupius Piso Calpurnianus. Quoique patricien, Cicéron nous apprend qu'il fut adopté par M. Pupius, plébéien (*pour sa Maison*, ch. xiii); que dans la poursuite de l'édilité, il éprouva un refus (*pour Plancius*, ch. xxi); enfin qu'il exerça la préture en Espagne (*pour Flaccus*, ch. iii), où il obtint quelques avantages qui lui firent décerner l'honneur du triomphe. Il fut consul, l'an de Rome 693, avec M. Valerius Messala. Notre orateur, dans ses *Lettres à Atticus*, en parle comme « d'un petit et méchant esprit, un railleur chagrin qui ne laissait pas quelquefois de faire rire, plus plaisant par sa figure que par ses bons mots. Il n'est ni dans le parti du peuple, ni dans celui des grands. La république n'en doit espérer rien de bon; il a de trop mauvaises intentions; mais aussi elle n'a point de mal à en craindre : il n'a pas assez de courage. » Pour réduire à sa juste valeur un si étrange portrait, il faut dire que Piso était ami de Clodius, et que Cicéron écrivait ainsi à Atticus, au moment où ce même Piso faisait tous ses efforts pour laisser impuni le sacrilége commis par Clodius, dans la maison de César, pendant les mystères de la Bonne-Déesse. Cicéron s'en vengea en contribuant alors à l'empêcher d'obtenir le gouvernement de Syrie (*Lettres à Atticus*, liv. I, lett. 13, 14 et 16). Cicéron en parle avec estime comme orateur (*Brutus*, ch. lxiv) : il devait tout à l'étude, et était fort profond dans la littérature grecque. Cicéron paraît même, dans cet endroit, louer en lui une sorte de brusque franchise; il vante le plaidoyer qu'il fit en faveur de la vestale Fabia, sœur de Terentia, l'épouse de Cicéron, accusée d'avoir enfreint son vœu de chasteté. Le séducteur était, disait-on, Catilina. Enfin, dans la troisième *Philippique* (ch. x), Cicéron parle de Piso comme d'un ami intime, le loue et le cite au nombre des personnages consulaires qui refusèrent les provinces qu'Antoine leur avait fait adjuger.

Page 298. L. Cornelius Scipio Asiaticus, arrière-petit-fils du vainqueur d'Antiochus, fut consul avec C. Junius Norbanus l'an de Rome 671; il avait embrassé le parti de Marius, et fut deux fois abandonné par son armée L'année suivante, il fut porté par Sylla en tête de la première liste de proscription. Des commentateurs ont confondu ce personnage avec C. Scipion, qui fut, à la même époque, exilé à Marseille, et qui était le beau-père de Sextius, que défendit Cicéron.

XIX, page 305. Cette province avait alors pour gouverneur C. Néron. Elle comprenait les deux Mysies, la Lydie, l'Étolie, l'Ionie, la Carie, la Doride et les deux Phrygies, à l'exception néanmoins de cette partie de la Phrygie majeure où étaient les villes de Laodicée, d'Apamée, de Philomelum, de Synnade, qui, dans la guerre de Mithridate, fut jointe à la province de Cilicie avec la Pisidie et la Lycaonie. Les habitants de l'Asie se divisaient en alliés et en citoyens, et ceux-ci en deux classes, les *publicains* et les *négociants*. On donnait le nom de Grecs aux Asiatiques, parce que la langue grecque était en usage dans presque tout ce pays.

Page 305. C. Claudius Tiberius Néron, d'une des plus illustres familles de Rome, fut préteur en Asie. C'est l'aïeul de l'empereur Tibère.

XX, page 307. Lorsqu'un joueur de luth, suivant Asconius, touchait les cordes de la main gauche, et si légèrement qu'il était entendu de lui seul et de ceux qui étaient le plus près de lui, on disait *intus canit*; lorsqu'il touchait de la main droite et avec force, on disait *foris canit*. Mais le cithariste d'Aspendus ne jouait jamais que de la main gauche; ce qui était le comble de l'art, ce qui constituait le mérite de la difficulté vaincue. De là les Grecs disaient de ceux qui faisaient, comme on dit, leurs coups à la sourdine, *intus canunt*.

Page 308. On appelait *domus* les maisons des citoyens du premier rang, particulièrement des sénateurs, des chevaliers, et de ceux qui avaient occupé les grandes charges, telles que la censure, le consulat, la préture, l'édilité, la questure, le tribunat, le pontificat, qui avaient à leur service un nombreux domestique, enfin ce que nous appelons une maison : d'où le mot *dominus*, maître, devenu sous les empereurs le titre le plus imposant. Auguste ne voulut jamais qu'on le lui donnât, comme trop au-dessus de son autorité ; il ne permettait même pas à ses enfants de le qualifier ainsi dans leurs caresses. Les maisons appelées *domus*, chez les Romains, étaient pour la plupart entourées de portiques ; un vestibule ou petite place leur servait d'avenue ; on voyait à l'entrée une grande salle d'audience, qu'on appelait *atrium ;* elles renfermaient des bois, des jardins, des bains, des fontaines. — *Ædes*, maison d'un particulier. — *Vicus* suite de maisons. — *Insulæ*, pâtés de maisons détachées les unes des autres par de petites ruelles extrêmement sales à cause des immondices qu'on y jetait.

XXII, page 310. Asconius donne cette définition du mot *comitium* :

« Lieu près du sénat, où les chevaliers et le peuple peuvent se rassembler. »

XXIII, page 511. Fils de Marc Antoine l'orateur, homme très-dissolu, qui eut le commandement de toutes les forces maritimes de la république, et qui mourut en Crète. Salluste a dit de lui qu'il était né pour dissiper l'argent des nations, et qu'il portait l'insouciance jusqu'à ne s'occuper des affaires qu'au dernier moment. (Asconius.)

XXVII, page 517. Au temps de la domination de Caïus Gracchus, C. Fabius Hadrianus, lieutenant, ou, selon d'autres, préteur ou propréteur en Afrique, fut brûlé tout vif dans son prétoire à Utique, par les principaux de la ville, qui l'accusaient d'avoir séduit leurs esclaves pour les mettre à mort. (Asconius.) On retrouve ce fait dans Tite Live (*Epitome*, liv. LXXXVI), Valère Maxime (liv. IX, ch. x, § 1), et dans Paul Orose (liv. V, ch. xix). Cicéron dissimule à dessein la cause de la mort d'Hadrianus, pour donner plus de force à l'exemple qu'il vient de citer. — Utique était la principale ville de la province d'Afrique.

XXVIII, page 519. *Accensus*, selon Asconius, était le titre d'un grade militaire répondant à celui de *princeps*, chef de file, *commentoriensis* ou *cornicularius*, espèce de sous-officier qui tenait les écritures de la légion. Mais, selon l'opinion commune, l'ordre des *accensi* se composait d'affranchis, parmi lesquels on choisissait les appariteurs ou huissiers des consuls et des préteurs (*voyez* Sigonius, *du Droit civ. rom.*, liv. II, ch. xv). Tite Live (liv. III, ch. xxxiii) appelle *accensus* le seul officier qu'eussent les décemvirs.

XXIX, page 520. La loi *Cornelia majestatis* défendait aux généraux de quitter leur province sans un ordre du sénat. Jules César renouvela cette disposition dans la loi Julia, *de Repetundis*.

Page 521. Les juges romains avaient deux manières de renvoyer l'affaire à une autre audience : l'une s'appelait *comperendinatio*, l'autre portait le nom d'*ampliatio*, plus ample informé.

XXX, page 521. M. Guéroult, comme Binet, a fait rapporter ici *hujus* à Verrès; Desmeuniers et M. V. Le Clerc, à Philodamus.

Page 522. Quintilien fait, au sujet de ce passage, la réflexion suivante (liv. VI, ch. i *de la Conclusion*) : « Dans les autres points du discours, l'orateur traitera chaque passion, selon que le sujet le fera naître. Car, s'il m'en croit, il n'exposera jamais une chose horrible ou pitoyable, sans exciter dans l'âme des juges un sentiment conforme; et, quand il s'agira de la qualité d'une action, à chaque preuve il pourra ajouter un sentiment. Mais, s'il plaide une cause qui soit chargée d'incidents ou de faits, il sera dans la nécessité de faire plusieurs épilogues. C'est ainsi que, dans l'accusation de Verrès, Cicéron donne des larmes et aux citoyens romains que Verrès avait fait crucifier, et à Philodamus, et à plusieurs autres qu'il avait sacrifiés à son avarice ou à ses ressentiments. »

XXX, page 322. Scaurus et les souscripteurs de son accusation contre Dolabella. Verrès rendant ses comptes après la condamnation de Dolabella, celui-ci, exilé et absent, ne pouvait en démontrer la fausseté.

XXXI, page 324. « Comme aux Tarentins et aux Corinthiens, » dit Asconius. Les Tarentins. — L'an de Rome 472, ils insultèrent de la manière la plus indigne Postumius Magellus, ambassadeur romain. Un *Philomides*, infâme bouffon, poussa l'insolence jusqu'à salir de son urine la robe de ce personnage. De là la guerre déclarée aux Tarentins, qui appelèrent Pyrrhus, roi d'Épire, à leur secours, l'an 475. — *Les Corinthiens.* — Tandis qu'Andriscus, obscur aventurier, soulevait la Macédoine contre Rome (an 607), les Achéens crurent le moment favorable pour braver le sénat : ils avaient alors Diæus pour préteur. Les députés du sénat manquèrent d'être assommés par le peuple de Corinthe, au moment où ils lisaient un décret qui séparait de la ligue Achéenne, Sparte, Argos, Corinthe, et d'autres villes considérables. Le préteur Metellus le Macédonique, qui venait de réduire Andriscus, marcha aussi contre les Achéens, et les vainquit à Scarphée. Il avait déjà mis le siége devant Corinthe, lorsque le consul Mummius vint lui ôter la gloire de terminer la guerre d'Achaïe.

XXXII, page 326. On ne pouvait accuser un magistrat qu'après qu'il était sorti de charge.

XXXIV, page 330. Asconius appelle le dernier, L. Fannius. C'étaient deux partisans de Marius, deux officiers de Fimbria, qui, lorsque l'armée de celui-ci passa sous les drapeaux de Sylla, se retirèrent auprès de Mithridate. Ce prince les avait envoyés vers Sertorius, pour traiter d'une alliance contre Rome. Plus tard, lorsque Lucullus fit la guerre contre ce prince, Magius, pour rentrer en grâce auprès des Romains, passa sous les drapeaux de ce général avec Fannius. Le président de Brosses conjecture que, si Magius s'appelait Minucius Magius, il était l'un des ancêtres de l'historien Velleius Paterculus.

XXXIV, page 330. Les Romains ne permettaient pas à tous leurs alliés d'entretenir une marine. Les Milésiens avaient obtenu cette grâce; mais les vaisseaux qui étaient dans leurs ports appartenaient à la république plutôt qu'à eux, et Cicéron a raison de dire que ce bâtiment faisait partie de la flotte du peuple romain. (DESMEUNIERS.)

XXXV, page 531. Ce mois était celui où le sénat assemblé donnait audience aux députés des provinces. — M. Guéroult a traduit d'après le texte de Grévius, adopté par Schulz, lequel porte *nutum* au lieu de *nomen*, qui présente un sens peu satisfaisant, à moins qu'on ne traduise, comme l'a fait Binet, *expectant* par *redoutent* : « Les députés de Milet.... redoutent le mois de février, et le nom de ceux qui seront alors consuls. »

XXXVI, page 533. Pour comprendre ce passage, il faut se rappeler que les anciens écrivaient sur des tablettes enduites de cire. Cette *barre* dont il s'agit ici n'est point une rature, mais une ligne tirée au bas de la page, pour y servir en quelque sorte d'encadrement, et qu'on ne devait point dépasser dans un registre régulièrement tenu. — Cette phrase n'était pas traduite dans le manuscrit de M. Guéroult. J'ai adopté le sens de Binet, suivi par M. V. Le Clerc.

Page 533. Asconius prétend que l'esclave Chrysogon, dont il est ici question, appartenait à Verrès, et non pas à Malleolus. Les critiques modernes l'ont entendu tout autrement : « Ce texte embarrasse tous les commentateurs, » dit Desmeuniers; et en effet, il est très-obscur.

Page 534. Les Romains donnaient le nom de *peculium* aux profits que faisait un esclave pour son compte. — On distinguait deux espèces d'esclaves, *servi ordinarii* et *servi vicarii*. Les seconds étaient sous la dépendance des premiers, et faisaient même partie de leur pécule. Ces *vicarii* étaient destinés à remplacer les premiers; c'étaient, quelque sorte, des esclaves en second, dont Martial a dit :

> Esse sat est servum ; jam nolo vicarius esse :
> Qui rex est, regem maxime non habeat.

XXXVIII, page 535. Ville de la Cilicie, entre Perga et Aspendus. Asconius, remarquant cette expression de *commune* pour *civitas, respublica*, dit : *Mire, commune, rempublicam*. Il y a dans les anciens plus d'un exemple de l'emploi de ce mot *commune*, qui rappelle le τὸ κοινὸν des Grecs. Cicéron emploiera cette même expression dans le second discours de la *seconde Action* (46 et 63), « *commune Siciliæ*. » Ovide a dit dans le même sens :

> .... Gentisque simul commune Pelasgæ.

XXXVIII, page 535. Il était attribué aux gouverneurs romains, dans leurs provinces, une certaine quantité de blé, et ils pouvaient indifféremment l'exiger en argent ou en nature. On conçoit à quels abus un pareil droit devait donner lieu avec un magistrat comme Verrès.

XL, page 340. Ici l'orateur joue sur le nom de Chélidon, qui en grec signifie hirondelle. On sait qu'en prenant possession de leurs magistratures, on consultait les oiseaux, et souvent les hirondelles. *Auspicatio* consistait à prendre les présages d'après le vol des oiseaux, *avium spectatio* ; — *augurium*, d'après leur ramage, *avium garritu*. Asconius admire d'autant plus ce jeu de mots, dit-il, qu'il s'agit ici des auspices pour la préture urbaine, et que l'hirondelle se plaît au séjour des villes.

XLI, page 340. On inscrivait sur les registres du cens ceux qui avaient un certain revenu, depuis cent mille sesterces, suivant Asconius. Asellus, pour quelque raison que nous ignorons, n'avait pas été inscrit sur les registres du cens; il crut, en conséquence, pouvoir instituer sa fille héritière, parce que la loi Voconia ne défendait de faire des femmes héritières qu'à ceux qui étaient *censi*, c'est-à-dire inscrits sur les registres du cens. (Note de l'abbé AUGER.)

XLII, page 342. L'une de ces lois décernait des peines contre ceux qui fabriquaient de faux testaments; elle prononçait aussi sur d'autres crimes de faux : c'est pourquoi les jurisconsultes l'appellent *Cornelia, de falso*. — La loi sur les monnaies portait des peines contre ceux qui faisaient de la fausse monnaie.

Page 343. Lambin croit qu'au lieu de *ad populum* il faut lire *ad prætorem* : « Car, dit-il, le peuple connaissait seulement des crimes de lèse-majesté; la connaissance de tous les autres délits appartenait aux préteurs. » Sigonius (lib. II, *de Judiciis*, c. XXXII) adopte cette correction, dont les Pandectes (*ad leg. Cornel. de falso*) semblent affirmer la justesse.

XLIII, page 344. L'esprit de la loi Voconia était de ne pas épuiser les successions par des legs faits à des femmes, ou à des hommes étrangers à la famille. Pourquoi donc Verrès prononce-t-il sur un article de la loi, et non sur l'autre, puisqu'ils sont tous deux de la même espèce, et qu'ils ont la même fin? (Note de l'abbé AUGER.)

XLV, page 348. Dans les litiges, chaque partie donnait une caution, qu'elle devait perdre en perdant le procès. Ici *sponsionem non faciet* est pour *satis non dabit*. Au reste, voici, réduit à sa plus simple expression, le raisonnement que fait l'orateur. Ou il y a eu un possesseur, ou il n'y en a pas; cela forme deux espèces. Vous prononcez, Verrès, sur la première, et vous ne dites rien de la seconde, parce que la première seule vous intéresse. Il est clair que le protégé de Verrès s'était mis en possession de l'héritage. (Asconius.)

XLVI, page 351. Quintilien (liv. VI, ch. ii) excuse notre orateur, « parce que, dit-il, Cicéron rapporte cela comme venant d'autrui, et non comme ses propres pensées. » Mais il faudrait examiner ensuite si, par ces citations, il ne blessait pas la dignité oratoire ; Cicéron le sentait si bien, qu'il en convient lui-même un peu plus loin.

Page 351. Le mot *sacerdos* signifie *sacrificateur*; de là cet autre calembourg rapporté par Cicéron.

XLVII, page 352. M. Lollius Pallicanus, dit Asconius.

Page 353. Du temps de Cicéron, *libertinus* voulait dire simplement affranchi, et non fils d'affranchi. — Il y avait cependant cette différence entre *libertinus* et *libertus*, que le premier s'appliquait à un affranchi en général, et le second à l'affranchi par rapport à son ancien maître, à son patron. Ainsi, plus haut, ch. 47, *suum libertum*; dans le plaidoyer pour Milon, ch. 33, *libertos suos*; de même, *Tiro, libertus Ciceronis; Phædrus, libertus Augusti.* Partout ailleurs, *libertinus*. Rien ne prouve, suivant Ernesti, que *libertinus* doive signifier jamais *fils d'affranchi*. (Note de M. Le Clerc.)

Les affranchis étaient admis dans les quatre tribus de la ville, mais exclus des charges et des dignités, et même des légions, à moins qu'ils n'eussent des enfants. Leur succession appartenait à leurs patrons, s'ils mouraient *ab intestat* ou sans laisser d'enfants. Lorsqu'ils faisaient un testament, et qu'ils avaient des enfants naturels et légitimes, et non pas adoptifs, la moitié de leurs biens revenait au patron. Les fils des affranchis parvenaient aux charges, mais n'étaient admis au sénat que dans des circonstances particulières.

LXI, page 374. Il y avait trois grandes décuries, d'où l'on tirait les juges : celle des sénateurs, celle des chevaliers, et celle des tribuns du trésor. Cicéron dit *nostra*, en sa qualité de sénateur.

FIN DES NOTES

TABLE DES MATIÈRES.

Introduction aux Verrines.   v

DISCOURS

Premier discours. — Sommaire.   5
    Discours pour Sextus Roscius d'Amérie.   9
Deuxième discours. — Sommaire. 95
    Discours pour Publius Quintus. 99
Troisième discours. — Sommaire. 155
    Discours pour Q. Roscius le comédien. 159
Quatrième discours. — Sommaire. 193
    Discours contre Q. Cécilius. 199
Cinquième discours. — Sommaire. 237
    Première action contre Verrès. 239
Sixième discours. — Sommaire. 271
    Seconde action contre Verrès. — Livre Ier. 275
Notes. 405

FIN DE LA TABLE DES MATIÈRES DU TOME CINQUIÈME.

PARIS. — IMP. SIMON RAÇON ET COMP., RUE D'ERFURTH. 1.

EXTRAIT DU CATALOGUE
DE LA LIBRAIRIE
GARNIER FRÈRES
6, rue des Saints-Pères, et Palais-Royal, 215

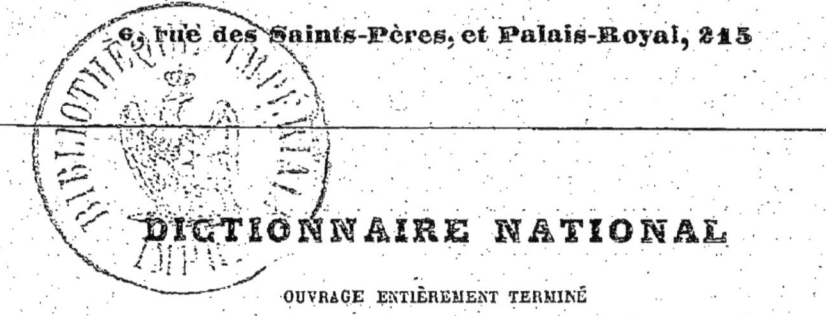

DICTIONNAIRE NATIONAL

OUVRAGE ENTIÈREMENT TERMINÉ

MONUMENT ÉLEVÉ A LA GLOIRE DE LA LANGUE ET DES LETTRES FRANÇAISES

Ce grand Dictionnaire classique de la Langue française contient, pour la première fois, outre les mots mis en circulation par la presse, et qui sont devenus une des propriétés de la parole, les noms de tous les Peuples anciens, modernes; de tous les Souverains de chaque État; des institutions politiques; des Assemblées délibérantes; des Ordres monastiques, militaires; des Sectes religieuses, politiques, philosophiques; des grands Événements historiques : Guerres, Batailles, Sièges, Journées mémorables, Conspirations, Traités de paix, Conciles ; des Titres, Dignités, Fonctions, des Hommes ou Femmes célèbres en tout genre; des Personnages historiques de tous les pays et de tous les temps : Saints, Martyrs, Savants, Artistes, Ecrivains; des Divinités, Héros et personnages fabuleux de tous les peuples ; des Religions et Cultes divers, Fêtes, Jeux, Cérémonies publiques, Mystères, enfin la Nomenclature de tous les Chefs-lieux, Arrondissements, Cantons, Villes, Fleuves, Rivières, Montagnes de la France et de l'Étranger ; avec les Etymologies grecques, latines, arabes, celtiques, germaniques, etc., etc.

Cet ouvrage classique est rédigé sur un plan entièrement neuf, plus exact et plus complet que tous les dictionnaires qui existent, et dans lequel toutes les définitions, toutes les acceptions des mots et les nuances infinies qu'ils ont reçues sont justifiées par plus de quinze cent mille exemples extraits de tous les écrivains moralistes et poëtes philosophes et historiens, etc., etc. Par M. BESCHERELLE aîné, principal auteur de la *Grammaire nationale*. 2 magnifiques vol. in-4 de plus de 3,000 pages, à 4 col., imprimés en caractères neufs et très-lisibles, sur papier grand raisin, glacé, contenant la matière de plus de 300 volumes in-8. . . . . 50 fr

Demi-reliure chagrin, plats en toile. . . . . 40 fr.

GRAMMAIRE NATIONALE

Ou Grammaire de Voltaire, de Racine, de Bossuet, de Fénelon, de J. J. Rousseau, de Bernardin de Saint-Pierre, de Chateaubriand, de Casimir Delavigne, et de tous les écrivains les plus distingués de la France; par MM. BESCHERELLE FRÈRES et LITAIS DE CAUX. 1 fort vol. grand in-8. Complément indispensable du *Dictionnaire national*. . . . . 10 fr.

NOUVEAU DICTIONNAIRE CLASSIQUE DE LA LANGUE FRANÇAISE

Comprenant : Les mots du Dictionnaire de l'Académie française, et un très-grand nombre d'autres autorisés par l'emploi qu'en ont fait les bons écrivains; leurs acceptions propres et figurées et l'indication de leur emploi dans les diffférents genres de style; — 2° Les termes usités dans les sciences, les arts, les manufactures, ou tirés des langues étrangères; — 3° La synonymie rédigée sur un plan tout nouveau; — 4° La prononciation figurée de tous les mots qui représentent quelque difficulté;—5° Un Vocabulaire général de géographie, d'histoire et de biographie, etc., etc.; par MM. Bescherelle aîné, et J. A. Pons, professeur d'histoire. 1 vol. gr. in-8 de 1100 pag. . . . . 10 fr.

GRAMMAIRE ESPAGNOLE-FRANÇAISE DE SOBRINO

Très-complète et très-détaillée, contenant toutes les notions nécessaires pour apprendre à parler et à écrire correctement l'espagnol. Nouvelle édition, refondue avec le plus grand soin, par A. Galban. 1 vol. in-8. . . . 5 fr.

GRAMATICA DE LA LENGUA FRANCESA

Para los Españoles, por Chantreau, corrigée avec le plus grand soin par A. Galban, 1 vol. in-8. . . . . 4 fr.

GRAMMAIRE ITALIENNE

En 25 leçons, d'après Vergani, corrigée et complétée par C. Ferrari, ancien professeur à l'école normale et à l'Université de Turin, auteur du *Nouveau Dictionnaire italien-français et français-italien.* 1 vol. . . . . . . 2 fr.

PETIT DICTIONNAIRE NATIONAL

Contenant la définition très-claire et très-exacte de tous les mots de la langue usuelle; l'explication la plus simple des termes scientifiques et techniques; la prononciation figurée dans tous les cas douteux ou difficiles, etc., etc.; à l'usage de la jeunesse, des maisons d'éducation et de tous ceux qui ont besoin de renseignements prompts et précis, par M. Bescherelle aîné, auteur du *Grand Dictionnaire national*, etc. 1 fort vol. in-32 jésus, de plus de 600 pag. . . . . 2 fr. 25

PETIT DICTIONNAIRE D'HISTOIRE, DE GÉOGRAPHIE ET DE MYTHOLOGIE

Par J. P. Quitard, auteur du *Dictionnaire des Proverbes*, faisant suite au *Petit Dictionnaire national* de M. Bescherelle aîné. 1 vol. in-32. 1 fr. 75
Les deux ouvrages réunis en 1 fort vol., rel. toile. . . . . 4 fr.

DICTIONNAIRE USUEL DE TOUS LES VERBES FRANÇAIS,

Tant réguliers qu'irréguliers; par MM. Bescherelle frères. 5ᵉ édition. 2 forts vol. in-8 à 2 colonnes.. 12 fr.
Ce livre est indispensable à tous les écrivains et à toutes les personnes qui s'occupent de la langue française. La conjugaison des verbes est sans contredit ce qu'il y a de plus difficile dans notre langue, puisqu'on y compte plus de trois cent, verbes irréguliers. A l'aide de ce dictionnaire, tous les doutes sont levés, toutes les difficultés vaincues.

PETITS DICTIONNAIRES EN DEUX LANGUES

Avec la prononciation figurée, très-complets et exécutés avec le plus grand soin, contenant chacun la matière d'un fort volume in-8, à l'usage des voyageurs, des lycées, des colléges, de la jeunesse des deux sexes, et de toutes les personnes qui étudient les langues étrangères.

Dictionnaire grec-français, Rédigé sur un plan nouveau, contenant tous les termes employés par les auteurs classiques présentant un aperçu de la dérivation des mots dans la langue grecque et suivi d'un lexique des noms propres, par A. Chassang, maître de Conférences de langue et littérature grecques à l'Ecole normale supérieure. 1 vol. grand in-32 de plus de 1000 pages. . . . . 7 fr. 50

Nouveau dictionnaire latin-français contenant tous les termes employés par les auteurs classiques; l'explication d'un certain nombre de mots appartenant à la langue du droit; les noms propres d'hommes et de lieux, etc., par E. de Suckau, chargé du cours de littérature française à la Faculté d'Aix. 1 fort vol. grand in-32. . . . 4 fr. 50

Nouveau dictionnaire anglais-français et français-anglais contenant : Tout le vocabulaire de la langue usuelle, et donnant la *prononciation* figurée de tous les mots anglais, et celle des mots français dans les cas douteux, par M. Clifton. 1 vol. grand in-32, imprimé avec soin. . 4 fr. 50

Nouveau dictionnaire allemand-français et français-allemand du langage littéraire, scientifique et usuel, contenant, à leur ordre alphabétique, tous les mots usités et nouveaux de ces deux idiomes ; les noms propres de personnes, de pays, de villes, etc.; la grammaire et les idiotismes, et suivi d'un Tableau des verbes irréguliers, par K. Rotteck (de Berlin). 1 fort vol. grand in-32 jésus. . . 4 fr. 50

Nouveau dictionnaire de poche français-espagnol et espagnol-français avec *la prononciation* dans les deux langues, rédigé d'après les matériaux réunis par D. Vicente Salva et les meilleurs dictionnaires parus jusqu'à ce jour. 1 fort vol. grand in-32, format dit Cazin, d'environ 1,100 p. . . 5 fr.

Dictionnaire-italien-français et français-italien, contenant tous les mots de la langue usuelle et donnant la prononciation figurée des mots italiens et des mots français, dans les cas douteux et difficiles, par C. Ferrari. 1 fort volume in-32. . . . 4. fr. 50

Dictionnaire de poche français-turc, par A. Calfa. 5e édition refondue. 1 vol. gr. in-32, relié. . . . . 6 fr.

Reliure percaline, tr. jaspée, de chacun de ces quatre dictionnaires. . 0, 60 c.

Les dictionnaires en petit format publiés jusqu'à ce jour sont plutôt des vocabulaires, souvent très-incomplets, qui ne contiennent aucune des indications nécessaires pour aider un commençant à traduire correctement d'une langue dans une autre.

Dans ces dictionnaires que nous recommandons à l'attention du public ami des lettres:

1° Tous les mots, sans exception, sont à leur ordre alphabétique ; pas de liste particulière de noms propres, de mots géographiques, etc.

2° Les diverses acceptions de chaque mot sont indiquées par des numéros. Le premier numéro donne le sens le plus conforme à l'étymologie ; les numéros suivants présentent successivement les sens dérivés, détournés ou figurés. Enfin différents signes typographiques et de ponctuation viennent encore guider l'étranger dans le choix des mots.

3° La prononciation a été figurée avec le plus grand soin et à l'aide des moyens les plus simples.

On voit que nous n'avons rien négligé pour rendre cette publication aussi utile et pratique que possible. Si l'on considère encore que nous donnons également la solution des difficultés grammaticales, relatives, par exemple, à la conjugaison des verbes, des prépositions, etc., on sera forcé de convenir que jamais on n'a présenté autant de matières sous un aussi petit volume.

GRAND DICTIONNAIRE
ESPAGNOL-FRANÇAIS ET FRANÇAIS-ESPAGNOL

Avec la prononciation dans les deux langues, plus exact et plus complet que tous ceux qui ont paru jusqu'à ce jour, rédigé d'après les matériaux réunis par D. Vicente Salva, et les meilleurs dictionnaires anciens et modernes, par F. de P. Noriega et Guim. 1 fort vol. gr. in-8 jésus, d'environ 1,600 pag., à 3 col. . . . . . 18 fr.

GUIDES POLYGLOTTES

Manuels de la conversation et du style épistolaire, à l'usage des voyageurs et des écoles. Grand in-32, format dit Cazin, papier satiné, élégamment cartonnés. Prix du vol.. . . . . 2 fr.

Français - anglais, par M. CLIFTON, 1 vol.

Français-italien, par M. VITALI, 1 vol.

Français-allemand, par M. EBELING, 1 vol.

Français - espagnol, par M. CORONA BUSTAMENTE, 1 vol.

Espanol-francés, por CORONA BUSTAMENTE.

English-french, by CLIFTON 1 vol.

Hollandsch-fransch, van A. DUFRICHE, 1 vol.

Espanol-inglés, por CORONA BUSTAMENTE y CLIFTON, 1 vol.

English and italian. 1 vol.

Espanol-aleman, por CORONA BUSTAMENTE EBELING, 1 vol.

Deutsch-english, von CAROLINO DUARTE, 1 vol.

Espanol-italiano, por M. CORONA BUSTAMENTE Y VITALI, 1 vol.

Italiano-tedesco, da GIOVANI VITALI et Dr EBELING, 1 vol.

Portuguez-francez, por M. CAROLINO DUARTE Y CLIFTON, 1 vol.

Portuguez inglez, por DUARTE Y CLIFTON, 1 vol.

GUIDE EN SIX LANGUES. Français-anglais-allemand-italien-espagnol portugais. 1 fort in-16 de 550 pages. . . . . 5 fr

GUIDE EN QUATRE LANGUES, français-anglais-allemand-italien, 1 vol. grand in-32, cartonné.. . . . . 4 fr.

Nous appelons d'une manière toute spéciale l'attention sur nos *Guides polyglottes*. Le soin intelligent et scrupuleux qui en a dirigé l'exécution leur assure, parmi les livres de ce genre, une incontestable supériorité. Le texte original a été fait et préparé, avec beaucoup d'adresse et d'habileté, par un maître de conférences à l'École normale supérieure. Les besoins de la conversation usuelle y sont très-heureusement prévus. Les dialogues, au lieu de se traîner dans l'ornière des banalités ennuyeuses, ont un à propos, une vivacité, un sel, qui amusent et réveillent le lecteur. Les traducteurs se sont acquittés de leur tâche avec exactitude et fidélité.

Guide français-anglais, manuel de la conversation et du style épistolaire, avec la *prononciation figurée de tous les mots anglais*, à l'usage des voyageurs. 1 vol. in-16. . . . . . . 4 fr.

Polyglot guides manual of conversation with models of letters for the use of travellers and students. English and French with the figured pronunciation of the French, by MM. CLIFTON and DUFRICHE-DESGENETTES. 1 volume in-16. . . . . 4 fr.

CODES ET LOIS USUELLES

Classés par ordre alphabétique, édition sans supplément conforme à la législation la plus récente, collationnée sur les textes officiels, contenant en note sous chaque article des codes ses différentes modifications, la corrélation des articles, entre eux, la concordance avec le droit romain, l'ancienne législation française et les lois nouvelles, précédée de la constitution de l'Empire français et accompagnée d'une table chronologique et d'une table générale des matières, par M. A. ROGER, avocat à la Cour impériale de Paris, auteur de la 2e édition du *Traité de la Saisie-Arrêt*, et M. A. SOREL, avocat à la Cour impériale de Paris, suppléant du juge de paix du VIIIe arrondissement de Paris. 1 beau v. gr. in-8 raisin de 1,200 pages. Prix, br. . 15 fr.
La reliure, demi-chagrin.. . . . . 5 fr.

LE MÊME OUVRAGE

Édition portative, format gr. in-32 jésus, en deux parties :

Ire Partie. Les *Codes*. . . . . 4 fr

IIe Partie. Les *Lois usuelles*. . . . . 4 fr

DICTIONNAIRE DE LA CONVERSATION ET DE LA LECTURE.

52 vol. grand in-8 de 500 pages à 2 col., contenant la matière de plus de 300 vol. . . . . 208 fr.

SUPPLÉMENT AU DICTIONNAIRE DE LA CONVERSATION ET DE LA LECTURE

Rédigé par tous les écrivains et savants dont les noms figurent dans cet ouvrage et publié sous la direction du même rédacteur en chef. 16 vol. in-8 de 500 pages, pareilles à celles des 52 vol. publiés de 1833 à 1839. 80 fr.

Le *Supplément*, aujourd'hui TERMINÉ, se compose de *seize volumes* formant les tomes 53 à 68 de cette Encyclopédie si populaire.

Le *Supplément* a réparé toutes les erreurs, toutes les omissions qui avaient échappé dans le travail si rapide de la rédaction des 52 premiers volumes. Tous les *renvois* que le lecteur chercherait vainement dans l'ouvrage principal se trouvent traités dans le *Supplément*.

Aujourd'hui les seuls exemplaires qui conservent *leur valeur primitive* sont ceux qui sont accompagnés du *Supplément*, en d'autres termes des tomes 53 à 68.

COURS COMPLET D'AGRICULTURE,

Ou Nouveau Dictionnaire d'agriculture théorique et pratique d'économie rurale et de médecine vétérinaire, sur le plan de l'ancien Dictionnaire de l'abbé Rosnier, par MM. le baron de Morogues, membre de l'Institut; Mirbel, professeur de culture au Jardin des Plantes, etc.; le vicomte Héricart de Thury, président de la Société impériale d'agriculture; Payen, professeur de chimie agricole; Mathieu de Dombasle, etc, etc. 4ᵉ édition, revue et corrigée. 20 vol. br. en 19 gr. in-8 à 2 col., avec environ 4,000 sujets grav., relat. à la grande et à la petite culture, à l'économie rurale et domestique, à la description des plantes, etc. Complet. . . . 112 fr.

Chaque volume est orné du portrait d'un des hommes les plus notables des sciences agricoles. Le *Supplément* compte des textes tout récents; on y voit figurer les noms de MM. Chevreul, Gaudichaud, Boucherie, Paul Gaubert, Polonceau, Fuster, Morin, etc.

DICTIONNAIRE D'HIPPIATRIQUE ET D'ÉQUITATION.

Ouvrage où se trouvent réunies toutes les connaissances équestres et hippiques, par F. Cardini, lieutenant-colonel en retraite. 2 vol. grand in-8, ornés de 70 figures; 2ᵉ édition, considérablement augmentée. . . 20 fr

NOUVEAU DICTIONNAIRE COMPLET DES COMMUNES DE LA FRANCE

De l'Algérie et des autres colonies françaises, contenant la Nomenclature de toutes les communes, leur division administrative, leur population d'après le dernier recensement; les bureaux de poste; leur distance de Paris; les stations de chemins de fer; les bureaux télégraphiques; l'industrie; le commerce; les productions du sol; les châteaux et tous les renseignements relatifs à l'organisation administrative, ecclésiastique, judiciaire, universitaire, financière, militaire et maritime de la France, avant et depuis 1789, par A. Girdre de Mancy. 1 fort vol. gr. in-8 d'environ 1,000 p., à deux colonnes avec une carte des chemins de fer, par Charle, géographe. 12 fr.

DICTIONNAIRE PORTATIF DES COMMUNES DE LA FRANCE, DE L'ALGÉRIE ET DES AUTRES COLONIES FRANÇAISES

Précédé de tableaux synoptiques, et accompagné d'une carte de la France, par M. Girdre de Mancy, membre de la Société philotechnique et de plusieurs sociétés savantes. 1 fort vol. in-32 de 750 pages. . . . . . . 3 fr. 50

DICTIONNNAIRE GÉNÉRAL DES SCIENCES THÉORIQUES ET APPLIQUÉES

Comprenant les mathématiques, la physique et la chimie, la mécanique et la technologie, l'histoire naturelle et la médecine, l'économie rurale et l'art vétérinaire, par MM. Privat-Deschanel et Ad. Focillon, professeurs des sciences physiques et des sciences naturelles au lycée de Louis-le-Grand, avec la collaboration d'une réunion de savants ; 4 parties, vol. gr. in-8. Prix. 50 fr

GÉOGRAPHIE UNIVERSELLE,

Par Malte-Brun. Description de toutes les parties du monde sur un nouveau plan, d'après les grandes divisions du globe; précédée de l'histoire de la géographie chez les peuples anciens et modernes, et d'une théorie générale de la géographie mathématique, physique et politique. 6ᵉ édition revue, corrigée et augmentée, mise dans un nouvel ordre et enrichie de toutes les nouvelles découvertes, par J. J. N. Huot. 6 beaux vol. gr. in-8, ornés de 41 grav. sur acier, ... 60 fr.
Avec un superbe Atlas entièrement établi à neuf. 1 vol. in-folio, composé de 72 magnifiques cartes coloriées, dont 14 doubles. . . . . 80 fr.
On peut acheter l'Atlas séparément. . . . . 20 fr.

CHEFS-D'ŒUVRE DE LA LITTÉRATURE FRANÇAISE
21 volumes sont en vente à 7 fr. 50

Cette collection imprimée avec luxe par M. Claye, sur magnifique papier des Vosges fabriqué spécialement pour cette édition est ornée de vignettes gravées sur acier, d'après les dessins de Staal.
On tire de chaque volume de la collection 150 *exemplaires numérotés* sur papier de Hollande, avec figures sur chine avant la lettre, au prix de : 15 fr. le vol.

Œuvres complètes de Molière, nouvelle édition très-soigneusement revue sur les textes originaux avec un nouveau travail de critique et d'érudition, aperçus d'histoire littéraire, examen de chaque pièce, commentaire, biographie, etc., etc., par M. Louis Moland. 7 vol. in-8 cavalier.

Chefs-d'œuvre littéraires de Buffon, avec une introduction par M. Flourens, membre de l'Académie française, secrétaire de l'Académie des sciences, etc. 2 vol. in-8 cavalier.

Histoire de Gil Blas de Santillane, par le Sage, avec les principales remarques des divers annotateurs, précédée d'une notice par Sainte-Beuve, les jugements et témoignages sur le Sage et sur *Gil Blas*. 2 vol in-8 illustrés de 6 belles gravures sur acier d'après les dessins de Staal.

L'Imitation de Jésus-Christ. Traduction nouvelle avec des réflexions à la fin de chaque chapitre, par M. l'abbé de Lamennais. 1 vol. in-8.

Essais de Michel de Montaigne, nouvelle édition, avec les notes de tous les commentateurs, choisies et complétées par M. J. V. Le Clerc, ornée d'un magnifique portrait de Montaigne, précédée d'une nouvelle étude sur Montaigne, par M. Prévost-Paradol, de l'Académie française. 4 vol.

Œuvres complètes de Boileau Despréaux, avec un nouveau travail et un commentaire, par M. Géruzez. 4 v.

Œuvres choisies de Marot, accompagnées de notes philologiques et littéraires et précédées d'une étude sur l'auteur, par M. d'Héricault. 1 vol.

EN PRÉPARATION

Œuvres complètes de Racine, avec un travail nouveau, par M. Saint-Marc Girardin, de l'Académie française.

Œuvres complètes de la Fontaine, avec un nouveau travail de critique et d'érudition, par M. Louis Moland.

Nous avons promis, dans le prospectus de *Molière*, de chercher à remettre en honneur les belles éditions de nos auteurs classiques. Les volumes qui ont paru permettent de juger si nous avons tenu parole.
Notre collection contiendra la fleur de la littérature française. Elle se composera d'une soixantaine de volumes environ, imprimés avec le plus grand luxe par Claye, et dignes de tenir une place d'honneur dans les meilleures bibliothèques.

BIBLIOTHÈQUE AMUSANTE

Contenant les meilleurs romans du XVIIᵉ et du XVIIIᵉ siècles, et quelques-uns des principaux du XIXᵉ. Le volume, grand in-8 cavalier, 5 grav. sur acier d'après STAAL.................. 7 fr. 50

Œuvres de madame de la Fayette. 1 vol.

Œuvres de mesdames de Fontaines et Tencin. 1 vol.

Gil Blas, par LE SAGE. 2 vol.

Diable boiteux, suivi de *Estévanille Gonzalès,* par LE SAGE.

Histoire de Guzman d'Alfarache, par LE SAGE.

Vie de Marianne, suivie du *Paysan parvenu,* par MARIVAUX. 2 vol.

Œuvres de madame Riccoboni. 1 v.

Lettres du marquis de Roselle, par madame ELIE DE BEAUMONT; **Mademoiselle de Clermont,** par madame DE GENLIS, et la **Dot de Suzette,** par FIÉVÉE. 1 vol.

Chefs-d'œuvre de madame de Souza. 1 vol.

Corinne, par madame de STAËL. 1 vol.

HISTOIRE DE FRANCE PAR ANQUETIL

Avec continuation jusqu'en 1852, par BAUDE, l'un des principaux auteurs du *Million de faits* et de *Patria*. 8 demi-vol. gr. in-8, illustrés de 120 gravures, renfermant la collection complète des portraits des rois, imprimés en beaux caractères, à 2 colonnes, sur papier des Vosges........ 50 fr.

HISTOIRE DE FRANCE D'ANQUETIL

Continuée depuis la Révolution de 1789, par LÉONARD GALLOIS. Edition ornée de 50 gravures en taille-douce. 5 vol. gr. in-8 jésus à 2 colonnes, contenant la matière de 40 vol. in-8 ordinaire, 62 fr. 50; net...... 50 fr.

ŒUVRES COMPLÈTES DE CHATEAUBRIAND

Nouvelle édition, précédée d'une étude littéraire sur Chateaubriand, par M. SAINTE-BEUVE, de l'Académie française. 12 très-forts volumes in-8, sur papier cavalier vélin, ornés d'un beau portrait de Chateaubriand et de 42 gravures exécutées spécialement pour cette édition, et avec le plus grand soin, par MM. F. DELANNOY, G. THIBAULT, OUTHWAITE, MASSARD, etc., d'après les dessins originaux de STAAL, de RACINET, etc.

ON VEND SÉPARÉMENT AVEC UN TITRE SPÉCIAL

Le Génie du christianisme. 1 vol. orné de 5 grav. sur acier.

Les Martyrs. 1 vol. orné de 5 grav. sur acier.

L'Itinéraire de Paris à Jérusalem. 1 vol. orné de 6 gravures.

Atala, René, le Dernier Abencérage, les Natchez, Poésies. 1 vol. orné de 4 grav. sur acier.

Voyage en Amérique, en Italie et en Suisse. 1 vol orné de 4 gravures.

Le Paradis perdu. 1 vol. orné de 4 grav. sur acier.

Histoire de France. 1 vol. orné de 4 grav. sur acier.

Études historiques. 1 vol. orné de 5 grav. sur acier.

Le prix de chaque volume, avec 3, 4 ou 5 gravures, est de 6 fr.
Sans gravures..................... 5 fr.

CHATEAUBRIAND ET SON GROUPE LITTÉRAIRE

Sous l'Empire, par M. SAINTE-BEUVE, de l'Académie française. 2 volumes in-8.................. 15 fr.

HISTOIRE DE NAPOLÉON

Par Laurent (de l'Ardèche); illustrée de 500 vignettes, avec les types en noir imprimés dans le texte, par Horace Vernet. 1 vol. gr. in-8. .. 9 fr.
Reliure toile, tranche dorée.. . . . . 4 fr. 50

NOUVEAU TRAITÉ DE BLASON

Ou science des armoiries, d'après le P. Ménétrier, d'Hozier, Ségoing, Scohier, Palliot, H. de Bara, Favin, par Victor Bouton, peintre héraldique et paléographe. 1 vol. in-8 de 500 pag. 460 blasons, 800 noms de familles. 10 fr.

ABRÉGÉ MÉTHODIQUE DE LA SCIENCE DES ARMOIRIES

Suivi d'un glossaire des attributs héraldiques, d'un traité élémentaire des ordres modernes de chevalerie, et de notions sur l'origine des noms de familles et des classes nobles, etc., par M. Maigne. 1 vol. gr. in-18 jésus, orné d'environ 500 vignettes dans le texte, grav. par M. Dufrénoy. 6 fr..

LA SCIENCE DU BLASON

Accompagnée d'un armorial général des familles nobles de l'Europe, publiée par le vicomte de Magny, directeur de l'Institut héraldique. 1 vol. gr. in-8, jésus vélin, enrichi de 2,000 blasons gravés dans le texte, 25 fr.; net. 12 fr.

LE HÉRAUT D'ARMES

Revue illustrée de la noblesse. —Directeur : le comte Alfred de Bizemont.—
Gérant : Victor Bouton. Tome I (novembre 1861, à janvier 1863), 50 fr.
net. . . . . 12 fr

L'ITALIE CONFÉDÉRÉE

Histoire politique, militaire et pittoresque de la campagne de 1859, par Amédée de Césena. 4 beaux vol. gr. in-8. . . . . 24 fr.
Illustrée de très-belles gravures sur acier, parmi lesquelles un magnifique portrait de l'Empereur et de l'Impératrice, de vingt types militaires coloriés, d'une excellente carte du nord de l'Italie, par Vuillemin; des plans de bataille de Magenta et de Solferino, des plans coloriés de Venise, de Mantoue et de Vérone.

CAMPAGNE DE PIÉMONT ET DE LOMBARDIE

Par Amédée de Césena. 1 vol. gr. in-8 jésus.. . . . . 20 fr
L'ouvrage est orné des portraits de l'*Empereur*, de l'*Impératrice*, et de *Victor Emmanuel*, admirablement gravés sur acier par Delannoy, d'après Winterhalter de plans et de cartes, de types militaires des trois armées et de planches sur acier représentant les batailles; il renferme aussi la liste complète et nominale des décorés et des médaillés de l'armée d'Italie.

HISTOIRE DES DUCS DE BOURGOGNE

Par M. de Barante, membre de l'Académie française; 7e édition. 12 vol. in-8, caractères neufs, imprimés sur papier vélin satiné des Vosges, ornés de 104 gravures et d'un grand nombre de cartes. Prix du volume.. . . 5 fr.

HISTOIRE UNIVERSELLE

Par le comte de Ségur, de l'Académie française; contenant l'histoire de tous les peuples de l'antiquité, l'histoire romaine et l'histoire du Bas-Empire. 9e édition, ornée de 50 gravures sur acier, d'après les grands maîtres de l'école française. 5 vol. gr. in-8.. . . . . 37 fr. 50
On peut acheter séparément chaque volume, qui forme un tout complet.

LAMARTINE

Histoire de la Révolution de 1848. Nouvelle édition, complétement revue par l'auteur. 2 vol. in-8, papier cavalier vélin, 12 fr.; net. . . . 10 fr.
Raphaël. Pages de la vingtième année. Deuxième édition. 1 v. in-8 cavalier vélin . . . . 5 fr.
Histoire de Russie. Paris. Perrotin, 1856. 2 vol. in-8, 10 fr.; net. . 6 fr.

ŒUVRES COMPLÈTES DE BUFFON
(OUVRAGE TERMINÉ)

Avec la nomenclature linnéenne et la classification de Cuvier ; édition nouvelle, revue sur l'édition in-4 de l'Imprimerie impériale ; annotée par M. Flourens, membre de l'Académie française, secrétaire perpétuel de l'Académie des sciences, professeur au Muséum d'histoire naturelle. Les *Œuvres complètes de Buffon* forment 12 vol. gr. in-8 jésus, illustrés de 165 planches, 800 sujets coloriés, gravés sur acier, d'après les dessins originaux de M. Victor Adam; imprimés en caractères neufs, sur papier pâte vélin, par la typographie J. Claye. . . . . 120 fr.

M. le ministre de l'instruction publique a souscrit pour les bibliothèques à cette magnifique publication (aujourd'hui complètement achevée), reconnue par les hommes les plus compétents comme une édition modèle des œuvres du grand naturaliste. Le nom et le travail de M. Flourens la recommandent d'une façon toute particulière et lui donnent un cachet spécial.

ŒUVRES DE P. ET TH. CORNEILLE

Précédées de la Vie de P. Corneille, par Fontenelle, et des Discours sur la poésie dramatique. Nouvelle édition, ornée de gravures sur acier. 1 beau vol. gr. in-8, même format que le Racine et le Molière. . . . . 12 fr. 50

ŒUVRES DE J. RACINE

Avec un essai sur la vie et les ouvrages de J. Racine, par Louis Racine; ornées de 15 vignettes, d'après Gérard, Girodet, Desenne, etc. 1 beau vol. gr. in-8 jésus. . . . . 12 fr. 50

ŒUVRES COMPLÈTES DE BOILEAU

Avec une notice par M. Sainte-Beuve, et les notes de tous les commentateurs; illustrées de gravures sur acier. Nouv. édit. 1 vol. gr. in-8. . . 12 fr. 50

MOLIÈRE

1 beau vol. gr. in-8, pareil au *Corneille*, au *Racine* et au *Boileau*, orné de charmantes gravures sur acier, par F. Delannoy, d'après les dessins de Staal, et accompagné de notes explicatives, philologiques et littéraires. . . . . 12 fr. 50

MOLIÈRE

Œuvres complètes, précédées d'une notice sur la vie et les ouvrages de Molière, par M. Sainte-Beuve, illustrées de 800 dessins, par Tony Johannot. Nouvelle édit. 1 magnifique vol. gr. in-8 jésus, impr. par Plon frères. 20 fr.

ŒUVRES COMPLÈTES DE CASIMIR DELAVIGNE

Comprenant le *Théâtre*, les *Messéniennes* et les *Chants sur l'Italie*. Nouvelle édition. 1 beau vol. gr. in-8 jésus, illustré de 12 belles vignettes de A. Johannot. . . . . 12 fr. 50

—— LE MÊME OUVRAGE. 6 vol. in-8 cavalier. . . . . 42 fr.

ENCYCLOPÉDIE THÉORIQUE ET PRATIQUE DES CONNAISSANCES UTILES

Composée de traités sur les connaissances les plus indispensables, ouvrage entièrement neuf, avec environ 1,500 gravures intercalées dans le texte, par MM. Alcan, L. Baude, Bellanger, Berthelet, Delafond, Deyeux, Dubreuil, Foucault, H. Fournier, Génin, Giguet, Girardin, Léon Lalanne, Elizée Lefèvre, Henri Martin, Martins, Mathieu, Moll, Moreau de Jonnès, Ludovic Lalanne, Péclet, Persoz, Louis Reybaud, L. de Wailly, Wolowski, etc. 2 vol grand in-8. . . . . 25 fr.

1.

DICTIONNAIRE HISTORIQUE DE LA MÉDECINE ANCIENNE ET MODERNE

Ou précis de l'histoire générale, technologique et littéraire de la médecine; suivi de la bibliographie médicale du dix-neuvième siècle, et d'un répertoire bibliographique par ordre de matières, par Dezeimeris, docteur en médecine, bibliothécaire à la Faculté de médecine de Paris. 4 tomes en 7 vol. in-8 de 400 pag. chacun, 42 fr.; net. . . . . 10 fr.

DICTIONNAIRE UNIVERSEL DE MATIÈRES MÉDICALES ET DE THÉRAPEUTIQUE GÉNÉRALE

Contenant l'indication, la description et l'emploi de tous les médicaments connus dans les diverses parties du globe, ouvrage complet, par Merat F. et Delens. Paris 1829-1846. 7 forts vol. in-8 de 7 à 800 pag. chacun. 56 fr.; net.. . . . . 20 fr.

HISTOIRE DES HOTELLERIES

Cabarets, Courtilles, Hôtels garnis, Restaurants et Cafés, et des anciennes Communautés et Confréries d'hôteliers, de taverniers, de marchands de vins, de restaurateurs, de limonadiers, etc., par Michel Francisque et Fournier Edouard. Paris, Librairie archéologique de Séré, 1854. 2 vol. gr. in-8 jésus vélin, illustrés de 31 grandes vignettes sur bois tirées à part. 50 fr. net. . . . . 12 fr.

RUBENS ET L'ÉCOLE D'ANVERS

Par Michiels. 1 beau vol. in-8, suivi du Catalogue des tableaux de Rubens. 6 fr.; net. . . . . 4 fr.

BIOGRAPHIE UNIVERSELLE

Biographie portative universelle, contenant 29,000 noms, suivie d'une table chronologique et alphabétique, où se trouvent répartis en cinquante-quatre classes différentes les noms mentionnés dans l'ouvrage, par L. Lalanne, L. Renier, Th. Bernard, Ch. Laumier, E. Janin, A. Delloye, etc. 1 vol. de 2,000 col., format du *Million de faits*, contenant la matière de 17 vol. 12 fr.; net. . . . . 7 fr. 50

LETTRES CHOISIES DE MADAME DE SÉVIGNÉ

Avec une magnifique galerie de portraits sur acier, représentant les personnages principaux qui figurent dans la correspondance. 1 très-beau vol. gr. in-8. . . . . 20 fr.

HISTOIRE DE FRANCE

Depuis la fondation de la monarchie, par Mennechet, illustrée de 20 gravures sur acier, d'après les grands maîtres de l'école française, gravées par F. Delannoy, Massard, Outhwaite, etc, 1 vol. gr. in-8 jesus.. . . . 20 fr.

LES FEMMES D'APRÈS LES AUTEURS FRANÇAIS

Par E. Muller. Ouvrage illustré de portraits des femmes les plus illustres, gravés au burin, d'après les dessins de Staal, par Massard, Delannoy, Regnault et Geoffroy. 1 vol. gr. in-8 jésus. . . . . 20 fr.
Ce livre, imprimé avec luxe et orné de très-belles gravures sur acier, contient la fleur de tout ce que les prosateurs et les poëtes français ont écrit de plus original et de plus piquant sur un sujet qui excite éternellement la curiosité.

L'ESPACE CÉLESTE ET LA NATURE TROPICALE

Description physique de la terre et des divers corps que renferme l'espace céleste, d'après des observations personnelles faites dans les deux Hémisphères, par M. Emm. Liais, illustré de nombreuses gravures d'après les dessins de Yan' Dargent. 1 magnifique volume gr. in-8 jésus. . . 20 fr.

GALERIE DE FEMMES CÉLÈBRES

Tirée des *Causeries du lundi*, par M. Sainte-Beuve, de l'Académie française 1 beau vol. gr. in-8 jésus, orné de 12 magnifiques portraits dessinés par Staal, et gravés sur acier par Massard, Thibault, Gouttière, Geoffroy, Gervais, Outhwaite, etc. . . . . 20 fr.

De magnifiques gravures, une très-belle impression se joignent à un texte charmant pour faire de cet ouvrage, à tous les points de vue, une œuvre d'art très-remarquable.

NOUVELLE GALERIE DE FEMMES CÉLÈBRES

Tirée des *Causeries du lundi*, des *Portraits littéraires*, des *Portraits de femmes*, par M. Sainte-Beuve, de l'Académie française. 1 vol. gr. in-8 jésus, semblable au volume que nous avons publié il y a quatre ans, et illustré de portraits inédits. . . . . 20 fr.

Ces volumes se complètent l'un par l'autre et se vendent séparément. Ils contiennent la fleur des *Causeries du Lundi*, des *Portraits littéraires* et des *Portraits de femmes*. Nous ne pouvions offrir à la gravure un cadre meilleur.

CORINNE

Par madame la baronne de Staël. Nouvelle édition, richement illustrée de 250 bois dans le texte, et de 8 grandes gravures sur bois, par Karl Girardet, Barrias, Staal, tirées à part. 1 magnifique vol. gr. in-8 jésus vélin, glacé. . . . . 10 fr.

LES MILLE ET UNE NUITS

Contes arabes, traduits par Galland, illustrés par MM. Francis, Baron, Wattier, etc., etc., revus et corrigés sur l'édition princeps de 1794, augmentés d'une dissertation sur les Mille et une Nuits, par le baron Silv. de Sacy. 1 vol. gr. in-8 de 1,100 pag. . . . . 15 fr.

LES MILLE ET UN JOURS

Contes persans, turcs et chinois, traduits par Pétis de la Croix, Cardanne, Caylus, etc. 1 magnifique vol. gr. in-8 jésus vélin. Edition illustrée de 400 dessins par nos premiers artistes. 15 fr.; net. . . . . 10 fr.

ŒUVRES CHOISIES DE GAVARNI

Revues, corrigées et classées par l'auteur; notices par MM. de Balzac, Th. Gautier, Léon Gozlan, Jules Janin, Alph. Karr. etc. 2 vol. gr. in-8, renfermant chacun 80 grandes vignettes. Prix de chaque vol. . . . 10 fr.

Le Carnaval à Paris. — Paris le matin. — Les Étudiants. 1 vol.
La Vie de jeune homme. — Les Débardeurs. . . . . 1 vol.

COLLECTION DE 16 BEAUX VOLUMES ILLUSTRÉS

Grand in-8 raisin, à 10 fr.

Cette charmante collection se distingue par un grand nombre de gravures sur bois dans le texte et hors texte, exécutées par les premiers artistes. *Jamais livres édités à ce prix n'ont offert autant de belles illustrations.*

Prix de la reliure des seize volumes ci-dessous:
Demi-reliure, maroquin, plats toile, doré sur tranche, le vol. 4 fr.

L'Homme depuis 5,000 ans, par S. Henry Berthoud, illustré d'un grand nombre de vignettes sur bois, gravées par les premiers artistes, d'après les dessins de Yan' Dargent. 1 vol.

Le Monde des Insectes, par S. Henri Berthoud, illustré d'un grand nombre de vignettes sur bois, gravées par les premiers artistes, d'après les dessins de Yan' Dargent. 1 vol.

DON QUICHOTTE DE LA MANCHE

Traduction nouvelle, précédée d'une notice sur la vie et les ouvrages de l'auteur, par Louis Viardot, orné de 800 dessins par Tony Johannot. 1 vol. gr. in-8 jésus, 20 fr.; net. . . . . 15 fr.

PHYSIOLOGIE DU GOUT

Par Brillat-Savarin; illustrée par Bertall. 1 beau vol. in-8, illustré d'un grand nombre de gravures sur bois intercalées dans le texte, et de 8 sujets gravés sur acier, par Ch. Geoffroy. . . . . 8 fr.

HISTOIRE PITTORESQUE DES RELIGIONS

Doctrines, Cérémonies et Coutumes religieuses de tous les peuples du monde, par F. T. B. Clavel; ill. de 29 gravures sur acier. 2. vol. gr. in-8. 20 fr.; net. . . . . 12 fr. 50

VOYAGE ILLUSTRÉ DANS LES CINQ PARTIES DU MONDE

Par Adolphe Joanne. 1 vol. in-folio (format de l'*Illustration*), illustré d'environ 700 gravures . . . . 15 fr

TABLEAU DE PARIS

Par Edmond Texier; ouvrage illustré de 1,500 gravures, d'après les dessins de Blanchard, Cham, Champin, Forest, Français, Gavarni, etc. 2 vol. in-folio du format de l'*Illustration*, 30 fr.; net. . . . . 20 fr

CHANTS ET CHANSONS POPULAIRES DE LA FRANCE

Nouvelle édition *avec musique*, illustrée de 339 belles gravures sur acier d'après MM. E. de Beaumont, Daubigny, Dubouloz, E. Giraud, Meissonnier, Pascal, Staal, Steinheil, Trimolhet, gravées par les meilleurs artistes, et augmentée de la *Marseillaise*, notice par A. de Lamartine. 3 vol. gr. in-8 54 fr.; net. . . . . 36 fr

CHANTS ET CHANSONS POPULAIRES DES PROVINCES DE FRANCE (4ᵉ volume)

Notices par Champfleury. Accompagnement de piano par J. B. Wekerlin. Illustrations par Bida, Courbet, Jacques, etc., etc. Paris, 1860. 1 vol. gr. in-8. . . . . 12 fr

—— LE MÊME OUVRAGE, sans notes et sans musique, avec addition de plus de 800 chansons. Nouvelle édit. ornée des mêmes gravures. 3 beaux vol. gr. in-8, prix de chaque volume. . . . . 11 fr

LES CONTES DROLATIQUES

Colligez es abbayes de Touraine et mis en lumières par le sieur de Balzac pour l'esbattement des pantagruélistes et non aultres. Edition illustrée de 425 dessins par Gustave Doré. 1 magnifique vol. in-8, papier vélin, glacé satiné, 12 fr.; net. . . . . 10 fr
Reliure toile, *non* rogné. . . . . 1 fr. 50

ENCYCLOPEDIANA

Recueil d'anecdotes anciennes, modernes et contemporaines, etc., édition illustrée de 120 vignettes. 1 vol. in-8 de 840 pages. . . . . . . 4 fr. 50

UN MILLION DE FAITS

Aide-mémoire universel des sciences, des arts et des lettres, par MM. J. Aicard, Desportes, Léon Lalanne, Ludovic Lalanne, Gervais, A. le Pileur, Ch. Martins, Ch. Vergé et Jung. 1 fort vol. portatif, petit in-8 de 1,720 col., orné de gravures sur bois. 12 fr.; net. . . . . 9 fr

COLLECTION D'OUVRAGES ILLUSTRÉS POUR LES ENFANTS

Jolis volumes grand in-18 anglais à 3 fr.

Reliés en toile, dorés sur tranche, 4 fr. 50 c.

CHAQUE VOLUME FORME UN TOUT COMPLET SANS TOMAISON, ET SE VEND SÉPARÉMENT

e **Livre du premier âge** illustré. 1 fort vol. in-18 orné de 250 gravures environ.

brégé de l'**Ami des enfants et des adolescents**, par BERQUIN, illustré de bois dans le texte. 1 vol.

andford et **Merton**, par BERQUIN. Nouvelle édition illustrée d'un grand nombre de vignettes sur bois intercalées dans le texte, dessinées par STAAL. 1 vol.

e **Petit Grandisson**, etc., etc., par BERQUIN. Nouvelle édition, illustrée d'un grand nombre de vignettes sur bois intercalées dans le texte, dessinées par STAAL. 1 vol.

héâtre choisi de **Berquin**. Illustré de vignettes sur bois intercalées dans le texte. 1 vol.

ontes des **Fées**, de PERRAULT, Mme D'AULNOY, etc., illustrés de gravures dans le texte. 1 vol.

ontes de **Schmid**, illustrés de gravures dans le texte. 4 vol.

aul et **Virginie**, suivi de la **Chaumière indienne**, par BERNARDIN DE SAINT-PIERRE, illustrés de vignettes par BERTALL et DEMARLE. 1 vol.

ventures de **Télémaque**, par FÉNELON, avec des notes géographiques et littéraires et les Aventures d'Aristonoüs. 8 gravures. 1 vol.

ables de la **Fontaine**, avec des notes philologiques et littéraires, par M. FÉLIX LEMAISTRE, et illustrées de 8 gravures. 1 vol.

Mes Prisons, suivi des Devoirs des hommes, par SILVIO PELLICO ; traduction nouvelle par le comte H. DE MESSET, revue par le vicomte ALBAN DE VILLENEUVE. 6 grav. 1 vol.

Le **Langage des Fleurs**. Édition de luxe, ornée de gravures entièrement nouvelles, coloriées avec le plus grand soin, avec un texte remarquable d'AIMÉ MARTIN, sous le nom de CHARLOTTE DE LA TOUR. 1 vol.

Contes et scènes de la vie de famille, dédiés aux enfants, par Mme DESBORDES-VALMORE, illustrés de nombreuses vignettes. 2 vol.

Le **Magasin des Enfants**, par Mme LEPRINCE DE BEAUMONT. 2 vol. illustrés d'un grand nombre de vignettes.

Choix de Nouvelles, tirées de Mmes DE GENLIS et de BERQUIN, suivies de nouvelles instructives et amusantes par Mme ADAM-BOISGONTIER. 1 vol. orné de vignettes.

Lettres choisies de madame de Sévigné, accompagnées de notes explicatives sur les faits et les personnages du temps et précédées d'observations littéraires par M. SAINTE-BEUVE. 1 vol.

Œuvres complètes du comte Xavier de Maistre. Nouvelle édition. L'Expédition nocturne, le Lépreux de la Cité d'Aoste, Voyage autour de ma chambre, les Prisonniers du Caucase, la Jeune Sibérienne, avec une Préface par M. SAINTE-BEUVE. 1 vol.

Alphabet français, nouvelle méthode de lecture en 80 tableaux, illustré de 25 gravures, par Mme DE LANSAC. 1 vol.

60,000 VOLUMES COMPLETS DE L'ILLUSTRATION

DIVISÉS EN 4 CATÉGORIES DE PRIX

Volumes isolés : 5, 8, 9, 10, 13, 17, 18, 19, 20, 22, 25, 26, 27, 28, 29, 30, 31, 32, 33, 34, à. . . . . 10 fr.

Série de 21 volumes, 25 à 45 inclusivement, contenant les *guerres de Crimée*, *des Indes*, *de la Chine*, *d'Italie*, *du Mexique*, etc. Au lieu de 18 fr. le vol.; net. . . . . 16 fr.

Les collections complètes dont il ne nous reste plus qu'un petit nombre d'exemplaires, restent fixées au même prix que précédemment, 46 volumes chacun. . . . . 18 fr.

A partir du tome 41 et les suivants, nous sommes *exclusivement chargés*, *en vertu d'un traité*, de la vente des volumes composant cette nouvelle série. Prix de chaque tome . . . . 18 fr.

COURS ÉLÉMENTAIRE D'HISTOIRE NATURELLE

A l'usage des Lycées et des Maisons d'éducation, rédigé conformément a programme de l'Université. Le cours comprend :

Zoologie, par M. MILNE-EDWARDS, membre de l'Institut, professeur au Jardi des Plantes.

Botanique, par M. A. DE JUSSIEU, de l'Institut, professeur au Jardin des Plante

Minéralogie et Géologie, par M. F. S. BEUDANT, de l'Institut, inspecteur géné ral des études. 5 forts vol. in-12 ornés de plus de 2,000 figures intercalées dans le text

Chaque vol. se vend séparément.. . . . . 6 fr.

TRAITÉ DE CHIMIE APPLIQUÉE AUX ARTS

Par M. DUMAS, sénateur, ancien ministre, membre de l'Académie des science et de l'Académie de médecine, etc. 8 vol. in-8 et 2 atlas in-4. édition d Liége, introduite en France avec l'autorisation de l'auteur.. . . . 150 f

Cet ouvrage, dont l'édition française est aujourd'hui totalement épuisée et qu recommande si puissamment le nom de M. Dumas, fait autorité dans la scienc Il est indispensable aux industriels comme aux savants. C'est un livre essentielle ment pratique, où les fabricants puiseront les plus utiles notions sur toutes l applications de la chimie. Le traité de M. Dumas a jeté une vive lumière sur c intéressant sujet, et son succès est aujourd'hui européen.

COURS ÉLÉMENTAIRE DE MÉCANIQUE THÉORIQUE ET APPLIQUÉE

A l'usage des Facultés, des établissements d'enseignement secondaire, d écoles normales et des écoles industrielles, par M. DELAUNAY, de l'Institu ingénieur des Mines, professeur à la Faculté des sciences de Paris, et 1 vol. in-18 jésus, illustré de 540 fig. dans le texte. 5e édit. . . . 8 f

TRAITÉ DE MÉCANIQUE RATIONNELLE

Contenant les éléments de mécanique exigés pour l'admission à l'Ecole poly technique et toute la partie théorique du cours de mécanique et machin de cette école, par M. CH. DELAUNAY, de l'Institut, professeur à l'Ecole poly technique et à la Faculté des sciences de Paris. 4e édit. 1 vol. in-8. 8 f

COURS ÉLÉMENTAIRE D'ASTRONOMIE

Concordant avec les articles du programme officiel pour l'enseignement de cosmographie dans les lycées, par LE MÊME. 1 vol. in-18 jésus, illustré c planches en taille-douce et de vignettes dans le texte. 5e édit. . . 7 fr. 5

COURS ÉLÉMENTAIRE THÉORIQUE ET PRATIQUE D'ARBORICULTURE

Comprenant l'étude des pépinières d'arbres et d'arbrisseaux forestien fruitiers et d'ornements, celle des plantations d'alignement forestières d'ornement, la culture spéciale des arbres à fruits à cidre, et de ceux fruits de table, précédé de quelques notions d'anatomie et de physiologi végétales ; par M. A. DU BREUIL, professeur d'agriculture et de silvicul ture, chargé du cours d'arboriculture au Conservatoire impérial des Ar et métiers, membre de la Société d'horticulture de France, corresponda de la Société d'agriculture de France, etc. Cinquième édition, considé rablement augmentée. 1 très-fort vol. in-18 jésus, illustré de 811 figur dans le texte et de 5 planches gravées sur acier. Publié en deux parties. 12 f

Ouvrage approuvé par l'Université, couronné par les Sociétés d'horticulture de Paris, de Rouen et de Versailles.

INSTRUCTION ÉLÉMENTAIRE POUR LA CONDUITE DES ARBRES FRUITIERS

Greffe. — Taille. — Restauration des arbres mal taillés ou épuisés par la vieillesse. — Culture, récolte et conservation des fruits, par Du Breuil Ouvrage destiné aux jardiniers, aux élèves des fermes-écoles et des écoles normales. 1 vol. in-18 jésus illustré de fig. dans le texte. 6e édit. 2 fr. 50

MANUEL D'ARBORICULTURE DES INGÉNIEURS

Plantations des alignements forestiers et d'ornement.— Boisement des dunes, etc., etc.; par Dubreuil, illustré d'un grand nombre de gravures sur bois. 1 vol. gr. in-18. . . . . 3 fr. 50

CULTURE PERFECTIONNÉE ET MOINS COUTEUSE DU VIGNOBLE

Par A. Dubreuil. 1 vol. gr. in-18 jésus. . . . . 5 fr. 50

COURS ÉLÉMENTAIRE D'AGRICULTURE

Destiné aux élèves des écoles d'agriculture et des écoles normales primaires, aux propriétaires et aux cultivateurs, par MM. Girardin, correspondant de l'Institut, professeur, et Du Breuil, 2 forts vol. in-18 jésus, illustrés de 842 fig. dans le texte. 5e édition. . . . . 16 fr.

ÉLÉMENTS DE BOTANIQUE

Première partie : Organographie, par M. Payer, de l'Institut, professeur de botanique à la Faculté des sciences et à l'Ecole normale supérieure. 1 vol. gr. in-18, avec 668 fig. intercalées dans le texte. . . . . 5 fr.

NOUVELLE FLORE FRANÇAISE

Descriptions succinctes et rangées par tableaux dichotomiques des plantes qui croissent spontanément en France et de celles qu'on y cultive en grand avec l'indication de leurs propriétés et de leurs usage en médecine, en hygiène vétérinaire, dans les art et dans l'économie domestique, par M. Gillet, vétérinaire principal de l'armée, et par M. J. H. H. Magne, professeur de botanique à l'Ecole d'Alfort. 1 beau vol. gr. in-18 jésus orné de 97 planches comprenant plus de 1,200 fig. Prix. . . . . 8 fr.

MANUEL DE GÉOLOGIE ÉLÉMENTAIRE

Ou changements anciens de la terre et de ses habitants, tels qu'ils sont démontrés par les monuments géologiques, par sir Ch. Lyell, membre de la Société royale de Londres, traduit de l'anglais par M. Hugard, 2 forts vol. in-8, illustrés de 720 fig. . . . . 20 fr.
— Supplément au Manuel de géologie. . . . . 1 fr. 25

GÉOLOGIE APPLIQUÉE

Ou traité du gisement et de l'exploitation des minéraux utiles, par M. A. Burat, ingénieur, professeur de géologie et d'exploitation des mines à l'Ecole centrale des arts et manufactures. 4e édition divisée en deux parties : — Géologie ; — Exploitation. 2 forts vol. in-8 illustrés. . . . . 20 fr.

COURS ÉLÉMEMTAIRE DE CHIMIE

Par M. V. Regnault, de l'Institut, directeur de la Manufacture impériale de Sèvres, professeur au Collége de France et à l'Ecole polytechnique. 4 vol in-18 jésus, ornés de 700 figures dans le texte. 5e édition. . . . . 20 fr.

PREMIERS ÉLÉMENTS DE CHIMIE

A l'usage des Facultés, des établissements d'enseignement secondaire, des écoles normales et des écoles industrielles, par M. V. Regnault. In-18 jésus illustré d'un grand nombre de figures dans le texte . . . . 5 fr

COURS COMPLET DE MÉTÉOROLOGIE

De L. F. Kaemtz, professeur de physique à l'Université de Hall, traduit e[t] annoté par Ch. Martens, professeur agrégé d'histoire naturelle à la Facult[é] de médecine de Paris, avec un appendice contenant la représentation graphique des tableaux numériques, par L. Lalanne, ingénieur. 1 fort vol[.] de plus de 500 pages, gr. in-18 jésus, orné de figures. . . . . 8 fr[.]

GUIDE DU SONDEUR

Ou traité théorique et pratique des sondages, par MM. Dégousée et Ch. Laurent, ingénieurs civils, fabricants d'équipages de sonde, entrepreneurs d[e] sondages. 2ᵉ édition, composée de 2 forts vol. in-8, avec un grand nombr[e] de gravures sur bois intercalées dans le texte, et accompagnés d'un Atla[s] de 62 pl. gravées sur acier, représentant un très-grand nombre de figures d'outils, coupes de terrains, etc. Prix des 2 vol. brochés et de l'atlas ca[r-] tonné. . . . . 30 fr

TRAITÉ ÉLÉMENTAIRE DES CHEMINS DE FER

Par Aug. Perdonnet, ancien élève de l'École polytechnique, directeur de l'Écol[e] impériale centrale des arts et manufactures. 5ᵉ édit., revue, corrigée e[t] considérablement augmentée, 4 très-forts vol. in-8 avec 1,100 fig. su[r] bois et sur acier, cartes, tableaux, etc. . . . . 70 fr

Un ouvrage complet et spécial avait jusqu'à ce jour manqué aux ingénieurs e[t] aux personnes qui s'occupent de chemins de fer. Beaucoup, et des plus compétent[s] ont écrit sur cette matière ; mais chacun traitait d'une partie séparée de cett[e] grande industrie ; tel s'était attaché spécialement aux travaux d'art, tel autre a[u] matériel, etc., et personne n'avait tenté de résumer sous une forme compacte c[e] travail de chacun. M. Perdonnet, qui joint aux connaissances théoriques les plu[s] étendues une très-grande pratique industrielle et administrative des chemins d[e] fer, a pensé qu'un livre qui pourrait être lu par le public, et qui en même temp[s] fournirait aux ingénieurs des renseignements qu'il leur serait à peu près impos[-] sible de se procurer ailleurs, serait une chose utile pour combler cette la[-] cune.

Telle est l'importance de ce livre si impatiemment attendu du public, et auque[l] rien n'a manqué, ni les peines de l'auteur, ni les sacrifices des éditeurs, pour ar[-] river à faire une œuvre consciencieuse.

MANUEL DU CAPITALISTE

Ou Comptes faits des intérêts à tous les taux, pour toutes sommes, de [1] jusqu'à 366 jours, ouvrage utile aux négociants, banquiers, commerçant[s] de tous les états, trésoriers, receveurs généraux, comptables, aux employés des administrations de finances et de commerce et à tous les parti[-] culiers, par Bonnet, ancien caissier de l'Hôtel des Monnaies de Rouen, auteur du *Manuel monétaire*, Nouvelle édition, augmentée d'une Notice su[r] l'intérêt, l'escompte, etc., par M. Joseph Garnier, professeur à l'École supérieure du Commerce et à l'École impériale des Ponts et Chaussées revue, pour les calculs, par M. X. Rymkiewicz, calculateur au Crédit foncier. 1 vol. in-8. . . . . 6 f[r]

Ce livre, éminemment commode pour les opérations financières, qui ont pri[s] une si grande extension, est devenu, par le soin extrême donné à sa révision, e[t] par les excellentes additions et corrections qu'on y a faites, un ouvrage de pre[-] mière utilité pour tous les comptables, tous les négociants, tous les banquier[s] toutes les administrations financières. Aussi est-il recherché et demandé avec l[e] plus vif empressement.

MANUEL DES FONDS PUBLICS ET DES SOCIÉTÉS PAR ACTIONS

Par A. Courtois fils, membre de la Société libre d'économie politique d[e] Paris. 5ᵉ édition, entièrement refondue. 1 fort volume grand in-18 jésu[s] de 750 pages. . . . . 7 fr. 5[0]

ANNUAIRE DE LA BOURSE ET DE LA BANQUE.

Guide universel des capitalistes et des actionnaires, par une Société de jurisconsultes et de financiers, sous la direction de M. A. F. DE BIRIEUX, avocat, rédacteur principal. 4 vol. in-12, 20 fr.; net . . . . 6 fr.

ÉTUDE SUR LA CIRCULATION ET LES BANQUES

Par M. ALFRED SUDRE. 1 vol. grand in-18 . . . . 3 fr. 50

ÉTUDES POUR TOUS DES VALEURS DE BOURSE

Par J. PRUDHAN. Janvier à juin 1865, 1 vol. in-18 . . . . 2 fr.

VIGNOLE. — TRAITÉ ÉLÉMENTAIRE PRATIQUE D'ARCHITECTURE,

Ou étude des cinq ordres, d'après JACQUES BAROZZIO DE VIGNOLE. Ouvrage divisé en 72 planches, comprenant les cinq ordres, avec l'indication des ombres nécessaires au lavis, le tracé des frontons, etc., et des exemples relatifs aux ordres; composé, dessiné et mis en ordre par J. A. LEVEIL, architecte, ancien pensionnaire du roi à Rome, et gravé sur acier par HIBON. 1 vol. in-4 . . . . 10 fr.

Le beau travail de M. Leveil est le plus complet, le mieux exécuté, en même temps que le plus exact qu'on ait publié jusqu'ici d'après BAROZZIO DE VIGNOLE. Les planches se distinguent par une élégance et un fini remarquables. Elles sont d'ailleurs plus nombreuses que dans les autres traités sur la matière. Le texte, au lieu d'être groupé en tête de l'ouvrage, se trouve au bas des pages auxquelles il s'applique; ce qui en rend l'usage infiniment plus commode et plus facile.

OUVRAGES DE M. JOSEPH GARNIER

Professeur d'économie politique à l'École impériale des ponts et chaussées, secrétaire perpétuel de la Société d'économie politique, etc.

ÉCONOMIE POLITIQUE, FINANCES, etc.

Traité d'Économie politique. Exposé didactique des principes et des applications de cette science et de l'organisation économique de la Société — Adopté dans plusieurs Écoles ou Universités. — Cinquième édition, considérablement augmentée. 1 très-fort vol. grand in-18 . . . . 7 fr.

Traité de finances. — L'impôt, son assiette, ses effets économiques et moraux — Catégories et espèces diverses d'impôts. — Les Emprunts et le Crédit public. — Les Dépenses publiques et les attributions de l'État. — Les Réformes financières. — L'Impôt et la Misère. — Notes historiques et documents. 2e édition, considérablement augmentée. 1 vol. grand in-18.
5 fr. 50

Notes et petits Traités, faisant suite au Traité d'économie politique, et contenant

Éléments de Statistique et Opuscules divers, faisant suite aux Traités d'Économie politique et de Finances. 1re édition, considérablement augmentée. 1 fort vol. grand-18 jésus . . 4 fr. 50

Ces cinq ouvrages constituent un COURS COMPLET d'études pour les questions qu'embrasse l'économie politique; ils sont devenus classiques et font autorité dans la science.

« Un style à la fois ingénieux, simple et correct, un esprit droit et pénétrant, un savoir sérieux et fort étendu, un juste respect pour l'autorité des maîtres, toutes ces qualités ont valu à ses publications un succès mérité... L'économie politique est aujourd'hui une science faite. M. Joseph Garnier aura beaucoup contribué à ce résultat, après J. B. Say, par l'ordre, la méthode et les perfectionnements qu'il a introduits dans l'exposé des théories et dans les démonstrations, par la justesse des analyses, par la précision des termes et par le soin rigoureux qu'il a mis à s'en servir, toujours dans le même sens. »

(Rapport de M. H. Passy, à l'Académie des sciences morales et poliques.)

ENSEIGNEMENT COMMERCIAL

Traité complet d'Arithmétique, théorique et appliquée au Commerce, à la Banque, aux Finances, à l'Industrie, contenant un recueil de Problèmes avec les Solutions, Cours professé à l'École supérieure du Commerce. — Nouvelle édition, avec figures et trèsconsidérablement augmentée. 1 très-fort vol. in-8. . . . . . . 7 fr. 50

Ouvrage essentiellement utile à tous ceux qui s'occupent d'affaires, et à tous les jeunes gens qui se destinent aux carrières financières, commerciales, industrielles, agricoles, maritimes.

Traité des Mesures métriques (Mesures. — Poids. — Monnaies.). Exposé succinct et complet du système français métrique et décimal ; avec une notice historique, et *gravures* intercalées dans le texte. 1 vol. in-18. 75 c.

ŒUVRES DE ED. MENNECHET

Matinées Littéraires. Cours complet de littérature moderne. Troisième édition. 4 vol. grand in-18. . 14 fr.

Nous n'entreprendrons point ici l'éloge du dernier ouvrage de M. Ed. Mennechet. Quelle louange pourrions-nous en faire qui parlât plus haut que le succès éclatant des leçons dont ce livre offre le recueil ? Ces leçons offrent un ensemble intéressant et varié qui instruit et amuse à la fois le lecteur. Ce livre mérite l'attention de tous ceux qui désirent connaître l'histoire de la littérature moderne.

Histoire de France, depuis la fondation de la monarchie. 2 volumes grand in-18 jésus . . . . 7 fr.

Ouvrage dédié aux pères de famille et couronné par l'Académie française.

Cours de lecture à haute voix. 1 vol. in-18 broché . . . . 5 fr.

BIBLIOTHÈQUE LATINE-FRANÇAISE

PUBLIÉE PAR M. C. L. F. PANCKOUCKE

CHAQUE AUTEUR SE VEND SÉPARÉMENT

Au lieu de 7 fr. . . . . 3 fr. 50 c. le vol.

Papier des Vosges, non mécanique, caractères neufs.

PREMIÈRE SÉRIE

Œuvres complètes de Cicéron, traduites en français. 36 vol. in-8.

Les *Œuvres complètes de Cicéron*, publiées au prix de 7 fr. le volume, ont été jusqu'ici d'une acquisition difficile. Nous avons pensé en assurer le débit et les rendre accessibles à tous les amateurs de la belle et grande latinité, au moyen d'un rabais considérable sur le prix de l'ouvrage. Les *Œuvres de Cicéron* doivent figurer au premier rang dans la bibliothèque de tout homme lettré ; mais beaucoup d'acheteurs reculaient devant une acquisition très-coûteuse. En faciliter l'achat et le rendre désirable par l'attrait du bon marché est donc une combinaison qui ne peut manquer de réussir — Cette édition est celle de la Bibliothèque Panckoucke.

Œuvres complètes de Tacite, traduites en français. 7 vol. in-8.

Tacite, signalé par Racine comme le plus grand peintre de l'antiquité, est un des auteurs latins qu'on recherche le plus, et dont les œuvres sont d'un débit constant et assuré. Cette édition est fort estimée, soit pour la traduction, soit pour la correction du texte.

Œuvres complètes de Quintilien, traduites en français, 6 vol. in-8.

Les *Œuvres de Quintilien* font loi en matière de critique comme en matière d'éducation. Elles s'adressent donc à un grand nombre de lecteurs.

Justin, traduction nouvelle par MM. J. Pierrot, ex-proviseur du collège Louis-le-Grand, et Boitard, avec une notice par M. Laya. 2 vol.

Florus, traduction nouvelle par M. Ragon, professeur d'histoire, avec une Notice par M. Villemain, de l'Académie française. 1 vol.

Velleius Paterculus, traduction nouvelle par M. Després. 1 vol.

Valère Maxime, traduction nouvelle par M. Frémion, professeur au lycée Charlemagne. 3 vol.

Pline le Jeune, traduction nouvelle de Sacy, revue et corrigée par M. J. Pierrot. 3 vol.

Juvénal, traduction de M. Dusaulx, revue par M. J. Pierrot. 2 vol.

Ovide, *Métamorphoses*, par M. Gros, inspecteur de l'Académie. 3 vol.

Valerius Flaccus, traduit pour la première fois en prose par M. Caussy de Perceval, membre de l'Institut, 1 vol.

RÉIMPRESSION DES CLASSIQUES LATINS DE LA COLLECTION PANCKOUCKE

Format grand in-18 jésus. — 3 fr. 50 c. le volume

1. **ŒUVRES COMPLÈTES D'HORACE.** Nouv. édit., revue par M. F. Lemaistre, précédée d'une *Étude* par H. Rigault. 1 vol.

2. **ŒUVRES COMPLÈTES DE SALLUSTE.** Traduction par Durozoir. Nouv. édition, revue par MM. Charpentier et F. Lemaistre; précédée d'un nouveau travail sur Salluste, par M. Charpentier. 1 vol.

3. **ŒUVRES CHOISIES D'OVIDE** (Les Amours, l'Art d'Aimer, etc.). Nouv. édit., revue par M. F. Lemaistre, précédée d'une *Étude*, par M. J. Janin. 1 vol.

4. **ŒUVRES DE VIRGILE.** Nouv. édit., revue par M. F. Lemaistre; précédée d'une *Étude* sur Virgile, par M. Sainte-Beuve, 1 vol. Par exception. 4 fr. 50

5 à 8. **ŒUVRES COMPLÈTES DE SÉNÈQUE LE PHILOSOPHE.** Nouvelle édition, revue par MM. Charpentier et F. Lemaistre. 4 vol.

9. **CATULLE, TIBULLE ET PROPERCE,** traduits par MM. Héguin de Guerle, Valatour et Genouille. Nouv. édit., revue par M. Valatour. 1 vol.

10. **CÉSAR.** Commentaires sur la *Guerre des Gaules*, avec les réflexions de Napoléon 1er, suivis des Commentaires sur la *Guerre civile* et de la *Vie de César*, par Suétone, traduction d'Artaud, nouvelle édition, très-soigneusement revue par M. Félix Lemaistre; précédée d'une *Étude* sur César, par M. Charpentier. 1 fort vol. Par exception. 4 fr. 50

11. **ŒUVRES COMPLÈTES DE PÉTRONE,** traduites par M. Héguin de Guerle. 1 vol.

12. **ŒUVRES COMPLÈTES DE QUINTE-CURCE,** avec la traduction de MM. Aug. et Alph. Trognon, revue avec le plus grand soin par M. Pessonneaux, professeur au lycée Napoléon. 1 vol.

13. **ŒUVRES COMPLÈTES DE JUVÉNAL.** Trad. de Dusaulx, revue par MM. Jules Pierrot et F. Lemaistre. 1 vol.

14. **ŒUVRES CHOISIES D'OVIDE.** — Les Fastes, les Tristes. Nouvelle édition, revue par M. E. Pessonneaux. 1 vol.

15 à 20. **ŒUVRES COMPLÈTES DE TITE-LIVE,** traduites par MM. Liez, Dubois, Verger et Corpet. Nouv. édit., revue par MM. E. Pessonneaux, Blanchet et Charpentier; précédée d'une *Étude*, par M. Charpentier. 6 vol.

21. **ŒUVRES COMPLÈTES DE LUCRÈCE,** avec la traduction de Lagrange; revue avec le plus grand soin, par M. Blanchet. 1 vol.

22. **LES CONFESSIONS DE SAINT AUGUSTIN.** Traduction française d'Arnauld d'Andilly, très-soigneusement revue et adaptée pour la première fois au texte latin, avec une introduction, par M. Charpentier. 1 vol. Par exception. 4 fr. 50

23. **ŒUVRES COMPLÈTES DE SUÉTONE.** Traduction de La Harpe, refondue avec le plus grand soin par M. Cabaret-Dupaty. 1 vol.

24-25. **ŒUVRES COMPLÈTES D'APULÉE,** traduites en français par M. Victor Bétolaud. Nouvelle édition, entièrement refondue. 2 vol.

26. **ŒUVRES COMPLÈTES DE JUSTIN,** traduites par MM. J. Pierrot et E. Boitard. Nouv. édit., revue par M. Pessonneaux. 1 vol.

27. **ŒUVRES CHOISIES D'OVIDE.** — Les Métamorphoses. Nouvelle édition, revue par M. Cabaret-Dupaty, avec une préface par M. Charpentier. 1 fort vol. Par exception. 4 fr. 50

28-29. **ŒUVRES COMPLÈTES DE TACITE.** Traduction de Dureau-Delamalle, revue par M. Charpentier. 2 vol.

30. **LETTRES DE PLINE LE JEUNE,** traduites par MM. de Sacy et J. Pierrot. Nouv. édit. revue par M. Cabaret-Dupaty. 1 vol.

31-32. **ŒUVRES COMPLÈTES D'AULU-GELLE.** Nouv. édit., revue par MM. Charpentier et Blanchet. 2 vol.

33 à 35. **QUINTILIEN.** Œuvres complètes, traduites par M. C. V. Ouizille. Nouvelle édition revue par M. Charpentier. 3 vol.

36. **TRAGÉDIES DE SÉNÈQUE,** trad. par E. Greslou. Nouvelle édition revue par M. Cabaret-Dupaty. 1 vol.

37-38. **VALÈRE-MAXIME.** Œuvres complètes, trad. de C. A. F. Frémion. Nouv. éd. revue par M. Paul Charpentier. 2 vol.

39. **LES COMÉDIES DE TÉRENCE,** traduction nouv. par M. Victor Bétolaud. 1 très-fort vol. Par exception. 4 fr. 50

40-41. **MARTIAL.** Œuvres complètes, avec la trad. de MM. V. Verger, N. A. Dubois et J. Mangeart. Nouvelle édition revue avec le plus grand soin, par M. F. Lemaistre et M. N. A. Dubois, et précédée des *Mémoires de Martial*, par M. Jules Janin. 2 vol.

42. **FABLES DE PHÈDRE,** traduites en français, par M. Panckoucke, suivies des œuvres d'Avianus, de Denys Caton, de Publius Syrus, traduites par Levasseur et J. Chenu. Nouv. édit. revue par M. E. Pessonneaux, et précédée d'une Étude par M. Charpentier. 1 vol.

43. **VELLEIUS PATERCULUS.** Traduction de Desprès, refondue avec le plus grand soin par M. Gréard, professeur au lycée Bonaparte. Suivies des ŒUVRES DE FLORUS. Traduites par M. Ragon, précédées d'une *Notice* sur Florus, par M. Villemain. 1 vol.

44. **CORNELIUS NÉPOS,** avec une traduction nouvelle, par M. Amédée Pommier. Suivi d'EUTROPE. *Abrégé de l'histoire romaine,* traduit par M. N. A. Dubois. Nouvelle édition, revue avec le plus grand soin par le traducteur. 1 vol.

45. **LUCAIN.** — La Pharsale, traduction de Marmontel, revue et complétée avec le plus grand soin, par M. H. Durand, professeur au lycée Charlemagne, précédée d'une étude sur *la Pharsale*, par M. Charpentier. 1 vol.

46. **ŒUVRES COMPLÈTES DE CLAUDIEN,** traduites en français par M. Héguin de Guerle, ancien inspecteur de l'Université, ancien professeur au lycée Louis-le-Grand. Traduction de la collection Panckoucke, revue avec le plus grand soin. 1 vol. Prix, par exception. 4 fr. 50

PARIS. — IMP. SIMON RAÇON ET COMP., RUE D'ERFURTH, 1.

www.ingramcontent.com/pod-product-compliance
Lightning Source LLC
Chambersburg PA
CBHW072104220426
43664CB00013B/1990